Detlef Häußer · Wilfrid Haubeck

BIBELGRIECHISCH
leicht gemacht

Lehrbuch des neutestamentlichen Griechisch

Begründet von Werner Stoy und Klaus Haag

Die THEOLOGISCHE VERLAGSGEMEINSCHAFT (TVG)
ist eine Arbeitsgemeinschaft der Verlage
Brunnen Gießen und SCM-R.Brockhaus Witten

4. berichtigte Auflage 2025 der Neubearbeitung
(= 14. Auflage insgesamt;
die vorigen Auflagen erschienen
unter der ISBN 978-3-7655-9312-3)

www.brunnen-verlag.de
Umschlaggestaltung: Jonathan Maul
Satz: Wilfrid Haubeck
Herstellung: CPI books GmbH, Deutschland
ISBN 978-3-7655-9356-7

Inhalt

Abkürzungen

* nach Bibelstelle	biblischer Satz ist leicht verändert
AcI	accusativus cum infinitivo (Akkusativ mit Infinitiv)
AcP	accusativus cum participio (Akkusativ mit Partizip)
Adj.	Adjektiv
adv. / Adv.	adverbial / Adverb
Akk.	Akkusativ
Akt.	Aktiv
Aor.	Aorist
Art.	Artikel
attr.	attributiv
BDR	Blass/Debrunner/Rehkopf, Grammatik
Dat. / dat.	Dativ / dativus
Dekl.	Deklination
Dep.	Deponens
D.M.	Deponens medii
dopp.	doppelt
D.P.	Deponens passivi
f	und folgende (Seite/Vers)
fem. / f.	feminin
Fut.	Futur
Gen. / gen.	Genitiv / genitivus
gen.abs.	genitivus absolutus
griech.	griechisch
hist.	historisch
HS	Hauptsatz
Impt.	Imperativ
Ind.	Indikativ
Inf.	Infinitiv
ingr.	ingressiv
instr.	instrumental
intrans.	intransitiv
Ipf.	Imperfekt
KNG	Kasus-Numerus-Genus
kompl.	komplexiv
kond.	konditional
kons.	konsekutiv
konstat.	konstatierend
konz.	konzessiv
Konj.	Konjunktiv
L:	Lernhilfe
Lekt.	Lektion
LXX	Septuaginta
mask. / m.	maskulin
Med.	Medium
MP	Medium/Passiv
Neutr. / n.	Neutrum
Nom.	Nominativ
NT	Neues Testament
ntl.	neutestamentlich
Obj.	Objekt
Opt.	Optativ
Pass.	Passiv
p.c.	participium coniunctum
Pf.	Perfekt
Pl.	Plural
Plsqpf.	Plusquamperfekt
Präp.	Präposition
Präs.	Präsens
Ptz.	Partizip
Sg.	Singular
Subj.	Subjekt
Subst.	Substantiv
subst.	substantiviert
Tab.	Tabelle
temp.	temporal
trans.	transitiv
umschr.	umschriebener/s
unpers.	unpersönlich
Vok.	Vokativ
Wz.-	Wurzel

Einführung und Vorwort

Bibelgriechisch lernen – wozu? und wer?

Grundlage jeder christlichen Theologie ist die Bibel. Und weil das Neue Testament in Griechisch verfasst wurde, gehört zu einem ordentlichen Theologiestudium Griechisch. Das Erlernen der griechischen Sprache, die in neutestamentlicher Zeit gesprochen wurde (Koinē), ist notwendig, um das Neue Testament so genau wie möglich zu verstehen, seine Aussagen treffend zu interpretieren und dann in den heutigen Kontext übertragen zu können. Es ist unbestritten, dass es heute viele gute und sorgfältig erarbeitete Übersetzungen gibt, aber jede Übersetzung ist immer auch Interpretation. Das zeigt sich schon daran, dass sie sich häufig nicht nur im Wortlaut, sondern auch im Sinn voneinander unterscheiden. Das liegt auch daran, dass z.B. ein griechischer Begriff ein breiteres Bedeutungsspektrum hat, als man es mit einem deutschen Begriff wiedergeben kann, sondern je nach Kontext unterschiedlich zu übersetzen ist. Will man entscheiden, welche Übersetzung den Sinn am besten wiedergibt, ist es nötig, auf den griechischen Grundtext des Neuen Testaments zurückzugehen. Griechisch lernen lohnt sich deshalb, weil es dazu befähigt, in der Vielzahl der unterschiedlichen Übersetzungen den Durchblick zu behalten. Wer das Neue Testament in seiner Ursprache lesen kann, versteht genauer, was ein Bibeltext aussagt. Nicht selten liegt das Entscheidende ja in Nuancen. Das Erlernen der griechischen Sprache ist eine Grundlage, um eigenständig exegetisch arbeiten, exegetische Aussagen in Kommentaren prüfen und kritisch bewerten zu können.

Auch wer nicht Theologie studiert, aber das Neue Testament persönlich intensiver studieren will, hat durch das Erlernen von Bibelgriechisch einen großen Gewinn. Im Wortlaut des neutestamentlichen Grundtextes liegen so viele Feinheiten und Schätze, dass man ihnen nur mit Griechischkenntnissen auf die Spur kommen kann. Außerdem kann man theologische Fachliteratur lesen, in der Stellen des griechischen Grundtextes behandelt werden, sie verstehen und mit Sachkenntnis überprüfen.

Schon Martin Luther hat es uns in seiner Schrift „An die Ratsherren aller Städte deutschen Landes, dass sie christliche Schulen aufrichten und halten sollen“ (1524) ans Herz gelegt, Griechisch zu lernen:

> „Denn das können wir nicht leugnen: obwohl das Evangelium allein durch den heiligen Geist gekommen ist und täglich kommt, so ist's doch durch das Mittel der Sprachen gekommen und hat auch dadurch zugenommen, muss auch dadurch behalten werden … So lieb nun wie uns das Evangelium ist, so eifrig lasst uns über den Sprachen wachen. Denn Gott hat seine Schrift nicht umsonst allein in den zwei Sprachen schreiben lassen: das Alte Testament in der hebräischen, das Neue in der griechischen. Wenn Gott sie nun nicht verachtet, sondern vor allen andern zu seinem Wort erwählt hat, sollen auch wir sie vor allen andern ehren … So kann auch

die griechische Sprache wohl ‚heilig' heißen, weil sie vor andern dazu erwählt ist, dass das Neue Testament drin geschrieben würde … Und lasst uns das gesagt sein, dass wir das Evangelium ohne die Sprachen nicht gut behalten werden. Die Sprachen sind die Scheide, darin dies Messer des Geistes steckt. Sie sind der Schrein, darinnen man dies Kleinod trägt … Darum haben's die Apostel auch selbst für nötig angesehen, dass sie das Neue Testament in die griechische Sprache fassten und anbanden; ohne Zweifel, damit sie es uns daselbst wie in einer heiligen Lade sicher und zuverlässig verwahrten … Darum ist's sicher: wo nicht die Sprachen bleiben, da muss zuletzt das Evangelium untergehen … Weil jetzt die Sprachen hervorgekommen sind, bringen sie ein solches Licht mit sich und tun solche großen Dinge, dass sich alle Welt verwundert und bekennen muss, dass wir das Evangelium so lauter und rein haben, so sehr es die Apostel gehabt haben … Der heilige Geist ist kein Narr, gehet auch nicht mit leichtfertigen, unnötigen Sachen um, der hat die Sprachen in der Christenheit für so von Nutzen und von Nöten erachtet, dass er sie oftmals von Himmel mit sich gebracht hat, was uns allein genugsam bewegen sollte, dieselben mit Fleiß und Ehren zu suchen und nicht zu verachten, weil er sie nun selbst wieder auf Erden erweckt."[1]

Bibelgriechisch leicht lernen

Dieses Buch will das Lernen möglichst leicht machen, auch wenn es natürlich niemandem die Mühe des Lernens abnehmen kann. Der Aufbau und die Auswahl des Lernstoffs in dieser Neubarbeitung wurden über viele Jahre im Unterricht erprobt. Das Buch beschränkt sich auf das neutestamentliche Griechisch und will seine wichtigsten Elemente lehren. Ziel ist, diese gut strukturiert und übersichtlich zu behandeln und zugleich möglichst früh Sätze aus dem Neuen Testament zu übersetzen. So werden die wichtigen Teile der Formenlehre insbesondere am Anfang behandelt. Die Auswahl der Lernvokabeln konzentriert sich auf die Wörter, die im Neuen Testament zehnmal oder öfter vorkommen, und umfasst diese vollständig. Anfangs übersetzt man leichte, von den Verfassern selbst gebildete Sätze – damit nur wenige Schwierigkeiten in einem Satz auftauchen –, aber schon bald neutestamentliche Originalsätze und schließlich kleinere Texte. Mit Hilfe dieser Sätze und Texte wird eine solide Basis an Kenntnissen der Satzlehre (Syntax) gelegt. Diese beschränkt sich auf die wichtigen und häufiger vorkommenden Phänome. Das Lehrbuch soll dazu befähigen, mittelschwere neutestamentliche Texte selbstständig mit Hilfe eines Wörterbuchs zu übersetzen. Bei der Lektüre von anderen neutstamentlichen Texten werden sich immer wieder weitere sprachliche Fragen ergeben. Für deren Klärung empfiehlt sich die Benutzung von „Wilfrid Haubeck und Heinrich von Siebenthal, Neuer sprachlicher Schlüssel zum griechischen Neuen Testament" sowie einer griechischen Grammatik, z.B. von Blass/Debrunner/Rehkopf oder von Heinrich von Siebenthal.

---

[1] Zitiert nach Martin Luther, Die Schriftauslegung, Luther Deutsch Band 5, hg. von Kurt Aland, Göttingen ^{3}1983, S. 71-73.

Der Aufbau des Lehrbuchs und Hinweise für Autodidakten

Der wichtigste Teil des Buchs besteht aus den 59 Lektionen, die vom Einfachsten, den griechischen Schriftzeichen, Schritt für Schritt zu den wichtigsten griechischen Formen und syntaktischen Phänomenen führen. Die Lektionen enthalten

- eine *Wiederholung* noch vor der Durchnahme eines neuen Stoffs, um auf ihn vorzubereiten und das schon Gelernte zu sichern (Teile A),
- eine verständliche *Erklärung* der neuen grammatischen Erscheinungen (Teile B),
- eine ausführliche *Einübung* der Formenlehre (Teile C), die man als Autodidakt im Selbststudium nur so lange mitmachen muss, bis man den neuen Stoff aufgenommen hat,
- *griechische Sätze* und relativ früh neutestamentliche Verse (Teile D) sowie zusammenhängende Texte mit Übersetzungshilfen zu den noch unbekannten Formen (Teile E). Ein * hinter der Angabe der Bibelstelle bei einem neutestamentlichen Satz weist darauf hin, dass dieser geringfügig verändert wurde.
- *Übersichten* und Erklärungen zur Formenbildung (Teile E); sie kommen nur in einzelnen Lektionen vor.
- *Syntax* in einigen Lektionen, um für die Übersetzung wichtige Teile der Satzlehre verständlich zu erklären. Sie werden ebenfalls im Teil B erklärt, gelegentlich ergänzt in Teil E.
- *Lernhilfen (L)*, insbesondere im Vokabelverzeichnis.

Um schon gelernte Inhalte, die man wiederholen möchte oder muss, zu finden, kann man im *Sachregister* nachschlagen. Denselben Zweck verfolgt das *alphabetische Wörterverzeichnis*. Im *Wörterverzeichnis der Lektionen* stehen die Vokabeln, die man für die betreffende Lektion braucht. Wie man Vokabeln effektiv lernen kann, wird dort näher erläutert. Wörter und Formen, die im Neuen Testament selten sind bzw. die noch nicht behandelt wurden und die man zur Übersetzung der D-Stücke benötigt, stehen in Fußnoten.

Der Wiederholung dient das Verzeichnis der *Kleinen Wörter*, die man sich nur schwer mit Lernhilfen merken kann und deshalb immer wieder einmal überfliegt.

Zur Übersicht über die Formen und die Grundlagen der Satzlehre gibt es am Ende des Buchs viele *Tabellen* sowohl zur Formen- als auch zur Satzlehre.

Für alle, die noch keine Fremdsprache gelernt haben, bringen wir eine *Einführung in die deutsche Grammatik*, die bewusst so gehalten ist, dass man – anhand von Beispielen der Muttersprache – die grammatischen Begriffe des Buchs leicht versteht.

Für ihre Hilfe an unterschiedlichen Stationen beim Entstehen der Neubearbeitung danken wir – stellvertretend für manch andere – Jonathan Weider und Johannes Bauer.

Wir wünschen Ihnen Freude und Erfolg beim Lernen des Bibelgriechischen sowie wertvolle Entdeckungen beim Lesen des Neuen Testaments in seiner Ursprache.

Vorwort zur 11. Auflage = 1. Auflage der Neubearbeitung

Mit der 11. Auflage liegt „Bibelgriechisch leicht gemacht“, das Werner Stoy und Klaus Haag 1983 begründet haben, in einer **völligen Neubearbeitung** vor.

Detlef Häußer hat gemeinsam mit Wilfrid Haubeck, der schon seit der fünften Auflage im Jahr 2001 Mitautor ist, das ganze Buch grundlegend überarbeitet und neu strukturiert. Das Ziel der Neubearbeitung war vor allem, möglichst bald neutestamentliche Texte für die Übersetzungen (Teil D) verwenden zu können.

Dazu wird jetzt z.B. die Konjugation der sehr häufigen Verba contracta auf -εω viel früher erläutert (ab Lekt. 6, früher Lekt. 47). Ebenso wird der Aorist, ein im Deutschen unbekanntes Tempus, das ebenfalls sehr häufig ist, früher gelernt (ab Lekt. 24, früher ab Lekt. 39). Zusätzlich wird mit einigen Lektionen für die Syntax (Satzlehre) noch größerer Wert auf diese gelegt.

Diese Umstellungen führten verständlicherweise zu erheblichen Veränderungen bei der Auswahl der zu übersetzenden griechischen Sätze und Texte. Auch die Einübung der Formen (Teil C) und die Vokabelverzeichnisse mussten größtenteils neu verfasst werden. In diesem Zuge wurden alle Vokabeln, die mindestens zehn Mal im Neuen Testament vorkommen, aufgenommen und seltenere überwiegend gestrichen.

Aufgrund der Neubearbeitung musste auch das Lösungsbuch, das vor allem Autodidakten zur Lernkontrolle empfohlen wird, neu geschrieben werden. Für diese Auflage von „Bibelgriechisch leicht gemacht“ ist daher nur die Neubearbeitung des Lösungsbuchs (ab 9. Auflage 2019) verwendbar.

Wir hoffen, dass so zum einen – wie bisher – das Erlernen des neutestamentlichen Griechisch so leicht wie möglich gemacht wird und dass zum anderen durch die Neubearbeitung sowohl die Motivation und Freude am Lernen des Griechischen als auch das Verstehen des Wortes Gottes im Neuen Testament gestärkt werden.

Im Oktober 2018 Wilfrid Haubeck und Detlef Häußer

Einführung in die deutsche Grammatik (Sprachlehre)

Die Schriftsprache besteht aus Sätzen. Sätze wiederum bestehen aus Wörtern, die in Beziehung zueinander stehen.

Das Wort

I. Wortarten

1) Das Verb (Zeit- oder Tätigkeitswort) gibt ein Sein, Handeln oder Geschehen wieder; z.B.: *Geh!* – Wir *gehen* nach Hause. **Verb**

2) Das Substantiv (Haupt- oder Nennwort) benennt eine Sache, Person oder einen Begriff; z.B.: Der *Luftballon* fliegt – die *Männer* laufen – die *Liebe* ist schön. **Substantiv**

   Zu einem Substantiv kann jedes Wort werden, wenn man einen Artikel (s. 4) davor setzt, z.B.: Das *Lachen* wird dir vergehen (Grundform des Verbs) – das *Gute* setzt sich nicht immer durch (Adjektiv, s. 3) – die *Eins* ist eine schöne Note (Numerale, s. 5).

3) Das Adjektiv (Eigenschaftswort) beschreibt und charakterisiert ein Substantiv; z.B.: die *schöne* Frau – der *rote* Luftballon. **Adjektiv**

4) Der Artikel (Geschlechtswort) steht vor dem Substantiv und zeigt sein Geschlecht, seine Zahl und seinen Kasus an (s. unten); z.B.: *der* Mann – *die* Frauen – *das* Kind. **Artikel**

5) Das Numerale (Zahlwort) bestimmt ein Substantiv zahlenmäßig näher; z.B.: *zwei* Männer – *sechstausend* Menschen. **Numerale**

6) Das Pronomen (Fürwort) steht für, vertritt ein Substantiv, um es nicht wiederholen zu müssen. **Pronomen**

   Man unterscheidet folgende Arten von Pronomina:

   a) Personalpronomen: Es steht stellvertretend für eine Person; z.B.: Dort geht ein Mann; wir sehen *ihn* (den Mann). *Er* (der Mann) hat gelbe Hosen an. **Personal-**

   b) Possessivpronomen: Es ist ein besitzanzeigendes Fürwort und steht stellvertretend für den Besitzer; z.B.: *mein, dein, sein ...* **Possessiv-**

Demonstrativ- c) Demonstrativpronomen: Es ist ein hinweisendes Fürwort, das wie ein Zeigefinger auf etwas hinweist; z.B.: *dieser, jener ...*

Interrogativ- d) Interrogativpronomen (Fragefürwort): Es fragt nach einer Sache, einer Person oder einem Begriff; z.B.: *wer, was, wessen ...*

Relativ- e) Relativpronomen: Ein bezügliches Fürwort, weil es den Nebensatz, den es einleitet, auf ein Substantiv des übergeordneten Satzes bezieht; z.B.: Hans, *der* nicht da ist, wird sehr vermisst.

Indefinit- f) Indefinitpronomen: Ein unbestimmtes Fürwort, weil es Personen, Begriffe oder Gegenstände in allgemeiner, unbestimmter Weise bezeichnet, z.B.: *jemand, irgendeiner, (irgend)etwas, einige ...*

Adverb 7) Das Adverb (Umstandswort) bestimmt ein Verb näher. Es steht beim Verb (ad-verbum = das zum Verb gehörende Wort); z.B.: ihr singt *gut* – sie singen *oft*.

Präposition 8) Die Präposition (Verhältniswort) zeigt, in welchem Verhältnis ein Substantiv zu einem anderen Wort (Substantiv, Verb, Adjektiv) steht; z.B.: der Mann *auf* dem Haus – der Mann steht *vor* dem Haus – der Mann geht *in* das Haus – sie hält das *für* gut.

Konjunktion 9) Die Konjunktion (Bindewort) verbindet Wörter, Sätze, Satzteile; z.B.: Ich *und* Klaus gehen fort, *aber* du bleibst hier.

Interjektion 10) Die Interjektion (Empfindungs- oder Ausrufewort) drückt eine Empfindung aus: z.B.: *Oh*, welch ein Bau! – *Au*, du tust mir weh!

II. Flexion der Wörter

Die Wortarten der Gruppen 7–10 bleiben unverändert. Die anderen Wortarten können verändert (flektiert) werden, je nachdem, wie man sie im Satz verwendet; z.B. (Verb): ich geh*e* – du geh*st* – wir ging*en*. Die Veränderung der Verben nennt man

Konjugation **1) Konjugation**

a) Person und Numerus

Konjugiere! Bedeutet: Setze zu dem Verb der Reihe nach alle Personen, und zwar in folgender Reihenfolge:

1. Person Einzahl (Singular): ich gehe **Singular**
2. Person Einzahl (Singular): du gehst
3. Person Einzahl (Singular): er/sie/es geht

1. Person Mehrzahl (Plural): wir gehen **Plural**
2. Person Mehrzahl (Plural): ihr geht
3. Person Mehrzahl (Plural): sie gehen

Die Grundform des Verbs ist der Infinitiv; z.B.: *gehen, sagen.* **Infinitiv**

b) Tempus **Tempus**

Zur Konjugation gehört auch die Bestimmung, wann, zu welcher Zeit (Tempus), etwas geschieht. Im Deutschen haben nur zwei Zeiten (Tempora) eigene Verbformen:

die Gegenwart (Präsens): ich *gehe*; **Präsens**

die Vergangenheit (Imperfekt): ich *ging.* **Imperfekt**

Die übrigen Tempora werden mit Hilfe der Hilfsverben gebildet:

die Zukunft (Futur) mit „werden“: ich *werde* gehen; **Futur**

die vollendete Gegenwart (Perfekt) mit „haben“ oder „sein“: ich *habe* es ihm gegeben – ich *bin* gelaufen; **Perfekt**

die vollendete Vergangenheit (Plusquamperfekt) mit den Imperfekten von „haben“ und „sein“: wir *hatten* gelacht – sie *waren* gefahren. **Plusquamperfekt**

c) Modus **Modus**

Als Modi (Aussageweisen) bezeichnet man Indikativ und Konjunktiv.

Der Indikativ eines Verbs bringt zum Ausdruck, was tatsächlich geschieht (Wirklichkeitsform); z.B.: *es regnet.* **Indikativ**

Manchmal möchte man etwas zum Ausdruck bringen, was nicht tatsächlich, sondern nur in Gedanken geschieht. Dann gebraucht man den Konjunktiv (Möglichkeitsform; Form der Nichtwirklichkeit); z.B.: Wenn schönes Wetter *wäre*, *nähme* ich keinen Regenschirm mit. – Es *sei* mir gestattet. **Konjunktiv**

Es gibt im Deutschen noch einen dritten Modus: **Imperativ**
den Imperativ (Befehlsform); z.B.: *Geh! – Lauf!*

d) Diathese (auch „Genus verbi“ genannt) **Diathese**

Schließlich kann man ein Verb noch danach bestimmen, ob jemand selbst handelt (Aktiv) oder ob etwas mit ihm geschieht (Passiv). Auch das Passiv wird mit dem Hilfsverb „werden“ gebildet.

Aktiv: ich schlage **Aktiv**
Passiv: ich *werde* geschlagen **Passiv**

Als Aktiv oder Passiv bezeichnet man die Verhaltensrichtung des Verbs (Diathese).

Zusatz: Partizip.

Das Partizip ist ein „Mittelwort" zwischen Verb und Adjektiv. Es stammt vom Verb, wird aber wie ein Adjektiv verwendet, z.B.: der *blühende* Baum, das *geraubte* Gold.

Zusammenfassung

Bei einer Verbform muss man also zur genauen Bestimmung angeben:

a) Person (1./ 2./ 3.)

b) Zahl (Numerus): Es muss klar werden, ob es sich um eine oder mehrere Personen handelt, um Singular (Einzahl) oder Plural (Mehrzahl).

c) Modus (Aussageweise)
– Indikativ (Wirklichkeitsform) oder
– Konjunktiv (Form der Nichtwirklichkeit) oder
– Imperativ (Befehlsform)

d) Tempus (Zeit)

e) Diathese
– Aktiv
– Passiv

Deklination

2) Deklination

Kasus

Die Veränderung der anderen flektierbaren Wortarten nennt man Deklination. Dabei werden Wörter in bestimmte Fälle (= Kasus) gesetzt. Im Deutschen gibt es vier Kasus, die jeweils für Singular und Plural gelten.

Nominativ

1. Fall – Nominativ (wird mit „*Wer* oder *was*" erfragt).

   Im Nominativ steht das Wort, wenn es Träger der Handlung ist; z.B.: *Der kleine Mann* geht (auf die Frage: Wer geht?). In diesem Beispiel stehen gleich drei Wörter im Nominativ: der Artikel (der), das Adjektiv (kleine) und das Substantiv (Mann).

Genitiv

2. Fall – Genitiv (wird mit „*Wessen*" erfragt).

   Im Genitiv stehen meist die Wörter, die den Besitzer angeben; z.B.: Der Hut *des Mannes* fiel herunter (Frage: Wessen Hut fiel herunter?).

Dativ

3. Fall – Dativ (wird mit „*Wem*" erfragt).

   Im Dativ stehen meist die Wörter, für die etwas getan wird; z.B.: Ich gebe *dem* Mann ein Buch (Frage: Wem gebe ich ein Buch?).

4. Fall – Akkusativ (wird mit „*Wen* oder *was*“ erfragt). **Akkusativ**

Im Akkusativ steht das Wort, auf das sich eine Handlung richtet; z.B.: Wir sahen *einen Mann (ein Tier)* (Frage: Wen oder was sahen wir?).

Beispiel für die gemeinsame Deklination eines Artikels, Adjektivs und Substantivs:

	Singular	Plural
Nominativ	der kleine Mann	die kleinen Männer
Genitiv	des kleinen Mannes	der kleinen Männer
Dativ	dem kleinen Mann(e)	den kleinen Männern
Akkusativ	den kleinen Mann	die kleinen Männer

Beispiel für die Deklination der Personalpronomina:

	Singular			Plural		
	1.	2.	3.	1.	2.	3.
Nominativ	ich	du	er/sie/es	wir	ihr	sie
Genitiv	meiner	deiner	seiner/ihrer	unser	euer	ihrer
Dativ	mir	dir	ihm/ihr	uns	euch	ihnen
Akkusativ	mich	dich	ihn/sie/es	uns	euch	sie

III. Steigerung

Adjektive können sprachlich auch einen Vergleich zwischen zwei bzw. mehreren Dingen oder Wesen zum Ausdruck bringen. Das geschieht in folgenden Formen:

1) Im Positiv (= Grundform). **Positiv**

Im Positiv wird das unveränderte Adjektiv entweder als bloße Eigenschaft genannt (der *schöne* Ball) oder die Gleichheit mehrerer Dinge festgestellt (… ist so *schön* wie …).

2) Im Komparativ (= 1. Steigerungsstufe, Höherstufe). **Komparativ**

Der Komparativ wird durch Anhängen von -er an die Grundform des Adjektivs gebildet (dabei kommt es häufig zu „Umlautbildung“; z.B. alt – *ä*lter, jung – j*ü*nger). Er bringt die Ungleichheit zweier Dinge zum Ausdruck; z.B.: Der Ball ist *schöner* als der Kreisel.

Superlativ

3) Im Superlativ (= 2. Steigerungsstufe, Höchststufe).
Der Superlativ bringt die höchste Steigerungsstufe zum Ausdruck. Er wird durch Anhängen von -st oder -est an die Grundform gebildet; z.B.: der *schönste* Ball, der *älteste* Mann.

Der Satz

Dieselben Wörter und Formen können in den verschiedenen Sätzen ganz unterschiedliche Funktionen haben. In dem Satz: Die Männer laufen, sind z.B. „die Männer" Subjekt, also Träger der Handlung. In dem Satz: Ich sehe die Männer, sind „die Männer" dagegen Objekt, also Ziel der Handlung (meines Sehens). Man muss deshalb in einem Satz nicht nur die Wörter und ihre Formen beachten, sondern auch ihre Funktion innerhalb des Satzes bestimmen.

I. Satzglieder

Die wichtigsten Satzteile oder Satzglieder sind:

Prädikat

1) das Prädikat (Satzaussage)
Es gibt die Handlung, das Geschehen eines Satzes, an; z.B.: Er *lacht*. Das Prädikat ist an die Wortart des Verbs gebunden, kann aber ein- oder mehrteilig sein (mit Hilfsverben, Modalverben u.a.); z.B.: Er *hat* die Blumen *gebracht*. Sie *will* mit dem Mittagszug *fahren*.
Erfragt wird das Prädikat mit: Was wird über das Subjekt ausgesagt? (s. 2); z.B.: (Frage: Was tut er? Antwort:) Er *lächelt*.

Subjekt

2) das Subjekt (Satzgegenstand)
Es ist Träger der Handlung oder des Geschehens; z.B.: *Ihr* wandert – *das Kind* lächelt.
Das Subjekt ist entweder ein Substantiv (Das *Kind* lächelt) oder ein Pronomen (*Dieses* ist schrecklich). Weil das Subjekt immer im Nominativ steht, antwortet es in Verbindung mit dem Prädikat auf die Frage „Wer oder was"? (Wer lächelt?)

Objekt

3) das Objekt (Satzergänzung)
Es gibt an, worauf die Handlung zielt. Es gibt Objekte im Genitiv, Dativ, Akkusativ und mit einer Präposition (Präpositionalobjekt).

Beispiele:
im Genitiv: Ich erinnere mich *deines Vaters*. (Wessen?)
im Dativ: Du gehorchst *ihm*. (Wem?)
im Akkusativ: Er hört *Geräusche*. (Wen oder was?)
Präpositionalobjekt: Er hielt sich *an mein Wort*.

4) das Attribut (Beifügung) **Attribut**
Es ist einem selbstständigen Satzglied „beigefügt", das es genauer bestimmen und charakterisieren soll. Es antwortet auf die Frage: Was für einer? Welcher?
Z.B.: Der *dicke* Mann gibt sich Mühe. (Was für ein Mann gibt sich Mühe?)
Attribut können sein:
a) Adjektive; z.B.: der *dicke* Mann
b) Pronomen; z.B.: *seine* Mutter – *jenes* Kind
c) Numerale; z.B.: *vier* Sänger
d) Partizipien (adjektivische Form eines Verbs); z.B.: der *blühende* Baum
e) Substantive
   - im Genitiv: das Haus *des Bruders*
   - im selben Kasus wie das zu bestimmende Substantiv: Herr X, *ein guter Freund*, kommt. Diese Form des Attributs nennt man Apposition **Apposition**
   - mit Präposition: die Freude *am Wandern*
f) Adverbien; z.B.: die Wolken *hoch droben*
g) Infinitive; z.B.: die Gabe *zu singen*
h) ein Nebensatz, der z.B. nähere Auskunft gibt über Herrn X (s. oben), *den ich fragen wollte*.

5) die adverbiale Bestimmung (Umstandsbestimmung) **Adverbiale Bestimmung**
Sie gibt die näheren Umstände eines Geschehens an; z.B. wann, wo, wie, warum, zu welchem Zweck oder unter welcher Bedingung etwas geschieht. Der Fragestellung entsprechend unterscheidet man:

a) die adverbiale Bestimmung des Ortes: **– des Ortes**
Ich wandere *aus dem Dorf durch den Wald nach Hause*. (Drei adverbiale Bestimmungen des Ortes auf die Fragen: woher? wo? wohin?)

b) die adverbiale Bestimmung der Zeit: **– der Zeit**
Des Morgens freue ich mich – ich singe *den ganzen Tag*. (Auf die Frage: wann? wie lange? seit wann? bis wann?)

– der Art und Weise

c) die adverbiale Bestimmung der Art und Weise:
Anna singt *falsch*. (Wie?)

– des Grundes

d) die adverbiale Bestimmung des Grundes:
Der Hund zittert *vor Kälte*. – Er konnte *vor Aufregung* nicht sprechen. (Warum? Weshalb?)

Adverbiale Bestimmungen können durch Adverbien (... singt laut), durch Substantive und Präpositionen (... durch den Wald, aus dem Dorf) oder durch Substantive im Genitiv (des Morgens) oder im Akkusativ (... den ganzen Tag) gebildet werden.

II. Der zusammengesetzte Satz

Hauptsatz

Konjunktion

Der zusammengesetzte Satz besteht aus zwei oder mehreren Teilsätzen. Handelt es sich dabei um gleichrangige nebengeordnete Hauptsätze, spricht man von einer Satzverbindung. In der Satzverbindung sind die einzelnen Hauptsätze meist durch Konjunktionen (am häufigsten: und/oder) verbunden; z.B.: Der Mann liest vor, *und* die Frau lacht. – Du darfst nicht länger schwimmen, *oder* du wirst krank.

Enthält dagegen ein Satz einen oder mehrere, von einem Hauptsatz abhängige Nebensätze, spricht man von einem Satzgefüge. Nach ihrer Verbindung mit dem Hauptsatz durch ein entsprechendes Einleitungswort bezeichnet man diese Nebensätze als:

Konjunktionalsätze

Konjunktionalsätze (Verbindung durch eine Konjunktion):
Er verlangt, *dass* ich dieses Buch lese.

Relativsätze

Relativsätze (Verbindung durch ein Relativpronomen):
Ein Kind, *das* fleißig lernt, wird gute Noten bekommen.

Interrogativsätze

Interrogativsätze (Verbindung durch ein Interrogativpronomen):
Die Verkäuferin fragte den Kunden, *was* er haben wolle.

1. Das Alphabet

B

Unsere (lateinischen) Buchstaben haben sich aus den griechischen Buchstaben entwickelt. Daher werden manche griechischen Großbuchstaben wie die lateinischen geschrieben. Außerdem ist die Reihenfolge im Alphabet teilweise gleich. Damit sind schon Lernhilfen zum Einprägen der Buchstaben gegeben.
Zur Zeit des Neuen Testaments schrieb man nur in Großbuchstaben (Majuskeln). Die Kleinbuchstaben (Minuskeln) sind erst später entstanden. Heute werden die griechischen Buchstaben jedoch hauptsächlich klein geschrieben.
Im Folgenden wird das griechische Alphabet in Groß- und Kleinbuchstaben aufgeführt. In der Tabelle finden Sie auch Hinweise zur Aussprache der Buchstaben.

Zeichen *groß*	*klein*	*Name*	*Aussprache*	*wie in*	*Lernhilfe*
Α	α	Alpha	a	kurz oder lang	groß: wie deutsches A
Β	β	Beta	b		groß: wie deutsches B
Γ	γ	Gamma	g	s. Anm. 1	andere Stelle im Alphabet (er „gammelt")
Δ	δ	Delta	d		klein: ähnlich deutschem d
Ε	ε	Epsilon	ĕ (kurz)	nett	groß: wie deutsches E
Ζ	ζ	Zeta	ds (fast wie z)		mit H und Θ drei Buchstaben mit ä in erster Silbe, zusammen gelesen ergeben sie wieder ZÄT
Η	η	Eta	ē (lang) bzw. ä	näht	
Θ	θ	Theta	th bzw. t		
Ι	ι	Jota	i	kurz oder lang	groß: wie deutsches i, ebenso klein, aber ohne Punkt
Κ	κ	Kappa	k		groß: wie deutsches K
Λ	λ	Lambda	l		Reihenfolge wie deutsches L
Μ	μ	My	m		groß: wie deutsches M
Ν	ν	Ny	n		groß: wie deutsches N
Ξ	ξ	Xi	x bzw. ks	Hexe	
Ο	ο	Omikron	ŏ (kurz)	Motte	groß und klein: wie deutsches O
Π	π	Pi	p		Zeichen für die Kreiszahl
Ρ	ρ	Rho	r		groß: nicht mit Pi verwechseln!

Zeichen *groß klein*	*Name*	*Aussprache wie in*	*Lernhilfe*
Σ σ ς	Sigma	s s. Anm. 2	Σ Zeichen für Summe
Τ τ	Tau	t	groß: wie deutsches T
Υ υ	Ypsilon	ü kurz oder lang	deutsches y kann auch als ü gesprochen werden
Φ φ	Phi	ph bzw. f <u>F</u>oto	mit X und Ψ drei Buchstaben, die wie Doppellaute klingen
Χ χ	Chi	ch s. Anm. 3	
Ψ ψ	Psi	ps <u>Ps</u>alm	
Ω ω	Omega	ō (lang, offen) Ch<u>o</u>r	A und Ω – der erste und letzte Buchstabe des Alphabets

<u>Anmerkungen:</u>

1 γ vor γ, κ, ξ oder χ wird wie deutsches n vor dem entsprechenden Konsonanten gesprochen: γγ also wie ng in „E*ng*el", γκ wie nk in „E*nk*el" usw.

2 Sigma wird am Wortende als offenes ς geschrieben, sonst stets als geschlossenes σ.

3 σχ werden getrennt gesprochen, also wie ß-ch („Füßchen"), nicht wie „sch".

C

1) Lernen Sie bitte das griechische Alphabet auswendig, zuerst die Großbuchstaben und dann die Kleinbuchstaben! Schreiben Sie das Alphabet bitte auswendig auf, und zwar in großen und kleinen Buchstaben!

2) Vergleichen Sie bitte das große griechische Alphabet mit dem großen lateinischen Alphabet! Welche zehn Buchstaben haben in beiden Alphabeten eine gleiche Schreibweise <u>und</u> gleiche Aussprache? Welche vier Buchstaben haben bei gleicher Schreibweise eine unterschiedliche Aussprache? Welche zehn griechischen Buchstaben sind gegenüber der lateinischen Schrift neu?

3) Lesen Sie bitte folgende Buchstaben:
α δ ι ο τ φ κ ζ ς ψ β ε θ ν ω λ γ η μ χ υ ρ ξ π σ ω ν λ σ.

4) Lesen Sie bitte die Wörter,
jedoch immer genau dem Griechischen entsprechend und nicht, wie Sie es aus dem Deutschen kennen (Eigennamen!):

ΑΔΑΜ, ΑΒΕΛ, ΜΑΡΙΑ, ΑΒΡΑΑΜ, ΣΙΩΝ, ΜΟΛΟΧ, ΜΕΣΣΙΑΣ, ΓΑΛΙΛΑΙΑ, ΣΤΕΦΑΝΟΣ, ΜΑΘΘΙΑΣ, ΣΑΛΗΜ, ΗΛΙΑΣ, ΒΗΘΕΣΔΑ, ΣΜΥΡΝΑ, ΣΟΛΟΜΩΝ, ΚΕΔΡΩΝ, ΑΓΡΙΠΠΑΣ, ΑΠΟΛΛΩΣ.

2. Diphthonge und Lesezeichen

B

1) Die Doppelselbstlaute (Diphthonge)

Um richtig lesen zu können, sind noch die Diphthonge (Doppelselbstlaute) zu lernen. Die **echten Diphthonge** werden zum Teil wie im Deutschen ausgesprochen:

Zeichen	*Aussprache*	*Zeichen*	*Aussprache*
αι	ai (wie in Mai)	υι	üi (wie im franz. oui)
ει	ey (wie englisch grey)	ευ	oi (wie in heute)
αυ	au (wie in aus)	ηυ	oi (wie in heute)
ου	u (langes u wie in Tour)	οι	oi (wie in heute)

Beide Vokale des Diphthongs zusammen gelten als ein langer Vokal (nur αι und οι gelten in manchen Endungen als kurz). Akzent und Spiritus (vgl. zu den Lesezeichen) stehen über dem zweiten Vokal eines Diphthongs.
Unechte Diphthonge sind ᾳ, ῃ und ῳ; sie waren ursprünglich auch Langdiphthonge. Sie werden mit einem *Jota subscriptum* versehen (das Jota wird klein unter den Vokal gesetzt), das sich bei großen Buchstaben in ein *Jota adscriptum* verwandelt (Αι, Ηι, Ωι). Die Aussprache ist langes ā, ē, ō; d.h. das Jota wird nicht mitgesprochen.
Beispiele: τῷ θεῷ – ΤΩΙ ΘΕΩΙ (Aussprache: tō theō)
ᾅδης – Ἅιδης (das Jota adscriptum trägt nicht den Akzent; Aussprache: hādēs)

2) Die Lesezeichen (Akzente und Spiritus)

Das Griechische kennt Lesehilfen in Form von Lesezeichen. Die Betonung eines Wortes wird durch einen Akzent angezeigt.

a) Die Akzente

Im Griechischen gibt es drei Akzente (Betonungszeichen), die *über* einen Vokal (Selbstlaut) gesetzt werden (bei Diphthongen über den zweiten Vokal). Wenn der Vokal ein großer Buchstabe ist, wird der Akzent *vor* den Vokal gesetzt. Man betont das Wort auf der Silbe, auf der der Akzent steht, gleichgültig welcher Akzent es ist. Selbstverständlich hatten die Akzente früher unterschiedliche Bedeutung, aber wir behandeln sie der Einfachheit halber, als seien sie gleiche Betonungszeichen. Es sind:

´ Akut	Es ist der Akzent, der am häufigsten vorkommt. Er steht auf einer der drei letzten Silben eines Wortes; auf der drittletzten nur, wenn die letzte Silbe kurz ist.
` Gravis	Er steht immer auf der letzten Silbe eines Wortes, und zwar nur, wenn das Wort im Satzzusammenhang steht und kein Satzzeichen, sondern ein weiteres Wort folgt. Steht es allein, trägt es den Akut. Im Satzzusammenhang wird der Akzent gleichsam umgelegt (vom Akut zum Gravis).
˜ Zirkumflex	Dieser Akzent kann nur auf langen Vokalen und Diphthongen – z.B. η, ω, ει – stehen, während Akut und Gravis auf langen oder kurzen Vokalen stehen können. Der Zirkumflex kann nur auf einer der beiden letzten Silben stehen; auf der vorletzten nur, wenn die letzte Silbe kurz ist.

Fast jedes griechische Wort trägt einen Akzent. Es gibt nur wenige Wörter ohne Akzent (sogenannte „Atona", d.h. „tonlose" Wörter), z.B. ἐν. Außerdem gibt es Wörter, die sich so eng an das vorhergehende anlehnen (sogenannte „Enklitika"), dass sie ihren Akzent auf das vorhergehende Wort werfen, sodass dieses nun plötzlich mit zwei Akzenten versehen ist, z.B. οὗτός ἐστιν. Näheres zu dieser Behandlung der Akzente in Lekt. 9 E.

b) Die Spiritus (Hauchzeichen)

Beginnt ein Wort mit einem Vokal oder Diphthong, hat es einen sogenannten „Spiritus", ein Hauchzeichen. Das kann ein „Spiritus asper" ῾ (rauer Hauch) oder ein „Spiritus lenis" ᾿ (weicher Hauch) sein.

Der Spiritus steht im Allgemeinen *über* dem Vokal, bei Großbuchstaben steht er *vor* dem Buchstaben, bei Diphthongen *über dem zweiten* Buchstaben.

Der Spiritus asper wird als h vor dem Vokal gesprochen. Beispiel: Ἑβραῖος, Aussprache: *He*braios.[1]

Beim Spiritus lenis wird vor dem *Vokal* nichts gesprochen. Beispiel: Ἀδάμ, Aussprache: Adam.

Treffen Akzent und Spiritus zusammen, steht der Spiritus vor Akut und Gravis, aber unter dem Zirkumflex. Beispiele: ἄρτος, ὧ. Diphthonge haben den Spiritus über dem zweiten Vokal; Beispiele: υἱός, Υἱός, αἴρω.

c) Weitere Lesezeichen

Das *Trema* ¨ zeigt an, dass zwei nebeneinander stehende Vokale nicht als Diphthong, sondern getrennt zu sprechen sind. Das Trema steht nur, wenn die beiden Vokale auch einen Diphthong darstellen könnten. Beispiel im Deutschen: Petroleum; Aussprache: e-u, nicht eu; im Griechischen: πραΰς; Aussprache: pra-üs, nicht praus.

---

[1] Eigenartigerweise steht der Spiritus asper auch auf ρ am Anfang eines Wortes, z.B. ῥάβδος (Stab).

Der *Apostroph* ' am Ende eines Wortes zeigt an, dass ein kurzer Endvokal (α, ε, ι, ο) vor einem Wort ausgefallen ist, das mit einem Vokal beginnt. Beispiel: δι' αὐτοῦ für διὰ αὐτοῦ.
Die *Koronis* ' im Innern eines Wortes zeigt an, dass zwischen dem auslautenden Vokal eines Wortes und dem anlautenden Vokal des folgenden Wortes eine Mischung (Krasis) stattgefunden hat. Beispiele: κἀγώ aus καὶ ἐγώ, κἄν aus καὶ ἄν bzw. καὶ ἐάν.

C

1) **Wie heißen die folgenden Buchstaben?**
   Α β Δ Ζ ι Λ Ο Υ ω Γ χ η, ε Ι Κ λ Μ ξ ο Π ρ Β α δ, Σ Τ Φ Ω Η ζ θ Χ μ σ υ φ, ψ γ Ε Θ κ Ν Ξ π ς Ψ ν Ρ τ

2) **Lesen Sie bitte folgende Wörter** (beachten Sie bitte die Betonung):
   Βάαλ, 'Ασία, Δαυίδ, 'Αρέτας, Σόδομα, 'Αθῆναι, Καϊαφᾶς[2], Αἰθίοψ, Γαββαθά, 'Εβραῖος, 'Ιησοῦς, Γαμαλιήλ, Γολγοθᾶ, Ζαχαρίας, Παῦλος, Σαμαρίτης, Γαβριήλ, 'Ηρῴδης, 'Ισραηλίτης, Μαγδαληνή, Γεννησαρέτ, Αἰγύπτιος

Leseübung

1) Joh 1,1f: 'Εν ἀρχῇ ἦν ὁ λόγος, καὶ ὁ λόγος ἦν πρὸς τὸν θεόν, καὶ θεὸς ἦν ὁ λόγος. οὗτος ἦν ἐν ἀρχῇ πρὸς τὸν θεόν.

2) Lk 1,1-3: 'Επειδήπερ πολλοὶ ἐπεχείρησαν ἀνατάξασθαι διήγησιν περὶ τῶν πεπληροφορημένων ἐν ἡμῖν πραγμάτων, καθὼς παρέδοσαν ἡμῖν οἱ ἀπ' ἀρχῆς αὐτόπται καὶ ὑπηρέται γενόμενοι τοῦ λόγου, ἔδοξε κἀμοὶ ... σοὶ γράψαι ...

3) Mk 1,1: 'Αρχὴ τοῦ εὐαγγελίου 'Ιησοῦ Χριστοῦ υἱοῦ θεοῦ.

4) Mt 1,1-3: Βίβλος γενέσεως 'Ιησοῦ Χριστοῦ υἱοῦ Δαυὶδ υἱοῦ 'Αβραάμ. 'Αβραὰμ ἐγέννησεν τὸν 'Ισαάκ, 'Ισαὰκ δὲ ἐγέννησεν τὸν 'Ιακώβ, 'Ιακὼβ δὲ ἐγέννησεν τὸν 'Ιούδαν καὶ τοὺς ἀδελφοὺς αὐτοῦ, 'Ιούδας δὲ ἐγέννησεν τὸν Φάρες καὶ τὸν Ζάρα ἐκ τῆς Θαμάρ, Φάρες δὲ ἐγέννησεν τὸν 'Εσρώμ, 'Εσρὼμ δὲ ἐγέννησεν τὸν 'Αράμ.

Die beiden folgenden Texte enthalten alle Buchstaben des griechischen Alphabets:

5) Mt 5,30: καὶ εἰ ἡ δεξιά σου χεὶρ σκανδαλίζει σε, ἔκκοψον αὐτὴν καὶ βάλε ἀπὸ σοῦ· συμφέρει γάρ σοι ἵνα ἀπόληται ἓν τῶν μελῶν σου καὶ μὴ ὅλον τὸ σῶμά σου εἰς γέενναν ἀπέλθῃ.

6) Offb 2,10: μηδὲν φοβοῦ ἃ μέλλεις πάσχειν. ἰδοὺ μέλλει βάλλειν ὁ διάβολος ἐξ ὑμῶν εἰς φυλακὴν ἵνα πειρασθῆτε καὶ ἕξετε θλῖψιν ἡμερῶν δέκα. γίνου πιστὸς ἄχρι θανάτου, καὶ δώσω σοι τὸν στέφανον τῆς ζωῆς.

---

2 In hebräischen Eigennamen kann Jota auch wie „j" gesprochen werden.

3. o-Deklination (Maskulina) • Maskuliner Artikel 1. Pers. Sing. Ind. Präsens Aktiv des Verbs

A

Leseübung (bitte Akzent beachten!):

θεός, ἀδελφός, ἁμαρτωλός, διαλογισμός, ἐχθρός, κόσμος, κύριος, λόγος, ξένος, γεωργός, διδάσκαλος, υἱός, φόβος

B

1) Maskulina der o-Deklination

Zur o-Deklination gehören die meisten maskulinen (männlichen) Wörter.
Beim Deklinieren bleibt der Wortstamm (z.B. λογ-) in der Regel unverändert (der Akzent kann sich verändern, s. unten). Die Endungen wechseln dagegen, sodass man an ihnen den Kasus und Numerus erkennen kann. Weil die Endungen jeweils mit einem o-Laut beginnen, spricht man von der o-Deklination.

Nominativ	Singular	λόγ-ος	Plural	λόγ-οι
Genitiv		λόγ-ου		λόγ-ων
Dativ		λόγ-ῳ		λόγ-οις
Akkusativ		λόγ-ον		λόγ-ους

Außerdem gibt es im Griechischen einen Kasus für die Anrede, den Vokativ. Dieser entspricht meistens dem Nominativ. Im Sg.m. der o-Deklination gibt es daneben eine eigene Form mit der Endung -ε, z.B. Πέτρε (Petrus) und κύριε (Herr). Letztere findet sich in manchen Liedern.
Bei der Deklination bleibt der Akzent möglichst auf der Silbe, die ihn im Nom.Sg. hat (dort steht er auf einer der drei letzten Silben). Wenn die letzte Silbe durch die Veränderung der Deklinationsendung lang wird, wird aus einem Zirkumflex auf der vorletzten Silbe ein Akut (δοῦλος, δούλου), und ein Akut auf der drittletzten Silbe wandert auf die vorletzte Silbe (ἄνθρωπος, ἀνθρώπου). Grund: Nur wenn die letzte Silbe kurz ist, kann auf der vorletzten Silbe ein Zirkumflex bzw. auf der drittletzten Silbe ein Akut stehen.
Wichtig: Bei Wörtern, die im Nom.Sg. endbetont sind, tragen die Genitiv- und Dativendungen stets einen Zirkumflex (θεοῦ, θεῷ, ἁμαρτωλῶν, ἁμαρτωλοῖς).

2) Der maskuline Artikel

Der Artikel hat (außer im Nominativ) den Stamm τ. An diesen werden die Endungen der o-Deklination angehängt. Im Nominativ steht statt des τ ein Spiritus asper. Zu beachten ist, dass der Nom.Sg. des Artikels – abweichend von den Substantiven – als Endung nur ein ο hat und nicht ος.

Nom.	Sg.	ὁ	*der*		Pl.	οἱ	*die*
Gen.		τοῦ	*des*			τῶν	*der*
Dat.		τῷ	*dem*			τοῖς	*den*
Akk.		τόν	*den*			τούς	*die*

Eine Vokativform gibt es nicht, jedoch steht vor dem Vokativ häufig die Interjektion ὦ (oh).

3) Die 1. Person Singular Indikativ Präsens Aktiv des Verbs

Sie hat die Endung -ω (Lernhilfe: Eg*o*). Das Personalpronomen ist in der Verbform bereits „enthalten", d.h. βλέπω heißt schon „ich sehe".
Grundform des Verbs im Wörterbuch (und auch im Vokabelverzeichnis) ist die 1.Sg. Ind.Präs.Akt. (z.B. βλέπω).[1] Im Deutschen wird jedoch die Bedeutung im Infinitiv angegeben.
Der Akzent steht bei den finiten Verbformen (Formen mit 1.-3. Person Sg. und Pl.) so weit vorne, wie dies nach den Akzentregeln möglich ist.

4) Satzzeichen

Die Satzzeichen . (Punkt) und , (Komma) werden wie im Deutschen verwendet.
Das Zeichen ; (Semikolon) ist im Griechischen das Fragezeichen.
Das Zeichen · (Hochpunkt entspricht zugleich dem deutschen Semikolon (;) und dem Doppelpunkt (:). Lernhilfe: Unter das Zeichen kann man im Deutschen entweder einen Punkt setzen (zum Doppelpunkt) oder ein Komma (zum Semikolon).

5) Zur Syntax des Genitivs

Für den Genitiv gibt es viele verschiedene Gebrauchsweisen. Die folgenden Genitive kann man zum Bereich des *genitivus pertinentiae* (Gen. der Zugehörigkeit) rechnen:
genitivus possessoris bzw. *possessivus* (Gen. des Besitzers bzw. besitzanzeigender Gen.)

ὁ ναὸς τῶν ξένων der Tempel der Fremden (hier: der den Fremden gehört)

Genitiv zur Bezeichnung eines Verwandtschaftsverhältnisses

Ἰάκωβος ὁ υἱός τοῦ Ἁλφαίου – *Jakobus, der Sohn des Alphäus*
υἱός kann auch weggelassen werden: Ἰάκωβος ὁ τοῦ Ἁλφαίου (Mt 10,3)
Die Artikel müssen nicht stehen: Ἰάκωβος Ἁλφαίου; die deutsche Übersetzung bleibt aber gleich.

[1] Hintergrund ist, dass man verschiedene Verbklassen so leicht unterscheiden kann.

genitivus subiectivus und obiectivus

Wenn ein genitivus pertinentiae (der Zugehörigkeit) von einem Verbalsubstantiv[2] abhängig ist, das eine Tätigkeit oder eine Empfindung ausdrückt (Laufen, Furcht, Liebe …), unterscheidet man den a) *genitivus subiectivus* und b) *genitivus obiectivus:*

ὁ φόβος τοῦ ἐχθροῦ

a) die Furcht des Feindes (der Feind ist Subjekt der Furcht);

b) die Furcht *vor* dem Feind (der Feind ist Objekt der Furcht).

genitivus auctoris (Gen. des Urhebers oder Ursprungs)

ὁ λόγος τοῦ θεοῦ – *das Wort Gottes* (hier: Gott ist Urheber des Wortes)

C

1) Bestimmen Sie bitte:

θρόνος, οὐρανούς, λόγῳ, διδασκάλων, φόβον, ἐχθροί, ξένοις, καιροῦ, γεωργοί, ναῷ, λαῶν, ἁμαρτωλόν, ἀδελφοῦ, υἱός, ἄρτοι, διδάσκαλε

2) Bestimmen und übersetzen Sie bitte:

τούς, τοῦ, ὁ, τοῖς, οἱ, τῷ, τῶν, τόν

3) Bestimmen und übersetzen Sie bitte:

τοῦ ἐχθροῦ, τὸν ἄρτον, ὁ ἀγρός, οἱ διδάσκαλοι, τοὺς ἀποστόλους, τοῖς λόγοις, τῶν κυρίων, βλέπω, ὁ λαός, τῷ κόσμῳ, οἱ υἱοί, λέγω, τὸν φόβον, τῶν γεωργῶν, τοῦ ξένου

4) Übersetzen und bestimmen Sie bitte den Gebrauch des Genitivs:

Beispiel: ὁ λόγος τοῦ θεοῦ = das Wort Gottes – genitivus auctoris (Gott ist *Urheber* des Wortes)

ὁ ἄρτος τοῦ υἱοῦ, ὁ ἀδελφὸς τοῦ υἱοῦ, ὁ φόβος τοῦ υἱοῦ, βλέπω τὸν κόσμον τοῦ θεοῦ, δουλεύω τῷ λαῷ τοῦ θεοῦ

5) Wie lautet der Singular der angegebenen Formen?

ναῶν, διαλογισμοί, ξένους, υἱοῖς, ἁμαρτωλῶν, γεωργούς

---

[2] Verbalsubstantiv = zu einem Verb gebildetes Substantiv (lieben → Liebe).

D

Erste Übersetzungsregel:
1. Suchen Sie bitte immer zuerst die Verbform!
2. Übersetzen Sie diese bitte zunächst ohne die anderen Wörter des Satzes!
3. Übersetzen Sie dann bitte den ganzen Satz, nachdem Sie die anderen Wörter des Satzes auf ihren Kasus und Numerus untersucht haben!

1. Γράφω τῷ ἐχθρῷ. – 2. ἀκούω τοὺς διαλογισμοὺς τοῦ ἀδελφοῦ. – 3. φόβον ἔχω. – 4. τὸν λόγον τοῦ ἀποστόλου ἀκούω. – 5. βλέπω τοὺς διδασκάλους τῶν γεωργῶν. – 6. τὸν υἱὸν ξένου παιδεύω. – 7. δουλεῦω τῷ θεῷ τῷ κυρίῳ τοῦ κόσμου. – 8. τὸν ναὸν τῶν ξένων βλέπω. – 9. ἀκούω τοῦ λόγου τοῦ θεοῦ. – 10. βλέπω τὸν φόβον τῶν ἐχθρῶν. – 11. ἀσπασμὸν καὶ τοῖς ἀποστόλοις καὶ τοῖς ἀδελφοῖς γράφω. – 12. τοὺς καρποὺς τῶν ἀγρῶν βλέπω, καὶ τὸν ἄρτον τοῦ ἀγροῦ ἔχω. – 13. τῷ Χριστῷ τῷ κυρίῳ τοῦ κόσμου δουλεύω, καὶ τῷ λαῷ τὸν λόγον τοῦ θεοῦ λέγω.

E

1) Die Stellung des Verbs im Griechischen

Die Stellung des Verbs ist im Griechischen viel freier als im Deutschen. Ohne Änderung der Bedeutung kann es z.B. vor dem Objekt stehen (in den beiden ersten Sätzen unter D) oder danach (im dritten Satz).

2) Die Bedeutung des Artikels

Bei manchen Substantivformen des Lesestücks steht der Artikel, bei manchen nicht. Wenn kein Artikel steht, setzt man im Deutschen meist den unbestimmten Artikel (im Singular „ein“, im Plural ohne Zusatz), z.B.:
λέγω λόγον ich sage ein Wort, ἀκούω λόγους ich höre Worte.
Wenn im Griechischen ein Artikel steht, hat er entweder
a*) individualisierende Funktion,* d.h. er deutet auf ein bestimmtes Individuum hin; z.B. γράφω τῷ υἱῷ ich schreibe *dem* Sohn (einem bestimmten Sohn; hier ohne näheren Zusammenhang: *meinem* Sohn); oder
b) *generalisierende Funktion,* d.h. der Artikel verallgemeinert die Bedeutung des Wortes; z.B. in D.12: τὸν ἄρτον τοῦ ἀγροῦ ἔχω ich habe „das“ Brot des Ackers, d. h. allgemein Brot (Ernährung) von dem Acker (zum Artikel vgl. S. 26).
Der Artikel vor θεός bedeutet im NT nicht nur *der* Gott (ein bestimmter unter anderen), sondern auch einfach *Gott* (der einzige). Warum wird im NT der Artikel gesetzt und bei uns nicht? In der damaligen Welt glaubte man an viele Götter, aus denen der eine Gott durch den Artikel hervorgehoben wurde. Im Abendland, das vom Christentum bestimmt wurde, denkt man bei Gott nur noch an den einen Gott und lässt deshalb den Artikel weg.
Anders als im Deutschen steht der Artikel im Griechischen häufig auch vor Eigennamen. Eigennamen werden im Griechischen grundsätzlich groß geschrieben (Πέτρος).

4. Präpositionen mit einem Kasus • Femininer Artikel • Feminina der o-Deklination

A

Wiederholen Sie bitte den maskulinen Artikel!

B

1) Präpositionen (Verhältniswörter) **mit nur einem Kasus**

Wie im Deutschen ist die Bedeutung einer Präposition abhängig von dem nachfolgenden Kasus. Z.B. antwortet die präpositionale Wendung „in dem Haus" auf die Frage „wo?", aber die Wendung „in das Haus" auf die Frage „wohin?". Ursprünglich hatte im Griechischen jeder Kasus eine bestimmte Beziehungsbedeutung: Der Genitiv antwortete auf die Frage „woher?"[1], der Dativ auf „wo, womit?"[2], der Akkusativ auf „wohin, wie lange?"[3]. Als die Aussagekraft der Kasus mehr und mehr verloren ging, wurde der Sinn der Kasus durch Präpositionen verdeutlicht. Es gibt im Griechischen Präpositionen, die mit nur einem oder mit zwei oder mit drei Kasus stehen können. Je nach Kasus haben sie meistens eine unterschiedliche Bedeutung.

Die *wichtigsten Präpositionen,* die nur *einen* bestimmten Kasus bei sich haben,[4] sind:

<u>*Mit Genitiv:*</u>		
ἀντί (vor Vokal: ἀντ', vor Vokal mit ῾: ἀνθ')	= statt, für (in Komposita oft: gegen)	*L:* Anti-christ ist der, der sich *an die Stelle* Christi setzt, sich damit *gegen* ihn stellt.
ἀπό (vor Vokal: ἀπ', vor Vokal mit ῾: ἀφ')	= von ... (weg), seit (zeitlich)	
ἐκ (vor Vokal: ἐξ)	= aus (heraus), von, aufgrund von	*L:* ἐξ ist bekannt aus dem lateinischen ex (ex trinken, Ex-Weltmeister)
πρό	= vor (örtlich und zeitlich), für	*L:* pro ist bekannt aus dem Gegensatz pro – contra (dafür – dagegen)

[1] Im NT werden Herkunftsangaben jedoch meistens mit einem Präpositionalgefüge gebildet.

[2] Ortsangaben stehen im NT nicht mehr im lokalen Dativ, sondern werden mit einem Präpositionalgefüge gebildet. Ausnahme ist das zum Adverb erstarrte κύκλῳ (im Kreis, ringsumher).

[3] Der Akk. des Ziels (wohin?) fehlt im NT, er ist durch ein Präpositionalgefüge ersetzt.

[4] Mit welchem Kasus eine Präposition steht, wird im Vokabelverzeichnis mit den römischen Ziffern II (Gen.), III (Dat.) und IV (Akk.) angezeigt.

Mit Dativ:		
ἐν	= in, an, auf, bei (auf die Frage „wo?“) = durch (Mittel und Werkzeug) „instrumental“	*L:* ἐν (fast wie „in“)
σύν	= mit (jmdm. zusammen)	*L:* σύν in Fremdwörtern wie „Synthese“ („Zusammen-setzung“)
Mit Akkusativ:		
εἰς	= in … (hinein), zu, nach (auf die Frage „wohin?“)	

2) Der feminine Artikel

Der feminine Artikel hat den gleichen Stamm τ wie der maskuline; im Nominativ steht wie beim maskulinen Artikel statt des τ ein Spiritus asper. Bei den Endungen unterscheiden sich jedoch die Vokale, denn der feminine Artikel hat im Singular ein η und im Plural ein α. Nur im Gen.Pl. ist die Endung (wie in allen anderen Deklinationen) -ων.

Nom	Sg.	ἡ		Pl.	αἱ
Gen.		τῆς			τῶν
Dat.		τῇ			ταῖς
Akk.		τήν			τάς

3) Feminina der o-Deklination

Neben maskulinen Substantiven der o-Deklination gibt es auch feminine, die genauso dekliniert werden. Bei diesen steht aber selbstverständlich der feminine Artikel. Daher ist es bei diesen Wörtern besonders wichtig, die Substantive mit Artikel zu lernen; auch sonst sollten die Substantive mit Artikel gelernt werden. Die Endungen von Artikel und zugehörigem Substantiv sind also in diesem Fall verschieden. Man kann sich die (wichtigsten) Wörter mit folgendem Satz merken:

> Eine Jungfrau (παρθένος) mit einem Stab (ῥάβδος) saß unter einem Weinstock (ἄμπελος) in der Wüste (ἔρημος) an einem Weg (ὁδός) nach Ägypten (Αἴγυπτος) und las in einem Buch (βίβλος) über Krankheit (νόσος).

4) Zur Syntax des Dativs

Für den Dativ gibt es mehrere Gebrauchsweisen. Die wichtigsten sind:

- *der Dativ als Ergänzung (Dativobjekt)*
  Der Dativ steht als Objekt – meist wie im Deutschen – bei den Verben (und Adjektiven), die eine Haltung oder Zuwendung zu einer Person in Gesinnung, Wort oder Tat bezeichnen.
- *dativus instrumentalis* (instrumentaler Dativ zur Angabe des Mittels oder Werkzeugs)
  ἐξέβαλεν τὰ πνεύματα λόγῳ (Mt 8,16) – *er trieb die Geister aus durch (sein) Wort*
- *dativus modi* (modaler Dativ zur Angabe der Art und Weise)
  παρρησίᾳ (Dat. von „Freimut") τὸν λόγον ἐλάλει (Mk 8,32) – *ganz offen redete er das Wort*
- *dativus temporalis* (temporaler Dativ zur Angabe des Zeitpunkts)
  τῇ τρίτῃ (dritte) ἡμέρᾳ (Mt 16,21) – *am dritten Tag*

C

1) Setzen Sie bitte zu folgenden Wörtern den entsprechenden Artikel:

παρθένος, ῥάβδον, βίβλους, ἐρήμῳ, ὁδός, καρπόν, βίβλοι, νόσων, παρθένοι, ὁδόν, ῥάβδῳ, νόσους, διδασκάλου, ἄμπελος, παρθένου, Αἴγυπτος, ὁδῶν

2) Setzen Sie bitte zu folgenden Artikeln die entsprechenden Formen von βίβλος**:**

τῆς …	ταῖς …	τῶν …	αἱ …
τὰς …	τὴν …	ἡ …	τῇ …

3) Bilden Sie bitte folgende Formen von ὁδός **und setzen Sie den jeweiligen Artikel davor:**

Gen.Sg., Akk.Sg., Nom.Pl., Dat.Sg., Akk.Pl., Nom.Sg., Gen.Pl.

4) Übersetzen Sie bitte:

ἀντὶ τοῦ καρποῦ, εἰς τὸν οὐρανόν, σὺν τῷ πρεσβυτέρῳ, πρὸ τοῦ χοίρου, ἐν ταῖς ὁδοῖς, ἀφ' υἱοῦ, εἰς τὸν κόσμον, ἀπὸ τῆς ἐρήμου, σὺν τοῖς ὀφθαλμοῖς, ἀντὶ τοῦ θανάτου, ἐκ τοῦ ἄρτου, σὺν τοῖς διδασκάλοις, ἐν τοῖς οὐρανοῖς, πρὸ τοῦ καιροῦ

5) Kombinieren Sie bitte Präposition und Substantiv (ggf. mit Artikel) **und übersetzen Sie dann:**

ἀπό – ὁ καίρος; ἐν – λόγος; ἀντί – ἀδελφός; πρό – οἱ ὀφθαλμοί; εἰς – πειρασμός; σύν – ὁ διάκονος; ἐκ – ἔρημος

D

1. Βλέπω τὴν παρθένον ἐν τῇ ἐρήμῳ. – 2. βλέπω τὸν διάκονον πρὸ τοῦ ναοῦ. – 3. ἀπολύω τὴν παρθένον ἐκ τῆς ἐρήμου. – 4. τὸν υἱὸν τοῦ διδασκάλου ἐν τῇ βίβλῳ ἐξ Αἰγύπτου παιδεύω. – 5. λέγω τὸν λόγον πρὸ τοῦ λαοῦ. – 6. πιστεύω τῷ θεῷ ἐν τῇ νόσῳ. – 7. ὁ υἱὸς τοῦ διδασκάλου ἄρτον καὶ οἶνον ἐξ Αἰγύπτου ἔχει[5]. – 8. ἐν τῇ βίβλῳ τὸν λόγον τοῦ θεοῦ ἔχω. – 9. τοῖς ὀφθαλμοῖς τὸν θρόνον τοῦ κυρίου βλέπω. –10. ζήλῳ δουλεύω τῷ Χριστῷ. – 11. ἀκούω φόβῳ τὸν ἀριθμὸν τῶν ἐχθρῶν. – 12. φεύγω ἀπὸ τοῦ διαβόλου καιρῷ τοῦ πειρασμοῦ. – 13. χρόνῳ τοῦ θερισμοῦ τῷ γεωργῷ δουλεύω. – 14. ὁ κύριος Ἰησοῦς ἐν τῷ πειρασμῷ τοῦ διαβόλου ἐν τῇ ἐρήμῳ ἦν[6].

E

Zur Syntax bei φεύγω

Bei den Verben „fürchten“, „fliehen“ (φεύγω), „sich hüten“ usw. kennt das NT zwei verschiedene Konstruktionen:
a) mit *Präposition*: φεύγω ἀπὸ τοῦ διαβόλου (vgl. D.12);
b) mit dem *Akkusativ*: φεύγω τὸν πειρασμόν (im NT selten und nicht bei Personen).

---

[5] 3.Sg.Ind.Präs.Akt. *er hat.*

[6] 3.Sg.Ind.Impf.Akt. *er war.*

5. Indikativ Präsens Aktiv von παιδεύω Tempusaspekte

B

1) Indikativ Präsens von παιδεύω

Jede Person von der 1.Sg. bis zur 3.Pl. hat eine eigene Endung, an der die Form zu erkennen ist. Diese Endungen sind bei den verschiedenen Verben im Indikativ Präsens jeweils gleich. Deshalb enden die Verben im Vokabelverzeichnis bisher alle auf -ω. Das Personalpronomen (ich, du usw.) ist in der Verbform enthalten und muss nicht hinzugefügt werden; dies geschieht nur, wenn die Person besonders betont werden soll.

Verbstamm:	παιδευ-	
1. Sg.	παιδεύ-**ω**	ich erziehe
2. Sg.	παιδεύ-**εις**	du erziehst
3. Sg.	παιδεύ-**ει**	er/sie/es erzieht
1. Pl.	παιδεύ-**ο-μεν**	wir erziehen
2. Pl.	παιδεύ-**ε-τε**	ihr erzieht
3. Pl.	παιδεύ-**ουσι(ν)**	sie erziehen

Das ν in der 3.Pl. kann entfallen, wenn das nächste Wort mit einem Konsonanten beginnt: παιδεύουσι(ν).

2) Tempusaspekte

Die Tempora haben im Griechischen – außer im Futur – keine Zeitbedeutung, sondern grundsätzlich *Aspektbedeutung*. *Aspekt* meint die subjektive „Betrachtungsweise“, die Art, wie der Sprechende die Verwirklichung des Verbinhalts versteht.
Zusätzlich hat der *Indikativ* noch eine *Zeitbedeutung*. Die anderen Modi sind ohne Zeitbedeutung.

a) Die **wichtigsten Tempusaspekte** im Griechischen sind:
1. der *durative* Aspekt (Präsensstamm): Die Handlung drückt die Dauer bzw. den Verlauf einer Handlung aus, ohne Rücksicht auf ihren wirklichen Abschluss;
2. der *resultative* Aspekt (Perfektstamm): Er bezeichnet einen Zustand in der Gegenwart als Ergebnis einer vergangenen Handlung;
3. der *punktuelle* Aspekt (Aoriststamm[1]): Er bezeichnet punktuelle Handlungen, die als Moment gedacht sind.

---

[1] Der Aorist ist ein griechisches Tempus, das es weder im Deutschen noch im Englischen gibt.

b) Der Indikativ des Präsensstamms:

Beim *durativen* Aspekt des Präsens können im Indikativ vor allem vier Gebrauchsweisen unterschieden werden:

- *linear*: eine in der Gegenwart im Verlauf befindliche, (meist) länger anhaltende Handlung;
- *iterativ*: eine wiederholte oder gewohnheitsmäßige Handlung in der Gegenwart;
- *konativ* (*Präsens de conatu*): Das Präsens hat dabei den Sinn einer versuchten Handlung (φεύγω = ich versuche zu fliehen);
- *historisch* (*Praesens historicum*): Das historische Präsens kann in einer lebhaften Erzählung eine Vergangenheitsformen ersetzen, insbesondere bei der Haupthandlung und am Erzählhöhepunkt.

C

1) In welcher Person stehen folgende Formen? Trennen Sie bitte vorher immer die Endung ab! Übersetzen Sie dann die Form!

πιστεύεις, ἀκούομεν, παιδεύετε, βλέπουσιν, γράφω, ἔχει, δουλεύουσιν, λέγει, φεύγομεν, ἔχουσιν, βλέπεις, λύετε

2) Wie lautet der Plural bzw. Singular folgender Formen?

βλέπω –	λέγετε –	φυτεύει –
ὑπακούουσιν –	ἔχομεν –	δουλεύεις –

3) Ergänzen Sie bitte die Endungen (beim Verb: 3.Sg. oder 3.Pl.; beim Substantiv: Nom.Sg. oder Nom.Pl.)!

ὁ θεὸς βασιλεύ______	ὁ γεωργὸς φυτεύ______
ἀπόστολοι πιστεύ______	διακον______ δουλεύει
φίλ______ γράφουσιν	Φαρισαῖοι λατρεύ______

D

Zweite Übersetzungsregel:

Wenn Sie das Verb gefunden haben (vgl. erste Übersetzungsregel S. 29), das im Satz die Rolle der wichtigsten (Satz-)Aussage (Prädikat) spielt, dann

1. suchen Sie bitte, wenn das Verb in der 3. Person steht, das Subjekt! Es steht immer im Nominativ.[2] Ob Singular oder Plural, entscheidet die Verbform.
2. Übersetzen Sie bitte Subjekt und Prädikat ohne die anderen Wörter des Satzes!
3. Wenn einmal kein Subjekt zu finden ist, dann gilt das Subjekt des vorigen Satzes weiter (zu übersetzen mit „er“ bzw. „sie“ oder „es“).

---

[2] Ausnahmen gibt es bei speziellen Konstruktionen, die aber erst viel später behandelt werden.

4. Prüfen Sie danach bitte, ob ein oder mehrere Objekte im Satz vorkommen. Sie sind für den Sinn eines Satzes nach Subjekt und Prädikat die wichtigsten Satzteile.
5. Übersetzen Sie bitte den ganzen Satz (entsprechend der ersten Übersetzungsregel S. 29).

1. Οἱ Ῥωμαῖοι ἐν τῷ κόσμῳ κυριεύουσιν. – 2. τὸν πλοῦτον τῆς παρθένου βλέπεις. – 3. Οἱ ἄνθρωποι τοῦ κόσμου τοὺς λόγους τοῦ ἀποστόλου ἀκούουσιν. – 4. οἱ γεωργοὶ τοὺς ἀγροὺς φυτεύουσιν. – 5. ὁ κύριος τὸν διάκονον τοῦ πρεσβυτέρου θεραπεύει. – 6. ἐν τοῖς οὐρανοῖς καὶ ἐν τῷ κόσμῳ ὁ Χριστὸς βασιλεύει. – 7. οἱ φίλοι τοῖς λόγοις τῶν ξένων οὐ πιστεύουσιν. ὑπακούουσιν δὲ τῷ λόγῳ τοῦ θεοῦ. – 8. ἄνθρωποι τῷ διαβόλῳ οὐκέτι δουλεύουσιν, ἀλλὰ τῷ Χριστῷ. – 9. ἐν Χριστῷ ἤδη τὸν πλοῦτον τοῦ οὐρανοῦ ἔχομεν· τῷ γὰρ λόγῳ τοῦ θεοῦ πιστεύομεν. – 10. πρὸ τοῦ ναοῦ τὸν ὄχλον βλέπετε.

E

Die Bestimmung griechischer Verbformen

Bei jeder finiten Verbform (alle Formen, die eine Person enthalten) kann man im Regelfall fünf verschiedene Eigenschaften bestimmen. Infinitiv und Partizip gehören nicht zu den finiten Verbformen, sondern stellen Sonderfälle dar, da sie auch Eigenschaften von Adjektiven haben, dafür aber nicht alle verbalen Eigenschaften.

Finite Verbformen haben fünf Bestimmungen

Person	*Numerus*	*Modus*	*Tempus*	*Diathese*
1. 2. 3.	Singular Plural	Indikativ Konjunktiv (Optativ) Imperativ	Präsens Imperfekt Perfekt Plusquamperfekt Aorist Futur	Aktiv Medium Passiv

Infinitive haben drei Bestimmungen

	Tempus	*Diathese*
Infinitiv	Präsens Perfekt Aorist Futur	Aktiv Medium Passiv

Partizipien haben sechs Bestimmungen

Kasus	*Numerus*	*Genus*		*Tempus*	*Diathese*
Nominativ Genitiv Dativ Akkusativ	Singular Plural	Maskulinum Femininum Neutrum	Partizip	Präsens Perfekt Aorist Futur	Aktiv Medium Passiv

6. Indikativ Präsens Aktiv der Verba contracta auf -εω • Deklination von Eigennamen

A

Wiederholen Sie bitte den Indikativ Präsens Aktiv von παιδεύω!

B

1) Indikativ Präsens der Verba contracta auf -εω

Als Verba contracta bezeichnet man die Verben, bei denen im Präsens (und Imperfekt) der auslautende Vokal des Verbalstamms (α, ε, ο) mit der Endung kontrahiert (zusammengezogen) wird. Besonders die Verben auf -εω sind im NT häufig. In den anderen Tempora wird bei den Verba contracta der Stammauslaut gedehnt, aus ε wird also η.

Regeln für die Kontraktion der Verba contracta auf -εω

ε + ε → ει

ε + ο → ου

ε vor langem Vokal (η, ω) oder Diphthong (ει, ου) wird verschlungen,
also: ε + η → η, ε + ω → ω, ε + ει → ει, ε + ου → ου

Besonderheit: Die meisten *einsilbigen Stämme* auf -εω (z.B. δέω und ἐκ-χέω) kontrahieren im NT nur zu ει, und auch dies nicht immer, also z.B.:
ε + ε → ει; ε + ει → ει; aber: ε + ο → εο; ε + ω → εω usw.

Verbstamm:	ποιε-	
	vor Kontraktion	*kontrahiert*
1. Sg.	ποιέ-ω	→ **ποιῶ**
2. Sg.	ποιέ-εις	→ **ποιεῖς**
3. Sg.	ποιέ-ει	→ **ποιεῖ**
1. Pl.	ποιέ-ο-μεν	→ **ποιοῦμεν**
2. Pl.	ποιέ-ε-τε	→ **ποιεῖτε**
3. Pl.	ποιέ-ουσιν	→ **ποιοῦσιν**

vgl. παιδευ-
Verba non-contracta
παιδεύ-ω
παιδεύ-εις
παιδεύ-ει
παιδεύ-ο-μεν
παιδεύ-ε-τε
παιδεύ-ουσιν

Zur Akzentsetzung: Ist die erste der beiden Silben, die kontrahieren, betont, trägt die kontrahierte Silbe einen Zirkumflex. Trägt die zweite der beiden Silben, die kontrahieren, einen Akut, trägt auch die kontrahierte Silbe einen Akut.

2) Deklination von Eigennamen

Eigennamen, die nicht griechischen Ursprungs sind, werden in der Deklination unterschiedlich behandelt:

a) Manche werden gar nicht dekliniert (Ἀδάμ, Ἀβραάμ, Μαριάμ). Der Kasus ist nur erkennbar am Kasus des Artikels vor dem Eigennamen, sofern ein Artikel steht.
b) Manche werden – wie griechische Namen – regelmäßig dekliniert (Πέτρος, Μαρία).
c) Ἰησοῦς wird gemischt, also unregelmäßig, dekliniert:

Nom.	ὁ Ἰησοῦς
Gen.	τοῦ Ἰησοῦ
Dat.	τῷ Ἰησοῦ
Akk.	τὸν Ἰησοῦν
Vokativ	Ἰησοῦ

C

1) Bestimmen und übersetzen Sie bitte:

ἀκολουθῶ, εὐλογεῖ, θεωρεῖτε, μετανοοῦσιν, διακονεῖς, εὐχαριστοῦμεν, λαλεῖ, μαρτυρεῖτε, περιπατοῦσιν, ἐλεῶ, ζητοῦμεν, ποιεῖς, δέομεν, δεῖτε

2) Wie lautet die entsprechende Form des Singulars bzw. des Plurals?
Nennen Sie bitte jeweils die unkontrahierte und die kontrahierte Form!

μετανοεῖς, εὐχαριστῶ, εὐλογοῦσιν, ἐπιθυμοῦμεν, θεωρεῖ, ἐλεεῖτε

3) Ergänzen Sie bitte die Endungen (beim Verb: 3.Sg. oder 3.Pl.; beim Substantiv: Nom.Sg. oder Nom.Pl.):

ὁ ἄνθρωπος περιπατ______	οἱ φίλοι μετανο______
οἱ γεωργοὶ οὐκ ἐλε______	ξεν______ θεωροῦσιν
ἐχθρ______ οὐκ ἀκολουθεῖ	Φαρισαι______ εὐχαριστοῦσιν

4) Bestimmen, übersetzen und entscheiden Sie bitte, ob die Form kontrahiert ist oder nicht!

διακονεῖ, εὐλογεῖτε, ἔχουσιν, βασιλεύεις, λατρεύομεν, ζητῶ, φεύγω, θεωροῦμεν, δουλεύετε, ἀκολουθοῦσιν, γράφει, θεραπεύετε, ἀκούω, ποιεῖς, περιπατεῖτε, ἐλεοῦσιν, ἀπολύομεν, μαρτυρεῖς, εὐχαριστεῖ, βλασφημοῦσιν, λατρεύουσιν, μετανοῶ

D

1. Τὸν γεωργὸν σὺν ξένῳ πρὸ τοῦ ναοῦ θεωρεῖτε. – 2. τῷ υἱῷ τοῦ θεοῦ εὐχαριστῶ. – 3. οἱ διάκονοι τοὺς πρεσβυτέρους ζήλῳ ζητοῦσιν. – 4. τῷ ἁμαρτωλῷ τὸν λόγον τοῦ νόμου μαρτυροῦμεν. – 5. ἀσπασμὸν τοῖς φίλοις λαλεῖς. – 6. οἱ Φαρισαῖοι ζήλῳ περιπατοῦσιν καὶ τὸν νόμον λέγουσιν καὶ φόβῳ λατρεύουσιν τῷ θεῷ. – 7. περιπατεῖτε ἐν Χριστῷ τῷ κυρίῳ. – 8. ἀκολουθοῦμεν τῷ Χριστῷ ἢ τῷ διαβόλῳ ἔτι λατρεύομεν. – 9. ὁ δοῦλος ἐν τῷ οἴκῳ οὐ μετανοεῖ, ἀλλὰ τὸν θεὸν βλασφημεῖ. – 10. οἱ συνεργοὶ γρηγοροῦσιν καὶ ὁμολογοῦσιν τὸν θεόν. – 11. τὰς βίβλους τοῦ νόμου πρὸ τοῦ ναοῦ τῷ ὀφθαλμῷ κατανοεῖς; – 12. οἱ δοῦλοι τοὺς καρποὺς καὶ τὸν οἶνον ἔτι ζητοῦσιν.

7. Indikativ Präsens Medium/Passiv • Deponentia • Präpositionen mit zwei Kasus

A

Wiederholen Sie bitte die Personalendungen im Indikativ Präsens Aktiv!

B

1) Indikativ Präsens Medium/Passiv

Neben den zwei aus dem Deutschen bekannten Diathesen[1] Aktiv und Passiv kennt das Griechische noch eine dritte Diathese: das Medium. Es steht in der Mitte zwischen Aktiv und Passiv. Das Medium wird für Handlungen benutzt, bei denen jemand sowohl aktiv als auch passiv ist, weil er die Handlung an sich selbst vollzieht (direkt-reflexiv). Z.B. bedeutet θεραπεύομαι „ich heile mich“, d.h. ich heile (aktiv) und ich werde geheilt (passiv), nämlich von mir selbst. Eine zweite Bedeutung des Mediums ist „ich heile für mich“, d.h. ich heile (aktiv), und ich vollziehe die Heilung in meinem Interesse („für mich“), jedoch nicht unbedingt an mir selbst (indirekt-reflexiv).
In manchen Tempora, u.a. auch im Präsens, sind die Formen im Medium und im Passiv identisch. Die Medium/Passiv-Formen im Präsens können jeweils medial (ich erziehe [für] mich) oder passivisch (ich werde erzogen) übersetzt werden.
Bei den Verba contracta auf -εω werden wieder die schon bekannten Kontraktionsregeln (vgl. Lekt. 6 B1) angewendet.

Verbstamm:	παιδευ-
	Verba non-contracta[2]
1. Sg.	παιδεύ-**ο-μαι**
2. Sg.	παιδεύ-**ῃ** (ε-σαι)
3. Sg.	παιδεύ-**ε-ται**
1. Pl.	παιδευ-**ό-μεθα**
2. Pl.	παιδεύ-**ε-σθε**
3. Pl.	παιδεύ-**ο-νται**

ποιε-	
vor Kontraktion	*kontrahiert*
ποιέ-ομαι	→ **ποιοῦμαι**
ποιέ-ῃ	→ **ποιῇ**
ποιέ-εται	→ **ποιεῖται**
ποιε-όμεθα	→ **ποιούμεθα**
ποιέ-εσθε	→ **ποιεῖσθε**
ποιέ-ονται	→ **ποιοῦνται**

Besonderheit: Ein σ zwischen zwei Vokalen im Bereich der Endung fällt meistens aus. In der 2.Sg. fällt das σ zwischen den beiden Vokalen aus, sodass dann drei Vokale (εαι) aufeinander folgen würden. Deshalb werden ε und α kontrahiert zu η, und das ι wird als Jota subscriptum unter das η geschrieben.

---

[1] In manchen Grammatiken wird statt Diathese der Begriff „Genus verbi“ verwendet.

[2] Verbstämme, die auf einen Vokal auslauten, aber nicht kontrahieren, werden als Verba vocalia non-contracta bezeichnet.

2) Deponentia medii und passivi

Es gibt Verben, die keine Aktiv-Formen bilden, sondern nur Medium- oder Passivformen. Trotzdem haben sie eine aktive Bedeutung und werden im Deutschen (fast immer) mit aktiver Bedeutung übersetzt. Diese Verben heißen Deponentia medii (D.M.) bzw. Deponentia passivi (D.P.), je nachdem, ob sie mediale oder passive Formen bilden.[3] Zum Verständnis des Phänomens Deponens kann das Verb δέχομαι helfen; die ursprüngliche Bedeutung war „für sich aufnehmen", später wurde daraus einfach „aufnehmen".
Weil es von einem Deponens keine Aktiv-Form gibt, wird bei den Vokabeln wie auch im Wörterbuch jeweils die 1.Sg.Ind.Präs.Med./Pass. genannt, z.B. δέχομαι.

3) Präpositionen mit zwei Kasus

Wie im Deutschen gib es Präpositionen, die mit zwei Kasus stehen und dann – je nach Kasus – unterschiedliche Bedeutungen haben.[4] Es ist unbedingt nötig, sich die Bedeutung der Präposition in Verbindung mit dem jeweiligen Kasus einzuprägen.

Präposition	*mit Genitiv*	*mit Dativ*	*mit Akkusativ*
διά (vor Vokal: δι')	durch		wegen, um ... willen
κατά (vor Vokal: κατ', vor Vokal mit ῾: καθ')	von ... herab, gegen		längs, gemäß, nach
μετά (vor Vokal: μετ', vor Vokal mit ῾: μεθ')	mit, bei		nach (zeitlich)
περί	über, in betreff, für (wie ὑπέρ)		um ... herum
ὑπέρ	für, zugunsten, um ... willen, über		über ... hinaus, mehr als
ὑπό (vor Vokal: ὑπ', vor Vokal mit ῾: ὑφ')	von (beim Passiv)		unter (örtlich)
πρός		nahe bei, an	zu ... hin, gegen, nach, im Hinblick auf; im NT auch: bei

---

3 Anders als im Präsens werden im Aorist die medialen und passiven Formen verschieden gebildet.

4 Ein Beispiel aus dem Deutschen: In dem Satz „ich gehe in dem bzw. in das Haus" sagt die Präposition „in" abhängig vom nachfolgenden Kasus etwas darüber, *wo* ich gehe (mit Dativ) bzw. *wohin* ich gehe (mit Akkusativ).

C

1) **Übersetzen Sie bitte und halten Sie dabei die unterschiedliche Bedeutung der Präposition je nach Kasus auseinander!**

διὰ τὸν ἄρτον – διὰ τοῦ ἄρτου / μετὰ τοῦ χρόνου – μετὰ τὸν χρόνον / ὑπὲρ τοὺς οἴκους – ὑπὲρ τῶν οἴκων / περὶ τοῦ κόσμου – περὶ τὸν κόσμον / κατὰ τοῦ οὐρανοῦ – κατὰ τὸν νόμον / πρὸς τῷ ἀγρῷ – πρὸς τὸν ἀγρόν

2) **Übersetzen Sie bitte:**

περὶ τὸν θρόνον, μετὰ τοὺς λόγους, ὑπὲρ ναόν, ὑπὸ τὸν θρόνον, πρὸς τῷ λαῷ, δι᾽ ἀγγέλων, κατὰ θρόνου, ὑπὲρ τῶν γεωργῶν, πρὸς ἄγρον, ὑφ᾽ ἁμαρτωλοῦ, διὰ τοὺς στρατήγους, περὶ τὸν κόσμον, ὑπ᾽ ἐχθρῶν, περὶ τοῦ σταυροῦ, ὑπὲρ ἀριθμόν, μετ᾽ ἀνθρώπων, κατὰ τοὺς ἀποστόλους, διὰ τοὺς ἀδελφούς

3) **Bestimmen und übersetzen Sie bitte:**

θεραπεύονται, βλέπομαι, γράφεται, ἐργάζῃ, ὁμολογεῖται, ἔρχονται, εὐλογεῖσθε, πορεύεσθε, νοοῦμαι, ζητῇ, διέρχομαι, εἰσέρχεται, πορευόμεθα, κατανοοῦνται

4) **Wie lautet der Singular bzw. Plural folgender Formen?**

εἰσερχόμεθα	ἀναχωρεῖται	κατοικοῦμαι
πορεύονται	ἐξέρχῃ	κατανοεῖσθε

5) **Bestimmen und übersetzen Sie bitte:**

ἀκολουθεῖς, βλεπόμεθα, πορεύονται, λαλοῦσιν, εὐλογῇ, ἐργάζεται, παιδεύετε, ἐξέρχῃ, ἀπέρχομαι, ζητεῖται, ἀπολύομαι, εὐχαριστεῖτε, θεωρῶ, πιστεύονται, εἰσερχόμεθα, κυριεύομεν, ἐλεοῦμαι, διέρχεσθε, θεραπεύῃ, ἔχει, ἀκούομεν, διακονεῖται

D

1. Ὁ δοῦλος τοῦ στρατηγοῦ ὑπὸ τοῦ κυρίου διὰ τοῦ λόγου θεραπεύεται. – 2. ἔρχεσθε πρὸς τὸν κύριον Ἰησοῦν Χριστὸν τὸν υἱὸν τοῦ θεοῦ. – 3. ἔρχονται καὶ οἱ Φαρισαῖοι καὶ οἱ Σαδδουκαῖοι εἰς τὸν ναόν, λατρεύουσιν γὰρ τῷ θεῷ. – 4. τῷ χρόνῳ τοῦ πειρασμοῦ εἰς τὸν ναὸν εἰσερχόμεθα καὶ τοὺς λόγους τοῦ Ἰησοῦ μαρτυροῦμεν. – 5. ζητοῦμεν τῷ ζήλῳ τὸν Ἰησοῦν, τὸν κύριον τοῦ κόσμου. – 6. ἀπὸ τοῦ ἀγροῦ μετὰ τὸν κόπον εἰς τὸν οἶκον τοῦ ἀδελφοῦ πορεύομαι. – 7. κόπῳ ἐργάζεσθε ἐν τοῖς ἀγροῖς διὰ τὸν πλοῦτον τοῦ θερισμοῦ. – 8. ὁ Χριστὸς κατὰ τοῦ οὐρανοῦ κατέρχεται καὶ ἀπολύει τοὺς ἀνθρώπους ἐκ τοῦ θανάτου. – 9. οἱ οἶκοι τῶν πρεσβυτέρων χρόνῳ τοῦ θερισμοῦ ὑπὸ τῶν δούλων κατοικοῦνται. – 10. Ἰησοῦς ὁ ἀμνὸς[5] τοῦ θεοῦ ἐστιν· ἀπὸ τῶν δεσμῶν τοῦ διαβόλου ἀπολύῃ ὑπὸ τοῦ θεοῦ. – 11. ὁ θεὸς οὐ θεωρεῖται τοῖς ὀφθαλμοῖς· τὸν δὲ θεὸν νοοῦμεν διὰ τοῦ Ἰησοῦ. – 12. οὐκέτι τὸν ἥλιον βλέπετε καὶ εἰς τὸν οἶκον τοῦ ἐπισκόπου πορεύεσθε. – 13. ὁ κύριος Ἰησοῦς οὐκ ἐκ φόβου ὁμολογεῖται. – 14. εὐχαριστῶ τῷ θεῷ ... διὰ Ἰησοῦ Χριστοῦ περὶ ὑμῶν[6]. (Röm 1,8)

---

[5] *Lamm.*

[6] *euch.*

8. Neutra der o-Deklination • Neutraler Artikel Kongruenz von Subjekt und Prädikat

A

1) Deklinieren Sie bitte κύριος!
2) Bestimmen Sie bitte die folgenden Wörter:
ἀμπέλους, ἄγγελε, κύριον, ἐρήμου, θανάτῳ, ὁδούς, ῥάβδοις

B

1) Neutra der o-Deklination und neutraler Artikel

Etliche Substantive der o-Deklination sind Neutra. Sie werden ähnlich wie die maskulinen Wörter der o-Deklination dekliniert. Die Endungen im Gen. und Dat. sind identisch. Charakteristisch für die neutralen Endungen ist:

In der Deklination von neutralen Wörtern sind die Endungen im Akkusativ immer dieselben wie im Nominativ. Dies gilt für Singular und Plural.

Diese Endungen sind von manchen Fremdwörtern her bekannt, z.B. Lexik*on* – Lexik*a*. Der neutrale Artikel hat als „Besonderheit", dass er durchgängig, also auch im Nom., mit dem Stamm τ beginnt. Außerdem steht bei ihm im Nom. und Akk.Sg. kein ν.

Nom.	Sg.	τὸ	πλοῖον
Gen.		τοῦ	πλοίου
Dat.		τῷ	πλοίῳ
Akk.		τὸ	πλοῖον

Pl.	τὰ	πλοῖα
	τῶν	πλοίων
	τοῖς	πλοίοις
	τὰ	πλοῖα

2) Kongruenz von Subjekt und Prädikat

Unter „Kongruenz" versteht man die *Übereinstimmung zwischen Subjekt und Prädikat*, z.B. im Numerus (Sg. bzw. Pl.). Allgemein gilt: Steht das Subjekt im Singular, steht auch das Prädikat im Singular; steht das Subjekt im Plural, dann auch das Prädikat. Vgl. Tab. 22 II (S. 295).

Ausnahme: Bei einem Neutrum Plural als Subjekt kann in der Koine das Verb im Plural *oder* im Singular (*Inkongruenz*) stehen. Wenn das Subjekt Personen bezeichnet, steht das Verb oft im Plural, z.B. bei δαιμόνια (Lk 4,41) oder ἔθνη (Heiden), seltener bei τέκνα. Bezeichnet das Subjekt Unpersönliches (πρόβατα, πλοῖα) überwiegt beim Verb der Singular, insbesondere wenn das Subjekt ein Abstraktum oder Pronomen ist. Möglicher Hintergrund: Steht das Verb im Singular, dürfte das Subjekt als Kollektiv im Blick sein; steht das Verb im Plural, dürfte die Individualität betont sein.

In der deutschen Übersetzung müssen Subjekt und Prädikat im selben Numerus stehen.

C

1) **Bestimmen und übersetzen Sie bitte mit deutschem Artikel** (manchmal gibt es zwei Möglichkeiten):

   τέκνου, ἄρτου, μύρῳ, πλοῖα (2×)[1], ἱματίων, ἀριθμοῖς, σημεῖον (2×), σπλάγχνα, μαρτυρίοις, εὐαγγελίου, δαιμόνιον, εἴδωλα, σκανδάλῳ, ἀγγέλου, οἶνον

2) **Ergänzen Sie bitte die Endungen folgender Wörter entsprechend der Kasusangabe:**

Gen.Sg. von δένδρ…	Dat.Pl. von ἔργ…	Akk.Pl. von δεῖπν…
Nom.Pl. von σημεῖ…	Dat.Sg. von ξέν…	Akk.Sg. von δαιμόνι…
Nom.Sg. von ἀρνί…	Dat.Pl. von εἰδώλ…	Akk.Sg. von πλοῖ…
Gen.Pl. von ποτηρί…	Nom.Pl. von πρόβατ…	Akk.Pl. von σκάνδαλ…

3) **Setzen Sie bitte zu den Formen folgender Substantive die entsprechenden Formen des Artikels:**

   … ἀρνίῳ, … εὐαγγέλιον, … υἱόν, … τέκνων, … μαρτυρίου, … ἔργα, … δένδρον, … πλοίοις, … σημείῳ, … εἴδωλα, … δεσμιοῖς, … διάκονον, … ποτήρια, … βίβλῳ

4) **Bestimmen Sie bitte die Formen des Artikels** (mehrere Möglichkeiten beachten):

   τοῦ, τό, τῷ, τοῖς, τῶν, τά, τόν, ὁ, τούς, τάς

D

1. Τοὺς καρποὺς τῶν ἀγρῶν καὶ τῶν δένδρων ἔχετε. – 2. τὰ τέκνα τοῦ κόσμου τοῖς εἰδώλοις καὶ τοῖς δαιμονίοις διακονοῦσιν· τὸ γὰρ εὐαγγέλιον τοῦ θεοῦ οὐ δέχονται. – 3. τὰ πλοῖα ἐκ τῶν ὀφθαλμῶν τῶν φίλων ἀναχωρεῖ. – 4. οἱ Σαδδουκαῖοι τὰ ἔργα τοῦ θεοῦ ἀρνοῦνται καὶ ὑπὲρ τοῦ νόμου γρηγοροῦσιν. – 5. τῷ μαρτυρίῳ τοῦ λογοῦ τοῦ θεοῦ ἀποκρίνῃ; ἀκολουθεῖς τῷ Ἰησοῦ ἢ βλασφημεῖς ἐν τοῖς σπλάγχνοις τοὺς λόγους τοῦ εὐαγγελίου; – 6. οἱ πρεσβύτεροι ἀπολογοῦνται πρὸς τοὺς λόγους τῶν ἐχθρῶν. τὸ μαρτύριον τοῦ Ἰησοῦ δέχονται καὶ ἀπὸ τοῦ θεοῦ οὐκ ἀναχωροῦσιν. – 7. τὰ τέκνα τῷ φίλῳ ἀποκρίνεται· πρὸς τὸν ναὸν οὐκ ἐρχόμεθα. – 8. οὐκ ἀκολουθεῖτε τῷ Ἰησοῦ διὰ τὸ σκάνδαλον τοῦ σταυροῦ. – 9. ἐν τῷ δείπνῳ τοῦ κυρίου θεωροῦμεν καὶ τὸ ποτήριον καὶ τὸν ἄρτον. – 10. ὦ ἀδελφέ, εὐχαριστεῖς τῷ ἐπισκόπῳ περὶ τοῦ μύρου καὶ τοῦ ἱματίου καὶ τοῦ ποτηρίου. – 11. τὸ μυστήριον τοῦ θανάτου τοῦ Ἰησοῦ ἐν τῷ σταυρῷ ὑπὸ τῶν ἀποστόλων τοῖς λαοῖς μαρτυρεῖται. – 12. τὰ τέκνα τοῦ θεοῦ τοὺς δεσμίους τοῦ διαβόλου δέχονται καὶ τούς ἁμαρτωλοὺς ἐλεοῦσιν· πιστεύουσιν γὰρ εἰς τὸν κύριον Ἰησοῦν. – 13. θεωρεῖτε τὰ σημεῖα τῶν καιρῶν. – 14. τὰ ἱμάτια ἐν τῷ οἴκῳ ἐν τῇ ἐρήμῳ ἐστίν. – 15. τὰ πρόβατα καὶ τὰ ἀρνία ἐν τοῖς ἀγροῖς τοῦ γεωργοῦ ἦν. – 16. ζητῶ τὰ ἱμάτια ἐν τῷ οἴκῳ τοῦ πρεσβυτέρου. – 17. δεῖσθε τοῦ κυρίου τοῦ θερισμοῦ ὑπὲρ συνεργῶν. – 18. ἀκούομεν τοὺς λόγους τοῦ Ἰησοῦ· τὰ μαρτύρια τοῦ κυρίου πλοῦτός ἐστιν.

---

[1] Die Angabe (2×) weist darauf hin, dass es für eine Form zwei Möglichkeiten der Bestimmung gibt. Sie steht nur bei den ersten Formen der jeweiligen Übung.

9. Präpositionen mit drei Kasus
Indikativ Präsens von εἰμί • Prädikatsnomen

A

1) a) Welche Präpositionen sind hier abgekürzt?
ἀπ', δι', ὑφ', ἀντ', καθ', μετ', ἀφ', ὑπ', κατ', μεθ', ἀνθ'
Warum sehen sie so aus?

b) Welche Bedeutung haben folgende Präpositionen, und mit welchen Kasus stehen sie?
ἀντί, διά, ὑπό, πρός, ἐκ, ὑπέρ, ἀπό, πρό, μετά, εἰς, κατά, ἐν, περί, σύν

2) a) Was bedeutet ἐστίν?

b) Da es eine Verbform ist: Welche Person und welchen Numerus stellt sie dar?

c) Wie lauten die Formen dieses Verbs im Indikativ Präsens im Deutschen?

B

1) Präpositionen mit drei Kasus

Zwei Präpositionen können mit drei Kasus stehen: mit Genitiv, Dativ und Akkusativ.

ἐπί (vor Vokalen: ἐπ', vor Vokalen mit ῾: ἐφ')	*mit Genitiv*: auf, an, bei (meist: wo?), während, aufgrund, über *mit Dativ*: auf, an, bei, in (meist: wo?), während, aufgrund, gegen *mit Akkusativ*: auf, an, auf … hin, zu (meist wohin?), nach, gegen, (bei Herrschaft:) über
παρά (vor Vokalen: παρ')	*mit Genitiv*: von, von … her (woher?) *mit Dativ*: bei, neben (wo?) *mit Akkusativ*: an (… vorbei), entlang (meist wohin?), neben … hin, auf, bei, gegen

Es gibt noch andere, sogenannte „uneigentliche" Präpositionen; sie kommen in Komposita[1] nicht als Vorsilben vor. Sie werden oft wie Adverbien verwendet und stehen (meistens) mit Genitiv, z.B. χωρίς (Il. *ohne*, Adv. *für sich*).

[1] Ein Kompositum ist ein Verb, das mit einer Präposition zusammengesetzt ist, z.B. hinein-gehen.

2) Indikativ Präsens von εἰμί

Die entsprechenden Formen im Deutschen haben Sie schon (A 2c) wiedergegeben. Im Griechischen lauten die Formen des Verbs εἰμί:

1. Sg.	εἰμί	1. Pl.	ἐσμέν
2. Sg.	εἶ	2. Pl.	ἐστέ
3. Sg.	ἐστίν	3. Pl.	εἰσίν

Erklärung: Der Stamm des Verbs lautet εσ. Er ist in den Formen 3.Sg., 1.Pl. und 2.Pl. gut zu erkennen. Bei den anderen Formen ist das σ ausgefallen, und ε wurde zu ει gedehnt (sogenannte Ersatzdehnung).
Lernhilfe: Die Endungen des Plurals -μεν, -τε, -σιν sind aus der Konjugation der anderen Verben bekannt: παιδεύομεν, παιδεύετε, παιδεύουσιν. Die 3.Sg. hat ein τ, das auch im Deutschen in der 3.Sg. steht, z.B.: „er leb*t*".

a) Alle Formen des Indikativ Präsens von εἰμί (bis auf die 2.Sg.) sind enklitisch, wenn sie als Kopula verwendet werden. Das Verb εἰμί nennt man eine Kopula[2] (Verbindung; Hilfsverb), wenn bei ihm eine Subjektsergänzung (= Prädikatsnomen) steht, z.B. im Deutschen in dem Satz „Gott ist gut". Zu den Enklitika vgl. unter E! Als Kopula können z.B. auch Verben wie γίνομαι (werden) oder ὑπάρχω (da sein) verwendet werden.
b) Wenn das Verb εἰμί *da sein*, *vorhanden sein* bedeutet, d.h. wenn es wie ein Vollverb verwendet wird, ist **keine** Form enklitisch. Die 3.Sg. lautet dann mit dem Akzent auf der ersten Silbe: ἔστιν; z.B.: ἔστιν ὁ θεός Gott existiert! (Hebr 11,6).

3) Das Prädikatsnomen

Das Prädikatsnomen bildet zusammen mit einer Form von εἰμί das Prädikat (deutsch: Paul ist *Lehrer*). Es steht im gleichen Kasus wie das Subjekt des Satzes, also in der Regel im Nominativ. Das Prädikatsnomen steht im Griechischen regelmäßig ohne Artikel, sodass man oft schon daran erkennen kann, was Subjekt und was Prädikatsnomen ist; z.B. Mk 2,28: κύριός ἐστιν ὁ υἱὸς τοῦ ἀνθρώπου – ὁ υἱός τοῦ ἀνθρώπου ist Subjekt und κύριος ist Prädikatsnomen (*der Menschensohn ist Herr*). Man kann das Prädikatsnomen im Deutschen – je nach Zusammenhang – mit oder ohne Artikel übersetzen („ein" oder „der" Herr). Steht die Form von εἰμί (also das Hilfsverb bzw. die Kopula) *vor* dem Prädikatsnomen, steht bei diesem oft ein Artikel.
Das Prädikatsnomen kann ein Substantiv oder Adjektiv oder Pronomen sein, z.B. διάκονοι (Substantiv ist Prädikatsnomen) Χριστοῦ εἰσιν *sie sind Diener Christi* (2Kor 11,23); μακάριοί (Adjektiv ist Prädikatsnomen) ἐστε *ihr seid glücklich zu preisen* (Mt 5,11).
Das Besondere an der griechischen Sprache ist, dass die Kopula in einem Satz auch fehlen kann; man spricht dann von „(reinen) Nominalsätzen", z.B. μακάριος ὁ δοῦλος *glücklich zu preisen ist der Sklave* (Mt 24,46).

---

[2] Der Begriff leitet sich ab von lat. *copula* = Band.

C

1) **a) Konjugieren Sie bitte laut alle Formen (des Präsens) von** εἰμί **von der 1.Sg. bis zur 3.Pl.!**

b) Bestimmen Sie bitte folgende Formen (Person und Numerus) und übersetzen Sie diese:

ἐστίν, εἶ, εἰσίν, εἰμί, ἐσμέν, ἐστέ

c) Bilden Sie bitte folgende Formen von εἰμί:

2.Pl., 3.Sg., 3.Pl., 1.Sg., 1.Pl., 2.Sg.

2) **a) Übersetzen Sie bitte und nennen Sie dabei auch die Sonderbedeutungen der Präpositionen vor bestimmten Kasus** (nur Sinnvolles!)**:**

ἐπὶ τοῦ ἐχθροῦ – ἐπὶ τοῖς ἐχθροῖς – ἐπὶ τὸν ἐχθρόν,
παρὰ τῶν οἴκων – παρὰ τῷ οἴκῳ – παρὰ τὸν οἶκον

b) Übersetzen Sie bitte:

ἐπὶ τοῦ δένδρου, παρὰ τὸν νόμον, κατὰ τὸν νόμον, παρὰ τῷ εἰδώλῳ, ἐπὶ τὸ ἀρνίον, ἐπὶ τῷ θυσιαστηρίῳ, παρὰ τοῦ τέκνου, παρὰ τῷ δένδρῳ, ἐπὶ σκάνδαλον, παρὰ τὸ πλοῖον, ἐπὶ μαρτυρίῳ, παρὰ τοὺς ἁμαρτωλούς, ἐπὶ τοῦ συνεδρίου

c) Suchen Sie bitte die Präpositionen mit gegensätzlicher Bedeutung zu folgenden Präpositionen:

εἰς	
ὑπό mit Akk.	oder
ἀπό	oder
ἐν	
ὑπέρ mit Akk.	
ἐκ	
πρός mit Akk.	oder
περί mit Akk.	oder

D

1. Τὰ δένδρα παρὰ τοῖς ἀγροῖς θεωροῦμεν. – 2. πρὸς τοὺς ἀνθρώπους ἐν τοῖς λαοῖς ἐξέρχομαι· ἀπόστολος γὰρ τοῦ κυρίου Ἰησοῦ εἰμι. – 3. ἐπὶ τῆς ὁδοῦ εἰς τὸν ναόν ἐσμεν καὶ φωνοῦμεν τοὺς ἀδελφούς. – 4. οἱ γεωργοὶ ἐπὶ τοῖς ἀγροῖς παρὰ τὸν ποταμὸν τὰς ἀμπέλους φυτεύουσιν. – 5. τὰ βιβλία ἐν τῷ πλοίῳ ἐστίν. – 6. Ἰησοῦς υἱὸς τοῦ θεοῦ ἐστιν. – 7. ὑμεῖς οὐκ ἀκούετε, ὅτι ἐκ τοῦ θεοῦ οὐκ ἐστέ. (Joh 8,47) – 8. σὺ εἶ ὁ χριστὸς ὁ υἱὸς τοῦ θεοῦ. (Mt 16,16) – 9. ἐγώ εἰμι ἡ ἄμπελος. (Joh 15,5) – 10. ὑμεῖς λέγετε ὅτι βλασφημεῖς, ὅτι λέγω· υἱὸς τοῦ θεοῦ εἰμι; (Joh 10,36*) – 11. ὁ ἥλιος τὸ ἔλαιον καὶ τὸν οἶνον οὐ διαφθείρει[3], εἰσὶν γὰρ ἐν τῷ οἴκῳ τοῦ ἐπισκόπου. – 12. Ἰησοῦς Χριστὸς εἰς

---

[3] διαφθείρω *verderben.*

τὸν θάνατον ἐπὶ τῷ σταυρῷ εἰσπορεύεται καὶ τοὺς ἁμαρτωλοὺς ἐκ τῶν δεσμῶν τοῦ διαβόλου ἀπολύει. –13. Ἰησοῦς ὁ κύριος τοῦ ἀνθρώπου καὶ τοῦ σαββάτου ἐστίν. – 14. οἱ δοῦλοι ἐπὶ τοῖς πλοίοις τῶν Ῥωμαίων εἰσίν. – 15. διὰ τὸν θάνατον τοῦ κυρίου τέκνα τοῦ θεοῦ καὶ διάκονοι τοῦ Ἰησοῦ ἐσμεν. – 16. κληρονόμοι τοῦ θεοῦ ἐσμεν, ὅτι εἰς τὸν κύριον Ἰησοῦν πιστεύομεν. – 17. ὁ οἶκος τοῦ Φαρισαίου ἐν ἀργυρίῳ καὶ χρυσίῳ οἰκοδομεῖται· καὶ ξύλον περὶ τοῦ οἴκου ζητεῖται.

E

Erklärung zur Enklisis (Tonanlehnung) einiger Wörter

Wie schon in Lekt. 2 B2a vermerkt, gibt es Wörter, sogenannte Enklitika, die sich an das vorhergehende Wort so anlehnen, dass sie ihren eigenen Ton ganz verlieren oder ihn als Akut auf das vorhergehende Wort werfen. Dies geschieht nach gewissen Regeln, die aber in diesem Buch nicht gelernt und geübt werden, da eine längere Übung, die nötig wäre, eigentlich nur dem etwas bringt, der aus dem Deutschen ins Griechische übersetzen muss. Damit sich aber Interessierte jeden Fall erklären können, werden die Regeln hier kurz mit Beispielen – möglichst aus D – genannt.

1) Enklitika verlieren ihren Akzent

a) nach einem Wort mit Zirkumflex auf der letzten Silbe;
Beispiel (D.2): Ἰησοῦ εἰμι,

b) nach einem Wort mit Akut auf der letzten Silbe oder einem Atonon. Diese Wörter erhalten dann den Akut (*nicht* den Gravis);
Beispiel (D.3): ναόν ἐσμεν,

c) nach einem Wort mit Akut auf der drittletzten oder Zirkumflex auf der vorletzten Silbe. Diese Wörter erhalten zu ihrem eigenen Akzent auf der Endsilbe den Akut hinzu; ausnahmsweise entstehen so Wörter mit zwei Akzenten;
Beispiel: ἄνθρωπός ἐστιν – δοῦλός ἐστιν.

2) Nach einem Wort mit Akut auf der vorletzten Silbe

a) verliert das einsilbige Enklitikon seinen Akzent;
Beispiel: λόγος τις,

b) das zweisilbige Enklitikon behält ihn;
Beispiel (D.13): σαββάτου ἐστίν.

3) Enklitika tragen einen Akzent

a) vor anderen Enklitika, denn wenn sich mehrere Enklitika folgen, wirft jedes seinen Akzent als Akut auf das vorige Enklitikon; nur das letzte bleibt ohne Akzent,

b) wenn sie zweisilbig sind (s. oben 2b),

c) wenn sie mit Nachdruck gesetzt sind;
Beispiel: σὺν σοί mit d i r,

d) wenn die Silbe, auf die ihr Akzent fallen müsste, weggefallen ist,

e) am Anfang eines Satzes bzw. nach einem Satzzeichen.

10. a-Deklination (Feminina)

A

Bestimmen Sie bitte folgende Formen des femininen Artikels und geben Sie darüber Rechenschaft, woran Sie den Kasus erkannt haben:

τῶν, τῇ, αἱ, τήν, τάς, τῆς, ἡ, ταῖς

B

In der **a-Deklination** werden die Wörter nicht wie bei der o-Deklination mit Hilfe eines o dekliniert, sondern die an den Stamm angehängten Endungen beginnen mit einem a-Laut, entweder einem α oder η (*Lernhilfe:* ä ist dem a ähnlich). Die meisten dieser Wörter sind feminin. Die femininen Wörter lassen sich in drei Gruppen einteilen:

a) Wörter, die im Nom.Sg. auf η auslauten und durchgehend mit η dekliniert werden,
b) Wörter, die im Nom.Sg. auf α auslauten und durchgehend mit α dekliniert werden (α-purum),
c) Wörter, die im Nom.Sg. auf α auslauten und mit α und η dekliniert werden (Mischklasse: α-impurum).

1) Wörter auf η

Die Wörter auf η haben die gleichen Endungen wie der feminine Artikel.
Der Gen.Pl. endet wie bei allen Deklinationen auf -ων. Er ist in der a-Deklination stets endbetont mit Zirkumflex: -ῶν (das α ist mit ω kontrahiert), auch wenn das Substantiv im Nom.Sg. auf einer anderen Silbe betont ist.

Bestimmen Sie bitte: γραφῇ, γραφήν, γραφῶν, γραφαῖς, γραφῆς, γραφαί, γραφάς.

2) Wörter mit α-purum

Eine zweite Gruppe von Wörtern der a-Deklination hat im Singular (wie es im Plural bei der a-Deklination selbstverständlich ist) durchgehend α, sogenanntes **α-purum** („reines" α). Ansonsten ähneln die Endungen denen des femininen Artikels (lediglich im Sg. α statt η).

> Nur *die* Wörter haben α-purum (durchgehendes α im Singular), bei denen vor dem α ein ε, ι oder ρ steht (ειρ; *Lernhilfe*: Eier-Regel oder Arie-Regel: α nach ρ, ι, ε).

Wenn Sie die Formen der Wörter auf η beherrschen, können Sie jetzt die *Formen der Wörter mit α-purum* selbst finden.

Welche Kasus sind z.B. οἰκίᾳ, οἰκιῶν, οἰκίαις, οἰκίαν, οἰκίαι, οἰκία, οἰκίας? Prüfen Sie Ihre Feststellungen bitte anhand der Tabelle unten. Beachten Sie bitte, dass bei den Wörtern mit α-purum Gen.Sg. und Akk.Pl. übereinstimmen (Endung -ας). Nur wenn ein Artikel (τῆς bzw. τάς) vor dem Wort steht, ist der Kasus wieder eindeutig.

3) Wörter mit α-impurum (Mischklasse)

Die dritte Gruppe von Wörtern der a-Deklination ist eine Art Mischklasse. Auch diese Wörter lauten im Nom.Sg. auf α aus. Sie haben vor dem α aber kein ε, ι oder ρ. Im Gen. und Dat.Sg. steht bei diesen Wörtern η, im Akk.Sg. wie im Nom.Sg. α. Deshalb spricht man von α-impurum („unreines" α).[1] Wer die Formen der anderen beiden Gruppen der a-Deklination kennt, wird keine großen Schwierigkeiten mit den Formen dieser Gruppe haben.

Bestimmen Sie bitte: γλώσσης, γλῶσσαν, γλώσσαις, γλῶσσαι, γλῶσσα, γλωσσῶν, γλώσσας, γλώσσῃ.

Prüfen Sie Ihre Feststellungen bitte anhand der Tabelle unten. Beachten Sie bitte: γλώσσης (Gen.Sg.) und γλώσσας (Akk.Pl.) haben bei α-impurum unterschiedliche Formen.

4) Übersicht der a-Deklination

		Artikel	*Wörter auf -η*	*Wörter auf α-purum*	*Wörter auf α-impurum*
Sg.	Nom.	ἡ	γραφ-ή	οἰκί-α	γλῶσσ-α
	Gen.	τῆς	γραφ-ῆς	οἰκί-ας	γλώσσ-ης
	Dat.	τῇ	γραφ-ῇ	οἰκί-ᾳ	γλώσσ-ῃ
	Akk.	τήν	γραφ-ήν	οἰκί-αν	γλῶσσ-αν
Pl.	Nom.	αἱ	γραφ-αί	οἰκί-αι	γλῶσσ-αι
	Gen.	τῶν	γραφ-ῶν	οἰκι-ῶν	γλωσσ-ῶν
	Dat.	ταῖς	γραφ-αῖς	οἰκί-αις	γλώσσ-αις
	Akk.	τάς	γραφ-άς	οἰκί-ας	γλώσσ-ας

Der Vokativ hat die gleichen Formen wie der Nominativ.

C

1) Bestimmen Sie bitte die Formen und klären Sie, zu welcher Gruppe der a-Deklination die Wörter gehören:

ἀδελφή, θάλασσαν, ἀδικίας, γραφαῖς, ὀψίᾳ, τροφάς, δόξῃ, ἀρχῆς, ἐντολῶν, ἐπιστολῇ, ἑορτήν, βουλαῖς, τραπέζης, γλώσσῃ, ἀδελφάς, διδασκαλίαι, ἐξουσίαν, ἁμαρτιῶν, ἐλευθερίαις, δόξης, τραπέζας, τρωφῶν, δόξα, συναγωγαί, ἐκκλησίαν

[1] Wenige Wörter gehören trotz α-impurum zur Klasse α-purum und umgekehrt.

2) Bestimmen Sie bitte die Formen und setzen Sie jeweils die entsprechende Form des Artikels davor:

... τροφήν	... ὀψιῶν	... ἐκκλησίαις	... οἰκίας	... γλῶσσα
... προσευχή	... διδασκαλιῶν	... τραπέζαις	... εὐλογίαι	... διακονίας
... δόξαν	... ἀρχάς	... ἀνομίαν	... διδασκαλίᾳ	

3) Bilden Sie bitte zu den Formen jeweils den anderen Numerus:

γραφή	γλῶσσαν	γλώσσῃ	θάλασσαν
τραπεζῶν	ἐπιστολῶν	οἰκίας	ἐντολάς
προσευχήν	ἐκκλησίας	ἀπωλείαις	ἑορταί

4) Ergänzen Sie bitte:

ἡ οἰκί___	... δένδρῳ	τῆς ἀδικί___	... νόσοις
... ὄχλος	ταῖς παρουσί___	... ξύλου	... ἀριθμοῖς
... καιροί	... ἀρνίον	... οἰκίαν	τῆς τραπέζ___
τὰς ἀδικί___	τῇ θαλάσσ___	... ἀρνία	... ἔλαιον

D

1. Οἱ Φαρισαῖοι εἰς τὴν συναγωγὴν εἰσπορεύονται καὶ τὴν διδασκαλίαν τοῦ Ἰησοῦ ἀκούουσιν. – 2. ἡ ἐκκλησία Ἰησοῦ Χριστοῦ κατὰ τῆς ἀδικίας παρρησίᾳ ἀπολογεῖται. (wie ist der Dativ syntaktisch gebraucht?) – 3. τῇ παρθένῳ ἐπιστολὴν περὶ τῆς ἑορτῆς τῶν γεωργῶν καὶ περὶ τῆς βουλῆς τῶν πρεσβυτέρων γράφω. – 4. ἐπὶ τῇ τραπέζῃ τῆς οἰκίας ἄρτος καὶ οἶνος ὑπὲρ τοῦ γεωργοῦ εἰσιν. – 5. οἱ διδάσκαλοι τῆς συναγωγῆς ὀψίᾳ μετὰ τὴν προσευχὴν τὴν γλῶσσαν τοῦ λαοῦ ἀκούουσιν. – 6. τὰ πρόβατα καὶ οἱ χοῖροι καὶ τὰ ἀρνία τροφὴ τοῦ ἀνθρώπου εἰσίν. – 7. ὁ Ἰησοῦς ἔρχεται παρὰ τὴν θάλασσαν τῆς Γαλιλαίας. (Mt 15,29*) – 8. καὶ οὐκ εἰσὶν αἱ ἀδελφαὶ Ἰησοῦ πρὸς ἡμᾶς[2]; (Mk 6,3*) – 9. ἐν ἀρχῇ ἦν ὁ λόγος, καὶ ὁ λόγος ἦν πρὸς τὸν θεόν, καὶ θεὸς ἦν ὁ λόγος. (Joh 1,1) – 10. τὴν γραφὴν ὑπὲρ τῆς παρουσίας Ἰησοῦ ἐξουσίᾳ οὐ νοεῖς; – 11. τὰ πλοῖα ἐν τῇ θαλάσσῃ τῆς Γαλιλαίας ἦν. – 12. ὁ Ἰησοῦς τοὺς ἁμαρτωλοὺς ἐκ τῆς ἀπωλείας καὶ ἐκ τοῦ δεσμοῦ τῆς ἀνομίας εἰς τὴν ἐλευθερίαν τῆς δόξης τῶν τέκνων τοῦ θεοῦ ἀπολύει. – 13. συνεργοὶ τοῦ Ἰησοῦ εἰς τὴν διακονίαν καὶ τὴν διδασκαλίαν τῶν ἐντολῶν ἐσμεν. – 14. οὐκέτι ἐργάζεσθε· ἀπὸ γὰρ τοῦ κόπου ἐπὶ τοῖς ἀγροῖς λύεσθε καὶ παρρησίᾳ ἔρχεσθε πρὸς τὴν τράπεζαν τῆς ἀδελφῆς. – 15. δέχεσθε τὸν λόγον Χριστοῦ τῷ χρόνῳ τοῦ πειρασμοῦ· ὁ κύριος ταῖς προσευχαῖς τῶν τέκνων θεοῦ ἀποκρίνεται.

---

[2] *uns* (Akk.Pl.).

11. Indikativ Imperfekt Aktiv
Syntax des Imperfekts

A

Wiederholen Sie bitte die Konjugation von παιδεύω und ποιέω im Indikativ Präsens Aktiv!

B

1) Indikativ Imperfekt (Ipf.) Aktiv

Für die Formen des Imperfekts (Vergangenheit) sind zwei Merkmale wichtig:

a) andere Endungen gegenüber dem Präsens (außer in der 1. und 2.Pl). Bei den Verben auf -εω gelten die schon bekannten Kontraktionsregeln (vgl. Lekt. 6 B1).

b) das **Augment** am Wortanfang. Dieses besteht vor Konsonanten aus einem ἐ (vor ρ jedoch: ἐρ), sogenanntes syllabisches (silbenbildendes) Augment. Beginnt das Wort mit einem Vokal, wird dieser gedehnt (sogenanntes Dehnungsaugment bzw. „temporales Augment"). Auf diese Weise wird das Aufeinanderstoßen von zwei Vokalen (Hiat) vermieden. Das ι in den Diphthongen αι, οι und ει wird zum Jota subscriptum. Bei ει und ευ wird oft nicht augmentiert.

α → η, αι → ῃ	ε → η (selten zu ει)	ει → ῃ / ει
ο → ω, οι → ῳ	ευ → ηυ / ευ	αυ → ηυ

Die Dehnung von ι bzw. υ zu langem ι bzw. υ ist im Schriftbild nicht erkennbar. Die schon langen Vokale η und ω sowie der Diphthong ου bleiben unverändert.

Bei den Komposita steht das Augment zwischen Präposition und Stamm, z.B. lautet das Imperfekt zu ἀνα-βαίνω dann ἀν-ε-βαιν-; der auslautende Vokal der Präposition fällt zugunsten des Augments weg, außer bei περί und πρό. Wenn die Präposition vor einem Wort steht, das mit Vokal anlautet, wird dieser entsprechend gedehnt, z.B. bei ὑπ-ακούω zu ὑπ-ηκου-; bei ἐκ-βάλλω wird ἐκ vor dem Augment ε zu ἐξ, also ἐξ-ε-βαλλ-.

Die Übersicht über die Formen finden Sie auf der nächsten Seite.

Übersicht zu den Formen im Indikativ Imperfekt Aktiv

Verbstamm:	παιδευ-
	Verba non-contracta
1. Sg.	ἐ-παίδευ-**ο-ν**
2. Sg.	ἐ-παίδευ-**ε-ς**
3. Sg.	ἐ-παίδευ-**ε(ν)**
1. Pl.	ἐ-παιδεύ-**ο-μεν**
2. Pl.	ἐ-παιδεύ-**ε-τε**
3. Pl.	ἐ-παίδευ-**ο-ν**

ποιε-	
vor Kontraktion	*kontrahiert*
ἐ-ποίε-ον	→ ἐποί**ουν**
ἐ-ποίε-ες	→ ἐποί**εις**
ἐ-ποίε-ε(ν)	→ ἐποί**ει**
ἐ-ποιέ-ομεν	→ ἐποι**οῦμεν**
ἐ-ποιέ-ετε	→ ἐποι**εῖτε**
ἐ-ποίε-ον	→ ἐποί**ουν**

Hinweise:
Das ν in der 3.Sg.Ind.Ipf.Akt. kann entfallen, wenn das nächste Wort mit einem Konsonanten beginnt. Bei den Verba contracta entfällt das ν in der 3.Sg. immer.
Wenn der Akzent in der unkontrahierten Form vor den beiden kontrahierenden Silben steht, bleibt er auch nach der Kontraktion dort stehen. Vgl. zur Akzentsetzung bei der Kontraktion Lekt. 6 B1!

2) Aspekt und Gebrauchsweisen des Imperfekts

Gewöhnlich hat das Imperfekt wie das Präsens einen *durativen* Aspekt, d.h. die Handlung wird als „länger andauernd" verstanden. Das Imperfekt verbindet den Aspekt des Präsensstamms mit der Zeitstufe Vergangenheit. Folgende Gebrauchsweisen sind besonders wichtig:

- *linear*: eine in der Vergangenheit im Verlauf befindliche, (meist) länger anhaltende Handlung;
- *iterativ*: eine wiederholte oder gewohnheitsmäßige Handlung in der Vergangenheit;
- *konativ* (*Imperfekt de conatu*): Das Imperfekt hat dabei den Sinn einer versuchten Handlung in der Vergangenheit (ἔφευγον = ich versuchte zu fliehen).

C

1) Bestimmen Sie bitte folgende Formen:

ἐπαίδευεν, ἐδουλεύετε, ἐλέγομεν, ἔγραφον, ἐβασίλευες, εἴχετε, ἐποίουν, ἀνέβαινες, ἐλάλεις, διηκονοῦμεν, ὡμολόγεις, μετενόει, ᾠκοδομεῖτε, ἴσχυεν

2) Bilden Sie bitte folgende Formen des Indikativ Imperfekt Aktiv von παιδεύω**:**

3.Pl., 2.Sg., 1.Pl., 3.Sg., 1.Sg., 2.Pl.

3) Bilden Sie bitte die entsprechenden Formen des Indikativs Imperfekt:

2.Sg.Akt. πιστεύω, 3.Pl.Akt. ἰσχύω, 2.Pl.Akt. ἀκολουθέω, 2.Sg.Akt. ὠφελέω, 1.Sg.Akt. μετανοέω, 1.Pl.Akt. εὐχαριστέω

4) Bilden Sie bitte die entsprechenden Formen des Imperfekts zu den Formen des Präsens:

πιστεύετε, λαμβάνομεν, ὠφελοῦσιν, ἀπολύω, ἀναχωρεῖτε, θεραπεύεις, φιλεῖ, μετανοῶ

D

1. Ταῖς χήραις ἐν τῇ οἰκίᾳ μετὰ χαρᾶς διηκονεῖτε. – 2. ὁ Ἰησοῦς οὐκέτι παρρησίᾳ περιεπάτει ἐν τοῖς Ἰουδαίοις. (Joh 11,54) (wie ist der Dativ syntaktisch gebraucht?) – 3. ὁ δὲ Πέτρος ἠκολούθει Ἰησοῦ ἕως τῆς αὐλῆς. (Mt 26,58*) – 4. οἱ ἀπόστολοι τοῖς ἀνθρώποις τὸ εὐαγγέλιον τῆς ζωῆς ἐξουσίᾳ ἔλεγον. (wie ist der Dativ syntaktisch gebraucht?) – 5. οἱ Ἰουδαῖοι ἐζήτουν Ἰησοῦν ἐν τῇ ἑορτῇ καὶ ἔλεγον· ποῦ ἐστιν Ἰησοῦς; (Joh 7,11*) – 6. οὐδεὶς[1] ... παρρησίᾳ ἐλάλει περὶ Ἰησοῦ διὰ τὸν φόβον τῶν Ἰουδαίων. (Joh 7,13) – 7. ἠκολούθει δὲ Ἰησοῦ ὁ ὄχλος, ὅτι ἐθεώρουν τὰ σημεῖα ἃ[2] ἐποίει (Joh 6,2*) – 8. καὶ περιεπάτει ὁ Ἰησοῦς ἐν τῷ ἱερῷ. καὶ οἱ Ἰουδαῖοι ἔλεγον· σὺ εἶ ὁ χριστός; (Joh 10,23-24) – 9. ἐδίωκον οἱ Ἰουδαῖοι τὸν Ἰησοῦν, ὅτι ταῦτα[3] ἐποίει ἐν σαββάτῳ. (Joh 5,16) – 10. αἱ ἐκκλησίαι παρρησίᾳ ἐδούλευον τῷ θεῷ ἕως τῆς παρουσίας τοῦ κυρίου Ἰησοῦ Χριστοῦ. – 11. τὸν κύριον τῆς δόξης ἐθεωρεῖτε· ἀλλ' οὐ ἐπιστεύετε εἰς τὴν προφητείαν τοῦ θεοῦ. – 12. αἱ πορναὶ τῆς κωμῆς ἐν ἀσελγείᾳ περιεπάτουν καὶ τὴν χαρὰν καὶ τὴν εἰρήνην τῆς μετανοίας εἰς εὐσέβειαν οὐκ ἐνόουν.

[1] *niemand* (Nom.Sg.m.).
[2] *die* (Relativpronomen Nom./Akk.Pl.n.).
[3] *dies* (nämlich eine Heilung).

12. Indikativ Imperfekt Medium/Passiv Imperfekt von εἰμί • Aufbau Tempora

A

Wiederholen Sie bitte die Konjugation von παιδεύω und ποιέω im Präsens Medium/Passiv und im Imperfekt Aktiv!

B

1) Indikativ Imperfekt (Ipf.) Medium/Passiv

Die Formen des Imperfekts im Medium/Passiv lauten:

Verbstamm:	παιδευ-
	Verba non-contracta
1. Sg.	ἐ-παιδευ-**ό-μην**
2. Sg.	ἐ-παιδεύ-**ου** (ε-σο)
3. Sg.	ἐ-παιδεύ-**ε-το**
1. Pl.	ἐ-παιδευ-**ό-μεθα**
2. Pl.	ἐ-παιδεύ-**ε-σθε**
3. Pl.	ἐ-παιδεύ-**ο-ντο**

ποιε-	
vor Kontraktion	*kontrahiert*
ἐ-ποιε-ό-μην	→ ἐποι**ούμην**
ἐ-ποιέ-ου	→ ἐποι**οῦ**
ἐ-ποιέ-ε-το	→ ἐποι**εῖτο**
ἐ-ποιε-ό-μεθα	→ ἐποι**ούμεθα**
ἐ-ποιέ-ε-σθε	→ ἐποι**εῖσθε**
ἐ-ποιέ-ο-ντο	→ ἐποι**οῦντο**

Besonderheit: In der 2.Sg. fällt – wie im Ind.Präs.MP (vgl. Lekt. 7 B1) – das σ zwischen den beiden Vokalen aus; dann verbleiben die beiden Vokale εο. Diese werden gemäß der bekannten Kontraktionsregel zu ου kontrahiert.
Lernhilfe: Der Anlaut der Personalendung im Imperfekt ist identisch mit dem Anlaut der Personalendung im Präsens Medium/Passiv.

2) Imperfekt von εἰμί

Das Imperfekt von εἰμί wird teils mit aktiven, teils mit medialen Endungen gebildet. Es ist selbstverständlich immer aktiv zu übersetzen. Die Formen sind:

	Singular	*Plural*
1. Person	ἤμην (selten: ἦν)	ἦμεν / ἤμεθα
2. Person	ἦς (selten: ἦσθα)	ἦτε
3. Person	ἦν	ἦσαν

3) Der Aufbau des griechischen Verbalsystems – Themavokal und Tempora

Für die Struktur des griechischen Verbalsystems und damit für die Bestimmung finiter Verbformen sind vier Faktoren wichtig:

1. Tempuskennzeichen,
2. Themavokal bzw. Moduskennzeichen,
3. Primär- oder Sekundärendungen,
4. Haupt- oder Nebentempora.

Die einzelnen Tempora haben charakteristische **Tempuskennzeichen**. Ein Tempuskennzeichen kann in verschiedenen Tempora vorkommen, z.B. das Augment (ἐ-). Ob ein und gegebenenfalls welche(s) Tempuskennzeichen verwendet werden (wird), ist auch abhängig von der Diathese und dem Modus.

Die **Themavokale** finden sich nicht in allen Verbformen, z.B. nicht im Perfekt Passiv. Themavokal (ο, ε) und Moduskennzeichen (ω, η) sind in allen Tempora dieselben. Die Themavokale kann man am besten im Indikativ Imperfekt Aktiv erkennen.

Die **Primärendungen** werden im Indikativ der **Hauptempora** (Präsens, Futur, Perfekt) und in allen Konjunktivformen (Präsens, Perfekt *und Aorist*) gebraucht.

Die **Sekundärendungen** werden im Indikativ der **Nebentempora** (Imperfekt, Plusquamperfekt, Aorist) gebraucht.

Aktiv	*Thema-vokal*	*Präsens*	*Primär-endungen*	*Imperfekt*	*Sekundär-endungen*
1. Sg.	ο	πιστεύ-ω	ω[1/2] / μι	ἐ-πίστευ-ο-ν	ν / –
2. Sg.	ε	πιστεύ-εις	εις[2] / ς	ἐ-πίστευ-ε-ς	ς
3. Sg.	ε	πιστεύ-ει	ει[2] / σι(ν)	ἐ-πίστευ-ε-(ν)	– / (ν)
1. Pl.	ο	πιστεύ-ο-μεν	μεν	ἐ-πιστεύ-ο-μεν	μεν
2. Pl.	ε	πιστεύ-ε-τε	τε	ἐ-πιστεύ-ε-τε	τε
3. Pl.	ο	πιστεύ-ουσι(ν)	νσι(ν) od. ασι(ν)[3]	ἐ-πίστευ-ο-ν	ν / σαν
Medium					
1. Sg.	ο	πιστεύ-ο-μαι	μαι	ἐ-πιστευ-ό-μην	μην
2. Sg.	ε	πιστεύ-ῃ [ε-σαι]	σαι[4]	ἐ-πιστεύ-ου [ε-σο]	σο[4]
3. Sg.	ε	πιστεύ-ε-ται	ται	ἐ-πιστεύ-ε-το	το
1. Pl.	ο	πιστευ-ό-μεθα	μεθα	ἐ-πιστευ-ό-μεθα	μεθα
2. Pl.	ε	πιστεύ-ε-σθε	σθε	ἐ-πιστεύ-ε-σθε	σθε
3. Pl.	ο	πιστεύ-ο-νται	νται	ἐ-πιστεύ-ο-ντο	ντο

Anmerkungen:

1 Im Perfekt auf -α, das aber auch als Tempuskennzeichen angesehen werden kann, dann ohne Endung.

2 In diesen Ausgängen sind Themavokal und Endung miteinander verschmolzen.

3 Das ν fällt durch Ersatzdehnung oft aus. Manchmal war es hier aber so tönend, dass man es als Vokal benutzte (meist α). Das ν am Ende kann entfallen, wenn das folgende Wort mit einem Konsonanten beginnt.

4 Durch Ausfall des σ und Kontraktion wird gewöhnlich ε-σαι zu ῃ und ε-σο zu ου.

Unter E finden Sie eine Tabelle, in der Sie in den folgenden Lektionen eintragen können, welche Bildeelemente für die verschiedenen Formen (von παιδεύω) kennzeichnend sind. Anhand der Tabelle in Lekt. 37 E können Sie dies kontrollieren.

C

1) Bestimmen Sie bitte die folgenden Formen:

ἐλύεσθε, ἐνοεῖσθε, ἐθεραπεύου, ἦν, ἦμεν, ἀπεκρίνετο, κατηγορούμην, ἀπελυόμεθα, ἦς, ἐλύοντο, ἀπελογεῖτο, εἰσεπορευόμην, ἦσαν, ἐπεζητούμεθα, ἠργάζεσθε, ἐκβάλλεται

2) Bilden Sie bitte die entsprechenden Formen des Imperfekts:

1.Sg.Med. βλέπω, 3.Sg.Med. διέρχομαι, 1.Pl.Med. ἀπολογέομαι, 2.Pl.Pass. εἰσπορεύομαι, 1.Pl.Med. θεραπεύω, 3.Sg.Med. ἀπολύω, 1.Pl.Akt. εἰμί, 3.Pl.Med. δέχομαι, 3.Sg.Med. κατοικέω, 1.Sg.Pass. ἀποκρίνομαι, 2.Sg.Med. ἀρνέομαι, 2.Pl. Med. ἐκπορεύομαι

3) Bilden Sie bitte die entsprechenden Formen des Imperfekts zu den Formen des Präsens:

ἐστίν, πορεύομαι, ἐσμέν, νοῇ, οἰκοδομοῦμαι, δέονται, νοούμεθα, πορεύῃ, εἰμί, λέγῃ, ζητεῖσθε, ἀποκρίνεται, ἔχεσθε, ἀνεχόμεθα, ψευδόμεθα, λατρεύῃ

4) Bestimmen und übersetzen Sie bitte die folgenden Formen:

ἐλαλοῦμεν, ἐφυτεύετο, κυριεύεις, ἐθεωρεῖσθε, ποιεῖται, ἐκπορεύονται, φιλῇ, ἀνεχωρεῖτο, ἐφώνουν, ἀπεκρίνοντο, ἐφωνούμεθα, φωτίζει, ἤμην, ἀπελογούμεθα, ἦσαν, ἐνόει, ἔβλεπον, ἐστίν, θεραπεύουσιν, ἐτηρούμεθα, κατῳκοῦ, ἦμεν, ὑστεροῦ, ζητοῦνται, ὡμολογούμην, εἰμί, ἐξεπορεύεσθε, ἔμενον, ἐβλέπεσθε, κατηγοροῦντο, ἐλέγου, ἔλαιον, ἦς

D

1. Τὰ ζῷα τῆς θαλάσσης ὑπὸ τῶν ἀνθρώπων ἐπὶ τοῖς πλοίοις ἐβλέποντο. – 2. κατηγοροῦ ὑπὸ τοῦ ἐχθροῦ τῆς ἐκκλησίας· ἀλλ᾽ ἔλεγες τοὺς λόγους τῆς σωτηρίας. – 3. ἀπελυόμεθα ἐκ τοῦ θανάτου ὑπὸ τοῦ Ἰησοῦ καὶ ἐπαιδευόμεθα εἰς εὐσέβειαν. – 4. τοῖς Ἰουδαίοις οἱ λόγοι τῆς βασιλείας τοῦ θεοῦ παραβολαῖς ἐλαλοῦντο. – 5. ἐν ταῖς ὥραις τοῦ πολέμου κατὰ τῶν ἐχθρῶν ἡ χήρα ἐφοβεῖτο. – 6. ὁ δοῦλος μαχαίρῃ τὴν ἀγορὰν οὐκέτι ἐτήρει, ὅτι τοὺς ἐχθροὺς τῆς κώμης ἐφοβεῖτο. – 7. ὁ Ἰησοῦς ἀπὸ τοῦ ἱεροῦ ἐπορεύετο. (Mt 24,1) – 8. Πέτρος δὲ καὶ Ἰωάννης ἀνέβαινον εἰς τὸ ἱερὸν ἐπὶ τὴν ὥραν τῆς προσευχῆς. (Apg 3,1) – 9. καὶ ἐξεπλήσσοντο ἐπὶ τῇ διδαχῇ Ἰησοῦ, ὅτι ἐν ἐξουσίᾳ ἦν ὁ λόγος Ἰησοῦ. (Lk 4,32*) – 10. Σαῦλος ἐν Δαμασκῷ ἦν καὶ εὐθέως ἐν ταῖς συναγωγαῖς ἐκήρυσσεν ὅτι Ἰησοῦς ἐστιν ὁ υἱὸς τοῦ θεοῦ. (Apg 9,19f*) – 11. ἐδιώκου ὑπὸ τοῦ ἐχθροῦ τῆς ἐκκλησίας, ἔλεγες δὲ τοὺς λόγους τῆς σωτηρίας. – 12. ἡ ἐκκλησία τὴν βουλὴν τῶν πρεσβυτέρων ἐν ὑπακοῇ ἐδέχετο. – 13. ἕως τῆς ὀψίας τῆς ἡμέρας ἐλαίας ἐπὶ τοῖς ἀγροῖς ἐφύτευον· ἐφωνούμην ὑπὸ τοῦ γεωργοῦ πρὸς τὴν τραπέζην ἐν τῇ οἰκίᾳ.

E Tabelle zur Bildung der griechischen Verbformen (παιδεύω)

Tempus	*Indikativ*	*Konjunktiv*	*Imperativ*	*Infinitiv*	*Partizip*
Präsens Aktiv	Themavokal + Primärendung Aktiv				
Präsens MP	Themavokal + Primärendung Medium				
Imperfekt	Augment + Themavokal + Sekundärendung	☺ ☺ ☺	☺ ☺ ☺	☺ ☺ ☺	☺ ☺ ☺
Futur Akt./ Med.		☺ ☺ ☺	☺ ☺ ☺		
Futur Passiv		☺ ☺ ☺	☺ ☺ ☺		
Aorist Aktiv					
Aorist Medium					
Aorist Passiv					
Perfekt Aktiv		☺ ☺ ☺	☺ ☺ ☺		
Perfekt MP		☺ ☺ ☺	☺ ☺ ☺		
Plsqpf. Aktiv		☺ ☺ ☺	☺ ☺ ☺	☺ ☺ ☺	☺ ☺ ☺
Plsqpf. MP		☺ ☺ ☺	☺ ☺ ☺	☺ ☺ ☺	☺ ☺ ☺

☺ ☺ ☺, denn diese Formen kommen im NT nicht vor, oder es gibt sie gar nicht.

13. Maskulina der a-Deklination

A

1) Deklinieren Sie bitte den maskulinen Artikel!
2) Wie lauten die Endungen der Wörter auf -η in der a-Deklination?

B

1) Maskulina der a-Deklination

Die meisten Wörter der a-Deklination sind feminin, so alle bisher durchgenommenen Wörter. Es gibt aber in der a-Deklination auch Maskulina. Sie enden fast alle auf -ης. Einige wenige Wörter haben als letzten Buchstaben vor der Endung ε, ι oder ρ und enden deshalb auf -ας. Wie bei den Feminina mit α-purum geht das α durch den ganzen Singular (außer Gen.) hindurch.[1] Gegenüber den Feminina haben die Maskulina im Nominativ Singular ein ς angehängt und sind deshalb gut zu erkennen.

Beachten Sie bitte:

- Der Gen.Sg. endet auf -ου (wie in der o-Deklination, deren meiste Wörter ja maskulin sind); der Gen.Pl. ist wie auch sonst in der a-Deklination endbetont.
- Der Artikel richtet sich grundsätzlich nach dem Geschlecht des Bezugsworts (hier: maskulin!) und unterscheidet sich deshalb oft von dessen Endung.
- Der Vokativ Singular bei den Substantiven auf -της und den Völkernamen auf -ης endet auf -α, sonst auf -η. Der Vokativ von δεσπότης lautet also δέσποτα, der von τελώνης jedoch τελώνη.

		Artikel	*Wörter auf -ης*	*auf -ας (α-purum)*
Sg.	Nom.	ὁ	προφήτ-**ης**	νεανί-**ας**
	Gen.	τοῦ	προφήτ-**ου**	νεανί-**ου**
	Dat.	τῷ	προφήτ-**ῃ**	νεανί-**ᾳ**
	Akk.	τόν	προφήτ-**ην**	νεανί-**αν**
	Vok.		προφῆτ-**α**	νεανί-**α**
Pl.	Nom.	οἱ	προφῆτ-**αι**	νεανί-**αι**
	Gen.	τῶν	προφητ-**ῶν**	νεανι-**ῶν**
	Dat.	τοῖς	προφήτ-**αις**	νεανί-**αις**
	Akk.	τούς	προφήτ-**ας**	νεανί-**ας**

[1] Ein α-impurum gibt es bei den Maskulina nicht.

2) Zusammenfassung: Die Substantive, ihre Deklination und ihre Genera

Substantive auf -ος: o-Deklination, meist maskulin (Ausnahmen: Feminina auf -ος)
Substantive auf -ον: o-Deklination, immer Neutrum (*Vorsicht*: auch im Akk.Sg. *Maskulinum* der o-Deklination lautet die Endung -ον)
Substantive auf -η: a-Deklination, feminin
Substantive auf -α: (α-purum: ε ι ρ vor Endung): a-Deklination, feminin
(α-impurum: kein ε ι ρ vor Endung): a-Deklination, feminin
Substantive auf -ας: a-Deklination, maskulin (*Vorsicht*: der Gen.Sg. endet auf -ου)
Substantive auf -ης: a-Deklination, maskulin (*Vorsicht*: der Gen.Sg. endet auf -ου)

Sie können die Endungen der unterschiedlichen Deklinationen mit ihren Endungen in den Tabellen 1 und 2 im Anhang (S. 241f) vergleichen.

C

1) Bestimmen Sie bitte folgende Formen:

κριτῇ, κριταί, κριτοῦ, κριταῖς, κριτῆς, κριτάς, κριτῶν, κριτά, κριτήν

2) Setzen Sie bitte vor die folgenden Wörter die entsprechende Form des Artikels:

ὑποκριτοῦ, ζηλωτής, νεανίαν, κλέπτου, τελώνας, Ἰσραηλίταις, μαθηταί, βαπτιστήν, ἐκκλησίας, στρατιῶται, ψευδοπροφητῶν, κώμαις, ἐργάτας, ᾅδου, διδασκαλία, δεσπότας, παρθένου, ὑπηρέταις, πρόβατα, συναγωγῇ

3) Stellen Sie bitte die Deklinationsformen folgender Wörter nebeneinander:

προφητεία – προφήτης – νεανίας

4) Wie lauten die Endungen folgender Wörter?

τῷ βαπτιστ..., οἱ κριτ..., ὦ δέσποτ..., τοῖς ὑποκριτ..., τοὺς τελών..., τὸν κλέπτ...

5) Vervollständigen Sie bitte folgende Formen und setzen Sie den jeweiligen Artikel davor:

Gen.Pl.: ἐργατ...	Gen.Sg.: τελών...	Akk.Pl.: μαθητ...
Akk.Sg.: νεανί...	Dat.Pl.: ζηλωτ...	Vok.Sg.: βαπτιστ... (ohne Art.)
Nom.Sg.: ὑποκριτ...	Dat.Sg.: Ἰσραηλίτ...	

D

1. Ἐν τοῖς χρόνοις τοῦ νόμου οἱ πρεσβύτεροι κριταὶ τοῦ λαοῦ ἦσαν. – 2. οὐ πιστεύετε τοῖς ψευδοπροφήταις, ἀλλὰ δουλεύετε ἀγάπῃ τῷ υἱῷ τοῦ θεοῦ. – 3. οἱ μαθηταὶ τῷ Ἰησοῦ χαρᾷ ἠκολούθουν, ὅτι Ἰησοῦς ἐν ἀληθείᾳ τὴν ὁδὸν τοῦ θεοῦ ἐμαρτύρει. – 4. οἱ

ἐργάται ἐν τοῖς ἀγροῖς δένδρα ἐφύτευον. – 5. λέγει ἡ γυνή[2]· κύριε, θεωρῶ ὅτι προφήτης εἶ σύ. (Joh 4,19) – 6. γέγραπται[3] ἐν βίβλῳ λόγων Ἠσαΐου τοῦ προφήτου. (Lk 3,4) – 7. οὐκ ἔστιν μαθητὴς ὑπὲρ τὸν διδάσκαλον οὐδὲ δοῦλος ὑπὲρ τὸν κύριον αὐτοῦ[4]. (Mt 10,24) – 8. νῦν ἀπολύεις τὸν δοῦλόν σου[5], δέσποτα, κατὰ τὸν λόγον σου ἐν εἰρήνῃ. (Lk 2,29*) – 9. Ἰωάννης ὁ βαπτιστὴς οὐκ ἤσθιεν ἄρτον οὔτε ἔπινεν οἶνον, καὶ λέγετε· δαιμόνιον ἔχει. (Lk 7,33) – 10. οἱ Φαρισαῖοι ἔλεγον τοῖς μαθηταῖς Ἰησοῦ· διὰ τί[6] μετὰ τῶν τελωνῶν καὶ ἁμαρτωλῶν ἐσθίει ὁ διδάσκαλος; (Mt 9,11*) – 11. οἱ τελῶναι καὶ οἱ ἁμαρτωλοὶ εἰς τὸν εὐαγγέλιον τῆς σωτηρίας πιστεύουσιν. – 12. οἱ Φαρισαῖοι ζηλωταὶ ὑπὲρ τοῦ νόμου καὶ τοῦ σαββάτου ἦσαν. – 13. ὁ νεανίας τὸν δοῦλον ἀπολύει ἐκ τῶν δεσμῶν τῶν Ῥωμαίων. – 14. κωλύετε τὸ ἔργον τοῦ ψευδοπροφήτου διὰ τῆς διδασκαλίας τῆς ἀληθείας. – 15. οἱ κλέπται τὸν λόγον τοῦ εὐαγγελιστοῦ ἀκούουσιν, οὐ δὲ πιστεύουσιν εἰς τὸ εὐαγγέλιον.

---

2 γυνή *Frau.*

3 *es steht geschrieben* (Perfekt von γράφω).

4 *sein* (Personalpronomen Gen.Sg.m.).

5 *dein* (Personalpronomen Gen.Sg.).

6 διὰ τί *warum.*

14. Adjektive der o-/a-Deklination Gebrauchsweisen des Adjektivs

A

1) Die meisten der bisher durchgenommenen maskulinen Wörter gehören einer bestimmten Deklination an. Welcher? Welcher Deklination gehören die meisten femininen Wörter an? Welcher Deklination gehören die neutralen Wörter an?
2) Stellen Sie bitte alle Formen eines maskulinen Wortes (ἀδελφός), eines femininen (ἀδελφή) und eines neutralen (τέκνον) nebeneinander!

B

1) Dreiendige Adjektive, ihre Deklinationen und ihre Genera

Die **Adjektive** (Eigenschaftswörter) haben im Griechischen (anders als manchmal im Deutschen) klar ausgebildete Endungen für alle Kasus, Numeri und (meist) die drei Geschlechter. Diese Endungen sehen wie die von Substantiven aus und richten sich nach dem Genus des zugehörigen Substantivs (und Artikels).

Die meisten Adjektive gehören zur *o-/a-Deklination* und sind dreiendig, d.h. sie haben für die drei Geschlechter jeweils eigene Endungen, nämlich im Nominativ Singular -ος, -η, -ον bzw. -ος, -α, -ον.

- Die maskulinen Formen folgen der o-Deklination auf -ος, die neutralen Formen der o-Deklination auf -ον.
- Die femininen Formen folgen der a-Deklination und werden meistens wie die Substantive auf -η dekliniert. Wenn ein *Adjektivstamm auf ε, ι oder ρ* endet (ειρ-Regel) – z.B. νέ-ος –, wird das feminine Adjektiv mit α-purum dekliniert. Ein α-impurum gibt es bei den Adjektiven nicht!

Sie können nun die Kasusendungen der drei Substantive Ihrer eigenen Zusammenstellung (s. oben A2) von den Stämmen dieser Substantive abtrennen. So erhalten Sie die Endungen, die Sie an den Stamm eines jeden dreiendigen Adjektivs anhängen können, z.B. an ἀγαθ-, um die *Deklination des Adjektivs* zusammenzustellen. *Kontrollieren* Sie bitte die Richtigkeit in Tab. 4.1 und 4.2 (S. 242)!
Einige wenige Adjektive wie z.B. ἄλλος haben im Nom. und Akk.Sg.n. das ν verloren (also: ἄλλο).

2) Gebrauchsweisen des Adjektivs

Adjektive können auf verschiedene Weisen innerhalb eines Satzes verwendet werden. Diese sind erkennbar an der unterschiedlichen Wortstellung, am Gebrauch oder am Fehlen eines Artikels sowie am Sinn.

a) Das Adjektiv als Attribut

Wird ein Adjektiv als Attribut verwendet, stimmt es mit seinem Bezugswort in Kasus, Numerus und Genus überein (KNG-Kongruenz; *Lernhilfe*: KöNiG-Regel).

Beispiel: ἡ ἁγία βίβλος – *das heilige Buch.*

Für die attributive Wortstellung gibt es folgende Möglichkeiten:
Das Adjektiv steht zwischen Artikel und Substantiv:

ὁ ἀληθινὸς λόγος – *das wahre Wort* (Art. – Adj. – Subst.).

Das Adjektiv steht nach dem determinierten Substantiv, gewöhnlich mit Wiederholung des Artikels:[1]

ὁ λόγος ὁ ἀληθινός – *das wahre Wort* (Art. – Subst. – Art. – Adj.).

Das Adjektiv steht ohne Artikel[2] vor oder nach dem artikellosen Bezugswort:

ἀληθινὸς λόγος – *ein wahres Wort* (vgl. z.B. Mk 14,6),
λόγος ἀληθινός – *ein wahres Wort* (vgl. z.B. Lk 2,10).

b) Das Adjektiv als Prädikatsnomen

Das Adjektiv hat, wenn es als Prädikatsnomen gebraucht wird, keinen Artikel. Es steht meistens nach dem (determinierten[3]) Substantiv, welches das Subjekt ist. Mit diesem stimmt das Adjektiv in Kasus, Numerus und Genus überein (anders als im Deutschen):

ἀληθινὸς ὁ λόγος (ἐστίν) – *das Wort ist wahr* (Adj. – Art. – Subst.).
ὁ λόγος ἀληθινός (ἐστιν) – *das Wort ist wahr* (Art. – Subst. – Adj.).

c) Das substantivierte Adjektiv

Adjektive können mit oder ohne Artikel als Substantive verwendet werden:

οἱ ἅγιοι (Eph 1,1) – *die Heiligen,*
ἅγιοι – *Heilige.*

C

1) Bestimmen Sie bitte folgende Adjektive nach Kasus, Numerus und Genus!

Beispiel: μόνον. Drei Möglichkeiten: a) Akk.Sg.m., b) Nom.Sg.n., c) Akk.Sg.n.

ὅλην, ὅλοι, ὅλη, ὅλου (2×), ὅλων (3×), ὅλῃ, ὅλα (2×), ὅλῳ (2×), ὅλους, ὅλοις (2×), ὅλης, ὅλον (3×), ὅλαι, ὅλας, ὅλαις; τυφλός, ὀλίγων, ἀγαθοί, ὁμοίας, πιστῇς, καινά,

---

[1] Ausnahme für das Fehlen des Artikels z.B.: τὸν ἄνεμον ἰσχυρόν (Mt 14,30) – *den starken Wind.*

[2] Ausnahme für Adjektiv mit Artikel z.B.: στολὴν (Gewand) τὴν πρώτην (Lk 15,22) – *das frühere Gewand.*

[3] Gewöhnlich wird ein Substantiv durch einen Artikel determiniert (*das* Wort). Manche Wörter, z.B. Namen, gelten im Griechischen auch ohne Artikel als determiniert, andere können durch einen Genitiv determiniert sein.

σοφοῦ, ἁγίαν, ἄλλους, ἀληθινοῖς, ὀλίγαις, πονηρόν, ὁμοίῳ, ἄλλαι, φανεραῖς, σοφάς, τιμίῳ

2) Setzen Sie bitte unter Beibehaltung von Kasus und Numerus

a) in die feminine Form:

καλοῦ, ὀλίγα (Nom.), ὅλῳ, πονηροῦ (ειρ!), ἄλλους, νέῳ, σοφός, φανερόν

b) in die neutrale Form:

πιστός, χωλοί, ὀλίγας, ἀγαθῆς, νεκρᾷ, ἀληθινήν, ἄλλων, καιναῖς

c) in die maskuline Form:

σοφαί, καλήν, ἀληθινάς

3) Setzen Sie bitte zu folgenden Substantivformen einmal νέος **und einmal** καλός:

τοῦ ... ἄρτου, οἱ ... λόγοι, ... φόβῳ, ... ἀγροῖς, τὰ ... ἔργα, τὸ ... δένδρον, ... δείπνων; τῇ ... ὀψίᾳ, ταῖς ... οἰκίαις, ... ἑορτῆς, ... βουλή, ... ζῷα, ... κόσμον, ... ἐκκλησίας (2×), τὸν ... προφήτην, ... ἐντολήν, ... εἴδωλα, ... ἐπιστολῆς, ... τροφαῖς, ... πλοίου, ...ἐλευθερίας, οἱ ... ζηλωταί, τῷ ... ἐργάτῃ

D

1. Ὁ ἁμαρτωλὸς τοὺς ἀγαθοὺς λόγους τῶν φιλῶν τῶν πιστῶν ἀκούει. – 2. οἱ πρεσβύτεροι πιστοὶ διδάσκαλοι τοῦ ἁγίου εὐαγγελίου εἰσίν. – 3. ὁ διάβολος κωλύει τοὺς ἁγίους ἐν τῇ ὁδῷ τῆς ζωῆς. – 4. τὰ πλοῖα τὰ νέα τῶν Ῥωμαίων τιμία ἦν. – 5. τὸ δένδρον τὸ ἀγαθὸν καρποὺς καλοὺς ποιεῖ, τὸ δὲ σαπρὸν[4] δένδρον καρποὺς πονηροὺς ποιεῖ. (Mt 7,17*) – 6. οἱ ἀνθρώποι οἱ σοφοὶ δι᾽ ἄλλης ὁδοῦ ἀπήρχοντο εἰς τὴν χώραν. (Mt 2,12*) – 7. Ἰησοῦς ἄλλην παραβολὴν τοῖς μαθηταῖς λαλεῖ· ὁμοία ἐστὶν ἡ βασιλεία τῶν οὐρανῶν θησαυρῷ ἐν τῷ ἀγρῷ. (Mt 13,44*) – 8. τὰ ἔργα τοῦ κοσμοῦ πονηρά ἐστιν. (Joh 7,7*) – 9. οὐκ ἐντολὴν καινὴν γράφω ὑμῖν[5] ἀλλ᾽ ἐντολὴν παλαιάν. (1Joh 2,7) – 10. ἐν τούτῳ[6] φανερά ἐστιν τὰ τέκνα τοῦ θεοῦ καὶ τὰ τέκνα τοῦ διαβόλου. (1Joh 3,10) – 11. τυφλοὶ ἀναβλέπουσιν καὶ χωλοὶ περιπατοῦσιν ... κωφοὶ ἀκούουσιν, καὶ νεκροὶ ἐγείρονται ... (Mt 11,5*) – 12. Παῦλος δὲ ἔμενεν χρόνον οὐκ ὀλίγον σὺν τοῖς μαθηταῖς. (Apg 14,28*) – 13. ὁ ... νόμος ἅγιος καὶ ἡ ἐντολὴ ἁγία καὶ δικαία καὶ ἀγαθή. (Röm 7,12) –14. ἔχομεν τοὺς λόγους τῆς ἀληθείας ἐν τῇ βίβλῳ τῇ ἁγίᾳ τοῦ θεοῦ. – 15. ἐν τῇ ἁγίᾳ ἐκκλησίᾳ τοῦ κυρίου ἐσθίομεν σύν ἀληθινοῖς ἀδελφοῖς.

---

4 σαπρός *schlecht, faul.*

5 *euch* (Personalpronomen Dat.Pl.).

6 *dieser* (Demonstrativpronomen Dat.Sg.m./n.).

15. Zweiendige Adjektive auf -ος/-ον Personalpronomen • αὐτός

A

Deklinieren Sie bitte das Adjektiv πιστός in allen drei Geschlechtern!

B

1) Zweiendige Adjektive auf -ος/-ον

Die Adjektive, die wir bisher kennen, haben für alle drei Geschlechter eigene Endungen; es sind also dreiendige Adjektive.

Es gibt einige wenige Adjektive, die für das Femininum keine eigenen Formen besitzen, sondern nur maskuline und neutrale, d.h. nur für zwei Geschlechter; man nennt sie deshalb **zweiendige Adjektive**.

Zu dieser Gruppe von Adjektiven gehören vor allem die *zusammengesetzten* Adjektive (Komposita) der o-Deklination, z.B. ἀ-κάθαρτος, ἄ-πιστος, ἐπ-ουράνιος, aber auch wenige andere (z.B. αἰώνιος). Häufiges Präfix (Vorsilbe) ist das α-privativum (vor Vokalen ἀν-), das den Inhalt negiert; im Deutschen kennen wir dieses „a" z.B. in dem Wort a-sozial.
Was geschieht nun, wenn ein *feminines* Substantiv durch ein zweiendiges Adjektiv näher beschrieben wird? Man benutzt dann die *maskuline* Form des Adjektivs.

ἡ αἰώνιος ζωή (Joh 17,3) – *das ewige Leben.*

2) Das Personalpronomen

Im Griechischen enthält das Prädikat bereits das deutsche Personalpronomen, z.B. πιστεύω *ich glaube*, πιστεύεις *du glaubst*. Trotzdem gibt es im Griechischen auch ein Personalpronomen. Im *Nominativ* werden sie jedoch nur bei starker Betonung gesetzt.

Nom.Sg.	ἐγώ	**ich**	σύ	**du**
Gen.	ἐμοῦ / μου	meiner	σοῦ / σου	deiner
Dat.	ἐμοί / μοι	mir	σοί / σοι	dir
Akk.	ἐμέ / με	mich	σέ / σε	dich
Nom.Pl.	ἡμεῖς	**wir**	ὑμεῖς	**ihr**
Gen.	ἡμῶν	unser	ὑμῶν	euer
Dat.	ἡμῖν	uns	ὑμῖν	euch
Akk.	ἡμᾶς	uns	ὑμᾶς	euch

In der *3.Sg.* („er, sie, es") und *3.Pl.* („sie") werden anstelle des Personalpronomens Formen von αὐτ-ός, -ή, -ό verwendet; vgl. zu αὐτός unten (B3). αὐτός wird wie ein Adjektiv dekliniert, jedoch mit der Endung -ό im Nom. und Akk.Sg.n.
Lernhilfe: Das Personalpronomen ist in der 1.Sg.Nom. (ἐγώ) leicht zu merken: Egoismus, in den anderen Kasus steht „μ" wie im deutschen „*m*ir, *m*ich …". Die 2.Sg. (σύ) hat am Anfang durchgängig σ; die Kasusendungen sind die gleichen wie bei der 1.Sg. Auch die 1.Pl. (ἡμεῖς) und 2.Pl. (ὑμεῖς) sind sehr ähnlich. Durch das ἡ bzw. ὑ am Anfang sind sie gut zu unterscheiden; die Endungen stimmen überein.

In der 1. und 2.Sg. des Personalpronomens werden meist die enklitischen unbetonten Formen verwendet (in der Tabelle auf S. 64 als zweites aufgeführt). Die betonten Formen der 1. und 2.Sg. stehen nur bei starker Hervorhebung (z.B. οὐκ ἐμέ, ἀλλὰ σέ – *nicht mich, sondern dich*) sowie nach Präpositionen.
Der Genitiv des Personalpronomens wird oft possessiv verwendet (*mein, dein* usw.). In der 3. Person wird der Besitzer immer mit dem Genitiv von αὐτός angezeigt. Meistens wird der possessiv gebrauchte Genitiv des Personalpronomens nachgestellt, er kann aber auch wie ein Adjektiv zwischen Artikel und Substantiv stehen (z.B. ὁ φίλος αὐτοῦ oder ὁ αὐτοῦ φίλος – *sein Freund*).

3) Gebrauch und Bedeutung von αὐτός

αὐτός wird in unterschiedlicher Weise und Bedeutung gebraucht:

a) αὐτός wird als *Personalpronomen* der 3. Person gebraucht (s. Tabelle unten).
    γράφω αὐτῷ – *ich schreibe ihm*
b) In der Bedeutung *selbst* wird αὐτός ohne Artikel gebraucht. Es steht in KNG-Kongruenz, und zwar vor dem Artikel des zugehörigen Substantivs oder nach dem Substantiv.
    ἀποστέλλει αὐτὸς ὁ κύριος τοὺς μαθητάς – *der Herr selbst sendet die Jünger*
    ὁ κύριος αὐτὸς ἀποστέλλει τοὺς μαθητάς – *der Herr selbst sendet die Jünger*
c) In der Bedeutung *derselbe* steht αὐτός attributiv zwischen Artikel und Substantiv.
    ὁ αὐτὸς κύριος ἀποστέλλει τοὺς μαθητάς – *derselbe Herr sendet die Jünger*
    αὐτός kann in dieser Bedeutung auch substantiviert mit Artikel gebraucht werden.
    ὁ αὐτὸς ἀποστέλλει τοὺς μαθητάς – *derselbe sendet die Jünger*

Nom.Sg.	αὐτ-ός	er	αὐτ-ή	sie	αὐτ-**ό**	es
Gen.	αὐτ-οῦ	seiner	αὐτ-ῆς	ihrer	αὐτ-οῦ	seiner
Dat.	αὐτ-ῷ	ihm	αὐτ-ῇ	ihr	αὐτ-ῷ	ihm
Akk.	αὐτ-όν	ihn	αὐτ-ήν	sie	αὐτ-**ό**	es
Nom.Pl.	αὐτ-οί	sie	αὐτ-αί	sie	αὐτ-ά	sie
Gen.	αὐτ-ῶν	ihrer	αὐτ-ῶν	ihrer	αὐτ-ῶν	ihrer
Dat.	αὐτ-οῖς	ihnen	αὐτ-αῖς	ihnen	αὐτ-οῖς	ihnen
Akk.	αὐτ-ούς	sie	αὐτ-άς	sie	αὐτ-ά	sie

C

1) Deklinieren Sie bitte: ἡ ἐπουράνιος σοφία

2) Setzen Sie bitte zu folgenden Substantivformen die richtigen Formen von φρόνιμος:

τῷ ... υἱῷ, τῶν ... κριτῶν, τοῦ ... συνεργοῦ, τὰς ... παρθένους, ὁ ... γεωργός, τὴν ... πόρνην, ... καρδίαις, τὰ ... τέκνα, τῇ ... ἐκκλησίᾳ, τῆς ... ἀδελφῆς, τὸ ... ζῷον

3) Bestimmen und übersetzen Sie bitte folgende Formen des Personalpronomens (bilden Sie evtl. als Hilfestellung zur Übersetzung deutsche Beispielsätze):

σοι, ἡμᾶς, ἐμοῦ, ὑμεῖς, αὐτῷ, σε, ἐγώ, ὑμῖν, αὐτῶν, με, σύ, ἡμῶν, ἐμοί, μου, αὐτόν, ὑμᾶς, ἐμέ, ἡμεῖς, σου, ὑμῶν, ἡμῖν, αὐτοῦ

4) Übersetzen Sie bitte und überlegen Sie dabei vorher, welche Bedeutung αὐτός **hier haben muss:**

ἡ αὐτὴ ἁμαρτία, ἀυτῇ τῇ ἀληθείᾳ, κωλύω αὐτήν, αὐταὶ αἱ ἐπιστολαί, βλέπεις αὐτόν, ἡ πρώτη ἐντολὴ αὐτοῦ, τὰς αὐτὰς κώμας, τῷ ἀδυνάτῳ ἐχθρῷ αὐτῆς, τοῦ ἀδελφοῦ αὐτῶν, λέγω αὐτό, αὐταῖς ταῖς καρδίαις

D

1. Ἰωάννης ὁ βαπτιστὴς ἐν ἐρήμῳ τόπῳ κατῴκει· οἱ δὲ ἄπιστοι Ἰουδαῖοι τῇ ἀληθείᾳ οὐχ ὑπήκουον. – 2. ὁ λόγος σου ἀλήθειά ἐστιν. (Joh 17,17*) – 3. Ἰησοῦς Χριστός ἐστιν ὁ ἀληθινὸς θεὸς καὶ ζωὴ αἰώνιος. (1Joh 5,20*) – 4. Ἰησοῦς αὐτὸς οὐκ ἐβάπτιζεν ἀλλ᾽ οἱ μαθηταὶ αὐτοῦ. (Joh 4,2) – 5. καὶ ἦν ἐν τῇ συναγωγῇ αὐτῶν ἄνθρωπος ἐν πνεύματι[1] ἀκαθάρτῳ. (Mk 1,23) – 6. καὶ οἱ μαθηταὶ Ἰωάννου καὶ οἱ Φαρισαῖοι ἐνήστευον. καὶ ἔρχονται καὶ λέγουσιν αὐτῷ· οἱ μαθηταὶ Ἰωάννου καὶ οἱ μαθηταὶ τῶν Φαρισαίων νηστεύουσιν, οἱ δὲ σου μαθηταὶ οὐ νηστεύουσιν. (Mk 2,18*) – 7. αὐτὸς γὰρ σώσει[2] τὸν λαὸν αὐτοῦ ἀπὸ τῶν ἁμαρτιῶν αὐτῶν. (Mt 1,21) – 8. ὁ κύριός με σώσει εἰς τὴν βασιλείαν αὐτοῦ τὴν ἐπουράνιον (2Tim 4,18*) – 9. καὶ ἡμεῖς πιστεύομεν ὅτι σὺ εἶ ὁ ἅγιος τοῦ θεοῦ. (Joh 6,69*) – 10. ὅπου γάρ ἐστιν ὁ θεός σου, ἐκεῖ ἐστιν καὶ ἡ καρδία σου. (Mt 6,21*) – 11. λέγουσιν αὐτῷ· ἐρχόμεθα καὶ ἡμεῖς σὺν σοί. (Joh 21,3) – 12. ὑμεῖς οὐ πιστεύετε, ὅτι οὐκ ἐστὲ ἐκ τῶν προβάτων μου. (Joh 10,26*) – 13. Die Juden fragten: σὺ οὖν εἶ ὁ υἱὸς τοῦ θεοῦ; Jesus sagte: ὑμεῖς λέγετε ὅτι ἐγώ εἰμι. (Lk 22,70*) – 14. αἱ γλῶσσαι εἰς σημεῖόν εἰσιν οὐ τοῖς πιστεύουσιν[3] ἀλλὰ τοῖς ἀπίστοις, ἡ δὲ προφητεία οὐ τοῖς ἀπίστοις ἀλλὰ τοῖς πιστεύουσιν. (1Kor 14,22) – 15. καὶ ἐξεπορεύοντο πρὸς αὐτὸν οἱ Ἱεροσολυμῖται[4], καὶ ἐβαπτίζοντο ὑπ᾽ αὐτοῦ ἐν τῷ Ἰορδάνῃ ποταμῷ (Mk 1,5*) – 16. Τιμοθέῳ ἀγαπητῷ τέκνῳ· ... εἰρήνη ἀπὸ θεοῦ καὶ Χριστοῦ

---

[1] πνεῦμα *Geist* (Dat.Sg.n.).

[2] *er wird retten* (3.Sg.Ind.Fut.Akt. von σῴζω).

[3] *Glaubenden* (Dat.Pl.m.Ptz.Präs.Akt.).

[4] Ἱεροσολυμίτης *Jerusalemer.*

'Ιησοῦ τοῦ κυρίου ἡμῶν. (2Tim1,2*) – 17. ἀφίησιν[5] αὐτὸν ὁ διάβολος, καὶ ἄγγελοι ... διηκόνουν αὐτῷ. (Mt 4,11)

E

1) Unterscheidung zwischen attributiver und prädikativer Wortstellung

Die beiden Möglichkeiten einer attributiven Wortstellung des Adjektivs wurden schon behandelt (vgl. Lekt. 14 B2). Beispiele:

οἱ πρῶτοι ἀδελφοὶ ἔρχονται – *die ersten Brüder kommen*
οἱ ἀδελφοὶ οἱ πρῶτοι ἔρχονται – *die ersten Brüder kommen*

Bei einer prädikativen Wortstellung wird der Satz zwar mit nahezu denselben Wörtern gebildet, seine Bedeutung ändert sich aber gegenüber der attributiven Wortstellung.

πρῶτοι οἱ ἀδελφοὶ ἔρχονται – *die Brüder kommen zuerst/als erste*
οἱ ἀδελφοὶ πρῶτοι ἔρχονται – *die Brüder kommen zuerst/als erste*

In bestimmten Fällen stimmt zwar die Wortstellung mit der prädikativen überein, es liegt aber *kein prädikativer Sinn* vor, z.B. in folgenden Fällen:

a) bei den (oft nachgestellten) possessiven Genitiven der Personalpronomina (s. oben B2),
b) bei den Demonstrativpronomina (vgl. Lekt. 16).

In gewissen Fällen sind prädikative und attributive Wortstellung möglich, und zwar mit unterschiedlicher Bedeutung, z.B. bei αὐτός (s. oben B3).[6]

2) Der Artikel beim Prädikatsnomen

Allgemein gilt: Das Prädikatsnomen hat keinen Artikel (vgl. Lekt. 9 B3). Der Artikel kann aber stehen, wenn

a) das Prädikatsnomen eine den Hörern bekannte Größe ist:
ὁ προφήτης εἶ σύ; (Joh 1,21) – *bist du der (erwartete) Prophet?*;
σὺ εἶ ὁ Χριστός (Mk 8,29) – *du bist der Christus/Messias*;
b) das Prädikatsnomen ein in seiner Art einziges Wesen beschreibt:
ἐγώ εἰμι ὁ ἄρτος τῆς ζωῆς (Joh 6,35) – *ich bin das Brot des Lebens*;
c) Subjekt und Prädikatsnomen identisch sind (bei völliger Gleichsetzung, z.B. in Definitionen):
ἡ ἁμαρτία ἐστὶν ἡ ἀνομία (1Joh 3,4) – *die Sünde besteht in der Gesetzlosigkeit.*

---

[5] *er verließ* (3.Sg.Ind.Präs.Akt. von ἀφίημι, historisches Präsens).
[6] Ein zweites Beispiel ist πᾶς (vgl. Lekt. 26 B3).

16. Demonstrativpronomen Temporalbestimmungen

A

1) Deklinieren Sie bitte αὐτός!
2) Deklinieren Sie bitte den Artikel in allen drei Geschlechtern!

B

1) Die Formen der Demonstrativpronomen

Das Griechische hat drei Demonstrativpronomen (hinweisende Fürwörter):
1) οὗτος dieser, 2) ἐκεῖνος jener, 3) ὅδε dieser.

οὗτος weist *auf räumlich, zeitlich oder gedanklich näher Liegendes* hin (sowohl in der Zukunft im Sinn von „der Folgende" als auch in der Vergangenheit „der Vorhergehende"), während ἐκεῖνος *auf das ferner Liegende* hinweist.
Die Endungen von οὗτος und ἐκεῖνος gleichen denen von αὐτός.

Die Deklination von οὗτος – dieser

Nom.Sg.	οὗτ-ος	dieser	αὕτ-η	diese	τοῦτ-**ο**	dieses
Gen.	τούτ-ου	dieses	ταύτ-ης	dieser	τούτ-ου	dieses
Dat.	τούτ-ῳ	diesem	ταύτ-ῃ	dieser	τούτ-ῳ	diesem
Akk.	τοῦτ-ον	diesen	ταύτ-ην	diese	τοῦτ-**ο**	dieses
Nom.Pl.	οὗτ-οι	diese	αὗτ-αι	diese	ταῦτ-α	diese
Gen.	τούτ-ων	dieser	τούτ-ων	dieser	τούτ-ων	dieser
Dat.	τούτ-οις	diesen	ταύτ-αις	diesen	τούτ-οις	diesen
Akk.	τούτ-ους	diese	ταύτ-ας	diese	ταῦτ-α	diese

Lernhilfe: Die Formen orientieren sich am Artikel. So kommt Spiritus asper in den Formen vor, in denen auch der Artikel ihn hat (also Nom.Sg m. und f. sowie Nom.Pl.m. und f.). Sonst steht wie beim Artikel am Anfang τ. Im Wortstamm steht ου in den Formen, in denen der Artikel einen o-Laut hat, und αυ, in denen er einen a-Laut (α oder η) hat. ου steht also im Maskulinum und Neutrum, aber auch im Gen.Pl.f. In den übrigen femininen Formen sowie im Nom. und Akk.Pl.n. findet sich αυ.

Die Deklination von ἐκεῖνος – jener

Nom.Sg.	ἐκεῖν-ος jener		ἐκείν-η	jene	ἐκεῖν-**ο**	jenes
Gen.	ἐκείν-ου jenes		ἐκείν-ης	jener	ἐκείν-ου	jenes
Dat.	ἐκείν-ῳ jenem		ἐκείν-ῃ	jener	ἐκείν-ῳ	jenem
Akk.	ἐκεῖν-ον jenen		ἐκείν-ην	jene	ἐκεῖν-**ο**	jenes
Nom.Pl.	ἐκεῖν-οι jene		ἐκεῖν-αι	jene	ἐκεῖν-α	jene
Gen.	ἐκείν-ων jener		ἐκείν-ων	jener	ἐκείν-ων	jener
Dat.	ἐκείν-οις jenen		ἐκείν-αις	jenen	ἐκείν-οις	jenen
Akk.	ἐκείν-ους jene		ἐκείν-ας	jene	ἐκεῖν-α	jene

ὅδε / ἥδε / τόδε (dieser, diese, dieses) kommt im NT nur selten vor. Die Formen setzen sich aus dem Artikel + δε zusammen. In der Deklination ändert sich in allen drei Genera nur die erste Worthälfte, denn ὅδε wird wie der Artikel dekliniert (Dat.Sg.f. τῇδε, Akk.Sg.f. τήνδε). Fast alle Vorkommen des Wortes im NT sind Pl.n. (τάδε).

2) Die Wortstellung der Demonstrativpronomina

a) Oft steht das Demonstrativpronomen selbstständig, z.B.
   οὗτός ἐστιν ὁ υἱός μου (Mt 3,17) – *dieser ist mein Sohn.*
b) Das attributiv gebrauchte Demonstrativpronomen steht in KNG-Kongruenz zum zugehörigen Substantiv und hat eine prädikative (!) Wortstellung.
   Demonstrativum – Artikel – Bezugswort:
   ἐκ **τούτου** τοῦ ἄρτου (Joh 6,51) – *von diesem Brot*
   Artikel – Bezugswort – Demonstrativum:
   ἡ καρδία τοῦ λαοῦ **τούτου** (Mt 13,15) – *das Herz dieses Volkes*

3) Temporalbestimmungen

Genitivus temporis: Er ist eine allgemeine Zeitangabe und bezeichnet den Zeitraum, in dem etwas geschieht (wann / innerhalb welcher Zeit?).

Beispiel: ἡμέρας (Gen.) – *bei Tag* bzw. *tagsüber*

Ntl. Beispiel: ἵνα μὴ γένηται ἡ φυγὴ (*Flucht*) ὑμῶν χειμῶνος (Gen. *Winter*) (Mt 24,20) – *dass eure Flucht nicht während des Winters geschehen muss*

Dativus temporalis: Er gibt einen Zeitpunkt an (wann?); oft wird er dadurch ersetzt, dass ein ἐν vorangestellt wird.

ἡμέρᾳ (Dat.) – *am Tag*

vgl. die Auferstehung Jesu *am dritten Tag* – τῇ ἡμέρᾳ τῇ τρίτῃ (1Kor 15,4)

Akkusativ der Ausdehnung: Er gibt die Zeitdauer an (wie lange?).

Beispiel: δύο ἡμέρας – *zwei Tage lang*

Ntl. Beispiel: νύκτα (Akk.) καὶ ἡμέραν (Lk 2,37) – *Nacht und Tag*

C

1) Bestimmen Sie bitte folgende Formen:

τούτου, αὕτη, τάδε, τούτῳ, τήνδε, ἐκεῖνο, τούτων, ταῦτα, ἐκείναις, τοῦτον, ταύταις, ἐκείνους, ταύτῃ, αὗται, τούτοις, ταύτην, τούτους, αὐτῶν, τῇδε, ὑμᾶς, αὐτά, ἐκεῖνον, ἐμοί, ἡμῖν, ταύτας, ἐκεῖνα, αὐτῷ, ὑμῶν, τοῦτο, ἐκείνῃ, σοί, μοῦ

2) Bilden Sie bitte von οὗτος **und von** ἐκεῖνος **folgende Formen:**

Nom.Sg.f., Dat.Pl.m., Akk.Pl.n., Gen.Sg.f., Akk.Sg.m., Gen.Pl.f., Dat.Sg.m., Nom.Pl.f., Akk.Pl.f., Nom.Pl.n., Nom.Sg.n., Akk.Pl.m., Nom.Sg.m., Gen.Pl.n., Dat.Sg.f., Akk.Sg.n., Dat.Pl.n., Gen.Pl.m., Dat.Sg.n., Akk.Sg.f., Gen.Sg.n., Nom.Pl.n., Gen.Sg.m., Nom.Pl.m., Dat.Pl.f.

3) Ergänzen Sie bitte die entsprechende Form von οὗτος**:**

τὴν παραβολὴν _________, ἐν τοῖς λόγοις _________, _________ τοὺς λόγους, _________ γάρ ἐστιν ὁ νόμος καὶ οἱ προφῆται

4) Ergänzen Sie bitte die entsprechende Form von ἐκεῖνος**:**

ἐν _________ τῷ καιρῷ, _________ οἱ δοῦλοι, ὁ κύριος τῶν δούλων _________, ἐν δὲ _________ ταῖς ἡμέραις, _________ δὲ ἀποκρίνεται, τὸν ἀγρὸν _________

5) Deklinieren Sie bitte:

a) αὕτη ἡ κοινωνία b) ἐκεῖνο τὸ πρόβατον

6) Bilden Sie bitte den Plural von:

a) διὰ ταύτης τῆς κώμης
b) παρὰ τῷ ἐχθρῷ τούτῳ
c) τοῦτο τὸ βιβλίον
d) ἐκείνη ἡ ἁμαρτία

D

1. Ταῦτα[1] γράφεις ταῖς πίσταις ἀδελφαῖς ἐν τῇ κώμῃ τῇ μικρᾷ. – 2. οὗτοι οἱ ἄνθρωποι ταῖς ἁμαρτίαις νεκροὶ ἦσαν· νῦν δὲ τῷ κυρίῳ Ἰησοῦ ἐν δικαιοσύνῃ καὶ ἀγάπῃ δουλεύουσιν. – 3. ἐν δὲ ταῖς ἡμέραις ἐκείναις ἐκήρυσσεν Ἰωάννης ὁ βαπτιστὴς ἐν τῇ ἐρήμῳ τῆς Ἰουδαίας. (Mt 3,1) – 4. μετὰ ταῦτα φωνὴ ἐκ τῶν οὐρανῶν λέγει· οὗτός ἐστιν ὁ υἱός μου ὁ ἀγαπητός. (Mt 3,17*) – 5. Die Juden sagten zu dem Geheilten: σὺ μαθητὴς εἶ ἐκείνου, ἡμεῖς δὲ τοῦ Μωϋσέως ἐσμὲν μαθηταί. (Joh 9,28) – 6. ὁ Ἰησοῦς ἦν ἐν τῇ ἐρήμῳ τεσσεράκοντα ἡμέρας καὶ ἐπειράζετο ὑπὸ τοῦ σατανᾶ[2] καὶ ἦν μετὰ

---

[1] ταῦτα (Neutrum Plural) steht sehr oft im Sinne von *dies*.

[2] σατανᾶς *Satan* (Gen.).

τῶν θηρίων. (Mk 1,13*) (erläutern Sie bitte den Kasus von ἡμέρας) – 7. λέγει οὖν τῷ Πέτρῳ ἡ παιδίσκη· μὴ[3] καὶ σὺ ἐκ τῶν μαθητῶν εἶ τοῦ ἀνθρώπου τούτου; λέγει ἐκεῖνος· οὐκ εἰμί. (Joh 18,17) – 8. μετὰ ταῦτα ἦλθεν ὁ Ἰησοῦς καὶ οἱ μαθηταὶ αὐτοῦ εἰς τὴν Ἰουδαίαν. (Joh 3,22) – 9. τῷ ἀγγέλῳ τῆς ἐν Φιλαδελφείᾳ ἐκκλησίας γράφει· Τάδε λέγει ὁ ἅγιος, ὁ ἀληθινός ... οἶδά[4] σου τὰ ἔργα. (Offb 3,7f*) – 10. διὰ τοῦτο τάδε λέγει κύριος. (Jer 28,36 LXX) – 11. καὶ ἔλεγεν αὐτοῖς· ὑμεῖς ἐκ τῶν κάτω ἐστέ, ἐγὼ ἐκ τῶν ἄνω εἰμί· ὑμεῖς ἐκ τούτου τοῦ κόσμου ἐστέ, ἐγὼ οὐκ εἰμὶ ἐκ τοῦ κόσμου τούτου. (Joh 8,23) – 12. οἱ ὄχλοι καὶ ἔλεγον· μήτι οὗτός ἐστιν ὁ υἱὸς Δαυίδ; (Mt 12,23) – 13. ἔτι χρόνον μικρὸν μεθ᾽ ὑμῶν εἰμι καὶ ὑπάγω πρὸς τὸν θεόν. (Joh 7,33*) (erläutern Sie bitte den Kasus von χρόνον) – 14. Jesus fragte Nikodemus: σὺ εἶ ὁ διδάσκαλος τοῦ Ἰσραὴλ καὶ ταῦτα οὐ γινώσκεις; (Joh 3,10) – 15. ἔλεγον οὖν ἐκ τῶν Φαρισαίων τινές[5]· οὐκ ἔστιν οὗτος παρὰ θεοῦ ὁ ἄνθρωπος, ὅτι τὸ σάββατον οὐ τηρεῖ. (Joh 9,16) – 16. ὁ Ἰησοῦς εἶπεν· αὕτη ἡ ἀσθένεια οὐκ ἔστιν πρὸς θάνατον ἀλλ᾽ ὑπὲρ τῆς δόξης τοῦ θεοῦ, (Joh 11,4).

---

[3] μή hier: *etwa.*

[4] οἶδα *ich kenne.*

[5] τινές *einige.*

17. Konjunktiv Präsens Syntax des Konjunktivs

A

Wiederholen Sie bitte die Konjugation des Präsens im Aktiv und Medium von παιδεύω! Trennen Sie bitte deutlich die Themavokale ab!

B

1) Konjunktiv Präsens

Wie in anderen indogermanischen Sprachen (Deutsch, Latein usw.) gibt es auch im Griechischen neben dem Indikativ (Wirklichkeitsform), den wir bisher hatten, einen **Konjunktiv**.

Im Konjunktiv Präsens wird statt des Themavokals ο bzw. ε das Moduszeichen ω bzw. η verwendet. Dies entspricht im Ergebnis einem gedehnten Themavokal. Das Jota in der 2. und 3.Sg.Akt. wird zu einem Jota subscriptum. Das in der 2.Sg.Ind. Präs.MP vorhandene Jota subscriptum (nach Ausfall des σ und Kontraktion) bleibt erhalten. In der 3.Pl.Akt. lautet die Endung ωσιν. Der Konjunktiv hat immer Primärendungen, auch im Nebentempus Aorist.

Die Formen des Konjunktiv Präsens für παιδευ- (Verba non-contracta):

	Aktiv	*Medium/Passiv*
1. Sg.	παιδεύ-ω	παιδεύ-**ω-μαι**
2. Sg.	παιδεύ-**ῃς**	παιδεύ-**ῃ** (←η-σαι)
3. Sg.	παιδεύ-**ῃ**	παιδεύ-**η-ται**
1. Pl.	παιδεύ-**ω-μεν**	παιδευ-**ώ-μεθα**
2. Pl.	παιδεύ-**η-τε**	παιδεύ-**η-σθε**
3. Pl.	παιδεύ-**ω-σιν**	παιδεύ-**ω-νται**

Vorsicht: Die Form παιδεύῃ kann 3.Sg.Konj.Präs.Akt., 2.Sg.Ind.Präs.MP oder 2.Sg. Konj.Präs.MP sein. Die Form παιδεύω kann 1.Sg.Ind. und Konj.Präs.Akt. sein.
Bei den Verba contracta auf -εω trifft der Stammauslaut ε auf den langen Vokal des Moduskennzeichens und wird von diesem „verschlungen". Der Akzent wird dadurch zum Zirkumflex auf dem Moduskennzeichen (1.Pl.MP zum Akut). Die Endungen sind dieselben wie bei παιδεύω.

Die Formen des Konjunktiv Präsens für ποιε- (Verba contracta):

	Aktiv	*Medium/Passiv*
1. Sg.	ποι-**ῶ**	ποι-**ῶ-μαι**
2. Sg.	ποι-**ῇς**	ποι-**ῇ** (←ε-η-σαι)
3. Sg.	ποι-**ῇ**	ποι-**ῇ-ται**
1. Pl.	ποι-**ῶ-μεν**	ποι-**ώ-μεθα**
2. Pl.	ποι-**ῆ-τε**	ποι-**ῆ-σθε**
3. Pl.	ποι-**ῶ-σιν**	ποι-**ῶ-νται**

Der Konjunktiv von εἰμί entspricht den Konjunktivendungen im Präsens Aktiv (ohne Stamm, aber mit Spiritus lenis):

1. Sg. ὦ	1. Pl. ὦμεν
2. Sg. ᾖς	2. Pl. ἦτε
3. Sg. ᾖ	3. Pl. ὦσιν

Hinweise: Die 1.Sg.Konj.Präs.Akt. kann man mit der beim Vokativ häufig stehenden Interjektion ὦ verwechseln (vgl. Lekt. 3 A2). Die 2.Pl. kann man verwechseln mit der 2.Pl. im Imperfekt Aktiv. – Sie können nun die Tabelle in Lekt. 12 E vervollständigen.

2) Syntax des Konjunktivs

Anders als im Deutschen bezeichnet der Konjunktiv im Griechischen nicht eine Möglichkeit. Er steht z.B. nicht im Irrealis (in der Form der Unwirklichkeit: „Ich *hätte* gelernt") oder in der indirekten (abhängigen) Rede („Er sagt, er *habe* gelernt"). Der griechische Konjunktiv wird besonders für etwas gebraucht, was man will bzw. soll (Modus des Wollens, *voluntativer Konjunktiv*) oder was man erwartet (Modus der subjektiven Erwartung, *prospektiver Konjunktiv*). Die Tempora beim Konjunktiv bezeichnen keine Zeit(stufe), sondern nur den Aspekt!
Die **Verneinung** beim Konjunktiv ist **immer μή**, nie οὐ. μή wehrt die Verwirklichung einer Vorstellung (Wunsch, Verbot, Aufforderung) ab, während οὐ eine Aussage verneint. Daher verneint οὐ im NT meistens den Indikativ, μή dagegen die anderen Modi (Konjunktiv, Imperativ, Infinitiv und meistens das Partizip).

a) Der Konjunktiv im Hauptsatz

Steht in einem griechischen Hauptsatz ein Konjunktiv, steht in der deutschen Übersetzung nie ein Konjunktiv!
Die wichtigsten Verwendungsweisen des griechischen Konjunktivs im Hauptsatz sind:

1) **adhortativ**: Aufforderung an die 1. Person Sg. (*ich will*) oder Pl. (*lasst uns*).
2) **deliberativ** bzw. **dubitativ**: überlegende bzw. zweifelnde Frage (*soll ...?*). Im Deliberativ wird der Adhortativ in eine (überlegende) Frage gewendet. Allerdings steht das Verb nicht immer in der ersten Person.
3) Der Konjunktiv als **Prohibitiv** (Verbot) und als **nachdrückliche Negation** wird mit dem Konjunktiv Aorist gebildet und deshalb in Lekt. 24 B3 behandelt.

b) Der Konjunktiv im Nebensatz

Die wichtigsten Verwendungsweisen des griech. Konjunktivs im Nebensatz sind:

1) **konditional** (eingeleitet mit der Konjunktion ἐάν): Bedingung (*wenn*);
2) **final** (eingeleitet mit ἵνα oder ὅπως): Absicht (*damit*);
3) **konsekutiv** (eingeleitet mit ἵνα): Resultat bzw. Folge (*sodass*), im ἵνα-Satz ist das Resultat bzw. die Folge der Handlung des Hauptverbs ausgedrückt. Die Konsequenz der Verbalhandlung muss *nicht beabsichtigt* sein;
4) **substantivierter ἵνα-Satz**: Der ἵνα-Satz fungiert im Satzgefüge als Objekt oder Subjekt. Dabei wird ἵνα im Deutschen oft mit „dass" wiedergegeben;
5) in manchen **Temporalsätzen:** Nach *bis* (ἕως, ἄχρι, μέχρι) und *wann immer* (ὅταν) steht häufig der Konjunktiv; er zeigt eine aus der Perspektive der Zeit des Hauptverbs zukünftige Möglichkeit an, z.B.: Mt 5,11;
6) in manchen **Relativsätzen.**

Für eine genauere Differenzierung und für weitere Verwendungsweisen des Konjunktivs, z.B. nach ***Verben des Fürchtens*** und ***negativen Behauptens***, vgl. Lekt. 55 B.

C

1) Bestimmen Sie bitte folgende Formen:

παιδεύηται, παιδεύωμεν, παιδεύω, παιδεύῃ, παιδεύωσιν, ἐπαίδευον, παιδεύωμαι, ἐκβάλλητε, ποιῶνται, ᾖς, ποιῆσθε, θεωροῦσιν, ὦμεν, νηστευώμεθα, φιλῇς, πειράζομεν, ὠφελεῖτε

2) Setzen Sie bitte neben folgende Formen des Indikativs die entsprechenden des Konjunktivs:

παιδεύει –	παιδεύετε –	παιδεύω –
ποιεῖται –	ποιοῦνται –	ποιεῖς –
ποιοῦμαι –	ποιεῖσθε –	ποιεῖ –
ἐστίν –	ἐστέ –	κωλύομεν –
ἀκούονται –	εἰμί –	εἰσίν –
τηρεῖτε –	βλασφημῶ –	ὑπακούεις –
νηστεύουσιν –	ἐσμέν –	

3) Bilden Sie bitte folgende Formen des Konjunktivs von den jeweiligen Verben:

1.Sg.Akt. (εἰμί), 3.Pl.Med. (ἀκούω), 3.Sg.Akt. (ἀκολουθέω), 2.Pl.Akt. (περιπατέω), 2.Pl.Med. (κωλύω), 1.Pl.Akt. (λαμβάνω), 1.Sg.Med. (δέομαι), 3.Sg.Med. (τελέω), 2.Sg.Med. (ἀναπαύω), 2.Pl.Akt. (εἰμί), 3.Pl.Akt. (φωνέω), 2.Sg.Akt. (λέγω), 1.Pl.Med. (ζητέω), 1.Sg.Med. (βλέπω), 2.Pl.Akt. (ἀκούω)

4) Bestimmen Sie bitte folgende Formen:

παιδεύηται, λατρεύωμεν, ἐπιζητῶ, βλέπονται, φυτεύῃ, ἀπολογεῖσθε, κατοικῶσιν, ἐθεράπευον, ᾖς, θεωρῶμαι, πιστεύετε, νοῇ, κωλύητε, ὦσιν, κρατῶσιν, παιδεύησθε, ποιεῖτε, ζητώμεθα, κατοικῶνται, ἦμεν, λέγω, ἐφύτευον, ἀκούηται, ποιῇς

D

Erläutern Sie bitte bei allen Konjunktiven, wie diese syntaktisch gebraucht sind!

1. Ὁ Ἰησοῦς Χριστὸς ἦλθεν, ἵνα οἱ ἄνθρωποι σωτηρίαν ἔχωσιν. – 2. τῇ ἀνομίᾳ μὴ δουλεύωμεν, ἀλλὰ περιπατῶμεν ἐν τῇ δικαιοσύνῃ. – 3. ἔρχονται δὲ τελῶναι καὶ λαλοῦσιν πρὸς αὐτόν· διδάσκαλε, τί[1] ποιῶμεν; (Luk 3,12*) – 4. καὶ αὕτη ἐστὶν ἡ ἀγάπη, ἵνα περιπατῶμεν κατὰ τὰς ἐντολὰς αὐτοῦ· αὕτη ἡ ἐντολή ἐστιν, καθὼς ἠκούετε ἀπ᾽ ἀρχῆς, ἵνα ἐν αὐτῇ περιπατῆτε. (2Joh 6*) – 5. ἔλεγον πρὸς τὸν Ἰησοῦν· τί ποιῶμεν ἵνα ἐργαζώμεθα τὰ ἔργα τοῦ θεοῦ; (Joh 6,28*) – 6. καὶ ταῦτα γράφομεν ἡμεῖς, ἵνα ἡ χαρὰ ἡμῶν ᾖ πεπληρωμένη[2]. (1Joh 1,4) – 7. ὅταν ἐν τῷ κόσμῳ ὦ, φῶς[3] εἰμι τοῦ κόσμου. (Joh 9,5). – 8. ὅταν δὲ διώκωσιν ὑμᾶς ἐν τῇ πόλει[4] ταύτῃ, φεύγετε[5] εἰς τὴν ἑτέραν. (Mt 10,23) – 9. θέλω ἵνα ὅπου εἰμὶ ἐγὼ κἀκεῖνοι ὦσιν μετ᾽ ἐμοῦ, ἵνα θεωρῶσιν τὴν δόξαν μου. (Joh 17,24) – 10. αὕτη γάρ ἐστιν ἡ ἀγάπη τοῦ θεοῦ, ἵνα τὰς ἐντολὰς αὐτοῦ τηρῶμεν. (1Joh 5,3) – 11. ἀγαπητοί, ἐὰν ἡ καρδία ἡμῶν μὴ καταγινώσκῃ[6], παρρησίαν ἔχομεν πρὸς τὸν θεὸν καὶ ὃ ἐὰν[7] αἰτῶμεν λαμβάνομεν ἀπ᾽ αὐτοῦ, ὅτι τὰς ἐντολὰς αὐτοῦ τηροῦμεν καὶ τὰ ἀρεστὰ[8] ἐνώπιον αὐτοῦ ποιοῦμεν. (1Joh 3,21-22) – 12. οὐ γὰρ ἀπέστειλεν[9] ὁ θεὸς τὸν υἱὸν εἰς τὸν κόσμον ἵνα κρίνῃ τὸν κόσμον. (Joh 3,17) – 13. ἐν τούτῳ γινώσκουσιν οἱ ἄνθρωποι ὅτι μαθηταὶ ἐμοῦ ἐστε, ἐὰν ἀγάπην ἔχητε ἐν ἀλλήλοις. (Joh 13,35*) – 14. μὴ οὖν καθεύδωμεν ὡς οἱ λοιποὶ ἀλλὰ γρηγορῶμεν. (1Thess 5,6*) – 15. τότε οὖν εἶπεν αὐτοῖς ὁ Ἰησοῦς παρρησίᾳ· Λάζαρος ἀπέθανεν[10], καὶ χαίρω δι᾽ ὑμᾶς … ὅτι οὐκ ἤμην ἐκεῖ· ἀλλὰ ἄγωμεν πρὸς αὐτόν. (Joh 11,14-15*) – 16. σπουδῇ δουλεύωμεν τῷ κυρίῳ ἐν ἀληθείᾳ καὶ ἐν ταπεινοφροσύνῃ. (wie ist der Dativ σπουδῇ syntaktisch gebraucht?) – 17. πορευώμεθα εἰς Ἰερουσαλήμ; – 18. δεχώμεθα τὸν πτωχὸν ξένον εἰς τὸν οἶκον ἡμῶν, ἵνα ἀναπαύηται. – 19. ἐργαζώμεθα ἐν τοῖς ἀγροῖς, ἵνα ἐν τῇ ἡμέρᾳ τοῦ θερισμοῦ καρποὺς ἔχωμεν.

---

[1] τί *was?*

[2] πεπληρωμένη hier: *vollkommen.*

[3] φῶς *Licht* (Nom.).

[4] πόλις *Stadt* (Dat.).

[5] φεύγετε 2.Pl.Impt.Präs.Akt.

[6] καταγινώσκω *verurteilen.*

[7] ὃ ἐάν *was auch immer.*

[8] ἀρεστός *was gefällt, angenehm.*

[9] ἀπέστειλεν *er sandte.*

[10] ἀπέθανεν *er ist gestorben.*

18. Imperativ Präsens • Der doppelte Akkusativ

A

Wiederholen Sie bitte nebeneinander den Indikativ und Konjunktiv Präsens von παιδεύω im Aktiv und Medium!

B

1) Imperativ Präsens

Wie im Deutschen gibt es im Griechischen den Modus **Imperativ**, die Befehlsform. Es gibt ihn für die 2. und 3. Person. Themavokal im Präsens ist immer ε. Die 2.Sg.Akt. hat nach dem Themavokal keine weitere Endung.
Die Personalendungen des Imperativs lauten:

	Aktiv	*Medium/Passiv*
2. Sg.	—	-σο
3. Sg.	-τω	-σθω
2. Pl.	-τε	-σθε
3. Pl.	-τωσαν	-σθωσαν

Lernhilfe: Die Personalendungen in der 3.Sg., 2.Pl. und 3.Pl. lauten im Akt. und MP jeweils gleich aus. Im Akt. beginnen sie mit τ, im MP dagegen mit σθ, so wie bei den Personalendungen in der 2.Pl. im Indikativ Präsens.

Das Deutsche kennt im Imperativ keine 3.Sg. und 3.Pl. Man gibt diese Formen am besten mit „er/sie/es soll" bzw. „sie sollen" wieder. Im Medium übersetzt man den Imperativ mit „erziehe dich" usw., im Passiv mit „werde erzogen" usw. Als Übersetzung für das Passiv ist alternativ „lass dich erziehen" usw. möglich.
Der Imperativ Präsens hat wie das Präsens einen durativen Aspekt, kann also z.B. iterativ gebraucht sein. Er steht bei Bitten, Weisungen und allgemeinen Vorschriften.
Die Verneinung beim Imperativ ist immer μή.

Sie können nun die Tabelle in Lekt. 12 unter E weiter vervollständigen.

Formen des Imperativ Präsens der unkontrahierten und der kontrahierten Verben auf -εω:

	Imperativ Präsens Aktiv		
Stamm	παιδευ-	ποιε-	
		unkontrahiert	*kontrahiert*
2. Sg.	παίδευ-ε	ποίε-ε	ποίει
3. Sg.	παιδευ-έ-τω	ποιε-έ-τω	ποιείτω
2. Pl.	παιδεύ-ε-τε	ποιέ-ε-τε	ποιεῖτε
3. Pl.	παιδευ-έ-τωσαν	ποιε-έ-τωσαν	ποιείτωσαν
	Imperativ Präsens Medium/Passiv		
2. Sg.	παιδεύ-ου (←εσο)	ποιέ-ου	ποιοῦ
3. Sg.	παιδευ-έ-σθω	ποιε-έ-σθω	ποιείσθω
2. Pl.	παιδεύ-ε-σθε	ποιε-έ-σθε	ποιεῖσθε
3. Pl.	παιδευ-έ-σθωσαν	ποιε-έ-σθωσαν	ποιείσθωσαν

Achtung: In der 2.Pl. haben Indikativ und Imperativ Präsens die gleiche Form.
In der 2.Sg.Impt.Präs.Med. fällt – wie in der 2.Sg.Ind.Präs.Med. – das σ zwischen zwei Vokalen aus, und die nun aneinander stoßenden Vokale werden zu ου kontrahiert. Die 2.Sg.Impt.Präs.Akt. ποίει unterscheidet sich von der 3.Sg.Ind.Präs.Akt. ποιεῖ nur durch den Akzent.

Imperativ von **εἰμί**:

	Singular	*Plural*
2. Person	ἴσθι	ἔστε
3. Person	ἔστω	ἔστωσαν

2) Der doppelte Akkusativ

Wie im Deutschen können im Griechischen bei manchen Verben zwei Akkusative stehen.
Zwei Akkusativobjekte, nämlich der *Person* und der *Sache*, haben im Griechischen die Verben lehren, erinnern, fragen, bitten, an- und ausziehen, trinken lassen usw.

ὁ ἀπόστολος *ὑμᾶς* διδάσκει (lehren) *τὴν ὁδὸν* τοῦ θεοῦ – *der Apostel lehrt euch den Weg Gottes*

Ein *Akkusativobjekt* und einen *Prädikatsakkusativ* (Gleichsetzungsakkusativ) haben die folgenden Verben:
ἔχω (jmdn./etwas haben/ansehen als), ποιέω (jmdn./etwas machen zu), λέγω bzw. καλέω (jmdn./etwas bezeichnen als bzw. jmdn. etwas nennen), ἀποστέλλω (jmdn. senden als)

ἐγὼ *ὑμᾶς* ἔχω *φίλους* – *ich habe euch als Freunde*

C

1) **Bestimmen Sie bitte folgende Formen:**
νήστευε, καλείτωσαν, δοξαζέσθω, μνημονεύετε, κωλυέσθωσαν, καθευδέτω, ἔρχεσθε, ἀποστέλλου

2) **Bilden Sie bitte folgende Imperativformen der in Klammern angegebenen Verben:**
3.Sg.Akt. (παιδεύω), 2.Sg.Med. (ποιέω), 3.Pl.Akt. (θεωρέω), 3.Sg.Med. (ἀκούω), 3.Pl.Akt. (εἰμί), 2.Pl.Med. (ἀκούω), 3.Sg.Akt. (καλέω), 2.Sg.Akt. (φωνέω), 2.Pl.Akt. (εἰμί), 3.Pl.Pass. (λαλέω)

3) **Konjugieren Sie bitte den Imperativ Aktiv und Medium/Passiv von** θεραπεύω**!**

4) **Stellen Sie bitte neben folgende Formen des Indikativs bzw. Konjunktivs die entsprechenden des Imperativs:**

παιδεύεται – παιδεύῃ – παιδεύουσιν –
παιδεύωνται – παιδεύει – παιδεύητε –
παιδεύῃς – ποιεῖ – ποιῆσθε –

5) **Bestimmen und übersetzen Sie bitte folgende Formen:**
ἦτε, νήστευε, βασιλεύει, κωλύονται, ἀκολούθει, ποιεῖ, παύετε, ποιεῖσθε, ἴσθι, λατρευέτω, ἐλατρεύομεν, φυτευέσθω, μνημονεύῃ, φύτευε, νηστευέτωσαν, ἐλεείτωσαν, ἐβασίλευεν, ἀποκρίνου, ἐπεζητεῖτε, λαμβάνωμεν, θεραπεύεσθε, ἀποστέλλεις, καλείτω, ἔστωσαν, μένουσιν, ἤλπιζεν, ὑπήκουες, ἀπελογοῦ

D

1. Μετανοεῖτε καὶ πιστεύετε ἐν τῷ εὐαγγελίῳ. (Mk 1,15) – 2. πορεύου εἰς εἰρήνην. (Lk 7,50) – 3. ἐν τοῖς ἀγροῖς τοῖς λοιποῖς τῶν γεωργῶν ἐργαζέσθωσαν. – 4. ζητεῖτε δὲ πρῶτον τὴν βασιλείαν τοῦ θεοῦ καὶ τὴν δικαιοσύνην αὐτοῦ, καὶ ταῦτα πάντα[1] προστεθήσεται[2] ὑμῖν. (Mt 6,33) – 5. Πέτρε, τῷ ἀγαπητῷ υἱῷ τοῦ θεοῦ διακόνει. – 6. λέγει αὐτῷ ὁ Ἰησοῦς· ἀκολούθει μοι. (Joh 1,43) – 7. ἔστω δὲ ὁ λόγος ὑμῶν ναὶ ναί, οὒ οὔ. (Mt 5,37) – 8. προσέχετε ἀπὸ τῶν ψευδοπροφητῶν, οἵτινες[3] ἔρχονται πρὸς ὑμᾶς. (Mt 7,15) – 9. καὶ ἐὰν ὁ ὀφθαλμός σου σκανδαλίζῃ σε, ἔκβαλλε αὐτόν. (Mk 9,47*) – 10. Ἰησοῦς δὲ λέγει τοῖς μαθηταῖς· ἐγώ εἰμι· μὴ φοβεῖσθε. (Joh 6,20) – 11. μὴ ταρασσέσθω ὑμῶν ἡ καρδία· πιστεύετε εἰς τὸν θεὸν καὶ εἰς ἐμὲ πιστεύετε. (Joh 14,1) – 12. φεύγετε τὴν πορνείαν. (1Kor 6,18) – 13. τὸ λοιπὸν προσεύχεσθε, ἀδελφοί, περὶ ἡμῶν, ἵνα ὁ λόγος τοῦ κυρίου τρέχῃ καὶ δοξάζηται καθὼς καὶ πρὸς ὑμᾶς. (2Thess 3,1)

---

[1] πάντα *alles* (Nom.Pl.n. von πᾶς).
[2] προστεθήσεται *es wird dazugegeben werden.*
[3] οἵτινες *welche* (Nom.Pl.).

– 14. οὐδὲ ἐγώ σε κατακρίνω· πορεύου, καὶ ἀπὸ τοῦ νῦν[4] μηκέτι ἁμάρτανε. (Joh 8,11) – 15. οἱ ἄπιστοι τοῖς εἰδώλοις καὶ τοῖς δαιμονίοις μὴ δουλευέτωσαν, ἀλλ᾽ ἀκουέτωσαν τὸ εὐαγγέλιον τῆς σωτηρίας. – 16. εἰ ... Δαυὶδ καλεῖ αὐτὸν κύριον, πῶς υἱὸς αὐτοῦ ἐστιν; (Mt 22,45) – 17. Παῦλος καὶ Σιλᾶς εἶχον Ἰωάννην ὑπηρέτην. (Apg 13,5*) – 18. οἵ ὄχλοι ἐκάλουν τὸν Βαρναβᾶν Δία[5], τὸν δὲ Παῦλον Ἑρμῆν[6]. (Apg 14,12*) – 19. ἀμήν, ἡ εὐλογία καὶ ἡ δόξα καὶ ἡ σοφία καὶ ἡ εὐχαριστία καὶ ἡ τιμὴ τῷ θεῷ. (Offb 7,12) – 20. Ἰησοῦς τοὺς μαθητὰς αὐτοῦ φίλους ἔλεγεν. αὐτοὺς ἀπέστελλεν καὶ ἀποστόλους καὶ διακόνους εἰς τὸν λαόν. – 21. Jesus sagte zu Petrus: ὕπαγε ὀπίσω μου, σατανᾶ· σκάνδαλον εἶ ἐμοῦ, ὅτι οὐ φρονεῖς τὰ τοῦ θεοῦ ἀλλὰ τὰ τῶν ἀνθρώπων. (Mt 16,23) – 22. εἶπον[7] οὖν πρὸς αὐτὸν οἱ ἀδελφοὶ αὐτοῦ· ὕπαγε εἰς τὴν Ἰουδαίαν, ἵνα καὶ οἱ μαθηταί σου θεωρῶσιν σοῦ τὰ ἔργα. (Joh 7,3*)

---

[4] τὸ νῦν *der jetzige Zeitpunkt*; ἀπὸ τοῦ νῦν *von nun an.*

[5] Ζεύς *Zeus*, Akk.: Δία.

[6] Ἑρμῆς *Hermes*.

[7] εἶπον *sie sagten*.

19. Infinitiv Präsens • Indikativ und Infinitiv Futur Aktiv und Medium • AcI

A

Welche Formen sind:

φυτεύεις, βασιλεύουσιν, νηστεύω, θεραπεύονται, πορεύῃ, ἀναπαύομαι, ἀναλύετε, κελεύομεν

B

1) Infinitiv Präsens von παιδεύω, ποιέω und εἰμί

Wie im Deutschen (und in anderen Sprachen) gibt es auch im Griechischen den *Infinitiv* (Grundform des Verbs, z.B. gehen, essen usw.). Die Endung des Inf.Präs.Akt. ist -ειν, die des Inf.Präs.MP ist -εσθαι.

Infinitiv Präsens Akt.	*Infinitiv Präsens MP*
παιδεύ-ειν	παιδεύ-ε-σθαι
ποιεῖν (←ποιέ-ειν)	ποιεῖσθαι (←ποιέ-εσθαι)
εἶναι (sein)	

Lernhilfe: Der Infinitiv hat im Aktiv wie das Deutsche als Bestandteile ε und ν (geh*en*), im Medium/Passiv die beiden Buchstaben, die uns dort schon mehrfach begegnet sind, nämlich: σθ.
Die Verneinung beim Infinitiv ist μή.

2) Der finale Infinitiv

Ein Infinitiv der Absicht kann unter anderem nach Verben der Bewegung und des Sendens stehen, vgl. D7. Im Deutschen übersetzt man meistens mit „(um) zu".

3) Indikativ und Infinitiv Futur Aktiv und Medium

Auch das Griechische hat eine besondere Form für das Futur (Zukunft), das meistens zur Bezeichnung zukünftiger Handlungen und Zustände gebraucht wird.
Im Aktiv und Medium werden diese Formen gebildet, indem man ein σ (Tempuskennzeichen) direkt nach dem Verbalstamm und vor Themavokal + Personalendung einfügt, z.B. παιδεύ-**σ**-ω *ich werde erziehen.* Beachten Sie bitte, dass die medialen Formen nur für das Futur Medium gelten, denn das Futur Passiv hat eigene Formen! Bei den Verben auf -εω wird das ε in der Regel zu η gedehnt, z.B. ποιή-**σ**-ω *ich werde tun.* Bei manchen Verben ist der kurze Stammauslaut jedoch erhalten, z.B. καλέσω.

Übersicht über die Formen des Indikativ Futur:

	Indikativ Futur Aktiv		*Indikativ Futur Medium*	
1. Sg.	παιδεύ-σ-ω	ποιή-σ-ω	παιδεύ-σ-ο-μαι	ποιή-σ-ο-μαι
2. Sg.	παιδεύ-σ-εις	ποιή-σ-εις	παιδεύ-σ-ῃ (←εσαι)	ποιή-σ-ῃ
3. Sg.	παιδεύ-σ-ει	ποιή-σ-ει	παιδεύ-σ-ε-ται	ποιή-σ-ε-ται
1. Pl.	παιδεύ-σ-ο-μεν	ποιή-σ-ο-μεν	παιδευ-σ-ό-μεθα	ποιη-σ-ό-μεθα
2. Pl.	παιδεύ-σ-ε-τε	ποιή-σ-ε-τε	παιδεύ-σ-ε-σθε	ποιή-σ-ε-σθε
3. Pl.	παιδεύ-σ-ουσιν	ποιή-σ-ουσιν	παιδεύ-σ-ο-νται	ποιή-σ-ο-νται
	Inf.Fut.Akt. (*erziehen werden*)		*Inf.Fut.Med.* (*sich erziehen werden*)	
	παιδεύ-σ-ειν	ποιή-σ-ειν	παιδεύ-σ-ε-σθαι	ποιή-σ-ε-σθαι

Die Verben εἰμί und ἔρχομαι bilden das Futur mit speziellen Stämmen, sie sind also unregelmäßig. **Beachte**: εἰμί hat im Futur mediale Formen, die aktiv übersetzt werden.

	Futur Medium von εἰμί	*Futur Med. von ἔρχομαι*
1. Sg.	ἔσομαι	ἐλεύ-σ-ομαι
2. Sg.	ἔσῃ	ἐλεύ-σ-ῃ
3. Sg.	ἔσται (ε ist ausgefallen)	ἐλεύ-σ-εται
1. Pl.	ἐσόμεθα	ἐλευ-σ-όμεθα
2. Pl.	ἔσεσθε	ἐλεύ-σ-εσθε
3. Pl.	ἔσονται	ἐλεύ-σ-ονται
Infinitiv	ἔσεσθαι	ἐλεύ-σ-εσθαι

Sie können nun die Tabelle in Lekt. 12 unter E weiter vervollständigen.

4) Modales Futur

Das modale Futur steht im Sinne von „wollen" (vgl. adhortativer Konj., am häufigsten), „sollen" (vgl. deliberativer Konj.) oder „müssen/nicht dürfen" (imperativisch, primär in Ge- bzw. Verboten).

So kann der Indikativ Futur in der Bibel (im NT vor allem bei Matthäus) auch für ein striktes Gebot oder Verbot (Verneinung mit οὐ) gebraucht werden.

οὐ φονεύσεις (Mt 5,21) – *du sollst nicht töten* bzw. *töte nicht!*

5) Der AcI (Akkusativ mit Infinitiv)

Der AcI (*accusativus cum infinitivo* – Akkusativ mit Infinitiv) ist eine grammatikalische Konstruktion im Griechischen, für die es nur sehr selten eine direkte Entsprechung im Deutschen gibt. Wie der Name sagt, besteht diese Konstruktion aus einem Akkusativ und einem Infinitiv. Dabei wird durch den Infinitiv die Verbalhandlung ausgedrückt. Das Subjekt dieser Handlung steht im Akkusativ. Der Akkusativ fungiert also als Subjekt des Infinitivs. Innerhalb eines AcI steht auch das zum Subjekt gehörige Prädikatsnomen im Akkusativ (KNG-Kongruenz).

Der AcI steht bei Verben des Sagens, Aufforderns[1] oder Meinens sowie nach unpersönlichen Ausdrücken wie z.B. δεῖ. Bei δεῖ kann auch der einfache Infinitiv stehen.

βούλομαι προσεύχεσθαι τοὺς ἀνθρώπους (1Tim 2,8*)
Prädikat HS Infinitiv Subjekt im Akkusativ
ich will, dass die Menschen beten

Merke: Es ist sinnvoll, den AcI zunächst als *dass-Satz* zu übersetzen. Hat man die Bedeutung des Satzes erfasst, kann man gegebenenfalls eine schönere Übersetzung formulieren. Selbstverständlich bleibt der dass-Satz im Deutschen jedoch oft stehen.
Einfache Beispielsätze für den AcI:

λέγουσιν ὅτι Ἠλίαν δεῖ ἔρχεσθαι πρῶτον (Mt 17,10*)
θέλω δὲ ὑμᾶς ἀμερίμνους[2] εἶναι (1Kor 7,32a)

6) Dativus possessivus

Der Besitzer wird im Dativ genannt. Das Verb ist meist eine Form von εἰμί, und zwar im Sinne von „besitzen". Im Deutschen kann man oft mit „gehören" und folgendem Dativ übersetzen.

ἡ βίβλος ἐμοί ἐστιν – *das Buch gehört mir*

C

1) Bestimmen und übersetzen Sie bitte folgende Infinitive:

λύειν, ἐνεργεῖσθαι, ὠφελήσεσθαι, δέχεσθαι, μνημονεύειν, ἐργάζεσθαι, ἔσεσθαι, κατοικεῖν, μαρτυρήσειν, ἀποκρίνεσθαι, ζητήσεσθαι, ἀπέρχεσθαι, βαπτίζεσθαι, φυτεύεσθαι, εἶναι

2) Bilden Sie bitte folgende Infinitivformen:

Inf.Fut.Med. (παιδεύω), Inf.Präs.Akt. (ἐπιθυμέω), Inf.Präs.Med. (προσκαλέομαι), Inf.Fut. (εἰμί), Inf.Präs.Med. (βούλομαι), Inf.Fut.Med. (διακονέω), Inf.Präs. (εἰμί), Inf.Fut.Akt. (νηστεύω), Inf.Präs.Med. (φυτεύω), Inf.Fut.Med. (εὐλογέω), Inf.Fut. Akt. (νοέω), Inf.Fut.Med. (ἀπολογέομαι)

3) Bestimmen und übersetzen Sie bitte folgende Formen:

κυριεύσει, νηστεύσω, παιδεύσομαι, ἐκπορεύσεσθε, κελεύσεις, θεωρήσονται, ἐνεργήσειν, ἀρνήσεται, ἀπολύσεσθαι, καλέσετε, ὑστερήσουσιν, πορεύσῃ

4) Stellen Sie bitte neben folgenden Formen des Präsens die des Futurs:

παιδεύομεν, ποιοῦσιν, παιδεύειν, εἰμί, ποιῇ, εἶ, παιδεύονται, ποιεῖσθε, εἶναι, παιδεύεσθαι, εἰσίν, ποιοῦμεν, παιδεύῃ, ἐσμέν

---

1 Das Akkusativobjekt bei Verben der Willensäußerung wurde als zum Infinitiv gehörend empfunden, vgl. Gal 2,14: „Warum zwingst du die Heiden (τὰ ἔθνη [Akk.]) jüdisch zu leben (Inf.)?" Entsprechend wurde bei Verben des Sagens mit finalem Sinn verfahren, vgl. 1Tim 2,8. So wurde der AcI eine eigene syntaktische Einheit.

2 ἀμερίμνος *sorgenfrei.*

5) Bestimmen und übersetzen Sie bitte folgende Formen:

ἐργάζου, πορεύσομαι, ἐπιθυμήσειν, ἀναπαύῃ, ἐπορεύοντο, κελεύεσθαι, ὦ, βασιλεύῃ, δέχομαι, ἀπεκρίνου, ἔσῃ, ἀπολυέτωσαν, παύσεσθαι, προσκαλῇ, ἐδέχεσθε, εἶ, κωλύειν, φύτευε, ἔλυον, ἀπερχέσθωσαν, ἐνήστευον, βασιλεύσομεν, ᾠκοδόμεις, ἐργάζῃ, ἐβουλεύου, ἀποστέλλεις, λαμβάνετε, θεραπεύσεται, ἀποκρινέσθω, ὦσιν, ἀναπαύεσθε, λατρεύσουσιν, ὑπακουέτω, παύου, παιδευσόμεθα, ἀκούωσιν, ἤρχου, ἔσεσθε, ἀπέρχωνται, ἀπολυέσθω, εἰσεπορεύοντο, λύσετε, κελεύῃς, ἐθεράπευεν

D

1. Ἀμὴν ἀμὴν λέγω ὑμῖν ὅτι ἔρχεται ὥρα καὶ νῦν ἐστιν ὅτε οἱ νεκροὶ ἀκούσουσιν τῆς φωνῆς τοῦ υἱοῦ τοῦ θεοῦ. (Joh 5,25) – 2. καὶ μετὰ ταῦτα περιεπάτει ὁ Ἰησοῦς ἐν τῇ Γαλιλαίᾳ· οὐ γὰρ ἤθελεν[3] ἐν τῇ Ἰουδαίᾳ περιπατεῖν. (Joh 7,1) – 3. κἀγώ σε τηρήσω ἐκ τῆς ὥρας τοῦ πειρασμοῦ. (Offb 3,10) – 4. ὁ Πέτρος εἶπεν· κύριε, εἰ σὺ εἶ, κέλευέ με ἔρχεσθαι πρός σε. (Mt 14,28*) – 5. ἔδει[4] δὲ αὐτὸν διέρχεσθαι διὰ τῆς Σαμαρείας. (Joh 4,4) – 6. ὑμεῖς λέγετε ὅτι ἐν Ἱεροσολύμοις ἐστὶν ὁ τόπος ὅπου προσκυνεῖν δεῖ. (Joh 4,20) – 7. Ἰησοῦς τοὺς μαθητὰς προσκαλεῖται καὶ ποιεῖ δώδεκα ἵνα ὦσιν μετ' αὐτοῦ καὶ ἵνα ἀποστέλλῃ αὐτοὺς κηρύσσειν. (Mk 3,13-14*) – 8. ὁ νικῶν[5] κληρονομήσει ταῦτα καὶ ἔσομαι αὐτῷ θεὸς καὶ αὐτὸς ἔσται μοι υἱός. (Offb 21,7) – 9. Ἰησοῦς λέγει πρὸς τοὺς μαθητὰς ὅτι καὶ ταῖς ἑτέραις κώμαις κηρύσσειν με δεῖ τὴν βασιλείαν τοῦ θεοῦ. (Lk 4,43*) – 10. οἱ Ἰουδαίοι εἰς τὴν ἔρημον ἐπορεύοντο τὸν βαπτιστὴν θεωρεῖν καὶ ἀκούειν. – 11. ἐγώ εἰμι κύριος ὁ θεός σου ... οὐκ ἔσονταί σοι θεοὶ ἕτεροι πλὴν ἐμοῦ ... οὐ μοιχεύσεις ... οὐ φονεύσεις ... οὐκ ἐπιθυμήσεις τὴν οἰκίαν τοῦ πλησίου σου οὔτε τὸν ἀγρὸν αὐτοῦ ... οὔτε τὴν παιδίσκην αὐτοῦ. (aus Ex 20,2-17). – 12. ὅτε ὁ Ἰησοῦς ἔρχεται ἐπὶ τὸν τόπον, λέγει πρὸς αὐτόν· Ζακχαῖε, σήμερον ἐν τῷ οἴκῳ σου δεῖ με μένειν. (Lk 19,5*) – 13. ἔπειτα μετὰ τοῦτο Ἰησοῦς λέγει τοῖς μαθηταῖς· ἄγωμεν εἰς τὴν Ἰουδαίαν πάλιν. λέγουσιν αὐτῷ οἱ μαθηταί· ῥαββί, ἐζήτουν σε φονεύειν οἱ Ἰουδαῖοι. (Joh 11,7f*) – 14. εἶπεν αὐτῷ· διδάσκαλε, ἀκολουθήσω σοι ὅπου ἐὰν[6] ἀπέρχῃ. (Mt 8,19) – 15. Jesus entgegnete den Juden: λέγετε ἐν Βεελζεβοὺλ ἐκβάλλειν με τὰ δαιμόνια. (Lk 11,18b) (erläutern Sie bitte den Inifinitiv!) – 16. κἀγὼ δέ σοι λέγω ὅτι σὺ εἶ Πέτρος, καὶ ἐπὶ ταύτῃ τῇ πέτρᾳ οἰκοδομήσω μου τὴν ἐκκλησίαν. (Mt 16,18) – 17. καὶ ἐν ταῖς ἡμέραις ἐκείναις ζητήσουσιν οἱ ἄνθρωποι τὸν θάνατον ... καὶ ἐπιθυμήσουσιν ἀποθανεῖν[7] καὶ φεύγει ὁ θάνατος ἀπ' αὐτῶν. (Offb 9,6) – 18. κύριον τὸν θεόν σου προσκυνήσεις καὶ αὐτῷ μόνῳ[8] λατρεύσεις. (Mt 4,10) – 19. ἐκέλευσεν[9] ὁ χιλίαρχος εἰσάγεσθαι αὐτὸν εἰς τὴν παρεμβολήν. (Apg 22,24) – 20. οἱ εὐαγγελισταὶ εὐθέως πορευέσθωσαν τῷ λαῷ μαρτυρεῖν τὸ εὐαγγέλιον.

---

[3] θέλω hat als Augment ἠ statt ἐ.

[4] ἔδει ist Ipf. von δεῖ.

[5] ὁ νικῶν *der, der siegt/überwindet* (substantiviertes Partizip).

[6] ὅπου ἐὰν *wo auch immer.*

[7] ἀποθανεῖν Inf.Aor.Akt. von ἀποθνῄσκω *sterben.*

[8] μόνος *allein.*

[9] ἐκέλευσεν *er befahl.*

20. Verba contracta auf -αω

A

Wiederholen Sie bitte die Endungen der Konjugation von παιδεύω im Präsens und Imperfekt!

B

Die Verba contracta auf -αω (Präsens, Imperfekt, Futur)

Wie die Verben auf -εω kontrahieren die Verba contracta auf -αω im Präsensstamm den Stammauslaut α mit den Endungen. Für Präsens und Imperfekt gelten folgende Kontraktionsregeln:

α + E-Laut (ε, η) wird zu α
α + O-Laut (ο, ω, ου) wird zu ω
Kam in der Endung ein ι vor (auch Jota subscriptum), bleibt es als Jota subscriptum (ᾳ oder ῳ) erhalten.
Ausnahme: Das ι des Infinitivs Aktiv gilt nicht als echtes ι. Im Präsens lautet die Endung daher -ᾶν.[1]

In allen übrigen Tempora (außer Präsens und Imperfekt) wird **α zu η** gedehnt (Futur von τιμάω also τιμ**ή**σω); **nach ε, ι, ρ** wird es **zu langem α** gedehnt (z.B. Futur von ἰάομαι ist ἰ**ά**σομαι). *Ausnahme*: πεινάω, κλάω und wenige andere Verben behalten auch ohne ε ι ρ das α (z.B. πεινάσω, κλάσω).

Präsens Aktiv – Verbstamm: τιμά-			
	Ind. unkontrahiert	**Ind. + Konj.**	*Konj. unkontrahiert*
1. Sg.	τιμά-ω →	τιμῶ	← τιμά-ω
2. Sg.	τιμά-εις →	τιμᾷς	← τιμά-ῃς
3. Sg.	τιμά-ει →	τιμᾷ	← τιμά-ῃ
1. Pl.	τιμά-ο-μεν →	τιμῶμεν	← τιμά-ω-μεν
2. Pl.	τιμά-ε-τε →	τιμᾶτε	← τιμά-η-τε
3. Pl.	τιμά-ουσιν →	τιμῶσιν	← τιμά-ωσιν

[1] Das ει der Infinitivendung ist ein „unechtes“ ει, weil es durch Kontraktion entstanden ist.

Präsens Medium/Passiv – Verbstamm: **τιμά-**			
	Ind. unkontrahiert	**Ind. + Konj.**	*Konj. unkontrahiert*
1. Sg.	τιμά-ο-μαι →	τιμῶμαι	← τιμά-ω-μαι
2. Sg.	τιμά-ῃ →	τιμᾷ[2]	← τιμά-ῃ
3. Sg.	τιμά-ε-ται →	τιμᾶται	← τιμά-η-ται
1. Pl.	τιμα-ό-μεθα →	τιμώμεθα	← τιμα-ώ-μεθα
2. Pl.	τιμά-ε-σθε →	τιμᾶσθε	← τιμά-η-σθε
3. Pl.	τιμά-ο-νται →	τιμῶνται	← τιμά-ω-νται

	Imperativ Präsens Aktiv		**Imperativ Präsens MP**	
	unkontrahiert	*kontrahiert*	*unkontrahiert*	*kontrahiert*
2. Sg.	τίμα-ε	→ τίμα	τιμά-ου	→ τιμῶ
3. Sg.	τιμα-έ-τω	→ τιμάτω	τιμα-έ-σθω	→ τιμάσθω
2. Pl.	τιμά-ε-τε	→ τιμᾶτε	τιμά-ε-σθε	→ τιμᾶσθε
3. Pl.	τιμα-έ-τωσαν	→ τιμάτωσαν	τιμα-έ-σθωσαν	→ τιμάσθωσαν

Infinitiv Präsens Aktiv		**Infinitiv Präsens MP**	
unkontrahiert	*kontrahiert*	*unkontrahiert*	*kontrahiert*
τιμά-ειν	→ τιμᾶν	τιμά-εσθαι	→ τιμᾶσθαι

	Indikativ Imperfekt Aktiv		**Indikativ Imperfekt MP**	
	unkontrahiert	*kontrahiert*	*unkontrahiert*	*kontrahiert*
1. Sg.	ἐ-τίμα-ο-ν	→ ἐτίμων	ἐ-τιμα-ό-μην	→ ἐτιμώμην
2. Sg.	ἐ-τίμα-ε-ς	→ ἐτίμας	ἐ-τιμά-ου	→ ἐτιμῶ
3. Sg.	ἐ-τίμα-ε(ν)	→ ἐτίμα[3]	ἐ-τιμά-ε-το	→ ἐτιμᾶτο
1. Pl.	ἐ-τιμά-ο-μεν	→ ἐτιμῶμεν	ἐ-τιμα-ό-μεθα	→ ἐτιμώμεθα
2. Pl.	ἐ-τιμά-ε-τε	→ ἐτιμᾶτε	ἐ-τιμά-ε-σθε	→ ἐτιμᾶσθε
3. Pl.	ἐ-τίμα-ο-ν	→ ἐτίμων	ἐ-τιμά-ο-ντο	→ ἐτιμῶντο

[2] Im Medium/Passiv manchmal auch mit der Endung σαι (z.B. καυχᾶσαι in Röm 2,17.23), vgl. BDR § 87.

[3] Ohne (bewegliches) ν.

Futur				
	Indikativ		**Infinitiv**	
	Aktiv	*Medium*	*Aktiv*	*Medium*
1. Sg.	τιμήσω	τιμήσομαι	τιμήσειν	τιμήσεσθαι
2. Sg.	τιμήσεις	τιμήσῃ		
3. Sg.	τιμήσει	τιμήσεται		
1. Pl.	τιμήσομεν	τιμησόμεθα		
2. Pl.	τιμήσετε	τιμήσεσθε		
3. Pl.	τιμήσουσιν	τιμήσονται		

Besonderheiten: In der 3.Sg.Ind.Ipf.Akt. fehlt das ν.
ζῆν (= leben), χρῆσθαι (= gebrauchen) u.a. haben η statt α als Kontraktionsergebnis. Die Formen lauten: Ind. und Konj.Präs.Akt.: ζῶ, ζῇς, ζῇ ..., Inf.Präs.Akt.: ζῆν, Ind. Impf.Akt.: ἔζων, ἔζης ...

Beachte: Die Formen des Indikativs und Konjunktivs Präsens lauten bei den Verba contracta auf -αω gleich.

Bei der **Formbestimmung** kann man wie folgt vorgehen (am Beispiel ἀγαπᾷς): Man trennt vom Stamm (ἀγαπ-) die Endung ab. Diese ist -ᾷς, und dies kann das Kontraktionsergebnis aus ά-εις oder ά-ῃς sein. Welche (unkontrahierten) Formen haben die Endung ά-εις, welche die Endung ά-ῃς?

C

1) Bilden Sie bitte von πλανάω folgende Formen (jeweils erst unkontrahiert, danach die kontrahierte Form):

1.Sg.Ind.Präs.Akt., 2.Sg.Impt.Präs.Akt., 2.Pl.Ind.Ipf.Med., 3.Sg.Konj.Präs.Akt., 1.Pl.Ind.Präs.Akt., 3.Pl.Ind.Präs.Med., 1.Sg.Ind.Fut.Akt., 3.Sg.Ind.Präs.Akt., 2.Sg.Konj.Präs.Akt, Inf.Präs.Med., 1.Sg.Konj.Präs.Med., Inf.Präs.Akt., 2.Pl.Ind. Fut.Med., 2.Sg.Ind.Ipf.Med., 3.Pl.Impt.Präs.Akt., 3.Sg.Ind.Fut.Akt., 1.Pl.Ind. Präs.Med., Inf.Fut.Akt., 2.Sg.Konj.Präs.Med., 3.Pl.Konj.Präs.Med., 2.Sg.Impt. Präs.Med., 3.Sg.Ind.Präs.Med., 3.Pl.Ind.Ipf.Akt., 1.Pl.Ind.Fut.Med., Inf.Fut.Med.

2) Bestimmen und übersetzen Sie bitte folgende Formen von Verben auf -αω:

ἐρωτάτω, ἀγαπήσεις, καυχώμεθα, νικᾶν, ἐτίμων, ἐτιμῶ, καυχάσθω, κοπιάσειν, ἰᾷ, θεᾶσθε, πλανᾷς, ζήσει, ἐκοπία, ἐπλανᾶτο, νικῶσιν, τιμᾷ, καυχήσεσθαι, ἀγαπᾶτε, κλῶμεν, ἐπηρώτα, προσεδόκας, θεάσεσθαι, σίγα, ἰασόμεθα, νικῶ, ἠρωτῶμεν

D

1. Ζῶ δὲ οὐκέτι ἐγώ, ζῇ δὲ ἐν ἐμοὶ Χριστός. (Gal 2,20) – 2. καὶ ἀγαπήσεις κύριον τὸν θεόν σου ἐξ ὅλης τῆς καρδίας σου καὶ ἐξ ὅλης τῆς ψυχῆς σου καὶ ἐξ ὅλης τῆς διανοίας σου. (Mk 12,30) (welche Funktion hat hier das Futur?) – 3. οἱ οὖν κριταὶ ἠρώτων τὸν Ἰησοῦν περὶ τῶν μαθητῶν αὐτοῦ καὶ περὶ τῆς διδαχῆς αὐτοῦ. (Joh 18,19*) – 4. εἶπεν αὐτῷ· σὺ εἶ ὁ ἐρχόμενος[4] ἢ ἕτερον προσδοκῶμεν; (Mt 11,3) – 5. ἐὰν γὰρ ζῶμεν, τῷ κυρίῳ ζῶμεν ... (Röm 14,8*) – 6. ἐὰν λέγωμεν, ὅτι ἁμαρτίαν οὐκ ἔχομεν, ἑαυτοὺς[5] πλανῶμεν καὶ ἡ ἀλήθεια οὐκ ἔστιν ἐν ἡμῖν. ἐὰν ὁμολογῶμεν τὰς ἁμαρτίας ἡμῶν, πιστός ἐστιν καὶ δίκαιος, ἵνα καθαρίζῃ ἡμᾶς ἀπὸ τῆς ἀδικίας ἡμῶν. (1Joh 1,8f*) – 7. Ἰησοῦς ἀποστέλλει αὐτοὺς κηρύσσειν τὴν βασιλείαν τοῦ θεοῦ καὶ ἰᾶσθαι τᾶς νόσους. (Lk 9,2*) – 8. καὶ οἱ ἄνθρωποι ἐζήτουν ἅπτεσθαι αὐτοῦ, ὅτι δύναμις[6] παρ᾽ αὐτοῦ ἐξήρχετο καὶ ἰᾶτο αὐτούς. (Lk 6,19*) – 9. οἱ μὲν ἔλεγον ὅτι ἀγαθός ἐστιν, ἄλλοι δὲ ἔλεγον· οὔ, ἀλλὰ πλανᾷ τὸν ὄχλον. (Joh 7,12) – 10. μὴ νικῶ ὑπὸ τοῦ κακοῦ ἀλλὰ νίκα ἐν τῷ ἀγαθῷ τὸ κακόν. (Röm 12,21) – 11. οὗτοι μετὰ τοῦ ἀρνίου πολεμήσουσιν[7] καὶ τὸ ἀρνίον νικήσει αὐτούς (Offb 17,14) – 12. ἔτι μικρὸν καὶ ὁ κόσμος με οὐκέτι θεωρεῖ, ὑμεῖς δὲ θεωρεῖτέ με, ὅτι ἐγὼ ζῶ καὶ ὑμεῖς ζήσετε. (Joh 14,19) – 13. καὶ εἶπεν αὐτῷ ὁ Πέτρος· Αἰνέα, ἰᾶταί σε Ἰησοῦς Χριστός. (Apg 9,34) – 14. εἴ τις[8] πεινᾷ, ἐν οἴκῳ ἐσθιέτω. (1Kor 11,34) – 15. μὴ πλανᾶσθε· οὔτε πόρνοι ... οὔτε κλέπται ... βασιλείαν θεοῦ κληρονομήσουσιν. (1Kor 6,9f) – 16. χαίρωμεν καὶ ἀγαλλιῶμεν ... ὅτι ἦλθεν ὁ γάμος τοῦ ἀρνίου. (Offb 19,7) – 17. ἡ δὲ ψυχή μου ἀγαλλιάσεται ἐπὶ τῷ κυρίῳ. (Ps 34,9 LXX).

---

[4] *(der) Kommende* (substantiviertes Partizip).

[5] hier: *uns selbst* (Reflexivpronomen Akk.Pl.m.).

[6] δύναμις *Kraft* (Nom.Sg.).

[7] πολεμέω *kämpfen.*

[8] *jemand* (Indefinitpronomen Nom.Sg.m.).

21. Verba contracta auf -οω

B

1) Die Verba contracta auf -οω (Präsens, Imperfekt, Futur)

Die Verba contracta auf -οω kontrahieren im Präsensstamm den Stammauslaut ο mit den Endungen. Für Präsens und Imperfekt gelten folgende Kontraktionsregeln:

> ο + kurzer Vokal (ε, ο) oder ου → ου
> ο + langer Vokal (η, ω) → ω
> ο + ι-Diphthong (ει, ῃ) → οι
> *Ausnahme*: Das ι des Infinitivs Aktiv gilt nicht als echtes ι. Im Präsens lautet die Endung daher -οῦν.[1]

In allen übrigen Tempora (außer Präsens und Imperfekt) wird **ο zu ω** gedehnt (Futur von πληρόω also πληρ**ώ**σω).
Besonderheit: In der 3.Sg.Ind.Ipf.Akt. fehlt das (bewegliche) ν.
Vorsicht: Die 2.Sg.Impt.Präs.Akt. (z.B. πλήρου) unterscheidet sich vom MP (z.B. πληροῦ) nur durch den Akzent. Außerdem gibt es im Fall von δικαιόω eine Verwechslungsmöglichkeit mit Adjektivformen, z.B. δικαίου (Gen.Sg.m./n. von δίκαιος).

Die Formen der **Verba contracta** auf -όω:

	Indikativ Präsens Aktiv		**Indikativ Präsens MP**	
	unkontrahiert	*kontrahiert*	*unkontrahiert*	*kontrahiert*
1. Sg.	πληρό-ω	πληρῶ	πληρό-ομαι	πληροῦμαι
2. Sg.	πληρό-εις	πληροῖς	πληρό-ῃ	πληροῖ
3. Sg.	πληρό-ει	πληροῖ	πληρό-εται	πληροῦται
1. Pl.	πληρό-ομεν	πληροῦμεν	πληρο-όμεθα	πληρούμεθα
2. Pl.	πληρό-ετε	πληροῦτε	πληρό-εσθε	πληροῦσθε
3. Pl.	πληρό-ουσιν	πληροῦσιν	πληρό-ονται	πληροῦνται

[1] Das ει der Infinitivendung ist ein „unechtes“ ει, weil es durch Kontraktion entstanden ist.

	Konjunktiv Präsens Aktiv		Konjunktiv Präsens MP	
	unkontrahiert	*kontrahiert*	*unkontrahiert*	*kontrahiert*
1. Sg.	πληρό-ω	πληρῶ	πληρό-ωμαι	πληρῶμαι
2. Sg.	πληρό-ῃς	πληροῖς	πληρό-ῃ	πληροῖ
3. Sg.	πληρό-ῃ	πληροῖ	πληρό-ηται	πληρῶται
1. Pl.	πληρό-ωμεν	πληρῶμεν	πληρο-ώμεθα	πληρώμεθα
2. Pl.	πληρό-ητε	πληρῶτε	πληρό-ησθε	πληρῶσθε
3. Pl.	πληρό-ωσιν	πληρῶσιν	πληρό-ωνται	πληρῶνται

	Imperativ Präsens Aktiv		Imperativ Präsens MP	
	unkontrahiert	*kontrahiert*	*unkontrahiert*	*kontrahiert*
2. Sg.	πλήρο-ε	πλήρου	πληρό-ου	πληροῦ
3. Sg.	πληρο-έτω	πληρούτω	πληρο-έσθω	πληρούσθω
2. Pl.	πληρό-ετε	πληροῦτε	πληρό-εσθε	πληροῦσθε
3. Pl.	πληρο-έτωσαν	πληρούτωσαν	πληρο-έσθωσαν	πληρούσθωσαν

Infinitiv Präsens Aktiv		Infinitiv Präsens MP	
unkontrahiert	*kontrahiert*	*unkontrahiert*	*kontrahiert*
πληρό-ειν	πληροῦν	πληρό-εσθαι	πληροῦσθαι

	Indikativ Imperfekt Aktiv		Indikativ Imperfekt MP	
	unkontrahiert	*kontrahiert*	*unkontrahiert*	*kontrahiert*
1. Sg.	ἐπλήρο-ον	ἐπλήρουν	ἐπληρο-όμην	ἐπληρούμην
2. Sg.	ἐπλήρο-ες	ἐπλήρους	ἐπληρό-ου	ἐπληροῦ
3. Sg.	ἐπλήρο-ε(ν)	ἐπλήρου[2]	ἐπληρό-ετο	ἐπληροῦτο
1. Pl.	ἐπληρό-ομεν	ἐπληροῦμεν	ἐπληρο-όμεθα	ἐπληρούμεθα
2. Pl.	ἐπληρό-ετε	ἐπληροῦτε	ἐπληρό-εσθε	ἐπληροῦσθε
3. Pl.	ἐπλήρο-ον	ἐπλήρουν	ἐπληρό-οντο	ἐπληροῦντο

---

[2] Ohne (bewegliches) ν.

Futur				
	Indikativ		Infinitiv	
	Aktiv	*Medium*	*Aktiv*	*Medium*
1. Sg	πληρώσω	πληρώσομαι	πληρώσειν	πληρώσεσθαι
2. Sg.	πληρώσεις	πληρώσῃ		
3. Sg.	πληρώσει	πληρώσεται		
1. Pl.	πληρώσομεν	πληρωσόμεθα		
2. Pl.	πληρώσετε	πληρώσεσθε		
3. Pl.	πληρώσουσιν	πληρώσονται		

C

1) **Bilden Sie bitte von πληρόω folgende Formen (jeweils erst unkontrahiert, danach die kontrahierte Form):**

1.Sg.Ind.Präs.Akt., 2.Sg.Konj.Präs.Akt., 2.Pl.Ind.Ipf.Med., Inf.Präs.Akt., 3.Sg. Konj.Präs.Akt., 1.Pl.Ind.Präs.Akt., 3.Pl.Ind.Präs.Med., 1.Sg.Ind.Fut.Akt., 3.Sg. Ind.Präs.Akt., 2.Sg.Impt.Präs.Akt., Inf.Präs.Med., 1.Sg.Konj.Präs.Med., 2.Pl.Ind. Fut.Med., 2.Sg.Ind.Ipf.Med., 3.Pl.Impt.Präs.Akt., 3.Sg.Ind.Fut.Akt., 1.Pl.Ind. Präs.Med., Inf.Fut.Akt., 2.Sg.Konj.Präs.Med., 3.Pl.Konj.Präs.Med., 2.Sg.Impt. Präs.Med., 3.Sg.Ind.Präs.Med., 3.Pl.Ind.Ipf.Akt., 1.Pl.Ind.Fut.Med., Inf.Fut.Med.

2) **Bestimmen und übersetzen Sie bitte folgende Formen von Verben auf -οω:**

ὑψῶμαι, σταυροῦνται, ἐφανέρουν, πληροῦν, σταύρου, ταπεινοῦται, τελειῶσθε, ὑψοῖ, δικαιώσει, ὡμοιοῦ, ζηλοῖς, ταπεινοῦτε, δικαιοῦσθε, φανερώσομαι, ἐσταυροῦτο, τελειοῦσθαι, φανερῶμεν, πληρούτω, ὁμοιοῦμαι, ὑψώσειν, ἐπλήρους, τελειώσομεν

3) **Bestimmen und übersetzen Sie bitte:**

κατοικῇ, πλήρου, ἐρωτῶσιν, ποιεῖται, τιμᾷ, σταυρούσθωσαν, ὁμοιώσονται, τιμᾶν, ἐβλασφήμει, πεινάσειν, ἦσαν, πλανῶνται, ὁμοιοῖ, νικήσεσθαι, τιμᾷς, ἐδικαίου, δεόμεθα, ἐρωτᾷ, ἐνήστευον, φανερώσῃ, θεωρῶ, σταυροῖς, ἐπιτιμησόμεθα, πληρῶτε, σίγα, ἐκοπίων, πλανάσθω, ὁμοιοῦσθαι, ἐπλήρουν, ἔσεσθε, πληρῶ, πεινᾶτε, τελειώσει

D

1. Ἐταπείνουν ἐν νηστείᾳ[3] τὴν ψυχήν μου. (Ps 34,13 LXX) – 2. ἔλεγεν οὖν ὁ Ἰησοῦς πρὸς τοὺς Ἰουδαίους· ἐὰν ὑμεῖς μένητε ἐν τῷ λόγῳ μοῦ, μαθηταί μού ἐστε καὶ

[3] νηστεία (das) *Fasten*.

γνώσεσθε[4] τὴν ἀλήθειαν, καὶ ἡ ἀλήθεια ἐλευθερώσει[5] ὑμᾶς. (Joh 8,31f*) (wie ist der Konjunktiv syntaktisch gebraucht?) – 3. οἱ ὄχλοι ἐφώνουν· σταύρου σταύρου αὐτόν. (Lk 23,21*) (welchen Tempusaspekt und welche Gebrauchsweisen könnte ἐφώνουν haben?) – 4. βλέπε τὴν διακονίαν σου, ἵνα αὐτὴν πληροῖς. (Kol 4,17*) – 5. λογιζόμεθα γὰρ δικαιοῦσθαι πίστει[6] ἄνθρωπον χωρὶς ἔργων νόμου. (Röm 3,28) – 6. ὁρᾶτε ὅτι ἐξ ἔργων δικαιοῦται ἄνθρωπος καὶ οὐκ ἐκ πίστεως[7] μόνον. (Jak 2,24) – 7. τίνι[8] οὖν ὁμοιώσω τοὺς ἀνθρώπους τῆς γενεᾶς ταύτης καὶ τίνι εἰσὶν ὅμοιοι; (Lk 7,31) – 8. ἔλεγεν οὖν· τίνι ὁμοία ἐστὶν ἡ βασιλεία τοῦ θεοῦ καὶ τίνι ὁμοιώσω αὐτήν; (Lk 13,18) – 9. διώκετε τὴν ἀγάπην, ζηλοῦτε δὲ τὰ πνευματικά, μᾶλλον[9] δὲ ἵνα προφητεύητε. (1Kor 14,1) – 10. ἔσωθεν γὰρ ἐκ τῆς καρδίας τῶν ἀνθρώπων οἱ διαλογισμοὶ οἱ κακοὶ ἐκπορεύονται, πορνεῖαι … ταῦτα τὰ πονηρὰ ἔσωθεν ἐκπορεύεται καὶ κοινοῖ τὸν ἄνθρωπον. (Mk 7,21.23) – 11. ὁ δὲ θεός μου πληρώσει … χρείαν ὑμῶν κατὰ τὸ πλοῦτος[10] αὐτοῦ ἐν δόξῃ ἐν Χριστῷ Ἰησοῦ. (Phil 4,19) – 12. καὶ σταυροῦσιν αὐτὸν καὶ διαμερίζονται τὰ ἱμάτια αὐτοῦ. (Mk 15,24)

---

4 2.Pl.Ind.Fut.Med. von γινώσκω: *ihr werdet erkennen.*

5 ἐλευθερόω *befreien.*

6 πίστις *Glaube* (Dat.Sg.).

7 πίστις *Glaube* (Gen.Sg.).

8 τίνι *(mit) wem?* (Interrogativpronomen Dat.Sg.).

9 μᾶλλον hier: *vor allem.*

10 πλοῦτος kommt in dieser Form als Maskulinum und wie hier (trotz der Endung ος) als Neutrum vor.

22. Dritte Deklination: ρ-Stämme
Syntax des Genitivs

A

1) Deklinieren Sie bitte ein Maskulinum der o-Deklination, z.B. λόγος!
2) Deklinieren Sie bitte die drei Klassen der Feminina der a-Deklination (α-purum, α-impurum, η), z.B. τροφή, καρδία, γλῶσσα!
3) Deklinieren Sie bitte ein Neutrum der o-Deklination, z.B. τέκνον!
4) Deklinieren Sie bitte ein Maskulinum der a-Deklination (auf ης), z.B. ἐργάτης!

B

1) Die dritte Deklination

Neben den beiden Deklinationen, die Sie in A wiederholt haben, gibt es noch eine dritte Deklination. Die meisten Wörter dieser Deklination haben als Auslaut des Stamms einen *Konsonanten* (man nennt sie deshalb auch konsonantische Deklination), einige wenige aber einen Vokal. Die dritte Deklination hat folgende Endungen:

	Sg. m./f.	*Sg. n.*	*Pl. m./f.*	*Pl. n.*
Nom.	-ς oder –	–	-ες	-α
Gen.	-ος	-ος	-ων	-ων
Dat.	-ι	-ι	-σι(ν)	-σι(ν)
Akk.	-α oder -ν (nach Vokal)	–	-ας	-α

Wird im Nom.Sg. kein ς angehängt, kann der reine Wortstamm stehen bleiben, oder er kann gedehnt werden. Wird im Akk.Sg. eine Endung verwendet, steht nach Konsonanten -α und nach Vokalen -ν. Die Endung -α im Nom./Akk.Pl.n. ist aus der o-Deklination bereits bekannt, ebenso die Endung -ων. Im Dat.Pl. kann das ν fehlen, wenn das folgende Wort mit einem Konsonanten beginnt. Bei der dritten Deklination ist die Endung -ας im Akk.Pl. kurz. Der Vokativ Sg. entspricht dem Nom. oder dem Stamm.

2) ρ-Stämme

Zur dritten Deklination gehören die ρ-Stämme. Deren Genus ist (fast immer) maskulin. Wichtige Ausnahmen sind ἡ μήτηρ und ἡ θυγάτηρ (verständlicherweise feminin) und τὸ πῦρ (Neutrum). Der Nom.Sg. wird durch Dehnung gebildet, oder er besteht im reinen Stamm. Bei manchen Wörtern finden sich in der Deklination sogenannte Ablautstufen. Mit Ablaut bezeichnet man die Änderung eines Vokals, die in der Klangfarbe (z.B. ε zu ο) oder in der Vokallänge geschehen kann. Es gibt Stämme, bei denen der Vokal vor dem ρ in manchen Formen ausfällt und in anderen gedehnt wird, z.B. beim Stamm πατερ: Dehnstufe: πατήρ (Nom.), Schwundstufe: πατρός (Gen.). Zudem können Konsonanten (z.B. bei ἀνήρ) oder Vokale (z.B. Dat.Pl. πατράσιν) eingeschoben werden. Die Formen der ρ-Stämme lauten:

	Stamm mit Dehnung im Nom.	*durchgängig reiner Stamm*	*Stamm mit Ablaut*	*Stamm mit Ablaut*	*Neutrum*
Nom. Sg.	ἀστήρ	σωτήρ	πατήρ	ἀνήρ	πῦρ
Gen.	ἀστέρ-ος	σωτῆρ-ος	πατρός	ἀνδρός	πυρός
Dat.	ἀστέρ-ι	σωτῆρ-ι	πατρί	ἀνδρί	πυρί
Akk.	ἀστέρ-α	σωτῆρ-α	πατέρα	ἄνδρα	πῦρ
Nom. Pl.	ἀστέρ-ες	σωτῆρ-ες	πατέρες	ἄνδρες	nicht im NT
Gen.	ἀστέρ-ων	σωτήρ-ων	πατέρων	ἀνδρῶν	
Dat.	ἀστέρ-σιν	σωτῆρ-σιν	πατράσιν	ἀνδράσιν	
Akk.	ἀστέρ-ας	σωτῆρ-ας	πατέρας	ἄνδρας	

ἡ μήτηρ und ἡ θυγάτηρ werden wie πατήρ dekliniert. Bei μάρτυς (Gen. μάρτυρος) fällt im Nom.Sg. und Dat.Pl. (μάρτυσιν) das ρ aus; der Nom. ist daher nicht unmittelbar als ρ-Stamm zu erkennen. Bei τὸ πῦρ (n.) sind Nom. und Akk. gleich.

3) Syntax des Genitivs

Neben den schon in der Lekt. 3 B5 behandelten Genitiven sind folgende wichtig.[1]

- *Der Genitiv nach einer Präposition bzw. nach einem Kompositum*
  Viele Genitive stehen im Griechischen nach einer Präposition, z.B. διὰ τῆς θύρας. Auch Komposita, deren Präposition mit Genitiv steht (ἀπό, κατά), können mit dem Genitiv verbunden werden, z.B. Mk 5,40: κατεγέλων αὐτοῦ – *sie lachten über ihn.*
- *Genitivus pretii (des Wertes* bzw. *Preises)*
  Der Genitiv bezeichnet den Wert bzw. Kaufpreis und die Bezeichnung des Guts, dessen man wert geachtet wird. Er steht bei den Verben „kaufen, verkaufen" (z.B. ἀγοράζω in 1Kor 6,20) und bei ἄξιος (Apg 5,8).
- *Genitivus qualitatis (der Eigenschaft)*
  Der Genitiv beschreibt eine Eigenschaft des ihm übergeordneten Nomens und kann oft mit einem Adjektiv übersetzt werden, z.B. Lk 16,8: ὁ οἰκονόμος τῆς ἀδικίας – *der ungerechte Verwalter.*
- *Genitivus partitivus (des geteilten Ganzen)*
  Er steht häufig beim Indefinitpronomen τις (Mt 9,3; 22,28), bei Ländernamen (Joh 2,1.11) und bei Mengenbezeichnungen (Apg 14,1). Im NT wird er oft durch Umschreibungen mit Präpositionen (ἐκ, ἀπό, ἐν) ersetzt. Außerdem werden einige Verben mit dem *genitivus partitivus* konstruiert.

---

[1] Gerade beim Genitiv variieren die Bezeichnungen und Einteilungen in den verschiedenen Grammatiken. Wir folgen hier Heinrich von Siebenthal, Griechische Grammatik zum Neuen Testament, Gießen 2011, § 158ff.

- *Der adverbiale Genitiv*
  Bestimmte Verben haben im Griechischen den Genitiv bei sich. Im Koine-Griechisch bestand die Tendenz, diese Genitive durch präpositionale Wendungen oder durch andere Kasus zu ersetzen. Der adverbale Genitiv steht u.a. bei den Verben
  - des Herrschens und Übertreffens, z.B. ἄρχω, κυριεύω (Mk 10,42),
  - des Füllens und Voll-Seins, z.B. πληρόω,
  - des Wahrnehmens, z.B. ἀκούω (Apg 22,1).

C

1) Deklinieren Sie bitte σωτήρ, ἀλέκτωρ **und** ἀστήρ!

2) Bestimmen Sie bitte nach den Endungen Kasus und Numerus folgender Wörter:
μάρτυρι, ἀστέρων, σωτῆρα, παντοκράτορος, ἀλέκτορες, μητέρα, Καίσαρσιν, ἀστέρας, πυρός, παντοκράτορι, θυγατέρας, Καίσαρα, πατράσιν, σωτῆρος, ἄνδρες, μάρτυσιν, πῦρ, θυγατέρων, μητρί, πατρός

3) Bilden Sie bitte von παντοκράτωρ **die folgenden Formen:**
Dat.Sg., Gen.Pl., Akk.Sg., Nom.Pl., Gen.Sg., Dat.Pl., Akk.Pl.

D

1. Εἶπεν οὖν πάλιν ὁ Ἰησοῦς· ἀμὴν ἀμὴν λέγω ὑμῖν ὅτι ἐγώ εἰμι ἡ θύρα τῶν προβάτων. (Joh 10,7) – 2. ὁ δὲ Ἰησοῦς εἶπεν αὐτοῖς· τὰ Καίσαρος ἀπόδοτε[2] Καίσαρι καὶ τὰ τοῦ θεοῦ τῷ θεῷ. καὶ ἐθαύμαζον ἐπ᾽ αὐτῷ. (Mk 12,17*) – 3. μόνῳ θεῷ σωτῆρι ἡμῶν διὰ Ἰησοῦ Χριστοῦ τοῦ κυρίου ἡμῶν δόξα ... καὶ ἐξουσία ... (Jud 25) – 4. ἁμαρτία γὰρ ὑμῶν οὐ κυριεύσει[3]· οὐ γάρ ἐστε ὑπὸ νόμον ἀλλὰ ὑπὸ χάριν[4]. (Röm 6,14) – 5. οἱ μαθηταὶ ἐπληροῦντο χαρᾶς καὶ πνεύματος[5] ἁγίου. (Apg 13,52) – 6. ὁ θεὸς μάρτυς μού ἐστιν, ὅτι τὴν ἀλήθειαν φανερῶ. – 7. ὁ γὰρ θεὸς εἶπεν· τίμα τὸν πατέρα καὶ τὴν μητέρα. (Mt 15,4a) – 8. οἱ ἀπόστολοι οἱ πιστοὶ τὸ εὐαγγέλιον τῆς σωτηρίας ἐκήρυσσον. – 9. ὁ κύριος ἐν τῇ δεξιᾷ αὐτοῦ ἑπτὰ ἀστέρας ἔχει. (Offb 2,1*) – 10. Πέτρος, ὁ μάρτυς Ἰησοῦ Χριστοῦ, προσεδόκα τὴν παρουσίαν τοῦ κυρίου. – 11. ἐθεωροῦμεν αὐτοῦ τὸν ἀστέρα ἐν τῇ ἀνατολῇ. (Mt 2,2*) – 12. ἐκ τῆς καρδίας τῆς ἀπιστίας βλασφημίαι τοῦ θεοῦ ἐκπορεύονται. ἡ ἀκαθαρσία τῆς γλώσσης ῥίζα τῆς βλασφημίας ἐστίν. – 13. ὥσπερ γὰρ ἡ ἀστραπὴ[6] ἐξέρχεται ἀπὸ ἀνατολῶν καὶ φαίνεται ἕως δυσμῶν[7], οὕτως ἔσται ἡ παρουσία τοῦ υἱοῦ τοῦ ἀνθρώπου· (Mt 24,27) – 14. ὁ παντοκράτωρ κελεύει τοὺς ἄνδρας τῆς βασιλείας αὐτοῦ τῷ υἱῷ αὐτοῦ ἐν ὑπακοῇ δουλεύειν. – 15. τὴν ἀγάπην τοῦ θεοῦ οὐκ ἔχετε ἐν ἑαυτοῖς[8]. (Joh 5,42) (Frage: welche Liebe kann gemeint sein?)

---

[2] ἀπόδοτε gebt (2.Pl.Impt.).
[3] κυριεύω *herrschen.*
[4] *Gnade* (Akk.Sg. von χάρις).
[5] *Geist* (Gen.Sg. von πνεῦμα).
[6] ἀστραπή *Blitz.*
[7] *Westen* (Gen.Pl. von δυσμή).
[8] ἑαυτοῖς *euch selbst* (Reflexivpronomen Dat.Pl.).

23. Dritte Deklination: Guttural-, Labial- und Dentalstämme

A

Wiederholen Sie bitte die Endungen der Neutra der o-Deklination sowie die Endungen der dritten Deklination!

B

Die Guttural-, Labial- und Dentalstämme bilden zusammen die Muta-Stämme. Ihr Stamm endet auf einen stimmlosen Konsonanten (lat. *mutus* = stumm).

1) Guttural- und Labialstämme

Zu den Gutturalstämmen gehören die Stämme, die auf γ, κ oder χ enden. Ihre Bezeichnung leitet sich von lat. *guttur* = Kehle ab. Zu den Labialstämmen gehören die Wörter, deren Stamm auf β, π oder φ auslauten. Im NT gibt es nur sehr wenige und äußerst seltene Wörter, die zu den Labialstämmen gehören. Die Lautgesetze gelten jedoch auch für die Verben (vgl. Lekt. 43 und 44).
An die Stammauslaute (Guttural bzw. Labial) werden wie bei den ρ-Stämmen jeweils die Kasusendungen der dritten Deklination angehängt. Der Guttural bzw. Labial trifft dabei im Nom.Sg. und im Dat.Pl. auf σ und verschmilzt mit diesem zu einem Doppelkonsonanten. Es gilt:

Guttural (γ, κ, χ) + σ → ξ
Labial (β, π, φ) + σ → ψ

Formenübersicht zu den Gutturalstämmen (Stammauslaut: γ, κ, χ):

Nom.	Sg.	σάλπιγξ (← σάλπιγγ-ς)	Pl.	σάλπιγγ-ες
Gen.		σάλπιγγ-ος		σαλπίγγ-ων
Dat.		σάλπιγγ-ι		σάλπιγξιν
Akk.		σάλπιγγ-α		σάλπιγγ-ας

Die Formen der seltenen Labialstämme, z.B. λαῖλαψ, finden Sie in Tab. 5.3 (S. 243).

2) Dentalstämme

Dentalstämme enden auf δ, τ oder θ. Diese Buchstaben werden am vorderen Gaumen, also nahe an den Zähnen (lat. *dens, dentis*), gebildet. An den Stamm werden jeweils die Endungen der dritten Deklination angehängt. Bei der Formenbildung sind zwei Gruppen zu unterscheiden.

a) Maskulina und Feminina

Vorsicht ist bei den Maskulina und Feminina wieder im Nom.Sg. und Dat.Pl. geboten, denn vor σ fällt der Dental (δ, τ, θ) aus.
Zu beachten ist außerdem: Die nicht-endbetonten Dentalstämme auf -ις enden im Akk.Sg. auf -ιν.

b) Neutra

Im Nom. (und Akk.) Sg. wird gewöhnlich keine Endung angehängt. Der Dental, der am Wortende zu erwarten wäre, fällt weg, da das Griechische einen Dental im Wortauslaut vermeidet.
Eine Ausnahme bildet τὸ φῶς, Gen. φωτ-ός.

Formenübersicht zu den Dentalstämmen (Stammauslaut: δ, τ, θ):

	normale Endung im Akk.Sg.	*Endung -ιν im Akk.Sg. (nicht endbetont auf -ις)*	*Neutra*
Nom. Sg.	ἐλπίς	χάρις	σῶμα
Gen.	ἐλπίδ-ος	χάριτ-ος	σώματ-ος
Dat.	ἐλπίδ-ι	χάριτ-ι	σώματ-ι
Akk.	ἐλπίδ-α	χάριν	σῶμα
Nom. Pl.	ἐλπίδ-ες	χάριτ-ες	σώματ-α
Gen.	ἐλπίδ-ων	χαρίτ-ων	σωμάτ-ων
Dat.	ἐλπίσιν	χάρισιν	σώμασιν
Akk.	ἐλπίδ-ας	χάριτ-ας	σώματ-α

Zu den Dentalstämmen gehört auch νύξ, Gen. νυκτ-ός.
Einzelne Substantive haben einen auffälligen Nom. (Neutra: auch Akk.), da sie bei der Kasusbildung von verschiedenen Stämmen ausgehen. Die Endungen werden aber normal angehängt.

Beispiel: γόνυ, Gen. γόνατ-ος.

Weil die Dentalstämme im Nominativ nicht als solche zu erkennen sind, ist es bei ihnen besonders wichtig, den Genitiv bei den Vokabeln immer gleich mitzulernen.

C

1) Bestimmen Sie bitte folgende Formen nach Kasus und Numerus:

σάλπιγγι, σάρκα, λαίλαπος, σάρξ, σάλπιγγες, ἐλπίδος, σάλπιγξιν, σαρκός, Φήλικι, σάλπιγγα, ἐλπίδι, χρηστότητος, ῥήματα, χάριν, πνεῦμα, γράμματα, κηρύγματος, λαῖλαψ, φώτων

2) Bilden Sie bitte folgende Formen:

a) von σάλπιγξ: Gen.Sg., Dat.Pl., Akk.Sg., Nom.Pl., Gen.Pl.
b) von ἐλπίς: Akk.Pl., Dat.Sg., Nom.Sg., Akk.Sg., Nom.Pl.
c) von σάρξ: Gen.Sg., Dat.Pl., Gen.Pl., Dat.Sg., Akk.Pl.
d) von θέλημα: Dat.Pl., Dat.Sg., Nom.Pl., Nom.Sg., Akk.Sg.

3) Deklinieren Sie bitte:

σάρξ, νύξ, λαῖλαψ, πραΰτης, σῶμα

4) Bestimmen Sie bitte folgende Formen:

νυκτάς, πραΰτητι, Φῆλιξ, σφραγῖσιν[1], σαρκί, αἷμα, σάλπιγγες, φωτός, ἀλέκτορσιν, πλήρωμα, σωτῆρα, κρίματα, μάρτυσιν, θελήματι, ῥήματα, παντοκράτορι, χαρισμάτων, χάριν, νυξίν, σώμασιν, πληρώματα, θάλασσα, μακροθυμίᾳ, γράμματι, ἀγαπῶσιν, γόνυ, ῥήματα, οἰκίας, ἐλπίδι, Φήλικα, πυρί, νυκτός, σάλπιγγες, πνεύμασιν, σωτήρ

D

1. Κύριε ... ῥήματα ζωῆς αἰωνίου ἔχεις. (Joh 6,68) – 2. οἱ δοῦλοι, ὑπακούετε τοῖς κατὰ σάρκα κυρίοις μετὰ φόβου καὶ τρόμου[2] ἐν ἁπλότητι[3] τῆς καρδίας ὑμῶν ὡς τῷ Χριστῷ. (Eph 6,5) – 3. τὸν ἄρτον ὃν[4] κλῶμεν· οὐχὶ κοινωνία τοῦ σώματος τοῦ Χριστοῦ ἐστιν; (1Kor 10,16b) – 4. ἐὰν δὲ ἐν τῷ φωτὶ περιπατῶμεν ὡς αὐτός ἐστιν ἐν τῷ φωτί, κοινωνίαν ἔχομεν μετ᾽ ἀλλήλων καὶ τὸ αἷμα Ἰησοῦ τοῦ υἱοῦ αὐτοῦ καθαρίζει ἡμᾶς ἀπὸ πάσης[5] ἁμαρτίας. (1Joh 1,7) – 5. ἡ ἡμέρα κυρίου ὡς κλέπτης ἐν νυκτὶ οὕτως ἔρχεται. (1Thess 5,2) – 6. καὶ ὁ λόγος μου καὶ τὸ κήρυγμά μου οὐκ ἐν λόγοις σοφίας, ἀλλ᾽ ἐν πνεύματι θεοῦ, ἵνα ἡ πίστις[6] ὑμῶν μὴ ᾖ ἐν σοφίᾳ ἀνθρώπων. (1Kor 2,4f*) – 7. φανερὰ δέ ἐστιν τὰ ἔργα τῆς σαρκός. (Gal 5,19) (was fällt in diesem Satz auf?) – 8. δικαιοῦσθε ἐν τῷ ὀνόματι τοῦ κυρίου Ἰησοῦ Χριστοῦ καὶ ἐν τῷ πνεύματι τοῦ θεοῦ ἡμῶν. (1Kor 6,11b*) – 9. ἡ ἀγάπη τῷ πλησίον κακὸν οὐκ ἐργάζεται· πλήρωμα οὖν νόμου ἡ ἀγάπη. (Röm 13,10) – 10. δι᾽ Ἰησοῦ Χριστοῦ καὶ τὴν προσαγωγὴν[7] ἔχομεν εἰς τὴν χάριν ταύτην καὶ καυχώμεθα ἐπ᾽ ἐλπίδι τῆς δόξης τοῦ θεοῦ. (Röm 5,2*) – 11. μὴ μεθύσκεσθε[8] οἴνῳ ... ἀλλὰ πληροῦσθε ἐν πνεύματι. (Eph 5,18) – 12. ἕκαστος ἴδιον ἔχει χάρισμα ἐκ θεοῦ, ὁ μὲν οὕτως, ὁ δὲ οὕτως. (1Kor 7,7) – 13. μὴ πλανᾶσθε· οἱ ἅγιοι διὰ τοῦ αἵματος τοῦ Ἰησοῦ δικαιοῦνται· οἱ δὲ ἄπιστοι σιγῶσιν καὶ τὸ κρίμα

---

[1] von σφραγίς, ῖδος *Siegel.*
[2] τρόμος *Zittern, Beben.*
[3] ἁπλότης *Aufrichtigkeit* (Dat.Sg.).
[4] ὅν *das* (Relativpronomen Akk.Sg.m.).
[5] *jede* (Gen.Sg.f.).
[6] πίστις *Glaube.*
[7] προσαγωγή *Zugang.*
[8] μεθύσκομαι *sich betrinken.*

τοῦ δικαιοῦ κριτοῦ προσδοκῶσιν. – 14. ὑμεῖς δὲ οὐκ ἐστὲ ἐν σαρκὶ ἀλλὰ ἐν πνεύματι, εἴπερ[9] πνεῦμα θεοῦ οἰκεῖ ἐν ὑμῖν. (Röm 8,9) – 15. τὰ τέκνα τοῦ θεοῦ οὐκέτι ἐν κενοῖς θησαυροῖς καυχῶνται· αλλὰ νὺν πραΰτητι καὶ χρηστότητι περιπατῶμεν. (wie ist der Kasus von πραΰτητι syntaktisch gebraucht?) – 16. ὁ δὲ καρπὸς τοῦ πνεύματός ἐστιν ἀγάπη χαρὰ εἰρήνη, μακροθυμία χρηστότης ἀγαθωσύνη[10], πίστις πραΰτης ἐγκράτεια[11]. (Gal 5,22+23a) – 17. ἐγώ εἰμι τὸ ἄλφα καὶ τὸ ὠ, λέγει κύριος ὁ θεός. (Offb 1,8)

---

9 εἴπερ *wenn wirklich*, hier wohl: *so gewiss.*

10 ἀγαθωσύνη *Rechtschaffenheit, Güte.*

11 ἐγκράτεια *Selbstbeherrschung.*

24. Aorist: Syntax und Formen im Aktiv

A

1) Wiederholen Sie bitte die Sekundärendungen im Aktiv!
2) Welche Eigenschaften haben Nebentempora?

B

1) Die Grundbedeutung des Aorists

Der Aorist ist ein Tempus, das man im Deutschen nicht kennt. Eigentlich ist er ein Tempus „ohne Zeit" (ἀ-ὥρα) und bezeichnet die Aktionsart, d.h. wie eine Handlung verläuft. Dies gilt – außer im Futur – für alle griechischen Tempora, die keine Zeitbedeutung, sondern grundsätzlich eine *Aspektbedeutung* haben. Im Indikativ haben die Tempora zusätzlich eine Zeitbedeutung.

a) Aspekt: punktuell (bzw. momentan)

Der Aspekt des Aorists ist, dass der Verbinhalt verwirklicht wird. Der Aorist stellt ein Ereignis, das als Ganzes betrachtet wird, wie in einer Zusammenfassung dar, ohne die Entwicklung in der Handlung zu berücksichtigen. Das Ereignis selbst kann also iterativer (z.B. 2Kor 11,24), durativer (z.B. Offb 20,4) oder punktueller Art sein – der Aorist sagt darüber nichts.

ἐβασίλευσεν ὁ θάνατος ἀπὸ Ἀδὰμ μέχρι Μωϋσέως (Röm 5,14) –
der Tod herrschte von Adam bis Mose

Im Gegensatz dazu stellen Präsens und Imperfekt die Handlung als laufenden Prozess dar. Entscheidend ist dabei jeweils die Perspektive des Sprechers (lat. *aspectus* = Blick bzw. Aspekt). Präsens und Imperfekt kann man in Analogie zur Aufnahme eines Filmes verstehen, bei der Verlauf und oft auch Dauer der Handlung im Blick sind. Beim Aorist blickt der Sprecher auf ein Ereignis bzw. eine Handlung, ohne etwas über deren Fortgang (Andauern oder Nichtandauern) zu sagen. Wie bei der Aufnahme eines Fotos ist beim Aorist eine Momentaufnahme im Blick. So kann man den Aorist als „punktuell" bezeichnen. Dies darf man jedoch nicht dahingehend verstehen, dass der Aorist nur punktuelle Handlungen oder Handlungen von sehr kurzer Dauer beschreibt.

b) Zeitstufe

Im Indikativ steht der Aorist gewöhnlich für (aus der Sicht des Sprechers) Vergangenes (absolute Zeitstufe). Das Partizip Aorist (vgl. Lekt. 30) ist – wenn es temporal gebraucht wird – in der Regel vorzeitig zur Handlung des Hauptverbs (relative Zeitstufe). Konjunktiv, Imperativ und Infinitiv drücken keine Zeitstufe aus.

2) Die wichtigsten Gebrauchsweisen des Aorists

a) Der konstatierend-komplexive Aorist

Dies ist die Standardgebrauchsweise des Aorists. Gewöhnlich hat der Aorist die Handlung als Ganze im Blick, ohne die Entwicklung in der Handlung zu berücksichtigen. Man kann folgende Nuancen unterscheiden:

Der **konstatierende Aorist** betont lediglich das Faktum des Geschehens. Für die Übersetzung bietet sich oft das deutsche Perfekt an (z.B.: *ich habe nicht gestohlen*).

Der **komplexive Aorist** (zusammenfassender Aorist) fasst momentane Vorgänge oder länger andauernde sowie sich wiederholende Handlungen zum Zweck ihrer bloßen Nennung wie zu einem Punkt zusammen. Dies kann durch Adverbien deutlich werden oder auch durch die Bedeutung des jeweiligen Verbs indiziert sein, z.B. „sitzen“. Anfangs- oder Endpunkt werden nicht speziell beachtet.

b) Der historische Aorist

Der historische Aorist (Indikativ) dient als Vergangenheitsform und bezieht sich auf Vergangenes; er ist in erzählenden Texten die häufigste Verwendung des Aorists. Im Deutschen übersetzt man gewöhnlich mit Imperfekt („ich erzog“). In Erzählungen können historischer Aorist (Indikativ), *praesens historicum* und Imperfekt abwechselnd verwendet werden. Dann wird durch das Imperfekt der durative und durch den Aorist der punktuelle Aspekt gekennzeichnet.

c) Der ingressive Aorist

Der ingressive Aorist betont den Beginn einer Handlung oder den Eintritt eines Zustandes (Apg 4,4). In der Übersetzung muss man dies umschreibend ausdrücken, z.B. „er kam zum Glauben“. Nicht immer kann zwischen ingressivem und konstatierendem Aorist eindeutig unterschieden werden.

d) Der effektive Aorist

Der effektive Aorist betont den Abschluss einer Handlung. Manche Verben kommen aufgrund ihrer lexikalischen Bedeutung oft in dieser Weise vor, z.B. „sterben“ (Mk 5,39).

Der Aorist kann also den Anfangs- oder Endpunkt einer Handlung betonen. Er kann aber aber auch eine Handlung als Ganze in den Blick nehmen und so gewissermaßen auf einen Punkt konzentrieren.

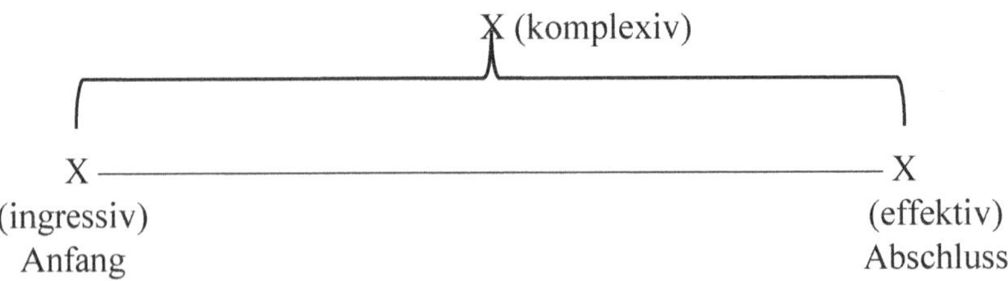

3) Besonderheiten des Konjunktivs Aorist (vgl. zum Konjunktiv auch Lekt. 17)

Im Hauptsatz kann der Konjunktiv Aorist **prohibitiv** gebraucht sein. Er bezeichnet dann in der 2.Sg. und Pl. mit μή ein striktes Verbot.

οὐ μή mit Konj.Aor. (selten mit Ind.Fut.) ist die **stärkste Verneinung** zukünftiger Aussagen. In der Übersetzung wird z.B. „gar nicht" oder „auf keinen Fall" ergänzt.

4) Formen des Aorists Aktiv

Der Aorist hat für Aktiv, Medium und Passiv jeweils eigene Formen (es gibt also kein Medium/Passiv!).

Für die Bildung der Formen ist charakteristisch:

- Als Nebentempus hat der Indikativ Aorist ein **Augment** und **Sekundärendungen**. Die nichtindikativischen Aoristformen haben kein Augment.
- Das **Tempuskennzeichen ist σ**, dem (meistens) der **Kennvokal α** folgt. Durch das an den Stamm angehängte **σα** lässt sich der Aorist also vom Futur unterscheiden.
- Bei den **Verba contracta** wird der Stammauslaut (ε, α, ο) im Aorist jeweils (z.B. vor dem σ) gedehnt (zu langem η bzw. α/η bzw. ω). Es gibt Ausnahmen; z.B. bleibt bei τελέω oder καλέω das ε im Aorist erhalten (ἐτέλεσεν oder ἐκάλεσεν).
- Als **Übersetzung** für den Indikativ Aorist bietet sich im Deutschen die Vergangenheit an. Je nach Kontext ist zu prüfen, welches Tempus bei der Übersetzung zu wählen ist. Der historische Aorist ist in der Regel am besten mit deutschem Imperfekt, der komplexive Aorist mit deutschem Perfekt zu übersetzen.
- Im **Konjunktiv Aorist** werden – wie im Präsens – Primärendungen verwendet, und zwar nach dem Tempuskennzeichen σ. Der Kennvokal α entfällt, da der lange Vokal des Moduskennzeichens sich durchsetzt. Deshalb ist Vorsicht geboten: Die 1.Sg.Konj.Aor.Akt. und die 1.Sg.Ind.Fut.Akt. sehen gleich aus (παιδεύσω), ebenso die 3.Sg.Konj.Aor.Akt. und die 2.Sg.Ind.Fut.Med. (παιδεύσῃ).
- Der **Imperativ Aorist Aktiv** wird (außer in der 2.Sg.) mit den schon vom Präsens bekannten Imperativendungen gebildet, die unmittelbar an σα angehängt werden.
- Der **Infinitiv Aorist Aktiv** endet auf σαι. Der Akzent steht immer auf der vorletzten Silbe und ist bei langen Vokalen (oder Diphthongen) ein Zirkumflex, bei kurzen Vokalen ein Akut. Um Verwechslungen mit später zu behandelnden Formen zu vermeiden, ist beim Inf.Aor.Akt. und bei der 2.Sg.Impt.Aor.Akt. unbedingt der Akzent zu beachten.

	Aorist Aktiv		
	Indikativ	*Konjunktiv*	*Imperativ*
1. Sg.	ἐ-παίδευ-σ-α	παιδεύ-σ-ω	
2. Sg.	ἐ-παίδευ-σ-α-ς	παιδεύ-σ-ῃς	παίδευ-σ-ον (Akzent!)
3. Sg.	ἐ-παίδευ-σ-ε-ν	παιδεύ-σ-ῃ	παιδευ-σ-ά-τω
1. Pl.	ἐ-παιδεύ-σ-α-μεν	παιδεύ-σ-ωμεν	
2. Pl.	ἐ-παιδεύ-σ-α-τε	παιδεύ-σ-ητε	παιδεύ-σ-α-τε
3. Pl.	ἐ-παίδευ-σ-α-ν	παιδεύ-σ-ωσιν	παιδευ-σ-ά-τωσαν

Infinitiv Aorist Aktiv	παιδεῦ-σαι (Akzent!)

Die Formen der Verba contracta lauten im Indikativ:

	ποιέω	τιμάω	πληρόω
1. Sg.	ἐ-ποίη-σ-α	ἐ-τίμη-σ-α	ἐ-πλήρω-σ-α
2. Sg.	ἐ-ποίη-σ-α-ς	ἐ-τίμη-σ-α-ς	ἐ-πλήρω-σ-α-ς
usw.	usw.	usw.	usw.

Sie können nun die Tabelle in Lekt. 12 unter E weiter vervollständigen.

C

1) Bestimmen Sie bitte:

ἐπίστευσας, ἠκούσαμεν, ἐνόησα, ἐβλασφήμησεν, ἠγάπησαν, ἐκοπιάσατε, ὡμοίωσεν, πιστεύσῃς, ἀκούσωμεν, βλέπητε, μνημονεύσατε, ταπεινωσάτω, νοήσω, ὑπάκουσον, φυτεῦσαι, ἐκάλεσαν, βλασφημήσῃ, ἀγαπήσωσιν, κοπιάσω, κυριεύσωμεν, μνημονεύσητε, λῦσον, ποιήσωσιν, κωλυσάτωσαν, ὁμοιώσῃ, γέννησον

2) Bilden Sie bitte folgende Formen im Aorist Aktiv:

λατρεύω (2.Sg.Ind.), οἰκέω (3.Sg.Ind.), κοπιάω (1.Pl.Ind.), σταυρόω (1.Sg.Ind.), φυτεύω (3.Pl.Ind.), τιμάω (1.Sg.Ind.), ὑστερέω (1.Pl.Ind.), λατρεύω (2.Sg.Konj.), ἀκολουθέω (3.Pl.Konj.), πληρόω (2.Pl.Impt.), πλανάω (2.Pl.Konj.), φωνέω (3.Sg. Impt.), πιστεύω (Inf.), σταυρόω (1.Sg.Konj.), τελειόω (Inf.), νοέω (3.Sg.Konj.), κοπιάω (1.Pl.Konj.), πληρόω (2.Pl.Konj.), πλανάω (2.Pl.Impt.), ἀκολουθέω (3.Pl. Impt.), ἐρωτάω (1.Sg.Konj.), φυτεύω (2.Sg.Impt.), τελειόω (2.Sg.Konj.)

3) Bilden Sie bitte jeweils die entsprechenden Aoristformen (nur Aktiv):

ἐλάτρευον, ἐφύτευεν, ἀκολουθεῖς, ἐμνημονεύομεν, σταυροῦσιν, νηστεύειν, ἀκολουθῇς, ποιείτω, μνημονεύωμεν, ἀγαπᾷ, δουλοῦτε, φύτευε, ἀγαπᾶν, τιμῶ, σταυροῖ, τιμάτωσαν

4) Bestimmen und übersetzen Sie bitte:

παιδεύεις, ἦν, ἐπαίδευσεν, νοῶμεν, κυρίευε, προσδοκήσατε, ἠκολούθησαν, ἀπολογώμεθα, ἦσαν, ζήσειν, ἐνεργήσῃ, ἰασόμεθα, φωνῇς, σταυρώσετε, εἶναι, τιμάτω, ἔρχεσθαι, ἐβλασφήμησεν, ἤμεθα, παιδευέσθωσαν, ἐνίκων, παιδευσάτωσαν, ἐπλάνησαν, ἤρχοντο, σιγᾶν, τελειώσω, σταυρῶται, ἔζης, χρῶνται, ἐποιοῦ, κυριεύσῃς, παιδεύου, τιμᾷ, πληροῖς, ἔσῃ, ἀγαπῶμαι, λατρεύωνται, ἔσται, μνημονευέσθωσαν, παιδεῦσαι, ἀκολουθήσωσιν, κατενόησας, μνημονεύσῃ, ὑψώσεσθαι, εὐχαριστησόμεθα, ζήσω, ἐλεήσῃ, κατῴκησας, θεώμεθα, ὠφελήσῃς, σιωπῆσαι, τελειώσετε, γεννήσωμεν, ἐκοπίασας, βλασφημησάτωσαν, σταυροῦν, ἀπελογούμεθα, ὦσιν, ἀγάπησον, ᾖ, ἐσταύρωσεν, χρώμεθα, γράφε, ταπεινώσω, ἔκλασαν, ὦ, φιλησάτω

D

1. Ταύτην ἐποίησεν ἀρχὴν τῶν σημείων ὁ Ἰησοῦς ἐν Κανὰ τῆς Γαλιλαίας καὶ ἐφανέρωσεν τὴν δόξαν αὐτοῦ, καὶ ἐπίστευσαν εἰς αὐτὸν οἱ μαθηταὶ αὐτοῦ. (Joh 2,11) – 2. ἦν δὲ ὥρα τρίτη καὶ ἐσταύρωσαν αὐτόν. (Mk 15,25) – 3. εὐθὺς δὲ ἐλάλησεν ὁ Ἰησοῦς αὐτοῖς· θαρσεῖτε, ἐγώ εἰμι· μὴ φοβεῖσθε. (Mt 14,27) – 4. ἐν ἀρχῇ ἐποίησεν ὁ θεὸς τὸν οὐρανὸν καὶ τὴν γῆν. (Gen 1,1 LXX) – 5. ἐν γὰρ Χριστῷ Ἰησοῦ διὰ τοῦ εὐαγγελίου ἐγὼ ὑμᾶς ἐγέννησα. (1Kor 4,15b) – 6. χαίρετε καὶ ἀγαλλιᾶσθε, ὅτι ὁ μισθὸς ὑμῶν πολὺς[1] ἐν τοῖς οὐρανοῖς· οὕτως γὰρ ἐδίωξαν[2] τοὺς προφήτας τοὺς πρὸ ὑμῶν. (Mt 5,12) – 7. ταῦτα δὲ γέγραπται ἵνα πιστεύσητε ὅτι Ἰησοῦς ἐστιν ὁ χριστὸς ὁ υἱὸς τοῦ θεοῦ, καὶ ἵνα … ζωὴν ἔχητε ἐν τῷ ὀνόματι αὐτοῦ. (Joh 20,31) – 8. ἐντολὴν καινὴν λέγω ὑμῖν, ἵνα ἀγαπᾶτε ἀλλήλους, καθὼς ἠγάπησα ὑμᾶς ἵνα καὶ ὑμεῖς ἀγαπᾶτε ἀλλήλους … ὅτι ἐμοὶ μαθηταί ἐστε, ἐὰν ἀγάπην ἔχητε ἐν ἀλλήλοις. Λέγει αὐτῷ Σίμων Πέτρος· κύριε, ποῦ ὑπάγεις; ἀπεκρίθη[3] αὐτῷ Ἰησοῦς· οὐ δύνασαί[4] μοι νῦν ἀκολουθῆσαι, ἀκολουθήσεις δὲ ὕστερον[5]. (Joh 13,34*-36) – 9. μετανόησον καὶ τὰ πρῶτα ἔργα ποίησον. (Offb 2,5) – 10. τότε οὖν εἶπεν αὐτοῖς ὁ Ἰησοῦς παρρησίᾳ· Λάζαρος ἀπέθανεν[6]. (Joh 11,14) (erläutern Sie bitte den Kasus von παρρησίᾳ) – 11. εἰς τοῦτο γὰρ Χριστὸς ἀπέθανεν καὶ ἔζησεν, ἵνα νεκρῶν … κυριεύσῃ. (Röm 14,9) – 12. λέγει αὐτῇ ὁ Ἰησοῦς· οὐκ εἶπόν σοι ὅτι ἐὰν πιστεύσῃς ὄψῃ[7] τὴν δόξαν τοῦ θεοῦ; (Joh 11,40) – 13. καὶ αὕτη ἐστὶν ἡ ἐντολὴ αὐτοῦ, ἵνα πιστεύσωμεν τῷ ὀνόματι τοῦ υἱοῦ αὐτοῦ Ἰησοῦ Χριστοῦ καὶ ἀγαπῶμεν ἀλλήλους. (1Joh 3,23) (wie sind die Genitive syntaktisch gebraucht?) – 14. ὑπερεπερίσσευσεν[8] ἡ χάρις, ἵνα ὥσπερ ἐβασίλευσεν ἡ ἁμαρτία ἐν τῷ θανάτῳ, οὕτως καὶ ἡ χάρις βασιλεύσῃ διὰ δικαιοσύνης εἰς ζωὴν αἰώνιον διὰ Ἰησοῦ Χριστοῦ τοῦ κυρίου ἡμῶν. (Röm 5,20f) – 15. ὁ Πέτρος λέγει αὐτῷ· σὺ εἶ ὁ χριστός. καὶ ἐπετίμησεν αὐτοῖς ἵνα μηδενὶ[9] λέγωσιν περὶ αὐτοῦ. (Mk 8,29f) – 16. τί[10] ποιήσωμεν τοῖς ἀνθρώποις τούτοις; (Apg 4,16) – 17. ποιήσατε οὖν καρπὸν ἄξιον τῆς μετανοίας. (Mt 3,8) – 18. καὶ οὐκέτι εἰμὶ ἐν τῷ κόσμῳ, καὶ αὐτοὶ ἐν τῷ κόσμῳ εἰσίν, κἀγὼ πρὸς σὲ ἔρχομαι. πάτερ ἅγιε, τήρησον αὐτοὺς ἐν τῷ ὀνόματί σου. (Joh 17,11) – 19. ὃς ἐὰν[11] ὁμολογήσῃ, ὅτι Ἰησοῦς ἐστιν ὁ υἱὸς τοῦ θεοῦ, ὁ θεὸς ἐν αὐτῷ μένει καὶ αὐτὸς ἐν τῷ θεῷ. (1Joh 4,15)

---

1 πολύς *viel.*

2 κ + σ = ξ.

3 ἀπεκρίθη *er antwortete.*

4 δύνασαι *du kannst.*

5 ὕστερον hier Adverb: *später.*

6 ἀπέθανεν 3.Sg.Ind.Aor.Akt. von ἀποθνήσκω *sterben.*

7 ὄψῃ *du wirst sehen* (2.Sg.Ind.Fut.Med. von ὁράω).

8 ὑπερπερισσεύω *übergroß sein.*

9 μηδείς *niemand* (Dat.Sg).

10 τί *was?*

11 ὃς ἐάν (Relativpronomen Nom.Sg.m. und ἐάν): *wer auch immer* oder: *jeder, der.*

25. Aorist Medium

A

1) Wiederholen Sie bitte die medialen Primär- und Sekundärendungen!

2) Wie lauten die medialen Infinitiv- und Imperativendungen?

B

Indikativ, Infinitiv, Imperativ und Konjunktiv Aorist Medium

Wie im Aorist Aktiv steht auch im **Aorist Medium** das **Tempuskennzeichen σ**. Im Indikativ, Imperativ und Infinitiv ist der **Kennvokal α** erkennbar.

Im **Indikativ** gibt es wieder ein **Augment**, und es werden die **Sekundärendungen** verwendet. Zu beachten ist, dass aus -σασο in der 2.Sg. -σω wird, weil das σ zwischen den Vokalen ausfällt und dann eine Kontraktion erfolgt.

Im **Konjunktiv** werden – wie im Aktiv – Primärendungen verwendet. Der Kennvokal α entfällt, da der lange Vokal des Moduskennzeichens sich durchsetzt. Zu beachten ist, dass aus σησαι in der 2.Sg. -σῃ wird. Die Form stimmt also mit der 3.Sg.Konj. Aor.Akt. sowie der 2.Sg.Ind.Fut.Med. überein (παιδεύσῃ).

Im **Imperativ** finden sich -σα und die gleichen Endungen wie im Präsens, außer in der 2.Sg. Diese lautet παίδευ-σαι und unterscheidet sich vom Inf.Aor.Akt. (παιδεῦ-σαι) nur durch den Akzent.

Der **Infinitiv** hat -σα und die aus dem Präsens bekannte mediale Infinitivendung.

	Aorist Medium		
	Indikativ	*Konjunktiv*	*Imperativ*
1. Sg.	ἐ-παιδευ-σά-μην	παιδεύ-σ-ωμαι	
2. Sg.	ἐ-παιδεύ-σ-ω (←σασο)	παιδεύ-σ-ῃ (←σησαι)	παίδευ-σαι (Akzent!)
3. Sg.	ἐ-παιδεύ-σ-α-το	παιδεύ-σ-ηται	παιδευ-σ-ά-σθω
1. Pl.	ἐ-παιδευ-σ-ά-μεθα	παιδευ-σ-ώμεθα	
2. Pl.	ἐ-παιδεύ-σ-α-σθε	παιδεύ-σ-ησθε	παιδεύ-σ-α-σθε
3. Pl.	ἐ-παιδεύ-σ-α-ντο	παιδεύ-σ-ωνται	παιδευ-σ-ά-σθωσαν

Infinitiv Aorist Medium	παιδεύ-σ-α-σθαι

C

1) Bestimmen Sie bitte die folgenden Formen:

ἠκούσατο, γρηγορησάσθω, ἀπολογήσασθαι, ἐπιτιμήσῃ, μαρτυρήσησθε, ἐξωμολογησάμην, κοπιασάσθωσαν, ταπεινωσώμεθα, ποιήσασθαι, ἐλεήσηται, λάτρευσαι, κυριεύσωμαι, ὡμοιώσατο, ἐμνημονεύσω, πιστεύσῃ, σταυρώσωνται, τιμήσασθαι, ἐνοήσασθε, γεύσασθε, ἐβλασφημησάμεθα, ἠγαπήσαντο, ἐκοπιάσω

2) Bilden Sie bitte folgende Formen im Aorist:

λατρεύω (2.Sg.Konj.Med.), γρηγορέω (3.Pl.Impt.Med.), ἀγαπάω (2.Pl.Ind.Akt.), σταυρόω (Inf.Med.), μισέω (3.Sg.Konj.Med.), κοπιάω (1.Pl.Ind.Med.), πληρόω (2.Pl.Impt.Med.), βλασφημέω (3.Pl.Konj.Med.), φυτεύω (Inf.Akt.), καταντάω (3.Sg.Ind.Akt.), ἐπερωτάω (1.Sg.Konj.Med.), ταπεινόω (2.Sg.Impt.Akt.), ἰάομαι (2.Pl.Impt.Med.), μετανοέω (1.Sg.Konj.Med.), φοβέομαι (2.Sg.Impt.Med.), χράομαι (Inf.Med.)

3) Bilden Sie bitte jeweils die entsprechende Mediumform zur aktiven Form:

ἐλάτρευσαν, φυτεύσῃς, ἐδουλώσατε, μνημονεῦσαι, ἐτιμήσαμεν, σταύρωσον, κατ-αντήσατε, ἐπαίδευσας, φωνησάτω, ἐκράτησεν, κυριεύσωσιν, νικησάτωσαν

4) Bestimmen Sie bitte die gemischten Formen:

νηστευσώμεθα, σιγᾶν, καυχησάσθωσαν, βλασφημήσωμαι, σταυροῦ, ἐργάζεσθαι, ἀναχωρήσονται, τιμᾷς, κατῳκήσω, ἐκοπιασάμεθα, ἀγαπῆσαι, τίμα, ἦν, σταυρώσασθαι, προσδοκήσηται, τελειώσωμαι, ζῇς, δουλώσητε, ὀφελήσῃ, τελέσασθαι, ἐκυρίευον, σταυρώσητε, κυρίευσαι, ἐπετιμήσασθε, ἔσται, ἐνέργησον, χρησόμεθα, προσδοκήσασθε, θεάσησθε, ἀκολουθήσωνται, κατενοήσω, μνημονεύσηται, ὑψώσασθαι, ζησόμεθα, ἐλεήσηται, ἐθεασάμεθα, γράφου, τελειωσάσθω, κλάσασθαι, παιδεύσονται, ἐμνημονεύσω, βασιλεύσω, παιδεύσεις, κρατήσετε, ὡμολογήσατε, ἰάσω

5) Stellen Sie die Infinitive (Präsens, Futur, Aorist) von παιδεύω **jeweils im Aktiv und Medium zusammen!**

D

1. Καὶ μὴ εἰσενέγκῃς[1] ἡμᾶς εἰς πειρασμόν, ἀλλὰ ῥῦσαι ἡμᾶς ἀπὸ τοῦ πονηροῦ. (Mt 6,13) – 2. ὁ υἱὸς τοῦ βασιλικοῦ[2] ἠσθένει ἐν Καφαρναούμ. ὁ πατὴρ ἠρώτα τὸν Ἰησοῦν ἵνα ἰάσηται αὐτοῦ τὸν υἱόν, ἤμελλεν[3] γὰρ ἀποθνῄσκειν. εἶπεν οὖν ὁ Ἰησοῦς πρὸς αὐτόν· ἐὰν μὴ σημεῖα καὶ τέρατα ἴδητε[4], οὐ μὴ πιστεύσητε. (Joh 4,46-48*) (erläutern

---

[1] 2.Sg.Konj.Aor.Akt. von εἰσφέρω *hineinführen.*

[2] βασιλικός *königlich*, hier substantiviert, wohl *königlicher Beamter.*

[3] ἤμελλεν hat η statt ε als Augment.

[4] 2.Pl.Konj.Aor.Akt. von ὁράω.

Sie bitte die Syntax der Konjunktive!) – 3. οὐχ ὑμεῖς λέγετε ὅτι ἔτι τετράμηνός[5] ἐστιν καὶ ὁ θερισμὸς ἔρχεται; ἰδοὺ λέγω ὑμῖν, ἐπάρατε[6] τοὺς ὀφθαλμοὺς ὑμῶν καὶ θεάσασθε τὰς χώρας ὅτι λευκαί εἰσιν πρὸς θερισμόν. (Joh 4,35) – 4. λέγει ὁ δοῦλος· οὐκ ἐγώ σε εἶδον[7] μετ' αὐτοῦ; πάλιν οὖν ἠρνήσατο Πέτρος, καὶ εὐθέως ἀλέκτωρ ἐφώνησεν. (Joh 18,26f) – 5. οἱ πρεσβύτεροι τοῦ λαοῦ … συνεβουλεύσαντο[8] ἵνα τὸν Ἰησοῦν δόλῳ κρατήσωσιν. (Mt 26,3f) – 6. εἶπον οὖν τῷ Πέτρῳ· μὴ καὶ σὺ ἐκ τῶν μαθητῶν αὐτοῦ εἶ; ἠρνήσατο ἐκεῖνος καὶ εἶπεν· οὐκ εἰμί. (Joh 18,25*) – 7. ἐν αὐτῇ τῇ ὥρᾳ ἠγαλλιάσατο τῷ πνεύματι τῷ ἁγίῳ καὶ εἶπεν· ἐξομολογοῦμαί σοι, πάτερ, κύριε τοῦ οὐρανοῦ καὶ τῆς γῆς. (Lk 10,21) – 8. ἀναγκαῖον[9] οὖν ἡγησάμην παρακαλέσαι τοὺς ἀδελφούς, ἵνα προέλθωσιν[10] εἰς ὑμᾶς. (2Kor 9,5) – 9. ἀλλοτρίῳ δὲ οὐ μὴ ἀκολουθήσουσιν, ἀλλὰ φεύξονται ἀπ' αὐτοῦ, ὅτι οὐκ οἴδασιν[11] τῶν ἀλλοτρίων τὴν φωνήν. (Joh 10,5) – 10. ὑμεῖς ἐνώπιον τοῦ κυρίου ταπεινώσασθε, καὶ ὁ κύριος ὑμᾶς ὑψώσει.

---

[5] τετράμηνός *vier Monate dauernd.*

[6] 2.Pl.Impt.Aor.Akt. von ἐπαίρω *aufheben.*

[7] 1.Sg./3.Pl.Ind.Aor.Akt. von ὁράω.

[8] 3.Pl.Ind.Aor.Med. von συμβουλεύω, Med.: *übereinkommen.*

[9] ἀναγκαῖος *notwendig.*

[10] 3.Pl.Konj.Aor.Akt. von προέρχομαι, wird aktiv übersetzt.

[11] οἴδασιν *sie kennen.*

26. Dritte Deklination: ν- und ντ-Stämme Indefinit- und Interrogativpronomen • πᾶς

A

Wiederholen Sie bitte die Kasusendungen der dritten Deklination!

B

1) ν- und ντ-Stämme

Zur dritten Deklination gehören auch die Stämme, die auf ν oder ντ auslauten. Die meisten Wörter mit ν- bzw. ντ-Stamm sind maskulin. An den Stamm werden die Kasusendungen der dritten Deklination angehängt.
Bei den **ν-Stämmen** wird im Nom.Sg. keine Endung angehängt; stattdessen wird der Vokal vor dem Stammauslaut ν gedehnt. Steht vor dem ν ein langer Vokal, bleibt es bei dem reinen Stamm, da keine weitere Dehnung möglich ist (z.B. αἰών, αἰῶν-ος).
Im Akk.Sg. ist die Endung α (nach Konsonanten). Im Dat.Pl. fällt das ν vor der Endung σιν **ohne** Ersatzdehnung aus.
Bei den **ντ-Stämmen** gibt es im Nom.Sg. dieselben Bildemöglichkeiten wie bei den ν-Stämmen. Zu beachten ist, dass dabei das τ wegfällt, weil im Griechischen kein Wort auf τ endet. Der Nom.Sg. kann auch durch Anhängen von ς gebildet werden. Allerdings würden sich dadurch die Konsonanten häufen (ντς). Das gilt auch für den Dat.Pl. beim Anhängen der Endung σιν. Diese Konsonantenhäufung wird vermieden, indem ν und τ ausfallen und der Vokal ersatzgedehnt wird: ο zu ου (ὀδούς, ὀδόντ-ος) und ε zu ει (s. Tabelle).

	ν-Stamm			**ντ-Stamm**	
	Singular	*Plural*		*Singular*	*Plural*
Nom.	ποιμήν	ποιμέν-ες		ἄρχων	ἄρχοντ-ες
Gen	ποιμέν-ος	ποιμέν-ων		ἄρχοντ-ος	ἀρχόντ-ων
Dat.	ποιμέν-ι	ποιμέ-σιν		ἄρχοντ-ι	ἄρχου-σιν
Akk.	ποιμέν-α	ποιμέν-ας		ἄρχοντ-α	ἄρχοντ-ας

2) Das Indefinitpronomen τις und das Interrogativpronomen τίς

Das Indefinitpronomen (unbestimmtes Fürwort) τις (*irgendeiner*) und das Interrogativpronomen (Fragefürwort) τίς (wer?) gehören zu den ν-Stämmen (τιν-). Sie werden in gleicher Weise dekliniert und unterscheiden sich nur durch den Akzent.

Das **Indefinitpronomen τις** ist enklitisch, steht also oft ohne Akzent. Das Femininum hat keine eigenen Formen. Das Neutrum hat im Nom. und Akk. abweichende Formen.

	Singular				*Plural*		
	m.	*f.*	*n.*		*m.*	*f.*	*n.*
Nom.	τις		τι		τιν-ές		τιν-ά
Gen.	τιν-ός				τιν-ῶν		
Dat.	τιν-ί				τι-σί(ν)		
Akk.	τιν-ά		τι		τιν-άς		τιν-ά

Der Gebrauch des Indefinitpronomens τις:

a) substantivisch = τις *irgendeiner/-etwas, ein gewisser, jemand*; τις steht dabei selbstständig.

ἔχει τι κατὰ σοῦ (Mt 5,23) – *er hat (irgend-)etwas gegen dich*
εἴ τις ἔρχεται πρός με (Lk 14,26) – *wenn jemand zu mir kommt*
πῶς δύναταί τις … (Mt 12,29) *wie kann jemand …*

b) adjektivisch: τις kann so dem deutschen unbestimmten Artikel entsprechen; dabei kann τις vor oder nach dem Bezugswort stehen, jedoch nicht am Satzanfang.

ἄνθρωπός τις εἶχεν δύο υἱούς (Lk 15,11) – *(irgend)ein Mensch hatte zwei Söhne*
πτωχὸς δέ τις ὀνόματι Λάζαρος (Lk 16,20) – *ein (gewisser) Armer mit Namen Lazarus*
κριτής τις ἦν (Lk 18,2) – *(irgend)ein Richter war*
τι ἀγαθόν (Röm 9,11) – *etwas Gutes*

c) Plural: *einige*

Negatives Gegenstück zu τις sind gewöhnlich **οὐδείς** bzw. **μηδείς** (niemand, keiner). Zur Deklination von οὐδείς und μηδείς vgl. Lekt. 48 und die Tab. 9.2.1 (S. 250).

οὐδεὶς γινώσκει (Joh 7,27) – *niemand weiß*

Das **Interrogativpronomen τίς** unterscheidet sich vom Indefinitpronomen dadurch, dass der Akzent (immer ein Akut) auf der ersten Silbe steht. Es ist nicht enklitisch. Zu den Formen vgl. Tab. 8.4 (S. 247). – Der Gebrauch des Interrogativpronomens:

a) substantivisch: *wer? wessen?* usw.

τίς ἐστίν μου πλησίον; (Lk 10,29) – *wer ist mein Nächster?*

b) adjektivisch: *welcher? welches?* usw.

τίς ἄνθρωπος ἐξ ὑμῶν …; (Lk 15,4) – *welcher Mensch unter euch …?*

3) πᾶς

πᾶς (*jeder*, im Pl.: *alle*) folgt im Maskulinum und Neutrum der Deklination der ντ-Stämme, im Femininum werden die Formen wie α-impurum dekliniert.

	Singular			*Plural*		
	m.	*f.*	*n.*	*m.*	*f.*	*n.*
Nom.	πᾶς	πᾶσα	πᾶν	πάντες	πᾶσαι	πάντα
Gen.	παντός	πάσης	παντός	πάντων	πασῶν	πάντων
Dat.	παντί	πάσῃ	παντί	πᾶσιν	πάσαις	πᾶσιν
Akk.	πάντα	πᾶσαν	πᾶν	πάντας	πάσας	πάντα

C

1) **Deklinieren Sie bitte folgende Substantive:**
ποιμήν, αἰών, ἄρχων, ὀδούς

2) **Bestimmen Sie bitte folgende Formen und bilden Sie jeweils den Nom.Sg.!**
μηνός, ποιμένες, αἰῶνα, ἀρχόντων, ἀμπελῶσιν, ἡγεμόνα, ὀδούς, δράκοντας, κανόνα, ἄρχουσιν, μήν, ἀγῶνι, πυλῶνες, αἰών, μησίν, ποιμένων, δράκουσιν, πυλών

3) **Bilden Sie bitte von den in Klammern angegebenen Nomen folgende Formen:**
Gen.Sg. (ποιμήν), Akk.Pl. (ἄρχων), Dat.Pl. (αἰών), Akk.Sg. (μήν), Dat.Sg. (δράκων), Dat.Pl.m. (πᾶς), Gen.Pl. (εἰκών), Akk.Sg.m. (πᾶς), Dat.Sg. (ἀμπελών), Gen. Sg.f. (πᾶς), Dat.Pl. (ὀδούς), Gen.Sg. (ἄρχων), Akk.Pl. (ἡγεμών), Nom.Sg.n. (πᾶς)

4) **Bestimmen Sie bitte folgende Formen des Interrogativpronomens und übersetzen Sie diese adjektivisch („welcher" usw.)! Übersetzen Sie die singularischen Formen bitte zusätzlich substantivisch („wem" usw.)!**
τίνος, τίνες, τίνων, τίνα, τίς, τίνας, τίσιν, τίνι, τί

5) **Ergänzen Sie bitte die Lücken:**
Stellen Sie die entsprechenden Fragen! Deutsches Beispiel: Ich sehe den Baum. – ***Wen*** siehst Du? (substantivischer Gebrauch)
a) ἀγαπῶ τὴν ἀγορὰν τῆς κώμης. – … ἀγαπᾷς; b) ὁ γεωργὸς ἀπέρχεται. – … ἀπέρχεται; c) τὸ θέλημα τοῦ θεοῦ ἅγιόν ἐστιν. – … θέλημα ἅγιόν ἐστιν; d) δουλεύω τῷ κυρίῳ ἐν τῷ ἀμπελῶνι. – … δουλεύεις; e) πιστεύω, ὅτι Ἰησοῦς ὁ Χριστός ἐστιν. – … πιστεύεις;

6) **Ergänzen Sie bitte das Indefinitpronomen:**
a) ἀνθρώποις … τὸν εὐαγγέλιον λέγεις. – Du sagst irgendwelchen Menschen das Evangelium.
b) μαθηταί … εἰς τὸν οἶκον ἔρχονται. – Einige Jünger kommen in das Haus.
c) διδασκάλους … καλεῖ. – Er ruft irgendwelche/einige Lehrer.
d) πρός … ἔρχεται. – Er kommt zu jemandem.

7) **Übersetzen Sie bitte:**
τινός – ἐν τόπῳ τινί – μηδείς – τίνος υἱός ἐστιν; – μηδὲν κακόν – λεγέτω τινά – τίς κώμη; – καί τινες τῶν Φαρισαίων – τίνας σοφοὺς βλέπω; – ἡ διδασκαλία τινῶν ἀνθρώπων – μὴ πορεύου σύν τισιν τῶν τελωνῶν – ἐποίησεν οὐδεμίαν δύναμιν (hier: *Wunder*) – τίνι ἀνδρὶ ταῦτα λέγωμεν; – πρός τι φῶς – οὐδεὶς δύναται (*kann*) δυσὶν κυρίοις δουλεύειν

8) **Übersetzen Sie bitte:**
πάντων τῶν οἴκων, πάσας τὰς διανοίας, ὁ πᾶς ἄνθρωπος, πᾶσαν εἰκῶνα, τῶν πάντων κριμάτων, πάντα τὸν ἀμπελῶνα, πᾶσα θυγάτηρ, πασῶν τῶν τραπέζων, πάσης τῆς θύρας, παντὸς πατρός, πάντες οἱ μάρτυρες, αἱ πᾶσαι ἐλπίδες, πᾶσιν τοῖς δένδροις, πάντας τοὺς ἄρχοντας

D

1. Ἐγώ εἰμι ὁ ποιμὴν ὁ καλός. ὁ ποιμὴν ὁ καλὸς τὴν ψυχὴν αὐτοῦ τίθησιν[1] ὑπὲρ τῶν προβάτων. (Joh 10,11) – 2. οἱ δὲ Φαρισαῖοι … εἶπον· οὗτος οὐκ ἐκβάλλει τὰ δαιμόνια εἰ μὴ ἐν τῷ Βεελζεβοὺλ ἄρχοντι τῶν δαιμονίων. (Mt 12,24) – 3. προσεύχεσθε δὲ ἵνα μὴ γένηται[2] ἡ φυγὴ[3] ὑμῶν χειμῶνος[4] μηδὲ σαββάτῳ. (Mt 24,20) (erläutern Sie bitte die Zeitangabe χειμῶνος und σαββάτῳ!) – 4. καὶ ἰδοὺ ἐγὼ μεθ᾽ ὑμῶν εἰμι πάσας τὰς ἡμέρας ἕως τῆς συντελείας[5] τοῦ αἰῶνος. (Mt 28,20b) (erläutern Sie bitte die Zeitangabe πάσας τὰς ἡμέρας!) – 5. καὶ αὐτὸς ἔδωκεν[6] τοὺς μὲν ἀποστόλους, τοὺς δὲ προφήτας, τοὺς δὲ εὐαγγελιστάς, τοὺς δὲ ποιμένας καὶ διδασκάλους, πρὸς τὸν καταρτισμὸν[7] τῶν ἁγίων εἰς ἔργον διακονίας, εἰς οἰκοδομὴν τοῦ σώματος τοῦ Χριστοῦ. (Eph 4,11f) – 6. τίνι οὖν ὁμοιώσω τοὺς ἀνθρώπους τῆς γενεᾶς ταύτης καὶ τίνι εἰσὶν ὅμοιοι; (Lk 7,31) – 7. πάντα οὖν ὅσα ἐὰν[8] θέλητε ἵνα ποιῶσιν ὑμῖν οἱ ἄνθρωποι, οὕτως καὶ ὑμεῖς ποιεῖτε αὐτοῖς· οὗτος γάρ ἐστιν ὁ νόμος καὶ οἱ προφῆται. (Mt 7,12) – 8. ὁ δὲ … εἶπεν … αὐτῷ· τίς ἐστιν ἡ μήτηρ μου καὶ τίνες εἰσὶν οἱ ἀδελφοί μου; (Mt 12,48) – 9. μετανοήσατε νῦν ἐπὶ τὸν ποιμένα καὶ ἐπίσκοπον τῶν ψυχῶν ὑμῶν. (1Petr 2,25*) – 10. καὶ ἐκείνοις εἶπεν· ὑπάγετε καὶ ὑμεῖς εἰς τὸν ἀμπελῶνα. (Mt 20,4) – 11. κατῴκησεν δὲ ἐκεῖ ἐνιαυτὸν καὶ μῆνας ἓξ καὶ ἐδίδασκεν[9] ἐν αὐτοῖς τὸν λόγον τοῦ θεοῦ. (Apg 18,11*) – 12. εἶπον αὐτῷ οἱ Ἰουδαῖοι· … Ἀβραὰμ ἀπέθανεν[10] καὶ οἱ προφῆται, καὶ σὺ λέγεις· ἐάν τις τὸν λόγον μου τηρήσῃ, οὐ μὴ γεύσηται θανάτου εἰς τὸν αἰῶνα. (Joh 8,52) – 13. ὀφθαλμὸν ἀντὶ ὀφθαλμοῦ ὀδόντα ἀντὶ ὀδόντος. (Ex 21,24 LXX) – 14. καὶ ἠρώτησαν αὐτόν· τί οὖν; σὺ Ἠλίας εἶ; καὶ λέγει· οὐκ εἰμί. (Joh 1,21) – 15. καὶ ἐποίησεν ὁ θεὸς τὸν ἄνθρωπον κατ᾽ εἰκόνα θεοῦ. (Gen 1,27 LXX) – 16. ὁ Ἰησοῦς εἶπεν· τί με πειράζετε, ὑποκριταί; … τίνος ἡ εἰκὼν αὕτη καὶ ἡ ἐπιγραφή[11]; λέγουσιν αὐτῷ· Καίσαρος. τότε λέγει αὐτοῖς· ἀπόδοτε[12] οὖν τὰ Καίσαρος Καίσαρι καὶ τὰ τοῦ θεοῦ τῷ θεῷ. (Mt 22,18-21) – 17. εἴ τις ἔρχεται πρός με καὶ οὐ μισεῖ[13] τὸν πατέρα καὶ τὴν μητέρα … καὶ τὰ τέκνα καὶ τοὺς ἀδελφοὺς καὶ τὰς ἀδελφὰς … οὐ δύναται εἶναί μου μαθητής. (Lk 14,26)

---

1 3.Sg.Ind.Präs.Akt. von τίθημι, hier: *geben.*

2 3.Sg.Konj.Aor.Med. von γίνομαι.

3 φυγή *Flucht.*

4 χειμών *Winter.*

5 συντέλεια *Ende, Vollendung.*

6 3.Sg.Ind.Aor.Akt. von δίδωμι, hier: jmdn. *einsetzen als.*

7 καταρτισμός *Zurüstung.*

8 ὅσα ἐάν hier: *was auch immer.*

9 διδάσκω *lehren.*

10 3.Sg.Ind.Aor.Akt. ἀποθνήσκω *sterben.*

11 ἐπιγραφή *Inschrift, Aufschrift.*

12 2.Pl.Impt.Aor.Akt. von ἀποδίδωμι *geben.*

13 μισέω *hassen*, hier wohl: *zurücksetzen.*

E

Attributive und prädikative Wortstellung bei πᾶς[14]

a) πᾶς bedeutet bei artikellosem Substantiv: *jeder*, Plural: *alle* (es steht meistens vor dem Substantiv).

πᾶν δένδρον	*jeder* (beliebige) *Baum*
anders: ἕκαστον δένδρον	*jeder einzelne Baum*
πάντες ἄνθρωποι	*alle Menschen* (alles, was Mensch heißt)

b) πᾶς bedeutet prädikativ beim Substantiv mit Artikel: *ganz*, Plural: *alle* (es steht meistens vor dem Artikel). Betont wird die Vollzähligkeit aller Teile.

πᾶσα ἡ κτίσις	*die ganze Schöpfung*
πᾶσαι αἱ γενεαί	*alle Geschlechter*

c) πᾶς bedeutet attributiv zwischen Artikel und Nomen/Substantiv *ganz*, Plural: *alle*. Betont wird die Vollständigkeit als Einheit; der Ton liegt darauf, dass das Ganze bzw. die Gesamtheit einem Teil gegenübersteht.

ὁ πᾶς νόμος	*das ganze Gesetz* (gegenüber einzelnen Geboten)
οἱ πάντες ἄνδρες	*alle Männer* (zusammen bzw. im Ganzen; bedeutet nicht, dass ohne Ausnahme jeder einzelne Mann gemeint ist)

d) πᾶς kann ohne oder mit Artikel substantiviert werden.

πᾶς	*(ein) jeder*
τοῖς πᾶσιν γέγονα πάντα	*allen bin ich alles geworden* (diese wurden vorher einzeln genannt)

e) πᾶς steht mit Artikel und substantiviertem Partizip (nach πᾶς selten ohne Artikel):

πᾶς ὁ ἀκούων	*jeder, der hört*

---

[14] Die Ausführungen zur attributiven und prädikativen Wortstelltung gelten entsprechend für ὅλος.

27. Partizip Präsens und Futur

A

1) Deklinieren Sie bitte das Adjektiv μόνος, -η, -ον durch alle Kasus, Numeri und Genera!
2) Deklinieren Sie bitte das Substantiv λέων!
3) Woran erkennen Sie das Futur?

B

Das **Partizip** ist ein Mittelwort und steht in der Mitte zwischen Verb und Adjektiv. Es ist eine Verbalform und hat verbale Eigenschaften (Tempus, Numerus, Diathese) und nominale Eigenschaften (Kasus, Numerus, Genus); es wird wie ein Adjektiv dekliniert. Zu bestimmen sind deshalb bei einem Partizip:

Kasus – Numerus – Genus – Wortart (nämlich: Partizip) – Tempus – Diathese

Wenn das Partizip attributiv (wie ein Adjektiv) oder substantiviert gebraucht wird, kann man es bei der *Übersetzung ins Deutsche* zunächst mit einem Partizip wiedergeben: Das aktive Partizip im Deutschen endet auf -nd (z.B. blühe*nd*), das passive hat in der Regel die Vorsilbe ge- (z.B. *ge*legt oder *ge*geben).
Im Griechischen gibt es im Unterschied zum Deutschen, wo wir nur ein aktives und passives Partizip kennen, in allen Haupttempora und im Aorist je ein aktives und mediales, im Aorist und Futur auch ein passives Partizip.

1) Das Partizip Präsens Aktiv

An den Stamm wird der Themavokal ο und dann ντ (fast wie deutsch -nd) angehängt. Die Deklination erfolgt wie bei den Substantiven auf -ντ (z.B. λέων, s. oben A2).
Im *Nominativ* des *Maskulinums* fällt das τ weg. Das ο wird zu ω gedehnt.
Das *Neutrum* zeigt den reinen Stamm (wieder mit Wegfall des τ), lautet also -ον (auch im Akk.Sg.), im Pl. natürlich (wie alle Neutra) -α (für Nom. und Akk.).
Das *Femininum* ist entstanden aus οντjα und lautet nun -ουσα. Dekliniert wird es wie α-impurum (z.B. γλῶσσα).

	maskulinum	*femininum*	*neutrum*
Nom.Sg.	παιδεύ-ων	παιδεύ-ουσ-α	παιδεῦ-ον
Gen.	παιδεύ-οντ-ος	παιδευ-ούσ-ης	παιδεύ-οντ-ος
Dat.	παιδεύ-οντ-ι	παιδευ-ούσ-ῃ	παιδεύ-οντ-ι
Akk.	παιδεύ-οντ-α	παιδεύ-ουσ-αν	παιδεῦ-ον
Nom.Pl.	παιδεύ-οντ-ες	παιδεύ-ουσ-αι	παιδεύ-οντ-α
Gen.	παιδευ-όντ-ων	παιδευ-ουσ-ῶν	παιδευ-όντ-ων
Dat.	παιδεύ-ουσιν	παιδευ-ούσ-αις	παιδεύ-ουσιν
Akk.	παιδεύ-οντ-ας	παιδευ-ούσ-ας	παιδεύ-οντ-α

Bei den **Verba contracta** kommt es wieder zu einer Kontraktion von Stammauslaut und Themavokal.

	ποιέω	*τιμάω*	*δουλόω*
Nom.Sg.m.	ποιῶν	τιμῶν	δουλῶν
f.	ποιοῦσα	τιμῶσα	δουλοῦσα
n.	ποιοῦν	τιμῶν	δουλοῦν
Gen.Sg.m.	ποιοῦντος	τιμῶντος	δουλοῦντος
f.	ποιούσης	τιμώσης	δουλούσης
n.	ποιοῦντος	τιμῶντος	δουλοῦντος

Das **Partizip von εἰμί** besteht letztlich einfach aus der Endung des Partizips.

	maskulinum	*femininum*	*neutrum*
Nom.Sg.	ὤν	οὖσα	ὄν
Gen.Sg.	ὄντος	οὔσης	ὄντος

2) Das Partizip Präsens Mediumpassiv

Es hat den Themavokal ο, an den die Bildesilbe μεν angehängt wird. Die Deklination folgt der der Adjektive der ο/α-Deklination (vgl. oben A1).

	maskulinum	*femininum*	*neutrum*
Nom.Sg.	παιδευ-ό-μεν-ος	παιδευ-ο-μέν-η	παιδευ-ό-μεν-ον
Gen.Sg.	παιδευ-ο-μέν-ου	παιδευ-ο-μέν-ης	παιδευ-ο-μέν-ου

3) Das Partizip Futur Aktiv und Medium

Die Formenbildung gleicht dem Präsens im Aktiv und Medium. Wie im Fut. Akt. und Med. üblich, wird direkt nach dem Stamm das Tempuskennzeichen σ eingeschoben. Bei den Verba contracta wird der Vokal am Stammende vor dem σ wieder gedehnt.

	maskulinum	*femininum*	*neutrum*
Akt. Nom.Sg.	παιδεύ-σ-ων	παιδεύ-σ-ουσ-α	παιδεῦ-σ-ον
Med. Nom.Sg.	παιδευ-σ-ό-μεν-ος	παιδευ-σ-ο-μέν-η	παιδευ-σ-ό-μεν-ον

Sie können nun die Tabelle in Lekt. 12 unter E weiter vervollständigen.
Beim Partizip ist die *Übersetzung* mit einem Relativsatz häufig besser als mit einem deutschen Partizip, z.B. ὁ παιδεύων γεωργός entweder: „der erziehende Bauer“ oder besser: „der Bauer, der erzieht“.

Tempus	*Aktiv*	*Medium*	*Passiv*
Präsens	erziehend = einer, der erzieht	(für) sich erziehend = einer, der (für) sich erzieht	erzogen werdend = einer, der erzogen wird
Futur	erziehen werdend = einer, der erziehen wird	(für) sich erziehen werdend = einer, der (für) sich erziehen wird	erzogen werden werdend = einer, der erzogen werden wird
Perfekt	erzogen habend = einer, der erzogen hat	(für) sich erzogen habend = einer, der (für) sich erzogen hat	erzogen worden seiend = einer, der erzogen worden ist

C

1) Bestimmen Sie bitte die folgenden Formen:

ἀκούοντες, βασιλεύσων, θεραπεύοντι, διακονοῦντας, οὖσιν, ἐνεργοῦσαν, μετανόησον, δουλοῦντος, νηστευσόντων, ὑποτάσσοντα, ἐπερωτῶν, ἐπηρώτων, ποιοῦν, ὤν, νοοῦσα, τιμῶσα, περισσευσούσαις, ὑστεροῦντες, προσδοκήσοντος, πιστεῦον, οὔσῃ, ὁμοιοῦσαι, ἀκούουσαι, βλεπούσῃ, ὄν, ταπεινώσουσα, κοπιώσης, δικαιοῦντι, φεύγοντας, ἀπολύουσιν, σιγῶν, πληροῦντα, ὠφελούντων, ὄντος, ἐλπίζουσαν, λατρευσούσης, ὄντων, ὁμοιῶσαι

2) Bilden Sie bitte folgende Formen des Partizip Aktiv von den in Klammern angegebenen Verben:

Präs.Gen.Pl.f. (βασιλεύω), Fut.Akk.Sg.m. (ποιέω), Fut.Gen.Sg.n. (ἀκούω), Präs. Nom.Sg.f. (λύω), Fut.Gen.Pl.m. (πιστεύω), Präs.Dat.Pl.n. (νικάω), Fut.Dat.Pl.f. (δουλεύω), Fut.Dat.Sg.m. (ἀπολύω), Präs.Akk.Pl.n. (λέγω), Präs.Nom.Sg.m. (σταυρόω), Fut.Akk.Pl.n. (φυτεύω), Präs.Nom.Pl.n. (εἰμί), Fut.Gen.Pl.n. (νοέω), Präs.Dat.Sg.n. (ὑπακούω), Präs.Gen.Sg.f. (τηρέω), Fut.Gen.Sg.m. (κοπιάω), Präs. Nom.Sg.m. (λαμβάνω), Präs.Dat.Pl.m. (τελέω), Fut.Akk.Sg.n. (κωλύω), Fut.Nom. Pl.f. (δικαιόω), Präs.Akk.Pl.f. (ἀποστέλλω), Präs.Nom.Pl.m. (εἰμί), Fut.Dat.Sg.f. (ὁμοιόω), Präs.Dat.Sg.m. (πλανάω), Fut.Akk.Pl.m. (περισσεύω)

3) Bestimmen Sie bitte die folgenden Formen:

δουλούμενος, ἐρχομένῳ, ἐργαζόμεναι, βουλευσόμενον, ἀρνούμεναι, τιμώμενος, ἀποκρινομένοις, δεχομένης, πιστευσομένων, νικώμενον, πορευόμενα, νοησομένην, εὐχαριστουμένῳ, σταυρωσομένη, παυσομένας, ἀποστελλόμενος, διαφερομένου, φανερουμένῃ, προσευχομέναις, ἀπολογούμενοι

4) Bilden Sie bitte folgende Formen des Partizip Medium von den in Klammern angegebenen Verben:

Präs.Nom.Pl.m. (κωλύω), Fut.Akk.Sg.m. (ποιέω), Fut.Dat.Pl.f. (δουλεύω), Fut. Gen.Pl.n. (θεάομαι), Präs.Akk.Sg.f. (φοβέομαι), Präs.Nom.Pl.n. (μνημονεύω), Fut.Gen.Sg.f. (παύομαι), Fut.Dat.Pl.m. (κελεύω), Fut.Dat.Sg.n. (φονεύω), Präs. Akk.Pl.f. (τελειόω), Präs.Nom.Sg.n. (ἔρχομαι)

5) Stellen Sie bitte folgenden Formen die entsprechenden aktiven bzw. medialen Formen des Partizips gegenüber:

ἀποστέλλοντος – ..., λύουσιν – ..., βουλευσομένας – ..., κελεύσων – ..., βλεπομένου – ..., λεγόμενον – ..., φονοῦντος – ..., ἀπολυσομένους – ..., τιμωμένη – ..., κωλυσόμενα – ..., κρινούσῃ – ..., θεραπευσομένην – ..., δουλοῦν – ..., λαμβανόντων – ..., παύσουσα – ..., φονεύοντας – ...

6) Bestimmen Sie bitte folgende Formen:

νοήσουσαν, κατακρίνοντα, περισσεύσοντι, ἀκουσόμενοι, κατοικούμενον, οὐσῶν, ὑποτάσσουσαν, ἔχοντι, διαφέροντες, εἰρηνεύοντας, λαμβανόντων, σταυρούμενα, ἐκπορευομένῳ, λαλοῦντος, τιμήσουσαι, λύσον, βασιλεύοντος, περιπατοῦν, σαλεύσοντι, καυχώμενος, ὄντα, μετανοήσων, κοπιώσης, τελειώσουσιν, ἐλπιζούσης, ὄντες, μενούσῃ, βλέπων

D

1. Τοῦτο γάρ ἐστιν τὸ θέλημα τοῦ πατρός μου, ἵνα πᾶς ὁ θεωρῶν τὸν υἱὸν καὶ πιστεύων εἰς αὐτὸν ἔχῃ ζωὴν αἰώνιον. (Joh 6,40) – 2. Σίμων Πέτρος εἶπεν· σὺ εἶ ὁ χριστὸς ὁ υἱὸς τοῦ θεοῦ τοῦ ζῶντος. (Mt 16,16) – 3. μὴ δοκεῖτε ὅτι ἐγὼ κατηγορήσω ὑμῶν πρὸς τὸν πατέρα· ἔστιν ὁ κατηγορῶν ὑμῶν Μωϋσῆς. (Joh 5,45) – 4. ἀμὴν ἀμὴν λέγω ὑμῖν ὅτι πᾶς ὁ ποιῶν τὴν ἁμαρτίαν δοῦλός ἐστιν τῆς ἁμαρτίας. ὁ δὲ δοῦλος οὐ μένει ἐν τῇ οἰκίᾳ εἰς τὸν αἰῶνα, ὁ υἱὸς μένει εἰς τὸν αἰῶνα. (Joh 8,34f) – 5. ἀμὴν ἀμὴν λέγω ὑμῖν, ὁ μὴ εἰσερχόμενος διὰ τῆς θύρας εἰς τὴν αὐλὴν τῶν προβάτων ... ἐκεῖνος κλέπτης ἐστὶν καὶ λῃστής· ὁ δὲ εἰσερχόμενος διὰ τῆς θύρας ποιμήν ἐστιν τῶν προβάτων. (Joh 10,1f) – 6. πνεῦμα ὁ θεός, καὶ τοὺς προσκυνοῦντας αὐτὸν ἐν πνεύματι καὶ ἀληθείᾳ δεῖ προσκυνεῖν. (Joh 4,24) (wie ist der Infinitiv syntaktisch gebraucht?) – 7. ἡ χάρις μετὰ πάντων τῶν ἀγαπώντων τὸν κύριον ἡμῶν Ἰησοῦν Χριστόν. (Eph 6,24) – 8. οἱ ὄχλοι ἦσαν ὡσεὶ πρόβατα μὴ ἔχοντα ποιμένα. (Mt 9,36) – 9. οἱ ἀκολουθοῦντες ἔκραζον· ὡσαννά· εὐλογημένος ὁ ἐρχόμενος ἐν ὀνόματι κυρίου. εὐλογημένη ἡ ἐρχομένη βασιλεία τοῦ πατρὸς ἡμῶν Δαυίδ· (Mk 11,9f) – 10. ἐγὼ δὲ λέγω ὑμῖν· ἀγαπᾶτε τοὺς ἐχθροὺς ὑμῶν καὶ προσεύχεσθε ὑπὲρ τῶν διωκόντων ὑμᾶς ... ἐὰν γὰρ ἀγαπήσητε τοὺς ἀγαπῶντας ὑμᾶς, τίνα μισθὸν ἔχετε; οὐχὶ καὶ οἱ τελῶναι τὸ αὐτὸ ποιοῦσιν; (Mt 5,44.46) – 11. καὶ φωνὴ ἀπὸ τοῦ θρόνου ἐξῆλθεν καὶ εἶπεν· αἰνεῖτε[1] τῷ θεῷ ἡμῶν πάντες οἱ δοῦλοι αὐτοῦ καὶ οἱ φοβούμενοι αὐτόν, οἱ μικροὶ καὶ οἱ μεγάλοι[2]. (Offb 19,5*) – 12 αὐτοὶ γὰρ περὶ

---

[1] αἰνέω *loben, preisen.*

[2] Nom.Pl.m. von μέγας *groß.*

ἡμῶν ἀπαγγέλλουσιν … πῶς ἐπεστρέψατε[3] πρὸς τὸν θεὸν ἀπὸ τῶν εἰδώλων δουλεύειν θεῷ ζῶντι καὶ ἀληθινῷ καὶ ἀναμένειν[4] τὸν υἱὸν αὐτοῦ ἐκ τῶν οὐρανῶν … Ἰησοῦν τὸν ῥυόμενον ἡμᾶς ἐκ τῆς ὀργῆς τῆς ἐρχομένης. (1Thess 1,9f) – 13. τῷ ἀγαπῶντι ἡμᾶς καὶ λύοντι ἡμᾶς ἐκ τῶν ἁμαρτιῶν ἡμῶν ἐν τῷ αἵματι αὐτοῦ, καὶ ἐποίησεν ἡμᾶς βασιλείαν … αὐτῷ ἡ δόξα καὶ τὸ κράτος εἰς τοὺς αἰῶνας τῶν αἰώνων· ἀμήν. (Offb 1,5f*) – 14. ὁ ἀγωνιζόμενος τὸν καλὸν ἀγῶνα τῆς πίστεως[5] ἐπιλαμβάνει τὸν στέφανον τῆς αἰωνίου ζωῆς. (1Tim 6,12*) – 15. εὐλόγησεν τοὺς φοβουμένους τὸν κύριον τοὺς μικροὺς μετὰ τῶν μεγάλων[6]. (Ps 113,21 LXX = Ps 115,13) – 16. οὐκ ἐπ᾽ ἄρτῳ μόνῳ ζήσεται ὁ ἄνθρωπος, ἀλλ᾽ ἐπὶ παντὶ ῥήματι ἐκπορευομένῳ διὰ στόματος θεοῦ. (Mt 4,4)

---

[3] φ + σ = ψ.

[4] ἀναμένω *erwarten.*

[5] Gen.Sg.f. von πίστις *Glaube.*

[6] Gen.Pl. von μέγας *groß.*

28. Dritte Deklination: σ- und υ-Stämme Adjektive mit mehreren Stämmen

A

1) Wiederholen Sie bitte die Kasusendungen der dritten Deklination! Auf welche Weise wird der Nom.Sg. gebildet? Wie werden die Neutra gebildet (Nom.Sg., Nom. und Akk.Pl.)?
2) Was geschieht, wenn im Bereich der Endung σ zwischen zwei Vokalen auftritt, z.B. bei den folgenden Verbformen: 2.Sg.Ind.Präs.MP, 2.Sg.Ind.Impf.MP, 2.Sg. Impt.Präs.MP?

B

1) Die σ-Stämme

Die σ-Stämme der dritten Deklination lauten auf -ες aus. Daran werden die normalen Endungen der dritten Deklination angehängt. Dadurch kommt der Stammauslaut σ oft zwischen zwei Vokalen zu stehen und fällt aus. Stehen dann zwei Vokale hintereinander, werden diese nach den schon bekannten Regeln kontrahiert.
Der *Nom.Sg.* hat die Endung -ος (wie die Maskulina auf -ος in der o-Deklination). Um sie zu unterscheiden, ist es besonders wichtig, den Genitiv und auch den Artikel mitzulernen. Die Substantive der σ-Stämme sind alle neutral. Was bedeutet das für die Bildung des Akk.Sg. und des Nom. und Akk.Pl.?
Im *Dat.Pl.* würden beim Anhängen der Endung σιν zwei σ hintereinander stehen. Sie werden zu einem σ zusammengezogen.

Nom.	Sg.	γένος	Pl.	γένη (← γένεσ-α)
Gen.		γένους (← γένεσ-ος)		γενῶν (← γενέσ-ων)
Dat.		γένει (← γένεσ-ι)		γένεσιν (← γένεσ-σιν)
Akk.		γένος		γένη (← γένεσ-α)

2) Die υ-Stämme

Es gibt drei Gruppen von Stämmen, die nach der dritten Deklination dekliniert werden und auf einen **Vokal** auslauten. Die υ-Stämme gehören zur dritten Deklination (zu den ευ- und ι-Stämmen vgl. Lekt. 29).
Die *Kasusendungen* sind im Allgemeinen die gleichen wie bei den konsonantischen Stämmen, mit Ausnahme des Akk.Sg. Hier wird ν statt α an den Stamm angehängt.

Erklärung: Ursprünglich war die Akk.-Sg.-Endung sonantisches (tönendes) ν, das nach Konsonanten zu α wurde, nach Vokalen zu ν.

Nom.	Sg.	ἰχθύ-ς	Pl.	ἰχθύ-ες
Gen.		ἰχθύ-ος		ἰχθύ-ων
Dat.		ἰχθύ-ι		ἰχθύ-σιν
Akk.		ἰχθύ-ν		ἰχθύ-ας

3) Adjektive mit mehreren Stämmen

πολύς (viel) und μέγας (groß) haben jeweils zwei Stämme: im Nom. und Akk.Sg.m. und n. πολυ- und μεγα-, sonst überall πολλ- und μεγαλ- (mit o- und a-Deklination). Dies führt zu Besonderheiten in der Deklination.

	m.	*f.*	*n.*		*m.*	*f.*	*n.*
Nom.Sg.	πολύ-ς	πολλή	πολύ		μέγα-ς	μεγάλη	μέγα
Gen.	πολλοῦ	πολλῆς	πολλοῦ		μεγάλου	μεγάλης	μεγάλου
Dat.	πολλῷ	πολλῇ	πολλῷ		μεγάλῳ	μεγάλῃ	μεγάλῳ
Akk.	πολύ-ν	πολλήν	πολύ		μέγα-ν	μεγάλην	μέγα
Nom.Pl.	πολλοί	πολλαί	πολλά		μεγάλοι	μεγάλαι	μεγάλα
Gen.	πολλῶν	πολλῶν	πολλῶν		μεγάλων	μεγαλῶν	μεγάλων
Dat.	πολλοῖς	πολλαῖς	πολλοῖς		μεγάλοις	μεγάλαις	μεγάλοις
Akk.	πολλούς	πολλάς	πολλά		μεγάλους	μεγάλας	μεγάλα

C

1) **Deklinieren Sie bitte folgende Substantive:**
τὸ ἔτος, τὸ ὄρος, ὁ ἰχθύς

2) **Bestimmen Sie bitte folgende Formen und nennen Sie jeweils den entsprechenden Nominativ Singular dazu:**
γένη, σκότος, μέλει, ψευδῶν, ὄρει, κράτους, ἔτη, πλήθους, ἐθνῶν, μέρη, ὀρῶν, μέλους, ἰχθύι, ψεύδεσιν, ἰχθύας, ἰσχύος, ἔθους, ὄρη, ἰχθύες, ἔτος, γενῶν, ἔθνη, ἰσχύν, ἔθνεσιν, τέλους, μέλη, ἔτεσιν, ἰχθύων, σκότους

3) **Bilden Sie bitte folgende Formen von den in Klammern angegebenen Substantiven:**
Akk.Sg. (τέλος), Gen.Pl. (σκότος), Dat.Pl. (ἔτος), Gen.Sg. (πλῆθος), Dat.Sg. (ὄρος), Akk.Pl. (μέρος), Nom.Pl. (μέλος), Dat.Sg. (ἰσχύς), Akk.Sg. (ὄχλος), Nom. Pl. (ἰχθύς), Nom.Pl. (ἔθος), Gen.Sg. (ἔθνος), Dat.Pl. (ἰσχύς), Dat.Sg. (κράτος), Akk.Pl. (ψεῦδος), Gen.Pl. (ἰχθύς), Nom.Pl. (γένος)

D

1. Τότε οἱ ἐν τῇ Ἰουδαίᾳ φευγέτωσαν εἰς τὰ ὄρη. (Mt 24,16) – 2. ὑμεῖς δὲ ἔσεσθέ μοι … ἱεράτευμα[1] καὶ ἔθνος ἅγιον. (Ex 19,6 LXX) (welche syntaktische Funktion hat das Tempus von ἔσεσθε?) – 3. οἱ οὖν στρατιῶται, ὅτε ἐσταύρωσαν τὸν Ἰησοῦν, ἔλαβον[2] τὰ ἱμάτια αὐτοῦ καὶ ἐποίησαν τέσσαρα μέρη, ἑκάστῳ στρατιώτῃ μέρος, καὶ τὸν χιτῶνα. (Joh 19,23a) – 4. καὶ βασιλεύσει ἐπὶ τὸν οἶκον Ἰακὼβ εἰς τοὺς αἰῶνας καὶ τῆς βασιλείας αὐτοῦ οὐκ ἔσται τέλος. (Lk 1,33) – 5. τὰ σώματα ὑμῶν μέλη Χριστοῦ ἐστιν. (1Kor 6.15) – 6. ἐὰν εἴπωμεν[3] ὅτι κοινωνίαν ἔχομεν μετ᾽ αὐτοῦ καὶ ἐν τῷ σκότει περιπατῶμεν, ψευδόμεθα καὶ οὐ ποιοῦμεν τὴν ἀλήθειαν· ἐὰν δὲ ἐν τῷ φωτὶ περιπατῶμεν ὡς αὐτός ἐστιν ἐν τῷ φωτί, κοινωνίαν ἔχομεν μετ᾽ ἀλλήλων καὶ τὸ αἷμα Ἰησοῦ τοῦ υἱοῦ αὐτοῦ καθαρίζει ἡμᾶς ἀπὸ πάσης ἁμαρτίας. (1Joh 1,6f) (wie sind die Konjunktive syntaktisch gebraucht?) – 7. μία ἡμέρα παρὰ κυρίῳ ὡς χίλια ἔτη καὶ χίλια ἔτη ὡς ἡμέρα μία. (2Petr 3,8) – 8. καὶ ὁ νικῶν καὶ ὁ τηρῶν ἄχρι τέλους τὰ ἔργα μου, δώσω[4] αὐτῷ ἐξουσίαν ἐπὶ τῶν ἐθνῶν. (Offb 2,26) – 9. οἱ δὲ λέγουσιν αὐτῷ· οὐκ ἔχομεν ὧδε εἰ μὴ πέντε ἄρτους καὶ δύο ἰχθύας. ὁ δὲ εἶπεν· φέρετέ μοι ὧδε αὐτούς. (Mt 14,17f) – 10. μέλη ἐσμὲν τοῦ σώματος αὐτοῦ. (Eph 5,30) – 11. ἐνδυναμοῦσθε[5] ἐν κυρίῳ καὶ ἐν τῷ κράτει τῆς ἰσχύος αὐτοῦ. (Eph 6,10) – 12. ὁ δὲ … εἶπεν· ἀγαπήσεις κύριον τὸν θεόν σου ἐξ ὅλης τῆς καρδίας σου καὶ ἐν ὅλῃ τῇ ψυχῇ σου καὶ ἐν ὅλῃ τῇ ἰσχύϊ σου καὶ ἐν ὅλῃ τῇ διανοίᾳ σου, καὶ τὸν πλησίον σου ὡς σεαυτόν[6]. (Lk 10,27) (erläutern Sie bitte das Tempus von ἀγαπήσεις) – 13. ἐκ πίστεως[7] δικαιοῖ τὰ ἔθνη ὁ θεός. (Gal 3,8) – 14. καὶ ὁ Ἰησοῦς μετὰ τῶν μαθητῶν αὐτοῦ ἀνεχώρησεν πρὸς τὴν θάλασσαν, καὶ πολὺ πλῆθος ἀπὸ τῆς Γαλιλαίας ἠκολούθησεν καὶ ἀπὸ τῆς Ἰουδαίας. (Mk 3,7) – 15. ὅτε γὰρ ἦμεν ἐν τῇ σαρκί, τὰ παθήματα τῶν ἁμαρτιῶν τὰ διὰ τοῦ νόμου ἐνηργεῖτο ἐν τοῖς μέλεσιν ἡμῶν. (Röm 7,5) – 16. ὑμεῖς ἐκ τοῦ πατρὸς τοῦ διαβόλου ἐστὲ καὶ τὰς ἐπιθυμίας τοῦ πατρὸς ὑμῶν θέλετε ποιεῖν … οὐκ ἔστιν ἀλήθεια ἐν αὐτῷ. ὅταν λαλῇ τὸ ψεῦδος, ἐκ τῶν ἰδίων λαλεῖ. (Joh 8,44).

---

[1] Nom.+Akk.Sg.n. von ἱεράτευμα *Priesterschaft*.
[2] 3.Pl.Ind.Aor.Akt. von λαμβάνω.
[3] 1.Pl.Konj.Aor.Akt. von λέγω.
[4] 1.Sg.Ind.Fut.Akt. von δίδωμι *geben*.
[5] ἐνδυναμόω, Pass.: *stark werden*.
[6] σεαυτόν *dich selbst* (Reflexivpronomen Akk.Sg.m.).
[7] Gen.Sg.f. von πίστις *Glaube*.

29. Dritte Deklination: ευ- und ι-Stämme

A

Wiederholen Sie bitte die Deklination von ἰχθύς!

B

1) Die ευ-Stämme

Die ευ-Stämme sind mehrheitlich maskulin. Sie bezeichnen oft jemanden, der eine Tätigkeit ausübt. Sie gehören zur dritten Deklination. Ursprünglich ist nämlich das υ aus dem Konsonanten *Digamma* (geschrieben ϝ) entstanden, das wie „w" ausgesprochen wurde. Im Lauf der Sprachgeschichte verschwand das ϝ im Griechischen, es spielt aber eine Rolle bei den Endungen der ευ-Stämme, da an das ϝ die Kasusendungen wie nach konsonantischen Stämmen angehängt wurden. Nur vor konsonantisch anlautenden Endungen (σ im Nom.Sg. und Dat.Pl.) wurde das ϝ zu υ.
Besonderheiten: Im Gen.Sg. wurde das ο zu ω, sodass sich die ευ-Stämme leichter von anderen Stämmen unterscheiden lassen. Im Nom.Pl. kam es nach dem Wegfall des ϝ zu einer Kontraktion: εϝ-ες → εις. Der Akk.Pl. wurde in der Koine dem Nom.Pl. angeglichen.

	Sg.	*Pl.*
Nom.	βασιλεύ-ς	βασιλεῖς
Gen.	βασιλέ-ως	βασιλέ-ων
Dat.	βασιλεῖ	βασιλεῦ-σι(ν)
Akk.	βασιλέ-α	βασιλεῖς

2) Die ι-Stämme

Die ι-Stämme gehören ebenfalls zur dritten Deklination und sind mehrheitlich feminin. Sie haben das ι nur im Nom. und Akk.Sg. Der Nom.Sg. wird mit der Endung -ς gebildet, und der Akk.Sg. endet auf -ν. Für die übrigen Formen wird ein Stamm auf ε(j) verwendet, wobei das j verschwunden ist.
Besonderheiten: Wie bei den ευ-Stämmen wurde im Gen.Sg. das ο zu ω. Im Nom.Pl. kam es nach dem Wegfall des j wieder zu einer Kontraktion: εj-ες → εις. Der Akk.Pl. wurde dem Nom.Pl. angeglichen. Trotz der langen Endung -ως bzw. -ων im Gen. wird die drittletzte Silbe betont.

	Sg.	*Pl.*
Nom.	πόλι-ς	πόλεις
Gen.	πόλε-ως	πόλε-ων
Dat.	πόλει	πόλε-σι(ν)
Akk.	πόλι-ν	πόλεις

Hinweis: Der Akk.Sg. von ἀνάστασις lautet ἀνάστασιν. Diese Form ist trotz der Endung -σιν kein Dat. Pl.

C

1) Deklinieren Sie bitte folgende Substantive:

ἱερεύς, βασιλεύς, δύναμις, γνῶσις

2) Bestimmen Sie bitte folgende Formen und nennen Sie jeweils den entsprechenden Nominativ Singular:

ἀναστάσεως, γραμματέα, ἀποκάλυψιν, ἁλιεῖς, ἱερεύς, ἀφέσεων, δυνάμει, ἀρχιερέως, παράκλησιν, βασιλεῦσιν, γονέων, παραδόσει, συνειδήσεσιν, πόλεις, ἀρχιερεῖ, φύσιν, γραμματεύς, ἱερεῖς, γνώσεως, παραδόσεων, ἄφεσις, ὄφεις

3) Bilden Sie bitte folgende Formen von den in Klammern angegebenen Substantiven:

Akk.Sg. (ἀρχιερεύς), Gen.Pl. (γονεῖς), Dat.Pl. (βασιλεύς), Nom.Pl. (ἁλιεύς), Gen.Sg. (ἀρχιερεύς), Akk.Sg. (ἱερεύς), Dat.Sg. (γραμματεύς), Akk.Pl. (βασιλεύς), Dat.Pl. (παράδοσις), Dat.Sg. (φύσις), Nom.Pl. (ὄφις), Akk.Pl. (πόλις), Akk.Sg. (πίστις), Gen.Sg. (συνείδησις), Gen.Pl. (δύναμις), Dat.Pl. (ἀνάστασις), Gen.Sg. (γνῶσις), Gen.Pl. (ἀποκάλυψις), Akk.Pl. (ὄφις), Nom.Pl. (πόλις)

4) Bestimmen Sie bitte die Formen und nennen Sie jeweils die Grundform (Nom. Sg. bzw. 1.Sg.Ind.Präs.):

ἀλέκτορι, δούλους, ἀνάστασιν, ὀνόματι, ὄρεσιν, σωτῆρα, θρόνῳ, βασιλεῖς, χάριτος, νυκτῶν, ἱερέως, μάρτυσιν, ἀστέρας, γονεῦσιν, ἐδιακόνουν, παραδόσεσιν, βίβλου, μῆνας, παντοκράτορος, ῥύου, ὄχλοι, κράτη, ὀδόντων, νύξιν, ῥήμασιν, ἰχθύν, ποτήρια, σαρκί, τέλος, ἐλευθερίαι, λαμβάνουσιν, φύσεως, καρποῖς, εἰκών, σταυροῖς, ποιμένες, πῦρ, κρίμα, ἰχθύες, σάλπιγγα, χώρας, ἀναστάσει, ἔθους, ἀπιστίαν, σημεῖον, ἄρχουσιν, γενῶν, αἵματα, ἔτει, κρίνει, γόνατα, σώμασιν, κανόνι

D

1. Ἠκολούθει δὲ τῷ Ἰησοῦ Σίμων Πέτρος καὶ ἄλλος μαθητής. ὁ δὲ μαθητὴς ἐκεῖνος ἦν γνωστὸς τῷ ἀρχιερεῖ καὶ συνεισῆλθεν[1] τῷ Ἰησοῦ εἰς τὴν αὐλὴν τοῦ ἀρχιερέως. (Joh 18,15) – 2. ἐγὼ Φαρισαῖός εἰμι, υἱὸς Φαρισαίων, περὶ ἐλπίδος καὶ ἀναστάσεως νεκρῶν ἐγὼ κρίνομαι. (Apg 23,6) – 3. ἄξιόν ἐστιν τὸ ἀρνίον … λαβεῖν[2] τὴν δύναμιν καὶ πλοῦτον καὶ σοφίαν καὶ ἰσχὺν καὶ τιμὴν καὶ δόξαν καὶ εὐλογίαν. (Offb 5,12) – 4. Ἰωάννης ταῖς ἑπτὰ ἐκκλησίαις ταῖς ἐν τῇ Ἀσίᾳ· χάρις ὑμῖν καὶ εἰρήνη ἀπὸ … Ἰησοῦ Χριστοῦ, ὁ

---

[1] 3.Sg.Ind.Aor.Akt. von συνεισέρχομαι *hineingehen mit* (jmdm.).

[2] Inf.Aor.Akt. von λαμβάνω.

μάρτυς[3] ὁ πιστός, ὁ πρωτότοκος[4] τῶν νεκρῶν καὶ ὁ ἄρχων τῶν βασιλέων τῆς γῆς. (Offb 1,4f) – 5. ἦσαν γὰρ ἁλιεῖς. καὶ λέγει αὐτοῖς ὁ Ἰησοῦς· δεῦτε ὀπίσω μου, καὶ ποιήσω ὑμᾶς ἁλιεῖς ἀνθρώπων. (Mt 4,18c-19) (wie ist der Genitiv ἀνθρώπων syntaktisch gebraucht?) – 6. ἡμεῖς φύσει Ἰουδαῖοι καὶ οὐκ ἐξ ἐθνῶν ἁμαρτωλοί. (Gal 2,15) – 7. διὰ τί οὐ περιπατοῦσιν οἱ μαθηταί σου κατὰ τὴν παράδοσιν τῶν πρεσβυτέρων; (Mk 7,5) – 8. ἔχομεν τὴν ἀπολύτρωσιν διὰ τοῦ αἵματος αὐτοῦ, τὴν ἄφεσιν τῶν παραπτωμάτων, κατὰ τὸ πλοῦτος[5] τῆς χάριτος αὐτοῦ. (Eph 1,7) – 9. ἀνέβη[6] δὲ καὶ Ἰωσὴφ ἀπὸ τῆς Γαλιλαίας ἐκ πόλεως Ναζαρὲθ εἰς τὴν Ἰουδαίαν εἰς πόλιν Δαυὶδ ἥτις[7] καλεῖται Βηθλέεμ. (Lk 2,4) – 10. καὶ ἐπὶ ἡγεμόνας δὲ καὶ βασιλεῖς ἀχθήσεσθε[8] … εἰς μαρτύριον αὐτοῖς καὶ τοῖς ἔθνεσιν. (Mt 10,18) – 11. ἡμεῖς γὰρ πνεύματι ἐκ πίστεως ἐλπίδα δικαιοσύνης ἀπεκδεχόμεθα[9]. (Gal 5,5) – 12. τὰ τέκνα, ὑπακούετε τοῖς γονεῦσιν ὑμῶν ἐν κυρίῳ· τοῦτο γάρ ἐστιν δίκαιον. (Eph 6,1) – 13. παρακαλῶ δὲ ὑμᾶς, ἀδελφοί, ἀνέχεσθε τοῦ λόγου τῆς παρακλήσεως. (Hebr 13,22) – 14. Στέφανος δὲ πλήρης[10] χάριτος καὶ δυνάμεως ἐποίει τέρατα καὶ σημεῖα μεγάλα ἐν τῷ λαῷ. (Apg 6,8) – 15. ἀναβαίνομεν εἰς Ἱεροσόλυμα, καὶ ὁ υἱὸς τοῦ ἀνθρώπου παραδοθήσεται[11] τοῖς ἀρχιερεῦσιν καὶ γραμματεῦσιν. (Mt 20,18) – 16. σὺ εἶ ἱερεὺς εἰς τὸν αἰῶνα κατὰ τὴν τάξιν Μελχισεδεκ. (Ps 109,4 LXX) – 17. ἰδοὺ ἐγὼ ἀποστέλλω ὑμᾶς ὡς πρόβατα ἐν μέσῳ λύκων[12]· γίνεσθε οὖν φρόνιμοι ὡς οἱ ὄφεις. (Mt 10,16) – 18. ἐλπίσατε[13] ἐπὶ τὴν φερομένην ὑμῖν χάριν ἐν ἀποκαλύψει Ἰησοῦ Χριστοῦ. (1Petr 1,13)

E

Neutestamentlicher Übersetzungstext: Johannes 1,7-14a

Übersetzen Sie bitte folgenden neutestamentlichen Text. Unbekannte Vokabeln sind im Wörterbuch nachzuschlagen. Zu den unterstrichenen Wörtern sind unten Hilfen angegeben. Kontrollieren Sie Ihre Übersetzung *danach* bitte anhand einer philologischen Bibelübersetzung (z.B. Elberfelder, Luther 2017, Einheitsübersetzung oder Zürcher Bibel)!

7 Ἰωάννης ἦλθεν εἰς μαρτυρίαν ἵνα μαρτυρήσῃ περὶ τοῦ φωτός, ἵνα πάντες πιστεύ-
σωσιν δι᾽ αὐτοῦ. 8 οὐκ ἦν ἐκεῖνος τὸ φῶς, ἀλλ᾽ ἵνα μαρτυρήσῃ περὶ τοῦ φωτός. 9 Ἦν
τὸ φῶς τὸ ἀληθινόν, ὃ φωτίζει πάντα ἄνθρωπον, ἐρχόμενον εἰς τὸν κόσμον. 10 ἐν τῷ
κόσμῳ ἦν, καὶ ὁ κόσμος δι᾽ αὐτοῦ ἐγένετο, καὶ ὁ κόσμος αὐτὸν οὐκ ἔγνω. 11 εἰς τὰ ἴδια

---

3 Obwohl das Bezugswort (Ἰησοῦ Χριστοῦ) im Gen. steht, stehen die Appositionen (ὁ μάρτυς …) im Nom.; diese Inkongruenz kommt in der Offenbarung häufiger vor.

4 πρωτότοκος *Erstgeborener.*

5 πλοῦτος hier: Neutrum.

6 3.Sg.Ind.Aor.Akt. von ἀναβαίνω.

7 ἥτις *die* (verallgemeinerndes Relativpronomen Nom.Sg.f.).

8 2.Pl.Ind.Fut.Pass. von ἄγω *ihr werdet geführt werden.*

9 ἀπεκδέχομαι *erwarten.*

10 πλήρης *voll.*

11 3.Sg.Ind.Fut.Pass. von παραδίδωμι *ausliefern.*

12 λύκος *Wolf.*

13 2.Pl.Impt.Aor.Akt. von ἐλπίζω.

ἦλθεν, καὶ οἱ ἴδιοι αὐτὸν οὐ παρέλαβον. 12 ὅσοι δὲ ἔλαβον αὐτόν, ἔδωκεν αὐτοῖς ἐξου-
σίαν τέκνα θεοῦ γενέσθαι, τοῖς πιστεύουσιν εἰς τὸ ὄνομα αὐτοῦ, 13 οἳ οὐκ ἐξ αἱμάτων
οὐδὲ ἐκ θελήματος σαρκὸς οὐδὲ ἐκ θελήματος ἀνδρὸς ἀλλ' ἐκ θεοῦ ἐγεννήθησαν.
14 Καὶ ὁ λόγος σὰρξ ἐγένετο καὶ ἐσκήνωσεν ἐν ἡμῖν, καὶ ἐθεασάμεθα τὴν δόξαν αὐτοῦ.

Hilfen:

9 ὅ: *das* (Relativpronomen Nom./Akk.Sg.n.)
10 ἔγνω: 3.Sg.Ind.Aor.Akt. von γινώσκω *erkennen*; der Aorist ist hier und im Folgenden in der Regel mit deutschem Imperfekt zu übersetzen
11 παρέλαβον: 3.Pl.Ind.Aor.Akt. von παραλαμβάνω *annehmen*
12 ὅσοι: *wie viele*
ἔλαβον: 3.Pl.Ind.Aor.Akt. von λαμβάνω
ἔδωκεν: 3.Sg.Ind.Aor.Akt. von δίδωμι *geben*
γενέσθαι: Inf.Aor.Med. von γίνομαι, hier: *zu werden*
13 οἵ: *die* (Relativpronomen Nom.Pl.m.)
ἐγεννήθησαν: 3.Pl.Ind.Aor.Pass. von γεννάω

30. Partizip Aorist Aktiv und Medium
Syntax des Partizips

A

1) Wiederholen Sie bitte die Deklination des aktiven Partizips Präsens in allen drei Genera!
2) Wiederholen Sie bitte die Deklination des medialen Partizips Präsens!

B

I. Das Partizip Aorist Aktiv und Medium

Das **aktive** Partizip Aorist wird wie das Ptz.Präs.Akt. im *Maskulinum* und *Neutrum* als ντ-Stamm behandelt. Dabei folgt ντ direkt auf die Aorist-Bildesilbe σα. Natürlich hat das Partizip kein Augment.
Der Nom.Sg.m. wird mit der Endung -ς gebildet (anders als das Ptz.Präs.Akt.): Aus -σα-ντ-ς wurde durch Ausfall von ντ und Ersatzdehnung des α (das lange α ist nicht sichtbar) -σας. Der Dat.Pl.m./n. wird mit der Endung -σιν gebildet, im Übrigen analog zum Nom.Sg.m. Der Nom./Akk.Sg. des Neutrums zeigt den reinen Stamm mit Wegfall des τ am Ende. Die übrigen Formen weisen keine Besonderheiten auf.
Das *Femininum* des Ptz.Aor.Akt. wird wie das Ptz.Präs.Akt. nach der a-Deklination dekliniert. Der Nom.Sg. lautet -σα-σα, der Gen. dann -σά-σης usw.
Das **mediale** Partizip Aorist wird einfach mit der Aorist-Bildesilbe σα und den *medialen Partizipialendungen* gebildet. Es ähnelt somit dem Ptz.Präs.MP (statt des Themavokals ο steht vor μεν lediglich σα).

		Partizip Aorist Aktiv		
		maskulinum	*femininum*	*neutrum*
Sg.	Nom.	παιδεύ-σα-ς	παιδεύ-σα-σ-α	παιδεῦ-σα-ν
	Gen.	παιδεύ-σα-ντ-ος	παιδευ-σά-σ-ης	παιδεύ-σα-ντ-ος
	Dat.	παιδεύ-σα-ντ-ι	παιδευ-σά-σ-ῃ	παιδεύ-σα-ντ-ι
	Akk.	παιδεύ-σα-ντ-α	παιδεύ-σα-σ-αν	παιδεῦ-σα-ν
Pl.	Nom.	παιδεύ-σα-ντ-ες	παιδεύ-σα-σ-αι	παιδεύ-σα-ντ-α
	Gen.	παιδευ-σά-ντ-ων	παιδευ-σα-σ-ῶν	παιδευ-σά-ντ-ων
	Dat.	παιδεύ-σα-σι(ν)	παιδευ-σά-σ-αις	παιδεύ-σα-σι(ν)
	Akk.	παιδεύ-σα-ντ-ας	παιδευ-σά-σ-ας	παιδεύ-σα-ντ-α

		Partizip Aorist Medium		
		maskulinum	*femininum*	*neutrum*
Sg.	Nom.	παιδευ-σά-μεν-ος	παιδευ-σα-μέν-η	παιδευ-σά-μεν-ον
	Gen.	παιδευ-σα-μέν-ου	παιδευ-σα-μέν-ης	παιδευ-σα-μέν-ου

Sie können nun die Tabelle in Lekt. 12 unter E vervollständigen.

II. Syntax des Partizips[1]

1) Das attributiv gebrauchte Partizip

Es wird wie ein Adjektiv verwendet, kann mit und ohne Artikel stehen und stimmt in Kasus, Numerus und Genus mit dem Bezugswort (meist ein Substantiv) überein. Es wird als Adjektiv, Partizip oder als Relativsatz übersetzt.

ὕδωρ ζῶν (Joh 4,10) – *lebendiges* bzw. *lebendes Wasser; Wasser, das lebendig ist*
τὸ ὕδωρ τὸ ζῶν (Joh 4,11) bzw. τὸ ζῶν ὕδωρ – *das lebendige* bzw. *lebende Wasser; das Wasser, das lebendig ist*

2) Das substantiviert gebrauchte Partizip

Es wird – entsprechend einem Adjektiv – substantiviert gebraucht, wenn es kein Bezugswort bei sich hat; oft steht es mit Artikel. Es wird als Substantiv oder als Relativsatz übersetzt.

ἐξουσίαν ἔχων (Mt 7,29) – *einer, der Vollmacht hat*
ὁ βαπτίζων (Mk 1,4) – *der Täufer; der, der tauft*

3) Das prädikativ gebrauchte Partizip

Das prädikativ gebrauchte Partizip ergänzt bestimmte Verben und hat *niemals* einen Artikel. Es gibt drei Möglichkeiten des Gebrauchs.

a) Das Partizip als Teil des Prädikats (umschreibende Konjugation)

Eine Form des Hilfsverbs εἰμί (gelegentlich auch γίνομαι) bildet mit einem Partizip zusammen das Prädikat eines Satzes; es umschreibt meistens einen Indikativ und kann dann als solcher übersetzt werden.

ἔσεσθε μισούμενοι (Mt 10,22) – *ihr werdet gehasst werden* (umschriebenes Futur)
ἦν διδάσκων (Mt 7,29) – *er lehrte* (umschriebenes Imperfekt)

b) Das Partizip ergänzt Verben der sinnlichen und geistigen Wahrnehmung (AcP)

Zu diesen Verben gehören: sehen, fühlen, schmecken, einsehen usw. Das Partizip steht im Akkusativ als Objektsergänzung zu einem Akkusativobjekt (AkkO). Diese Verbindung nennt man *accusativus cum participio* (**AcP**); AkkO und Partizip stimmen in

[1] Vgl. auch die Grafik unter E.

Kasus, Numerus und Genus überein (KNG-Kongruenz). Die Übersetzung geschieht durch einen Nebensatz (eingeleitet mit „dass" oder „wie") oder mit Infinitiv.

Ἰωάννης βλέπει τὸν Ἰησοῦν ἐρχόμενον (Joh 1,29) – *Johannes sieht, dass/wie Jesus kommt; Johannes sieht Jesus kommen*

c) Das Partizip ergänzt Verben des modifizierten Seins oder Tuns

Bei Verben des modifizierten Seins und Tuns bezeichnet das Partizip die Hauptaussage, während das finite Verb die Aussage näher bestimmt (modifiziert), z.B. τυγχάνω *sich (zufällig) ergeben*, sowie die Verben des Anfangens und Aufhörens (παύομαι) sowie die Verben des Recht- und Unrechttuns (vgl. Apg 10,33). Die Übersetzung kann durch Infinitiv oder eine Umschreibung erfolgen.

οὐ παυόμεθα ὑπὲρ ὑμῶν προσευχόμενοι (Kol 1,9) – *wir hören nicht auf, für euch zu beten*

ὁ Πέτρος ἐπέμενεν κρούων (Apg 12,16) – *Petrus klopfte weiter*

4) Das adverbial gebrauchte Partizip (p.c. und gen.abs.)

Das adverbial gebrauchte Partizip wird als eine adverbiale Bestimmung zum übergeordneten Satz bzw. Satzteil gebraucht. Es gibt also an, unter welchen Umständen der Inhalt des Prädikats des übergeordneten Verbs verwirklicht wird. Das adverbial gebrauchte Partizip hat grundsätzlich *niemals* einen Artikel.

a) Participium coniunctum (p.c. / verbundenes Partizip)

Das *participium coniunctum* bezieht sich auf ein im selben Satz vorkommendes Nomen bzw. im Verb enthaltenes Subjekt und steht mit diesem in KNG-Kongruenz. Von diesem Nomen bzw. Subjekt lässt sich das Subjekt des Partizips ableiten. Ein Partizip im Nominativ ohne Artikel ist sehr oft ein p.c. Für die Übersetzung ist jeweils zu klären, welche Sinnrichtung das Partizip hat. Es kann mit einem Nebensatz (Unterordnung), mit einem Präpositionalgefüge (Einordnung) oder mit einem durch „und" verbundenen Hauptsatz (Beiordnung) wiedergegeben werden.
TIPP: Bei der Erstübersetzung sollte man es in erzählenden Texten zunächst mit einem temporalen Nebensatz versuchen.
Die sechs wichtigsten möglichen ***Sinnrichtungen*** und die passenden Konjunktionen bei der Übersetzung mit einem Nebensatz sind:

1. *temporal* (gleichzeitig: als, während; vorzeitig: nachdem, als)
   Hier ist zu klären, ob die Handlung des Partizips gleichzeitig mit der Handlung des übergeordneten Verbs ist oder vorzeitig. Das Ptz.Präs. drückt meist Gleichzeitigkeit aus, das Ptz.Aor. dagegen Vorzeitigkeit.

   ταῦτα εἶπεν ἐν συναγωγῇ διδάσκων ἐν Καφαρναούμ (Joh 6,59) – *dies sagte er in einer Synagoge, als er in Kapernaum lehrte*

2. *modal* (indem, wobei, dadurch dass)
   Das Partizip beschreibt die Art und Weise der übergeordneten Handlung oder deren Begleitumstände. Einzelne Partizipien sind besser adverbiell (Lk 19,6: σπεύσας eilend) oder mit einer präpositionalen Wendung (Lk 19,6: χαίρων mit Freuden) zu übersetzen.

καὶ ἐβαπτίζοντο ... ἐξομολογούμενοι τὰς ἁμαρτίας αὐτῶν (Mk 1,5) – *und sie ließen sich taufen ... wobei sie ihre Sünden bekannten*

3. *kausal* (weil, da)
   Das Partizip gibt den Grund für die übergeordnete Handlung an.
   Ἰωσὴφ δίκαιος ὢν ἐβουλήθη [Aor.Pass.] (Mt 1,19) – *weil Joseph gerecht war, wollte er*

4. *konzessiv* (obwohl, obgleich)
   Das Partizip gibt an, trotz welchen Umstands die Handlung des übergeordneten Verbs geschieht.
   ὑμεῖς πονηροὶ ὄντες οἴδατε[2] (Mt 7,11) – *obwohl ihr böse seid, wisst ihr*

5. *konditional* (wenn, falls)
   Das Partizip gibt eine Bedingung an, unter der der Inhalt des übergeordneten Verbs verwirklicht wird.
   πᾶν κτίσμα θεοῦ καλὸν ... μετὰ εὐχαριστίας λαμβανόμενον (1Tim 4,4) – *alles von Gott Geschaffene (ist) gut ... wenn es mit Danksagung empfangen wird*

6. *final* (damit, um ... zu)
   Das Partizip gibt an, mit welcher Absicht die Handlung des übergeordneten Verbs geschieht. Liegt eine finale Sinnrichtung vor, steht das Ptz. im Futur (meistens) oder im Präsens (seltener), niemals im Aorist.
   ἴδωμεν[3] εἰ ἔρχεται Ἠλίας σώσων[4] αὐτόν (Mt 27,49) – *lasst uns sehen, ob Elia kommt, um ihn zu retten*

Als ***Wiedergabemöglichkeiten*** stehen zur Auswahl (anhand des Beispiels Mt 7,11, s. oben 4. konzessiv):

a) *Unterordnung* (Nebensatz): *obwohl ihr böse seid, wisst ihr*

b) *Beiordnung* (Hauptsatz, verbunden mit „und“): *ihr seid böse und wisst trotzdem*
   Eine Beiordnung bietet sich häufiger bei temporaler und modaler Sinnrichtung an und wenn ein p.c. neben einem Imperativ steht. Das Partizip kann dann auch imperativisch übersetzt werden, z.B. Lk 17,14.

c) *Einordnung* (Präpositionalgefüge): *trotz eurer Schlechtigkeit wisst ihr*

Beachten Sie bitte: Ein p.c. kann auch in einem anderen Kasus als dem Nom. stehen, z.B.: ἐλθόντι[5] δὲ εἰς τὴν οἰκίαν προσῆλθον αὐτῷ οἱ τυφλοί (Mt 9,28), wo ἐλθόντι p.c. sich auf αὐτῷ bezieht – *die Blinden traten zu ihm, nachdem er in das Haus gegangen war.*

b) Genitivus absolutus (gen.abs. / unverbundenes Partizip)

Diese besondere Konstruktion besteht aus einem artikellosen Partizip und einem Nomen. Beide stehen im Genitiv und (gewöhnlich) im gleichen Numerus und Genus.

---

2 2.Pl.Ind.Pf.Akt. von οἶδα, hier: *ihr wisst.*

3 1.Pl.Konj.Aor.Akt. von ὁράω.

4 Nom.Sg.m.Ptz.Fut.Akt. von σῴζω.

5 Dat.Sg.m.Ptz.Aor.Akt. von ἔρχομαι.

Das Nomen gibt an, wer die mit dem Partizip ausgedrückte Handlung durchführt. Diese mindestens zweigliedrige Partizipialkonstruktion hat (klassisch) kein Bezugswort im übergeordneten Satz, sondern erweitert diesen als ganzen.
Für die Erstübersetzung bildet man am besten einen Nebensatz, in dem das Nomen zum Subjekt und das Partizip zum Prädikat (also zu einer finiten Verbform) werden. Die möglichen Sinnrichtungen sind dieselben wie beim p.c. Als Wiedergabemöglichkeit bietet sich vor allem die Unterordnung an.

ἔτι λαλοῦντος τοῦ Πέτρου τὰ ῥήματα ταῦτα ἐπέπεσεν τὸ πνεῦμα τὸ ἅγιον ἐπὶ πάντας (Apg 10,44) – *als Petrus noch diese Worte redete, fiel der Heilige Geist auf alle*

Ein Beispiel als Hilfe zur Unterscheidung von p.c. und gen.abs.:

a) ταύτα εἶπεν Ἰησοῦς ἐρχόμενος – *dies sagte Jesus, als er* (nämlich Jesus) *kam*

b) ταύτα εἶπεν Ἰησοῦς Πέτρου ἐρχομένου *dies sagte Jesus, als Petrus kam*

Im Satz a) ist das Ptz. mit Ἰησοῦς verbunden (KNG-Kongruenz). Daher ist Jesus derjenige, der die Handlung des Partizips vollzieht, und somit das Subjekt im deutschen Nebensatz. Im Satz b) ist Petrus (Genitiv) derjenige, der die Handlung des Partizips vollzieht, und somit ist Petrus in dem Nebensatz zur Wiedergabe des gen.abs. das Subjekt für das Kommen.

5) Tipps zum Vorgehen beim Partizip

Steht das Partizip mit Artikel, ist zwischen attributivem und substantiviertem Partizip zu entscheiden.
Steht das Partizip ohne Artikel, kommen letztlich alle Möglichkeiten in Betracht. Es lohnt sich aber, zunächst auf den Kasus zu achten.
Steht das artikellose Partizip im Nominativ, sollte man zuerst an ein p.c. oder ein prädikatives Partizip denken. Handelt es sich um ein p.c. (sehr oft, wenn das Partizip im Nom. steht), empfiehlt es sich meist, dieses (in erzählenden Texten) zunächst mit einem (temporalen) Nebensatz zu übersetzen.
Steht das Partizip ohne Artikel im Genitiv, ist zunächst an einen gen.abs. zu denken.
Steht das artikellose Partizip im Akkusativ, ist an die Konstruktion AcP zu denken.

6) Das Zeitverhältnis beim Partizip

In der Regel ist im Griechischen das Partizip Präsens gleichzeitig und das Partizip Aorist vorzeitig zur Handlung des übergeordneten Verbs. Häufige Ausnahme: Bei den Verben des Sagens ist das Partizip Aorist oft modal gebraucht und daher gleichzeitig.

a) Gleichzeitigkeit des Partizips bzw. des Nebensatzes (im Griech. meist Ptz.Präs.)

Beispielsatz	Tempus im Hauptsatz	Tempus des Partizips bzw. des Nebensatzes
ὁ κύριος λέγει θεραπεύων *der Herr sagt, während er heilt*	gr.: Präsens dt.: Präsens	gr. Ptz.: Präsens dt.: Präsens
ὁ κύριος εἶπεν θεραπεύων *der Herr sagte, während/als er heilte*	gr.: Aorist dt.: Imperfekt	gr. Ptz.: Präsens dt.: Imperfekt
ὁ κύριος ἔλεγεν θεραπεύων *der Herr sagte, während/als er heilte*	gr.: Imperfekt dt.: Imperfekt	gr. Ptz.: Präsens dt.: Imperfekt

b) Vorzeitigkeit des Partizips bzw. des Nebensatzes (im Griech. meist Ptz.Aor.)

Beispielsatz	Tempus im Hauptsatz	Tempus des Partizips bzw. des Nebensatzes
ὁ κύριος λέγει θεραπεύσας *der Herr sagt, nachdem er geheilt hat*	gr.: Präsens dt.: Präsens	gr. Ptz.: Aorist dt.: Perfekt
ὁ κύριος εἶπεν θεραπεύσας *der Herr sagte, nachdem er geheilt hatte*	gr.: Aorist dt.: Imperfekt	gr. Ptz.: Aorist dt.: Plusquamperfekt
ὁ κύριος ἔλεγεν θεραπεύσας *der Herr sagte, nachdem er geheilt hatte*	gr.: Imperfekt dt.: Imperfekt	gr. Ptz.: Aorist dt.: Plusquamperfekt

C

1) Bestimmen Sie bitte die folgenden Formen und übersetzen Sie diese (Partizipien am besten substantiviert):

παιδευσαμένη, θεραπευσαμένοις, ἀναπαυσαμένων, ὑπάγων, πληρώσαντος, μνημονευούσῃ, ἀπολυσαμένας, πλανησάμενοι, δικαιωσάσας, νηστεύσαντι, καυχωμένου, λαλήσαντα, εὑρισκομένῃ, μαρτυρησάσης, ἤκουσαν, νικησάμεναι, πιστευσασῶν, βουλευσάμενα, λατρεύσωμεν, ζητῆσαι, περιεπάτησεν, ἐδεῖτο, φιλῆσας, πλανησαμένῳ, θεραπεύσασιν, κοπιάσαντες, κωλυσαμένου, σταυρώσεις, καλέσασαν, μισησάντων

2) Bilden Sie bitte von παύω **und** φιλέω **folgende Partizipformen:**

Akk.Pl.m.Ptz.Präs.Akt., Nom.Sg.m.Ptz.Fut.Med., Dat.Pl.f.Ptz.Fut.Akt., Akk.Sg.n. Ptz.Aor.Med., Dat.Pl.n.Ptz.Präs.Med., Gen.Sg.f.Ptz.Aor.Akt., Nom.Pl.m.Ptz.Fut. Med., Dat.Sg.n.Ptz.Präs.Akt.

D

Beachten Sie bitte unbedingt die Regel, dass beim Übersetzen zuerst das Prädikat zu suchen ist! Klären Sie bitte bei jedem Partizip den syntaktischen Gebrauch!

1. Οὐ γὰρ ὑμεῖς ἐστε οἱ λαλοῦντες ἀλλὰ τὸ πνεῦμα τοῦ πατρὸς ὑμῶν τὸ λαλοῦν ἐν ὑμῖν. (Mt 10,20) – 2. Πιλᾶτος δὲ συγκαλεσάμενος τοὺς ἀρχιερεῖς καὶ τοὺς ἄρχοντας καὶ τὸν λαὸν εἶπεν πρὸς αὐτούς. (Lk 23,13f) – 3. καὶ ἐγένετο ὅτε ἐτέλεσεν ὁ Ἰησοῦς τοὺς λόγους τούτους, ἐξεπλήσσοντο οἱ ὄχλοι ἐπὶ τῇ διδαχῇ αὐτοῦ· ἦν γὰρ διδάσκων αὐτοὺς ὡς ἐξουσίαν ἔχων καὶ οὐχ ὡς οἱ γραμματεῖς αὐτῶν. (Mt 7,28f) – 4. Ἰωσὴφ ὁ ἀπὸ Ἀριμαθαίας ... ὃς[6] καὶ αὐτὸς ἦν προσδεχόμενος τὴν βασιλείαν τοῦ θεοῦ, τολμήσας εἰσῆλθεν πρὸς τὸν Πιλᾶτον καὶ ᾐτήσατο τὸ σῶμα τοῦ Ἰησοῦ. (Mk 15,43) – 5. ἄγγελος δὲ κυρίου ἐλάλησεν πρὸς Φίλιππον λέγων· πορεύου ἐπὶ τὴν ὁδὸν τὴν καταβαίνουσαν ἀπὸ Ἰερουσαλὴμ εἰς Γάζαν, αὕτη ἐστὶν ἔρημος. καὶ ... ἐπορεύθη[7]. καὶ ἰδοὺ

---

[6] ὅς *der* (Relativpronomen Nom.Sg.m.).

[7] 3.Sg.Ind.Aor.Pass. von πορεύομαι, aktiv zu übersetzen.

ἀνὴρ Αἰθίοψ ... ἐληλύθει[8] προσκυνήσων εἰς Ἰερουσαλήμ. (Apg 8,26f) – 6. καταβάντος[9] δὲ αὐτοῦ ἀπὸ τοῦ ὄρους ἠκολούθησαν αὐτῷ ὄχλοι πολλοί. (Mt 8,1) – 7. εὐχαριστοῦμεν τῷ θεῷ πατρὶ τοῦ κυρίου ἡμῶν Ἰησοῦ Χριστοῦ πάντοτε περὶ ὑμῶν προσευχόμενοι, ἀκούσαντες τὴν πίστιν ὑμῶν ἐν Χριστῷ Ἰησοῦ καὶ τὴν ἀγάπην (Kol 1,3-4a) – 8. διοδεύσαντες[10] δὲ τὴν Ἀμφίπολιν καὶ τὴν Ἀπολλωνίαν ἦλθον[11] εἰς Θεσσαλονίκην ὅπου ἦν συναγωγὴ τῶν Ἰουδαίων. (Apg 17,1) – 9. ὁ δὲ Πέτρος ἐπέμενεν[12] κρούων. (Apg 12,16) – 10. πᾶς γὰρ ὁ αἰτῶν λαμβάνει καὶ ὁ ζητῶν εὑρίσκει. (Mt 7,8) – 11. ὁ δὲ Πιλᾶτος βουλόμενος τῷ ὄχλῳ τὸ ἱκανὸν[13] ποιῆσαι ἀπέλυσεν αὐτοῖς τὸν Βαραββᾶν. (Mk 15,15a) – 12. ὡς δὲ ἐπαύσατο λαλῶν, εἶπεν πρὸς τὸν Σίμωνα· ἐπανάγαγε[14] εἰς τὸ βάθος καὶ χαλάσατε[15] τὰ δίκτυα ὑμῶν ... καὶ ... Σίμων εἶπεν· ἐπιστάτα, δι' ὅλης νυκτὸς κοπιάσαντες οὐδὲν ἐλάβομεν[16]· ἐπὶ δὲ τῷ ῥήματί σου χαλάσω τὰ δίκτυα. (Lk 5,4f) – 13. καὶ ἔσεσθε μισούμενοι ὑπὸ πάντων διὰ τὸ ὄνομά μου. (Lk 21,17) – 14. ὑστερήσαντος οἴνου λέγει ἡ μήτηρ τοῦ Ἰησοῦ πρὸς αὐτόν· οἶνον οὐκ ἔχουσιν. (Joh 2,3) – 15. διὰ τοῦτο κἀγὼ ἀκούσας τὴν καθ' ὑμᾶς πίστιν ἐν τῷ κυρίῳ Ἰησοῦ καὶ τὴν ἀγάπην τὴν εἰς πάντας τοὺς ἁγίους οὐ παύομαι εὐχαριστῶν ὑπὲρ ὑμῶν μνείαν[17] ποιούμενος ἐπὶ τῶν προσευχῶν μου. (Eph 1,15f) – 16. τέλος γὰρ νόμου Χριστὸς εἰς δικαιοσύνην παντὶ τῷ πιστεύοντι. (Röm 10,4) – 17. Ἰησοῦς ἔρχεται πρὸς τοὺς μαθητὰς καὶ εὑρίσκει αὐτοὺς καθεύδοντας, καὶ λέγει τῷ Πέτρῳ· οὕτως οὐκ ἰσχύσατε μίαν ὥραν γρηγορῆσαι μετ' ἐμοῦ; (Mt 26,40) – 18. κύριε τῆς σωτηρίας μου ... οὐ παύσομαι εὐλογῶν σε μετὰ ψαλτηρίου[18] πάσας τὰς ἡμέρας τῆς ζωῆς μου κατέναντι[19] τοῦ οἴκου τοῦ θεοῦ. (Jes 38,20 LXX)

---

[8] 3.Sg.Ind.Plsqpf.Akt. von ἔρχομαι *er war gekommen.*

[9] Ptz.Aor.Akt. von καταβαίνω.

[10] διοδεύω *durchreisen.*

[11] 3.Pl.Ind.Aor.Akt. von ἔρχομαι *sie kamen.*

[12] ἐπιμένω *bleiben.*

[13] ποιέω τὸ ἱκανόν *einen Gefallen tun.*

[14] 2.Sg.Impt.Aor.Akt. von ἐπανάγω *hinausfahren.*

[15] χαλάω *hinunterlassen, auswerfen.*

[16] 1.P.Ind.Aor.Akt. von λαμβάνω.

[17] μνεία *Erinnerung, Gedenken*; μνείαν ποιέομαι *gedenken, erwähnen.*

[18] ψαλτήριον *Psalter, Psalm.*

[19] κατέναντι *gegenüber, vor.*

E

Grafik zur Syntax des Partizips

sinnliche + geistige Wahrnehmung / (AcP)
βλέπω τὸν ἄνθρωπον διδάσκοντα
ich sehe, dass der Mensch lehrt
vgl. prädikative Wortstellung

prädikatives Partizip:
Ergänzung d. Verbs

umschreibende Konjugation
ὁ ἄνθρωπος ἦν διδάσκων
der Mensch lehrte

attributiv
ὁ ἄνθρωπος ὁ διδάσκων
der lehrende Mensch

modifiziertes Sein + Tun
οὐ παυόμεθα διδάσκοντες
wir hören nicht auf zu lehren.

„einfache Satzteile“

substantiviert
ὁ διδάσκων
der Lehrer

Partizip
Präsens → gleichzeitig
Aorist → vorzeitig

gen. abs.
διδάσκοντος τοῦ ἀνθρώπου
(εἶπον οἱ Φαρισαῖοι)
als der Mensch lehrte, (sagten die Pharisäer)

adverbiales Partizip

p.c.
διδάσκοντες
(εἶπον οἱ Φαρισαῖοι)
als sie lehrten, (sagten die Pharisäer)

Sinnrichtungen:
temporal
kausal
modal
konzessiv
konditional
final

31. Starker Aorist Aktiv und Medium Unregelmäßige Substantive der 3. Dekl.

A

1) Konjugieren Sie bitte παιδεύω im Imperfekt Akt. und MP!
2) Konjugieren Sie bitte παιδεύω im Konj. und Impt. Präsens Akt. und MP!
3) Wie lauten die Infinitive Präsens Akt. und MP von παιδεύω?

B

1) Der starke Aorist Aktiv und Medium

Man spricht vom „starken Aorist", weil die Bildung ohne das Aoristkennzeichen σα erfolgt. Alternativ wird er auch **Aorist II** genannt. Charakteristisch ist die Bildung mit einem anderen (oft dem ursprünglichen) Stamm, der gegenüber dem Präsensstamm meistens verkürzt („*Kurzstamm*") ist, z.B. Aoriststamm: λαβ-, Präsensstamm: λαμβαν-. Der Aoriststamm kann auch ganz anders lauten als der Präsensstamm, z.B. Aoriststamm: ἐνεγκ-, Präsensstamm: φερ-.
Der *Indikativ* wird mit Augment gebildet. Er hat im Aktiv und Medium dieselben Endungen wie das Imperfekt (!), bestehend aus Themavokal und den Sekundärendungen. Der starke Aorist Indikativ (z.B. ἔ-λαβ-ον) unterscheidet sich vom Imperfekt (z.B. ἐ-λάμβαν-ον) also nur durch den Stamm.

	Aktiv	Medium
1.Sg.Ind.Aor.	ἔλαβον	ἐλαβόμην

Alle anderen Modi (*Konjunktiv, Imperativ, Infinitiv, Partizip*) haben ebenfalls den Stamm des starken Aorists. Sie werden ohne Augment und mit den thematischen Endungen des Präsens (!) gebildet (die entsprechenden Imperfektformen gibt es ja nicht). Die Formen unterscheiden sich vom Präsens also wieder vor allem durch den Stamm; bei manchen Formen ist der Akzent um eine Silbe nach hinten verschoben.

	Aktiv	Medium
1.Sg.Konj.Aor.	λάβω	λάβωμαι
2.Sg.Impt.Aor.	λάβε	λαβοῦ
Inf.Aor.	λαβεῖν	λαβέσθαι
Nom.Sg.m.Ptz.Aor.	λαβών	λαβόμενος

Für eine komplette Übersicht vgl. Tab. 14.1 und Tab. 14.2 auf S. 263f.

Da die Formen des starken Aorists im NT häufig vorkommen, sollten Sie sich diese einprägen. Die wichtigsten Stämme für den starken Aorist der Verben auf -ω sind:

	1.Sg.Ind.Aor.II	*Aor.II-Stamm*	
ἄγω	ἤγαγον	ἀγαγ-	führen
ἁμαρτάνω	ἥμαρτον	ἁμαρτ-	sündigen
ἀποθνῄσκω	ἀπέθανον	ἀποθαν-	sterben
βάλλω	ἔβαλον	βαλ-	werfen
γίνομαι	ἐγενόμην	γεν-	werden
ἔρχομαι	ἦλθον	ἐλθ-	kommen
ἐσθίω	ἔφαγον	φαγ-	essen
εὑρίσκω	εὗρον	εὑρ-	finden
ἔχω	ἔσχον	σχ-	haben
λαμβάνω	ἔλαβον	λαβ-	nehmen
λέγω	εἶπον	εἰπ-	sagen
ὁράω	εἶδον	ἰδ-	sehen
πίπτω	ἔπεσον	πεσ-	fallen
φέρω	ἤνεγκον	ἐνεγκ-	tragen

Die Komposita der genannten Verben bilden in der Regel ebenfalls den starken Aorist, z.B. zu προσφέρω in der 1.Sg.Ind.Aor.Akt. προσήνεγκον.
Beachte: Im NT findet man oft Nebenformen, die mit dem Stamm des starken Aorists, dem Kennvokal α (ohne σ!) und den Endungen des schwachen Aorists gebildet sind, z.B. zu λέγω die Formen εἶπα, εἶπας … neben εἶπον, εἶπες …

2) Unregelmäßige Substantive der 3. Deklination

Manche Substantive der 3. Deklination werden unregelmäßige dekliniert, weil sie bei der Kasusbildung von mehr als einem Stamm ausgehen. Beispiel τὸ ὕδωρ:

	Singular	*Plural*
Nom.	ὕδωρ	ὕδατα
Gen.	ὕδατος	ὑδάτων
Dat.	ὕδατι	ὕδασιν
Akk.	ὕδωρ	ὕδατα

Zu diesen Substantiven gehören auch τὸ γόνυ, τοῦ γόνατος (Lekt. 23) sowie einige Substantive, die in den weiteren Lektionen folgen (dort jeweils mit der Deklination im Vokabelverzeichnis).

C

1) Bestimmen Sie bitte folgende neutestamentliche Formen:

ἐγένετο, εὕρωσιν, εἴσελθε, βαλεῖν, ἴδητε, ἐξέβαλον, γενέσθω, προσελθόντες, ἔλθῃ, κατελαβόμην, πεσόντες, εὗρες, εἰπεῖν, βάλε, ἰδών, ἀγαγόντα, γενέσθαι, εἴπητε, εἴδομεν, ἐλθούσης, ἤνεγκεν, ἀγάγετε, εἶπαν, ἀποθανόντι, σχῶμεν, ἤλθομεν, προσηνέγκατε, φάγω, πεσεῖν, ἴδετε, γενομένης

2) Bilden Sie bitte zu folgenden Formen die entsprechenden des Aorists:

ἄγει, ἀποθνῄσκωσιν, ἔχῃς, λαμβανέσθωσαν, βάλλετε, ἐρχόμεθα, γίνεσθαι, εὑρίσκετε, ὁρᾶτε, πίπτω

D

1. Ὁ δὲ Πέτρος ἦν ἐν τῇ αὐλῇ· καὶ προσῆλθεν αὐτῷ παιδίσκη λέγουσα· καὶ σὺ ἦς μετὰ Ἰησοῦ τοῦ Γαλιλαίου. (Mt 26,69*) – 2. καὶ εὐθὺς ἀναβαίνων ἐκ τοῦ ὕδατος εἶδεν σχιζομένους τοὺς οὐρανοὺς καὶ τὸ πνεῦμα ὡς περιστερὰν καταβαῖνον εἰς αὐτόν· (Mk 1,10) – 3. ἀμὴν λέγω ὑμῖν ὅτι εἰσίν τινες τῶν ὧδε ἑστώτων[1] οἵτινες[2] οὐ μὴ γεύσωνται θανάτου ἕως ἂν[3] ἴδωσιν τὸν υἱὸν τοῦ ἀνθρώπου ἐρχόμενον ἐν τῇ βασιλείᾳ αὐτοῦ. (Mt 16,28) – 4. εἰσῆλθεν δὲ σατανᾶς εἰς Ἰούδαν τὸν καλούμενον Ἰσκαριώτην, ὄντα ἐκ τοῦ ἀριθμοῦ τῶν δώδεκα. (Lk 22,3) – 5. αὐτῶν δὲ ἐξερχομένων ἰδοὺ προσήνεγκαν αὐτῷ ἄνθρωπον κωφὸν δαιμονιζόμενον. (Mt 9,32) – 6. καὶ ἐπετίμησεν αὐτῷ ὁ Ἰησοῦς λέγων· ... ἔξελθε ἐξ αὐτοῦ. (Mk 1,25) – 7. Ἰωάννης εἶπεν· ἐπιστάτα, εἴδομέν τινα ἐν τῷ ὀνόματί σου ἐκβάλλοντα δαιμόνια καὶ ἐκωλύομεν αὐτόν, ὅτι οὐκ ἀκολουθεῖ μεθ' ἡμῶν. (Lk 9,49) – 8. καὶ προσελθὼν ὁ πειράζων εἶπεν αὐτῷ· εἰ υἱὸς εἶ τοῦ θεοῦ, εἰπὲ ἵνα οἱ λίθοι οὗτοι ἄρτοι γένωνται. (Mt 4,3) – 9. ἰδὼν δὲ πολλοὺς τῶν Φαρισαίων καὶ Σαδδουκαίων ἐρχομένους ἐπὶ τὸ βάπτισμα αὐτοῦ εἶπεν αὐτοῖς· ... ποιήσατε οὖν καρπὸν ἄξιον τῆς μετανοίας (Mt 3,7f) – 10. τελευτήσαντος δὲ τοῦ Ἡρῴδου ἰδοὺ ἄγγελος κυρίου φαίνεται κατ' ὄναρ[4] τῷ Ἰωσὴφ ἐν Αἰγύπτῳ λέγων· παράλαβε τὸ παιδίον καὶ τὴν μητέρα αὐτοῦ καὶ πορεύου εἰς γῆν Ἰσραήλ· ὁ δὲ παρέλαβεν τὸ παιδίον καὶ τὴν μητέρα αὐτοῦ καὶ εἰσῆλθεν εἰς γῆν Ἰσραήλ. (Mt 2,19-21)

E

Neutestamentlicher Übersetzungstext: Markus 2,13-17

Übersetzen Sie bitte folgenden neutestamentlichen Text. Unbekannte Vokabeln sind im Wörterbuch nachzuschlagen. Zu den unterstrichenen Wörtern sind unten Hilfen

---

[1] Gen.Pl.m./n.Ptz.Pf.Akt. von ἵστημι, hier: *stehend.*

[2] *welche* (verallgemeinerndes Relativpronomen Nom.Pl.m.).

[3] ἄν bleibt unübersetzt.

[4] ὄναρ *Traum* (κατ' ὄναρ: *im Traum*).

angegeben. Kontrollieren Sie Ihre Übersetzung *danach* bitte anhand einer philologischen Bibelübersetzung (z.B. Elberfelder, Luther 2017, Einheitsübersetzung oder Zürcher Bibel)! Klären Sie bitte bei den Partizipien und Infinitiven, wie diese jeweils syntaktisch gebraucht sind!

13 Καὶ ἐξῆλθεν πάλιν παρὰ τὴν θάλασσαν· καὶ πᾶς ὁ ὄχλος ἤρχετο πρὸς αὐτόν, καὶ
ἐδίδασκεν αὐτούς. 14 Καὶ παράγων εἶδεν Λευὶν τὸν τοῦ Ἁλφαίου καθήμενον ἐπὶ τὸ
τελώνιον, καὶ λέγει αὐτῷ· ἀκολούθει μοι. καὶ … ἠκολούθησεν αὐτῷ. 15 Καὶ γίνεται
κατακεῖσθαι αὐτὸν ἐν τῇ οἰκίᾳ αὐτοῦ, καὶ πολλοὶ τελῶναι καὶ ἁμαρτωλοὶ
συνανέκειντο τῷ Ἰησοῦ καὶ τοῖς μαθηταῖς αὐτοῦ· ἦσαν γὰρ πολλοὶ καὶ ἠκολούθουν
αὐτῷ. 16 καὶ οἱ γραμματεῖς τῶν Φαρισαίων ἰδόντες ὅτι ἐσθίει μετὰ τῶν ἁμαρτωλῶν καὶ
τελωνῶν ἔλεγον τοῖς μαθηταῖς αὐτοῦ· ὅτι μετὰ τῶν τελωνῶν καὶ ἁμαρτωλῶν ἐσθίει;
17 καὶ ἀκούσας ὁ Ἰησοῦς λέγει αὐτοῖς ὅτι οὐ χρείαν ἔχουσιν οἱ ἰσχύοντες ἰατροῦ ἀλλ᾽
οἱ κακῶς ἔχοντες· οὐκ ἦλθον καλέσαι δικαίους ἀλλὰ ἁμαρτωλούς.

Hilfen:

14 καθήμενον: Akk.Sg.m.Ptz.Präs.MP von κάθημαι

15 κατακεῖσθαι: Inf.Präs.MP von κατάκειμαι
συνανέκειντο: 3.Pl.Ind.Ipf.MP von συνανάκειμαι

32. Perfekt Aktiv

A

Wiederholen Sie bitte von παιδεύω:

1) die Konjugation des Präsens im Aktiv,
2) die Endungen dieser Formen: Themavokal, primäre Personalendungen des Aktivs,
3) Haupt- und Nebentempora,
4) die Bildung des Augments (beim Imperfekt)!

B

1) Perfekt Aktiv von *παιδεύω* und den Verba contracta

Das dritte Haupttempus im Griechischen ist (neben Präsens und Futur) das Perfekt (vgl. oben, A3). Die Personalendungen sind deshalb primär (vgl. oben, A2).

> Das Perfekt Aktiv wird gebildet mit dem *Tempuszeichen κ*, das direkt an den Stamm angehängt wird. Außerdem gibt es am Wortanfang eine *Reduplikation*.

Regeln zur Reduplikation

Die Reduplikation (Verdoppelung) ist das Kennzeichen des Perfektstamms insgesamt (Perfekt und Plusquamperfekt). Sie erscheint im Aktiv und im Medium/Passiv. Reduplikationsvokal im Perfektstamm ist ε. Die Bildung der Reduplikation variiert je nach den ersten Buchstaben des Verbalstamms.

a) Bei Verben, die mit einem *einzelnen Konsonanten* beginnen, wird dieser verdoppelt. Zur besseren Aussprache wird dazwischen ein ε eingefügt, z.B. παιδεύω: πεπαίδευκα (ich habe erzogen). Ist der erste Konsonant aspiriert (Hauchlaut: θ, φ, χ), so tritt für ihn der entsprechende harte Laut an den Anfang (für θ: τ, für φ: π, für χ: κ), z.B. φυτεύω: πεφύτευκα.
b) Bei Verben, die mit *zwei Konsonanten* oder einem *Doppelkonsonanten* oder mit ρ beginnen, gibt es zwei Varianten:
   1. Wenn *Muta* (Dental [δ, τ, θ], Guttural [γ, κ, χ], Labial [β, π, φ]) *vor Liquida* (λ, μ, ν, ρ) steht, wird nur der erste Konsonant verdoppelt, z.B. γράφω: γέγραφ-.
   2. Bei *den übrigen Konsonantenhäufungen* und *Doppelkonsonanten* (ζ, ξ, ψ)[1] steht als Reduplikation statt der Verdoppelung des ersten Konsonanten ein ἐ (wie beim

[1] Auch bei Verben, die mit ρ beginnen, steht ein ε am Wortanfang, wobei der Buchstabe ρ verdoppelt wird. Im NT ist dies aber nur in der Form ἔρριπτα (*werfen*, Lk 17,2) belegt. Nicht ganz regelkonform ist ῥεραντισμένοι (Med. sich reinigen) in Hebr 10,22.

Augment), z.B. **σταυρόω**: ἐσταύρω- und ζητέω: ἐζήτη-. Während das Augment nur im Indikativ steht, steht das ἐ als Reduplikation im ganzen Perfektstamm.

c) Bei Verben, die mit einem *Vokal* beginnen, wird im Normalfall als Reduplikation der Anfangsvokal gedehnt (wie beim Augment), z.B. ἀγαπάω: **ἠ**γάπη-.
Bei wenigen Verben mit anlautendem α, ε, oder ο erfolgt die „attische Reduplikation", z.B. ἀκούω: ἀκήκο-.

Wie beim Augment steht die *Reduplikation bei Komposita* zwischen Präposition und Simplex, z.B.:

ἀπο-	λέ-	λυ-	κα
Präposition	Reduplikation	Stamm	Tempuszeichen

Im **Indikativ Perfekt Aktiv** steht nach dem κ der *Kennvokal α* (in der 3.Sg. jedoch ein ε, vgl. Aor.). Auf diesen folgen die *Primärendungen.*

	Sg.Ind.Pf.Akt.	*Pl.Ind.Pf.Akt.*
1. Pers.	πε-παίδευ-κ-α	πε-παιδεύ-κ-α-μεν
2. Pers.	πε-παίδευ-κ-α-ς	πε-παιδεύ-κ-α-τε
3. Pers.	πε-παίδευ-κ-ε-ν	πε-παιδεύ-κ-α-σιν

Infinitiv Perfekt Aktiv
πε-παιδευ-κ-έ-ναι

Die Formen im Sg.Ind.Pf.Akt. und im Sg.Ind.Aor.Akt. ähneln sich, im Aorist steht σ, im Perfekt κ.

Der **Infinitiv Perfekt Aktiv** wird mit dem Kennvokal ε und der Endung ναι (bekannt von εἶναι) gebildet.

Das **Partizip Perfekt Aktiv** hat nur die Reduplikation und das Tempuszeichen κ. Daran schließen sich eine Partizip-Bildesilbe und die Endungen an.

Maskulinum und Neutrum: -κοτ- und Endungen der dritten Deklination
Femininum: -κυι- und Endungen α-purum

		m.	*f.*	*n.*
Sg.	Nom.	πεπαιδευκώς	πεπαιδευκυῖα	πεπαιδευκός
	Gen.	πεπαιδευκότ-ος	πεπαιδευκυίας	πεπαιδευκότ-ος
	Dat.	πεπαιδευκότ-ι	πεπαιδευκυίᾳ	πεπαιδευκότ-ι
	Akk.	πεπαιδευκότ-α	πεπαιδευκυῖαν	πεπαιδευκός
Pl.	Nom.	πεπαιδευκότ-ες	πεπαιδευκυῖαι	πεπαιδευκότ-α
	Gen.	πεπαιδευκότ-ων	πεπαιδευκυιῶν	πεπαιδευκότ-ων
	Dat.	πεπαιδευκόσιν	πεπαιδευκυίαις	πεπαιδευκόσιν
	Akk.	πεπαιδευκότ-ας	πεπαιδευκυίας	πεπαιδευκότ-α

Bei den Verba contracta wird der Endvokal des Stammes zu η bzw. ω gedehnt.

2) Der Tempusaspekt des Perfekts

resultativ: Das Perfekt bezeichnet einen *gegenwärtigen Zustand* (der meist aus einer Handlung in der Vergangenheit resultiert), z.B. πεπλήρωται[2] ἡ γραφή (Lk 4,21) – *die Schrift ist erfüllt.*
Es gibt Fälle, in denen das vergangene Geschehen kaum mehr im Blick ist, dafür aber umso mehr der gegenwärtige Zustand. Man kann dann von einem *präsentischen Perfekt* sprechen.
Die Verwendung des Indikativs Perfekt als Erzähltempus (vergleichbar dem historischen Aorist) ist im NT selten.

3) Stammformen von ἀκούω, καλέω, ἔρχομαι und γίνομαι im „Aktiv"

Im Griechischen gibt es wie auch im Deutschen, Englischen und Latein unregelmäßige Verben, deren Stammformen man lernen muss. Es wird dabei immer nur die 1.Sg.Ind. gelernt.

	Futur	Aorist	Perfekt
ἀκούω *hören*	ἀκούσω od. ἀκούσομαι	ἤκουσα	**ἀκήκοα**[3]
καλέω *rufen*	καλέσω	ἐκάλεσα	κέκ**λη**κα
ἔρχομαι *kommen*	ἐλεύσομαι	ἦλθον	ἐλήλυθα[4]
γίνομαι *werden*	γενήσομαι	ἐγενόμην	γέγονα

C

1) Bestimmen und übersetzen Sie bitte folgende neutestamentliche Formen:

μεμαρτύρηκεν, δεδουλεύκαμεν, νενίκηκα, κεκοπιάκασιν, τετήρηκας, πεπλήρωκεν, ἠγαπήκαμεν, πεποιηκώς, ἀκηκόαμεν, λελάληκα, πεπιστεύκας, πεπιστευκότων, ἠσθενήκαμεν, πεφιλήκατε, τετελευτηκότος, πεπιστευκόσιν, ἠγαπηκόσι, μεμισήκατε, ἐξελήλυθα, εὐλόγηκεν, κεκοπιακώς, ἀκηκόασιν, ὑστερηκέναι, κέκληκεν, κεκληκότι, συνεληλυθυῖαι, ἀκηκοότας, κεκληκώς, πεπιστευκότες, γεγαμηκόσιν

2) Bilden Sie bitte folgende Formen des aktiven Perfekts:

1.Sg., 3.Pl., 2.Sg. von πιστεύω
1.Pl., 3.Sg., 2.Pl., Inf. von ἀπολύω
1.Sg., 3.Pl., 3.Sg., Inf. von νικάω
Ptz.Pf.Akt.: Nom.Sg.f., Dat.Pl.n., Akk.Sg.m., Gen.Pl.f., Nom.Sg.m. von ἀκολουθέω

---

2 3.Sg.Ind.Pf.MP von πληρόω.

3 Hier liegt eine „attische" Reduplikation vor; außerdem erfolgt die Perfektbildung hier ohne das Tempuszeichen κ, das sogenannte „starke Perfekt".

4 Hier liegt eine Perfektbildung ohne das Tempuszeichen κ vor, das sogenannte „starke Perfekt".

D

1. Νῦν δὲ ὑπάγω πρὸς τὸν πέμψαντά[5] με, καὶ οὐδεὶς ἐξ ὑμῶν ἐρωτᾷ με· ποῦ ὑπάγεις; ἀλλ᾽ ὅτι ταῦτα λελάληκα ὑμῖν ἡ λύπη πεπλήρωκεν ὑμῶν τὴν καρδίαν. (Joh 16,5f) – 2. ταῦτα λελάληκα ὑμῖν ἵνα ἐν ἐμοὶ εἰρήνην ἔχητε. ἐν τῷ κόσμῳ θλῖψιν ἔχετε· ἀλλὰ θαρσεῖτε, ἐγὼ νενίκηκα τὸν κόσμον. (Joh 16,33) – 3. ἦν δὲ ἐκεῖ πηγὴ τοῦ Ἰακώβ. ὁ οὖν Ἰησοῦς κεκοπιακὼς … ἐκαθέζετο[6] οὕτως ἐπὶ τῇ πηγῇ· ὥρα ἦν ὡς ἕκτη[7]. (Joh 4,6) – 4. ὑμεῖς δέ ἐστε οἱ διαμεμενηκότες[8] μετ᾽ ἐμοῦ ἐν τοῖς πειρασμοῖς μου. (Lk 22,28) – 5. ὁ οὖν ὄχλος … ἔλεγεν βροντὴν γεγονέναι[9], ἄλλοι ἔλεγον· ἄγγελος αὐτῷ λελάληκεν. (Joh 12,29) – 6. οἱ δὲ ἀκούσαντες ἐδόξαζον τὸν θεὸν εἶπόν τε αὐτῷ· Θεωρεῖς, ἀδελφέ, πόσαι μυριάδες εἰσὶν ἐν τοῖς Ἰουδαίοις τῶν πεπιστευκότων καὶ πάντες ζηλωταὶ τοῦ νόμου ὑπάρχουσιν· (Apg 21,20) – 7. ὁ δὲ εἶπεν αὐτῇ· θυγάτηρ, ἡ πίστις σου σέσωκέν[10] σε· ὕπαγε εἰς εἰρήνην καὶ ἴσθι ὑγιὴς[11] ἀπὸ τῆς μάστιγός[12] σου. (Mk 5,34)

E

Neutestamentlicher Übersetzungstext: 1. Johannes 1,3-10

Übersetzen Sie bitte folgenden neutestamentlichen Text. Unbekannte Vokabeln sind im Wörterbuch nachzuschlagen. Zu den unterstrichenen Wörtern sind unten Hilfen angegeben. Kontrollieren Sie Ihre Übersetzung *danach* bitte anhand einer philologischen Bibelübersetzung (z.B. Elberfelder, Luther 2017, Einheitsübersetzung oder Zürcher Bibel)! Bearbeiten Sie bitte die unten angegebenen Aufgaben zur Syntax!

[3] ὃ ἑωράκαμεν καὶ ἀκηκόαμεν, ἀπαγγέλλομεν καὶ ὑμῖν, ἵνα καὶ ὑμεῖς κοινωνίαν ἔχητε
μεθ᾽ ἡμῶν. καὶ ἡ κοινωνία δὲ ἡ ἡμετέρα μετὰ τοῦ πατρὸς καὶ μετὰ τοῦ υἱοῦ αὐτοῦ
Ἰησοῦ Χριστοῦ. [4] καὶ ταῦτα γράφομεν ἡμεῖς, ἵνα ἡ χαρὰ ἡμῶν ᾖ πεπληρωμένη.
[5] Καὶ ἔστιν αὕτη ἡ ἀγγελία ἣν ἀκηκόαμεν ἀπ᾽ αὐτοῦ καὶ ἀναγγέλλομεν ὑμῖν, ὅτι ὁ θεὸς
φῶς ἐστιν καὶ σκοτία ἐν αὐτῷ οὐκ ἔστιν οὐδεμία. [6] Ἐὰν εἴπωμεν ὅτι κοινωνίαν ἔχομεν
μετ᾽ αὐτοῦ καὶ ἐν τῷ σκότει περιπατῶμεν, ψευδόμεθα καὶ οὐ ποιοῦμεν τὴν ἀλήθειαν·
[7] ἐὰν δὲ ἐν τῷ φωτὶ περιπατῶμεν ὡς αὐτός ἐστιν ἐν τῷ φωτί, κοινωνίαν ἔχομεν μετ᾽
ἀλλήλων καὶ τὸ αἷμα Ἰησοῦ τοῦ υἱοῦ αὐτοῦ καθαρίζει ἡμᾶς ἀπὸ πάσης ἁμαρτίας. [8] ἐὰν
εἴπωμεν ὅτι ἁμαρτίαν οὐκ ἔχομεν, ἑαυτοὺς πλανῶμεν καὶ ἡ ἀλήθεια οὐκ ἔστιν ἐν ἡμῖν.
[9] ἐὰν ὁμολογῶμεν τὰς ἁμαρτίας ἡμῶν, πιστός ἐστιν καὶ δίκαιος, ἵνα ἀφῇ ἡμῖν τὰς
ἁμαρτίας καὶ καθαρίσῃ ἡμᾶς ἀπὸ πάσης ἀδικίας. [10] ἐὰν εἴπωμεν ὅτι οὐχ ἡμαρτήκαμεν,
ψεύστην ποιοῦμεν αὐτὸν καὶ ὁ λόγος αὐτοῦ οὐκ ἔστιν ἐν ἡμῖν.

---

5 Ptz.Aor.Akt. von πέμπω.
6 καθέζομαι *dasitzen.*
7 ἕκτος *sechster.*
8 διαμένω *bleiben.*
9 Inf.Pf.Akt. von γίνομαι.
10 Pf. von σῴζω.
11 ὑγιής Nom.Sg.f. *gesund.*
12 μάστιξ, -ιγος *Geißel, Plage.*

Hilfen:

3 ὅ: hier: *was* (Relativpronomen Nom./Akk.Sg.n.)
ἑωράκαμεν: Pf. von ὁράω
ἡμετέρα: *unser*
4 πεπληρωμένη (Nom.Sg.f.Ptz.Pf.Pass. von πληρόω) hier: *vollkommen, vollendet, erfüllt*
5 ἥν: *die* (Relativpronomen Akk.Sg.f.)
die doppelte Verneinung am Ende von V. 5 ist eine verstärkte Verneinung
8 ἑαυτούς *uns selbst* (Reflexivpronomen Akk.Pl.m.)
9 ἀφῇ: 3.Sg.Konj.Aor.Akt. von ἀφίημι *vergeben*
καθαρίσῃ: 3.Sg.Konj.Aor.Akt. von καθαρίζω
10 ἡμαρτήκαμεν: Pf. von ἁμαρτάνω

Aufgaben zur Syntax

4 Wie ist der Kasus von ἡμῶν syntaktisch gebraucht?
4 Erläutern Sie bitte den Modus von ᾖ!
5 Was ist in V. 5b Subjekt, was Prädikatsnomen? Warum?
6 Erläutern Sie bitte den Modus von περιπατῶμεν!
10 Wie sind die Akkusative in V. 10 syntaktisch gebraucht?

33. οἶδα • Perfekt Medium/Passiv

A

Wiederholen Sie bitte von παιδεύω:

1) die Konjugation des Präsens im Medium/Passiv,
2) die Endungen dieser Formen: Themavokal und primäre Personalendungen des Mediums,
3) die Deklination des Partizips Präsens im Medium/Passiv!

B

1) Perfekt und Futur von οἶδα

οἶδα ist eine **Perfekt**form zu einem Verb mit der Bedeutung „sehen"[1], das im Präsens und Aorist nicht mehr vorkommt. Die Bedeutung von οἶδα („wissen") ist präsentisch (zu erklären aus der resultativen Perfekt-Bedeutung „ich habe gesehen" = „ich weiß"). Die Formen sind die des sogenannten starken Perfekts, bei dem das Tempuszeichen κ fehlt, der Kennvokal und die Endung aber normal sind. Zu οἶδα gibt es auch Formen im Konjunktiv und Imperativ. Die Formen in Klammern kommen im NT nicht vor.

Indikativ Perfekt Aktiv					*Konj.Pf.Akt.:*	εἰδῶ, -ῇς, -ῇ usw.	
1.Sg.	οἶδα	1.Pl.	οἴδαμεν		*Impt.Pf.Akt.:*	Sg. ἴσθι, ἴστω	Pl. ἴστε, (ἴστωσαν)
2.Sg.	οἶδας	2.Pl.	οἴδατε		*Inf.Pf.Akt.:*	εἰδέναι	
3.Sg.	οἶδεν	3.Pl.	οἴδασιν		*Ptz.Pf.Akt.:*	Nom. εἰδώς (εἰδυῖα) εἰδός Gen. εἰδότος εἰδυί**η**ς[2] εἰδότος	

Zu beachten ist:
Die Formen des Imperativs ähneln denen von εἰμί, in der 2.Sg. sind beide sogar identisch.
οἶδα wird, obwohl es Perfekt ist, präsentisch übersetzt: ich weiß.

Das **Futur** von οἶδα lautet: εἰδήσω, εἰδήσεις usw. – Übersetzung mit dem Futur von *wissen*.

---

1 Manche Formen von οἶδα lassen die Nähe zum Aorist εἶδον noch gut erkennen.

2 Nur zur Kenntnis: Beim Gen.Sg.f.Ptz.Pf.Akt. εἰδυίης wird die Eier-Regel nicht angewendet, die Form ist also unregelmäßig.

2) Perfekt Medium/Passiv

Im Perfekt sind (genau wie beim Präsens) die Formen für Medium und Passiv gleich. Sie werden mit Reduplikation gebildet, aber **ohne** das Tempuszeichen κ und ohne Kennvokal, sodass die Primärendungen Medium (vgl. Lekt. 12 B3) unmittelbar an den Verbalstamm angehängt werden.
Die Formbildung ist somit für:

Indikativ: Reduplikation + Primärendung Medium → πε-παίδευ-μαι
Infinitiv: Reduplikation + σθαι → πε-παιδεῦ-σθαι
Partizip: Reduplikation + μεν + -ος, -η, -ον → πε-παιδευ-μέν-ος, -η, -ον
(Akzent immer auf der vorletzten Silbe)

	Ind.Pf.MP Sg.	*Ind.Pf.MP Pl.*
1.	πε-παίδευ-μαι	πε-παιδεύ-μεθα
2.	πε-παίδευ-σαι	πε-παίδευ-σθε
3.	πε-παίδευ-ται	πε-παίδευ-νται

Infinitiv Pf.MP:
πε-παιδεῦ-σθαι
Partizip Pf.MP:
πε-παιδευ-μέν-ος, -η, -ον

Zwischen dem Stamm und der Personalendung kann bei manchen Verben ein σ eingeschoben werden, z.B. τετέλεσται (*es ist vollbracht*).
Bei den Verba contracta wird der Endvokal des Stamms zu η bzw. ω gedehnt.
Beispiele: πεποίημαι, τετίμημαι, πεπλήρωμαι

Sie können nun die Tabelle in Lekt. 12 unter E weiter vervollständigen.

C

1) Bestimmen und übersetzen Sie bitte folgende Formen:

οἴδατε, εἰδῆτε, εἰδέναι, οἶδεν, εἰδότες, εἰδήσομεν, εἰδότα, εἰδώς, ἴστε

2) Bestimmen und übersetzen Sie bitte folgende Formen (möglichst resultativ):

πεπαίδευμαι, πεφύτευνται, τεθεάμεθα, ἐπιτετίμησθε, πεπροφήτευται, πεφόνευνται, λελάληται, ἀπολελυμένοις, νενικῆσθαι, εἰσπεπόρευσθε, τετελείωσαι, πεφανερῶσθαι, τεθεραπευμένην

3) Bestimmen Sie bitte folgende Formen:

ἀκουσόμενοι, βλεπομένῃ, τετιμημένου, ἐπηρωτημέναις, σταυρουμένῳ, ὡμολογημέναι, λαμβανόμενα, ὑψωμένων, ὑψουμένης, δεχόμενοι, κωλυσομένη, ἠλεημένα, τετηρῆσθαι, ἔσεσθαι, σταυρῶσαι, πιστεύεσθαι, κρατήσειν, νενηστευκέναι

4) Bilden Sie bitte folgende Formen:

δικαιόω: 2.Sg., 3.Pl., 1.Sg. im Ind.Pf.MP
ἀγαπάω: 2.Sg., 2.Pl., 3.Sg. im Ind.Pf.MP
θεωρέω: 1.Sg., 2.Sg., 3.Pl. im Ind.Pf.Akt.
κυριεύω: Nom.Pl.m., Gen.Sg.f., Akk.Sg.m., Nom.Pl.f. im Ptz.Pf.MP
πληρόω: Dat.Sg.m., Akk.Sg.f., Nom.Sg.m., Dat.Pl.f. im Ptz.Pf.MP

5) Ergänzen Sie bitte die jeweils entsprechenden Formen:

Präsens	*Futur*	*Perfekt*
δουλοῦτε		
	πιστεύσῃ	
		πεποιήμεθα
ἀγαπᾶν		
	κυριεύσεσθε	
		ἐσταύρωνται
παιδεύων		
	γεννήσει	
		ἐπιτετιμημένοις
	φιλησούσης	

6) Bestimmen und übersetzen Sie bitte:

βασιλεῖς, ἀκολουθεῖν, ἐποίει, τεθεραπευμένος, κρατήσονται, λάτρευσαι, ἐπίστευον, καλεσόμεθα, δράκουσιν, πεφανερωμένα, τεθεραπεύκασιν, πεποιηκόσιν, σῶμα, ἐρωτήσασθαι, δεδούλευκα, τετιμημέναι, γεγεννημένων, ἐποιοῦντο, ὑψοῖ, σταυρώσειν, παιδεύσησθε, νηστεύειν, κεκληκυῖαν, ἔσομαι, πεπληρωμένης, ἐπιστολάς, λέγουσιν, λόγοις, πόλεσιν, κελεύσαντι, ἐπιτιμήσας, ἐδιδάσκομεν, δικαιοῖς, τιμάσθωσαν, λατρεύσοντες, ἐπετιμήσας, ἠγάπα, πεφώνηκεν, θάλασσαν

D

1. Λέγει αὐτῷ Θωμᾶς· κύριε, οὐκ οἴδαμεν ποῦ ὑπάγεις· πῶς δυνάμεθα[3] τὴν ὁδὸν εἰδέναι; λέγει αὐτῷ ὁ Ἰησοῦς· ἐγώ εἰμι ἡ ὁδὸς καὶ ἡ ἀλήθεια καὶ ἡ ζωή· οὐδεὶς ἔρχεται πρὸς τὸν πατέρα εἰ μὴ δι᾽ ἐμοῦ. (Joh 14,5f) – 2. ὑμεῖς ἀνάβητε[4] εἰς τὴν ἑορτήν· ἐγὼ οὐκ ἀναβαίνω εἰς τὴν ἑορτὴν ταύτην, ὅτι ὁ ἐμὸς[5] καιρὸς οὔπω πεπλήρωται. (Joh 7,8) – 3. ὁ πιστεύων εἰς αὐτὸν οὐ κρίνεται· ὁ δὲ μὴ πιστεύων ἤδη κέκριται[6]. (Joh 3,18) – 4. γρηγορεῖτε οὖν, ὅτι οὐκ οἴδατε τὴν ἡμέραν οὐδὲ τὴν ὥραν. (Mt 25,13) – 5. καὶ πάλιν ἠρνήσατο μετὰ ὅρκου ὅτι οὐκ οἶδα τὸν ἄνθρωπον. (Mt 26,72) – 6. εἶπεν οὖν αὐτῷ ὁ Πιλᾶτος· οὐκοῦν[7] βασιλεὺς εἶ σύ; ἀπεκρίθη[8] ὁ Ἰησοῦς· σὺ λέγεις ὅτι βασιλεύς εἰμι. ἐγὼ εἰς τοῦτο γεγέννημαι καὶ εἰς τοῦτο ἐλήλυθα εἰς τὸν κόσμον, ἵνα μαρτυρήσω τῇ ἀληθείᾳ· πᾶς ὁ ὢν ἐκ τῆς ἀληθείας ἀκούει μου τῆς φωνῆς. (Joh 18,37) – 7. οἱ δὲ ὄχλοι οἱ προάγοντες αὐτὸν καὶ οἱ ἀκολουθοῦντες ἔκραζον λέγοντες· ὡσαννὰ τῷ υἱῷ Δαυίδ·

---

3 Ind.Präs.Akt. von δύναμαι *können*.

4 2.Pl.Impt.Aor.Akt. von ἀναβαίνω.

5 ἐμός *mein* (Possessivpronomen Nom.Sg.m.).

6 von κρίνω (das ν ist ausgefallen).

7 οὐκοῦν *also doch*.

8 3.Sg.Ind.Aor.Pass. von ἀποκρίνομαι, hier: *er antwortete*.

εὐλογημένος ὁ ἐρχόμενος ἐν ὀνόματι κυρίου· ὡσαννὰ ἐν τοῖς ὑψίστοις. (Mt 21,9) – 8. καὶ ἀπέστειλεν[9] τοὺς δούλους αὐτοῦ καλέσαι τοὺς κεκλημένους εἰς τοὺς γάμους, καὶ οὐκ ἤθελον ἐλθεῖν. (Mt 22,3) – 9. ἀγαπητοί, ἀγαπῶμεν ἀλλήλους, ὅτι ἡ ἀγάπη ἐκ τοῦ θεοῦ ἐστιν, καὶ πᾶς ὁ ἀγαπῶν ἐκ τοῦ θεοῦ γεγέννηται καὶ γινώσκει τὸν θεόν. ὁ μὴ ἀγαπῶν οὐκ ἔγνω[10] τὸν θεόν, ὅτι ὁ θεὸς ἀγάπη ἐστίν. (1Joh 4,7f) (wie ist der Konj. syntaktisch gebraucht?) – 10. θεὸν οὐδεὶς πώποτε[11] τεθέαται. ἐὰν ἀγαπῶμεν ἀλλήλους, ὁ θεὸς ἐν ἡμῖν μένει καὶ ἡ ἀγάπη αὐτοῦ ἐν ἡμῖν τετελειωμένη ἐστίν. Ἐν τούτῳ γινώσκομεν ὅτι ἐν αὐτῷ μένομεν καὶ αὐτὸς ἐν ἡμῖν, ὅτι ἐκ τοῦ πνεύματος αὐτοῦ δέδωκεν[12] ἡμῖν. (1Joh 4,12f) – 11. ἐν τούτῳ τετελείωται ἡ ἀγάπη μεθ' ἡμῶν, ἵνα παρρησίαν ἔχωμεν ἐν τῇ ἡμέρᾳ τῆς κρίσεως, ὅτι καθὼς ἐκεῖνός ἐστιν καὶ ἡμεῖς ἐσμεν ἐν τῷ κόσμῳ τούτῳ. φόβος οὐκ ἔστιν ἐν τῇ ἀγάπῃ ἀλλ' ἡ τελεία ἀγάπη ἔξω βάλλει τὸν φόβον, ὅτι ὁ φόβος κόλασιν[13] ἔχει, ὁ δὲ φοβούμενος οὐ τετελείωται ἐν τῇ ἀγάπῃ. (1Joh 4,17f) – 12. ἤρξατο[14] δὲ λέγειν πρὸς αὐτοὺς ὅτι σήμερον πεπλήρωται ἡ γραφὴ αὕτη ἐν τοῖς ὠσὶν ὑμῶν. Καὶ πάντες ἐμαρτύρουν αὐτῷ καὶ ἐθαύμαζον ἐπὶ τοῖς λόγοις τῆς χάριτος τοῖς ἐκπορευομένοις ἐκ τοῦ στόματος αὐτοῦ καὶ ἔλεγον· οὐχὶ υἱός ἐστιν Ἰωσὴφ οὗτος; (Lk 4,21f) – 13. ἐνδύσασθε οὖν, ὡς ἐκλεκτοὶ τοῦ θεοῦ ἅγιοι καὶ ἠγαπημένοι, σπλάγχνα οἰκτιρμοῦ[15] χρηστότητα ταπεινοφροσύνην πραΰτητα μακροθυμίαν. (Kol 3,12) – 14. ἐπειδὴ καὶ Ἰουδαῖοι σημεῖα αἰτοῦσιν καὶ Ἕλληνες σοφίαν ζητοῦσιν, ἡμεῖς δὲ κηρύσσομεν Χριστὸν ἐσταυρωμένον, Ἰουδαίοις μὲν σκάνδαλον, ἔθνεσιν δὲ μωρίαν[16]. (1Kor 1,22f) – 15. καὶ ἦν ὁ Ἰωάννης ἐνδεδυμένος τρίχας καμήλου[17]. (Mk 1,6)

---

[9] 3.Sg.Ind.Aor.Akt. von ἀποστέλλω.
[10] 3.Sg.Ind.Aor.Akt. von γινώσκω.
[11] πώποτε *je(mals)*.
[12] 3.Sg.Ind.Pf.Akt. von δίδωμι *geben*.
[13] κόλασις *Strafe*.
[14] Aor. von ἄρχομαι (χ+σ → ξ).
[15] οἰκτιρμός *Mitleid, Erbarmen*.
[16] μωρία *Torheit*.
[17] κάμηλος *Kamel*.

34. Plusquamperfekt

A

1) Nennen Sie bitte die Kennzeichen des Perfekts im Aktiv und im Medium!
2) Welche Tempora haben primäre und welche sekundäre Endungen?
3) Wiederholen Sie bitte Sekundärendungen Aktiv und Medium!

B

1) Plusquamperfekt Aktiv und Medium/Passiv

Das Plusquamperfekt ist ein Vergangenheitstempus (eine Art Imperfekt) zum Perfekt.

a) Das Plusquamperfekt ist ein Nebentempus und weist deshalb *Sekundärendungen* auf (s. oben A2).
b) Es hat wie das Perfekt (s. oben A1) eine *Reduplikation*. Vor dieser steht oft (jedoch nicht immer) zusätzlich ein Augment.
c) Wie das aktive Perfekt (s. oben A1) hat das **Plusquamperfekt Aktiv** das *Tempuszeichen κ.*
d) Der *Kennvokal* ist hier jedoch -ει.

Das Plusquamperfekt (1.Sg.Ind.Akt.) von παιδεύω setzt sich so zusammen:

(ἐ)	πε	παιδεύ	κει	ν
Augment	Reduplikation	Verbstamm	Tempuskennz.	Sek.-Endung Akt.

Bei einer vokalischen Reduplikation hat das Plusquamperfekt kein zusätzliches Augment.
Bei den Verben auf -έω, -άω und -όω wird der Stammauslaut gedehnt.
Von οἶδα gibt es als Vergangenheitsform nur das Plusquamperfekt, das ohne κ mit dem Stamm εἰδ- gebildet wird, im Indikativ selbstverständlich mit zusätzlichem Augment (ᾐδ-).

a) Das **Plusquamperfekt Medium** hat nur die Reduplikation und (optional) ein Augment.
b) Wie beim medialen Perfekt (s. oben A1) werden die Personalendungen, im Plusquamperfekt aber die sekundären, unmittelbar an den Verbstamm angehängt.

Das Plusquamperfekt (1.Sg.Ind.MP) von παιδεύω setzt sich so zusammen:

(ἐ)	πε	παιδεύ	μην
Augment	Reduplikation	Verbstamm	Sek.-Endung Med.

Formenübersicht:

	Aktiv		*Medium/Passiv*
1. Sg.	ἐ-πε-παιδεύ-κει-ν	ᾔδειν (= ich wusste)	ἐ-πε-παιδεύ-μην
2. Sg.	ἐ-πε-παιδεύ-κει-ς	ᾔδεις	ἐ-πε-παίδευ-σο
3. Sg.	ἐ-πε-παιδεύ-κει	ᾔδει	ἐ-πε-παίδευ-το
1. Pl.	ἐ-πε-παιδεύ-κει-μεν	ᾔδειμεν	ἐ-πε-παιδεύ-μεθα
2. Pl.	ἐ-πε-παιδεύ-κει-τε	ᾔδειτε	ἐ-πε-παίδευ-σθε
3. Pl.	ἐ-πε-παιδεύ-κει-σαν	ᾔδεισαν	ἐ-πε-παίδευ-ντο

Das Plusquamperfekt kann umschrieben werden durch Ptz.Pf. und Ipf. von εἰμί „sein" (umschreibende Konjugation); z.B. πεπαιδευμένος ἦν für ἐπεπαίδευτο (die Bedeutung ist gleich) oder τεθεραπευμέναι ἦσαν (vgl. D3). Vgl. auch Tab. 23 VII! Bei den unregelmäßigen Verben wird das Plsqpf. mit den Stammformen des Perfekts gebildet.

Sie können nun die Tabelle in Lekt. 12 unter E weiter vervollständigen.

2) Der Tempusaspekt des Plusquamperfekts

Das Plusquamperfekt hat wie das Perfekt einen *resultativen Aspekt* und bezeichnet einen *erreichten* Zustand in der Vergangenheit (der meist aus einer vorausgehenden Handlung resultiert). Übersetzung: ἐπεπαιδεύμην – *ich war erzogen*. Neutestamentliches Beispiel: ἡ πόλις ᾠκοδόμητο αὐτῶν (Lk 4,29) – *ihre Stadt war gebaut*.

C

1) Bestimmen und übersetzen Sie bitte folgende Formen:

Aus dem NT: ᾔδεις, ᾠκοδόμητο, ᾔδειν, ἐπεκέκλητο, συνεληλύθεισαν, ᾔδεισαν, ᾔδειτε, ᾔδει, πεπιστεύκεισαν, ἀπεληλύθεισαν
Zur Einübung noch weitere Formen: ἐτετιμήκειτε, ἐδεδιακονήκειν, ἐλελατρεύκει, ἐπεποιήκειμεν, ἠκολουθήκεισαν, ἐνενικήκεις, ἐπεφυτεύκεις, περιεπεπατήκει, ἐκεκοπιάκειν, ἐπηρωτήκειν, ἐδεδουλεύκειτε, ἐτεταπεινώκει, ἐλελύμην, προσεδεδοκήκεισαν, ἐπεπαίδευσο, ὕψωτο, ἐλέλυσο, ἐπετετιμήμην, ἐτεθεάμεθα, εἰσεπεπόρευσθε, ἐπεφανέρωντο, ἰάμην

2) Bilden Sie bitte folgende Formen:

1.Sg., 3.Pl., 2.Sg. Plsqpf.Akt. von δουλεύω

1.Pl., 3.Sg., 2.Pl. Plsqpf.Akt. von ἀπολύω

3) Konjugieren Sie bitte das mediale Plusquamperfekt von ἐπιτιμάω **und** τελέω!

4) Stellen Sie bitte neben folgende Formen die medialen der übrigen Zeiten und übersetzen Sie medial und passivisch (Futur nur medial):

Präsens	*Futur*	*Imperfekt*	*Perfekt*	*Plusquamperf.*
παιδεύομαι	παιδεύσομαι	ἐπαιδευόμην	πεπαίδευμαι	ἐπεπαιδεύμην
φυτεύεσθε				
	οἰκοδομήσεσθε			
		ἐτολμῶ		
			πεπλήρωται	
				ἐδεδικαιώμην
κλώμεθα				

5) Bilden Sie bitte jeweils die entsprechende Mediumform:

ἐπίστευεν, παίδευσον, παιδεύσουσιν, πεπαιδεύκασιν, πεπαιδευκέναι, παιδεύετε, παιδευσάσης, ἐπεπαιδεύκειν, πεπαιδεύκαμεν, παιδεύσειν, παιδευσάτωσαν, λατρευέτω, ἐπίστευον, ἐπαίδευσας, παιδεύσωσιν, παιδεύοντι, πεπαίδευκεν

D

1. Ὑμῶν δὲ καὶ αἱ τρίχες τῆς κεφαλῆς πᾶσαι ἠριθμημέναι[1] εἰσίν. (Mt 10,30) (wie ist das Partizip syntaktisch gebraucht?) – 2. ὁ ποιῶν τὴν ἁμαρτίαν ἐκ τοῦ διαβόλου ἐστίν, ὅτι ἀπ᾿ ἀρχῆς ὁ διάβολος ἁμαρτάνει. εἰς τοῦτο ἐφανερώθη[2] ὁ υἱὸς τοῦ θεοῦ, ἵνα λύσῃ τὰ ἔργα τοῦ διαβόλου.
9 πᾶς ὁ γεγεννημένος ἐκ τοῦ θεοῦ ἁμαρτίαν οὐ ποιεῖ, ὅτι σπέρμα αὐτοῦ ἐν αὐτῷ μένει, καὶ οὐ δύναται ἁμαρτάνειν, ὅτι ἐκ τοῦ θεοῦ γεγέννηται.
10 ἐν τούτῳ φανερά ἐστιν τὰ τέκνα τοῦ θεοῦ καὶ τὰ τέκνα τοῦ διαβόλου· πᾶς ὁ μὴ ποιῶν δικαιοσύνην οὐκ ἔστιν ἐκ τοῦ θεοῦ, καὶ ὁ μὴ ἀγαπῶν τὸν ἀδελφὸν αὐτοῦ. (1Joh 3,8-10) (was fällt in V.10a bezüglich Subjekt und Prädikat auf?) – 3. καὶ γυναῖκές τινες ἦσαν τεθεραπευμέναι ἀπὸ πνευμάτων πονηρῶν καὶ ἀσθενειῶν, Μαρία ἡ καλουμένη Μαγδαληνή, ἀφ᾿ ἧς[3] δαιμόνια ἑπτὰ ἐξεληλύθει[4], καὶ Ἰωάννα. (Lk 8,2f) – 4. καὶ εἶπεν πρὸς αὐτούς· τί ὅτι ἐζητεῖτέ με; οὐκ ᾔδειτε ὅτι ἐν τοῖς τοῦ πατρός μου δεῖ εἶναί με; (Lk 2,49) (wie ist der Infinitiv syntaktisch gebraucht?) – 5. ἰδὼν δὲ αὐτὴν ὁ Ἰησοῦς προσεφώνησεν[5] καὶ εἶπεν αὐτῇ· γύναι[6], ἀπολέλυσαι τῆς ἀσθενείας σου. (Lk 13,12) (wie ist das

1 ἀριθμέω *zählen.*

2 ἐφανερώθη hier: *er ist erschienen.*

3 ἧς Relativpronomen, Gen.Sg.f.; ἀφ᾿ ἧς *von der.*

4 Wie im Pf. fehlt in dieser unregelmäßigen Stammform auch im Plsqpf. das κ.

5 προσφωνέω *anrufen, zu sich rufen.*

6 Vokativ Sg.f.

Ptz. syntaktisch gebraucht? was drückt hier das Perfekt aus?) – 6. οὔπω δὲ ἐληλύθει ὁ Ἰησοῦς εἰς τὴν κώμην, ἀλλ᾽ ἦν ἔτι ἐν τῷ τόπῳ ὅπου ὑπήντησεν αὐτῷ ἡ Μάρθα. (Joh 11,30) – 7. εἶπεν δὲ ὁ Πέτρος· ἄνθρωπε, οὐκ οἶδα ὃ[7] λέγεις. καὶ παραχρῆμα ἔτι λαλοῦντος αὐτοῦ ἐφώνησεν ἀλέκτωρ. (Lk 22,60) (wie ist das Partizip syntaktisch gebraucht?) – 8. ἤρχοντο πέραν τῆς θαλάσσης εἰς Καφαρναούμ. καὶ σκοτία ἤδη ἐγεγόνει καὶ οὔπω ἐληλύθει πρὸς αὐτοὺς ὁ Ἰησοῦς. (Joh 6,17) – 9. ἔφη τε ὁ Παῦλος· οὐκ ᾔδειν, ἀδελφοί, ὅτι ἐστὶν ἀρχιερεύς· γέγραπται γὰρ ὅτι ἄρχοντα τοῦ λαοῦ σου οὐκ ἐρεῖς[8] κακῶς[9]. (Apg 23,5) – 10. εἰσελθὼν δὲ ὁ βασιλεὺς θεάσασθαι τοὺς ἀνακειμένους[10] εἶδεν ἐκεῖ ἄνθρωπον οὐκ ἐνδεδυμένον ἔνδυμα γάμου. (Mt 22,11) (wie sind die Partizipien syntaktisch gebraucht und wie der Infinitiv?) – 11. Μαρία ἡ Μαγδαληνὴ ἔρχεται πρωῒ σκοτίας ἔτι οὔσης εἰς τὸ μνημεῖον καὶ βλέπει τὸν λίθον ἠρμένον[11] ἐκ τοῦ μνημείου. (Joh 20,1) (wie sind die Partizipien syntaktisch gebraucht?)

E

Neutestamentlicher Übersetzungstext: Johannes 13,6-11

Übersetzen Sie bitte folgenden neutestamentlichen Text. Unbekannte Vokabeln sind im Wörterbuch nachzuschlagen. Zu den unterstrichenen Wörtern sind unten Hilfen angegeben. Kontrollieren Sie Ihre Übersetzung *danach* bitte anhand einer philologischen Bibelübersetzung (z.B. Elberfelder, Luther 2017, Einheitsübersetzung oder Zürcher Bibel)!

6 ἔρχεται οὖν πρὸς Σίμωνα Πέτρον· λέγει αὐτῷ· κύριε, σύ μου νίπτεις τοὺς πόδας;
7 ἀπεκρίθη Ἰησοῦς καὶ εἶπεν αὐτῷ· ὃ ἐγὼ ποιῶ σὺ οὐκ οἶδας ἄρτι, γνώσῃ δὲ μετὰ
ταῦτα. 8 λέγει αὐτῷ Πέτρος· οὐ μὴ νίψῃς μου τοὺς πόδας εἰς τὸν αἰῶνα. ἀπεκρίθη
Ἰησοῦς αὐτῷ· ἐὰν μὴ νίψω σε, οὐκ ἔχεις μέρος μετ᾽ ἐμοῦ. 9 λέγει αὐτῷ Σίμων Πέτρος·
κύριε, μὴ τοὺς πόδας μου μόνον ἀλλὰ καὶ τὰς χεῖρας καὶ τὴν κεφαλήν. 10 λέγει αὐτῷ
ὁ Ἰησοῦς· ὁ λελουμένος οὐκ ἔχει χρείαν εἰ μὴ τοὺς πόδας νίψασθαι, ἀλλ᾽ ἔστιν
καθαρὸς ὅλος· καὶ ὑμεῖς καθαροί ἐστε, ἀλλ᾽ οὐχὶ πάντες. 11 ᾔδει γὰρ τὸν παραδιδόντα
αὐτόν· διὰ τοῦτο εἶπεν ὅτι οὐχὶ πάντες καθαροί ἐστε.

Hilfen:

7 ἀπεκρίθη: 3.Sg.Ind.Aor.Pass. von ἀποκρίνομαι
ὅ: Relativpronomen, Nom./Akk.Sg.n., hier: *was*
γνώσῃ: Fut. von γινώσκω, *du wirst erkennen*
8 νίψῃς: von νίπτω (πτ + σ → ψ)
11 παραδιδόντα: Ptz.Präs. von παραδίδωμι

---

7 ὅ Relativpronomen Nom./Akk.Sg.n., hier: *was.*
8 2.Sg.Ind.Fut.Akt. von λέγω.
9 κακῶς Adverb *schlecht.*
10 Ptz.Präs.Med. von ἀνακεῖμαι *bei Tisch sein.*
11 Ptz.Pf. von αἴρω *wegnehmen.*

35. Aorist Passiv: Indikativ und Partizip

A

1) Wiederholen Sie bitte die aktiven Sekundärendungen!
2) Wiederholen Sie bitte die Formbildung des Partizips Präsens Aktiv!

B

Tempuszeichen + Kennvokal = θη/θε

Im Aorist gibt es für Medium (vgl. Lekt. 25) und Passiv jeweils eigene Formen. Das Kennzeichen für Aorist Passiv ist das an den Verbstamm angehängte Tempuszeichen θ, verbunden mit dem Kennvokal η bzw. (vor Vokal oder ντ) ε. Zwischen dem Stamm und dem Tempuszeichen θ kann, ähnlich wie im Perfekt Medium, bei manchen Verben ein σ eingeschoben werden (dies kann auch im Futur Passiv der Fall sein). Bei den Verben auf -έω, -άω und -όω wird der Stammauslaut gedehnt.

1) Indikativ Aorist Passiv

Der Indikativ Aorist Passiv wird zusätzlich mit *Augment* und den *Sekundärendungen Aktiv* gebildet.[1] Übersetzt wird er analog zum Aorist Aktiv und Medium mit einem deutschem Imperfekt (historischer Aorist: ich wurde erzogen) oder Perfekt (konstatierender Aorist: ich bin erzogen worden).

	Singular	*Plural*
1.	ἐ-παιδεύ-θη-ν	ἐ-παιδεύ-θη-μεν
2.	ἐ-παιδεύ-θη-ς	ἐ-παιδεύ-θη-τε
3.	ἐ-παιδεύ-θη	ἐ-παιδεύ-θη-σαν

2) Partizip Aorist Passiv

Das Partizip Aorist Passiv wird ähnlich wie im Präsens und Aorist Aktiv gebildet. Maskulinum und Neutrum: An den Verbstamm wird θε-ντ angehängt. Dekliniert wird nach den ντ-Stämmen der dritten Deklination. Im Nom.Sg.m. wird ein -ς angehängt, vor dem zur Vermeidung von Konsonantenhäufung ντ ausfällt, was zu einer Ersatzdehnung des ε zu ει führt. Im Dat.Pl. geschieht die Formbildung analog. Im Nom. und Akk.Sg.n. wird keine Endung angehängt. Das τ am Ende des Stamms fällt weg.

---

[1] Es gibt keine rein passiven Personalendungen, deshalb musste man für die separaten Passivformen auf die aktiven Personalendungen (so im Aortist) bzw. die medialen (so im Futur) zurückgreifen.

Femininum: An den Verbstamm wird θεισ angehängt (das σ ist hinzugekommen, ντ ist ausgefallen, Ersatzdehnung von ε zu ει). Dekliniert wird nach α-impurum.

	m.	*f.*	*n.*
Nom.Sg.	παιδευ-θείς	παιδευ-θεῖσ-α	παιδευ-θέ-ν
Gen.	παιδευ-θέ-ντ-ος	παιδευ-θείσ-ης	παιδευ-θέ-ντ-ος
Dat.	παιδευ-θέ-ντ-ι	παιδευ-θείσ-ῃ	παιδευ-θέ-ντ-ι
Akk.	παιδευ-θέ-ντ-α	παιδευ-θεῖσ-αν	παιδευ-θέ-ν
Nom.Pl.	παιδευ-θέ-ντ-ες	παιδευ-θεῖσ-αι	παιδευ-θέ-ντ-α
Gen.	παιδευ-θέ-ντ-ων	παιδευ-θεισ-ῶν	παιδευ-θέ-ντ-ων
Dat.	παιδευ-θεῖσιν	παιδευ-θείσ-αις	παιδευ-θεῖσιν
Akk.	παιδευ-θέ-ντ-ας	παιδευ-θείσ-ας	παιδευ-θέ-ντ-α

C

1) Bestimmen und übersetzen Sie bitte folgende neutestamentliche Formen:

ἐσταυρώθη, ὑψωθείς, ἐφοβήθησαν, ὡμοιώθημεν, πορευθέντι, ἠλεήθητε, λυθείσης, διακονηθεῖσα, πορευθεῖσαι, εἰσῆλθεν, φανερωθέντος, ἐγεννήθης, χαρισθέντα (von χαρίζομαι), ἰάθητε, λαληθέντων, ἐπιστεύθην, κωλυθέντες, ἠλεήθημεν, ῥυσθέντας, ὠνομάσθη

2) Konjugieren Sie bitte den Indikativ Aorist Passiv von:

κωλύω, μαρτυρέω, ἀγαπάω, σταυρόω

3) Stellen Sie bitte jeweils die entsprechenden Formen des Indikativs Aorist gegenüber:

Aktiv	*Medium*	*Passiv*
ἐπαίδευσα	ἐπαιδευσάμην	ἐπαιδεύθην
ἐδιακόνησεν		
	ἐτιμήσω	
		ἐσταυρώθησαν
ἐκυριεύσατε		
	ἐμισησάμεθα	
		ἠρωτήθην
ἐνέδυσαν		

4) Bilden Sie bitte vom Partizip Aorist Passiv folgende Formen:

θεραπεύω: Gen.Sg.m., Dat.Sg.n., Nom.Pl.m., Nom.Sg.f.
γεννάω Akk.Sg.m., Gen.Sg.f., Nom.Pl.n., Akk.Sg.n.
ποιέω Dat.Sg.f., Gen.Pl.m., Dat.Pl.f., Akk.Pl.f.
ὑψόω Dat.Pl.n., Akk.Pl.n., Gen.Sg.n., Akk.Sg.f.

5) Stellen Sie bitte folgende Formen des passiven Partizips nebeneinander (Präsens – Aorist – Perfekt):

Dat.Sg.n. (θύω), Akk.Sg.m. (ποιέω), Gen.Pl.m. (ἀγαπάω), Nom.Sg.f. (ταπεινόω), Gen.Pl.n. (κελεύω), Akk.Pl.m. (τελέω), Dat.Pl.f. (νικάω), Nom.Sg.n. (δικαιόω), Akk.Sg.f. (λύω), Dat.Pl.m. (θεωρέω), Nom.Sg.m. (ἐπιτιμάω), Nom.Pl.f. (φανερόω)

6) Bilden Sie bitte jeweils die entsprechende aktive bzw. passive Aoristform:

ἐμίσησεν, φονευσάσῃ, κελευθέν, ἐκυρίευσα, ἀπέλυσας, προσδοκηθέντα, ἐνοήθην, ἠγαπήθητε, τελειωθέντων, ἐπιτιμήσαντι, ἐφωνήθη, ἐκοπιάθησαν, προφητευθέντος, πληρώσασαι, ἐσταυρώθημεν, ὑστερησασῶν, ἐλεηθεῖσιν, ταπεινῶσαν

7) Bestimmen und übersetzen Sie bitte folgende Formen:

ἐπλανήθησαν, φανεροῦν, ἐγέννας, δικαιωθείς, θεραπεύσεσθαι, σταυρωθέντα, δουλούσθω, τιμᾷ, παιδεῦσαι, κυριευθεῖσιν, ἐλέησον, κοπιῶμεν, τετίμηκεν, ἐσταυρῶνται, ὑψῶν, ἐτιμήθην, δουλοῖ, ἠγάπα, ἀκολουθήσων, ἐτηρήθης, ὠφελήθη, ἀγαπᾶν, παιδεύῃ

D

1. Καὶ γὰρ τὸ πάσχα ἡμῶν ἐτύθη[2] Χριστός. (1Kor 5,7b) – 2. καὶ μετὰ ἡμέρας ἓξ παραλαμβάνει ὁ Ἰησοῦς τὸν Πέτρον καὶ τὸν Ἰάκωβον καὶ τὸν Ἰωάννην καὶ ἀναφέρει αὐτοὺς εἰς ὄρος ὑψηλὸν κατ' ἰδίαν μόνους. καὶ μετεμορφώθη[3] ἔμπροσθεν αὐτῶν. (Mk 9,2) – 3. πολλοὶ δὲ παραλελυμένοι[4] καὶ χωλοὶ ἐθεραπεύθησαν. (Apg 8,7) – 4. ὑμεῖς γὰρ ἐπ' ἐλευθερίᾳ ἐκλήθητε, ἀδελφοί. (Gal 5,13) – 5. καὶ ἐπαιδεύθη Μωϋσῆς ἐν πάσῃ σοφίᾳ Αἰγυπτίων, ἦν δὲ δυνατὸς ἐν λόγοις καὶ ἔργοις αὐτοῦ. (Apg 7,22) – 6. δικαιωθέντες οὖν ἐκ πίστεως εἰρήνην ἔχομεν πρὸς τὸν θεὸν διὰ τοῦ κυρίου ἡμῶν Ἰησοῦ Χριστοῦ. (Röm 5,1) (wie ist das Ptz. δικαιωθέντες syntaktisch gebraucht?) – 7. τὰ δαιμόνια … ᾔδεισαν τὸν χριστὸν αὐτὸν εἶναι. (Lk 4,41) (erläutern Sie bitte die Syntax des Infinitivs) – 8. καὶ δεηθέντων[5] αὐτῶν ἐσαλεύθη ὁ τόπος ἐν ᾧ[6] ἦσαν συνηγμένοι, καὶ ἐπλήσθησαν[7] ἅπαντες τοῦ ἁγίου πνεύματος καὶ ἐλάλουν τὸν λόγον τοῦ θεοῦ μετὰ παρρησίας. (Apg 4,31) (mit welcher Konstruktion beginnt der Satz?) – 9. πορευθέντες

[2] ἐτύθη: das θ des Stammes ist zum τ geworden (vgl. E).
[3] μεταμορφόω *verwandeln.*
[4] παραλύομαι *gelähmt sein.*
[5] Ptz.Aor.Pass. von δέομαι.
[6] ᾧ Relativpronomen Dat.Sg.m., ἐν ᾧ hier: *an dem, wo.*
[7] 3.Pl.Ind.Aor.Pass. von πίμπλημι *erfüllen.*

οὖν μαθητεύσατε[8] πάντα τὰ ἔθνη, βαπτίζοντες αὐτοὺς εἰς τὸ ὄνομα τοῦ πατρὸς καὶ τοῦ υἱοῦ καὶ τοῦ ἁγίου πνεύματος. (Mt 28,19) – 10. ἐπερωτηθεὶς δὲ ὑπὸ τῶν Φαρισαίων πότε ἔρχεται ἡ βασιλεία τοῦ θεοῦ ἀπεκρίθη αὐτοῖς καὶ εἶπεν· οὐκ ἔρχεται ἡ βασιλεία τοῦ θεοῦ μετὰ παρατηρήσεως[9], οὐδὲ ἐροῦσιν· ἰδοὺ ὧδε ἤ· ἐκεῖ, ἰδοὺ γὰρ ἡ βασιλεία τοῦ θεοῦ ἐντὸς[10] ὑμῶν ἐστιν. (Lk 17,20f) – 11. οὐκ αὐτοὶ βλασφημοῦσιν τὸ καλὸν ὄνομα τὸ ἐπικληθὲν ἐφ' ὑμᾶς; (Jak 2,7) – 12. τοῦ δὲ Ἰησοῦ γεννηθέντος ἐν Βηθλέεμ τῆς Ἰουδαίας ἐν ἡμέραις Ἡρῴδου τοῦ βασιλέως, ἰδοὺ μάγοι[11] ἀπὸ ἀνατολῶν παρεγένοντο[12] εἰς Ἱεροσόλυμα λέγοντες· ποῦ ἐστιν ὁ τεχθεὶς[13] βασιλεὺς τῶν Ἰουδαίων; εἴδομεν γὰρ αὐτοῦ τὸν ἀστέρα ἐν τῇ ἀνατολῇ καὶ ἤλθομεν προσκυνῆσαι αὐτῷ. ἀκούσας δὲ ὁ βασιλεὺς Ἡρῴδης ἐταράχθη[14] καὶ πᾶσα Ἱεροσόλυμα μετ' αὐτοῦ, καὶ συναγαγὼν πάντας τοὺς ἀρχιερεῖς καὶ γραμματεῖς τοῦ λαοῦ ἐπυνθάνετο παρ' αὐτῶν ποῦ ὁ χριστὸς γεννᾶται. οἱ δὲ εἶπαν αὐτῷ· ἐν Βηθλέεμ τῆς Ἰουδαίας· οὕτως γὰρ γέγραπται διὰ τοῦ προφήτου· (Mt 2,1-5) (wie ist das Ptz. γεννηθέντος am Anfang syntaktisch gebraucht?)

E

Im Aorist Passiv kommt es bei den Aspiratae (θ, φ, χ) gewöhnlich zu Lautveränderungen. Wenn zwei Aspiratae als Silbenanfänge aufeinander folgen, verliert der erste Konsonant seine Aspiration, d.h. die Aspiratae werden zur Tenuis (harter Laut: τ, π, κ). Beispiel: 1.Sg.Ind.Aor.Pass. von θύω lautet ἐ-τύ-θην (θ am Anfang des Wortes wird zu τ). Bekannt ist dies schon von der Reduplikation, z.B. 1.Sg.Ind.Pf.Akt. von φονεύω lautet πε-φόνευ-κα (φ wird in der Reduplikation zu π).

---

8 μαθητεύω *zum Jünger machen.*

9 παρατήρησις *Beobachtung.*

10 ἐντός *mitten unter.*

11 μάγος *Weiser, Sterndeuter.*

12 3.Pl.Ind.Aor.Med. von παραγίνομαι.

13 τεχθεὶς von τίκτω.

14 ἐταράχθη von ταράσσω.

36. Aorist Passiv: Konjunktiv, Imperativ und Infinitiv

A

1) Konjugieren Sie bitte die aktiven Konjunktive des Präsens und Aorists!
2) Wie sehen die aktiven Imperativendungen der 3.Sg., 2. und 3.Pl. aus?

B

Die nichtindikativischen Formen im Aorist Passiv werden mit dem *Tempuszeichen θ*, aber ohne Augment gebildet.
Im **Konjunktiv** Aorist Passiv folgen auf das Tempuszeichen θ das Moduskennzeichen ω/η und die *aktiven* Primärendungen.
Im **Imperativ** steht nach dem Tempuszeichen θ der Kennvokal η. Es werden die üblichen *aktiven* Imperativendungen verwendet, in der 2.Sg. allerdings τι.
Der **Infinitiv** hat nach der Bildesilbe θη die Endung ναι (bekannt vom Inf.Pf.Akt.).

Formenübersicht

	Konjunktiv	*Imperativ*
1.Sg.	παιδευ-θῶ	
2.Sg.	παιδευ-θῇ-ς	παιδεύ-θη-τι
3.Sg.	παιδευ-θῇ	παιδευ-θή-τω
1.Pl.	παιδευ-θῶ-μεν	
2.Pl.	παιδευ-θῆ-τε	παιδεύ-θη-τε
3.Pl.	παιδευ-θῶ-σιν	παιδευ-θή-τωσαν

Infinitiv
παιδευ-θῆ-ναι

Bitte beachten Sie: In der 2.Pl. unterscheiden sich Konj. (παιδευθῆτε) und Impt. (παιδεύθητε) nur durch den Akzent.

Sie können nun die Tabelle in Lekt. 12 unter E weiter vervollständigen.

C

1) Konjugieren Sie bitte den Konjunktiv Aorist Passiv von:
κυριεύω, ποιέω, νικάω, πληρόω

2) Bestimmen Sie bitte folgende Formen:

θεραπευθήτω, πληρωθῇ, πληθυνθῆναι, ἀγαπηθῆτε, ὑψωθῶ, λυθῆναι, τιμηθῶμεν, πορεύθητι, ὠφεληθῇς, φοβηθῆτε, σταυρωθήτω, δικαιωθῆναι, τελειωθῶσιν

3) Stellen Sie bitte jeweils die entsprechenden Formen des Aorists gegenüber:

Aktiv	Medium	Passiv
παιδεύσῃ	παιδεύσηται	παιδευθῇ
ζητῆσαι	__________	__________
__________	νικησάσθω	__________
__________	__________	πληρωθῶσιν
κυρίευσον	__________	__________
διακονήσωμεν	__________	__________
__________	__________	ἀγαπηθῇς

4) Stellen Sie bitte jeweils alle bisher bekannten Infinitiv-Formen von κελεύω **und** τιμάω **zusammen! (Präs.Akt. + MP – Fut.Akt. + Med. – Pf.Akt. + MP – Aor.Akt. + Med. + Pass.)**

5) Bilden Sie bitte folgende Imperativformen:

εἰμί	Präs.Akt.
οἶδα	Pf.Akt.
ταπεινόω	Präs.MP
ἐρωτάω	Aor.Akt.
κατανοέω	Aor.Med.
βασιλεύω	Aor.Pass.

D

1. Καὶ ὃς ἂν[1] θέλῃ ἐν ὑμῖν εἶναι πρῶτος ἔσται ὑμῶν δοῦλος· ὥσπερ ὁ υἱὸς τοῦ ἀνθρώπου οὐκ ἦλθεν διακονηθῆναι ἀλλὰ διακονῆσαι καὶ δοῦναι[2] τὴν ψυχὴν αὐτοῦ λύτρον[3] ἀντὶ πολλῶν. (Mt 20,27f) (wie sind die Infinitive syntaktisch gebraucht?) – 2. ταῦτα λελάληκα ὑμῖν ἵνα ἡ χαρὰ ἐμοῦ ἐν ὑμῖν ᾖ καὶ ἡ χαρὰ ὑμῶν πληρωθῇ. (Joh 15,11*) – 3. διῆλθον δὲ τὴν Φρυγίαν καὶ Γαλατικὴν χώραν κωλυθέντες ὑπὸ τοῦ ἁγίου πνεύματος λαλῆσαι τὸν λόγον ἐν τῇ Ἀσίᾳ· ἐλθόντες δὲ κατὰ τὴν Μυσίαν ἐπείραζον εἰς τὴν Βιθυνίαν πορευθῆναι, καὶ οὐκ εἴασεν αὐτοὺς τὸ πνεῦμα Ἰησοῦ. (Apg 16,6f) – 4. ὁ δὲ Ἰησοῦς ἐπορεύετο σὺν αὐτοῖς. ἤδη δὲ αὐτοῦ οὐ μακρὰν ἀπέχοντος ἀπὸ τῆς οἰκίας ἔπεμψεν[4] φίλους ὁ ἑκατοντάρχης λέγων αὐτῷ· κύριε, μὴ σκύλλου[5] … ἀλλὰ εἰπὲ λόγῳ,

[1] ὃς ἄν *wer (auch) immer* (es folgt der Konj.).
[2] Inf.Aor.Akt. von δίδωμι *geben.*
[3] λύτρον *Lösegeld.*
[4] π + σ → ψ.
[5] σκύλλω Pass.: *sich bemühen.*

καὶ ἰαθήτω ὁ παῖς μου. καὶ γὰρ ἐγὼ ἄνθρωπός εἰμι ... ἔχων ... στρατιώτας, καὶ λέγω τούτῳ· πορεύθητι, καὶ πορεύεται, καὶ ἄλλῳ· ἔρχου, καὶ ἔρχεται, καὶ τῷ δούλῳ μου· ποίησον τοῦτο, καὶ ποιεῖ. (Lk 7,6-8) (wie ist ἀπέχοντος syntaktisch gebraucht?) – 5. ὁ δὲ εἶπεν· ... πολλοὶ γὰρ ἐλεύσονται ἐπὶ τῷ ὀνόματί μου λέγοντες· ἐγώ εἰμι, καί· ὁ καιρὸς ἤγγικεν. μὴ πορευθῆτε ὀπίσω αὐτῶν. (Lk 21,8) (wie ist der Konjunktiv syntaktisch gebraucht?) – 6. ὁ δὲ Πιλᾶτος βουλόμενος τῷ ὄχλῳ τὸ ἱκανὸν ποιῆσαι ἀπέλυσεν αὐτοῖς τὸν Βαραββᾶν, καὶ παρέδωκεν[6] τὸν Ἰησοῦν ... ἵνα σταυρωθῇ. (Mk 15,15) – 7. τοὺς γὰρ πάντας ἡμᾶς φανερωθῆναι δεῖ ἔμπροσθεν τοῦ βήματος τοῦ Χριστοῦ. (2Kor 5,10a) (erläutern Sie bitte die Infinitivkonstruktion) – 8. λέγει πρὸς αὐτὸν ὁ Νικόδημος· πῶς δύναται ἄνθρωπος γεννηθῆναι γέρων[7] ὤν; μὴ[8] δύναται εἰς τὴν κοιλίαν τῆς μητρὸς αὐτοῦ δεύτερον εἰσελθεῖν καὶ γεννηθῆναι; (Joh 3,4) (wie ist das Partizip syntaktisch gebraucht?) – 9. οὐ γὰρ ἀπέστειλέν[9] με Χριστὸς βαπτίζειν ἀλλὰ εὐαγγελίζεσθαι, οὐκ ἐν σοφίᾳ λόγου, ἵνα μὴ κενωθῇ[10] ὁ σταυρὸς τοῦ Χριστοῦ. (1Kor 1,17) (wie sind die Infinitive syntaktisch gebraucht?) – 10. καὶ ἦν ἐκεῖ ἕως τῆς τελευτῆς[11] Ἡρῴδου· ἵνα πληρωθῇ τὸ ῥηθὲν[12] ὑπὸ κυρίου διὰ τοῦ προφήτου λέγοντος· ἐξ Αἰγύπτου ἐκάλεσα τὸν υἱόν μου. (Mt 2,15) – 11. λέγω δὲ ὑμῖν τοῖς φίλοις μου, μὴ φοβηθῆτε ἀπὸ τῶν ἀποκτεινόντων τὸ σῶμα καὶ μετὰ ταῦτα μὴ ἐχόντων περισσότερόν[13] τι ποιῆσαι. (Lk 12,4)

---

6 3.Sg.Ind.Aor.Akt. von παραδίδωμι *übergeben.*

7 γέρων *Greis.*

8 μή leitet eine Frage ein, die eine verneinende Antwort erwartet, übers.: *etwa.*

9 3.Sg.Ind.Aor.Akt. von ἀποστέλλω.

10 κενόω *leeren; zunichte machen.*

11 τελευτή *Ende, Tod.*

12 Nom./Akk.Sg.n.Ptz.Aor.Pass. von λέγω.

13 περισσότερος *mehr.*

37. Futur Passiv • Reflexivpronomen

A

1) Welches sind die Kennzeichen
   a) des passiven Aorists,
   b) des aktiven und medialen Futurs?
2) Wiederholen Sie bitte die primären Medialendungen!
3) Konjugieren Sie nun bitte das mediale Futur!
4) Bilden Sie bitte Inf. und Ptz. des medialen Futurs!

B

1) Futur Passiv

Alle Formen des passiven Futurs (Indikativ, Infinitv, Partizip) ähneln denen des medialen. Es wird lediglich noch ein -θη (bekannt aus dem Aorist Passiv) vor das Tempuskennzeichen -σ gesetzt. Die 1.Sg.Ind.Fut.Pass. lautet also παιδευ-θή-σ-ο-μαι. Für die übrigen Formen vgl. Tab. 10.7 (S. 253). Bei den Verba contracta (Verben auf -έω, -άω und -όω) wird der Stammauslaut gedehnt.
Übersetzt wird das passive Futur wie im Deutschen (παιδευ-θή-σ-ο-μαι *ich werde erzogen werden*), das Partizip kann auch durch Finalsätze wiedergegeben werden (z.B.: παιδευθησόμενος *damit er erzogen wird* bzw. *um erzogen zu werden*).
Mit dem Futur Passiv sind alle Tempora, Modi und Diathesen der Verben auf -ω komplett!

2) Reflexivpronomen

Das **Reflexivpronomen** (rückbezügliches Fürwort) wird gesetzt, wenn eine Person mit sich selbst etwas tut; z.B.: ich wasche *mich* (anders: ich wasche *dich*). Das Reflexivpronomen bezieht sich auf das Subjekt. Im Deutschen gibt es nur in der 3. Person Formen, die sich vom Personalpronomen unterscheiden: er wäscht *sich* (anders: er wäscht *ihn*).
Das Reflexivpronomen setzt sich aus einem Bestandteil des Personalpronomens der jeweiligen Person und einer Form von αὐτός zusammen. In der 1. und 2. Person Plural bestehen sie aus zwei Wörtern: 1.Pl.: ἡμῶν αὐτῶν, ἡμῖν αὐτοῖς usw. 2.Pl.: ὑμῶν αὐτῶν, ὑμῖν αὐτοῖς usw. Allerdings werden im Plural im NT fast durchgängig die Formen der (eigentlich) 3. Person auch für die 1. und 2. Person verwendet: ἑαυτῶν, ἑαυτοῖς usw. Es gibt beim Reflexivpronomen keinen Nominativ.

1. Person	*2. Person*	*3. Person*
ἐμαυτοῦ -ῆς -οῦ *meiner* **ἐμ**αυτῷ -ῇ -ῷ *mir* **ἐμ**αυτόν -ήν -ό *mich*	**σε**αυτοῦ -ῆς -οῦ *deiner* **σε**αυτῷ -ῇ -ῷ *dir* **σε**αυτόν -ήν -ό *dich*	**ἑ**αυτοῦ -ῆς -οῦ *seiner, ihrer, seiner* **ἑ**αυτῷ -ῇ -ῷ *sich* **ἑ**αυτόν -ήν -ό *sich*
ἑαυτῶν -ῶν -ῶν *unser / euer / ihrer* ἑαυτοῖς -αῖς -οῖς *uns / euch / sich* ἑαυτούς -άς -ά *uns / euch / sich*		
(ἡμῶν αὐτῶν usw.)	(ὑμῶν αὐτῶν usw.)	

C

1) Bestimmen Sie bitte folgend Formen:

παιδευθήσεσθαι, φανερωθήσεσθε, πληθυνθήσεται, λαληθεῖσα, περισσευθησομένων, σαλευθήσονται, δικαιωθέντες, ἀπολυθήσεσθε, ἐλεηθήσῃ, φανερωθησόμεθα, κληθήσονται

2) Bilden Sie bitte die folgenden Formen:

παιδεύω: 1.Sg.Ind.Fut.Pass., 2.Pl.Ind.Aor.Pass., Nom.Sg.f.Ptz.Aor.Pass., Nom.Pl.n.Ptz.Fut.Pass.

νικάω: Inf.Fut.Pass., 1.Pl.Ind.Fut.Pass., 3.Pl.Ind.Fut.Pass., 2.Pl.Ind.Fut.Akt., Akk.Pl.m.Ptz.Fut.Pass.

ὑψόω: Nom.Sg.n.Ptz.Fut.Pass., Inf.Aor.Pass., Gen.Sg.f.Ptz.Fut.Pass., 3.Sg.Ind.Fut.Pass.

ποιέω: 3.Pl.Ind.Fut.Pass., 2.Sg.Ind.Fut.Pass., Inf.Fut.Pass., 2.Pl.Ind.Fut.Pass., Dat.Pl.m.Ptz.Fut.Pass.

3) Bilden Sie bitte von σταυρόω **und** ἀγαλλιάω **alle Infinitive in allen Diathesen!**

4) Ergänzen Sie bitte die fehlenden Partizipien:

Präs.Akt	Aor.Akt.	Pf.Akt.	Aor.Pass.	Fut.Pass.
κελεύοντι	________	________	________	________
________	ἀγαπησάσῃ	________	________	________
________	________	τετιμηκόσιν	________	________
________	________	________	σταυρωθέντας	________
________	________	________	________	κυριευθησόμενοι
ποιούσῃ	________	________	________	________
________	φωνήσαντος	________	________	________
________	________	________	ἀγαλλιαθεῖσιν	________

5) Bestimmen Sie bitte folgende Formen und bilden Sie mit ihnen einen deutschen Satz:

ἐμαυτῷ, ὑμᾶς αὐτούς, σεαυτήν, ἑαυταῖς, σεαυτοῦ, ἡμῖν αὐταῖς, ἑαυτόν

D

1. Ὁ ἔχων τὰς ἐντολάς μου καὶ τηρῶν αὐτὰς ἐκεῖνός ἐστιν ὁ ἀγαπῶν με· ὁ δὲ ἀγαπῶν με ἀγαπηθήσεται ὑπὸ τοῦ πατρός μου, κἀγὼ ἀγαπήσω αὐτὸν. (Joh 14,21) – 2. καὶ εἶπεν· ἕνεκα τούτου καταλείψει[1] ἄνθρωπος τὸν πατέρα καὶ τὴν μητέρα καὶ κολληθήσεται τῇ γυναικὶ αὐτοῦ, καὶ ἔσονται οἱ δύο εἰς σάρκα μίαν[2]. (Mt 19,5) – 3. οὐ θέλω δὲ ὑμᾶς κοινωνοὺς τῶν δαιμονίων γίνεσθαι. (1Kor 10,20) (erläutern Sie bitte die Konstruktion des Infinitivs) – 4. παραλαβὼν δὲ τοὺς δώδεκα εἶπεν πρὸς αὐτούς· ἰδοὺ ἀναβαίνομεν εἰς Ἰερουσαλήμ, καὶ τελεσθήσεται πάντα τὰ γεγραμμένα[3] διὰ τῶν προφητῶν τῷ υἱῷ τοῦ ἀνθρώπου. (Lk 18,31) (wie sind die Partizipien syntaktisch gebraucht?) – 5. καὶ ἐλθὼν κατῴκησεν εἰς πόλιν λεγομένην Ναζαρέτ· ὅπως πληρωθῇ τὸ ῥηθὲν[4] διὰ τῶν προφητῶν ὅτι Ναζωραῖος κληθήσεται. (Mt 2,23) (wie sind die Partizipien syntaktisch gebraucht?) – 6. μακάριοι οἱ πενθοῦντες, ὅτι αὐτοὶ παρακληθήσονται ... μακάριοι οἱ πεινῶντες καὶ διψῶντες τὴν δικαιοσύνην, ὅτι αὐτοὶ χορτασθήσονται. (Mt 5,4+6) (wie sind die Partizipien syntaktisch gebraucht?) – 7. λέγει αὐτοῖς ὁ Πιλᾶτος· τί οὖν ποιήσω Ἰησοῦν τὸν λεγόμενον χριστόν; λέγουσιν πάντες· σταυρωθήτω. ὁ δὲ ἔφη[5]· τί γὰρ κακὸν ἐποίησεν; οἱ δὲ περισσῶς[6] ἔκραζον λέγοντες· σταυρωθήτω. (Mt 27,22f) – 8. νυνὶ δὲ Χριστὸς ἐγήγερται[7] ἐκ νεκρῶν ἀπαρχὴ τῶν κεκοιμημένων. ἐπειδὴ γὰρ δι᾽ ἀνθρώπου θάνατος, καὶ δι᾽ ἀνθρώπου ἀνάστασις νεκρῶν. ὥσπερ γὰρ ἐν τῷ Ἀδὰμ πάντες ἀποθνῄσκουσιν, οὕτως καὶ ἐν τῷ Χριστῷ πάντες ζῳοποιηθήσονται. (1Kor 15,20-22) – 9. διότι ἐξ ἔργων νόμου οὐ δικαιωθήσεται πᾶσα σὰρξ ἐνώπιον αὐτοῦ, διὰ γὰρ νόμου ἐπίγνωσις ἁμαρτίας. (Röm 3,20) – 10. ὅταν ὁ Χριστὸς φανερωθῇ, ἡ ζωὴ ὑμῶν, τότε καὶ ὑμεῖς σὺν αὐτῷ φανερωθήσεσθε ἐν δόξῃ. (Kol 3,4) – 11. μὴ οὖν μεριμνήσητε εἰς τὴν αὔριον, ἡ γὰρ αὔριον μεριμνήσει ἑαυτῆς· ἀρκετὸν[8] τῇ ἡμέρᾳ ἡ κακία αὐτῆς (Mt 6,34) – 12. ὁ Ἰησοῦς εἶπεν· τί διαλογίζεσθε ἐν ἑαυτοῖς, ὀλιγόπιστοι[9], ὅτι ἄρτους οὐκ ἔχετε; (Mt 16,8)

---

[1] π + σ → ψ.

[2] μίαν Akk.Sg.f. von εἷς *eins*.

[3] γεγραμμένα: φμ → μμ.

[4] ῥηθέν Nom./Akk.Sg.n.Ptz.Aor.Pass. von λέγω.

[5] ὁ δὲ ἔφη *er aber sagte*.

[6] περισσῶς Adverb *sehr*.

[7] ἐγήγερται 3.Sg.Ind.Pf.Pass. von ἐγείρω.

[8] ἀρκετός *genug*.

[9] ὀλιγόπιστος *kleingläubig*.

E Tabelle zur Bildung der griechischen Verbformen (παιδεύω)

Tempus	*Indikativ*	*Konjunktiv*	*Imperativ*	*Infinitiv*	*Partizip*
Präsens Aktiv	Themavokal + Primärendung Aktiv	Moduskennzeichen η/ω + Primärendung Aktiv	ε + Imperativendung Aktiv	ε + Infinitivendung Aktiv (-ειν)	m./n.: ο-ντ + Endung der 3. Dekl. f.: ουσ + Endung α-impurum
Präsens MP	Themavokal + Primärendung Medium	Moduskennzeichen η/ω + Primärendung Medium	ε + Imperativendung Medium	ε + Infinitivendung Medium (-εσθαι)	ο-μεν + Endung der Adj. der o-/a-Dekl.
Imperfekt	Augment + Themavok. ε/ο + Sekundärendung Akt./Med.	☺ ☺ ☺	☺ ☺ ☺	☺ ☺ ☺	☺ ☺ ☺
Futur Akt./ Med.	σ + Präs. Aktiv bzw. Medium	☺ ☺ ☺	☺ ☺ ☺	σ + Präs. Aktiv bzw. Medium	σ + Präs. Aktiv bzw. Medium
Futur Passiv	θη + Fut. Medium	☺ ☺ ☺	☺ ☺ ☺	θη + Fut. Medium	θη + Fut. Medium
Aorist Aktiv	Augment + σα + Sekundärendung Aktiv	σ + Moduskennzeichen η/ω + Primärendung Aktiv	σα + Imperativendung Aktiv	σαι	m./n.: σα-ντ + Endung 3. Dekl. f.: σασ + Endung α-impurum
Aorist Medium	Augment + σα + Sekundärendung Medium	σ(α) + Moduskennzeichen η/ω + Primärendung Medium	σα + Imperativendung Medium	σα + Infinitivendung Medium (σασθαι)	σα-μεν + Endung der Adj. der o-/a-Dekl.
Aorist Passiv	Augment + θη + Sekundärendung Aktiv	θε + Moduskennzeichen η/ω + Primärendung Aktiv	θη + Imperativendung Aktiv (2.Sg. -τι)	θη + ναι	m./n.: θε-ντ + Endung der 3. Dekl. f.: θεισ + Endung α-impurum
Perfekt Aktiv	Reduplik. + κα + Primärendung Aktiv	☺ ☺ ☺	☺ ☺ ☺	Reduplik. + κε-ναι	Reduplik. + m./n.: κ-οτ + Endung der 3. Dekl. f.: κυι + Endung α-purum
Perfekt MP	Reduplik. + Primärendung Medium	☺ ☺ ☺	☺ ☺ ☺	Reduplik. + Infinitivendung Medium	Reduplik. + μεν + Endung der Adj. der o-/a-Dekl.
Plsqpf. Aktiv	(Augment +) Reduplik. + κει + Sekundärendung Aktiv	☺ ☺ ☺	☺ ☺ ☺	☺ ☺ ☺	☺ ☺ ☺
Plsqpf. MP	(Augment +) Reduplik. + Sekundärendung Medium	☺ ☺ ☺	☺ ☺ ☺	☺ ☺ ☺	☺ ☺ ☺

☺ ☺ ☺, denn diese Formen kommen im NT nicht vor, oder es gibt sie gar nicht.

38. Stammformen • Relativpronomen Attraktion des Relativpronomens

A

Wie lautet von παιδεύω die 1.Sg.Ind. folgender Tempora: a) Präs.Akt., b) Fut.Akt., c) Aor.Akt., d) Pf.Akt., e) Pf.MP, f) Aor.Pass., g) Fut.Pass.?

B

1) Stammformen des Verbs

Wie in anderen Sprachen (Englisch, Latein) gibt es auch im Griechischen unregelmäßige Stammformen. Kennt man von einem Verb die Stammformen, kann man alle möglichen Verbformen selbst herleiten bzw. bestimmen und gegebenenfalls das Wort auch im Wörterbuch finden. Auch wenn man viele Stammformen im Wörterbuch nachschlagen kann, sollte man die wichtigsten auswendig lernen.

Gelernt wird immer die 1.Sg.Ind.Aktiv und Passiv der jeweiligen Tempora. Das Medium lässt sich leicht vom Aktiv ableiten oder ist mit dem Passiv identisch. Das Imperfekt verwendet den Präsensstamm und das Plusquamperfekt den Perfektstamm.

Tragen Sie bitte die Stammformen von παιδεύω in die folgende Tabelle ein:

παιδεύω	Fut. Akt.	Aor. Akt.	Pf. Akt.
	Fut. Pass.	Aor. Pass.	Pf. MP

Alle Formen des Verbs lassen sich von den sieben Stammformen herleiten:

von Präs. Akt.:	Präs. Akt. und Medium/Passiv	
	Impf. Akt. und Medium/Passiv	(Augment!)
von Fut. Akt.:	Fut. Akt. und Med.	
von Aor. Akt.:	Aor. Akt. und Med.	
von Pf. Akt.:	Pf. Akt.	
	Plsqpf. Akt.	(Augment!)
von Pf. MP:	Pf. Medium/Passiv	
	Plsqpf. Medium/Passiv	(Augment!)
von Aor. Pass.:	Aor. Pass.	
von Fut. Pass.:	Fut. Pass.	

Zum Lernen der Stammformen: Üblicherweise lernt man die Stammformen beginnend mit der oberen Reihe (Aktiv) und dann, jedoch von rechts nach links, die untere Reihe (Passiv). Man beginnt mit Präsens (weil es im Wörterbuch angegeben ist), dann Futur (*L:* meist leicht aus dem Präsens durch Einfügen von σ gebildet), Aorist (*L:* auch darin σ, allerdings mit α) und Perfekt (*L:* auch in κα das α). Im Passiv ist die umgekehrte Reihenfolge vorteilhaft: Perfekt (*L:* Reduplikation wie im Akt.), dann Aorist und Futur (*L:* beide mit θη).
Achtung: Manchmal gibt es zwei verschiedene Möglichkeiten, eine Form zu bilden, z.B. im Aorist von λέγω (εἶπον und εἶπα).
Für das Lernen der Stammformen ist es hilfreich, darauf zu achten, welche Stämme ein Verb hat (z.B. weist κλαίω – abgesehen vom Präsens – den Stamm κλαυ auf). Zum Einschub des σ vgl. Lekt. 35 B.
Lernen sie bitte von der Tabelle unter E die Stammformen von ἀκούω bis λαμβάνω; die von ἔρχομαι kennen Sie schon (vgl. Lekt. 32 B3). Hinter der deutschen Bedeutung ist jeweils angegeben, bei welcher Lektion die jeweiligen Stammformen zu lernen sind. Zur Erinnerung wird künftig unter A ein entsprechender Hinweis gegeben.

2) Relativpronomen

Es steht am Anfang eines Nebensatzes (und zwar eines Relativsatzes); dieser bestimmt ein Nomen näher. Das Relativpronomen ist das Verbindungswort zwischen diesem Nomen (Bezugswort) und dem Relativsatz (z.B.: Der Student, **der** Vokabeln lernt, kann übersetzen.). Das Relativpronomen (fett gedruckt) gleicht im Deutschen dem Artikel, manchmal auch einem Fragewort (der Student, **welcher** …). Im Griechischen hat das Relativpronomen dagegen eine *eigene Form.*

> Das Relativpronomen gleicht den Endungen von οὗτ-ος, αὕτ-η, τοῦτ-ο. Es hat immer einen Spiritus asper.

Die Formen des Relativpronomens sind:

Nom.Sg.	ὅς *der*	ἥ *die*	ὅ *das*
Gen.	οὗ *dessen*	ἧς *deren*	οὗ *dessen*

Bilden Sie nun bitte selbst alle Formen und geben Sie dabei auch die deutsche Übersetzung mit an (z.B. „dessen" aus einem Satz wie: der Student, dessen Buch …). Kontrollieren Sie bitte in Tab. 8.7 (S. 248)!

3) Die Attraktion des Relativpronomens (*attractio relativi*)

Normalerweise richtet sich der Kasus des Relativpronomens nach dessen Stellung im Relativsatz. Bei der Attraktion gleicht sich das Relativpronomen nicht nur im Numerus und Genus, sondern auch im *Kasus* dem Bezugswort (BW) an. Häufig geschieht dies, wenn das BW im Gen. oder Dat. steht und das Relativpronomen eigentlich im Akk. stehen sollte.

μνημονεύετε τοῦ λόγου (BW) **οὗ** (statt: ὅν) ἐγὼ εἶπον ὑμῖν (Joh 15,20) – *erinnert euch an das Wort, das ich euch gesagt habe* ἄχρι **ἧς** ἡμέρας (BW) (statt: ἄχρι τῆς ἡμέρας ᾗ [dat.temp.]) εἰσῆλθεν Νῶε εἰς τὴν κιβωτόν (Lk 17,27) – *bis zu dem Tag, an dem Noah in die Arche hineinging*

Das Demonstrativpronomen als BW eines Relativpronomens fällt oft aus. Das Relativpronomen steht dann in dem Kasus, in dem das Demonstrativpronomen stände.

οὐ περὶ τοῦ κόσμου ἐρωτῶ ἀλλὰ περὶ ὧν (statt: περὶ τούτων οὓς) δέδωκάς μοι (Joh 17,9) – *ich bete nicht für die Welt, sondern für die, die du mir gegeben hast*

4) Relativischer Anschluss

Der Relativsatz kann selbstständig stehen, besonders wenn ein Relativpronomen am Anfang eines Satzgefüges steht. Das Relativpronomen wird mit einem Demonstrativ- oder Personalpronomen übersetzt.

ἀνὴρ δέ τις ὀνόματι Σίμων προϋπῆρχεν ἐν τῇ πόλει … ᾧ προσεῖχον πάντες (Apg 8,9f) – *aber ein Mann namens Simon lebte in der Stadt… diesem hingen alle an*

C

1) Bestimmen und übersetzen Sie bitte folgende Formen des Relativpronomens:

ᾧ, ἥν, ἥ, οἷς, ὅν, ᾗ, οὕς, αἵ, ἅς, οὗ, ἧς, ὧν, οἵ, αἷς, ἅ, ὅς, ὅ

2) Übersetzen Sie bitte die folgenden Satzteile bzw. kurzen Sätze:

ἡ γυνή, ἣ ἔρχεται – μνημονεύω τῶν ἀνθρώπων, οὓς ἀγαπᾷς – οἱ γεωργοί, ὧν δοῦλοι ἠσθενήκασιν – ἡ ἐκκλησία, ἐν ᾗ ὁ πατὴρ μετενόησεν – δουλεύω τῷ κυρίῳ, ὃν βλέπεις – τὰ δένδρα, ἃ ἐφύτευσας – ἔρχομαι εἰς τὴν οἰκίαν, ἧς θύρα καινή ἐστιν – ἡ φωνή, ἧς ἀκούεις – φίλον ἔχεις, οὗ γονεῖς πλούσιοί εἰσιν – τῷ ἀνδρί, ὃς αὐτὸν ἐρωτᾷ, τὴν ἀλήθειαν λεγέτω – αἱ γυναῖκες, σὺν αἷς ἦλθον, ἀπέρχονται

D

1. Ἀκούσαντες δὲ … εἶπον πρὸς τὸν Πέτρον καὶ τοὺς λοιποὺς ἀποστόλους· τί ποιήσωμεν, ἄνδρες ἀδελφοί; (Apg 2,37) (wie ist der Konjunktiv syntaktisch gebraucht?) – 2. οὗτος ἦλθεν πρὸς αὐτὸν νυκτὸς καὶ εἶπεν αὐτῷ· ῥαββί, οἴδαμεν ὅτι ἀπὸ θεοῦ ἐλήλυθας διδάσκαλος· οὐδεὶς γὰρ δύναται ταῦτα τὰ σημεῖα ποιεῖν ἃ σὺ ποιεῖς, ἐὰν μὴ ᾖ ὁ θεὸς μετ' αὐτοῦ. (Joh 3,2) (erläutern Sie bitte den Kasus von νυκτός) – 3. λέγει αὐτῷ ὁ Ἰησοῦς· πορεύου, ὁ υἱός σου ζῇ. ἐπίστευσεν ὁ ἄνθρωπος τῷ λόγῳ ὃν εἶπεν αὐτῷ ὁ Ἰησοῦς καὶ ἐπορεύετο. (Joh 4,50) – 4. τὸ πνεῦμά ἐστιν τὸ ζῳοποιοῦν, ἡ σὰρξ οὐκ ὠφελεῖ οὐδέν[1]· τὰ ῥήματα ἃ ἐγὼ λελάληκα ὑμῖν πνεῦμά ἐστιν καὶ ζωή ἐστιν. ἀλλ' εἰσὶν ἐξ ὑμῶν τινες οἳ οὐ πιστεύουσιν. ᾔδει γὰρ ἐξ ἀρχῆς ὁ Ἰησοῦς τίνες εἰσὶν οἱ μὴ πιστεύοντες καὶ τίς ἐστιν ὁ παραδώσων[2] αὐτόν. καὶ ἔλεγεν· διὰ τοῦτο εἴρηκα ὑμῖν ὅτι οὐδεὶς δύναται ἐλθεῖν πρός με ἐὰν μὴ ᾖ δεδομένον[3] αὐτῷ ἐκ τοῦ πατρός. (Joh 6,63-65)

---

[1] οὐκ … οὐδέν bilden eine doppelte Verneinung, die verstärkt ist.

[2] Nom.Sg.m.Ptz.Fut.Akt. von παραδίδωμι *ausliefern*.

[3] Ptz.Pf.MP von δίδωμι *geben*.

– 5. ὁ εὐνοῦχος τῷ Φιλίππῳ εἶπεν· δέομαί σου, περὶ τίνος ὁ προφήτης λέγει τοῦτο; περὶ ἑαυτοῦ ἢ περὶ ἑτέρου τινός; (Apg 8,34) – 6. εἴ τινος τὸ ἔργον μενεῖ ὃ ἐποικοδόμησεν[4], μισθὸν λήμψεται. (1Kor 3,14) – 7. Ἰησοῦς οὐ χρείαν εἶχεν ἵνα τις μαρτυρήσῃ περὶ τοῦ ἀνθρώπου· αὐτὸς γὰρ ἐγίνωσκεν τί ἦν ἐν τῷ ἀνθρώπῳ. (Joh 2,25*) – 8. ἐν ᾧ [Bezugswort hier: Χριστῷ] καὶ ὑμεῖς ἀκούσαντες τὸν λόγον τῆς ἀληθείας, τὸ εὐαγγέλιον τῆς σωτηρίας ὑμῶν, ἐν ᾧ καὶ πιστεύσαντες ἐσφραγίσθητε[5] τῷ πνεύματι τῆς ἐπαγγελίας τῷ ἁγίῳ. (Eph 1,13) – 9. ἔσονται γὰρ αἱ ἡμέραι ἐκεῖναι θλῖψις οἵα οὐ γέγονεν τοιαύτη ἀπ' ἀρχῆς κτίσεως ἣν ἔκτισεν[6] ὁ θεὸς ἕως τοῦ νῦν καὶ οὐ μὴ γένηται. (Mk 13,19) – 10. οὗτός ἐστιν περὶ οὗ γέγραπται· ἰδοὺ ἐγὼ ἀποστέλλω τὸν ἄγγελόν μου πρὸ προσώπου σου, ὃς κατασκευάσει[7] τὴν ὁδόν σου ἔμπροσθέν σου. (Mt 11,10) – 11. ἀλλ' ἡμῖν εἷς θεὸς ὁ πατὴρ ἐξ οὗ τὰ πάντα καὶ ἡμεῖς εἰς αὐτόν, καὶ εἷς κύριος Ἰησοῦς Χριστὸς δι' οὗ τὰ πάντα καὶ ἡμεῖς δι' αὐτοῦ. (1Kor 8,6) – 12. βλέπετε γὰρ τὴν κλῆσιν ὑμῶν, ἀδελφοί, ὅτι οὐ πολλοὶ σοφοὶ κατὰ σάρκα. (1Kor 1,26) – 13. καὶ οὐκ ἔστιν ἐν ἄλλῳ οὐδενὶ ἡ σωτηρία, οὐδὲ γὰρ ὄνομά ἐστιν ἕτερον ὑπὸ τὸν οὐρανὸν τὸ δεδομένον[8] ἐν ἀνθρώποις ἐν ᾧ δεῖ σωθῆναι ἡμᾶς. (Apg 4,12) – 14. κύριε, πρὸς τίνα ἀπελευσόμεθα; (Joh 6,68)

E

Neutestamentlicher Übersetzungstext: Lukas 11,14-19

Übersetzen Sie bitte folgenden neutestamentlichen Text. Unbekannte Vokabeln sind im Wörterbuch nachzuschlagen. Zu den unterstrichenen Wörtern sind unten Hilfen angegeben. Kontrollieren Sie Ihre Übersetzung *danach* bitte anhand einer philologischen Bibelübersetzung (z.B. Elberfelder, Luther 2017, Einheitsübersetzung oder Zürcher Bibel)!

14 Καὶ ἦν ἐκβάλλων δαιμόνιον καὶ αὐτὸ ἦν κωφόν· ἐγένετο δὲ τοῦ δαιμονίου
ἐξελθόντος ἐλάλησεν ὁ κωφὸς καὶ ἐθαύμασαν οἱ ὄχλοι. 15 τινὲς δὲ ἐξ αὐτῶν εἶπον· ἐν
Βεελζεβοὺλ τῷ ἄρχοντι τῶν δαιμονίων ἐκβάλλει τὰ δαιμόνια· 16 ἕτεροι δὲ πειράζοντες
σημεῖον ἐξ οὐρανοῦ ἐζήτουν παρ' αὐτοῦ. 17 αὐτὸς δὲ εἰδὼς αὐτῶν τὰ διανοήματα εἶπεν
αὐτοῖς· πᾶσα βασιλεία ἐφ' ἑαυτὴν διαμερισθεῖσα ἐρημοῦται καὶ οἶκος ἐπὶ οἶκον πίπτει.
18 εἰ δὲ καὶ ὁ σατανᾶς ἐφ' ἑαυτὸν διεμερίσθη, πῶς σταθήσεται ἡ βασιλεία αὐτοῦ; ὅτι
λέγετε ἐν Βεελζεβοὺλ ἐκβάλλειν με τὰ δαιμόνια. 19 εἰ δὲ ἐγὼ ἐν Βεελζεβοὺλ ἐκβάλλω
τὰ δαιμόνια, οἱ υἱοὶ ὑμῶν ἐν τίνι ἐκβάλλουσιν; διὰ τοῦτο αὐτοὶ ὑμῶν κριταὶ ἔσονται.

Hilfen:

14 ἐθαύμασαν Aor.Akt von θαυμάζω
17 διαμερισθεῖσα Ptz.Aor.Pass. von διαμερίζω
18 σταθήσεται 3.Sg.Ind.Fut.Pass. von ἵστημι *stehen, feststehen, bestehen*

---

4 ἐποικοδομέω *aufbauen, weiterbauen*. Bei Verbei mit anlautendem oi- kann das Augment fehlen.
5 2.Pl.Ind.Aor.Pass. von σφραγίζω.
6 3.Sg.Ind.Aor.Akt. von κτίζω *schaffen*.
7 3.Sg.Ind.Fut.Akt. von κατασκευάζω.
8 Nom.Sg.n.Ptz.Pf.MP von δίδωμι *geben*.

Wichtige unregelmäßige Stammformen im Neuen Testament

Präsens *Aktiv* od. *MP*	*deutsche* *Bedeutung*	*Futur Aktiv* *Futur Passiv*	*Aorist Aktiv* *Aorist Passiv*	*Perfekt Aktiv* *Perfekt MP*
ἔρχομαι	kommen (32)	ἐλεύσομαι	ἦλθον	ἐλήλυθα
ἀκούω	hören (38)	ἀκούσω ἀκουσθήσομαι	ἤκουσα ἠκούσθην	ἀκήκοα (ἤκουσμαι)
γίνομαι	werden (38)	γενήσομαι	ἐγενόμην ἐγενήθην	γέγονα γεγένημαι
καλέω	rufen (38)	καλέσω κληθήσομαι	ἐκάλεσα ἐκλήθην	κέκληκα κέκλημαι
λέγω	sagen (38)	ἐρῶ	εἶπον / εἶπα ἐρρέθην	εἴρηκα εἴρημαι
λαμβάνω	nehmen (38)	λήμψομαι	ἔλαβον ἐλήμφθην	εἴληφα εἴλημμαι
ἀποθνῄσκω	sterben (39)	ἀποθανοῦμαι	ἀπέθανον	τέθνηκα
ἀποστέλλω	senden (39)	ἀποστελῶ	ἀπέστειλα ἀπεστάλην	ἀπέσταλκα ἀπέσταλμαι
μιμνῄσκομαι	sich erinnern (39)	μνησθήσομαι	ἐμνήσθην	μέμνημαι
πείθω	überzeugen (42) Pf. II: vertrauen	πείσω πεισθήσομαι	ἔπεισα ἐπείσθην	πέποιθα πέπεισμαι
εὑρίσκω	finden (43)	εὑρήσω	εὗρον εὑρέθην	εὕρηκα (εὕρημαι)
ἔχω	haben (43)	ἕξω	ἔσχον	ἔσχηκα
λείπω	lassen (44)	λείψω	ἔλιπον / ἔλειψα ἐλείφθην	(λέλοιπα) λέλειμμαι
πίπτω	fallen (44)	πεσοῦμαι	ἔπεσον	πέπτωκα
βάλλω	werfen (45)	βαλῶ βληθήσομαι	ἔβαλον ἐβλήθην	βέβληκα βέβλημαι
ὁράω	sehen (45)	ὄψομαι ὀφθήσομαι	εἶδον ὤφθην	ἑώρακα ἑώραμαι
βαίνω	gehen (46)	βήσομαι	ἔβην	βέβηκα
γινώσκω	erkennen (46)	γνώσομαι	ἔγνων ἐγνώσθην	ἔγνωκα ἔγνωσμαι
ἄγω	führen (47)	ἄξω ἀχθήσομαι	ἤγαγον ἤχθην	(ἦχα) ἦγμαι
φέρω	tragen (48)	οἴσω	ἤνεγκον/ἤνεγκα ἠνέχθην	ἐνήνοχα (ἐνήνεγμαι)
πάσχω	leiden (48)	(πείσομαι)	ἔπαθον	πέπονθα
ἀναιρέω	beseitigen, töten (51)	ἀνελῶ	ἀνεῖλον / ἀνεῖλα ἀνῃρέθην	
ἐσθίω	essen (51)	φάγομαι	ἔφαγον	βέβρωκα
θέλω / ἐθέλω	wollen (53)	θελήσω	ἠθέλησα	τεθέληκα
διδάσκω	lehren (53)	διδάξω	ἐδίδαξα ἐδιδάχθην	(δεδίδαχα) (δεδίδαγμαι)
πίνω	trinken (55)	πίομαι	ἔπιον	πέπωκα

39. Syntax des Infinitivs

A

1) Lernen Sie bitte die Stammformen von ἀποθνῄσκω, ἀποστέλλω und μιμνῄσκομαι (vgl. Lekt. 38 E)!
2) Wiederholen Sie bitte den AcI (vgl. Lekt. 19 B5)!

B

Der Infinitiv ist eine **nominale Verbalform**. Seine **nominalen** Eigenschaften sind die Möglichkeit der Substantivierung und Deklination sowie der Verbindung mit Präpositionen. Seine **verbalen** Eigenschaften sind die Möglichkeit der Verbindung mit Adverbien, auch bei Substantivierung, der Verbindung mit Objekten sowie die Bezeichnung von Aspekt und Diathese.
Als nichtindikativische Verbalform hat der Infinitiv keine Zeitbedeutung. Die Wahl der **Tempora** des Infinitivs ist daher aspektbedingt; z.B. betont das Präsens den durativen Aspekt. Die **Negation** beim Infinitiv ist μή.

1) Der AcI (Akkusativ mit Infinitiv)

Das Subjekt der im Infinitiv ausgedrückten Handlung steht (gewöhnlich) im Akkusativ; d.h. das Prädikat steht bei einem AcI im Infinitiv und das Subjekt im Akkusativ. Auch das Prädikatsnomen[1] eines AcI steht im Akkusativ.

2) Der Infinitiv bzw. AcI als Subjekt

Als Subjekt steht der Infinitiv bzw. AcI bei *unpersönlichen Ausdrücken* wie

δεῖ *es ist notwendig, man muss*
ἔξεστιν *es ist erlaubt*
καλόν ἐστιν *es ist gut*

καλόν ἐστιν ἡμᾶς ὧδε εἶναι (Mk 9,5) – *dass wir hier sind, ist gut*

3) Der Infinitiv bzw. AcI als Objekt

Als Objekt steht der Infinitiv bzw. AcI

a) bei den Verben des *Begehrens* und *Wünschens* (einschließlich des Hinderns, Verbietens, Befehlens), z.B. βούλομαι, κωλύω, κελεύω. Dabei entspricht der Infinitiv bzw. AcI einem Begehrsatz.

---

[1] Beim einfachen Infinitiv, bei dem das Subjekt des Infinitivs und das Subjekt des übergeordneten Satzes identisch sind, steht das Prädikatsnomen wie das Subjekt im Nominativ.

βούλομαι προσεύχεσθαι τοὺς ἄνδρας (1Tim 2,8) – *ich will, dass die Männer beten*
ἐκέλευσεν ὁ χιλίαρχος εἰσάγεσθαι αὐτὸν εἰς τὴν παρεμβολήν (Apg 22,24) – *der Hauptmann befahl, ihn in das Lager hineinzubringen*

b) bei den Verben des *Sagens*, *Meinens* und *Hoffens*, z.B. λέγω, νομίξω, ἐλπίζω. Dabei entspricht der Infinitiv bzw. AcI einem Behauptungssatz. Bei einigen Verben kann deshalb statt des Infinitivs auch ein ὅτι-Satz stehen.
ὁ λέγων ἐν τῷ φωτὶ εἶναι (1Joh 2,9) – *der, der behauptet, im Licht zu sein*

c) (nur der einfache Infinitiv) bei den Verben des *Könnens* und *Verstehens*, des *Lehrens* und *Lernens*, des *Wagens* und *Zögerns*, z.B. δύναμαι (können), διδάσκω, τολμάω.
οὐδεὶς δύναται δύσι κυρίοις δουλεύειν (Mt 6,24) – *niemand kann zwei Herren dienen*

4) Der Infinitiv bzw. AcI als Ergänzung zu einem Adjektiv

Bei Adjektiven, die eine Fähigkeit oder eine Wertung bezeichnen, z.B. ἱκανός und ἄξιος, kann der Infinitiv als nähere Bestimmung stehen.
οὐκέτι εἰμὶ ἄξιος κληθῆναι υἱός σου (Lk 15,19) – *ich bin nicht mehr würdig, dein Sohn genannt zu werden/zu heißen*

5) Der Infinitiv bzw. AcI als Adverbiale

a) Der Infinitiv der Absicht (final)

als Ergänzung von Verben der *Bewegung*, z.B. ἔρχομαι, πορεύομαι, ἐπιστρέφω.
ὁ υἱὸς τοῦ ἀνθρώπου ἦλθεν *διακονῆσαι* (vgl. Mk 10,45) – *der Menschensohn ist gekommen, um zu dienen*

als Ergänzung von Verben des *Sendens*, *Gebens* u.ä., z.B. ἀποστέλλω, δίδωμι (geben), ἐπιτρέπω.
οὐ γὰρ ἀπέστειλέν με Χριστὸς βαπτίζειν (1Kor 1,17) – *denn Christus hat mich nicht gesandt, um zu taufen*

Der Zweck kann im NT auch durch andere Konstruktionen ausgedrückt werden, z.B. durch einen ἵνα-Satz (vgl. Mt 21,34 mit Mk 12,2).

b) Der Infinitiv der Folge (konsekutiv)

Meist steht vor dem konsekutiven Infinitiv ὥστε (vgl. Mt 27,14, aber Hebr 6,10). Dabei führt ὥστε nicht nur die wirkliche oder mögliche Folge ein, sondern auch die beabsichtigte, sodass eine Grenze zu den Finalsätzen kaum mehr sichtbar ist (vgl. z.B. Lk 20,20).
ὁ δὲ Ἰησοῦς οὐκέτι οὐδὲν ἀπεκρίθη, ὥστε θαυμάζειν τὸν Πιλᾶτον (Mk 15,5) – *Jesus antwortete nichts mehr, sodass Pilatus sich wunderte*

6) Der Infinitiv mit Artikel

Vor dem Infinitiv bzw. AcI kann der Artikel (Neutr.Sg.) stehen. Bei der Deklination ändert sich natürlich nur der Artikel. Übersetzt wird dieser Ausdruck im Deutschen meist mit einem Nebensatz.

a) Der Infinitiv mit Artikel ohne Präposition

Der Infinitiv *mit Artikel im Nom. und Akk.* ohne Präposition kann Subjekt oder Objekt sein.

ἐμοὶ γὰρ τὸ ζῆν Χριστὸς καὶ τὸ ἀποθανεῖν κέρδος (Phil 1,21) – *für mich (ist) Christus das Leben und Sterben* (Subj.) *(ist) Gewinn*

θεός ἐστιν ὁ ἐνεργῶν ἐν ὑμῖν τὸ θέλειν (vgl. Phil 2,13) – *Gott wirkt in euch das Wollen* (Obj.)

Der Infinitiv *mit Artikel im Gen.* ohne Präposition (Infinitiv mit τοῦ) wird im NT meistens im finalen Sinn gebraucht.[2]

εἰσῆλθεν τοῦ μεῖναι σὺν αὐτοῖς (Lk 24,29)[3] – *er ging hinein, um bei ihnen zu bleiben*

An manchen Stellen hat τοῦ mit Infinitiv auch konsekutiven Sinn (vgl. Lk 24,16).

b) Der AcI bzw. Infinitiv mit Artikel und Präposition

Ist der AcI bzw. Infinitiv von einer Präposition abhängig, steht er mit Artikel und hat adverbiale Funktion. Bei der deutschen Übersetzung bietet sich ein adverbialer Nebensatz an. Hauptsächlich stehen folgende Präpositionen vor dem AcI bzw. Infinitiv mit Artikel:

Präposition mit Artikel	adverbiale Bedeutung	Nebensatz eingeleitet mit
διὰ τό	kausal	*weil, da*
εἰς τό	a) final (meist) b) konsekutiv	a) *um zu, damit* b) *sodass*
ἐν τῷ	a) temporal (meist) b) modal	a) *während, als* (mit Inf.Präs.) *als, nachdem* (mit Inf.Aor.) b) *indem, dadurch dass*
μετὰ τό	temporal	*nachdem*
πρὸ τοῦ	temporal	*bevor, ehe*
πρὸς τό	a) final (meist) b) konsekutiv	a) *damit, um zu* b) *sodass*

Beispiele:

διὰ τὸ μὴ ἔχειν ῥίζαν — *weil er nicht Wurzeln hatte* (Mt 13,6)
εἰς τὸ δοκιμάζειν ὑμᾶς … — *damit ihr prüfen könnt* (Röm 12,2)
ἐν δὲ τῷ καθεύδειν τοὺς ἀνθρώπους — *aber während die Leute schliefen* (Mt 13,25)
μετὰ τὸ ἐγερθῆναί με — *nachdem ich auferweckt worden bin* (Mk 14,28)
πρὸ τοῦ ὑμᾶς αἰτῆσαι αὐτόν — *bevor ihr ihn bittet* (Mt 6,8)
πρὸς τὸ θεαθῆναι αὐτοῖς — *um von ihnen gesehen zu werden* (Mt 6,1)

7) Der Infinitiv nach πρίν *(ehe, bevor)*

Die Konstruktion von πρίν mit Infinitiv ersetzt einen Temporalsatz. Sie wird mit πρὶν (ἤ) eingeleitet und mit Inf. bzw. AcI gebildet.

πρὶν ἢ λαλῆσαι μάνθανε — *bevor du redest, lerne* (Sir 18,19 LXX)

---

[2] τοῦ mit Infinitiv kann aber auch abhängig sein von Nomen oder Verben, die den Genitiv regieren (vgl. z.B. 1Kor 16,4).

[3] Da es sich im Beispiel um ein Verb der Bewegung handelt, könnte τοῦ auch fehlen, vgl. aber Lk 21,22.

D

Übersetzen Sie bitte die folgenden Sätze und erläutern Sie jeweils die Infinitivkonstruktion(en): a) Wie wird dieser Infinitiv syntaktisch gebraucht? b) Handelt es sich bei dieser Konstruktion um einen einfachen Infinitiv oder um einen AcI?

1. Μὴ θαυμάσῃς[4] ὅτι εἶπόν σοι· δεῖ ὑμᾶς γεννηθῆναι ἄνωθεν. (Joh 3,7) – 2. ὁ δὲ Ἰησοῦς εἶπεν· ἄφετε[5] τὰ παιδία καὶ μὴ κωλύετε αὐτὰ ἐλθεῖν πρός με, τῶν γὰρ τοιούτων ἐστὶν ἡ βασιλεία τῶν οὐρανῶν. (Mt 19,14) – 3. σεισμὸς ἐγένετο μέγας ὥστε σαλευθῆναι τὰ θεμέλια τοῦ δεσμωτηρίου[6]. (Apg 16,26) – 4. ἐν δὲ τῷ καθεύδειν τοὺς ἀνθρώπους ἦλθεν αὐτοῦ ὁ ἐχθρὸς καὶ ἐπέσπειρεν[7] ζιζάνια[8] ἀνὰ μέσον τοῦ σίτου καὶ ἀπῆλθεν. (Mt 13,25) – 5. ἐφ' ὑμῖν οὖν χαίρω, θέλω δὲ ὑμᾶς σοφοὺς εἶναι εἰς τὸ ἀγαθόν. (Röm 16,19) – 6. καθώς ἐστιν δίκαιον ἐμοὶ τοῦτο φρονεῖν ὑπὲρ πάντων ὑμῶν διὰ τὸ ἔχειν με ἐν τῇ καρδίᾳ ὑμᾶς. (Phil 1,7) – 7. ἔφη αὐτῷ ὁ Ἰησοῦς· ἀμὴν λέγω σοι ὅτι ἐν ταύτῃ τῇ νυκτὶ πρὶν ἀλέκτορα φωνῆσαι τρὶς[9] ἀπαρνήσῃ με. (Mt 26,34) – 8. καὶ ἐμνήσθη ὁ Πέτρος τοῦ ῥήματος Ἰησοῦ εἰρηκότος ὅτι πρὶν ἀλέκτορα φωνῆσαι τρὶς ἀπαρνήσῃ με· καὶ ἐξελθὼν ἔξω ἔκλαυσεν[10]. (Mt 26,75) – 9. καὶ πορευθεὶς ἐκολλήθη ἑνὶ[11] τῶν πολιτῶν[12] τῆς χώρας ἐκείνης, καὶ ἔπεμψεν αὐτὸν εἰς τοὺς ἀγροὺς αὐτοῦ βόσκειν χοίρους. (Lk 15,15) – 10. οἱ Ἰουδαίοι ἐκώλυσαν ἡμᾶς τοῖς ἔθνεσιν λαλῆσαι ἵνα σωθῶσιν[13], εἰς τὸ ἀναπληρῶσαι[14] αὐτῶν τὰς ἁμαρτίας πάντοτε. (1Thess 2,16) – 11. λέγω γὰρ Χριστὸν διάκονον γεγενῆσθαι περιτομῆς ὑπὲρ ἀληθείας θεοῦ, εἰς τὸ βεβαιῶσαι τὰς ἐπαγγελίας τῶν πατέρων. (Röm 15,8) – 12. καὶ ἰδοὺ ἐγὼ ἀποστέλλω ὑμῖν Ηλιαν ... πρὶν ἐλθεῖν ἡμέραν κυρίου τὴν μεγάλην. (Mal 3,22 LXX) – 13. μηδεὶς ἑαυτὸν ἐξαπατάτω[15]· εἴ τις δοκεῖ σοφὸς εἶναι ἐν ὑμῖν ἐν τῷ αἰῶνι τούτῳ, μωρὸς γενέσθω, ἵνα γένηται σοφός. (1Kor 3,18) – 14. ὁ παλαιὸς ἡμῶν ἄνθρωπος συνεσταυρώθη[16], ἵνα καταργηθῇ τὸ σῶμα τῆς ἁμαρτίας, τοῦ μηκέτι δουλεύειν ἡμᾶς τῇ ἁμαρτίᾳ· (Röm 6,6) (erläutern Sie bitte die Kasus-Syntax von τῆς ἁμαρτίας!) – 15. τοῦτο δὲ Παύλου λαλοῦντος ἐγένετο στάσις τῶν Φαρισαίων καὶ Σαδδουκαίων καὶ ἐσχίσθη[17] τὸ πλῆθος. Σαδδουκαῖοι μὲν γὰρ λέγουσιν μὴ εἶναι ἀνάστασιν μήτε ἄγγελον μήτε πνεῦμα, Φαρισαῖοι δὲ ὁμολογοῦσιν τὰ ἀμφότερα. (Apg 23,7f*) (wie ist das Partizip am Anfang syntaktisch gebraucht?)

---

4 Aor.Konj. von θαυμάζω.

5 2.Pl.Impt.Aor.Akt. von ἀφίημι, hier: *lasst.*

6 δεσμωτήριον *Gefängnis.*

7 ἐπισπείρω *dazu säen.*

8 ζιζάνιον *Lolch* (ein Unkraut).

9 τρίς *dreimal.*

10 von κλαίω, vgl. Lekt. 38 B1 (S. 161).

11 Dat.Sg. vom Zahlwort εἷς.

12 πολίτης *Bürger.*

13 Aor.Pass. von σῴζω.

14 ἀναπληρόω *erfüllen, vervollständigen.*

15 ἐξαπατάω *täuschen, verführen.*

16 Kompositum aus σύν und σταυρόω.

17 ἐσχίσθη Aor.Pass. von σχίζω.

40. Possessivpronomen • Verallgemeinerndes Relativpronomen • Syntax des Akkusativs

A

1) Wiederholen Sie bitte die Formen des Personalpronomens!
2) Deklinieren Sie bitte das Relativpronomen!
3) Wiederholen Sie bitte die Konstruktion des AcI!

B

1) Possessivpronomen

Der Besitzer einer Sache wird meistens durch einen Genitiv wiedergegeben (ὁ οἶκος τοῦ γεωργοῦ), auch beim Personalpronomen (s. oben A1: μου, σου ... ἡμῶν, ὑμῶν ...); vgl. Lekt. 15 B2.
Es gibt auch ein eigenes **Possessivpronomen** (besitzanzeigendes Fürwort). Es wird wie ein Adjektiv der o-/a-Deklination dekliniert, z.B. ἐμός, ἐμή, ἐμόν. Die Verwandschaft mit den Personalpronomina ist gut erkennbar, z.B. von ἐμός (*mein*) mit dem Personalpronomen der 1. Pers. Sg. ἐγώ, ἐμοῦ, ἐμοί, ἐμέ (ich, meiner, mir, mich). Analog gilt dies auch für die übrigen Possessivpronomina. Die Formen lauten im Nom.:

ἐμός, -ή, -όν *mein*	ἡμέτερος, -α, -ον *unser*
σός, -ή, -όν *dein*	ὑμέτερος, -α, -ον *euer*

Die *Stellung* des Possessivpronomens entspricht der eines Adjektivs: entweder zwischen Artikel und Substantiv (ὁ ἐμὸς οἶκος) oder nach dem Substantiv mit wiederholtem Artikel (ὁ οἶκος ὁ ἐμός). Im NT wird meistens der Genitiv des Personalpronomens verwendet. Wenn jedoch der Besitzer stärker betont werden soll (z.B. *mein* Haus, nicht *dein* Haus), steht das Possessivpronomen.
Für die 3. Person (*sein, ihr*) gibt es kein Possessivpronomen; es werden daher die Formen von αὐτός verwendet.

2) Verallgemeinerndes Relativpronomen

Das verallgemeinernde Relativpronomen wird aus dem Relativ- und dem Indefinitpronomen zusammengesetzt (ὅστις *jeder, der* bzw. Pl. *alle, die*). Beide Wortbestandteile werden dekliniert (z.B. Gen.Sg.m.: οὕτινος). Im NT werden fast ausschließlich die Formen des Nom.Sg. und Pl. verwendet. Die wenigen Genitivformen stehen immer in der erstarrten Wendung ἕως ὅτου (*solange*) und stellen somit eigentlich eine Abweichung von der Regel dar. Die Unbestimmtheit kann durch ἄν bzw. ἐάν zusätzlich zum Ausdruck gebracht werden. Gelegentlich wird ὅστις auch ohne Bedeutungsunterschied anstelle des Relativpronomens ὅς verwendet. Im Nom.Sg.n. wird ὅ τι getrennt geschrieben, sodass eine Unterscheidung von ὅτι (*dass*) möglich ist.

3) Substantiva contracta der a-Deklination

Bei den (wenigen) Substantiva contracta wird der Stammauslaut -εα zu -η und -αα zu -α kontrahiert. γῆ, συκῆ und das seltene Wort μνᾶ (Mine, Pfund) sind Substantiva contracta, unterscheiden sich aber von den anderen Wörtern auf -η bzw. auf α-impurum nur im Akzent.

4) Syntax des Akkusativs

a) Direktes Objekt

Der Akkusativ ist primär der Kasus des *direkten Objekts* bei transitiven Verben (vgl. E). Dieser gewöhnliche Gebrauch entspricht weitgehend dem Deutschen.

ἐὰν γὰρ ἀγαπήσητε τοὺς ἀγαπῶντας ὑμᾶς ... (Mt 5,46) – *denn wenn ihr die liebt, die euch lieben ...*

Einige Verben werden, abweichend vom Deutschen (oft nur in der gebräuchlichen Übersetzung), mit dem Akkusativ verbunden, z.B. ὠφελέω *nützen*, ἀδικέω *Unrecht tun*, κελεύω *befehlen*, ἐλεέω τινά sich erbarmen über.[1]

Weiter ist zu beachten, dass Verben, die eigentlich intransitiv sind (ἔρχομαι, μένω), als Kompositum transitive Bedeutung haben können, z.B. διέρχομαι *hindurchziehen*, ἀναμένω *erwarten* (1Thess 1,10), ὑπομένω *ertragen* (1Kor 13,7).

διήρχετο δὲ τὴν Συρίαν καὶ τὴν Κιλικίαν (Apg 15,41)

Auch die Verben des Fürchtens, Fliehens und Meidens stehen oft mit Akkusativ.

Schließlich gibt es manche Verben, die mit dem Akkusativ *oder* (häufiger) mit dem Dativ konstruiert werden, εὐαγγελίζομαι (Lk 3,18 Akk.; Lk 2,10 Dat.) oder προσκυνέω (Lk 4,8 Akk.; Mt 2,2 Dat.).

b) Der doppelte Akkusativ der Person und der Sache

Zwei direkte Objekte, eins der Person und eins der Sache, haben die Verben des *Lehrens* und *Erinnerns*, des *Fragens* und *Bittens* (Mt 21,24), des *An-* und *Ausziehens* (Mt 27,31) sowie *kausative Verben*[2], z.B. ποτίζειν (1Kor 3,2).

ἐδίδασκεν <u>αὐτοὺς</u> ἐν παραβολαῖς <u>πολλά</u> (Mk 4,2) – *er lehrte sie vieles in Gleichnissen*

c) Doppelter Akkusativ als Gleichsetzungsakkusativ (direktes Objekt und Prädikatsakkusativ bzw. Objektsergänzung)

In dieser Konstruktion ist ein Akkusativ das direkte Objekt des Verbs, und der andere Akkusativ ergänzt die Verbalaussage und das Objekt. Dieser doppelte Akkusativ findet sich bei folgenden Verben: καλέω, λέγω, ποιέω (Mt 4,19), ἀποστέλλω, ἐκβάλλω (1Joh 4,14), ἡγέομαι, λογίζομαι (Phil 3,7), ἔχω, λαμβάνω (Mk 12,23).

<u>πατέρα</u> ἴδιον ἔλεγεν τὸν <u>θεόν</u> (Joh 5,18) – *er nannte Gott seinen eigenen Vater*

---

1 Bei den Verben des Schwörens bezeichnet das Substantiv im Akkusativ die Person oder Sache, bei der geschworen wird. Dieser Gebrauch ist im NT selten (vgl. Mk 5,7).

2 Kausative Verben bezeichnen ein Veranlassen oder Lassen.

d) Akkusativ des inneren Objekts

Ein dem Verb wurzelverwandtes (im Hebräischen: *figura etymologica*) oder sinnverwandtes Substantiv im Akkusativ kann als inneres Objekt den Verbalbegriff verstärken.

ἐφοβήθησαν φόβον (Lk 2,9) – *sie fürchteten sich sehr*

e) Der freiere Akkusativ[3]

Für das NT ist nur der Akkusativ der Ausdehnung wichtig: Das Substantiv im Akkusativ bestimmt die *zeitliche* oder *räumliche Ausdehnung* der Verbalaktion. In räumlicher Bedeutung ist er im NT selten, z.B. Joh 6,19; Lk 2,44.

ἔμειναν οὐ πολλὰς ἡμέρας (Joh 2,12) – *sie blieben nicht viele Tage/nur kurz*

f) Weitere Verwendungsweisen

Dass das Subjekt eines Infinitivs im Akkusativ steht und mit diesem einen AcI bildet, ist schon aus Lekt. 19 B5 bekannt. Bei einem Substantiv im Akkusativ steht die Apposition dazu ebenfalls im Akkusativ (vgl. Eph 1,7).

C

1) **Deklinieren Sie bitte** ἐμός, σός, ἡμέτερος **durch alle Formen!**

2) **Bestimmen Sie bitte folgende neutestamentliche Formen:**

συκῆν, συκῆς, γῇ, γῆ, ἐμός, ἡμετέρων, ἐμοῦ, σῷ, ἐμήν, σόν, ὑμετέραν, σῇ, ὑμέτερον, ἐμούς, ἡμετέραις, σῆς, ὑμετέρας, ἐμά, ἡμέτεροι, ἐμάς, ἡμετέρα, οἵτινες, ἥτις, αἵτινες, ὅστις, ἅτινα

3) **Bilden Sie bitte folgende Formen des verallgemeinernden Relativpronomens:**

Nom.Sg.f.; Nom.Pl.n.; Nom.Pl.m.; Nom.Sg.n.; Nom.Pl.f.; Nom.Sg.m.

D

1. Ὁ δὲ εἶπεν αὐτῷ· τέκνον, σὺ πάντοτε μετ᾽ ἐμοῦ εἶ, καὶ πάντα τὰ ἐμὰ σά ἐστιν. (Lk 15,31) (erläutern Sie bitte die Syntax in dem letzten Teilsatz!) – 2. πᾶς οὖν ὅστις ἀκούει μου τοὺς λόγους τούτους καὶ ποιεῖ αὐτούς, ὁμοιωθήσεται ἀνδρὶ φρονίμῳ, ὅστις ᾠκοδόμησεν αὐτοῦ τὴν οἰκίαν ἐπὶ τὴν πέτραν. (Mt 7,24) – 3. λέγει οὖν αὐτοῖς ὁ Ἰησοῦς· ὁ καιρὸς ὁ ἐμὸς οὔπω πάρεστιν, ὁ δὲ καιρὸς ὁ ὑμέτερος πάντοτέ ἐστιν ἕτοιμος. οὐ δύναται ὁ κόσμος μισεῖν ὑμᾶς, ἐμὲ δὲ μισεῖ, ὅτι ἐγὼ μαρτυρῶ περὶ αὐτοῦ ὅτι τὰ ἔργα αὐτοῦ πονηρά ἐστιν. (Joh 7,6f) (wie ist der Infinitiv syntaktisch gebraucht?) – 4. διὸ οὐδὲ ἐμαυτὸν ἠξίωσα πρὸς σὲ ἐλθεῖν· ἀλλὰ εἰπὲ λόγῳ, καὶ ἰαθήτω ὁ παῖς μου. (Lk 7,7) – 5. Ἰησοῦς Χριστὸς ἱλασμός[4] ἐστιν περὶ τῶν ἁμαρτιῶν ἡμῶν, οὐ περὶ τῶν

---

[3] Zum freieren Akkusativ gehören auch der Akkusativ der Beziehung (z.B. Joh 6,10) und der adverbiale Akkusativ (1Kor 4,2), die aber beide im NT selten sind.

[4] ἱλασμός *Sühne, Sühnopfer.*

ἡμετέρων δὲ μόνον ἀλλὰ καὶ περὶ ὅλου τοῦ κόσμου. (1Joh 2,2) – 6. ὅστις δὲ ὑψώσει ἑαυτὸν ταπεινωθήσεται καὶ ὅστις ταπεινώσει ἑαυτὸν ὑψωθήσεται. (Mt 23,12) – 7. λέγει αὐτῷ Ναθαναήλ· πόθεν με γινώσκεις; ἀπεκρίθη Ἰησοῦς καὶ εἶπεν αὐτῷ· πρὸ τοῦ σε Φίλιππον φωνῆσαι ὄντα ὑπὸ τὴν συκῆν εἶδόν σε. (Joh 1,48) (wie sind der Infinitiv und das Partizip syntaktisch gebraucht?) – 8. εἰ δὲ τοῖς Μωϋσέως γράμμασιν οὐ πιστεύετε, πῶς τοῖς ἐμοῖς ῥήμασιν πιστεύσετε; (Joh 5,47*) – 9. καθημένου[5] δὲ αὐτοῦ ἐπὶ τοῦ ὄρους τῶν ἐλαιῶν προσῆλθον αὐτῷ οἱ μαθηταὶ ... λέγοντες· εἰπὲ ἡμῖν, πότε ταῦτα ἔσται καὶ τί τὸ σημεῖον τῆς σῆς παρουσίας καὶ συντελείας[6] τοῦ αἰῶνος; (Mt 24,3) (wie sind die Partizipien syntaktisch gebraucht?) – 10. ἐὰν ἐμοί τις διακονῇ, ἐμοὶ ἀκολουθείτω, καὶ ὅπου εἰμὶ ἐγὼ ἐκεῖ καὶ ὁ διάκονος ὁ ἐμὸς ἔσται. (Joh 12,26)

Erläutern Sie bitte bei den folgenden Sätzen jeweils die Syntax des Akkusativs!

11. Ἰδόντες δὲ τὸν ἀστέρα ἐχάρησαν[7] χαρὰν μεγάλην σφόδρα. (Mt 2,10) – 12. ἦλθεν οὖν πάλιν εἰς τὴν Κανὰ τῆς Γαλιλαίας, ὅπου ἐποίησεν τὸ ὕδωρ οἶνον. (Joh 4,46) – 13. ἅτινα ἦν μοι κέρδη, ταῦτα ἥγημαι διὰ τὸν Χριστὸν ζημίαν[8]. (Phil 3,7) – 14. καὶ ἐφοβήθησαν φόβον μέγαν καὶ ἔλεγον πρὸς ἀλλήλους· τίς ἄρα οὗτός ἐστιν ὅτι καὶ ὁ ἄνεμος καὶ ἡ θάλασσα ὑπακούει αὐτῷ; (Mk 4,41) – 15. ὑπόδειγμα[9] λάβετε, ἀδελφοί, τῆς κακοπαθίας[10] καὶ τῆς μακροθυμίας τοὺς προφήτας οἳ ἐλάλησαν ἐν τῷ ὀνόματι κυρίου. (Jak 5,10) – 16. καὶ παράγων παρὰ τὴν θάλασσαν τῆς Γαλιλαίας εἶδεν Σίμωνα καὶ Ἀνδρέαν τὸν ἀδελφὸν Σίμωνος ἀμφιβάλλοντας[11] ἐν τῇ θαλάσσῃ· ἦσαν γὰρ ἁλιεῖς. (Mk 1,16) (wie sind die Partizipien syntaktisch gebraucht?) – 17. ὁ δὲ ... εἶπεν· ἑταῖρε[12], οὐκ ἀδικῶ σε· οὐχὶ δηναρίου συνεφώνησάς[13] μοι; (Mt 20,13)

E

Transitive und intransitive Verben

Wie im Deutschen gibt es auch im Griechischen transitive und intransitive Verben. Verben *mit einem Akkusativobjekt* nennt man *transitive* (zielende) Verben. Das Akkusativobjekt wird bei der Umwandlung ins Passiv zum Subjekt.

ὁ ἄνθρωπος τὸν ἰχθὺν βλέπει	*der Mensch sieht den Fisch*
ὁ ἰχθύς ὑπὸ τοῦ ἀνθρώπου βλέπεται	*der Fisch wird von dem Menschen gesehen*

Alle anderen Verben nennt man *intransitive* (nicht zielende) Verben, d.h. sie werden ohne Akkusativobjekt gebraucht.

---

[5] κάθημαι *sitzen.*

[6] συντελεία *Vollendung.*

[7] Ind.Aor.Pass. (mit akt. Bedeutung) von χαίρω.

[8] κερδός n. *Gewinn*; ζημία *Schaden.*

[9] ὑπόδειγμα *Beispiel, Vorbild.*

[10] κακοπαθία *Leiden, Unglück.*

[11] ἀμφιβάλλω *das Netz auswerfen.*

[12] ἑταῖρος *Freund.*

[13] συμφωνέω *sich einigen.*

41. Adjektive mit Endungen der 3. Deklination

A

1) Nennen Sie bitte die Endungen der 3. Deklination (auch Neutra).
2) Wiederholen Sie bitte die Regeln, nach denen die σ-Stämme (z.B. γένος) dekliniert werden, und deklinieren Sie γένος!
3) Wiederholen Sie bitte die Deklination der Stämme auf υ (ἰχθύς)!
4) Wiederholen Sie bitte die Deklination der Stämme auf ν (ποιμήν)!

B

1) Die **Adjektive auf -ης** werden behandelt wie die Substantive der σ-Stämme (z.B. γενός, s. oben A2). Dabei sind insbesondere die Veränderungen durch den Ausfall des Stammauslauts -σ zwischen zwei Vokalen zu beachten. Die Adjektive auf -ης sind zweiendig, d.h. sie besitzen keine femininen Formen, sondern nur maskuline und neutrale. Die maskulinen Formen werden auch bei der Näherbestimmung von femininen Substantiven benutzt. Beim Neutrum gibt es nur jeweils im Nominativ und Akkusativ eigene Formen. Im Nom.Sg.n. kommt der reine Stamm vor (ες). Im Nom.Sg.m. wird der Stamm gedehnt: ης (aus ες). Der Akk.Sg.m. hat ursprünglich εσ-α (s. oben A1+2) und gleicht somit Nom. und Akk.Pl.n. Der Nom.Pl.m. ergibt sich aus εσ + ες[1]. Diese Form hat man auch auf Akk.Pl.m. ausgedehnt (wie bei den ευ-Stämmen). Die Formen von ἀληθεσ- sind:

		m.+f.	*n.*	
Sg.	Nom.	ἀληθής	ἀληθές	(m.: mit Dehnung des ε)
	Gen.	ἀληθοῦς		(← ἀληθεσ-ος)
	Dat.	ἀληθεῖ		(← ἀληθεσ-ι)
	Akk.	ἀληθῆ	ἀληθές	(m.: ← ἀληθεσ-α; n.: = Nom.)
Pl.	Nom.	ἀληθεῖς	ἀληθῆ	(m.: ← ἀληθεσ-ες; n.: ← ἀληθεσ-α)
	Gen.	ἀληθῶν		(← ἀληθεσ-ων)
	Dat.	ἀληθέσι(ν)		(← ἀληθεσ-σιν)
	Akk.	ἀληθεῖς	ἀληθῆ	(= Nom.)

[1] Im Bereich der Endung fällt das σ zwischen zwei Vokalen aus. Die beiden ε werden dann zu ει kontrahiert.

2) Bei den **Adjektiven auf υς, εια, υ** folgt das Femininum der a-Deklination (α-purum). Nom. und Akk.Sg.m. und n. werden wie die υ-Stämme gebildet (s. oben A3). Die übrigen Formen werden mit ε-Stamm[2] und den Endungen der dritten Dekl. gebildet.
Nun fehlen Ihnen nur noch Gen. und Dat.Sg. und Pl.m. und n. sowie Nom. und Akk.Pl.n. Sie werden mit ε-Stamm gebildet (der ja auch im Femininum steckt), wobei das ο zu ω wurde, also έως, εῖ; έων, έσιν; έα (2×). Die Adjektive auf -υς sind dreiendig. Das Femininum folgt der a-Deklination.
Die Formen von ταχύς sind:

	Singular		
	m.	*f.*	*n.*
Nom.	ταχύς	ταχεῖα	ταχύ
Gen.	ταχέως	ταχείας	ταχέως
Dat.	ταχεῖ	ταχείᾳ	ταχεῖ
Akk.	ταχύν	ταχεῖαν	ταχύ

Plural		
m.	*f.*	*n.*
ταχεῖς	ταχεῖαι	ταχέα
ταχέων	ταχειῶν	ταχέων
ταχέσι(ν)	ταχείαις	ταχέσι(ν)
ταχεῖς	ταχείας	ταχέα

3) Das im NT seltene **Adjektiv** μέλας, μέλαινα, μέλαν („schwarz") ist ein ν-Stamm (wie das Neutrum zeigt). Das Femininum ist entstanden aus μελαν-jα durch Umsprung des j: μελαjνα = μέλαινα) und wird wie ein Substantiv der a-Deklination (α-impurum) dekliniert. Im NT gibt es jedoch nur eine einzige feminine Form dieses Adjektivs (μέλαιναν in Mt 5,36).

C

1) Bestimmen Sie bitte folgende neutestamentliche Formen:

ταχύ, ταχύς, ἀληθές, ἀληθής, ἀσθενέσιν, ἀληθεῖς, ἀληθῆ, ταχεῖ, ἀληθοῦς, ἀσεβέσιν, ἀσεβῶν, ἀσεβεῖς, ἀσεβέσι, ἀσθενές, ἀσθενῆ, πλήρης, συγγενῶν, ὑγιῆ, συγγενεῖς

2) Bilden Sie bitte folgende Formen von συγγενής **(auch immer neutr.):**

Gen.Pl., Akk.Sg., Nom.Pl., Dat.Sg., Akk.Pl., Gen.Sg., Dat.Pl.

D

1. Καὶ ἐν τῷ νόμῳ δὲ τῷ ὑμετέρῳ γέγραπται ὅτι δύο ἀνθρώπων ἡ μαρτυρία ἀληθής ἐστιν. (Joh 8,17) – 2. λέγω ὑμῖν ὅτι ποιήσει τὴν ἐκδίκησιν[3] αὐτῶν ἐν τάχει. (Lk 18,8) – 3. καὶ ὁ λόγος σὰρξ ἐγένετο καὶ ἐσκήνωσεν[4] ἐν ἡμῖν, καὶ ἐθεασάμεθα τὴν δόξαν αὐτοῦ, δόξαν ὡς μονογενοῦς παρὰ πατρός, πλήρης χάριτος καὶ ἀληθείας. (Joh 1,14) –

---

[2] Entstanden ist dieser Stamm aus ursprünglichem εϝ.

[3] ἐκδίκησις *Vergeltung, Bestrafung*; hier: ποιέω τὴν ἐκδίκησιν *Recht verschaffen,* mit folgendem Genitiv.

[4] σκηνόω *wohnen.*

4. καὶ ἀποστέλλουσιν αὐτῷ τοὺς μαθητὰς αὐτῶν μετὰ τῶν Ἡρῳδιανῶν λέγοντες· διδάσκαλε, οἴδαμεν ὅτι ἀληθὴς εἶ καὶ τὴν ὁδὸν τοῦ θεοῦ ἐν ἀληθείᾳ διδάσκεις καὶ οὐ μέλει σοι περὶ οὐδενός. (Mt 22,16) – 5. ἔστω δὲ πᾶς ἄνθρωπος ταχὺς εἰς τὸ ἀκοῦσαι, βραδὺς[5] εἰς τὸ λαλῆσαι, βραδὺς εἰς ὀργήν· (Jak 1,19) – 6. ταῦτά σοι γράφω ἐλπίζων ἐλθεῖν πρὸς σὲ ἐν τάχει· (1Tim 3,14) – 7. ἔτι γὰρ Χριστὸς ὄντων ἡμῶν ἀσθενῶν ἔτι κατὰ καιρὸν ὑπὲρ ἀσεβῶν ἀπέθανεν. (Röm 5,6) – 8. ἔρχομαι ταχύ· κράτει ὃ ἔχεις, ἵνα μηδεὶς λάβῃ τὸν στέφανόν σου. (Offb 3,11) – 9. νυνὶ δὲ ἐν Χριστῷ Ἰησοῦ ὑμεῖς οἵ ποτε ὄντες μακρὰν ἐγενήθητε ἐγγὺς ἐν τῷ αἵματι τοῦ Χριστοῦ. (Eph 2,13) – 10. ἐν Ἰόππῃ δέ τις ἦν μαθήτρια[6] ὀνόματι Ταβιθὰ ... αὕτη ἦν πλήρης ἔργων ἀγαθῶν καὶ ἐλεημοσυνῶν ὧν ἐποίει. (Apg 9,36) – 11. οὗτος γάρ ἐστιν ὁ ῥηθεὶς διὰ Ἠσαΐου τοῦ προφήτου λέγοντος· φωνὴ βοῶντος ἐν τῇ ἐρήμῳ· ἑτοιμάσατε τὴν ὁδὸν κυρίου, εὐθείας ποιεῖτε τὰς τρίβους[7] αὐτοῦ. (Mt 3,3) – 12. πάλιν ἐντολὴν καινὴν γράφω ὑμῖν, ὅ ἐστιν ἀληθὲς ἐν αὐτῷ καὶ ἐν ὑμῖν, ὅτι ἡ σκοτία παράγεται καὶ τὸ φῶς τὸ ἀληθινὸν ἤδη φαίνει. (1Joh 2,8)

---

[5] βραδύς *langsam.*

[6] μαθήτρια *Jüngerin.*

[7] ἡ τρίβος *Pfad.*

42. Verba muta: Dentalstämme

A

1) Lernen Sie bitte die Stammformen von πείθω (vgl. Lekt. 38 E)!
2) Wiederholen Sie bitte möglichst viele Formen von παιδεύω!
3) Wiederholen Sie bitte die Besonderheiten der Deklination bei den Dental-, Guttural- und Labial-Stämmen (vgl. Lekt. 23)!

B

Neben den *Verba vocalia* (παιδεύω, ποιέω, τιμάω, δουλόω) bilden die **Verba muta** eine zweite Gruppe von Verben, die in der 1.Sg. als Personalendung ein ω haben. Zu den Verba muta werden die Verben gerechnet, deren Stamm auf einen „stummen" Konsonanten (also einen Dental, Guttural oder Labial) endet; auf diesen Lauten kann man z.B. nicht singen. Zu den **Dentalstämmen** gehören die Verben, **deren Stamm auf δ, τ oder θ endet**.
Die Dentalstämme waren im Präsens früher häufig durch ein j erweitert (das es in neutestamentlicher Zeit im Griechischen nicht mehr gab). Aus Dental + j wurde ζ; z.B. ἐλπίζω (aus ἐλπιδ-; vgl. das Substantiv ἐλπίς, ἐλπίδ-ος). Der Dentalstamm ist deshalb im Präsens nicht immer eindeutig zu erkennen. Die Verben auf -ζω sind größtenteils Dentalstämme.
An diesen *Präsensstamm* werden die Endungen des Präsens und Imperfekts wie bei παιδεύω angehängt (s. oben A2), z.B. ἐλπίζεις oder (Ipf.) ἤλπιζεν. Schwieriger wird die *Bildung der anderen Tempora*. Es werden dieselben Tempuszeichen (Augment, Reduplikation, Futur-σ usw.) wie bei παιδεύω verwendet. Dadurch stoßen aber an den Dental des Stammauslauts Konsonanten, entweder vom Tempuszeichen oder (im Pf. und Plsqpf.MP) von der Personalendung.
Für die daraus resultierenden Lautveränderungen gelten folgende Regeln:

δ, τ, θ + σ → σ	δ, τ, θ + τ → στ	δ, τ, θ + θ → σθ
δ, τ, θ + κ → κ	δ, τ, θ + μ → σμ	δ, τ, θ + σθ → σθ

Dies lässt sich mit zwei Regeln weiter zusammenfassen:
1. Vor σ und κ entfällt der Dental.
2. Vor θ, μ, τ wird der Dental zu σ.

Besonderheiten:

1. Die mehr als zweisilbigen Verben auf -ίζω haben normalerweise im Aktiv und Medium das sogenannte *attische Futur* (= Futurum contractum). Die Endungen (es sind die des Präsens der Verba contracta auf -εω) werden unmittelbar an den Verbalstamm (ohne Dental) angehängt.

   Beispiel: ἐλπίζω hat im Futur: ἐλπιῶ, ἐλπιεῖς, ἐλπιεῖ, ἐλπιοῦμεν, ἐλπιεῖτε, ἐλπιοῦσιν (Im Koine-Griechisch gibt es bei diesen Verben öfters auch sigmatische Futurformen, z.B. bei βαπτίζω: βαπτίσει.)

Bei manchen Verben fehlt im Aor. und Fut. Pass. sowie bei einigen Formen des Pf. MP das σ. (Bei σῴζω werden die Formen z.B. von zwei verschiedenen Stämmen gebildet: σω- bzw. σῳδ-.)

Oft wird das Pf. Pass. durch das Ptz.Pf.MP mit einer Form von εἰμί gebildet; z.B. Hebr 10,10: ἡγιασμένοι ἐσμέν – *wir sind geheiligt (worden)*. Die 3.Pl.Ind.Pf. bzw. Plsqpf.MP wird bei den Verba muta *stets* durch das Ptz.Pf.MP mit εἰσίν bzw. ἦσαν umschrieben (Pf.: δεδοξασμένοι εἰσίν; Plsqpf.: δεδοξασμένοι ἦσαν). Vgl. Lekt. 34 B1.

Beispiel für Stammformen:

δοξάζω *ehren*	Stamm: δοξαδ-
Präs. Akt.	δοξάζω
Fut. Akt. (+ σ)	δοξάσω
Aor. Akt. (+ σ)	ἐδόξασα
Pf. Akt. (+ κ)	δεδόξακα
Pf. MP (+ μ in 1.Sg.)	δεδόξασμαι
Aor. Pass. (+ θ)	ἐδοξάσθην
Fut. Pass. (+ θ)	δοξασθήσομαι

Perfekt und Plusquamperfekt Medium/Passiv:

Ind.	*Pf. MP*		*Ind.*	*Plsqpf. MP*
1.Sg.	δεδόξασ-μαι	+ μ	1.Sg.	ἐ-δεδοξάσ-μην[1]
2.Sg.	δεδόξα-σαι	+ σ	2.Sg.	ἐ-δεδόξα-σο
3.Sg.	δεδόξασ-ται	+ τ	3.Sg.	ἐ-δεδόξασ-το
1.Pl.	δεδοξάσ-μεθα	+ μ	1.Pl.	ἐ-δεδοξάσ-μεθα
2.Pl.	δεδόξα-σθε	+ σθ	2.Pl.	ἐ-δεδόξα-σθε
3.Pl.	δεδοξασ-μένοι εἰσίν	+ μ	3.Pl.	δεδοξασ-μένοι ἦσαν
Inf.	δεδοξά-σθαι	+ σθ		
Ptz.	δεδοξασ-μένος, -η, -ον	+ μ		

[1] Das Augment kann wie auch sonst im Plusquamperfekt fehlen.

C

1) Konjugieren Sie bitte das Futur Akt. und Med. von ἁγιάζω **und** ἐλπίζω!

2) Konjugieren Sie bitte den Aorist Akt. und Med. von ἀγοράζω!

3) Konjugieren Sie bitte das Pf. und Plsqpf. Akt. von ἑτοιμάζω!

4) Konjugieren Sie bitte das Pf. und Plsqpf. MP von πειράζω!

5) Bestimmen Sie bitte folgende (fast ausschließlich neutestamentliche) Formen: Stellen Sie dabei (ggf. anhand des Wörterverzeichnisses) fest, von welchen Verben sie kommen und wie die Stammformen dieser Verben lauten müssen!

ἠγωνισάμην, ἡγιασμένοι, καθαριεῖ, ἔπεισαν, ἁγιάσας, ἡγίασται, ἁγιάζον, ἡγίασεν, ἁρπάσουσιν, ἁγιασθήτω, ἤσπασμαι, ἡγιασμένη, ἡγιάσθητε, ἁγιάσῃ, εὐαγγέλισαι, πείσομεν, πέποιθεν, σωθησόμεθα, ἐπεποίθει, ἐλπιοῦσιν, πεποιθότας, πεισθήσονται, ἐγγιεῖν, δοξασθῶσιν, ἡτοίμασται, κτισθέντες, σχίσωμεν, καθίσει, θαυμασθήσονται

D

1. Οὕτως οὖν προσεύχεσθε ὑμεῖς· Πάτερ ἡμῶν ὁ ἐν τοῖς οὐρανοῖς· ἁγιασθήτω τὸ ὄνομά σου· ἐλθέτω ἡ βασιλεία σου· γενηθήτω τὸ θέλημά σου, ὡς ἐν οὐρανῷ καὶ ἐπὶ γῆς. (Mt 6,9f) – 2. ἢ πῶς δύναταί τις εἰσελθεῖν εἰς τὴν οἰκίαν τοῦ ἰσχυροῦ καὶ τὰ σκεύη αὐτοῦ ἁρπάσαι, ἐὰν μὴ πρῶτον δήσῃ τὸν ἰσχυρόν; (Mt 12,29) (erläutern Sie bitte die Syntax des Infinitivs sowie den Modus von δήσῃ) – 3. οὐκέτι λέγω ὑμᾶς δούλους, ὅτι ὁ δοῦλος οὐκ οἶδεν τί ποιεῖ αὐτοῦ ὁ κύριος· ὑμᾶς δὲ εἴρηκα φίλους, ὅτι πάντα ἃ ἤκουσα παρὰ τοῦ πατρός μου ἐγνώρισα ὑμῖν. (Joh 15,15) (erläutern Sie bitte den Tempusaspekt von ἐγνώρισα) – 4. καὶ ὑπὲρ αὐτῶν ἐγὼ ἁγιάζω ἐμαυτόν, ἵνα ὦσιν καὶ αὐτοὶ ἡγιασμένοι ἐν ἀληθείᾳ. (Joh 17,19) – 5. Ἠσαΐας λέγει· ἔσται ἡ ῥίζα τοῦ Ἰεσσαὶ καὶ ὁ ἀνιστάμενος[2] ἄρχειν ἐθνῶν, ἐπ᾽ αὐτῷ ἔθνη ἐλπιοῦσιν. (Röm 15,12) – 6. ἠγοράσθητε γὰρ τιμῆς· δοξάσατε δὴ[3] τὸν θεὸν ἐν τῷ σώματι ὑμῶν. (1Kor 6,20) – 7. Ἰησοῦς εἶπεν· πάτερ, ἐλήλυθεν ἡ ὥρα· δόξασόν σου τὸν υἱόν, ἵνα ὁ υἱὸς δοξάσῃ σέ. (Joh 17,1) (erläutern Sie bitte den Tempusaspekt von ἐλήλυθεν sowie den Modus von δοξάσῃ) – 8. τότε ἐρεῖ ὁ βασιλεὺς τοῖς ἐκ δεξιῶν αὐτοῦ· δεῦτε οἱ εὐλογημένοι τοῦ πατρός μου, κληρονομήσατε τὴν ἡτοιμασμένην ὑμῖν βασιλείαν ἀπὸ καταβολῆς κόσμου. (Mt 25,34) – 9. καὶ λέγει μοι· μὴ σφραγίσῃς τοὺς λόγους τῆς προφητείας τοῦ βιβλίου τούτου, ὁ καιρὸς γὰρ ἐγγύς ἐστιν. (Offb 22,10) (erläutern Sie bitte den Modus von σφραγίσῃς) – 10. οὐκ ἔστιν μαθητὴς ὑπὲρ τὸν διδάσκαλον· κατηρτισμένος δὲ πᾶς ἔσται ὡς ὁ διδάσκαλος αὐτοῦ. (Lk 6,40) – 11. καὶ πᾶς ὁ λαὸς ἀκούσας καὶ οἱ τελῶναι ἐδικαίωσαν τὸν

[2] Nom.Sg.m.Ptz.Präs.MP von ἀνίσταμαι *aufstehen.*

[3] δή *nun, also.*

θεὸν βαπτισθέντες τὸ βάπτισμα Ἰωάννου. (Lk 7,29) – 12. εἰσκαλεσάμενος[4] οὖν αὐτοὺς ἐξένισεν. Τῇ δὲ ἐπαύριον[5] ... ἐξῆλθεν σὺν αὐτοῖς καί τινες τῶν ἀδελφῶν τῶν ἀπὸ Ἰόππης συνῆλθον αὐτῷ. (Apg 10,23) – 13. γάλα[6] ὑμᾶς ἐπότισα, οὐ βρῶμα· οὔπω γὰρ ἐδύνασθε. ἀλλ' οὐδὲ ἔτι νῦν δύνασθε. (1Kor 3,2) – 14. γνωρίζω δὲ ὑμῖν, ἀδελφοί, τὸ εὐαγγέλιον ὃ εὐηγγελισάμην ὑμῖν, ὃ καὶ παρελάβετε, ἐν ᾧ καὶ ἑστήκατε[7], δι' οὗ καὶ σῴζεσθε. (1Kor 15,1f) – 15. ἅμα δὲ καὶ ἑτοίμαζέ μοι ξενίαν[8]· ἐλπίζω γὰρ ὅτι διὰ τῶν προσευχῶν ὑμῶν χαρισθήσομαι ὑμῖν. (Phlm 22) – 16. τοιοῦτον ἔχομεν ἀρχιερέα, ὃς ἐκάθισεν ἐν δεξιᾷ τοῦ θρόνου τῆς μεγαλωσύνης[9] ἐν τοῖς οὐρανοῖς, τῶν ἁγίων λειτουργὸς[10] καὶ τῆς σκηνῆς τῆς ἀληθινῆς. (Hebr 8,1f)

E

Neutestamentlicher Übersetzungstext: 1. Korinther 3,5-9

Übersetzen Sie bitte diesen Text aus dem griechischen Neuen Testament! Die noch unbekannte Verbform wird nachstehend angegeben, während Sie die unbekannten Vokabeln bitte im Wörterbuch nachschlagen. Kontrollieren Sie Ihre Übersetzung *danach* bitte anhand einer philologischen Bibelübersetzung (z.B. Elberfelder, Luther 2017, Einheitsübersetzung oder Zürcher Bibel)!

Hilfe:

5 ἔδωκεν 3.Sg.Ind.Aor.Akt. von δίδωμι *geben*

---

[4] εἰσκαλέομαι *einladen.*

[5] τῇ ἐπαύριον *am nächsten Tag.*

[6] γάλα *Milch.*

[7] 2.Pl.Ind.Pf.Akt. *ihr steht.*

[8] ξενία *Gastfreundschaft; Unterkunft.*

[9] μεγαλωσύνη *Erhabenheit, Majestät.*

[10] λειτουργός *Diener.*

43. Verba muta: Gutturalstämme

A

1) Lernen Sie bitte die Stammformen von εὑρίσκω und ἔχω (vgl. Lekt. 38 E)!
2) Was geschieht bei den Substantiven mit gutturalem Stammauslaut, wenn σ angehängt wird (z.B. im Dat.Pl. oder Nom.Sg.)?

B

Zu den **Gutturalstämmen** gehören die Verben, **deren Stamm auf γ, κ, oder χ endet**. Im Präsens ist der Guttural am Ende des Stamms allerdings oft nicht zu erkennen. Durch Zufügung von j entstand nämlich oft ein σσ oder ein ζ. Deshalb gehören die Verben auf -σσω[1] und einige Verben auf -ζω (besonders solche, die einen Klang bezeichnen, z.B. κράζω, σαλπίζω) zu den Gutturalstämmen. So lautet beispielsweise der Stamm von πράσσω: πραγ- und von κράζω: κραγ-.
Die Formen des *Präsens* und *Imperfekt* können normal gebildet werden; an den Präsensstamm werden die Endungen des Präsens und Imperfekts wie bei παιδεύω angehängt (z.B. ἄγω und ἦγον).
Schwieriger ist wieder die *Bildung der anderen Tempora*. Verwendet werden die üblichen Tempuszeichen. Damit stoßen aber an den Guttural des Stammauslauts Konsonanten, entweder vom Tempuszeichen oder (im Pf. und Plsqpf.MP) von der Personalendung.
Für die daraus resultierenden Lautveränderungen gelten folgende Regeln:

γ, κ, χ + σ → ξ	γ, κ, χ + τ → κτ	γ, κ, χ + σθ → χθ (Vermeidung von Konsonantenhäufung)
γ, κ, χ + μ → γμ	γ, κ, χ + θ → χθ	

Dass Guttural und σ zu ξ werden, ist schon bekannt. Vor dem weichen μ wird der Guttural zu γ, vor dem harten τ zu κ, vor dem behauchten θ zu χ. Folgt auf den Guttural σθ, entfällt zur Vermeidung von Konsonantenhäufung das σ.
Die Gutturale bilden das *Perfekt und Plusquamperfekt Aktiv* nicht mit κ. Es wird durch das *Perfekt II* (aspiriertes Perfekt) ersetzt, bei dem der Stammauslaut behaucht ist (γ, κ → χ). Ansonsten ist die Flexion die gleiche wie bei dem schon bekannten Perfekt I. Die 3.Pl.Pf. bzw. Plqpf.MP werden durch das Ptz.Pf.MP mit εἰσίν bzw. ἦσαν umschrieben.

[1] Im klassischen Griechisch steht -ττω statt –σσω.

Beispiele für Stammformen:

	δοξάζω *ehren* Dentalstamm: δοξαδ-	διώκω *verfolgen* Gutturalstamm: διωκ-
Präs. Akt.	δοξάζω	διώκω
Fut. Akt. (+ σ)	δοξάσω	διώξω
Aor. Akt. (+ σ)	ἐδόξασα	ἐδίωξα
Pf. Akt. (+ κ)	δεδόξακα	δεδίωχα
Pf. MP (+ μ in 1.Sg.)	δεδόξασμαι	δεδίωγμαι
Aor. Pass. (+ θ)	ἐδοξάσθην	ἐδιώχθην
Fut. Pass. (+ θ)	δοξασθήσομαι	διωχθήσομαι

Perfekt und Plusquamperfekt Medium/Passiv:

Ind.	*Pf. MP*		*Ind.*	*Plsqpf. MP*
1.Sg.	δεδίωγ-μαι	+ μ	1.Sg.	ἐ-δεδιώγ-μην[2]
2.Sg.	δεδίωξαι	+ σ	2.Sg.	ἐ-δεδίωξο
3.Sg.	δεδίωκ-ται	+ τ	3.Sg.	ἐ-δεδίωκ-το
1.Pl.	δεδιώγ-μεθα	+ μ	1.Pl.	ἐ-δεδιώγ-μεθα
2.Pl.	δεδίωχ-θε	+ σθ	2.Pl.	ἐ-δεδίωχ-θε
3.Pl.	δεδιωγ-μένοι εἰσίν	+ μ	3.Pl.	δεδιωγ-μένοι ἦσαν
Inf.	δεδιῶχ-θαι	+ σθ		
Ptz.	δεδιωγ-μένος, -η, -ον	+ μ		

C

1) Konjugieren Sie bitte den Ind. Aor. Akt. und Med. von διώκω**!**

2) Konjugieren Sie bitte Ind. Pf. und Plsqpf. Akt. von ἄγω **(+ MP) und** κράζω**!**

3) Bestimmen Sie bitte folgende (fast ausschließlich neutestamentliche) Formen:
πράσσουσιν, πράξετε, ἔπραξα, πεπραγμένον, ἀνοίξαντες, ἀνοῖξαι, διαταχθέντα, ἤρξατο, ἐπράξατε, πέπραχα, πράξῃς, ἀχθήσεσθε, πραξάντων, πεπραχέναι, πρᾶξαι, πράσσοντας, πρόσευξαι, διώξετε, ἔκραξεν, σῶσον, ἀρξάμενος, ἀναχθέντες, τεταραγμένοι, ἐστήρικται, τίκτουσα, ἐτάραξεν, ἐμπαίξας, ἀνοιγήσεται

D

1. Μακάριοι οἱ δεδιωγμένοι ἕνεκεν δικαιοσύνης, ὅτι αὐτῶν ἐστιν ἡ βασιλεία τῶν οὐρανῶν. μακάριοί ἐστε ὅταν ὀνειδίσωσιν ὑμᾶς καὶ διώξωσιν καὶ εἴπωσιν πᾶν πονηρὸν

---

[2] Das Augment kann wie auch sonst im Plusquamperfekt fehlen.

καθ᾽ ὑμῶν ψευδόμενοι ἕνεκεν ἐμοῦ. (Mt 5,10f) – 2. τότε ὁ Ἰησοῦς ἀνήχθη εἰς τὴν ἔρημον ὑπὸ τοῦ πνεύματος πειρασθῆναι ὑπὸ τοῦ διαβόλου. (Mt 4,1) (wie ist der Infinitiv syntaktisch gebraucht?) – 3. ὅταν δὲ ἔλθῃ ὁ υἱὸς τοῦ ἀνθρώπου ἐν τῇ δόξῃ αὐτοῦ καὶ πάντες οἱ ἄγγελοι μετ᾽ αὐτοῦ, τότε καθίσει ἐπὶ θρόνου δόξης αὐτοῦ· καὶ συναχθήσονται ἔμπροσθεν αὐτοῦ πάντα τὰ ἔθνη, καὶ ἀφορίσει αὐτοὺς ἀπ᾽ ἀλλήλων, ὥσπερ ὁ ποιμὴν ἀφορίζει τὰ πρόβατα ἀπὸ τῶν ἐρίφων[3]. (Mt 25,31f) – 4. καὶ ἐκπορεύσονται οἱ τὰ ἀγαθὰ ποιήσαντες εἰς ἀνάστασιν ζωῆς, οἱ δὲ τὰ φαῦλα[4] πράξαντες εἰς ἀνάστασιν κρίσεως. (Joh 5,29) – 5. εἶπεν δὲ πρὸς αὐτὸν ὁ κύριος· πορεύου, ὅτι σκεῦος ἐκλογῆς ἐστίν μοι οὗτος τοῦ βαστάσαι τὸ ὄνομά μου ἐνώπιον ἐθνῶν τε καὶ βασιλέων υἱῶν τε Ἰσραήλ. (Apg 9,15) – 6. ἐγὼ πέποιθα εἰς ὑμᾶς ἐν κυρίῳ ὅτι οὐδὲν ἄλλο φρονήσετε· ὁ δὲ ταράσσων ὑμᾶς βαστάσει τὸ κρίμα, ὅστις ἐὰν ᾖ. (Gal 5,10) – 7. λέγει αὐτῷ ὁ νεανίσκος· πάντα ταῦτα ἐφύλαξα· τί ἔτι ὑστερῶ; ἔφη αὐτῷ ὁ Ἰησοῦς· εἰ θέλεις τέλειος εἶναι, ὕπαγε πώλησόν σου τὰ ὑπάρχοντα. (Mt 19,20-21a) – 8. μνημονεύετε τοῦ λόγου οὗ ἐγὼ εἶπον ὑμῖν … εἰ ἐμὲ ἐδίωξαν, καὶ ὑμᾶς διώξουσιν· εἰ τὸν λόγον μου ἐτήρησαν, καὶ τὸν ὑμέτερον τηρήσουσιν. (Joh 15,20) – 9. οἱ δὲ ἐσιώπων· πρὸς ἀλλήλους γὰρ διελέχθησαν ἐν τῇ ὁδῷ τίς μείζων.[5] (Mk 9,34) – 10. καὶ κηρυχθήσεται τοῦτο τὸ εὐαγγέλιον τῆς βασιλείας ἐν ὅλῃ τῇ οἰκουμένῃ εἰς μαρτύριον πᾶσιν τοῖς ἔθνεσιν, καὶ τότε ἥξει τὸ τέλος. (Mt 24,14) – 11. καὶ ὅτε ἐνέπαιξαν αὐτῷ, ἐξέδυσαν[6] αὐτὸν τὴν χλαμύδα[7] καὶ ἐνέδυσαν αὐτὸν τὰ ἱμάτια αὐτοῦ καὶ ἀπήγαγον αὐτὸν εἰς τὸ σταυρῶσαι. (Mt 27,31)

E

Neutestamentlicher Übungstext: Markus 12,1–9

Übersetzen Sie bitte diesen Text aus dem griechischen Neuen Testament! Die noch unbekannten Verbformen werden nachstehend angegeben, während Sie die unbekannten Vokabeln bitte im Wörterbuch nachschlagen. Kontrollieren Sie Ihre Übersetzung *danach* bitte anhand einer philologischen Bibelübersetzung (z.B. Elberfelder, Luther 2017, Einheitsübersetzung oder Zürcher Bibel)!

1	περιέθηκεν	3.Sg.Ind.Aor.Akt. von περιτίθημι
	ἐξέδετο	3.Sg.Ind.Aor.Med. von ἐκδίδωμι
2	ἀπέστειλεν	3.Sg.Ind.Aor.Akt. von ἀποσέλλω
3	ἔδειραν	3.Pl.Ind.Aor.Akt. von δέρω
	ἀπέστειλαν	3.Pl.Ind.Aor.Akt. von ἀποστέλλω
5	ἀπέκτειναν	3.Pl.Ind.Aor.Akt. von ἀποκτείνω (Nebenform: ἀποκτέννω)
9	ἀπολέσει	3.Sg.Ind.Fut.Akt. von ἀπόλλυμι
	δώσει	3.Sg.Ind.Fut.Akt. von δίδωμι

[3] ἔριφος *(Ziegen-)Bock.*

[4] φαῦλος *schlecht, böse.*

[5] Superlativ von μέγας *groß.*

[6] ἐκδύω *ausziehen.*

[7] χλαμύς *(Soldaten-)Mantel.*

44. Verba muta: Labialstämme

A

1) Lernen Sie bitte die Stammformen von λείπω und πίπτω (vgl. Lekt. 38 E)!
2) Wiederholen Sie bitte, was geschieht, wenn bei den Verben ein Guttual a) mit σ zusammentrifft (im Fut. und Aor. Akt. und Med.) oder b) mit θ (im Fut. und Aor. Pass.) oder c) mit μ bzw. τ (im Pf. und Plsqpf. MP)!

B

Zu den **Labialstämmen** gehören die Verben, **deren Stamm auf β, π oder φ endet**. Wie bei den Dentalen und Gutturalen ist der Präsensstamm öfter durch ursprüngliches j erweitert. Aus Labial + j wurde dann: πτ (z.B. πίπτω[1]). Die Verbformen werden bei den Labialstämmen ähnlich gebildet wie bei den Gutturalstämmen.
Die Formen des *Präsens* und *Imperfekts* können normal gebildet werden (z.B. βλέπω und ἔβλεπον). Schwieriger ist erneut die *Bildung der anderen Tempora*. Verwendet werden die üblichen Tempuszeichen. Damit stoßen aber an den Labial des Stammauslauts Konsonanten, entweder vom Tempuszeichen oder (im Pf. u. Plsqpf. MP) von der Personalendung.
Für die daraus resultierenden Lautveränderungen gelten folgende Regeln:

β, π, φ + σ → ψ	β, π, φ + τ → πτ	β, π, φ + σθ → φθ (Vermeidung von Konsonantenhäufung)
β, π, φ + μ → μμ	β, π, φ + θ → φθ	

Dass Labial und σ zu ψ werden, ist schon bekannt. Vor dem harten τ wird der Labial zu π und vor dem behauchten θ zu φ. Vor einem μ wird (im Unterschied zu den Gutturalen) der Labial ebenfalls zu μ; diesen Vorgang nennt man Assimilation (Angleichung eines Lauts an einen anderen). Folgt auf den Labial σθ, entfällt zur Vermeidung von Konsonantenhäufung wieder das σ.
Auch die Labialstämme bilden das *Perfekt II*, d.h. im *Perfekt und Plusquamperfekt Aktiv* steht kein κ und der Stammauslaut wird behaucht (β, π → φ).
Die 3.Pl.Ind.Pf. bzw. Plsqpf.MP werden durch das Ptz.Pf.MP mit εἰσίν bzw. ἦσαν umschrieben.

[1] Dies ist also kein Dentalstamm.

Beispiele für Stammformen:

	Dentalstamm: δοξαδ- (Lekt. 42) δοξάζω *ehren*	Gutturalstamm: διωκ- (Lekt. 43) διώκω *verfolgen*	Labialstamm: βλεπ- (Lekt. 44) βλέπω *sehen*
Präs. Akt.	δοξάζω	διώκω	βλέπω
Fut. Akt. (+ σ)	δοξάσω	διώξω	βλέψω
Aor. Akt. (+ σ)	ἐδόξασα	ἐδίωξα	ἔβλεψα
Pf. Akt. (+ κ)	δεδόξακα	δεδίωχα	βέβλεφα
Pf. MP (+ μ in 1.Sg.)	δεδόξασμαι	δεδίωγμαι	βέβλεμμαι
Aor. Pass. (+ θ)	ἐδοξάσθην	ἐδιώχθην	ἐβλέφθην
Fut. Pass. (+ θ)	δοξασθήσομαι	διωχθήσομαι	βλεφθήσομαι

Labialstämme: Perfekt und Plusquamperfekt Medium/Passiv:

Ind.	*Pf. MP*		*Ind.*	*Plsqpf. MP*
1.Sg.	βέβλεμ-μαι	+ μ	1.Sg.	ἐ-βεβλέμ-μην[2]
2.Sg.	βέβλεψαι	+ σ	2.Sg.	ἐ-βέβλεψο
3.Sg.	βέβλεπ-ται	+ τ	3.Sg.	ἐ-βέβλεπ-το
1.Pl.	βεβλέμ-μεθα	+ μ	1.Pl.	ἐ-βεβλέμ-μεθα
2.Pl.	βέβλεφ-θε	+ σθ	2.Pl.	ἐ-βέβλεφ-θε
3.Pl.	βεβλεμ-μένοι εἰσίν	+ μ	3.Pl.	βεβλεμ-μένοι ἦσαν
Inf.	βεβλέφ-θαι	+ σθ		
Ptz.	βεβλεμ-μένος, -η, -ον	+ μ		

C

1) Bestimmen Sie bitte folgende (fast ausschließlich neutestamentliche) Formen:

ἔβλεψα, ἐπέτρεψεν, ἀπεκάλυψας, πέμπειν, πέμψαντι, νίψαι, βλέψον, ἀναβλέψας, ἐπιστρέψαι, κέκρυπται, κλέψεις, ἥψατο, ἔγραψεν, γράψαι, λείπει, λείποντα, γράψον, ἀποκαλυφθήσεται, γέγραπται, ἐπέμφθη, ἀποκαλυφθῶσιν, γεγραμμένην, ἔπεμψεν, ἔτυπτον, ἐπιστρεψάτω, νιψάμενος

2) Bestimmen Sie bitte in dieser (Wiederholungs-)Übung folgende Formen und erklären Sie jeweils die Kontraktion, die Endung, die Tempuszeichen usw.:

ἐνόησα, ἐδεδίωξο, νικᾶται, ἐβάπτισεν, σταυροῦν, τελοῦν, κεκελεύκαμεν, θαυμάζετε, τιμῶν, δείσθωσαν, πεινωμένων, ἐνοοῦμεν, δικαιοῖ, τετάραξαι, κράξω, ἦχθε, κρύψατε

[2] Das Augment kann wie auch sonst im Plusquamperfekt fehlen.

D

1. Ἀμὴν ἀμὴν λέγω ὑμῖν ὅτι ὁ τὸν λόγον μου ἀκούων καὶ πιστεύων τῷ πέμψαντί με ἔχει ζωὴν αἰώνιον καὶ εἰς κρίσιν οὐκ ἔρχεται. (Joh 5,24) – 2. τότε λέγει αὐτῷ ὁ Ἰησοῦς· ὕπαγε, σατανᾶ· γέγραπται γάρ· κύριον τὸν θεόν σου προσκυνήσεις καὶ αὐτῷ μόνῳ λατρεύσεις. (Mt 4,10) (erläutern Sie bitte jeweils die Syntax des Tempus von γέγραπται und προσκυνήσεις) – 3. καὶ ἐὰν κρίνω δὲ ἐγώ, ἡ κρίσις ἡ ἐμὴ ἀληθινή ἐστιν, ὅτι μόνος οὐκ εἰμί, ἀλλ᾽ ἐγὼ καὶ ὁ πέμψας με πατήρ. (Joh 8,16) – 4. καὶ ἀκούσαντες οἱ μαθηταὶ ἔπεσαν ἐπὶ πρόσωπον αὐτῶν καὶ ἐφοβήθησαν σφόδρα. καὶ προσῆλθεν ὁ Ἰησοῦς καὶ ἁψάμενος αὐτῶν εἶπεν· ἐγέρθητε[3] καὶ μὴ φοβεῖσθε. (Mt 17,6f) (wie sind die Partizipien syntaktisch gebraucht?) – 5. οὐ γὰρ ἐπαισχύνομαι τὸ εὐαγγέλιον, δύναμις γὰρ θεοῦ ἐστιν εἰς σωτηρίαν παντὶ τῷ πιστεύοντι, Ἰουδαίῳ τε πρῶτον καὶ Ἕλληνι. δικαιοσύνη γὰρ θεοῦ ἐν αὐτῷ ἀποκαλύπτεται ἐκ πίστεως εἰς πίστιν, καθὼς γέγραπται· ὁ δὲ δίκαιος ἐκ πίστεως ζήσεται. (Röm 1,16f) – 6. ὁμοία ἐστὶν ἡ βασιλεία τῶν οὐρανῶν θησαυρῷ κεκρυμμένῳ ἐν τῷ ἀγρῷ, ὃν εὑρὼν ἄνθρωπος ἔκρυψεν, καὶ ἀπὸ τῆς χαρᾶς αὐτοῦ ὑπάγει καὶ πωλεῖ πάντα ὅσα ἔχει καὶ ἀγοράζει τὸν ἀγρὸν ἐκεῖνον. (Mt 13,44) – 7. καὶ ὑποστρέψαντες εἰς τὸν οἶκον οἱ πεμφθέντες εὗρον τὸν δοῦλον ὑγιαίνοντα. (Lk 7,10) – 8. ταῦτα λελάληκα ὑμῖν παρ᾽ ὑμῖν μένων· ὁ δὲ παράκλητος, τὸ πνεῦμα τὸ ἅγιον, ὃ πέμψει ὁ πατὴρ ἐν τῷ ὀνόματί μου, ἐκεῖνος ὑμᾶς διδάξει πάντα καὶ ὑπομνήσει[4] ὑμᾶς πάντα ἃ εἶπον ὑμῖν ἐγώ. (Joh 14,25f) – 9. λυθείσης δὲ τῆς συναγωγῆς ἠκολούθησαν πολλοὶ τῶν Ἰουδαίων καὶ τῶν σεβομένων προσηλύτων[5] τῷ Παύλῳ καὶ τῷ Βαρναβᾷ. (Apg 13,43) – 10. ἐμβλέψατε εἰς τὰ πετεινὰ τοῦ οὐρανοῦ ὅτι οὐ σπείρουσιν οὐδὲ θερίζουσιν οὐδὲ συνάγουσιν εἰς ἀποθήκας[6], καὶ ὁ πατὴρ ὑμῶν ὁ οὐράνιος τρέφει αὐτά. (Mt 6,26) – 11. εὐδοκήσαμεν καταλειφθῆναι ἐν Ἀθήναις μόνοι καὶ ἐπέμψαμεν Τιμόθεον, τὸν ἀδελφὸν ἡμῶν καὶ συνεργὸν τοῦ θεοῦ ἐν τῷ εὐαγγελίῳ τοῦ Χριστοῦ, εἰς τὸ στηρίξαι ὑμᾶς καὶ παρακαλέσαι ὑπὲρ τῆς πίστεως ὑμῶν. (1Thess 3,1f) – 12. ἐλπίζω γὰρ διαπορευόμενος[7] θεάσασθαι ὑμᾶς καὶ ὑφ᾽ ὑμῶν προπεμφθῆναι[8] ἐκεῖ. (Röm 15,24) – 13. ὁ γὰρ θέλων ζωὴν ἀγαπᾶν καὶ ἰδεῖν ἡμέρας ἀγαθὰς παυσάτω τὴν γλῶσσαν ἀπὸ κακοῦ … καὶ ποιησάτω ἀγαθόν, ζητησάτω εἰρήνην καὶ διωξάτω αὐτήν. (1Petr 3,10f)

---

[3] 2.Pl.Impt.Aor.Pass. von ἐγείρω, hier: *steht auf!*

[4] ὑπομιμνῄσκω *erinnern.*

[5] προσήλυτος *Proselyt.*

[6] ἀποθήκη *Scheune, Lagerraum.*

[7] διαπορεύομαι *durchreisen.*

[8] προπέμπω *zur (Weiter-)Reise aussenden* bzw. *ausstatten.*

45. Verba liquida

A

1) Lernen Sie bitte die Stammformen von βάλλω und ὁράω (vgl. Lekt. 38 E)!
2) Wie wird das attische Futur gebildet? Bei welchen Verben wird es benutzt?
3) Wiederholen Sie bitte alle kontrahierten Präsensformen (Akt. und Med.) der Verben auf -εω (z.B. ποιῶ)!

B

Die **Verba liquida** bilden die dritte (und zugleich letzte) Gruppe der Verben, die in der 1.Sg. auf ω enden. Die Liquidae haben als Stammauslaut einen liquiden („flüssigen") Konsonanten, d.h. einen Konsonanten, auf den man singen kann: λ, ν, ρ.[1]

1) Regeln zur Formbildung

a) Der *Präsensstamm* wird (meistens) durch eine Erweiterung des Verbalstamms mit „j" gebildet, wobei die Lautfolge regelmäßig ersetzt wurde:
   λ-Stämme: λ + j wird zu λλ, vgl. z.B. den Verbalstamm ἀναγγελ- mit dem Präsens ἀναγγέ**λλ**ω.
   ν- und ρ-Stämme: Statt des j nach dem ν bzw. ρ wurde ein ι vor diesen Konsonanten eingeschoben (Ersatzdehnung), vgl. z.B. den Verbalstamm φαν- (bekannt von φανερός) mit dem Präsens φα**ί**νω sowie den Stamm ἐγερ- mit ἐγε**ί**ρω. Keine Veränderung hat sich bei μένω und δέρω ergeben.
b) *Futur Aktiv* und *Medium* werden (meistens[2]) als *attisches Futur* (= Futurum contractum) gebildet, also ohne σ und mit den Präsensendungen der kontrahierten Verben auf -εω (s. oben A2). Die 1.Sg. lautet z.B. ἐγερῶ, ἀναγγελῶ, μενῶ (bitte beachten Sie den Akzent, besonders bei μενῶ).
c) Auch im *Aorist Aktiv* und *Medium* fehlt das σ. Stattdessen wird der Stammvokal oft gedehnt (Ersatzdehnung), z.B. ε → ει. Die Endungen bleiben aber (abgesehen vom σ) ansonsten gleich. Beispiel: ἀνήγγε**ι**λ-α, -ας, -εν usw.
   Die Dehnung des ι ist in der Schreibweise nicht immer zu erkennen, z.B. in ἔκρινα.
d) Die *anderen Tempora* werden regelmäßig gebildet, da sich κ (für Pf. und Plsqpf. Akt.), θ (für Aor. und Fut. Pass.), μ und τ (für Pf. und Plsqpf. MP) gut an die Liquidae anfügen lassen.

---

[1] Eigentlich gehört auch das μ zu den Liquidae; aber im NT kommt nur γέμω (*voll sein von*) vor. Weil dieses Wort jedoch im NT nur im Präsens vorkommt, ist seine Formbildung unkompliziert.

[2] Eine Ausnahme bildet das Futur von χαίρω: χαρήσομαι.

Besonderheiten: νκ wird zu γκ (die Aussprache bleibt gleich); νμ wird durch Assimilation zu μμ (im klassischen Griechisch oft zu σμ).

e) Bei Konsonantenhäufung fällt σ wieder aus, z.B. ἀνήγγελθε (statt λσθε). Die 3.Pl.Pf. bzw. Plsqpf.MP wird wieder mit dem Partizip Perfekt + εἰσίν bzw. ἦσαν gebildet.

f) *Ablaut* (Vokalwechsel): Bei manchen Verben erscheint in gewissen Tempora (vgl. Stammformen) α statt ε, vgl. z.B. ἀποστέλλω (Präs.) mit ἀπέσταλκα (Pf.). Das Phänomen gibt es auch im Deutschen: ich g**e**be → ich g**a**b.

Für eine Übersicht zu den Verbformen vgl. Tab. 13.1+2 (S. 262f), zu den Stammformen vgl. Tab. 18.8 (S.283)!

2) Stammformen

αἴρω (Stamm ἀρ-) *aufheben*	ἀρῶ	ἦρα	ἦρκα
	ἀρθήσομαι	ἤρθην	ἦρμαι

C

1) Konjugieren Sie bitte das Futur (Akt. und Med.) in allen Formen (auch Inf. und Ptz.) von ἀποστέλλω (bitte die Anzahl der λ beachten)!

2) Konjugieren Sie bitte den Aor. (Akt. und Med.) in allen Formen von δέρω (Dehnung!)!

3) Bestimmen Sie bitte folgende neutestamentliche Formen:

ἀπήγγελλον, ἔδειραν, κατακρινεῖ, ἀποστεῖλαι, διακριθῆτε, ἀποκριθείς, ἐκτενεῖς, σπείραντος, ἀπεστάλκαμεν, παράγγελλε, παρηγγελμένα, ἐπεμείναμεν, ἐπηγγείλαντο, φαίνων, δέροντες, ἐντελεῖται, διαμαρτύρηται, ἐπιμένωμεν, ἀπαγγέλλοντας, περιεβάλετε, ἀνήγγειλαν, ηὐφράνθη, ἐξηραμμένην, ἀπαγγελῶ, ὑπομείνας, κριθήσονται

4) Bestimmen Sie bitte folgende Formen:

ποιώμεθα, ἀνοίξουσιν, κατηγορήσω, σιγᾷς, ἐπείρασεν, ἐλεεῖτε, κατεκεκρίμμεθα, ἐπληροῦ, ἐγγιούμεθα, καλούσης, τολμῶ, τίκτομεν, ἥψατο, ἐδείρασθε, νοῇ, πέφανσαι, ἐπιτρεφθήτω, βαλεῖν, ὁμοιώσει, δέδεκται, σπείρουσιν

D

1. Καὶ ἐλάλησεν αὐτοῖς πολλὰ ἐν παραβολαῖς λέγων· ἰδοὺ ἐξῆλθεν ὁ σπείρων τοῦ σπείρειν. καὶ ἐν τῷ σπείρειν αὐτὸν ἃ μὲν ἔπεσεν παρὰ τὴν ὁδόν, καὶ ἐλθόντα τὰ πετεινὰ κατέφαγεν[3] αὐτά. (Mt 13,3f) – 2. καὶ ταχὺ (Adverb) πορευθεῖσαι εἴπατε τοῖς μαθηταῖς

---

[3] κατέφαγεν starker Aor. von κατεσθίω.

αὐτοῦ ὅτι ἠγέρθη ἀπὸ τῶν νεκρῶν, καὶ ἰδοὺ προάγει ὑμᾶς εἰς τὴν Γαλιλαίαν, ἐκεῖ αὐτὸν ὄψεσθε· ἰδοὺ εἶπον ὑμῖν. (Mt 28,7) – 3. καὶ εἶπεν αὐτοῖς· πορευθέντες εἰς τὸν κόσμον ἅπαντα κηρύξατε τὸ εὐαγγέλιον πάσῃ τῇ κτίσει. ὁ πιστεύσας καὶ βαπτισθεὶς σωθήσεται, ὁ δὲ ἀπιστήσας[4] κατακριθήσεται. (Mk 16,15f) (wie sind die Partizipien syntaktisch gebraucht?) – 4. ἐγένετο δὲ ἐν σαββάτῳ εἰσελθεῖν αὐτὸν εἰς τὴν συναγωγὴν καὶ διδάσκειν. καὶ ἦν ἄνθρωπος ἐκεῖ καὶ ἡ χεὶρ αὐτοῦ ἡ δεξιὰ ἦν ξηρά. (Lk 6,6) – 5. καὶ ἀπῆλθεν πάλιν πέραν τοῦ Ἰορδάνου εἰς τὸν τόπον ὅπου ἦν Ἰωάννης τὸ πρῶτον βαπτίζων καὶ ἔμεινεν ἐκεῖ. (Joh 10,40) – 6. ὕπαγε εἰς τὸν οἶκόν σου πρὸς τοὺς σοὺς καὶ ἀπάγγειλον αὐτοῖς ὅσα ὁ κύριός σοι πεποίηκεν καὶ ἠλέησέν σε. καὶ ἀπῆλθεν καὶ ἤρξατο κηρύσσειν ἐν τῇ Δεκαπόλει ὅσα ἐποίησεν αὐτῷ ὁ Ἰησοῦς, καὶ πάντες ἐθαύμαζον. (Mk 5,19f) – 7. μετὰ δὲ ταῦτα ἠρώτησεν τὸν Πιλᾶτον Ἰωσὴφ ὁ ἀπὸ Ἁριμαθαίας ... ἵνα ἄρῃ τὸ σῶμα τοῦ Ἰησοῦ· καὶ ἐπέτρεψεν ὁ Πιλᾶτος. ἦλθεν οὖν καὶ ἦρεν τὸ σῶμα αὐτοῦ. (Joh 19,38) – 8. ἡλίου δὲ ἀνατείλαντος ἐκαυματίσθη[5] καὶ διὰ τὸ μὴ ἔχειν ῥίζαν ἐξηράνθη. (Mt 13,6) – 9. ἔλαβεν δὲ φόβος πάντας καὶ ἐδόξαζον τὸν θεὸν λέγοντες ὅτι προφήτης μέγας ἠγέρθη ἐν ἡμῖν καὶ ὅτι ἐπεσκέψατο ὁ θεὸς τὸν λαὸν αὐτοῦ. (Lk 7,16) – 10. ἀποκριθεὶς ὁ Ἰησοῦς εἶπεν αὐτοῖς· πορευθέντες ἀπαγγείλατε Ἰωάννῃ ἃ ἀκούετε καὶ βλέπετε. (Mt 11,4) – 11. καὶ ἡμεῖς τεθεάμεθα καὶ μαρτυροῦμεν ὅτι ὁ πατὴρ ἀπέσταλκεν τὸν υἱὸν σωτῆρα τοῦ κόσμου. (1Joh 4,14) – 12. καὶ φωνὴ ἐγένετο ἐκ τῆς νεφέλης λέγουσα· οὗτός ἐστιν ὁ υἱός μου ὁ ἐκλελεγμένος, αὐτοῦ ἀκούετε. καὶ ἐν τῷ γενέσθαι τὴν φωνὴν εὑρέθη Ἰησοῦς μόνος. καὶ αὐτοὶ ἐσίγησαν καὶ οὐδενὶ ἀπήγγειλαν ἐν ἐκείναις ταῖς ἡμέραις οὐδὲν ὧν ἑώρακαν. (Lk 9,35f) – 13. καὶ τοῦτο πεποιθὼς οἶδα ὅτι μενῶ καὶ παραμενῶ[6] πᾶσιν ὑμῖν εἰς τὴν ὑμῶν προκοπὴν[7] καὶ χαρὰν τῆς πίστεως, ἵνα τὸ καύχημα ὑμῶν περισσεύῃ ἐν Χριστῷ Ἰησοῦ ἐν ἐμοὶ διὰ τῆς ἐμῆς παρουσίας πάλιν πρὸς ὑμᾶς. (Phil 1,25f) – 14. ἔχοντες δὲ τὸ αὐτὸ πνεῦμα τῆς πίστεως κατὰ τὸ γεγραμμένον· ἐπίστευσα, διὸ ἐλάλησα, καὶ ἡμεῖς πιστεύομεν, διὸ καὶ λαλοῦμεν, εἰδότες ὅτι ὁ ἐγείρας τὸν κύριον Ἰησοῦν καὶ ἡμᾶς σὺν Ἰησοῦ ἐγερεῖ. (2Kor 4,13f)

E

Neutestamentlicher Übersetzungstext: Matthäus 5,13-20

Übersetzen Sie bitte diesen Text aus dem griechischen Neuen Testament! Unbekannten Vokabeln schlagen Sie bitte im Wörterbuch nach. Kontrollieren Sie Ihre Übersetzung *danach* bitte anhand einer philologischen Bibelübersetzung (z.B. Elberfelder, Luther 2017, Einheitsübersetzung oder Zürcher Bibel)!

Hilfe:

15 τιθέασιν 3.Pl.Ind.Präs.Akt. von τίθημι.

19 ἐλάχιστος *kleinster*

---

4 ἀπιστέω *nicht glauben.*

5 καυματίζω *brennen, versengen*; Subjekt ist hier der Samen.

6 παραμένω *bleiben bei.*

7 προκοπή *Förderung.*

46. Starker Aorist und starkes Futur Passiv Wurzel-Aorist • Syntax des Aorists

A

1) Lernen Sie bitte die Stammformen von βαίνω und γινώσκω (vgl. Lekt. 38 E)!
2) Konjugieren Sie bitte den Aor. Pass. von παιδεύω (alle Modi)!
3) Konjugieren Sie bitte das Fut. Pass. von παιδεύω (auch Inf. und Ptz.)!
4) Was ist die Besonderheit des aktiven Perfekts der Verba muta gutturalis und labialis?
5) Wiederholen Sie bitte das bisher zur Syntax des Aorists Gelernte (vgl. Lekt. 24 B2)!

B

1) Starker Aorist Passiv und starkes Futur Passiv

Der *starke Aorist Passiv* und das *starke Futur Passiv*[1] werden *ohne das Tempuszeichen* θ gebildet, ansonsten bleiben die Endungen des Aor. bzw. Fut. Pass. gleich. Das Fehlen des θ ist also der einzige Unterschied zur normalen Tempusbildung.
Somit lauten die Formen von γράφω:

1.Sg.Ind.Aor. (II) Pass.: ἐγράφην
1.Sg.Ind.Fut. (II) Pass.: γραφήσομαι

Die Endungen im Konj.Aor.Pass. (z.B. γραφῶ, -ῇς ...) gleichen denen der Verba contracta auf -εω im Präsens; sie haben einen Zirkumflex auf dem gedehnten Themavokal. Durch den Akzent unterscheidet sich der Konj.Aor.Pass. γραφῶ vom Ind. bzw. Konj.Präs.Akt. γράφω.
Konjugieren Sie nun bitte selbst weiter (auch Infinitiv und Partizip) und kontrollieren Sie die Formen anhand Tab. 14.3 und 14.4 (S. 264f)!
Auch im starken Aorist Passiv haben manche Verben eine nicht-passivische Bedeutung, z.B. χαίρω.

2) Wurzel-Aorist

a) Der Wurzel-Aorist kommt nur bei wenigen Wörtern und nur als Aktiv vor. Ansonsten gibt es im Hinblick auf die syntaktische Verwendung keine Unterschiede zum schwachen oder starken Aorist.
b) Die Wurzel (äußerste Kurzform) des Worts und der Aoriststamm sind gleich und enden mit einem langen Vokal, der vor dem ντ des Partizips immer gekürzt wird.

---

[1] Der „starke Aorist Passiv" wird auch Aorist Passiv II und das „starke Futur Passiv" Futur Passiv II genannt.

c) Die *wichtigsten Wurzeln* sind: βη/βα (βαίνω), γνω/γνο (γινώσκω) und στη/στα (ἵσταμαι = ich stelle mich), die auch im Futur und Perfekt verwendet werden.
d) Die Flexion: Im *Indikativ* werden die aktiven Sekundärendungen direkt (ohne σ!) an die Wurzel angehängt (ἔγνων). Der *Imperativ* hat die normalen Endungen, allerdings in der 2. Sg. -θι (γνῶθι). Außerdem gibt es Nebenformen. Der *Infinitiv* endet auf -ναι (γνῶναι). Das *Partizip* ist ein ντ-Stamm (γνούς, γνόντος), bei dem der Stammvokal immer kurz ist.
e) Der *Konjunktiv* hat Primärendungen. Der Kennvokal (bzw. gedehnte Themavokal) *verschmilzt* mit dem (langen) Vokal der Wurzel, also: βῶ, γνῶ, στῶ.

Indikativ	*Konjunktiv*	*Imperativ*	*Infinitiv*	*Partizip*
ἀνέβην	ἀναβῶ		ἀναβῆναι	ἀναβάς, -βάντος
ἀνέβης	ἀναβῇς	ἀνάβηθι (-βα)		ἀναβᾶσα, -βάσης
ἀνέβη	ἀναβῇ	ἀναβήτω (-βάτω)		ἀναβάν, -βάντος
ἀνέβημεν	ἀναβῶμεν			
ἀνέβητε	ἀναβῆτε	ἀνάβητε (-βατε)		
ἀνέβησαν	ἀναβῶσιν	ἀναβήτωσαν		

Für eine Übersicht der Formen anderer Verben mit Wurzelaorist vgl. Tab. 14.5 (S. 265).

3) Syntax des Aorists

Zur **Grundbedeutung des Aorists** mit dem punktuellen (bzw. momentanen) Aspekt und zur Zeitstufe des Aorists vgl. Lekt. 24 B1.

Ergänzend ist auf die Rolle von Kontext und Lexem (sprachliche Bedeutungseinheit) hinzuweisen: Nicht immer wird der Aorist gebraucht, um bloß ein Geschehen zusammenzufassen. Manche Verben tauchen gehäuft mit einem bestimmten Tempus auf, weil der Aspekt dieser Zeit in der lexikalischen Bedeutung enthalten ist. εὑρίσκω steht z.B. in der Regel im Aorist, weil „finden" kein durativer Prozess ist und das Imperfekt daher ungeeignet ist.

Wenn der Sprecher von einem unveränderten Zustand spricht (z.B. ich lebe / ich habe), ist der Aorist meist ungeeignet. Steht er dennoch, kann z.B. der Eintritt eines Zustands ausgedrückt sein.

Einige **Gebrauchsweisen** des Aorists sind aus Lekt. 24 B2 schon bekannt, nämlich: 1. konstatierend-komplexiv, 2. historisch, 3. ingressiv und 4. effektiv. Neben diesen gibt es noch einige weitere Gebrauchsweisen, die im Vergleich seltener vorkommen. Für eine Gesamtübersicht vgl. Tab. 23 IV im Anhang (S. 297).

a) Der epistolarische Aorist

Dieser Gebrauch des Indikativs Aorist begegnet in Briefen, in denen der Autor die Zeit entsprechend der Perspektive der Leser wählt. Besonders der Indikativ Aorist von πέμπω steht oft in diesem Sinn.

οὖν ἔπεμψα αὐτόν, ἵνα ἰδόντες αὐτὸν πάλιν χαρῆτε (Phil 2,28) – *also habe ich ihn* [Epaphroditus] *gesandt, damit ihr, wenn ihr ihn seht, euch wieder freut*

Zum Zeitpunkt des Schreibens hat Paulus Epaphroditus noch nicht gesandt, sondern dieser überbringt den Brief, zum Zeitpunkt des Lesens ist die Vergangenheit dagegen passend.

b) Der gnomische Aorist

Der Indikativ Aorist wird gelegentlich in zeitlosen, allgemein gültigen Aussagen gebraucht. Übersetzt wird der gnomische Aorist oft mit deutschem Präsens.

ἐπὶ τῆς Μωϋσέως καθέδρας ἐκάθισαν οἱ γραμματεῖς καὶ οἱ Φαρισαῖοι (Mt 23,2) – *auf Moses Lehrstuhl sitzen die Schriftgelehrten und Pharisäer*

c) Der proleptische (= vorgreifende/vorwegnehmende) bzw. futurische Aorist

Der Indikativ Aorist kann gebraucht werden, um ein Ereignis so zu beschreiben, als wäre es schon vollendet, obwohl es noch nicht geschehen ist. Der Autor benutzt in diesem Fall den Aorist anstelle des Futurs, um das sichere Eintreten des Ereignisses zu betonen. Dieser Gebrauch ist nicht häufig.

διὰ τοῦτο λέγω ὑμῖν, πάντα ὅσα προσεύχεσθε καὶ αἰτεῖσθε, πιστεύετε ὅτι ἐλάβετε, καὶ ἔσται ὑμῖν (Mk 11,24) – *deshalb sage ich euch: Alles, was ihr betet und bittet, glaubt, dass ihr es (sicher) empfangen werdet, und es wird euch geschehen*

C

1) **Konjugieren Sie bitte** ἀπεστάλην **(starker Aor.Pass. von** ἀποστέλλω**) im Ind. und Konj.!**

2) **Bestimmen Sie bitte folgende neutestamentliche Formen:**
(nicht alle Formen sind von Lernvokabeln abgeleitet; falls erforderlich, ist das Wörterbuch heranzuziehen)

ἀνέβη, ἀναβαίνει, ἀναβαινόντων, ἀνέβησαν, ἀναβέβηκεν, ἀνάβητε, ἀνέβαινον, ἀναβήσεται, ἐγράφη, γραφῇ, καταβαῖνον, καταβάτω, καταβάς, καταβαίνουσα, χαῖρε, ἐχάρησαν, χαίρῃ, ἐχάρητε, χαίρειν, χαρήσεται, χαίροντες, χαρῆναι, ἐμβάς, χαίρω, χαρῆτε, χαίρωμεν, χαρήσομαι, γνώτω, ἔγνων, γινωσκέτω, γνωσθήσεται, ἐγνώκειτε, γνούς, γνῶναι, ἔγνωσαν, γινώσκετε, γνώσεσθε, ἔγνω, γνόντες, ἐγίνωσκεν, ἔγνως, ἐγνώσθη, γινώσκεις, ἔγνωκα, ἀνάβα, γνῶτε, γνώσεται, ἐγνώκαμεν, ἀνέγνωτε, γνῷ, γινώσκωσιν, ἀναβαίνοντα, ἐσπαρμένον, χαίρετε, γινώσκεται, διεσπάρησαν, καταβήσῃ, σπαρέντες, κρυβῆναι, ἐτάφη

D

1. Ἀμὴν ἀμὴν λέγω ὑμῖν ὅτι κλαύσετε καὶ θρηνήσετε[2] ὑμεῖς, ὁ δὲ κόσμος χαρήσεται· ὑμεῖς λυπηθήσεσθε, ἀλλ᾽ ἡ λύπη ὑμῶν εἰς χαρὰν γενήσεται ... καὶ ὑμεῖς οὖν νῦν μὲν λύπην ἔχετε· πάλιν δὲ ὄψομαι ὑμᾶς, καὶ χαρήσεται ὑμῶν ἡ καρδία, καὶ τὴν χαρὰν ὑμῶν

[2] θρηνέω *klagen.*

οὐδεὶς αἴρει ἀφ' ὑμῶν. (Joh 16,20.22) – 2. ὅτε δὲ εἰσήλθομεν εἰς Ῥώμην, ἐπετράπη τῷ Παύλῳ μένειν καθ' ἑαυτὸν[3] σὺν τῷ φυλάσσοντι αὐτὸν στρατιώτῃ. (Apg 28,16) (wie ist das Partizip syntaktisch gebraucht?) – 3. ὕστερον[4] δὲ ἀπέστειλεν πρὸς αὐτοὺς τὸν υἱὸν αὐτοῦ λέγων· ἐντραπήσονται[5] τὸν υἱόν μου. (Mt 21,37) (erläutern Sie bitte die Formbildung von ἀπέστειλεν) – 4. καὶ τότε φανήσεται τὸ σημεῖον τοῦ υἱοῦ τοῦ ἀνθρώπου ἐν οὐρανῷ, καὶ τότε κόψονται πᾶσαι αἱ φυλαὶ τῆς γῆς καὶ ὄψονται τὸν υἱὸν τοῦ ἀνθρώπου ἐρχόμενον ἐπὶ τῶν νεφελῶν τοῦ οὐρανοῦ μετὰ δυνάμεως καὶ δόξης πολλῆς. (Mt 24,30) (bestimmen Sie bitte φανήσεται; wie lautet die Grundform? wie ist das Partizip syntaktisch gebraucht?) – 5. ὅσα γὰρ προεγράφη[6], εἰς τὴν ἡμετέραν διδασκαλίαν ἐγράφη, ἵνα διὰ τῆς ὑπομονῆς καὶ διὰ τῆς παρακλήσεως τῶν γραφῶν τὴν ἐλπίδα ἔχωμεν. (Röm 15,4) – 6. οὐ γὰρ ἄδικος ὁ θεὸς ἐπιλαθέσθαι[7] τοῦ ἔργου ὑμῶν καὶ τῆς ἀγάπης ἧς ἐνεδείξασθε[8] εἰς τὸ ὄνομα αὐτοῦ, διακονήσαντες τοῖς ἁγίοις καὶ διακονοῦντες. (Hebr 6,10) (wie sind die Partizipien syntaktisch gebraucht? erläutern Sie bitte den Kasus des Relativpronomens) – 7. αἰτεῖτε καὶ δοθήσεται[9] ὑμῖν, ζητεῖτε καὶ εὑρήσετε, κρούετε καὶ ἀνοιγήσεται[10] ὑμῖν. (Mt 7,7) – 8. καὶ ἐζήτησαν οἱ γραμματεῖς καὶ οἱ ἀρχιερεῖς ἐπιβαλεῖν ἐπ' αὐτὸν τὰς χεῖρας ἐν αὐτῇ τῇ ὥρᾳ, καὶ ἐφοβήθησαν τὸν λαόν, ἔγνωσαν γὰρ ὅτι πρὸς αὐτοὺς εἶπεν τὴν παραβολὴν ταύτην. (Lk 20,19) – 9. ὁ δὲ εἶπεν πρὸς αὐτοὺς ὅτι καὶ ταῖς ἑτέραις πόλεσιν εὐαγγελίσασθαί με δεῖ τὴν βασιλείαν τοῦ θεοῦ, ὅτι ἐπὶ τοῦτο ἀπεστάλην. καὶ ἦν κηρύσσων εἰς τὰς συναγωγὰς τῆς Ἰουδαίας. (Lk 4,43f) (erläutern Sie bitte den syntaktischen Gebrauch des Infinitivs und Partizips) – 10. τοῦτον ἰδὼν ὁ Ἰησοῦς κατακείμενον[11] καὶ γνοὺς ὅτι πολὺν ἤδη χρόνον ἔχει, λέγει αὐτῷ· θέλεις ὑγιὴς γενέσθαι; (Joh 5,6)

Nachdem Sie die Syntax des Aorists gelernt haben, übersetzen Sie bitte die folgenden Sätze und bestimmen Sie jeweils den Aspekt des Aorists und gegebenenfalls auch den syntaktischen Gebrauch des Konjunktivs:

11. Καὶ [Ἰησοῦς] ἐκτείνας τὴν χεῖρα ἥψατο αὐτοῦ[12] λέγων· θέλω, καθαρίσθητι· καὶ εὐθέως ἐκαθαρίσθη αὐτοῦ ἡ λέπρα. (Mt 8,3) (wie sind die Partizipien syntaktisch gebraucht?) – 12. οἱ πατέρες ἡμῶν ἐν τῷ ὄρει τούτῳ προσεκύνησαν· καὶ ὑμεῖς λέγετε ὅτι ἐν Ἱεροσολύμοις ἐστὶν ὁ τόπος ὅπου προσκυνεῖν δεῖ. (Joh 4,20) – 13. εἰ οὐ ποιῶ τὰ ἔργα τοῦ πατρός μου, μὴ πιστεύετέ μοι· εἰ δὲ ποιῶ, κἂν ἐμοὶ μὴ πιστεύητε, τοῖς ἔργοις πιστεύετε, ἵνα γνῶτε καὶ γινώσκητε ὅτι ἐν ἐμοὶ ὁ πατὴρ κἀγὼ ἐν τῷ πατρί. (Joh 10,37f) – 14. ἴδετε πηλίκοις[13] ὑμῖν γράμμασιν ἔγραψα τῇ ἐμῇ χειρί. (Gal 6,11) – 15. καὶ παράγοντι ἐκεῖθεν τῷ Ἰησοῦ ἠκολούθησαν αὐτῷ δύο τυφλοὶ κράζοντες καὶ λέγοντες·

---

[3] καθ' ἑαυτόν *für sich allein.*

[4] ὕστερον *später.*

[5] ἐντρέπω Pass.: *Achtung haben vor.*

[6] προγράφω *vorher schreiben.*

[7] ἐπιλαθέσθαι von ἐπιλανθάνομαι *vergessen.*

[8] ἐνεδείξασθε 2.Pl.Ind.Aor.Med. von ἐνδείκνυμαι *zeigen, beweisen.*

[9] Fut.Pass. von δίδωμι *geben.*

[10] Fut.Pass. von ἀνοίγω, Nebenform.

[11] von κατακεῖμαι *liegen.*

[12] ἅπτομαι steht mit Genitiv.

[13] πηλίκος *wie groß?*

ἐλέησον ἡμᾶς, υἱὸς Δαυίδ. (Mt 9,27) – 16. ἀλλ᾽ ἐν ταῖς ἡμέραις τῆς φωνῆς τοῦ ἑβδόμου ἀγγέλου, ὅταν μέλλῃ σαλπίζειν, καὶ ἐτελέσθη τὸ μυστήριον τοῦ θεοῦ, ὡς εὐηγγέλισεν τοὺς ἑαυτοῦ δούλους τοὺς προφήτας. (Offb 10,7) – 17. γινώσκετε γὰρ τὴν χάριν τοῦ κυρίου ἡμῶν Ἰησοῦ Χριστοῦ, ὅτι δι᾽ ὑμᾶς ἐπτώχευσεν[14] πλούσιος ὤν, ἵνα ὑμεῖς τῇ ἐκείνου πτωχείᾳ πλουτήσητε. (2Kor 8,9) (wie ist das Partizip syntaktisch gebraucht?) – 18. ἔπεμψα δὲ τοὺς ἀδελφούς, ἵνα μὴ τὸ καύχημα ἡμῶν τὸ ὑπὲρ ὑμῶν κενωθῇ[15] ἐν τῷ μέρει τούτῳ, ἵνα καθὼς ἔλεγον παρεσκευασμένοι[16] ἦτε. (2Kor 9,3) (wie ist das Ptz. syntaktisch gebraucht?) – 19. καὶ εἷς ἐκ τῶν πρεσβυτέρων λέγει μοι· μὴ κλαῖε, ἰδοὺ ἐνίκησεν ὁ λέων ὁ ἐκ τῆς φυλῆς Ἰούδα, ἡ ῥίζα Δαυίδ, ἀνοῖξαι τὸ βιβλίον καὶ τὰς ἑπτὰ σφραγῖδας αὐτοῦ. (Offb 5,5) – 20. ὅτε οὖν ἐξῆλθεν, λέγει Ἰησοῦς· νῦν ἐδοξάσθη ὁ υἱὸς τοῦ ἀνθρώπου καὶ ὁ θεὸς ἐδοξάσθη ἐν αὐτῷ. (Joh 13,31) – 21. οὓς δὲ προώρισεν[17], τούτους καὶ ἐκάλεσεν· καὶ οὓς ἐκάλεσεν, τούτους καὶ ἐδικαίωσεν· οὓς δὲ ἐδικαίωσεν, τούτους καὶ ἐδόξασεν. (Röm 8,30)

---

[14] πτωχεύω *arm sein;* πτωχεία *Armut.*

[15] κενόω *leeren; zunichte machen.*

[16] παρασκευάζω Med.: *sich vorbereiten.*

[17] προορίζω *vorherbestimmen.*

47. Adverb • Komparation

A

1) Lernen Sie bitte die Stammformen von ἄγω (vgl. Lekt. 38 E)!
2) Deklinieren Sie bitte: a) ἀγαθός, b) ἕτερος (ειρ-Regel!), c) κανών!

B

1) Das Adverb

Das Adverb (= Umstandswort) steht bei einem Verb (ad verbum) und beschreibt den Inhalt des Verbs näher, also *wie* eine Handlung geschieht. Im Unterschied dazu beschreibt ein Adjektiv ein Substantiv näher, z.B. der weise Mensch. Die Form des Adverbs gleicht dem Gen.Pl. des Adjektivs. Die Endung ist aber -ως und nicht -ων, also z.B. σοφῶς. Adverbien werden nicht dekliniert!

ὁ ἄνθρωπος σοφῶς λέγει – *der Mensch redet weise*

2) Die Komparation (= Steigerung) des Adjektivs

Im Griechischen gibt es wie im Deutschen beim Adjektiv und Adverb jeweils drei Steigerungsstufen:

Positiv (Adj.: der/die schöne …; Adv.: schön)
Komparativ (Adj.: der/die schönere …; Adv.: schöner)
Superlativ (Adj.: der/die schönste …; Adv.: am schönsten)

Der Komparativ wird bei den meisten Adjektiven durch Einschub der Silbe -τερ- zwischen dem Stamm und der Endung -ος/-α/-ον gebildet. Die Deklination entspricht der der Adjektive auf -ος, -α, -ον (s. oben A2).

Der (seltene) Superlativ wird durch Einschub von -τατ- zwischen dem Stamm und der Endung -ος/-η/-ον gebildet. – Im Folgenden einige Beispiele:

Positiv	*Komparativ*	*Superlativ*
καινός	καινότερος	καινότατος
ἀσθενής	ἀσθενέστερος	ἀσθενέστατος (selten)
βαρύς (*schwer*)	βαρύτερος	βαρύτατος (selten)

Besonderheiten:

Der Stammauslaut ο wird meist zu ω gedehnt, wenn der Vokal der vorausgehenden Silbe kurz ist, z.B. νέος, νεώτερος.

Bei den Adjektiven auf -ων/-ον, z.B. σώφρων (verständig), werden im Komparativ -εστερ- und im Superlativ -εστατ- eingeschoben (kommt im NT äußerst selten vor).

Manche Adjektive werden wie im Deutschen unregelmäßig gesteigert (z.B.: gute – bessere – beste). Bei diesen Adjektiven wird der Komparativ zweiendig gebildet und lautet auf -ιων/-ιον (auch -ων/-ον) aus (zur Deklination s. unten). Der Superlativ wird dreiendig gebildet und lautet auf -ιστ-ος/-η/-ον aus; er wird normal dekliniert.
(*L:* Die Buchstabenfolge στ findet sich auch im deutschen Superlativ: der schön*st*e.)

Beispiel μέγας für die Deklination der Komparative auf -ων/-ον (analog auf -ιων/-ιον)

	Singular		*Plural*	
	m. / f.	*n.*	*m. / f.*	*n.*
Nom.	μείζων	μεῖζον	μείζονες oder μείζους	μείζονα oder μείζω
Gen.	μείζονος		μειζόνων	
Dat.	μείζονι		μείζοσιν	
Akk.	μείζονα oder μείζω[1]	μεῖζον	μείζονας oder μείζους	μείζονα oder μείζω

3) Unregelmäßige Steigerungen

Positiv	*Komparativ*	*Superlativ*
μέγας *groß*	μείζων, μεῖζον	μέγιστος, η, ον
μικρός, ά, όν *klein*	ἐλάσσων, ἔλασσον* oder μικρότερος, α, ον	ἐλάχιστος, η, ον
ὀλίγος, η, ον *wenig*	ἐλάσσων, ἔλασσον*	ἐλάχιστος, η, ον
ἀγαθός, ή, όν *gut*	κρείττων, κρεῖττον**	κράτιστος, η, ον
κακός, ή, όν *schlecht*	χείρων, χεῖρον	
πολύς, ή, ύ *viel*	πλείων, πλε(ῖ)ον	πλεῖστος, η, ον
ταχύς, εῖα, ύ *schnell*	ταχίων, τάχιον	τάχιστος, η, ον

* statt σσ auch ττ ** selten mit σσ

4) Die Steigerung des Adverbs

Für die Steigerung des Adverbs verwendet man schon vorhandene Formen, und zwar
für den Komparativ: Nom.Sg.n. vom Komparativ des Adjektivs,
für den Superlativ: Nom.Pl.n. vom Superlativ des Adjektivs.

Beispiele

Positiv	*Komparativ*	*Superlativ*
δικαίως	δικαιότερον	δικαιότατα
ταχέως	τάχιον	τάχιστα
–[2]	μᾶλλον (*mehr*)	μάλιστα (*am meisten*)

[1] Es gibt also an verschiedenen Stellen alternative Varianten.
[2] Der Positiv fehlt im NT, dafür steht z.B. σφόδρα (*sehr*).

5) Syntaktische Besonderheiten der Komparation im NT

a) Der Superlativ wird oft durch den *Komparativ* ersetzt. So kann μείζων nicht nur mit *größer* übersetzt werden, sondern (je nach Kontext) auch mit *am größten.*

b) Manchmal fehlt beim Superlativ (oder Komparativ) der Vergleich; dann ist der Superlativ (oder Komparativ) als *Elativ* gebraucht, d.h. er bezeichnet einen sehr hohen Grad (nicht den höchsten): σοφώτατος *sehr weise.*

c) Manchmal steht der *Positiv* statt des Komparativs oder statt des Superlativs. Dann lässt sich die Bedeutung nur aus dem Sinnzusammenhang ablesen:

ποία ἐντολὴ μεγάλη ἐν τῷ νόμῳ; (Mt 22,36) – *welches Gebot ist das größte im Gesetz?*

6) Genitivus comparationis (des Vergleichs)

Er steht beim Komparativ und ist gebräuchlicher als die Konstruktion mit ἤ (= *als*). In der deutschen Übersetzung wird beim Komparativ „als" eingefügt.

ὁ πατὴρ μείζων μού ἐστιν (Joh 14,28) – *der Vater ist größer als ich*

C

1) Bestimmen und übersetzen Sie bitte folgende neutestamentliche Formen:

τιμιωτάτου, περισσότερον, ἐλαχίστη, ἀσθενεστέρῳ, μείζων, χεῖρον, πλεῖσται, κράτιστε, μικρότερος, ἁγιωτάτῃ, πλείονες, πονηρότερα, χεῖρονα, ὕστερον, πλείονας, τάχιστα, βαρύτερα, ἰσχυρότερος, πλέον, δικαίῳ, νεωτέρου, φρονιμώτεροι, μείζονα, καινότερον, ἐλάχισται, κρεῖττον, μακαριώτερα

2) Bilden Sie bitte zu den ersten fünf Adjektiven unter C1 die Adverbien in den drei Steigerungsstufen!

3) Steigern Sie bitte im Singular und Plural:

a) ὁ μέγας ἀστήρ, b) ἡ ἀγαθὴ βουλή

4) Bestimmen Sie bitte die Formen σοφὸς ἀνήρ – σοφωτέρῳ ἀνδρί – σοφωτάτοις ἀνδράσιν **und bilden Sie dazu die entsprechenden Formen von:**

a) δίκαιος πατήρ, b) μεγάλη πόλις

5) Bestimmen und übersetzen Sie bitte als Wiederholung folgende Formen:
Nennen Sie bitte bei unregelmäßigen Verben die Stammformen!

γνώσεσθαι, συνήχθησαν, ἰσχυρότεροι, ἐτεθαυμάσμην, κράτισται, σπείρωνται, καταβῆθι, ἐρρέθη, κεκλέφθαι, δεδιώχατε, κτισθῇς, κληθῆναι, δέροντα, ἐπιτρεφθήσεσθαι, ἠθέλετε, τύψασιν, ἐσχήκασιν, ἐληλυθυῖαν, πλείων, νιψόντος, ἀνοιχθήσεται, πειραζομένῃ, ἐλάχιστος, ἐλευσομένῳ

6) Bilden Sie bitte folgende Formen:

3.Sg.Konj.Aor.Akt. von δοξάζω
Komparativ von πολύς
Komparativ von κακός
3.Pl.Impt.Aor.Med.von ἅπτω
3.Sg.Ind.Aor.Pass.von δοκιμάζω
Gen.Pl.f.Ptz.Aor.Pass. von χωρίζω
3.Sg.Impt.Präs.Akt. von κρύπτω
3.Pl.Ind.Pf.MP von ταράσσω
2.Sg.Ind.Pf.MP von ἐπαγγέλλομαι
Dat.Pl.f.Ptz.Pf.MP von ταράσσω
1.Pl.Ind.Fut.Akt.von διακρίνω
Nom.Sg.f.Ptz.Präs.MP von διαμαρτύρομαι

D

1. Ἀμὴν ἀμὴν λέγω ὑμῖν, οὐκ ἔστιν δοῦλος μείζων τοῦ κυρίου αὐτοῦ οὐδὲ ἀπόστολος μείζων τοῦ πέμψαντος αὐτόν. (Joh 13,16) – 2. ἀπεκρίνατο λέγων πᾶσιν ὁ Ἰωάννης· ἐγὼ μὲν ὕδατι βαπτίζω ὑμᾶς· ἔρχεται δὲ ὁ ἰσχυρότερός μου, οὗ οὐκ εἰμὶ ἱκανὸς λῦσαι τὸν ἱμάντα[3] τῶν ὑποδημάτων αὐτοῦ· αὐτὸς ὑμᾶς βαπτίσει ἐν πνεύματι ἁγίῳ καὶ πυρί. (Lk 3,16) – 3. νυνὶ δὲ μένει πίστις, ἐλπίς, ἀγάπη, τὰ τρία[4] ταῦτα· μείζων δὲ τούτων ἡ ἀγάπη. (1Kor 13,13) – 4. σπούδασον ἐλθεῖν πρός με ταχέως· (2Tim 4,9) – 5. οἱ δὲ ἐσιώπων· πρὸς ἀλλήλους γὰρ διελέχθησαν ἐν τῇ ὁδῷ τίς μείζων. (Mk 9,34) – 6. παρακαλῶ οὖν ὑμᾶς ἐγὼ ὁ δέσμιος ἐν κυρίῳ ἀξίως περιπατῆσαι τῆς κλήσεως ἧς ἐκλήθητε, μετὰ πάσης ταπεινοφροσύνης καὶ πραΰτητος, μετὰ μακροθυμίας, ἀνεχόμενοι ἀλλήλων ἐν ἀγάπῃ. (Eph 4,1f) – 7. ἡ μαρτυρία αὕτη ἐστὶν ἀληθής. δι' ἣν αἰτίαν ἔλεγχε αὐτοὺς ἀποτόμως[5], ἵνα ὑγιαίνωσιν ἐν τῇ πίστει, μὴ προσέχοντες Ἰουδαϊκοῖς μύθοις[6] καὶ ἐντολαῖς ἀνθρώπων ἀποστρεφομένων τὴν ἀλήθειαν. (Tit 1,13f) – 8. ὅτι τὸ μωρὸν[7] τοῦ θεοῦ σοφώτερον τῶν ἀνθρώπων ἐστὶν καὶ τὸ ἀσθενὲς τοῦ θεοῦ ἰσχυρότερον τῶν ἀνθρώπων. (1Kor 1,25) – 9. τότε πορεύεται καὶ παραλαμβάνει μεθ' ἑαυτοῦ ἑπτὰ ἕτερα πνεύματα πονηρότερα ἑαυτοῦ καὶ εἰσελθόντα κατοικεῖ ἐκεῖ· καὶ γίνεται τὰ ἔσχατα τοῦ ἀνθρώπου ἐκείνου χείρονα τῶν πρώτων. οὕτως ἔσται καὶ τῇ γενεᾷ ταύτῃ τῇ πονηρᾷ. (Mt 12,45) – 10. ὁ ἀδελφὸς αὐτοῦ ὁ νεώτερος μείζων αὐτοῦ ἔσται καὶ τὸ σπέρμα αὐτοῦ ἔσται εἰς πλῆθος ἐθνῶν. (Gen 48,19 LXX) – 11. γινώσκειν δὲ ὑμᾶς βούλομαι, ἀδελφοί, ὅτι τὰ κατ' ἐμὲ[8] μᾶλλον εἰς προκοπὴν[9] τοῦ εὐαγγελίου ἐλήλυθεν, ὥστε τοὺς δεσμούς μου φανεροὺς ἐν Χριστῷ γενέσθαι ἐν ὅλῳ τῷ πραιτωρίῳ[10] καὶ τοῖς λοιποῖς πᾶσιν, καὶ τοὺς πλείονας τῶν ἀδελφῶν ἐν κυρίῳ πεποιθότας τοῖς δεσμοῖς μου περισσοτέρως τολμᾶν ἀφόβως τὸν λόγον λαλεῖν. (Phil 1,12-14)

---

[3] ἱμάς, -άντος *Riemen.*
[4] τρεῖς *drei* (Ntr.Pl.).
[5] ἀποτόμως *streng.*
[6] μῦθος *Mythos, Fabel.*
[7] μωρός *töricht.*
[8] τὰ κατ' ἐμέ *meine Lage.*
[9] προκοπή *Förderung.*
[10] πραιτώριον *Prätorium.*

E

Neutestamentlicher Übersetzungstext: Matthäus 12,1-8

Übersetzen Sie bitte diesen Text aus dem griechischen Neuen Testament! Unbekannte Vokabeln schlagen Sie bitte im Wörterbuch nach. Kontrollieren Sie Ihre Übersetzung *danach* bitte anhand einer philologischen Bibelübersetzung (z.B. Elberfelder, Luther 2017, Einheitsübersetzung oder Zürcher Bibel)!

Hilfen:

4 ἐξόν = Nom./Akk.Sg.n.Ptz.Präs.Akt von ἔξεστιν

7 V. 7a und c bilden einen irrealen Konditionalsatz; übersetzen Sie etwa: *Wenn ihr ... hättet, hättet ihr ... nicht ...*

48. Zahlwörter • Syntax des Dativs

A

1) Lernen Sie bitte die Stammformen von πάσχω und φέρω (vgl. Lekt. 38 E)!
2) Wiederholen Sie bitte die Deklination der ν-Stämme!

B

1) Zahlwörter

Im Griechischen gibt es Kardinalzahlen (eins, zwei ...), Ordinalzahlen (erste, zweite ...) und Zahladverbien (einmal, zweimal ...). Für eine Übersicht vgl. Tab. 9.1 (S. 249). Von den *Kardinalzahlen* sind die Zahlen 1-12, 20, 100 und 1000 zu lernen sowie die Endungen -κοντα für -zig und -κοσιοι für -hundert.

1: εἷς (mask.), μία (fem.), ἕν (neutr.)
2: δύο (*L*: Duett)
3: τρεῖς (mask. u. fem.), τρία (neutr.) (*L*: *treis* verwandt mit *drei*, vgl. Trio)
4: τέσσαρες (mask. u. fem.), τέσσαρα (neutr.)
5: πέντε (*L*: *Pent*ateuch)
6: ἕξ (*L*: ʽ steht im Griechischen oft, wo in anderen Sprachen s steht)
7: ἑπτά (*L*: ʽ s. zu 6, also: S*ept*ime, S*ept*uaginta)
8: ὀκτώ (*L*: *Okt*ave)
9: ἐννέα (*L*: *Ennea*gramm)
10: δέκα (*L*: *Deka*log, *Deka*de)
11: ἕνδεκα
12: δώδεκα
20: εἴκοσι
100: ἑκατόν (*L*: *Hek*tar, *Hek*toliter)
1000: χίλιοι (vgl. *Chili*asmus oder *Kilo*gramm)

Vor den Endungen -κοντα (für die Zehner) bzw. -κοσιοι (für die Hunderter) werden die Zahlen 3 bis 9 bzw. 2 bis 9 (manchmal abgewandelt) gesetzt, z.B. ἑβδομήκοντα (70) und διακόσιοι (200). Zusammengesetzte Zahlen werden auch im Griechischen zusammengesetzt, z.B. ἑκατὸν πεντήκοντα τρεῖς (153).
Von den Grundzahlen werden nur 1 bis 4, die Hunderter und 1000 dekliniert. Die Hunderterzahlen und 1000 werden wie gewöhnliche Adjektive dekliniert; sie enden im Nom.Pl. also auf -οι, -αι, -α. Die Zahlen 1 bis 4 haben eine besondere Deklination (vgl. Tab. 9.2 auf S. 250): εἷς wird im Mask. und Neutr. als ν-Stamm behandelt (Stamm

ἐν-), μία im Fem. folgt der a-Dekl.; δύο bleibt bis auf den Dativ (Endung -σιν) unverändert. τρεῖς, τρία und τέσσαρες haben die Endungen der 3. Dekl. -ῶν, -σιν; bei τρεῖς sind sie an den Neutrumstamm angehängt.

Von den *Ordinalzahlen* sind πρῶτος, δεύτερος, τρίτος und die Endung -τος (-ter) zu lernen, die an die (manchmal abgewandelte) Kardinalzahl angehängt wird. Dekliniert werden die Ordinalzahlen wie die Adjektive auf -ος, -η/α, -ον.

Von den *Zahladverbien* sind ἅπαξ, δίς, τρίς und die Endung -κις (-mal) zu lernen, die ebenfalls an die (manchmal abgewandelte) Kardinalzahl angehängt wird. Mit Hilfe der Zahladverbien werden die Tausender gebildet, also z.B. πεντακισχίλιοι (5 × 1000 = 5000).

2) Syntax des Dativs (vgl. Lekt. 4 B4)

a) Der Objektsdativ

Der Dativ bezeichnet das indirekte Objekt bei transitiven Verben, das neben einem Akk. der Person oder Sache steht.

ἄλλην παραβολὴν ἐλάλησεν αὐτοῖς (Mt 13,33) – *er sagte ihnen ein anderes Gleichnis*

Besonders zu beachten sind manche Komposita, die mit einer Präposition gebildet sind, die den Dativ erfordert.

συνεζωοποίησεν τῷ Χριστῷ (Eph 2,5) – *er hat mit Christus lebendig gemacht*

b) Dativus possessivus bei εἰμί (zur Angabe des Besitzers)

Der Besitzer kann in Verbindung mit εἰμί (manchmal auch γίνομαι) im Dativ stehen. Betont ist aber der Besitz (!).

οὐκ ἦν αὐτοῖς <u>τόπος</u> ἐν τῷ καταλύματι (Lk 2,7) – *sie hatten keinen <u>Platz</u> in der Herberge*

Merke: Im Gegensatz dazu betont der Genitiv bei εἰμί den Besitzer.

<u>ἡμῶν</u> ἔσται ἡ κληρονομία (Mk 12,7) – *das Erbe wird <u>uns</u> gehören*

c) Dativus instrumentalis

Er gibt das Mittel bzw. Werkzeug an. Häufig steht stattdessen im NT ἐν + Dat.

κατακαύσει πυρί (Mt 3,12) – *er wird mit Feuer verbrennen*

d) Dativus modi

Er beschreibt die Art und Weise einer Handlung (vgl. Mk 8,32).

e) Dativus temporalis

Er gibt einen Zeitpunkt an. Meist geschieht dies aber durch ἐν + Dat. (vgl. Joh 7,37).

τῇ ἐνάτῃ ὥρᾳ (Mk 15,34) – *in der neunten Stunde*

f) Dativus commodi bzw. incommodi

Er bezeichnet bei verschiedenen Verben die Person (oder Sache), zu deren Vorteil bzw. Nachteil etwas geschieht.

εὑρήσετε ἀνάπαυσιν ταῖς ψυχαῖς ὑμῶν (Mt 11,29) – *ihr werdet Ruhe finden für eure Seelen*

g) Dativus causae (des Grunds)

Er ist mit dem Dativus instrumentalis verwandt und bezeichnet den Grund bzw. das Motiv des Verbalinhalts.

νεκροὺς τοῖς παραπτώμασιν καὶ ταῖς ἁμαρτίαις ὑμῶν (Eph 2,1) – *ihr wart tot aufgrund eurer Verfehlungen und Sünden*

h) Dativus relationis bzw. respectus (der Beziehung)

Er antwortet auf die Frage: In welcher Hinsicht bzw. Beziehung geschieht etwas?

μακάριοι οἱ καθαροὶ τῇ καρδίᾳ (Mt 5,8) – *glücklich zu preisen die, die im Hinblick auf das Herz/im Herzen rein sind* (vgl. auch Apg 4,36: γένει)

i) Dativus sociativus (der Gemeinschaft)

Er gibt an, mit wem man Gemeinschaft oder Verbindung hat.

ταῖς χρείαις τῶν ἁγίων κοινωνοῦντες (Röm 12,13) – *nehmt Anteil an den Bedürfnissen der Heiligen*

j) Dativus differentiae (des Unterschieds)

Er gibt den Unterschied bzw. das Maß an, z.B. bei Vergleichen.

πολλῷ μᾶλλον (Mt 6,30) – *viel mehr*

C

1) Übersetzen Sie bitte folgende Wörter und bestimmen Sie jeweils den Kasus:

ἕξ, ἕν, δεκάτῳ, τέσσαρσιν, τριακοσίαις, ἑβδομηκοστοῦ, εἴκοσι, ἑκατόν, χιλίους, ἐννέα, δυσίν, τριῶν, πέμπτοι, διακοσίους, ὀγδόη, τρεῖς, δεκατέσσαρα, μιᾶς, ἕνδεκα, ἑξηκοστά

D

1. Καὶ ὅτε ἐπλήσθησαν[1] ἡμέραι ὀκτὼ τοῦ περιτεμεῖν αὐτὸν καὶ ἐκλήθη τὸ ὄνομα αὐτοῦ Ἰησοῦς, τὸ κληθὲν ὑπὸ τοῦ ἀγγέλου πρὸ τοῦ συλλημφθῆναι αὐτὸν ἐν τῇ κοιλίᾳ. (Lk 2,21) – 2. τότε ὁμοιωθήσεται ἡ βασιλεία τῶν οὐρανῶν δέκα παρθένοις, αἵτινες λαβοῦσαι τὰς λαμπάδας[2] ἑαυτῶν ἐξῆλθον εἰς ὑπάντησιν[3] τοῦ νυμφίου. (Mt 25,1) – 3. αὕτη ἡ ἀνάστασις ἡ πρώτη. μακάριος καὶ ἅγιος ὁ ἔχων μέρος ἐν τῇ ἀναστάσει τῇ πρώτῃ· ἐπὶ τούτων ὁ δεύτερος θάνατος οὐκ ἔχει ἐξουσίαν, ἀλλ᾽ ἔσονται ἱερεῖς τοῦ θεοῦ καὶ τοῦ Χριστοῦ καὶ βασιλεύσουσιν μετ᾽ αὐτοῦ τὰ χίλια ἔτη. (Offb 20,5c+6) – 4. καὶ ᾄδουσιν[4] ᾠδὴν καινὴν ἐνώπιον τοῦ θρόνου καὶ ἐνώπιον τῶν τεσσάρων ζῴων καὶ τῶν

---

[1] ἐπλήσθησαν 3.Pl.Ind.Aor.Pass. von πίμπλημι *sie wurden erfüllt.*

[2] Akk.Pl.f. von λαμπάς, άδος *Lampe, Fackel.*

[3] ὑπάντησις *Begegnung, Einholung.*

[4] ᾄδω *singen*; ᾠδή *Lied.*

πρεσβυτέρων, καὶ οὐδεὶς ἐδύνατο[5] μαθεῖν τὴν ᾠδὴν εἰ μὴ αἱ ἑκατὸν τεσσεράκοντα τέσσαρες χιλιάδες, οἱ ἠγορασμένοι ἀπὸ τῆς γῆς. (Offb 14,3) – 5. καὶ ἔζησεν Μαθουσαλα ἑκατὸν καὶ ἑξήκοντα ἑπτὰ ἔτη καὶ ἐγέννησεν τὸν Λαμεχ καὶ ἔζησεν Μαθουσαλα μετὰ τὸ γεννῆσαι αὐτὸν τὸν Λαμεχ ὀκτακόσια δύο ἔτη καὶ ἐγέννησεν υἱοὺς καὶ θυγατέρας καὶ ἐγένοντο πᾶσαι αἱ ἡμέραι Μαθουσαλα ἃς ἔζησεν ἐννακόσια καὶ ἑξήκοντα ἐννέα ἔτη καὶ ἀπέθανεν. (Gen 5,25-27)

Bestimmen Sie bitte im Folgenden jeweils die syntaktische Verwendung des Dativs:

6. Μακάριοι οἱ πτωχοὶ τῷ πνεύματι, ὅτι αὐτῶν ἐστιν ἡ βασιλεία τῶν οὐρανῶν. (Mt 5,3) – 7. καὶ ἔσται χαρά σοι καὶ ἀγαλλίασις[6] καὶ πολλοὶ ἐπὶ τῇ γενέσει αὐτοῦ χαρήσονται. (Lk 1,14) – 8. παραλαβὼν δὲ τοὺς δώδεκα εἶπεν πρὸς αὐτούς· ἰδοὺ ἀναβαίνομεν εἰς Ἰερουσαλήμ, καὶ τελεσθήσεται πάντα τὰ γεγραμμένα διὰ τῶν προφητῶν τῷ υἱῷ τοῦ ἀνθρώπου. (Lk 18,31) – 9. εἰς ἑαυτὸν δὲ ἐλθὼν ἔφη· πόσοι μίσθιοι[7] τοῦ πατρός μου περισσεύονται ἄρτων, ἐγὼ δὲ λιμῷ ὧδε ἀπόλλυμαι[8]. πορεύσομαι πρὸς τὸν πατέρα μου καὶ ἐρῶ αὐτῷ· πάτερ, ἥμαρτον εἰς τὸν οὐρανὸν καὶ ἐνώπιόν σου, οὐκέτι εἰμὶ ἄξιος κληθῆναι υἱός σου· ποίησόν με ὡς ἕνα τῶν μισθίων σου. (Lk 15,17-19) – 10. τί ὑμῖν δοκεῖ; ἐὰν γένηταί τινι ἀνθρώπῳ ἑκατὸν πρόβατα καὶ πλανηθῇ ἓν ἐξ αὐτῶν, οὐχὶ ἀφήσει[9] τὰ ἐνενήκοντα ἐννέα ἐπὶ τὰ ὄρη καὶ πορευθεὶς ζητεῖ τὸ πλανώμενον; (Mt 18,12) – 11. καὶ ἤρξατο διδάσκειν αὐτοὺς ὅτι δεῖ τὸν υἱὸν τοῦ ἀνθρώπου πολλὰ παθεῖν … καὶ παρρησίᾳ τὸν λόγον ἐλάλει. καὶ προσλαβόμενος ὁ Πέτρος αὐτὸν ἤρξατο ἐπιτιμᾶν αὐτῷ. (Mk 8,31f) – 12. ἐὰν κτήσῃ[10] παῖδα Εβραῖον ἓξ ἔτη δουλεύσει σοι τῷ δὲ ἑβδόμῳ ἔτει ἀπελεύσεται ἐλεύθερος δωρεάν. (Ex 21,2) – 13. ὃ γὰρ ἀπέθανεν, τῇ ἁμαρτίᾳ ἀπέθανεν ἐφάπαξ[11]· ὃ δὲ ζῇ, ζῇ τῷ θεῷ. (Röm 6,10)

E

Neutestamentlicher Übersetzungstext: Markus 2,1-8

Übersetzen Sie bitte diesen Text aus dem griechischen Neuen Testament! Unbekannte Vokabeln schlagen Sie bitte im Wörterbuch nach. Kontrollieren Sie Ihre Übersetzung *danach* bitte anhand einer philologischen Bibelübersetzung (z.B. Elberfelder, Luther 2017, Einheitsübersetzung oder Zürcher Bibel)!

Hilfen:

4 κατέκειτο 3.Sg.Ind.Ipf.MP von κατάκειμαι *(da)liegen*
5 ἀφίενται 3.Pl.Ind.Präs.MP von ἀφίημι *vergeben*
6 καθῆμαι *sitzen*
7 ἀφίεναι Inf.Präs.Akt. von ἀφίημι

---

5 ἐδύνατο 3.Sg.Ind.Ipf.MP von δύναμαι *er konnte*; μαθεῖν Inf.Aor.Akt. von μανθάνω *lernen*.

6 ἀγαλλίασις *Jubel*.

7 μίσθιος *Tagelöhner*.

8 ἀπόλλυμαι 1.Sg.Ind.Präs.MP *umkommen*.

9 ἀφήσει 3.Sg.Ind.Fut.Akt. von ἀφίημι hier: *zurücklassen*.

10 κτάομαι *kaufen*.

11 ἐφάπαξ Adverb: *auf einmal; ein für allemal*.

49. τίθημι

A

1) Wiederholen Sie bitte die primären Personalendungen des Aktivs und Mediums!
2) Wiederholen Sie bitte die sekundären Personalendungen des Aktivs und Mediums!
3) Wiederholen Sie bitte die Imperativendungen des Aktivs und Mediums!
4) Wiederholen Sie bitte die Formbildung des Infinitivs und Partizips im Präsens!
5) Was ist das Kennzeichen des Konjunktivs?

B

τίθημι gehört zu den sogenannten μι-Verben. Diese enden in der 1.Sg.Ind.Präs.Akt. auf -μι. Da die Formen der μι-Verben im Präsensstamm (gewöhnlich) ohne Themavokal gebildet werden, spricht man auch von *athematischer Konjugation*. Die Personalendungen werden also unmittelbar (ohne Themavokal) an den Stamm angehängt.
Vgl. unten (E) den Überblick über die griechischen Verbklassen und die Einordnung der μι-Verben. Die μι-Verben kann man unterteilen in die μι-Verben mit Präsensreduplikation, die μι-Verben mit einer νυ-Erweiterung im Präsens und die μι-Verben, deren Präsensstamm mit dem Verbstamm identisch ist („Wurzelpräsentien").

1) Verbalstamm

Der eigentliche *Verbalstamm* ist θε bzw θη. Der *Präsensstamm* hat eine Präsensreduplikation; der anlautende Konsonant wird verdoppelt (vgl. Lekt. 32 B1) und ein ι als Reduplikationsvokal eingefügt, sodass der Präsensstamm τιθε bzw. τιθη lautet.

2) Besonderheiten bei τίθημι im Aktiv

a) Präsens und Imperfekt

Der *Indikativ Präsens* hat anstelle der Primärendungen die Endungen -μι, -ς, -σι(ν), -μεν, -τε, -ασι(ν), die unmittelbar an den Präsensstamm angehängt werden (τί-θη-μι ...). Dabei wird im Sg. der Präsensstamm τιθη, im Pl. der Präsensstamm τιθε verwendet. In der 3.Pl. wird nicht kontrahiert (τιθέασιν).
Im *Konjunktiv* wird der Stammauslaut mit dem Moduszeichen kontrahiert, über dem durchgängig ein Zirkumflex steht. Verwendet werden wie bisher die Primärendungen (τιθῶ ...).
Der *Imperativ* hat dieselben Endungen wie die ω-Verben. An den Stamm τιθε werden die Endungen direkt angehängt (3.Sg. τιθέτω). Ausnahme: Die 2.Sg.Impt. heißt τίθει.
Der *Infinitiv* endet wie εἰμί auf -ναι: τιθέναι.

Das *Partizip* gleicht dem Partizip der ω-Verben, aber ohne Themavokal. Im Mask. und Neutr. werden an τιθε-ντ- die Endungen der 3. Dekl. angehängt (z.B. τιθείς, τιθέντος), das Fem. hat eigene Formen und wird als α-impurum dekliniert (τιθεῖσα, τιθείσης ...). Das *Imperfekt* wird mit Augment gebildet, und zwar in der 1.Sg. mit dem Stamm τιθη und im Plural mit dem Stamm τιθε. In der 2.+3.Sg. steht aufgrund der Verwendung eines Themavokals und anschließender Kontraktion τιθει (ἐτίθην, ἐτίθεις ...). Für die 3.Pl. gibt es im NT auch die Form ἐτίθουν (mit Themavokal gebildet).

b) Aorist

Konjunktiv, *Imperativ* (Ausnahme 2.Sg. auf -ς) und *Partizip* gleichen dem Präsens, haben aber selbstverständlich keine Präsensreduplikation. Der *Infinitiv* lautet θεῖναι. Nur der *Indikativ* weicht stark ab: Er wird mit dem Tempuszeichen κ gebildet, als handele es sich um ein Perfekt (!). Aber da es der Aorist ist, hat er natürlich keine Reduplikation, sondern ein Augment (ἔθηκα, ἔθηκας, ἔθηκεν ... ἔθηκαν).

c) Perfekt

Das Perfekt hat eine Perfektreduplikation (τε-), und der Verbalstamm wird zu θει gedehnt; daran werden die normalen Endungen angehängt. Ansonsten gleicht die Formbildung der ω-Konjugation (τέθεικα ...).

3) Besonderheiten bei τίθημι im Medium/Passiv

a) Präsens und Imperfekt

Indikativ, Imperativ, Infinitiv und *Partizip* Präsens haben den Präsensstamm τιθε und werden mit den gleichen Endungen gebildet wie bei der ω-Konjugation, jedoch ohne Themavokal. So bleibt auch das σ in der 2.Sg. in der Regel erhalten (τίθεσαι). Im *Konjunktiv* wird das Moduszeichen η/ω mit dem Stammauslaut kontrahiert, und es werden die Primärendungen verwendet. In der 2.Sg. fällt das σ aus (τιθῇ).
Das *Imperfekt* hat ein Augment und Sekundärendungen, die direkt an den Stamm gehängt werden, wobei das σ in der 2.Sg. erhalten bleibt.

b) Aorist Medium

Er wird mit dem reinen Verbalstamm und weitgehend mit den üblichen Endungen gebildet. Der *Indikativ* hat ein Augment und Sekundärendungen. *Konjunktiv*, *Imperativ* und *Partizip* gleichen dem Präsens, aber ohne Präsensreduplikation. Im *Konjunktiv* wird das ε wieder mit dem Moduszeichen kontrahiert. In der 2.Sg.Ind. und Impt. wird εσο zu ου (ἔθου und θοῦ). Der *Infinitiv* heißt θέσθαι.

c) Aorist Passiv und Futur Passiv

Damit nicht zwei Silben hintereinander mit θ beginnen, wird der Verbalstamm von θε zu τε verändert, also Aor.: ἐτέθην, Fut.: τεθήσομαι. Vgl. dazu Lekt. 35 E!

4) Die übrigen Formen

Perfekt MP und *Futur (Akt., Med.)* werden mit den bekannten Tempuszeichen und Endungen gebildet.

5) Die Stammformen von τίθημι

τίθημι	θήσω	ἔθηκα	τέθεικα
	τεθήσομαι	ἐτέθην	τέθειμαι

Vgl. zur Konjugation von τίθημι die Tabellen 15.1 bis 15.4 (S. 266-269)!

C

1) Konjugieren bzw. deklinieren Sie bitte von τίθημι:
a) Präs.: Ind. Akt., Konj. MP, Impt. Akt., Ipf. MP
b) Aor.: Ind. Med., Konj. Akt., Impt. Med.; Ptz. Pass.
c) Pf.: Ind. Akt. und Ind. MP

2) Bestimmen Sie bitte folgende Formen:
τίθημι, τιθῇς, τιθέναι, ἐτίθεις, ἔθηκεν, τέθεικεν, τιθεῖσα, θεῖσα, τεθεικώς, τίθησιν, τιθέτω, θεῖναι, τίθεσαι, τίθεσθαι, θέσθαι, τίθενται, τέθειται, τίθεσο, ἐτίθεσο, ἐτίθεντο, θέσθωσαν, ἐτέθην, τιθεμένης, θές, προσετέθη, θήσει, τεθῇ, προστεθήσεται

3) Bilden Sie bitte folgende Formen des Aktivs und Mediums von τίθημι:
(jeweils Präs. und Aor., außer wenn ausdrücklich Ipf. gefordert ist)
1.Pl.Ind., 2.Sg.Impt., 1.Sg.Ind.Ipf., Inf., 1.Pl.Konj., Nom.Sg.f.Ptz., 3.Sg.Ind., 3.Pl. Impt., 2.Sg.Konj., 1.Pl.Ind.Ipf., 3.Pl.Konj., 3.Pl.Ind., Dat.Pl.m.Ptz.

4) Bestimmen und übersetzen Sie bitte folgende Formen:
(nicht alle sind von τίθημι abgeleitet)
τίθεται, ἐτίθετο, ἐπιτίθεσθαι, ἐπιτιθείς, τέθεικας, θῶμεν, τιθέτω, θήσω, ἐτέθειντο, ἐτίθετε, τιθῆται, τέθειμαι, θώμεθα, τεθέαται, ἔθου, τεθήσονται, προσετέθη, παραθεῖναι, παράθου, θέντος, τίθης, τιθέναι, τί, τιθείσῃ, τιθῶσιν, θοῦ, ἐτίθουν, τισίν

D

1. Ἀποκρίνεται Ἰησοῦς· τὴν ψυχήν σου ὑπὲρ ἐμοῦ θήσεις; ἀμὴν ἀμὴν λέγω σοι, οὐ μὴ ἀλέκτωρ φωνήσῃ ἕως οὗ ἀρνήσῃ με τρίς. (Joh 13,38) – 2. καὶ ἔτυπτον αὐτοῦ τὴν κεφαλὴν καλάμῳ καὶ ἐνέπτυον[1] αὐτῷ καὶ τιθέντες τὰ γόνατα προσεκύνουν αὐτῷ. (Mk 15,19) – 3. εἶπεν δὲ πρὸς αὐτούς· οὐχ ὑμῶν ἐστιν γνῶναι χρόνους ἢ καιροὺς οὓς ὁ πατὴρ ἔθετο ἐν τῇ ἰδίᾳ ἐξουσίᾳ, ἀλλὰ λήμψεσθε δύναμιν ἐπελθόντος τοῦ ἁγίου πνεύματος ἐφ' ὑμᾶς καὶ ἔσεσθέ μου μάρτυρες ἔν τε Ἰερουσαλὴμ καὶ ἐν πάσῃ τῇ Ἰουδαίᾳ καὶ Σαμαρείᾳ καὶ ἕως ἐσχάτου τῆς γῆς. (Apg 1,7f) – 4. προσέχετε ἑαυτοῖς καὶ παντὶ τῷ ποιμνίῳ[2], ἐν ᾧ ὑμᾶς τὸ πνεῦμα τὸ ἅγιον ἔθετο ἐπισκόπους ποιμαίνειν τὴν

---

[1] ἐμπτύω *anspucken.*

[2] ποίμνιον *Herde.*

ἐκκλησίαν τοῦ θεοῦ, ἣν περιεποιήσατο[3] διὰ τοῦ αἵματος τοῦ ἰδίου. (Apg 20,28) – 5. ἦν δὲ ἐν τῷ τόπῳ ὅπου ἐσταυρώθη κῆπος[4], καὶ ἐν τῷ κήπῳ μνημεῖον καινὸν ἐν ᾧ οὐδέπω[5] οὐδεὶς ἦν τεθειμένος. (Joh 19,41) – 6. θεὸς ἦν ἐν Χριστῷ κόσμον καταλλάσσων ἑαυτῷ, μὴ λογιζόμενος αὐτοῖς τὰ παραπτώματα αὐτῶν καὶ θέμενος ἐν ἡμῖν τὸν λόγον τῆς καταλλαγῆς[6]. (2Kor 5,19) – 7. οὕτως γὰρ ἐντέταλται ἡμῖν ὁ κύριος· τέθεικά σε εἰς φῶς ἐθνῶν τοῦ εἶναί σε εἰς σωτηρίαν ἕως ἐσχάτου τῆς γῆς. (Apg 13,47) (erläutern Sie bitte die Infinitivkonstruktion) – 8. μείζονα ταύτης ἀγάπην οὐδεὶς ἔχει, ἵνα τις τὴν ψυχὴν αὐτοῦ θῇ ὑπὲρ τῶν φίλων αὐτοῦ. (Joh 15,13) – 9. οὐ θέλω δὲ ὑμᾶς ἀγνοεῖν, ἀδελφοί, ὅτι πολλάκις προεθέμην[7] ἐλθεῖν πρὸς ὑμᾶς, καὶ ἐκωλύθην ἄχρι τοῦ δεῦρο[8], ἵνα τινὰ καρπὸν σχῶ καὶ ἐν ὑμῖν καθὼς καὶ ἐν τοῖς λοιποῖς ἔθνεσιν. (Röm 1,13) – 10. καὶ ἐπέθηκαν ἐπάνω τῆς κεφαλῆς αὐτοῦ τὴν αἰτίαν αὐτοῦ γεγραμμένην· οὗτός ἐστιν Ἰησοῦς ὁ βασιλεὺς τῶν Ἰουδαίων. (Mt 27,37) – 11. οὐδεὶς λύχνον ἅψας εἰς κρύπτην τίθησιν ... ἀλλ' ἐπὶ τὴν λυχνίαν, ἵνα οἱ εἰσπορευόμενοι τὸ φῶς βλέπωσιν. (Lk 11,33) – 12. δύνοντος[9] δὲ τοῦ ἡλίου ἅπαντες ὅσοι εἶχον ἀσθενοῦντας νόσοις ποικίλαις ἤγαγον αὐτοὺς πρὸς αὐτόν· ὁ δὲ ἑνὶ ἑκάστῳ αὐτῶν τὰς χεῖρας ἐπιτιθεὶς ἐθεράπευεν αὐτούς. (Lk 4,40) – 13. εἶπεν δὲ ὁ κύριος ἐν νυκτὶ δι' ὁράματος τῷ Παύλῳ· μὴ φοβοῦ, ἀλλὰ λάλει καὶ μὴ σιωπήσῃς, διότι ἐγώ εἰμι μετὰ σοῦ καὶ οὐδεὶς ἐπιθήσεταί σοι τοῦ κακῶσαί[10] σε, διότι λαός ἐστί μοι πολὺς ἐν τῇ πόλει ταύτῃ. (Apg 18,9f) – 14. καὶ ἃ ἤκουσας παρ' ἐμοῦ διὰ πολλῶν μαρτύρων, ταῦτα παράθου πιστοῖς ἀνθρώποις, οἵτινες ἱκανοὶ ἔσονται καὶ ἑτέρους διδάξαι. (2Tim 2,2)

E

Überblick der griechischen Verbklassen

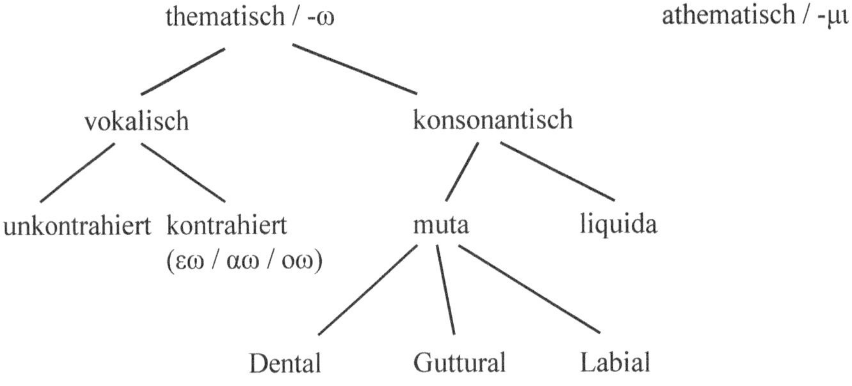

---

3 περιποιέομαι *erhalten, erwerben.*
4 κῆπος *Garten.*
5 οὐδέπω *noch nicht.*
6 καταλλαγή *Versöhnung.*
7 προτίθημι Med. hier: *sich vornehmen.*
8 ἄχρι τοῦ δεῦρο *bis heute.*
9 δύνω *untergehen.*
10 κακόω *Böses zufügen.*

50. δίδωμι

A

Wiederholen Sie bitte die Konjugation des Mediums von τίθημι im Präsens (Ind., Impt., Inf., Ptz.) und im Aorist (Ind., Impt., Inf., Ptz.)!

B

1) Verbalstamm

δίδωμι wird weitgehend analog zu τίθημι gebildet. Der reine *Verbalstamm* ist δω bzw. δο. Der *Präsensstamm* lautet mit Präsensreduplikation διδω bzw. διδο.

2) Bildung der Formen

Die *Endungen* sind dieselben wie bei τίθημι. Der o-Laut im Stamm bedingt jedoch Abweichungen gegenüber τίθημι (e-Laut im Stamm). Auch die Bildung der Tempora gleicht weitgehend der von τίθημι, einschließlich des κ im Aorist Aktiv.

3) Hinweise zur Formenbildung (Flexion)

a) Im **Präsens** ist der *Stamm* meist διδο-, im Sg.Ind.Präs.Akt. lautet er aber διδω-.[1]

b) Im *Konjunktiv* wird der Stammauslaut o mit dem Moduszeichen η/ω immer zu ω kontrahiert. Daran werden die Primärendungen angehängt. In der 2.Sg. – im Aktiv auch in der 3.Sg. – steht ein ι-subscriptum. Die Formen sind also:
Präsens: Aktiv: διδῶ, διδῷς usw. MP: διδῶμαι, διδῷ usw.
Aorist: Aktiv: δῶ, δῷς usw. Medium: δῶμαι, δῷ usw.
Achtung: Die 3.Sg.Ind. (δίδωσιν) und 3.Pl.Konj.Präs.Akt. (διδῶσιν) unterscheiden sich nur durch den Akzent.

c) Das **Imperfekt** wird mit dem Präsensstamm und einem Augment gebildet. Im Sg. Ind.Ipf.Akt. steht aufgrund der Verwendung eines Themavokals und anschließender Kontraktion διδου. Für die 3.Pl. gibt es im NT auch die Form ἐδίδουν (mit Themavokal gebildet).

d) Abgesehen von der Präsensreduplikation sind die *Partizipformen* im Präs. und Aor. gleich. Im Akt. wird das Ptz. wie üblich im Mask. und Neutr. mit ντ und den Endungen der 3. Dekl. gebildet. Im Nom.Sg.m. und im Dat.Pl.m./n. wird οντ zu ου (Nom.Sg. m.: διδούς). Im Nom. und Akk.Sg.n. entfällt τ am Wortende (διδόν).

e) Im *Imperativ* sind die Formen im Präs. und Aor., außer in der 2.Sg. sowie abgesehen von der Präsensreduplikation, gleich.

---

[1] Eine Ausnahme bilden die 3.Sg.Ind.Ipf.MP und Aor.Med., wo im NT der Stammvokal o durch einen Themavokal ersetzt worden ist (ἐδίδετο bzw. ἔδετο).

4) Die weiteren Tempora

Die *anderen Tempora* werden teilweise mit ο, teilweise mit ω im Stamm gebildet, lauten ansonsten aber regelmäßig.

5) Die Stammformen von δίδωμι:

δίδωμι	δώσω	ἔδωκα	δέδωκα
	δοθήσομαι	ἐδόθην	δέδομαι

Vgl. zur Konjugation von δίδωμι die Tabellen 15.1 bis 15.4 (S. 266-269)!

C

1) Konjugieren bzw. deklinieren Sie bitte von δίδωμι**:**

a) Präs.: Ind. Akt., Konj. MP, Impt. Akt., Ipf. MP
b) Aor.: Ind. Med., Konj. Akt., Impt. Med.; Ptz. Pass. m.
c) Pf.: Ind. Akt. und MP

2) Bestimmen und übersetzen Sie bitte folgende neutestamentliche Formen:

δώσω, δίδωμι, διδόναι, διδόμενον, παρεδώκαμεν, δός, ἐδίδου, παραδώσων, ἐδόθη, δότω, δίδωσιν, δίδοται, παραδιδῷ, δέδοται, διδόντα, ἀποδιδόναι, δῶμεν, παραδεδωκόσι, δίδοτε, ἀπέδοντο, δῷ, δεδομένον, δοθήσεται, ἐδίδοσαν, παραδώσει, δώδεκα, ἀποδώσοντες, παραδεδώκεισαν, δίδου, παραδόσεων, δῷς, δότε, παρέδωκεν, διδῶ, παρεδίδετο, ἀπεδίδουν, ἐπιδόντες, δοθῆναι, δοθεῖσα, δοθείσῃ, παραδίδοσθαι

3) Bilden Sie bitte folgende Formen des Aktivs und Mediums von δίδωμι**:**
(jeweils Präs. und Aor., außer wenn ausdrücklich Ipf. gefordert ist)

1.Pl.Ind., 2.Sg.Impt., 1.Sg.Ind.Ipf., Inf., 1.Pl.Konj., Nom.Sg.f.Ptz., 3.Sg.Ind., 3.Pl.Impt., 2.Sg.Konj., 1.Pl.Ind.Ipf., 3.Pl.Konj., 3.Pl.Ind., Dat.Pl.m.Ptz.

4) Nennen Sie bitte zu folgenden Formen die entsprechenden des Perfekts und Futurs:

δοῦναι, διδομένῃ, ἔδωκα, δόν, ἔδου

D

1. Οἴδατε ὅτι μετὰ δύο ἡμέρας τὸ πάσχα γίνεται, καὶ ὁ υἱὸς τοῦ ἀνθρώπου παραδίδοται εἰς τὸ σταυρωθῆναι. (Mt 26,2) (erläutern Sie bitte die Syntax des Infinitivs) – 2. καὶ γὰρ ὁ υἱὸς τοῦ ἀνθρώπου οὐκ ἦλθεν διακονηθῆναι ἀλλὰ διακονῆσαι καὶ δοῦναι τὴν ψυχὴν αὐτοῦ λύτρον[2] ἀντὶ πολλῶν. (Mk 10,45) (erläutern Sie bitte die Syntax des

[2] λύτρον *Lösegeld.*

Infinitivs) – 3. οὐχ ὑμεῖς με ἐξελέξασθε, ἀλλ' ἐγὼ ἐξελεξάμην ὑμᾶς καὶ ἔθηκα ὑμᾶς ἵνα ὑμεῖς ὑπάγητε καὶ καρπὸν φέρητε καὶ ὁ καρπὸς ὑμῶν μένῃ, ἵνα ὅ τι ἂν[3] αἰτήσητε τὸν πατέρα ἐν τῷ ὀνόματί μου δῷ ὑμῖν. (Joh 15,16) – 4. συστρεφομένων[4] δὲ αὐτῶν ἐν τῇ Γαλιλαίᾳ εἶπεν αὐτοῖς ὁ Ἰησοῦς· μέλλει ὁ υἱὸς τοῦ ἀνθρώπου παραδίδοσθαι εἰς χεῖρας ἀνθρώπων, καὶ ἀποκτενοῦσιν αὐτόν, καὶ τῇ τρίτῃ ἡμέρᾳ ἐγερθήσεται. καὶ ἐλυπήθησαν σφόδρα. (Mt 17,22f) (erläutern Sie bitte die Syntax des Partizips und des Kasus von ἡμέρᾳ) – 5. ὑμῖν δέδοται γνῶναι τὰ μυστήρια τῆς βασιλείας τῶν οὐρανῶν, ἐκείνοις δὲ οὐ δέδοται. ὅστις γὰρ ἔχει, δοθήσεται αὐτῷ καὶ περισσευθήσεται (Mt 13,11b-12a) – 6. ἔφερον τὰς τιμὰς τῶν πιπρασκομένων καὶ ἐτίθουν παρὰ τοὺς πόδας τῶν ἀποστόλων, διεδίδετο[5] δὲ ἑκάστῳ καθότι[6] ἄν τις χρείαν εἶχεν. (Apg 4,34b-35) – 7. ἀπεκρίθη δὲ πρὸς αὐτὴν Πέτρος· εἰπέ μοι, εἰ τοσούτου τὸ χωρίον ἀπέδοσθε; ἡ δὲ εἶπεν· ναί, τοσούτου. (Apg 5,8) (erläutern Sie bitte den Kasus von τοσούτου, vgl. Lekt. 22 B3) – 8. καὶ προσελθὼν ὁ τὰ πέντε τάλαντα λαβὼν προσήνεγκεν ἄλλα πέντε τάλαντα λέγων· κύριε, πέντε τάλαντά μοι παρέδωκας· ἴδε ἄλλα πέντε τάλαντα ἐκέρδησα. (Mt 25,20) – 9. ἡ δὲ ἐλπὶς οὐ καταισχύνει, ὅτι ἡ ἀγάπη τοῦ θεοῦ ἐκκέχυται ἐν ταῖς καρδίαις ἡμῶν διὰ πνεύματος ἁγίου τοῦ δοθέντος ἡμῖν. (Röm 5,5) – 10. ὅταν δὲ παραδῶσιν ὑμᾶς, μὴ μεριμνήσητε πῶς ἢ τί λαλήσητε· δοθήσεται γὰρ ὑμῖν ἐν ἐκείνῃ τῇ ὥρᾳ τί λαλήσητε. (Mt 10,19) – 11. ἐπὰν[7] δὲ ἰσχυρότερος αὐτοῦ ἐπελθὼν νικήσῃ αὐτόν, τὴν πανοπλίαν[8] αὐτοῦ αἴρει ἐφ' ᾗ ἐπεποίθει καὶ τὰ σκῦλα[9] αὐτοῦ διαδίδωσιν[10]. (Lk 11,22) – 12. καὶ παραγγέλλει τῷ ὄχλῳ ἀναπεσεῖν ἐπὶ τῆς γῆς· καὶ λαβὼν τοὺς ἑπτὰ ἄρτους εὐχαριστήσας ἔκλασεν καὶ ἐδίδου τοῖς μαθηταῖς αὐτοῦ ἵνα παρατιθῶσιν, καὶ παρέθηκαν τῷ ὄχλῳ. (Mk 8,6) – 13. καὶ λαβὼν ἄρτον εὐχαριστήσας ἔκλασεν καὶ ἔδωκεν αὐτοῖς λέγων· Τοῦτό ἐστιν τὸ σῶμά μου τὸ ὑπὲρ ὑμῶν διδόμενον· τοῦτο ποιεῖτε εἰς τὴν ἐμὴν ἀνάμνησιν[11]. (Lk 22,19) – 14. οἱ μὲν οὖν ἀπολυθέντες κατῆλθον εἰς Ἀντιόχειαν, καὶ συναγαγόντες τὸ πλῆθος ἐπέδωκαν τὴν ἐπιστολήν. ἀναγνόντες δὲ ἐχάρησαν ἐπὶ τῇ παρακλήσει. (Apg 15,30f)

---

[3] ὅ τι ἄν *was/worum auch immer.*
[4] συστρέφω Pass.: *zusammenkommen.*
[5] διαδίδωμι *verteilen.*
[6] καθότι *in dem Maß wie, je nachdem.*
[7] ἐπάν *wenn.*
[8] πανοπλία *Rüstung.*
[9] σκῦλον *Beute.*
[10] διαδίδωμι *verteilen.*
[11] ἀνάμνησις *Gedenken, Erinnerung.*

51. Negationen

A

1) Lernen Sie bitte die Stammformen von ἀναιρέω und ἐσθίω (vgl. Lekt. 38 E)!
2) Wiederholen Sie bitte die Syntax von Partizip und Infinitiv!

B

1) Überblick über die Negationen

Es gibt die beiden einfachen Negationen οὐ (οὐκ, οὐχ) und μή. Als verstärkte Verneinung werden auch οὐχί bzw. μήτι gebraucht.
Dazu gibt es als zusammengesetzte Negationen:

οὐδείς / οὐδεμία / οὐδέν (← οὐδὲ εἷς)	μηδείς / μηδεμία / μηδέν (← μηδὲ εἷς)	*keiner/keine, niemand, nichts*
οὐδέ (← οὐ δέ)	μηδέ (← μὴ δέ)	*und/auch nicht, nicht einmal*
οὔτε ... οὔτε	μήτε ... μήτε	*weder ... noch*
οὔπω	μήπω	*noch nicht*
οὐκέτι	μηκέτι	*nicht mehr*
οὐδέποτε		*niemals*
	μήποτε	*dass nicht;* in indirekten Fragen: *ob vielleicht*

Zusätzlich steht οὔ/οὐχί für „*nein*“. (ναί bedeutet „*ja*“.)
ἡ μήτηρ αὐτοῦ εἶπεν· οὐχί, ἀλλὰ κληθήσεται Ἰωάννης (Lk 1,60) – *seine Mutter sagte: Nein, sondern er soll Johannes genannt werden*

2) Regeln für den Gebrauch der Negationen

a) Die Negation steht
- vor dem verneinten Ausdruck, wenn ein Einzelwort oder eine Wortgruppe verneint werden soll,
- am Satzanfang oder vor dem finiten Verb, wenn der Satz verneint werden soll,
- bei verneintem Nebensatz meist nach der Konjunktion.
- οὐχί und μήτι werden vor allem bei unabhängigen (direkten) Fragen verwendet.

b) Die Negation οὐ (und die mit οὐ zusammengesetzten) steht
- bei Einzelwörtern und Wortgruppen,
  Beispiel: οὐ πᾶς ὁ λέγων (Mt 7,21) – *nicht jeder, der sagt*

- in Sätzen mit Verben im Indikativ,
- selten auch beim Infinitiv und Partizip,
- mit der Bedeutung *nicht* in unabhängigen (direkten) Fragen. Als Antwort erwartet man „ja!" bzw. „doch!".

c) Die Negation μή (und die mit μή zusammengesetzten) steht
- in Sätzen mit nichtindikativischen Modi, also beim Konjunktiv, Imperativ und Optativ,
- fast immer beim Infinitiv und Partizip,
- mit der Bedeutung *etwa* in unabhängigen (direkten) Fragen. Als Antwort erwartet man: „nein!".

3) Besonderheiten

a) οὐ μή mit Konj. Aor. (selten mit Ind. Fut.) wird verwendet als die stärkste Verneinung eines zukünftigen Geschehens (vgl. Lekt. 24 B3)

οἱ λόγοι μου οὐ μὴ παρέλθωσιν (Mt 24,35) – *meine Worte werden bestimmt nicht vergehen*

b) Nach Ausdrücken des Fürchtens hat μή die Bedeutung *dass* und οὐ μή die Bedeutung *dass nicht*. Hierauf folgt meistens ein Konjunktiv (vgl. Lekt. 55 B).

φοβηθεὶς ὁ χιλίαρχος μὴ διασπασθῇ ὁ Παῦλος ὑπ' αὐτῶν (Apg 23,10) – *da der Oberst befürchtete, dass Paulus von ihnen zerrissen werde*

c) Nach Verben des negativen Behauptens (*bestreiten, bezweifeln*) kann ein ὅτι-Satz mit nicht zu übersetzendem οὐ stehen.

ὁ ἀρνούμενος ὅτι Ἰησοῦς οὐκ ἔστιν ὁ Χριστός (1Joh 2,22) – *der, der bestreitet, dass Jesus der Christus ist*

d) Eine doppelte Verneinung oder auch mehrfache Verneinung verstärkt im Griechischen die Verneinung. Unter bestimmten Voraussetzungen kann die Verneinung aber auch aufgehoben werden.

Man kann sich folgende Regeln merken:

> Wenn das *letzte Glied* der Verneinungskette *zusammengesetzt* ist, wird die Verneinung dadurch *verstärkt*.

οὐκ ἔστιν ἐν ἄλλῳ οὐδενὶ ἡ σωτηρία (Apg 4,12) – *es ist in keinem anderen das Heil*

> Wenn das *letzte Glied* der Verneinungskette *einfach* ist, ist die Verneinung *aufgehoben*.

οὐ δυνάμεθα … ἡμεῖς ἃ εἴδαμεν καὶ ἠκούσαμεν μὴ λαλεῖν (Apg 4,20) – (wörtlich: wir können nicht über das, was wir gesehen und gehört haben, nicht reden) *wir müssen unbedingt über das, was wir gesehen und gehört haben, reden*

D

Bestimmen Sie bitte bei allen *Partizipien* und *Infinitiven*, wie sie syntaktisch gebraucht sind! Bei diesen Sätzen können Sie auch die Aspekte der Tempora wiederholen, den Konjunktiv usw.

1. Ἀναχωρησάντων δὲ αὐτῶν ἰδοὺ ἄγγελος κυρίου φαίνεται κατ᾽ ὄναρ[1] τῷ Ἰωσὴφ λέγων· ἐγερθεὶς παράλαβε τὸ παιδίον καὶ τὴν μητέρα αὐτοῦ καὶ φεῦγε εἰς Αἴγυπτον καὶ ἴσθι ἐκεῖ ἕως ἂν[2] εἴπω σοι· μέλλει γὰρ Ἡρῴδης ζητεῖν τὸ παιδίον τοῦ ἀπολέσαι[3] αὐτό. ὁ δὲ ἐγερθεὶς παρέλαβεν τὸ παιδίον καὶ τὴν μητέρα αὐτοῦ νυκτὸς καὶ ἀνεχώρησεν εἰς Αἴγυπτον. (Mt 2,13f) – 2. καὶ ἀπῆλθεν ἡ ἀκοὴ αὐτοῦ εἰς ὅλην τὴν Συρίαν· καὶ προσήνεγκαν αὐτῷ πάντας τοὺς κακῶς ἔχοντας ποικίλαις νόσοις … καὶ ἐθεράπευσεν αὐτούς. (Mt 4,24) – 3. μὴ νομίσητε ὅτι ἦλθον καταλῦσαι τὸν νόμον ἢ τοὺς προφήτας· οὐκ ἦλθον καταλῦσαι ἀλλὰ πληρῶσαι. (Mt 5,17) – 4. ταῦτά ἐστιν τὰ κοινοῦντα τὸν ἄνθρωπον, τὸ δὲ ἀνίπτοις[4] χερσὶν φαγεῖν οὐ κοινοῖ τὸν ἄνθρωπον. (Mt 15,20) – 5. τότε ἐρεῖ ὁ βασιλεὺς τοῖς ἐκ δεξιῶν αὐτοῦ· δεῦτε οἱ εὐλογημένοι τοῦ πατρός μου, κληρονομήσατε τὴν ἡτοιμασμένην ὑμῖν βασιλείαν ἀπὸ καταβολῆς κόσμου. ἐπείνασα γὰρ καὶ ἐδώκατέ μοι φαγεῖν, ἐδίψησα καὶ ἐποτίσατέ με, ξένος ἤμην καὶ συνηγάγετέ με. (Mt 25,34f) – 6. μετὰ δὲ τὸ ἐγερθῆναί με προάξω ὑμᾶς εἰς τὴν Γαλιλαίαν. (Mt 26,32) – 7. τῇ δὲ μιᾷ τῶν σαββάτων Μαρία ἡ Μαγδαληνὴ ἔρχεται πρωῒ σκοτίας ἔτι οὔσης εἰς τὸ μνημεῖον καὶ βλέπει τὸν λίθον ἠρμένον ἐκ τοῦ μνημείου. τρέχει οὖν καὶ ἔρχεται πρὸς Σίμωνα Πέτρον καὶ πρὸς τὸν ἄλλον μαθητὴν ὃν ἐφίλει ὁ Ἰησοῦς καὶ λέγει αὐτοῖς· ἦραν τὸν κύριον ἐκ τοῦ μνημείου καὶ οὐκ οἴδαμεν ποῦ ἔθηκαν αὐτόν. (Joh 20,1f) – 8. ὁ δὲ Ἰησοῦς εἶπεν· ἥψατό μού τις, ἐγὼ γὰρ ἔγνων δύναμιν ἐξεληλυθυῖαν ἀπ᾽ ἐμοῦ. (Lk 8,46) – 9. ἐγένετο δὲ μετὰ τοὺς λόγους τούτους ὡσεὶ ἡμέραι ὀκτὼ καὶ παραλαβὼν Πέτρον καὶ Ἰωάννην καὶ Ἰάκωβον ἀνέβη εἰς τὸ ὄρος προσεύξασθαι. καὶ ἐγένετο ἐν τῷ προσεύχεσθαι αὐτὸν τὸ εἶδος[5] τοῦ προσώπου αὐτοῦ ἕτερον καὶ ὁ ἱματισμὸς[6] αὐτοῦ λευκὸς ἐξαστράπτων[7]. (Lk 9,28f) – 10. ὁ δὲ Ἡρῴδης ἰδὼν τὸν Ἰησοῦν ἐχάρη λίαν, ἦν γὰρ ἐξ ἱκανῶν χρόνων θέλων ἰδεῖν αὐτὸν διὰ τὸ ἀκούειν περὶ αὐτοῦ καὶ ἤλπιζέν τι σημεῖον ἰδεῖν ὑπ᾽ αὐτοῦ γινόμενον. (Lk 23,8) – 11. οἱ δὲ ἰδόντες τὸν χιλίαρχον καὶ τοὺς στρατιώτας ἐπαύσαντο τύπτοντες τὸν Παῦλον. (Apg 21,32) – 12. διὸ παρέδωκεν αὐτοὺς ὁ θεὸς ἐν ταῖς ἐπιθυμίαις τῶν καρδιῶν αὐτῶν εἰς ἀκαθαρσίαν τοῦ ἀτιμάζεσθαι[8] τὰ σώματα αὐτῶν ἐν αὐτοῖς. (Röm 1,24) – 13. νυνὶ δὲ κατηργήθημεν ἀπὸ τοῦ νόμου ἀποθανόντες ἐν ᾧ κατειχόμεθα, ὥστε δουλεύειν ἡμᾶς ἐν καινότητι[9] πνεύματος καὶ οὐ παλαιότητι γράμματος. (Röm 7,6) – 14. πιστὸς ὁ λόγος καὶ πάσης ἀποδοχῆς[10] ἄξιος, ὅτι Χριστὸς Ἰησοῦς ἦλθεν εἰς τὸν κόσμον ἁμαρτωλοὺς

---

1 ὄναρ *Traum.*

2 ἕως ἂν (*bis*) steht mit Konj.

3 ἀπολέσαι Inf.Aor.Akt. ἀπόλλυμι *töten, verderben.*

4 ἄνιπτος *ungewaschen.*

5 εἶδος *Aussehen.*

6 ἱματισμός *Kleidung, Gewand.*

7 ἐξαστράπτω *strahlen, aufglänzen.*

8 ἀτιμάζω *schändlich behandeln.*

9 καινότης *Neuheit* – das Gegenteil ist παλαιότης *Alter; altes Wesen.*

10 ἀποδοχή *Annahme, Zustimmung.*

σῶσαι, ὧν πρῶτός εἰμι ἐγώ. (1Tim 1,15) – 15. ἔξυπνος[11] δὲ γενόμενος ὁ δεσμοφύλαξ[12] καὶ ἰδὼν ἀνεῳγμένας τὰς θύρας τῆς φυλακῆς, σπασάμενος[13] τὴν μάχαιραν ἤμελλεν[14] ἑαυτὸν ἀναιρεῖν νομίζων ἐκπεφευγέναι τοὺς δεσμίους. (Apg 16,27) – 16. τῇ γὰρ χάριτί ἐστε σεσῳσμένοι διὰ πίστεως· καὶ τοῦτο οὐκ ἐξ ὑμῶν, θεοῦ τὸ δῶρον· οὐκ ἐξ ἔργων, ἵνα μή τις καυχήσηται. αὐτοῦ γάρ ἐσμεν ποίημα[15], κτισθέντες ἐν Χριστῷ Ἰησοῦ ἐπὶ ἔργοις ἀγαθοῖς οἷς προητοίμασεν ὁ θεὸς, ἵνα ἐν αὐτοῖς περιπατήσωμεν. (Eph 2,8-10) – 17. ἔχοντες οὖν ἀρχιερέα μέγαν διεληλυθότα τοὺς οὐρανούς, Ἰησοῦν τὸν υἱὸν τοῦ θεοῦ, κρατῶμεν τῆς ὁμολογίας[16]. οὐ γὰρ ἔχομεν ἀρχιερέα μὴ δυνάμενον συμπαθῆσαι[17] ταῖς ἀσθενείαις ἡμῶν, πεπειρασμένον δὲ κατὰ πάντα καθ' ὁμοιότητα[18] χωρὶς ἁμαρτίας. προσερχώμεθα οὖν μετὰ παρρησίας τῷ θρόνῳ τῆς χάριτος, ἵνα λάβωμεν ἔλεος καὶ χάριν εὕρωμεν εἰς εὔκαιρον[19] βοήθειαν[20]. (Hebr 4,14-16) – 18. καὶ προσελθὼν εἷς τῶν γραμματέων ἀκούσας αὐτῶν συζητούντων[21], ἰδὼν ὅτι καλῶς ἀπεκρίθη αὐτοῖς ἐπηρώτησεν αὐτόν· ποία ἐστὶν ἐντολὴ πρώτη πάντων; (Mk 12,28)

E

Neutestamentlicher Übersetzungstext: Lukas 19,29-37

Übersetzen Sie bitte diesen Text aus dem griechischen Neuen Testament! Unbekannte Vokabeln schlagen Sie bitte im Wörterbuch nach. Kontrollieren Sie Ihre Übersetzung *danach* bitte anhand einer philologischen Bibelübersetzung (z.B. Elberfelder, Luther 2017, Einheitsübersetzung oder Zürcher Bibel)!

---

11 ἔξυπνος *wach.*

12 δεσμοφύλαξ *Gefängniswärter.*

13 σπάομαι *ziehen* (das Schwert).

14 ἤμελλεν 3.Sg.Ind.Ipf.Akt. von μέλλω.

15 ποίημα *Werk.*

16 ὁμολογία *Bekenntnis.*

17 συμπαθέω *Mitleid/Mitgefühl haben.*

18 καθ' ὁμοιότητα *in Übereinstimmung mit.*

19 εὔκαιρος *rechtzeitig.*

20 βοήθεια *Hilfe.*

21 αὐτῶν συζητούντων stellt eine besondere (prädikative) Partizipialkonstruktion (Genitiv mit Partizip = GcP) dar, die einem AcP vergleichbar ist und wie ein AcP mit einem Nebensatz übersetzt werden kann, eingeleitet mit *dass* oder *wie.*

52. ἵστημι

A

1) Welche Grundsätze gelten für die Bildung der Verben der μι-Konjugation?
2) Wiederholen Sie bitte die Konjugation von τίθημι im Indikativ Präsens und Imperfekt!
3) Wiederholen Sie bitte die Konjugation des Wurzel-Aorists ἔβην (von βαίνω)!
4) Wiederholen Sie bitte das Perfekt Aktiv von παιδεύω, einschließlich der Regeln zur Perfekt-Reduplikation!
5) Wiederholen Sie bitte den Unterschied von transitiv und intransitiv (vgl. Lekt. 40 E)!

B

1) Verbalstamm

Auch ἵστημι wird weitgehend ähnlich wie τίθημι gebildet, also mit denselben Endungen. Der reine *Verbalstamm* ist στα bzw. στη.

2) Hinweise zur Formenbildung (Flexion)

a) Präsens und **Imperfekt**: Der Präsensstamm wird mit einer *Präsensreduplikation* gebildet. Vor dem Anlaut στ wird, wie beim Perfekt, der Konsonant nicht verdoppelt. So bleibt es beim ι, das aber einen Spiritus asper trägt, also: ἵστημι. Der Präsensstamm ist ἱστα, jedoch im Sg.Ind.Akt. im Präs. und Ipf. ἱστη.
Im Konjunktiv wird der Stammvokal mit dem Moduskennzeichen η bzw. ω kontrahiert zu η bzw. ω, die deshalb einen Zirkumflex tragen (außer in der 1.Pl.Med.)
Das *Imperfekt* augmentiert durch Dehnung des ι (unsichtbar!): → ἵστην.
Besonderheiten: Die 3.Pl.Ind.Präs.Akt. lautet ἱστᾶσιν [←ἱστάασιν]. Die 2.Sg.Impt. Präs.Akt. ist ἵστη. Es gibt im Präsens Nebenformen nach der ω-Konjugation. Diese finden sich besonders häufig zu συνίστημι, nämlich Formen von συνιστάνω.

b) Der **Aorist** Aktiv wird schwach gebildet und hat die normale Endungen, also ἔστησα usw. Der normale Aor. Med. ἐστησάμην (*ich habe für mich gestellt*) fehlt im NT. Häufig ist aber der *intransitive* (aktiv! gebildete) *Aorist* mit der Medium-Bedeutung: *ich habe mich gestellt, ich bin (hin-)getreten*; er wird als Wurzel-Aorist ἔστην gebildet.
Vorsicht: Da das Augment nur im Ind. Aor. verwendet wird, gibt es Formen, bei deren Bestimmung genaues Überlegen gefordert ist; z.B. ist ἐπιστῇ (zusammengesetzt aus ἐπί+στῇ) 3.Sg.Konj.(Wurzel-)Aor.Akt. von ἐφίστημι.

c) Ein **Perfekt** mit aktiver Bedeutung gibt es von ἵστημι nicht. Es gibt jedoch ein Perfekt, das zwar aktive Formen aufweist, aber *intransitive Bedeutung* hat. Es heißt ἕστηκα (ich habe mich gestellt = *ich stehe*[1]). Das dazugehörende Plusquamperfekt heißt: εἱστήκειν (*ich stand*).
Zum Perfekt gibt es *Kurzformen*, die direkt von der Wortwurzel (Wurzelperfekt) und ohne κ (!) gebildet werden, z.B. Inf. ἑστάναι neben ἑστηκέναι, Ptz. ἑστώς neben ἑστηκώς.

d) Der **Aor.Pass.** und das **Futur** (in allen drei Diathesen) werden regelmäßig gebildet.

3) Die Stammformen von ἵστημι

	dt. Bedeutung	**Futur**	**Aorist**	**Perfekt**
ἵστημι	transitiv: *stellen*	στήσω	ἔστησα	—
		σταθήσομαι	ἐστάθην	—
ἵσταμαι	intransitiv: *sich stellen, treten*	στήσομαι σταθήσομαι	ἔστην ἐστάθην	ἕστηκα (*ich stehe*)

Vgl. zur Konjugation von ἵστημι die Tabellen 15.1 bis 15.4 (S. 266-269) sowie Tab. 15.6 (S. 270).

C

1) Bestimmen Sie bitte folgende neutestamentliche Formen:

ἀνίστασθαι, ἐστάθη, ἀναστῶσιν, στῆτε, ἀφίστατο, ἀποστάντα, ἔστησεν, σταθῆναι, ἀποστῇ, ἐξίσταντο, ἀπόστητε, σταθῆτε, καθίστησιν, προϊσταμένους, ἐφίσταται, παριστάνετε, στῆναι, ἀναστήσω, στήσῃς, καταστήσομεν, σταθήσεται, στῆσαι, ἀναστάς, περιΐστασο, ἑστήκαμεν, στήσητε, ἑστάναι, ἐστάθησαν, ἀφίστανται, σταθείς, συνεστήσατε, παραστήσωμεν, προϊστάμενος, ἐξέστημεν, ἀνάστασιν, συνεστῶτας, παραστήσῃ, ἑστώς, στήκετε, ἐνεστηκότα, ἑστῶτα, ἑστηκός, ἀντέστησαν, ἀναστῇ, σταθέντα, παραστησόμεθα, εἱστήκει, ἐπέστη, σταθῇ, συνιστάνομεν, ἀναστήσονται, ἑστώτων, ἀποστήτω, στήκει, ἀναστάντες, ἀντίστητε, παρεστηκότων, συνιστάνειν, ἐπίστηθι, ἐνέστηκεν

2) Bilden Sie bitte folgende Formen von ἵστημι:

2.Sg.Ind.Präs.Akt., 1.Pl.Konj.Präs.MP, 3.Sg.Impt.Präs.MP, Nom.Sg.n.Ptz.Präs.MP, 1.Pl.Ind.Ipf.MP, 3.Pl.Ind.Fut.Med., Dat.Sg.m.Ptz.Fut.Akt., 2.Pl.Impt.Aor.Akt., 3.Pl.Konj.Präs.Akt., 2.Sg.Ind.Präs.MP, Inf.Fut.Pass., 1.Sg.Ind.Aor.Pass., Dat.Sg.m.Ptz.Wurzel-Aor., 3.Pl.Impt.Aor.Pass., Inf.Präs.Akt., 1.Sg.Ind.Pf.Akt., 2.Pl.Ind.Plsqpf.Akt., Inf. Pf.Akt., Gen.Pl.f.Ptz.Pf.Akt., 1.Sg.Ind.Wurzel-Aor.

---

[1] Die Bedeutung erklärt sich durch den resultativen Aspekt des Perfekts.

D

1. Ἔτι αὐτοῦ λαλοῦντος τοῖς ὄχλοις ἰδοὺ ἡ μήτηρ καὶ οἱ ἀδελφοὶ αὐτοῦ εἱστήκεισαν ἔξω ζητοῦντες αὐτῷ λαλῆσαι. εἶπεν δέ τις αὐτῷ· ἰδοὺ ἡ μήτηρ σου καὶ οἱ ἀδελφοί σου ἔξω ἑστήκασιν ζητοῦντές σοι λαλῆσαι. (Mt 12,46f) (wie ist das Partizip λαλοῦντος syntaktisch gebraucht?)
2. συνίστησιν δὲ τὴν ἑαυτοῦ ἀγάπην εἰς ἡμᾶς ὁ θεός, ὅτι ἔτι ἁμαρτωλῶν ὄντων ἡμῶν Χριστὸς ὑπὲρ ἡμῶν ἀπέθανεν. πολλῷ οὖν μᾶλλον δικαιωθέντες νῦν ἐν τῷ αἵματι αὐτοῦ σωθησόμεθα δι᾽ αὐτοῦ ἀπὸ τῆς ὀργῆς. (Röm 5,8f)
3. ὑπάρχων δὲ πλήρης πνεύματος ἁγίου ἀτενίσας εἰς τὸν οὐρανὸν εἶδεν δόξαν θεοῦ καὶ Ἰησοῦν ἑστῶτα ἐκ δεξιῶν τοῦ θεοῦ καὶ εἶπεν· ἰδοὺ θεωρῶ τοὺς οὐρανοὺς διηνοιγμένους καὶ τὸν υἱὸν τοῦ ἀνθρώπου ἐκ δεξιῶν ἑστῶτα τοῦ θεοῦ. (Apg 7,55f) (wie sind die Partizipien syntaktisch gebraucht?)
4. λέγει αὐτῇ ὁ Ἰησοῦς· ἀναστήσεται ὁ ἀδελφός σου. λέγει αὐτῷ ἡ Μάρθα· οἶδα ὅτι ἀναστήσεται ἐν τῇ ἀναστάσει ἐν τῇ ἐσχάτῃ ἡμέρᾳ. εἶπεν αὐτῇ ὁ Ἰησοῦς· ἐγώ εἰμι ἡ ἀνάστασις καὶ ἡ ζωή· ὁ πιστεύων εἰς ἐμὲ κἂν ἀποθάνῃ ζήσεται, καὶ πᾶς ὁ ζῶν καὶ πιστεύων εἰς ἐμὲ οὐ μὴ ἀποθάνῃ εἰς τὸν αἰῶνα. πιστεύεις τοῦτο; λέγει αὐτῷ· ναὶ κύριε, ἐγὼ πεπίστευκα ὅτι σὺ εἶ ὁ χριστὸς ὁ υἱὸς τοῦ θεοῦ ὁ εἰς τὸν κόσμον ἐρχόμενος. Καὶ τοῦτο εἰποῦσα ἀπῆλθεν καὶ ἐφώνησεν Μαριὰμ τὴν ἀδελφὴν αὐτῆς λάθρᾳ[2] εἰποῦσα· ὁ διδάσκαλος πάρεστιν καὶ φωνεῖ σε. (Joh 11,23–28)
5. ἐκβαλὼν δὲ ἔξω πάντας ὁ Πέτρος καὶ θεὶς τὰ γόνατα προσηύξατο καὶ ἐπιστρέψας πρὸς τὸ σῶμα εἶπεν· Ταβιθά, ἀνάστηθι. ἡ δὲ ἤνοιξεν τοὺς ὀφθαλμοὺς αὐτῆς, καὶ ἰδοῦσα τὸν Πέτρον ἀνεκάθισεν[3]. (Apg 9,40)
6. ὃν [Christus] ἡμεῖς καταγγέλλομεν νουθετοῦντες πάντα ἄνθρωπον καὶ διδάσκοντες πάντα ἄνθρωπον ἐν πάσῃ σοφίᾳ, ἵνα παραστήσωμεν πάντα ἄνθρωπον τέλειον ἐν Χριστῷ. (Kol 1,28)
7. μὴ οὖν βασιλευέτω ἡ ἁμαρτία ἐν τῷ θνητῷ[4] ὑμῶν σώματι εἰς τὸ ὑπακούειν ταῖς ἐπιθυμίαις αὐτοῦ, μηδὲ παριστάνετε τὰ μέλη ὑμῶν ὅπλα[5] ἀδικίας τῇ ἁμαρτίᾳ, ἀλλὰ παραστήσατε ἑαυτοὺς τῷ θεῷ ὡσεὶ ἐκ νεκρῶν ζῶντας καὶ τὰ μέλη ὑμῶν ὅπλα δικαιοσύνης τῷ θεῷ. (Röm 6,12f)

E

Neutestamentlicher Übersetzungstext: Lukas 6,27-35

Übersetzen Sie bitte diesen Text aus dem griechischen Neuen Testament! Unbekannte Vokabeln schlagen Sie bitte im Wörterbuch nach. Kontrollieren Sie Ihre Übersetzung *danach* bitte anhand einer philologischen Bibelübersetzung (z.B. Elberfelder, Luther 2017, Einheitsübersetzung oder Zürcher Bibel)!

---

2 λάθρᾳ Adverb: *heimlich, unbemerkt.*

3 ἀνακαθίζω *sich aufsetzen.*

4 θνητός *sterblich.*

5 ὅπλον *Waffe*; *Werkzeug.*

53. Konditionalsätze

A

Lernen Sie bitte die Stammformen von θέλω/ἐθέλω und διδάσκω (vgl. Lekt. 38 E)!

B

Ein Konditionalgefüge besteht aus einem Bedingungssatz (Protasis/Wenn-Satz) und einer übergeordneten Konstruktion (Apodosis/Dann-Satz), meistens einem Hauptsatz. Je nachdem wie das Verhältnis der Bedingung zur Wirklichkeit gesehen wird, unterscheidet man verschiedene Typen von Konditionalgefügen. Diese sind anhand der verwendeten Konjunktionen, Tempora, Modi und der Stellung von ἄν zu erkennen. Die häufigsten einleitenden Konjunktionen sind εἰ und ἐάν, die mit weiteren Wörtern bzw. Silben kombiniert werden können.
Häufige Verbindungen mit εἰ + ἐάν sind:

εἴ γε	*wenn wirklich*
εἴπερ	*wenn wirklich* (bestimmter als εἴ γε)
εἰ μή	*wenn nicht, doch* nach Negation: *außer*
εἰ δὲ μή γε	*andernfalls*

εἰ καί	*wenn auch*
ἐὰν μή	*wenn nicht, außer*
ἐὰν καί	*wenn auch*

1) Indefiniter Fall

Konstruktion: Bedingungssatz (Protasis) **εἰ + Ind.**, Apodosis **beliebiger Modus**
Das Verhältnis der Protasis zur Wirklichkeit wird als unbestimmt (indefinit) hingestellt. Die Schlussfolgerung in der Apodosis ist aber notwendig.
Wenn A gilt (ob A gilt, bleibt unbestimmt), dann gilt unweigerlich auch B.

εἰ δέ τις πνεῦμα Χριστοῦ οὐκ ἔχει, οὗτος οὐκ ἔστιν αὐτοῦ (Röm 8,9) –
aber wenn jemand den Geist Christi nicht hat, der gehört nicht zu ihm.

Als *Besonderheit* kann man ansehen, dass sich im NT aus dem Kontext manches Mal ergibt, dass die Bedingung als erfüllt erscheint:

- εἰ mit Ind. kann folgernd gebraucht sein: „*wenn wirklich*" oder „*wenn demnach*" (wie sich aus dem Vorhergehenden ergibt), z.B. Mt 6,30.
- Oft hat εἰ dann beinahe kausale Bedeutung: „*da*"
- εἰ kann in Verbindung mit τις stehen; dabei entspricht εἴ τις einem ὅς, z.B.: εἴ τις ἔχει ὦτα ἀκούειν ἀκουέτω (Mk 4,23) – *wer Ohren hat, um zu hören, soll hören.*

2) Prospektiver Fall[1]

Die Unterscheidung von speziell und generell prospektivem Fall ist nur eine Richtschnur, weil die Grenzen zwischen beiden fließend sind.

a) Speziell-prospektiver Fall

Konstruktion: Bedingungssatz (Protasis) **ἐάν + Konj.** (die Tempuswahl ist aspektbedingt), Apodosis **futurischer Ausdruck**

Der Wenn-Satz bezeichnet etwas, womit man rechnen kann oder muss; er bezieht sich häufig auf etwas Zukünftiges („wenn" = „vorausgesetzt, dass"). Wenn (vorausgesetzt, dass) A gilt (damit kann/muss man rechnen), dann gilt auch B.

> καὶ ἐάν τις ὑμᾶς ἐρωτᾷ· διὰ τί λύετε; οὕτως ἐρεῖτε· (Lk 19,31) – *und wenn jemand euch fragt* (damit muss man rechnen)*: „Warum bindet ihr (es) los?", so sagt ...;* vgl. Joh 12,32.

b) Generell-prospektiver Fall

Konstruktion: Bedingungssatz (Protasis) **ἐάν + Konj.** (die Tempuswahl ist aspektbedingt), Apodosis **präsentischer/zeitloser Ausdruck**

Der Wenn-Satz bezeichnet etwas, was sich unbestimmt häufig wiederholt, d.h. er ist verallgemeinernd und bezeichnet etwas generell Gültiges bzw. Allgemeingültiges („wenn" = „(immer/jedes Mal) wenn"). (Immer) wenn A gilt (dies ist immer wieder einmal der Fall), dann gilt auch B.

> ἀμὴν ἀμὴν λέγω ὑμῖν, ἐὰν μὴ ὁ κόκκος τοῦ σίτου πεσὼν εἰς τὴν γῆν ἀποθάνῃ, αὐτὸς μόνος μένει· ἐὰν δὲ ἀποθάνῃ, πολὺν καρπὸν φέρει (Joh 12,24) – *amen, amen, ich sage euch: Wenn das Weizenkorn nicht in die Erde fällt und stirbt, bleibt es allein; wenn es jedoch stirbt, bringt es viel Frucht*; vgl. Joh 11,9; 2Tim 2,5.

3) Irrealer Fall

Konstruktion: Bedingungssatz (Protasis) **εἰ + Augmenttempus**, Apodosis **Augmenttempus + ἄν** (kann fehlen)

Die Tempuswahl ist aspektbedingt. Häufig bezieht sich das Imperfekt auf die gegenwärtige Nichtwirklichkeit (Irrealis der Gegenwart) und der Aorist auf die vergangene Nichtwirklichkeit (Irrealis der Vergangenheit).

Der Inhalt des Wenn-Satz wird als unwirklich/irreal hingestellt, die Schlussfolgerung in der Apodosis als notwendig und damit ebenfalls als unwirklich.

Irrealis der Gegenwart: Wenn A gelten würde, würde unweigerlich B gelten (aber A gilt nicht, also auch B nicht).

> εἰ τυφλοὶ ἦτε, οὐκ ἂν εἴχετε ἁμαρτίαν (Joh 9,41) – *wenn ihr blind wäret, hättet ihr keine Sünde*

Irrealis der Vergangenheit: Wenn A gegolten hätte, hätte unweigerlich B gegolten (A hat aber nicht gegolten, also auch B nicht).

> κύριε, εἰ ἦς ὧδε οὐκ ἂν ἀπέθανεν ὁ ἀδελφός μου (Joh 11,21) – *Herr, wenn du hier gewesen wärst, wäre mein Bruder nicht gestorben*

---

1 Lat. *prospectare* bedeutet *ausschauen, erwarten*. Der Prospectivus wird vereinzelt auch Eventualis genannt.

Es gibt auch Konditionalgefüge mit Elementen aus beiden Varianten, die also mit Imperfekt und Aorist gemischt sind, z.B. Joh 18,30; Gal 3,21.

4) Potentialer Fall

Konstruktion: Bedingungssatz (Protasis) **εἰ + Optativ**, Apodosis **(potentialer) Optativ + ἄν**. Der potentiale Fall ist im NT selten und die Konstruktion nie vollständig. Zum Optativ vgl. Lekt. 58.

Der Inhalt des Wenn-Satzes wird als möglich oder zumindest denkbar angesehen, die Schlussfolgerung lediglich als eine Möglichkeit.

ἀλλ᾿ εἰ καὶ πάσχοιτε διὰ δικαιοσύνην, μακάριοι (1Petr 3,14) – *wenn ihr auch um der Gerechtigkeit willen leiden müsstet, glücklich seid ihr zu preisen*

Wichtig: Die dargestellten Typen von Konditionalgefügen können auch in *Mischformen* auftreten.

5) Die Konditionalsätze in der deutschen Übersetzung

indefinitiver Fall:	Wenn der Bauer sät, erntet er.
speziell-prospektiver Fall:	Wenn der Bauer sät, wird er ernten.
generell-prospektiver Fall:	(Immer) wenn der Bauer sät, erntet er.
irrealer Fall der Gegenwart:	Wenn der Bauer säen würde, würde er ernten.
irrealer Fall der Vergangenheit:	Wenn der Bauer gesät hätte, hätte er geerntet.

6) Konditionaler Nebensinn in Relativsätzen

ὃς ἀν/ἐάν steht in Relativsätzen oft, wenn ein konditionaler Nebensinn (meist prospektiv) impliziert ist.

ὅσα ἂν αἰτήσῃ τὸν θεὸν δώσει σοι ὁ θεός (Joh 11,22) – *was auch immer du Gott bittest, wird er dir geben*; vgl. Lk 8,18.

Der Unterschied zwischen Indikativ Futur (ohne ἄν) und Konjunktiv (mit ἄν) ist verwischt, vgl. Mt 10,32f.

Der Konjunktiv kann in einem Relativsatz auch adhortativ gebraucht sein und hat dann keinen konditionalen Nebensinn.

D

1. Μὴ δοκεῖτε ὅτι ἐγὼ κατηγορήσω ὑμῶν πρὸς τὸν πατέρα· ἔστιν ὁ κατηγορῶν ὑμῶν Μωϋσῆς, εἰς ὃν ὑμεῖς ἠλπίκατε. εἰ γὰρ ἐπιστεύετε Μωϋσεῖ, ἐπιστεύετε ἂν ἐμοί· περὶ γὰρ ἐμοῦ ἐκεῖνος ἔγραψεν. εἰ δὲ τοῖς ἐκείνου γράμμασιν οὐ πιστεύετε, πῶς τοῖς ἐμοῖς ῥήμασιν πιστεύσετε; (Joh 5,45-47) – 2. εἶπον οὖν ὑμῖν ὅτι ἀποθανεῖσθε ἐν ταῖς ἁμαρτίαις ὑμῶν· ἐὰν γὰρ μὴ πιστεύσητε ὅτι ἐγώ εἰμι, ἀποθανεῖσθε ἐν ταῖς ἁμαρτίαις ὑμῶν.

(Joh 8,24) – 3. εἰ γὰρ κατὰ σάρκα ζῆτε, μέλλετε ἀποθνῄσκειν· εἰ δὲ πνεύματι τὰς πράξεις[2] τοῦ σώματος θανατοῦτε, ζήσεσθε. (Röm 8,13) – 4. καὶ καθὼς προείρηκεν Ἠσαΐας· εἰ μὴ κύριος σαβαὼθ[3] ἐγκατέλιπεν ἡμῖν σπέρμα, ὡς Σόδομα ἂν ἐγενήθημεν καὶ ὡς Γόμορρα ἂν ὡμοιώθημεν (Röm 9,29) – 5. εἶπεν δὲ αὐτῷ ὁ διάβολος· εἰ υἱὸς εἶ τοῦ θεοῦ, εἰπὲ τῷ λίθῳ τούτῳ ἵνα γένηται ἄρτος. (Lk 4,3) – 6. καὶ εἶπεν αὐτῷ· ταῦτά σοι πάντα δώσω, ἐὰν πεσὼν προσκυνήσῃς μοι. (Mt 4,9) – 7. ἐὰν γὰρ ἀγαπήσητε τοὺς ἀγαπῶντας ὑμᾶς, τίνα μισθὸν ἔχετε; οὐχὶ καὶ οἱ τελῶναι τὸ αὐτὸ ποιοῦσιν; καὶ ἐὰν ἀσπάσησθε τοὺς ἀδελφοὺς ὑμῶν μόνον, τί περισσὸν ποιεῖτε; οὐχὶ καὶ οἱ ἐθνικοὶ[4] τὸ αὐτὸ ποιοῦσιν; (Mt 5,46f) – 8. εἰ γὰρ ἐχθροὶ ὄντες κατηλλάγημεν τῷ θεῷ διὰ τοῦ θανάτου τοῦ υἱοῦ αὐτοῦ, πολλῷ μᾶλλον καταλλαγέντες σωθησόμεθα ἐν τῇ ζωῇ αὐτοῦ. (Röm 5,10) – 9. ἄρτι γὰρ ἀνθρώπους πείθω ἢ τὸν θεόν; ἢ ζητῶ ἀνθρώποις ἀρέσκειν; εἰ ἔτι ἀνθρώποις ἤρεσκον, Χριστοῦ δοῦλος οὐκ ἂν ἤμην. (Gal 1,10) – 10. οὐκ ἀθετῶ τὴν χάριν τοῦ θεοῦ· εἰ γὰρ διὰ νόμου δικαιοσύνη, ἄρα Χριστὸς δωρεὰν ἀπέθανεν. (Gal 2,21) – 11. κἀγὼ ἐὰν ὑψωθῶ ἐκ τῆς γῆς, πάντας ἑλκύσω[5] πρὸς ἐμαυτόν. (Joh 12,32) – 12. εἰ δὲ Χριστὸς κηρύσσεται ὅτι ἐκ νεκρῶν ἐγήγερται, πῶς λέγουσιν ἐν ὑμῖν τινες ὅτι ἀνάστασις νεκρῶν οὐκ ἔστιν; εἰ δὲ ἀνάστασις νεκρῶν οὐκ ἔστιν, οὐδὲ Χριστὸς ἐγήγερται· εἰ δὲ Χριστὸς οὐκ ἐγήγερται, κενὸν ἄρα καὶ τὸ κήρυγμα ἡμῶν, κενὴ καὶ ἡ πίστις ὑμῶν. (1Kor 15,12-14) – 13. εἰ δὲ ἐγὼ ἐν Βεελζεβοὺλ ἐκβάλλω τὰ δαιμόνια, οἱ υἱοὶ ὑμῶν ἐν τίνι ἐκβάλλουσιν; διὰ τοῦτο αὐτοὶ ὑμῶν κριταὶ ἔσονται. εἰ δὲ ἐν δακτύλῳ θεοῦ ἐγὼ ἐκβάλλω τὰ δαιμόνια, ἄρα ἔφθασεν[6] ἐφ' ὑμᾶς ἡ βασιλεία τοῦ θεοῦ. (Lk 11,19f) – 14. εἶπεν αὐτοῖς ὁ Ἰησοῦς· εἰ τυφλοὶ ἦτε, οὐκ ἂν εἴχετε ἁμαρτίαν· νῦν δὲ λέγετε ὅτι βλέπομεν, ἡ ἁμαρτία ὑμῶν μένει. (Joh 9,41) – 15. λέγει αὐτῷ Πέτρος· οὐ μὴ νίψῃς μου τοὺς πόδας εἰς τὸν αἰῶνα. ἀπεκρίθη Ἰησοῦς αὐτῷ· ἐὰν μὴ νίψω σε, οὐκ ἔχεις μέρος μετ' ἐμοῦ. (Joh 13,8) – 16. εἰ οὖν ἐγὼ ἔνιψα ὑμῶν τοὺς πόδας ὁ κύριος καὶ ὁ διδάσκαλος, καὶ ὑμεῖς ὀφείλετε ἀλλήλων νίπτειν τοὺς πόδας. (Joh 13,14) – 17. ἠκούσατε ὅτι ἐγὼ εἶπον ὑμῖν· ὑπάγω καὶ ἔρχομαι πρὸς ὑμᾶς. εἰ ἠγαπᾶτέ με ἐχάρητε ἂν ὅτι πορεύομαι πρὸς τὸν πατέρα, ὅτι ὁ πατὴρ μείζων μού ἐστιν. καὶ νῦν εἴρηκα ὑμῖν πρὶν γενέσθαι, ἵνα ὅταν γένηται πιστεύσητε. (Joh 14,28f) – 18. μαρτυρῶ ἐγὼ παντὶ τῷ ἀκούοντι τοὺς λόγους τῆς προφητείας τοῦ βιβλίου τούτου· ἐάν τις ἐπιθῇ ἐπ' αὐτά, ἐπιθήσει ὁ θεὸς ἐπ' αὐτὸν τὰς πληγὰς τὰς γεγραμμένας ἐν τῷ βιβλίῳ τούτῳ. (Offb 22,18)

---

[2] πρᾶξις *Tat.*

[3] Transkription des hebräischen Wortes „Zebaoth".

[4] ἐθνικός *heidnisch.*

[5] Fut von ἕλκω *ziehen, schleppen.*

[6] φθάνω *zuvorkommen; erreichen.*

54. ἵημι

A

1) Wiederholen Sie bitte Präsens und Aorist im Aktiv und Medium von τίθημι!
2) Wiederholen Sie bitte die Stammformen von τίθημι!

B

1) ἵημι, das im NT nur in Komposita (z.B. συνίημι) vorkommt, hat den **Verbalstamm** ἑ/ἡ und den **Präsensstamm** ἱε/ἱη (Präsensreduplikation) und wird weitgehend wie τίθημι konjugiert, wo der Stamm ebenfalls auf ε/η endet. Eine Ausnahme bildet die 3.Pl.Ind.Präs.Akt.: ἱᾶσιν.
2) Das **Augment** besteht im *Imperfekt* in einer Dehnung des ι, die aber nicht sichtbar ist. Im Sg. lautet der Stamm ἱει, im Plural ἱε. Im *Aorist* trifft das Augment direkt auf den vokalischen Stamm, was (etwas ungewöhnlich) im Indikativ der drei Diathesen je unterschiedliche Veränderungen bewirkt, nämlich im Aktiv zu η, im Medium zu ει und im Passiv zu ε (!).
3) Im **Indikativ Aorist Aktiv** findet sich wieder ein κα, bzw. in der 3.Sg. ein κε (wie bei τίθημι und δίδωμι), also ἧκα, ἧκας, ἧκεν …
4) Im **Konjunktiv** entstehen durch die Kontraktion der Endung mit dem Stammvokal ε teilweise außergewöhnlich kurze Verbformen, besonders im Aorist: ὧ, ᾗς, ᾗ … Im Präsens steht vor diesen jeweils noch ἱ. Da es ἵημι im NT ja nur in Komposita gibt, ist zumindest eine Verwechslung z.B. mit dem Relativpronomen ausgeschlossen.
5) Auch die Formen von **Imperativ** und **Partizip Aorist** sind sehr kurz: ἕς, ἕτω … bzw. εἵς, ἕντος …
6) Der **Infinitiv** lautet im Präsens ἱέναι bzw. ἵεσθαι und im Aorist εἷναι (Spiritus beachten!) bzw. ἕσθαι. Vorsicht: Im Aorist besteht Verwechslungsgefahr mit Komposita von εἰμί, z.B. kann παρεῖναι Inf.Aor.Akt von παρίημι oder Inf.Präs.Akt. von πάρειμι sein.
7) Es gibt abweichende **Nebenformen** entsprechend der ω-Konjugation, z.B. neben ἱᾶσιν auch ἵουσιν oder neben ἱείς auch ἵων.
8) Formen des **Perfekt** Akt. von ἵημι fehlen im NT, die des Pf. MP sind sehr selten.
9) **Aorist Passiv** und **Futur** werden vom Stamm ἑ- gebildet (so wie bei τίθημι vom Stamm θε-): Aor.Pass.: ἕθην, Fut.Akt.: ἥσω, Fut.Pass: ἑθήσομαι.

10) Stammformen:

Präsens		*Futur*	*Aorist*	*Perfekt*
ἵημι	(Akt.)	ἥσω	ἧκα	(εἶκα)
	(Med.)	ἥσομαι	εἵμην	ἕωμαι
	(Pass.)	ἑθήσομαι	ἕθην	ἕωμαι

Wohl kein anderes griechisches Wort hat so viele schwer zu identifizierende Formen,[1] weshalb mit ἵημι der Gipfel der griechischen Formenlehre erreicht ist. Vgl. zu den Formen die Tabellen 15.1 bis 15.4 (S. 266-269) sowie für das Kompositum ἀφίημι Tab. 15.7 (S. 270)!

C

1) **Bestimmen Sie bitte folgende neutestamentlichen Formen:**
Beim Lesen der Formen sprechen Sie bitte immer ein h (spiritus asper) vor dem Stamm ἑ- oder ἱε-, auch wenn man es im Schriftbild nicht sieht!
ἀφίημι, συνίετε, συνιέναι, ἀφίενται, ἀφέντες, συνιᾶσιν, ἀφήσει, συνῆκαν, ἀφίησιν, ἀφίεται, συνιείς, ἀφήκαμεν, ἀφήσεις, συνίουσιν, ἀφέωνται, συνῆτε, ἀφήσω, συνιέντος, ἀφῇ, ἀφεθήσεται, ἀφεθῇ, συνῶσιν, ἀφῆκεν, ἀφείς, συνήσουσιν, ἀφῆκα, συνήκατε, ἀφέθησαν, ἀφιέτω, συνιῶσιν, ἀφῆτε, ἄφες, σύνετε, ἀφῶμεν, ἀφεῖναι, ἀφίουσιν, συνίων

D

1. Καὶ ἄφες ἡμῖν τὰ ὀφειλήματα[2] ἡμῶν, ὡς καὶ ἡμεῖς ἀφήκαμεν τοῖς ὀφειλέταις[3] ἡμῶν. (Mt 6,12) – 2. καὶ ἀναπληροῦται[4] αὐτοῖς ἡ προφητεία Ἠσαΐου ἡ λέγουσα· ἀκοῇ ἀκούσετε καὶ οὐ μὴ συνῆτε, καὶ βλέποντες βλέψετε καὶ οὐ μὴ ἴδητε. (Mt 13,14) – 3. τί ἐστιν εὐκοπώτερον[5], εἰπεῖν τῷ παραλυτικῷ· ἀφίενταί σου αἱ ἁμαρτίαι, ἢ εἰπεῖν· ἔγειρε καὶ ἆρον τὸν κράβαττόν σου καὶ περιπάτει; [10] ἵνα δὲ εἰδῆτε ὅτι ἐξουσίαν ἔχει ὁ υἱὸς τοῦ ἀνθρώπου ἀφιέναι ἁμαρτίας ἐπὶ τῆς γῆς – λέγει τῷ παραλυτικῷ· [11] σοὶ λέγω, ἔγειρε ἆρον τὸν κράβαττόν σου καὶ ὕπαγε εἰς τὸν οἶκόν σου. [12] καὶ ἠγέρθη καὶ εὐθὺς ἄρας τὸν κράβαττον ἐξῆλθεν ἔμπροσθεν πάντων, ὥστε ἐξίστασθαι πάντας καὶ δοξάζειν τὸν θεὸν λέγοντας ὅτι οὕτως οὐδέποτε εἴδομεν. (Mk 2,9-12) (erklären Sie bitte die Syntax der Partizipien und der Infinitive in V. 12) – 4. οὗ χάριν λέγω σοι, ἀφέωνται αἱ ἁμαρτίαι αὐτῆς αἱ πολλαί, ὅτι ἠγάπησεν πολύ· ᾧ δὲ ὀλίγον ἀφίεται, ὀλίγον ἀγαπᾷ. (Lk 7,47)

---

[1] Es gibt sehr eigenartige Formen, die man entweder im Wörterbuch, im „Neuen sprachlichen Schlüssel" oder in einer Grammatik nachschlagen muss, z.B. ἤφιεν (3.Sg.Ind.Ipf.Akt., Mk 11,16).

[2] τὸ ὀφείλημα, -τος *Schuld.*

[3] ὀφειλέτης *Schuldner.*

[4] ἀναπληρόω *erfüllen.*

[5] εὔκοπος *leicht.*

– 5. προσέφερον δὲ αὐτῷ καὶ τὰ βρέφη[6] ἵνα αὐτῶν ἅπτηται· ἰδόντες δὲ οἱ μαθηταὶ ἐπετίμων αὐτοῖς. ὁ δὲ Ἰησοῦς προσεκαλέσατο αὐτὰ λέγων· ἄφετε τὰ παιδία ἔρχεσθαι πρός με καὶ μὴ κωλύετε αὐτά, τῶν γὰρ τοιούτων ἐστὶν ἡ βασιλεία τοῦ θεοῦ. ἀμὴν λέγω ὑμῖν, ὃς ἂν μὴ δέξηται τὴν βασιλείαν τοῦ θεοῦ ὡς παιδίον, οὐ μὴ εἰσέλθῃ εἰς αὐτήν. (Lk 18,15-17) – 6. παντὸς ἀκούοντος τὸν λόγον τῆς βασιλείας καὶ μὴ συνιέντος ἔρχεται ὁ πονηρὸς καὶ ἁρπάζει τὸ ἐσπαρμένον[7] ἐν τῇ καρδίᾳ αὐτοῦ, οὗτός ἐστιν ὁ παρὰ τὴν ὁδὸν σπαρείς. (Mt 13,19) – 7. πῶς οὐ νοεῖτε ὅτι οὐ περὶ ἄρτων εἶπον ὑμῖν; προσέχετε δὲ ἀπὸ τῆς ζύμης τῶν Φαρισαίων καὶ Σαδδουκαίων. τότε συνῆκαν ὅτι οὐκ εἶπεν προσέχειν ἀπὸ τῆς ζύμης τῶν ἄρτων ἀλλὰ ἀπὸ τῆς διδαχῆς τῶν Φαρισαίων καὶ Σαδδουκαίων. (Mt 16,11f) – 8. τότε προσκαλεσάμενος αὐτὸν ὁ κύριος αὐτοῦ λέγει αὐτῷ· δοῦλε πονηρέ, πᾶσαν τὴν ὀφειλὴν[8] ἐκείνην ἀφῆκά σοι, ἐπεὶ παρεκάλεσάς με. (Mt 18,32) – 9. διὰ τοῦτο μὴ γίνεσθε ἄφρονες, ἀλλὰ συνίετε τί τὸ θέλημα τοῦ κυρίου. (Eph 5,17) – 10. οὐ γὰρ τολμῶμεν … συγκρῖναι[9] ἑαυτούς τισιν τῶν ἑαυτοὺς συνιστανόντων, ἀλλὰ αὐτοὶ ἐν ἑαυτοῖς ἑαυτοὺς μετροῦντες καὶ συγκρίνοντες ἑαυτοὺς ἑαυτοῖς οὐ συνιᾶσιν. (2Kor 10,12) – 11. οἷς οὐκ ἀνηγγέλη περὶ αὐτοῦ ὄψονται, καὶ οἳ οὐκ ἀκηκόασιν συνήσουσιν. (Röm 15,21) – 12. αὐτὸς γὰρ εἴρηκεν· οὐ μή σε ἀνῶ[10] οὐδ' οὐ μή σε ἐγκαταλίπω. (Heb 13,5) – 13. σεισμὸς ἐγένετο μέγας ὥστε σαλευθῆναι τὰ θεμέλια[11] τοῦ δεσμωτηρίου[12]· ἠνεῴχθησαν δὲ παραχρῆμα αἱ θύραι πᾶσαι καὶ πάντων τὰ δεσμὰ ἀνέθη[13]. (Apg 16,26)

E

Neutestamentlicher Übersetzungstext: Apostelgeschichte 3,1-10

Übersetzen Sie bitte diesen Text aus dem griechischen Neuen Testament! Unbekannte Vokabeln schlagen Sie bitte im Wörterbuch nach. Kontrollieren Sie Ihre Übersetzung *danach* bitte anhand einer philologischen Bibelübersetzung (z.B. Elberfelder, Luther 2017, Einheitsübersetzung oder Zürcher Bibel)!

Hilfen:

2 Ὡραίαν (Eigenname), Adj. ὡραῖος *schön*
3 εἰσιέναι Inf.Präs.Akt. von εἴσειμι *hineingehen*
10 καθήμενος Ptz.Präs.MP von κάθημαι *sitzen*
ἐπλήσθησαν 3.Pl.Ind.Aor.Pass. von πίμπλημι *erfüllen*

---

[6] τὸ βρέφος, -ους *Säugling, Kleinkind;* hier wohl: *kleines Kind.*
[7] Pf. von σπείρω.
[8] ὀφειλή *Schuld.*
[9] συνκρίνω *zusammenbringen; vergleichen, gleichstellen.*
[10] ἀνίημι *loslassen, verlassen.*
[11] θεμέλιον *Fundament.*
[12] δεσμωτήριον *Gefängnis.*
[13] ἀνίημι *lösen.*

55. Syntax des Konjunktivs

A

1) Lernen Sie bitte die Stammformen von πίνω (vgl. Lekt. 38 E)!
2) Wiederholen Sie bitte die bisher gelernte Syntax des Konjunktivs (vgl. Lekt. 17 B2 und Lekt. 24 B3)!

B

Wichtig ist, dass der Konjunktiv im Griechischen völlig anders verwendet wird als im Deutschen, wie folgende zusammenfassende Übersicht zeigt. Der Konjunktiv wird generell mit μή statt mit οὐ verneint.

1. Der Konjunktiv im Hauptsatz

Steht in einem griechischen Hauptsatz ein Konjunktiv, steht in der deutschen Übersetzung nie ein Konjunktiv! Die folgenden Verwendungsweisen des griechischen Konjunktivs im Hauptsatz sind zu merken.

a) Adhortativer Konjunktiv: Aufforderung an die 1. Person Pl., gelegentlich auch Sg. Deutsche Übersetzung mit: *lasst uns* oder *wir wollen.*

κρατῶμεν τῆς ὁμολογίας (Hebr 4,14) – *lasst uns festhalten am Bekenntnis*

b) Deliberativer bzw. **dubitativer Konjunktiv:** In Fragen des Zweifels (*dubitativus*) bzw. der Überlegung (*deliberativus*) steht der Konjunktiv, und zwar meistens in der 1. Person. Deutsche Übersetzung mit: *sollen.*

Zu unterscheiden sind der *wirkliche Deliberativ* – der Sprecher erwartet eine Antwort, ist sich aber bezüglich des Inhalts unsicher

Zöllner fragen den Täufer: διδάσκαλε, τί ποιήσωμεν; (Lk 3,12) – *Lehrer, was sollen wir tun?*

und der *rhetorische Deliberativ* – eine verbale Antwort wird nicht erwartet.

ἁμαρτήσωμεν, ὅτι οὐκ ἐσμὲν ὑπὸ νόμον ἀλλὰ ὑπὸ χάριν; (Röm 6,15) – *sollen wir sündigen, weil wir nicht unter dem Gesetz stehen, sondern unter der Gnade?*

c) Prohibitiver Konjunktiv: Verbote an die 2. Person (selten 3.) können statt im Imperativ auch im Konjunktiv stehen, und zwar in der Regel im Konjunktiv Aorist. Sie werden mit μή verneint.

μὴ σφραγίσῃς τοὺς λόγους τῆς προφητείας τοῦ βιβλίου τούτου (Offb 22,10) – *versiegle nicht die Worte der Prophetie dieses Buchs!*

d) nachdrückliche Negation: οὐ μή mit Konj. Aor. (selten mit Ind. Fut.) ist die *stärkste Verneinung zukünftiger* Aussagen.

οἱ δὲ λόγοι μου οὐ μὴ παρέλθωσιν (Mt 24,35) – *meine Worte werden auf keinen Fall vergehen*

2) Der Konjunktiv im Nebensatz

Folgende Verwendungsweisen des griechischen Konjunktivs im Nebensatz sind zu merken:

a) **konditional:** eingeleitet mit der Konjunktion ἐάν (*wenn*): Bedingung. Vgl. ausführlich Lekt. 53 B2!

b) **konzessiv:** eingeleitet mit ἐὰν καί (*wenn auch*)[1]: Einräumung.

ὁ πιστεύων εἰς ἐμὲ κἂν ἀποθάνῃ ζήσεται (Joh 11,25) – *der, der an mich glaubt, wird leben, auch wenn er stirbt*

c) **final:** eingeleitet mit ἵνα[2], ὅπως oder (selten) ὡς (*damit*): Absicht oder Zweck. Der Inhalt des ἵνα-Satzes beschreibt die Intention der Handlung im übergeordneten Satz.

προσηνέχθησαν αὐτῷ παιδία ἵνα τὰς χεῖρας ἐπιθῇ αὐτοῖς (Mt 19,13) – *sie brachten ihm Kinder, damit er ihnen die Hände auflege*

Die Negationen μή oder μήποτε können auch allein einen Finalsatz einleiten und sind dann mit *damit nicht* zu übersetzen, z.B. Mk 13,37.

d) **konsekutiv:** eingeleitet mit ἵνα (*sodass*): Folge bzw. Resultat. Die Konsequenz der Verbalhandlung muss nicht beabsichtigt sein.

ῥαββί, τίς ἥμαρτεν, οὗτος ἢ οἱ γονεῖς αὐτοῦ, ἵνα τυφλὸς γεννηθῇ; (Joh 9,2) – *Rabbi, wer hat gesündigt, dieser oder seine Eltern, sodass er blind geboren wurde?*

e) **substantivierter ἵνα-Satz:** Der ἵνα-Satz (ἵνα im Deutschen oft mit „*dass*“ wiedergegeben) fungiert dabei syntaktisch als

- *Subjekt-Satz,*

ζητεῖται ἐν τοῖς οἰκονόμοις, ἵνα πιστός τις εὑρεθῇ (1Kor 4,2) – *von den Verwaltern wird verlangt, dass jemand treu gefunden wird/sich treu erweist*

- als direkter *Objekt-Satz* (häufig nach Verben des Befehlens, Ermahnens, Betens),[3]

παρακαλῶ δὲ ὑμᾶς, ἀδελφοί, ἵνα τὸ αὐτὸ λέγητε πάντες (1Kor 1,10) – *ich ermahne euch, Geschwister, dass ihr alle dasselbe sagt/einmütig seid*

- oder als *Apposition* bzw. *epexegetischer* ἵνα-Satz. Bei diesem Gebrauch steht ἵνα + Konjunktiv nach einem Substantiv oder Adjektiv, um dieses zu erklären oder näher zu erläutern, z.B. Lk 7,6.

αὕτη δέ ἐστιν ἡ αἰώνιος ζωὴ ἵνα γινώσκωσιν σέ (Joh 17,3) – *aber dies ist das ewige Leben, (nämlich) dass sie dich erkennen*

f) nach **Verben des Fürchtens** (φοβέομαι): Der Konjunktiv kann hierbei nach μή (*dass*) bzw. μὴ πῶς (*dass vielleicht*) für eine befürchtete Folge stehen.[4]

φοβηθεὶς ὁ χιλίαρχος <u>μὴ</u> διασπασθῇ ὁ Παῦλος ὑπ’ αὐτῶν ἐκέλευσεν (Apg 23,10) – *da der Oberst fürchtete, <u>dass</u> Paulus von ihnen zerrissen werde, befahl er …*

---

1 Mit derselben Bedeutung kann auch εἰ καί mit Indikativ Futur stehen.

2 Ca. ein Drittel der Konjunktive im NT steht nach ἵνα. Selten steht im NT finales ἵνα mit Indikativ.

3 Gelegentlich (aber nicht notwendig) wird ein ergänzendes ἵνα + Konjunktiv gebraucht, das die Bedeutung eines Verbs (z.B. θέλω, δύναμαι) vervollständigt, z.B. Lk 6,31 mit θέλω.

4 Dieser Gebrauch findet sich bei Paulus und Lukas sowie im Hebräerbrief.

g) indirekte, deliberative Frage

ἤδη ἡμέραι τρεῖς προσμένουσίν μοι καὶ οὐκ ἔχουσιν τί φάγωσιν (Mt 15,32) – *sie bleiben schon drei Tage bei mir und haben nichts, was sie essen sollen*

h) In manchen **Temporalsätzen** steht ein prospektiver Konjunktiv; er zeigt eine aus der Perspektive der Zeit des Hauptverbs zukünftige Möglichkeit an.

• Prospektiver Konjunktiv (auf die Frage „wann?") bei ὅταν:
wenn/sobald (Zukünftiges, meist mit Konj. Aor., z.B. Mt 21,40),
(immer/jedesmal) wenn (Allgemeingültiges, meist mit Konj. Präs., z.B. Mk 13,11)

• Indikativ oder prospektiver Konjunktiv (auf die Frage „wie lange?") bei
ἕως/ἄχρι(ς) (οὗ): *bis dass, solange (noch)*, z.B. Mt 17,9
μέχρι(ς) (οὗ): *bis*, z.B. Mk 13,30

οὐ μὴ ἀλέκτωρ φωνήσῃ ἕως οὗ ἀρνήσῃ με τρίς (Joh 13,38) – *auf keinen Fall wird der Hahn krähen, bis du mich dreimal verleugnest*

i) In manchen **Relativsätzen** steht ein Konjunktiv, eingeleitet mit ὅστις (ἄν/ἐάν) oder ὃς (δ') ἄν. Die Konstruktion entspricht in etwa der des prospektiven Konditionalsatzes. Das Element der „Eventualität" ist in den Relativsätzen allerdings die Person.

ὃς δ' ἂν βλασφημήσῃ εἰς τὸ πνεῦμα τὸ ἅγιον, οὐκ ἔχει ἄφεσιν (Mk 3,29) – *wer auch immer den Heiligen Geist lästert, hat/findet keine Vergebung*

D

Klären Sie bitte bei allen Konjunktiven, wie diese verwendet sind!

1. Ἀλλ' ἐγὼ τὴν ἀλήθειαν λέγω ὑμῖν, συμφέρει ὑμῖν ἵνα ἐγὼ ἀπέλθω. ἐὰν γὰρ μὴ ἀπέλθω, ὁ παράκλητος οὐκ ἐλεύσεται πρὸς ὑμᾶς· ἐὰν δὲ πορευθῶ, πέμψω αὐτὸν πρὸς ὑμᾶς. (Joh 16,7) – 2. πῶς οὖν ἐπικαλέσωνται εἰς ὃν οὐκ ἐπίστευσαν; πῶς δὲ πιστεύσωσιν οὗ οὐκ ἤκουσαν; πῶς δὲ ἀκούσωσιν χωρὶς κηρύσσοντος; πῶς δὲ κηρύξωσιν ἐὰν μὴ ἀποσταλῶσιν; (Röm 10,14f) – 3. τί ποιήσωμεν τοῖς ἀνθρώποις τούτοις; ὅτι μὲν γὰρ γνωστὸν σημεῖον γέγονεν δι' αὐτῶν πᾶσιν τοῖς κατοικοῦσιν Ἰερουσαλὴμ φανερὸν καὶ οὐ δυνάμεθα[5] ἀρνεῖσθαι· ἀλλ' ἵνα μὴ ἐπὶ πλεῖον διανεμηθῇ[6] εἰς τὸν λαὸν ἀπειλησώμεθα[7] αὐτοῖς μηκέτι λαλεῖν ἐπὶ τῷ ὀνόματι τούτῳ μηδενὶ ἀνθρώπων. (Apg 4,16f) – 4. ὃς δ' ἂν πίῃ ἐκ τοῦ ὕδατος οὗ ἐγὼ δώσω αὐτῷ, οὐ μὴ διψήσει[8] εἰς τὸν αἰῶνα, ἀλλὰ τὸ ὕδωρ ὃ δώσω αὐτῷ γενήσεται ἐν αὐτῷ πηγὴ ὕδατος ἁλλομένου[9] εἰς ζωὴν αἰώνιον. (Joh 4,14) – 5. καὶ παρήγγειλεν αὐτοῖς ἵνα μηδὲν αἴρωσιν εἰς ὁδὸν εἰ μὴ ῥάβδον μόνον. (Mk 6,8) –6. ὑμεῖς δέ, ἀδελφοί, οὐκ ἐστὲ ἐν σκότει, ἵνα ἡ ἡμέρα ὑμᾶς ὡς κλέπτης καταλάβῃ. (1Thess 5,4) (bestimmen Sie bitte ἐστέ.) – 7. καὶ καταβαινόντων αὐτῶν ἐκ τοῦ ὄρους ἐνετείλατο αὐτοῖς ὁ Ἰησοῦς λέγων· μηδενὶ εἴπητε τὸ ὅραμα ἕως οὗ ὁ υἱὸς τοῦ ἀνθρώπου ἐκ νεκρῶν ἐγερθῇ. (Mt 17,9) – 8. καὶ ἀποκριθεὶς ὁ Ἰησοῦς εἶπεν αὐτοῖς·

---

5 δύναμαι *können.*

6 διανέμω *verteilen, verbreiten.*

7 ἀπειλέω *drohen; verbieten.*

8 Gelegentlich steht nach οὐ μή der Indikativ Futur statt des Konjunktivs Aorist.

9 ἅλλομαι *sprudeln.*

βλέπετε μή[10] τις ὑμᾶς πλανήσῃ· πολλοὶ γὰρ ἐλεύσονται ἐπὶ τῷ ὀνόματί μου λέγοντες· ἐγώ εἰμι ὁ χριστός, καὶ πολλοὺς πλανήσουσιν. (Mt 24,4f) – 9. καὶ εὐχαριστήσας ἔκλασεν καὶ εἶπεν· τοῦτό μού ἐστιν τὸ σῶμα τὸ ὑπὲρ ὑμῶν· τοῦτο ποιεῖτε εἰς τὴν ἐμὴν ἀνάμνησιν[11]. ὡσαύτως καὶ τὸ ποτήριον μετὰ τὸ δειπνῆσαι[12] λέγων· τοῦτο τὸ ποτήριον ἡ καινὴ διαθήκη ἐστὶν ἐν τῷ ἐμῷ αἵματι· τοῦτο ποιεῖτε, ὁσάκις[13] ἐὰν πίνητε, εἰς τὴν ἐμὴν ἀνάμνησιν. ὁσάκις γὰρ ἐὰν ἐσθίητε τὸν ἄρτον τοῦτον καὶ τὸ ποτήριον πίνητε, τὸν θάνατον τοῦ κυρίου καταγγέλλετε ἄχρι οὗ ἔλθῃ. Ὥστε ὃς ἂν ἐσθίῃ τὸν ἄρτον ἢ πίνῃ τὸ ποτήριον τοῦ κυρίου ἀναξίως[14], ἔνοχος ἔσται τοῦ σώματος καὶ τοῦ αἵματος τοῦ κυρίου. (1Kor 11,24-27) – 10. θέλω δὲ πάντας ὑμᾶς λαλεῖν γλώσσαις, μᾶλλον δὲ ἵνα προφητεύητε· μείζων δὲ ὁ προφητεύων ἢ ὁ λαλῶν γλώσσαις ἐκτὸς εἰ μὴ διερμηνεύῃ[15], ἵνα ἡ ἐκκλησία οἰκοδομὴν λάβῃ. (1Kor 14,5) – 11. πᾶς γὰρ ὃς ἂν ἐπικαλέσηται τὸ ὄνομα κυρίου σωθήσεται. (Röm 10,13) – 12. καὶ προαγαγὼν αὐτοὺς ἔξω ἔφη· κύριοι, τί με δεῖ ποιεῖν ἵνα σωθῶ; (Apg 16,30) – 13. ὁ δὲ υἱὸς τοῦ ἀνθρώπου οὐκ ἔχει ποῦ τὴν κεφαλὴν κλίνῃ[16]. (Lk 9,58) – 14. πάντοτε γὰρ τοὺς πτωχοὺς ἔχετε μεθ᾽ ἑαυτῶν καὶ ὅταν θέλητε δύνασθε αὐτοῖς εὖ ποιῆσαι, ἐμὲ δὲ οὐ πάντοτε ἔχετε. (Mk 14,7) – 15. λέγω δέ, πνεύματι περιπατεῖτε καὶ ἐπιθυμίαν σαρκὸς οὐ μὴ τελέσητε. (Gal 5,16) – 16. ὅστις γὰρ ὅλον τὸν νόμον τηρήσῃ πταίσῃ[17] δὲ ἐν ἑνί, γέγονεν πάντων ἔνοχος. (Jak 2,10) – 17. ὅτι καὶ Χριστὸς ἅπαξ περὶ ἁμαρτιῶν ἔπαθεν, δίκαιος ὑπὲρ ἀδίκων, ἵνα ὑμᾶς προσαγάγῃ τῷ θεῷ θανατωθεὶς μὲν σαρκὶ ζῳοποιηθεὶς δὲ πνεύματι. (1Petr 3,18) – 18. φοβοῦμαι δὲ μή πως … φθαρῇ[18] τὰ νοήματα ὑμῶν ἀπὸ τῆς ἁπλότητος τῆς εἰς τὸν Χριστόν. (2Kor 11,3) – 19. οὕτως καὶ ὑμεῖς, ὅταν ἴδητε ταῦτα γινόμενα, γινώσκετε ὅτι ἐγγύς ἐστιν ἡ βασιλεία τοῦ θεοῦ. ἀμὴν λέγω ὑμῖν ὅτι οὐ μὴ παρέλθῃ ἡ γενεὰ αὕτη ἕως ἂν πάντα γένηται. ὁ οὐρανὸς καὶ ἡ γῆ παρελεύσονται, οἱ δὲ λόγοι μου οὐ μὴ παρελεύσονται. (Lk 21,31-33) – 20. ἡ γὰρ σὰρξ ἐπιθυμεῖ κατὰ τοῦ πνεύματος, τὸ δὲ πνεῦμα κατὰ τῆς σαρκός, ταῦτα γὰρ ἀλλήλοις ἀντίκειται, ἵνα μὴ ἃ ἐὰν θέλητε ταῦτα ποιῆτε. εἰ δὲ πνεύματι ἄγεσθε, οὐκ ἐστὲ ὑπὸ νόμον. (Gal 5,17f)

E

Neutestamentlicher Übersetzungstext: 1. Thessalonicher 1,2-10

Übersetzen Sie bitte diesen Text aus dem griechischen Neuen Testament! Unbekannte Vokabeln schlagen Sie bitte im Wörterbuch nach. Kontrollieren Sie Ihre Übersetzung *danach* bitte anhand einer philologischen Bibelübersetzung (z.B. Elberfelder, Luther 2017, Einheitsübersetzung oder Zürcher Bibel)!

---

[10] μή hier: *dass nicht.*

[11] ἀνάμνησις *Erinnerung.*

[12] δειπνέω *essen.*

[13] ὁσάκις *sooft.*

[14] ἀναξίως Adv. *auf unwürdige Weise.*

[15] διερμηνεύω *übersetzen, auslegen.*

[16] κλίνω hier: *hinlegen.*

[17] πταίω *straucheln; verfehlen, sündigen.*

[18] 3.Sg.Konj.Aor.Pass. von φθείρω *verderben.*

56. Verben auf -νυμι • „Kleine“ Verben auf -μι

A

Wiederholen Sie bitte die Endungen des Präsens der μι-Verben im Akt. und Med.!

B

1) Verben auf -νυμι

a) Grundsätzliches

Zu den athematischen (= ohne Themavokal) Verben auf -μι gehören auch die Verben auf -νυμι. Diese haben im Präsensstamm an den Stamm und vor der Endung eine νυ-Erweiterung eingeschoben. Manche Formen sind von der ω-Konjugation eingedrungen, so als hieße das Verb z.B. δεικνύω.

b) Präsens

Die Formen im Präsens Aktiv werden teils athematisch (z.B. δείκνυμι), teils thematisch (z.B. δεικνύεις) gebildet. Im Präsens MP sind alle Formen athematisch.

c) Stammformen

Die übrigen Tempora werden (ohne die Präsenserweiterung -νυ) analog zu den Verben auf -ω nach den Stammformen gebildet. Eine Übersicht finden Sie unter E und in Tab. 16.1+2 (S. 271f).

2) Die kleinen μι-Verben

Zu den sogenannten „kleinen“ μι-Verben zählen δύναμαι, πίμπλημι, ἐπίσταμαι, κεῖμαι, κάθημαι und φημί. Sie werden athematisch konjugiert.
δύναμαι (*können*) kommt (häufig) vor im Präsens, Imperfekt, Futur und Aorist Passiv, und zwar mit Aktivbedeutung. Die Konjugation von δύναμαι entspricht der des Mediums von ἵστημι. Das Augment von δύναμαι ist mal ε, mal η.
ἐπίσταμαι (*wissen, verstehen*) findet sich im NT ausschließlich im Präsens MP und wird wie ἵσταμαι konjugiert.
πίμπλημι (*an-, erfüllen*) kommt im NT nur im Aorist Akt. und Pass. (mit dem Stamm πλη-) häufiger vor. In Lk 1,15 kommt die Futurform πλησθήσεται vor.
Bei **κεῖμαι** und **κάθημαι** werden die medialen Endungen direkt an den Stamm (κει- bzw. καθη-) gehängt. Bei beiden Verben sind nur die Präsensformen (Primärendungen) und Imperfektformen (Sekundärendungen) für das NT wichtig. Die Futurform καθήσεσθε kommt in Mt 19,28 vor.

φημί ist im Präsens (außer in der 2.Sg.) enklitisch (vgl. Lekt. 9 E). Die neutestamentlichen Formen sind im Indikativ Präsens: φημί (1.Sg.), φησίν (3.Sg.) und φασίν (3.Pl.) sowie im Indikativ Imperfekt: ἔφη (3.Sg. – meist als Einleitung einer direkten Rede).

C

1) Bestimmen Sie bitte folgende neutestamentliche Formen:

δυνάμεθα, ἐπλήσθησαν, ἐδύνατο, ἀπολέσει, ἀπολέσῃ, ἔδειξεν, δύναμαι, ἀπολέσαι, ἐπλήσθη, δεῖξον, ἐπίστασθε, δείξω, δυνήσεται, ἀπολλυμένοις, δύνῃ, κείμενον, ἀπολέσωσιν, ἐπιστάμενος, ἀπολέσας, ἀπολωλός, δείξει, ἀπολλύμεθα, ἐκάθητο, πλησθείς, ἐνδείξηται, ἀπόλλυται, ἐπίσταμαι, δείκνυσιν, ἀπολεῖσθε, πλησθήσεται, δυνήσεσθε, ἀπολελυμένην, πλήσας, ἀπολωλότα, κάθου, ἐνδεικνυμένους, κεῖται, δεῖξαι, ὀμνύναι, πλησθῇς, ἔφη, δεικνύειν, ἠδυνήθημεν, ἀπολέλυσαι, ἐνεδείξασθε, πλησθῆναι, δυνηθῆτε, δειχθέντα, ἀνέκειτο, ἀπόλλυε

D

1. Ἐν τῇ ἡμέρᾳ ἐκείνῃ ἐξελθὼν ὁ Ἰησοῦς τῆς οἰκίας ἐκάθητο παρὰ τὴν θάλασσαν· καὶ συνήχθησαν πρὸς αὐτὸν ὄχλοι πολλοί, ὥστε αὐτὸν εἰς πλοῖον ἐμβάντα καθῆσθαι, καὶ πᾶς ὁ ὄχλος ἐπὶ τὸν αἰγιαλὸν[1] εἱστήκει. (Mt 13,1f) – 2. ἀποκριθὲν δὲ τὸ πνεῦμα τὸ πονηρὸν εἶπεν αὐτοῖς· τὸν μὲν Ἰησοῦν γινώσκω καὶ τὸν Παῦλον ἐπίσταμαι, ὑμεῖς δὲ τίνες ἐστέ; (Apg 19,15) – 3. καὶ Ζαχαρίας ὁ πατὴρ αὐτοῦ ἐπλήσθη πνεύματος ἁγίου καὶ ἐπροφήτευσεν. (Lk 1,67) – 4. ὃς γὰρ ἐὰν θέλῃ τὴν ψυχὴν αὐτοῦ σῶσαι ἀπολέσει αὐτήν· ὃς δ' ἂν ἀπολέσῃ τὴν ψυχὴν αὐτοῦ ἕνεκεν ἐμοῦ εὑρήσει αὐτήν. (Mt 16,25) – 5. διὰ τοῦτο ἀναλάβετε τὴν πανοπλίαν[2] τοῦ θεοῦ, ἵνα δυνηθῆτε ἀντιστῆναι ἐν τῇ ἡμέρᾳ τῇ πονηρᾷ καὶ ἅπαντα κατεργασάμενοι στῆναι. (Eph 6,13) – 6. καὶ ἰδὼν εἶπεν αὐτοῖς· πορευθέντες ἐπιδείξατε[3] ἑαυτοὺς τοῖς ἱερεῦσιν. καὶ ἐγένετο ἐν τῷ ὑπάγειν αὐτοὺς ἐκαθαρίσθησαν. (Lk 17,14) (wie ist der Infinitiv syntaktisch gebraucht?) – 7. ἔσται γὰρ μέγας ἐνώπιον τοῦ κυρίου, καὶ οἶνον καὶ σίκερα[4] οὐ μὴ πίῃ, καὶ πνεύματος ἁγίου πλησθήσεται ἔτι ἐκ κοιλίας μητρὸς αὐτοῦ, καὶ πολλοὺς τῶν υἱῶν Ἰσραὴλ ἐπιστρέψει ἐπὶ κύριον τὸν θεὸν αὐτῶν. (Lk 1,15f) – 8. ἐκ τοῦ αἰῶνος οὐκ ἠκούσθη ὅτι ἠνέῳξέν τις ὀφθαλμοὺς τυφλοῦ γεγεννημένου· εἰ μὴ ἦν οὗτος παρὰ θεοῦ, οὐκ ἠδύνατο ποιεῖν οὐδέν. (Joh 9,32f) – 9. ἀλλ' ἐρεῖ τις· σὺ πίστιν ἔχεις, κἀγὼ ἔργα ἔχω· δεῖξόν μοι τὴν πίστιν σου χωρὶς τῶν ἔργων, κἀγώ σοι δείξω ἐκ τῶν ἔργων μου τὴν πίστιν. (Jak 2,18) – 10. εἰ οὖν συνηγέρθητε τῷ Χριστῷ, τὰ ἄνω ζητεῖτε, οὗ ὁ Χριστός ἐστιν ἐν δεξιᾷ τοῦ θεοῦ καθήμενος. (Kol 3,1) – 11. εἶπεν αὐτοῖς· δοκεῖτε ὅτι οἱ Γαλιλαῖοι οὗτοι ἁμαρτωλοὶ παρὰ πάντας τοὺς Γαλιλαίους ἐγένοντο, ὅτι ταῦτα πεπόνθασιν; οὐχί, λέγω ὑμῖν, ἀλλ' ἐὰν μὴ μετανοῆτε πάντες ὁμοίως ἀπολεῖσθε. (Lk 13,2f) – 12. εἰ δὲ τὸν χόρτον

---

[1] αἰγιαλός *Ufer.*

[2] πανοπλία *Rüstung.*

[3] ἐπιδείκνυμι *zeigen.*

[4] σίκερα (nicht deklinierbar) *berauschendes Getränk.*

τοῦ ἀγροῦ σήμερον ὄντα καὶ αὔριον εἰς κλίβανον[5] βαλλόμενον ὁ θεὸς οὕτως ἀμφιέννυσιν[6], οὐ πολλῷ μᾶλλον ὑμᾶς, ὀλιγόπιστοι[7]; (Mt 6,30) – 13. Ἀγρίππας δὲ τῷ Φήστῳ ἔφη· ἀπολελύσθαι ἐδύνατο ὁ ἄνθρωπος οὗτος εἰ μὴ ἐπεκέκλητο Καίσαρα. (Apg 26,32) (bestimmen Sie bitte den Typ des Konditionalsatzes) – 14. ἰδόντες δὲ οἱ Ἰουδαῖοι τοὺς ὄχλους ἐπλήσθησαν ζήλου καὶ ἀντέλεγον τοῖς ὑπὸ Παύλου λαλουμένοις βλασφημοῦντες. (Apg 13,45) – 15. ἐὰν γὰρ εὐαγγελίζωμαι, οὐκ ἔστιν μοι καύχημα· ἀνάγκη γάρ μοι ἐπίκειται[8]· οὐαὶ γάρ μοί ἐστιν ἐὰν μὴ εὐαγγελίσωμαι. (1Kor 9,16) – 16. τίς σοφὸς καὶ ἐπιστήμων[9] ἐν ὑμῖν; δειξάτω ἐκ τῆς καλῆς ἀναστροφῆς τὰ ἔργα αὐτοῦ ἐν πραΰτητι σοφίας. (Jak 3,13) – 17. κἀγὼ δίδωμι αὐτοῖς ζωὴν αἰώνιον καὶ οὐ μὴ ἀπόλωνται εἰς τὸν αἰῶνα καὶ οὐχ ἁρπάσει τις αὐτὰ ἐκ τῆς χειρός μου. (Joh 10,28) – 18. εἰ δὲ ὁ ὀφθαλμός σου ὁ δεξιὸς σκανδαλίζει σε, ἔξελε[10] αὐτὸν καὶ βάλε ἀπὸ σοῦ· συμφέρει γάρ σοι ἵνα ἀπόληται ἓν τῶν μελῶν σου καὶ μὴ ὅλον τὸ σῶμά σου βληθῇ εἰς γέενναν. (Mt 5,29) – 19. καὶ ἦλθεν εἷς ἐκ τῶν ἑπτὰ ἀγγέλων τῶν ἐχόντων τὰς ἑπτὰ φιάλας τῶν γεμόντων τῶν ἑπτὰ πληγῶν τῶν ἐσχάτων καὶ ἐλάλησεν μετ᾽ ἐμοῦ λέγων· δείξω σοι τὴν νύμφην τὴν γυναῖκα τοῦ ἀρνίου. (Offb 21,9)

E

Stammformen

	Deutsche Bedeutung	*Futur*	*Aorist*	*Perfekt*
ἐπίσταμαι (D.P.)	*wissen, verstehen*	ἐπιστήσομαι	(ἠπιστήθην)	
πίμπλημι	*füllen*	(πλήσω)	ἔπλησα	(πέπληκα)
			ἐπλήσθην	(πέπλησμαι)
δύναμαι (D.P.)	*können*	δυνήσομαι	ἐδυνήθην/ ἐδυνάσθην (Augm. auch -η)	
δείκνυμι	*zeigen*	δείξω	ἔδειξα	(δέδειχα)
			ἐδείχθην	δέδειγμαι
ὄμνυμι[11]	*schwören*	(ὀμοῦμαι)	ὤμοσα	(ὀμώμοκα)
ἀπόλλυμι[12]	*zerstören, töten*	ἀπολέσω	ἀπώλεσα	(ἀπολώλεκα)
ἀπόλλυμαι	*verlieren, umkommen*	ἀπολοῦμαι	ἀπωλόμην	ἀπόλωλα

Vgl. die Übersicht der Formen in den Tabellen 16.1 bis 17.3 und 17.6 (S. 271-274).

5 κλίβανος *Ofen.*

6 ἀμφιέννυμι *bekleiden, schmücken.*

7 ὀλιγόπιστος *kleingläubig.*

8 ἐπίκειμαι hier: *auferlegt sein.*

9 ἐπιστήμων *verständig, gebildet.*

10 ἔξελε 2.Sg.Impt.Aor.Akt. von ἐξαιρέω.

11 Im NT kommen fast immer die thematischen Formen von ὀμνύω vor. Die eingeklammerten Formen sind im NT nicht belegt.

12 Aus νυ wurde durch Assimilation λυ.

57. Interrogativsätze

B

1) Selbstständige (direkte) Fragesätze

Grundsätzlich unterscheidet man

a) Wortfragen (auch Ergänzungsfragen), die durch ein Fragewort eingeleitet werden.

b) Satzfragen (auch Entscheidungsfragen), die sich nicht immer von den Behauptungssätzen unterscheiden. Oft sind sie aber durch Fragepartikel (εἰ, ἆρα, οὐ, μή) gekennzeichnet.

Dabei gibt es jeweils

α) Doppel- bzw. Wahlfragen (ἤ = *oder*),

β) deliberative (oder dubitative) Fragen, in denen der Konjunktiv steht,

γ) rhetorische Fragen, die einen anderen zur Anerkennung einer bereits vorhandenen Meinung bewegen sollen.

a) Wortfragen

Sie werden durch ein Interrogativpronomen oder Interrogativadverb eingeleitet.

τίνες εἰσὶν οἱ ἀδελφοί μου; (Mt 12,48) – *wer sind meine Brüder?*

πῶς ἀναγινώσκεις; (Lk 10,26) – *wie/was liest du?*

b) Satzfragen

Wird eine Fragepartikel verwendet, sind drei Fälle der Frageeinleitung möglich:

α) εἰ (keine Andeutung bezüglich der erwarteten Antwort)
εἰ ἔξεστιν τοῖς σάββασιν θεραπεῦσαι; (Mt 12,10) – *ist es erlaubt, am Sabbat zu heilen?*

β) οὐ oder verstärkt οὐχί = *nicht* (angedeutete/erwartete Antwort: „ja" bzw. „doch")
οὐχὶ οἱ δέκα ἐκαθαρίσθησαν; (Lk 17,17) – *sind nicht zehn rein geworden?*

γ) μή oder verstärkt μήτι = *etwa* (erwartete Antwort: „nein"); μὴ οὐ = *etwa nicht* (Antwort: „doch")[1]
μὴ καὶ ὑμεῖς θέλετε ὑπάγειν; (Joh 6,67) – *wollt etwa auch ihr weggehen?*

2) Abhängige (indirekte) Fragesätze

Sie stehen nach Ausdrücken des Wahrnehmens, Sagens, Wissens u.ä. Modus und Tempus entsprechen jeweils denjenigen der direkten Fragen.

a) Abhängige Wortfragen

Sie können durch direkte oder indirekte Fragepronomen und -adverbien eingeleitet werden.

---

[1] Selten, z.B. Lk 18,7, ist die Wortstellung οὐ μή.

οὐκ οἶδα τί λέγεις (Mt 26,70) – *ich weiß nicht, wovon du redest*
ἀπαγγέλλουσιν ὁποίαν εἴσοδον ἔσχομεν πρὸς ὑμᾶς (1Thess 1,9) – *sie erzählen, welche Aufnahme wir bei euch gefunden haben*

b) Abhängige Satzfragen

Sie können mit εἰ (*ob*) oder εἰ … εἰ (*ob … oder*) eingeleitet werden.
ἐπηρώτησεν εἰ … Γαλιλαῖός ἐστιν (Lk 23,6) – *er fragte, ob er … ein Galiläer sei*

D

1. Ἐκ τούτου[2] πολλοὶ ἐκ τῶν μαθητῶν αὐτοῦ ἀπῆλθον εἰς τὰ ὀπίσω καὶ οὐκέτι μετ᾽ αὐτοῦ περιεπάτουν. εἶπεν οὖν ὁ Ἰησοῦς τοῖς δώδεκα· μὴ καὶ ὑμεῖς θέλετε ὑπάγειν; ἀπεκρίθη αὐτῷ Σίμων Πέτρος· κύριε, πρὸς τίνα ἀπελευσόμεθα; ῥήματα ζωῆς αἰωνίου ἔχεις, καὶ ἡμεῖς πεπιστεύκαμεν καὶ ἐγνώκαμεν ὅτι σὺ εἶ ὁ ἅγιος τοῦ θεοῦ. (Joh 6,66-69) (erläutern Sie bitte die Syntax des Tempus von ἀπελευσόμεθα) – 2. τότε ἀποκριθήσονται αὐτῷ οἱ δίκαιοι λέγοντες· κύριε, πότε σε εἴδομεν πεινῶντα καὶ ἐθρέψαμεν, ἢ διψῶντα καὶ ἐποτίσαμεν; πότε δέ σε εἴδομεν ξένον καὶ συνηγάγομεν, ἢ γυμνὸν καὶ περιεβάλομεν; πότε δέ σε εἴδομεν ἀσθενοῦντα ἢ ἐν φυλακῇ καὶ ἤλθομεν πρός σε; (Mt 25,37-39) – 3. μὴ σὺ μείζων εἶ τοῦ πατρὸς ἡμῶν Ἀβραάμ, ὅστις ἀπέθανεν; καὶ οἱ προφῆται ἀπέθανον. τίνα σεαυτὸν ποιεῖς; (Joh 8,53) – 4. εἶπεν οὖν ὁ Ἰησοῦς τῷ Πέτρῳ· βάλε τὴν μάχαιραν εἰς τὴν θήκην[3]· τὸ ποτήριον ὃ δέδωκέν μοι ὁ πατὴρ οὐ μὴ πίω αὐτό; (Joh 18,11) – 5. ἐξίσταντο δὲ πάντες οἱ ἀκούοντες καὶ ἔλεγον· οὐχ οὗτός ἐστιν ὁ πορθήσας[4] εἰς Ἰερουσαλὴμ τοὺς ἐπικαλουμένους τὸ ὄνομα τοῦτο, καὶ ὧδε εἰς τοῦτο ἐληλύθει ἵνα δεδεμένους αὐτοὺς ἀγάγῃ ἐπὶ τοὺς ἀρχιερεῖς; (Apg 9,21) – 6. καὶ εἶπαν αὐτῷ· ἀκούεις τί οὗτοι λέγουσιν; ὁ δὲ Ἰησοῦς λέγει αὐτοῖς· ναί. οὐδέποτε ἀνέγνωτε ὅτι ἐκ στόματος νηπίων καὶ θηλαζόντων[5] κατηρτίσω αἶνον[6]; (Mt 21,16) – 7. ἐὰν οὖν ἡ ἀκροβυστία τὰ δικαιώματα τοῦ νόμου φυλάσσῃ, οὐχ ἡ ἀκροβυστία αὐτοῦ εἰς περιτομὴν λογισθήσεται; (Röm 2,26) – 8. καὶ ἀποκριθεὶς ὁ Ἰησοῦς εἶπεν αὐτοῖς· ὡς ἐπὶ λῃστὴν ἐξήλθατε μετὰ μαχαιρῶν καὶ ξύλων συλλαβεῖν με; (Mk 14,48) – 9. τοῦτο μόνον θέλω μαθεῖν ἀφ᾽ ὑμῶν· ἐξ ἔργων νόμου τὸ πνεῦμα ἐλάβετε ἢ ἐξ ἀκοῆς πίστεως; (Gal 3,2) – 10. μὴ ὁ νόμος ἡμῶν κρίνει τὸν ἄνθρωπον ἐὰν μὴ ἀκούσῃ πρῶτον παρ᾽ αὐτοῦ καὶ γνῷ τί ποιεῖ; ἀπεκρίθησαν καὶ εἶπαν αὐτῷ· μὴ καὶ σὺ ἐκ τῆς Γαλιλαίας εἶ; ἐραύνησον[7] καὶ ἴδε ὅτι ἐκ τῆς Γαλιλαίας προφήτης οὐκ ἐγείρεται. (Joh 7,51f) – 11. πᾶς γὰρ ὁ αἰτῶν λαμβάνει καὶ ὁ ζητῶν εὑρίσκει καὶ τῷ κρούοντι ἀνοιγήσεται. ἢ τίς ἐστιν ἐξ ὑμῶν ἄνθρωπος, ὃν αἰτήσει ὁ υἱὸς αὐτοῦ ἄρτον, μὴ λίθον ἐπιδώσει αὐτῷ; ἢ καὶ ἰχθὺν αἰτήσει, μὴ ὄφιν ἐπιδώσει αὐτῷ; εἰ οὖν ὑμεῖς πονηροὶ ὄντες οἴδατε δόματα[8] ἀγαθὰ διδόναι τοῖς τέκνοις ὑμῶν, πόσῳ μᾶλλον ὁ πατὴρ ὑμῶν ὁ ἐν τοῖς οὐρανοῖς δώσει

---

[2] ἐκ τούτου *aus diesem Grund, deshalb.*
[3] θήκη *Behälter; Scheide* (für das Schwert).
[4] πορθέω *vernichten, zerstören.*
[5] θηλάζω *säugen; saugen.*
[6] αἶνος *Lob.*
[7] ἐραυνάω *untersuchen, erforschen.*
[8] δόμα *Gabe, Geschenk.*

ἀγαθὰ τοῖς αἰτοῦσιν αὐτόν. (Mt 7,8-11) (wie sind die Partizipien syntaktisch gebraucht?) – 12. λέγω δὲ τοῦτο ὅτι ἕκαστος ὑμῶν λέγει· ἐγὼ μέν εἰμι Παύλου, ἐγὼ δὲ Ἀπολλῶ, ἐγὼ δὲ Κηφᾶ, ἐγὼ δὲ Χριστοῦ. μεμέρισται ὁ Χριστός; μὴ Παῦλος ἐσταυρώθη ὑπὲρ ὑμῶν, ἢ εἰς τὸ ὄνομα Παύλου ἐβαπτίσθητε; (1Kor 1,12f) – 13. ὁ δὲ ἀποκριθεὶς εἶπεν αὐτοῖς· δότε αὐτοῖς ὑμεῖς φαγεῖν. καὶ λέγουσιν αὐτῷ· ἀπελθόντες ἀγοράσωμεν δηναρίων διακοσίων ἄρτους καὶ δώσομεν[9] αὐτοῖς φαγεῖν; (Mk 6,37) – 14. εἶπεν δὲ ἐν ἑαυτῷ ὁ οἰκονόμος· τί ποιήσω, ὅτι ὁ κύριός μου ἀφαιρεῖται τὴν οἰκονομίαν ἀπ᾽ ἐμοῦ; … ἔγνων τί ποιήσω, ἵνα ὅταν μετασταθῶ[10] ἐκ τῆς οἰκονομίας δέξωνταί με εἰς τοὺς οἴκους αὐτῶν. (Lk 16,3f) – 15. καὶ ἐπερωτῶσιν αὐτὸν οἱ Φαρισαῖοι καὶ οἱ γραμματεῖς· διὰ τί οὐ περιπατοῦσιν οἱ μαθηταί σου κατὰ τὴν παράδοσιν τῶν πρεσβυτέρων, ἀλλὰ κοιναῖς χερσὶν ἐσθίουσιν τὸν ἄρτον; (Mk 7,5) – 16. ἐκεῖνο δὲ γινώσκετε ὅτι εἰ ᾔδει ὁ οἰκοδεσπότης ποίᾳ φυλακῇ ὁ κλέπτης ἔρχεται, ἐγρηγόρησεν ἂν καὶ οὐκ ἂν εἴασεν διορυχθῆναι[11] τὴν οἰκίαν αὐτοῦ. (Mt 24,43)

[9] deliberatives Futur anstelle des Konjunktivs.

[10] μεθίστημι *absetzen.*

[11] διορύσσω *einbrechen.*

58. Optativ

A

Wiederholen Sie bitte die Sekundärendungen!

B

Im Griechischen gibt es noch einen weiteren Modus bei den Verben, den **Optativ**. Im NT kommen insgesamt 68 Optativformen vor. 17 davon entfallen allein auf die Form γένοιτο (3.Sg.Opt.Aor.Med.) von γίνομαι und 12 auf die Form εἴη (3.Sg.Opt.Präs. Akt.) von εἰμί. Vgl. seltenere Formen des Optativs im NT unter E.

1) Die Formen des Optativs

Ein Drittel der Optativformen im NT stehen im Präsens, die übrigen im Aorist. Zur Bildung des Optativs werden die Sekundärendungen verwendet. In der 1.Sg.Opt.Akt. ist die Endung jedoch meist -μι.
Kennzeichnend ist das Moduszeichen ι oder ιη, das sich mit dem voranstehenden Vokal zu ει/ειη, οι/οιη bzw. αι/αιη verbindet.
So lautet die 1.Sg.Opt. von παιδεύω im
Präsens Aktiv παιδεύ**οι**μι, Präsens MP παιδευ**οί**μην;
Aorist Aktiv παιδεύ**σαι**μι, Aorist Medium παιδευ**σαί**μην, Aorist Passiv παιδευ**θείη**ν.

Zu einer Übersicht der Optativ-Formen vgl. Tab. 20 (S. 288-293).

2) Die Syntax des Optativs

a) Optativ in Hauptsätzen

Die beiden wichtigsten Gebrauchsweisen des Optativs im NT sind:

α) der **kupitive** Optativ: Er bezeichnet einen *als erfüllbar gedachten Wunsch*. Mehr als die Hälfte der neutestamentlichen Belege entfällt auf den kupitiven Optativ.

Ὁ θεὸς τῆς ἐλπίδος πληρώσαι ὑμᾶς πάσης χαρᾶς καὶ εἰρήνης (Röm 15,13) – *der Gott der Hoffnung erfülle euch mit aller Freude und allem Frieden*

Formelhaft findet sich bei Paulus häufig eine Wendung, die eine starke Abwehr ausdrückt:

μὴ γένοιτο – *es möge nicht geschehen* bzw. meistens: *auf keinen Fall*

β) der **potentiale** Optativ mit ἄν (fehlt im NT manchmal): Er bezeichnet eine *nur gedachte Möglichkeit* und kommt fast nur im lukanischen Werk vor.

εὐξαίμην ἂν τῷ θεῷ (Apg 26,29) – *ich könnte/möchte zu Gott beten* πῶς ἂν δυναίμην ἐὰν μή τις ὁδηγήσει με; (Apg 8,31) – *wie sollte ich es können, wenn mich niemand anleitet?*

b) Optativ in Nebensätzen

Klassisch gibt es mehrere Möglichkeiten, den Optativ in Nebensätzen zu gebrauchen; im NT gibt es nur zwei Möglichkeiten, die außerdem selten sind.

α) Optativ im **potentialen Konditionalsatz**: Der adverbiale Bedingungssatz (Protasis) wird mit εἰ und Optativ gebildet, in der Schlussfolgerung (Apodosis) steht der Optativ mit ἄν. Die Bedingung wird als möglich oder zumindest denkbar hingestellt, während die Schlussfolgerung als bloße Möglichkeit hingestellt wird. Im NT wird die potentiale Konditionalperiode nicht vollständig durchgeführt; der Optativ findet sich nur in der Protasis.

εἰ καὶ πάσχοιτε διὰ δικαιοσύνην, μακάριοι (1Petr 3,14) – *wenn ihr auch um Gerechtigkeit willen leiden müsstet, selig seid ihr*

β) Optativ in der **indirekten Rede** (optativus obliquus): Der oblique Optativ bezeichnet das Geschehen nicht als objektiv wahr, sondern als Gedanken oder Stimmungsausdruck des Subjekts im übergeordneten Satz. Er ist im NT wenig gebräuchlich (nur Lk, Apg). Er kann mit deutschem Konjunktiv übersetzt werden.

αὐτοὶ ἤρξαντο συζητεῖν πρὸς ἑαυτοὺς τὸ τίς ἄρα εἴη ἐξ αὐτῶν ὁ τοῦτο μέλλων πράσσειν (Lk 22,23) – *sie begannen, miteinander darüber zu diskutieren, wer es von ihnen wohl wäre, der dies tun wollte*[1]

D

1. Εἶπεν δὲ Μαριάμ· ἰδοὺ ἡ δούλη κυρίου· γένοιτό μοι κατὰ τὸ ῥῆμά σου. καὶ ἀπῆλθεν ἀπ' αὐτῆς ὁ ἄγγελος. (Lk 1,38) – 2. ἐπηρώτων δὲ αὐτὸν οἱ μαθηταὶ αὐτοῦ τίς αὕτη εἴη ἡ παραβολή. (Lk 8,9) – 3. καὶ αὐτοὶ ἤρξαντο συζητεῖν πρὸς ἑαυτοὺς τὸ τίς ἄρα εἴη ἐξ αὐτῶν ὁ τοῦτο μέλλων πράσσειν. (Lk 22,23) – 4. Πέτρος δὲ εἶπεν πρὸς αὐτόν· τὸ ἀργύριόν σου σὺν σοὶ εἴη εἰς ἀπώλειαν ὅτι τὴν δωρεὰν τοῦ θεοῦ ἐνόμισας διὰ χρημάτων[2] κτᾶσθαι[3]. (Apg 8,20) – 5. οὗτοι δὲ ἦσαν εὐγενέστεροι[4] τῶν ἐν Θεσσαλονίκῃ, οἵτινες ἐδέξαντο τὸν λόγον μετὰ πάσης προθυμίας[5] καθ' ἡμέραν[6] ἀνακρίνοντες τὰς γραφὰς εἰ ἔχοι ταῦτα οὕτως. (Apg 17,11) – 6. νόμον οὖν καταργοῦμεν διὰ τῆς πίστεως; μὴ γένοιτο· ἀλλὰ νόμον ἱστάνομεν. (Röm 3,31) – 7. τί οὖν ἐροῦμεν; ἐπιμένωμεν τῇ ἁμαρτίᾳ, ἵνα ἡ χάρις πλεονάσῃ; μὴ γένοιτο. οἵτινες ἀπεθάνομεν τῇ ἁμαρτίᾳ, πῶς ἔτι ζήσομεν ἐν αὐτῇ; (Röm 6,1f) (erläutern Sie bitte die Syntax des Modus von ἐπιμένωμεν und des Kasus von ἁμαρτίᾳ) – 8. τί οὖν; ἁμαρτήσωμεν, ὅτι οὐκ ἐσμὲν ὑπὸ νόμον ἀλλὰ ὑπὸ χάριν; μὴ γένοιτο. (Röm 6,15) – 9. τί οὖν ἐροῦμεν; ὁ νόμος ἁμαρτία; μὴ

[1] Der Optativ ließe sich in solchen indirekten Fragen auch als Potentialis deuten, da der Modus der direkten Rede in die indirekte übernommen werden kann.

[2] χρῆμα, -τος Pl. *Vermögen*; *Geld.*

[3] κτάομαι *erwerben.*

[4] εὐγενής *von vornehmer Herkunft* bzw. *Gesinnung;* Komparativ: *anständiger, aufgeschlossener.*

[5] προθυμία *Geneigheit; Bereitwilligkeit.*

[6] καθ' ἡμέραν *täglich.*

γένοιτο· ἀλλὰ τὴν ἁμαρτίαν οὐκ ἔγνων εἰ μὴ διὰ νόμου· τήν τε γὰρ ἐπιθυμίαν οὐκ ᾔδειν εἰ μὴ ὁ νόμος ἔλεγεν· οὐκ ἐπιθυμήσεις. (Röm 7,7) – 10. ὁ δὲ θεὸς τῆς ὑπομονῆς καὶ τῆς παρακλήσεως δῴη ὑμῖν τὸ αὐτὸ φρονεῖν ἐν ἀλλήλοις κατὰ Χριστὸν Ἰησοῦν, ἵνα ὁμοθυμαδὸν ἐν ἑνὶ στόματι δοξάζητε τὸν θεὸν καὶ πατέρα τοῦ κυρίου ἡμῶν Ἰησοῦ Χριστοῦ. (Röm 15,5f) – 11. αὐτὸς δὲ ὁ θεὸς καὶ πατὴρ ἡμῶν καὶ ὁ κύριος ἡμῶν Ἰησοῦς κατευθύναι[7] τὴν ὁδὸν ἡμῶν πρὸς ὑμᾶς· ὑμᾶς δὲ ὁ κύριος πλεονάσαι καὶ περισσεύσαι τῇ ἀγάπῃ εἰς ἀλλήλους καὶ εἰς πάντας καθάπερ καὶ ἡμεῖς εἰς ὑμᾶς, (1Thess 3,11f) – 12. χάρις ὑμῖν καὶ εἰρήνη πληθυνθείη ἐν ἐπιγνώσει τοῦ θεοῦ καὶ Ἰησοῦ τοῦ κυρίου ἡμῶν. (2Petr 1,2) – 13. εὐλογήσαι σε κύριος καὶ φυλάξαι σε. (Num 6,24 LXX) – 14. αὐτὸς δὲ ὁ κύριος τῆς εἰρήνης δῴη ὑμῖν τὴν εἰρήνην διὰ παντὸς ἐν παντὶ τρόπῳ. ὁ κύριος μετὰ πάντων ὑμῶν. (2Thess 3,16)

E

Seltene Formen des Optativs im NT

<u>Präsens</u>

δύναι-ντο	3.Pl.Opt.Präs.MP von δύναμαι
ἔχ-ο-ι	3.Sg.Opt.Präs.Akt. von ἔχω
ἔχ-ο-ι-εν	3.Pl.Opt.Präs.Akt. von ἔχω
θέλ-ο-ι	3.Sg.Opt.Präs.Akt. von θέλω
πάσχ-ο-ι-τε	2.Pl.Opt.Präs.Akt. von πάσχω

<u>Aorist</u>

ἁγιά-σα-ι	3.Sg.Opt.Aor.Akt. von ἁγιάζω
εὐξα-ί-μην	1.Sg.Opt.Aor.Med. von εὔχομαι
εὕρ-ο-ι-εν	3.Pl.Opt.Aor.Akt. von εὑρίσκω
καταρτί-σα-ι	3.Sg.Opt.Aor.Akt. von καταρτίζω
λάβ-ο-ι	3.Sg.Opt.Aor.II Akt. von λαμβάνω
ὀναί-μην	1.Sg.Opt.Aor.Med. von ὀνίναμαι (*Nutzen haben*)
φάγ-ο-ι	3.Sg.Opt.Aor.II Akt. von ἐσθίω
ψηλαφήσε-ι-αν	3.Pl.Opt.Aor.Akt. von ψηλαφάω (*betasten, berühren*)

Neutestamentlicher Übersetzungstext: Lukas 9,37-43

Übersetzen Sie bitte diesen Text aus dem griechischen Neuen Testament! Unbekannte Vokabeln schlagen Sie bitte im Wörterbuch nach. Kontrollieren Sie Ihre Übersetzung *danach* bitte anhand einer philologischen Bibelübersetzung (z.B. Elberfelder, Luther 2017, Einheitsübersetzung oder Zürcher Bibel)!

Hilfe:

42 ῥήγνυμι/ῥήσσω *zerreißen*, hier: *zu Boden werfen*

---

[7] 3.Sg.Opt.Aor.Akt. von κατευθύνω *lenken, führen.*

59. Adjektiva contracta • ὡς

A

1) Deklinieren Sie bitte δίκαιος (Eier- bzw. Arie-Regel beachten; vgl. Lekt. 10 B2)!
2) Wiederholen Sie bitte die Kontraktionsregeln der Verben auf -έω!
3) Konjugieren Sie bitte zur Wiederholung ποιέω im Ind.Präs.Akt. und MP!

B

1) Adjektiva contracta der o- und a-Deklination

Wie die Verba contracta haben auch die Adjektiva contracta einen vokalischen Stammauslaut. Die (seltenen) Adjektive auf -εος/-εα/-εον bezeichnen einen Stoff oder eine Farbe. Kontrahiert wird weitgehend entsprechend den Regeln für die Verben auf -έω. Zu den Formen vgl. Tab. 4.3.

Kontraktionsregeln für die Adjektiva contracta:
ε + ο → ου
ε + α → α (wenn vorher ειρ steht) bzw. sonst η
Ausnahme: Im Akk.Pl.fem. und im Nom./Akk.Pl.n. steht immer α.
ε vor langem Vokal (η, ω) oder Diphthong (ου) wird verschlungen.

2) ὡς[1]

Die **Grundbedeutung** von ὡς ist „wie“ (vergleichend). Sie liegt meist vor, wenn ὡς bei einem Substantiv, Adjektiv oder Adverb steht.

ἦσαν ὡς πρόβατα (Mk 6,34) – *sie waren wie Schafe*

a) ὡς beim finiten Verb

ὡς leitet einen Nebensatz ein. Im NT hat ὡς dabei häufig folgende Bedeutung:

- temporale (*nachdem, als, während*)
  ὡς δὲ ἤκουσαν τοὺς λόγους τούτους (Apg 5,24) – *aber als sie diese Worte hörten*
- komparativische bzw. vergleichende (*wie*)
  ὡς γέγραπται (Mk 7,6) – *wie geschrieben steht*

---

[1] Ausführlichere Informationen und weitere Bedeutungen von ὡς (z.B. ὡς beim Superlativ: *möglichst*) findet man bei von Siebenthal, Grammatik, § 252,61 und Bauer/Aland, Wörterbuch, Sp. 1789-1793.

b) ὡς beim Partizip

- kausale Bedeutung (*weil; in der Überzeugung, dass*)

  ὑπὲρ Χριστοῦ οὖν πρεσβεύομεν **ὡς** τοῦ θεοῦ παρακαλοῦντος δι᾽ ἡμῶν (2Kor 5,20) – *wir sind also Gesandte für Christus, in der Überzeugung, dass Gott durch uns einlädt*
- modale Bedeutung (*als ob*)
- (seltener) finale Bedeutung (*damit*)

c) ὡς bei Zahlwörtern: *ungefähr, circa*

C

1) Deklinieren Sie bitte χρυσέ-ος!

2) Bestimmen Sie bitte folgende Formen:

χρυσοῖ, χρυσοῦν, χρυσῷ, ἀργυρᾶ[2], ἀργυρᾶν, χρυσῇ, χρυσοῦ, χρυσοῖς, χρυσῆν, χρυσῶν, χρυσᾶ, χρυσᾶς

3) Bilden Sie bitte folgende Formen von χρυσοῦς:

Nom.Sg.f., Gen.Pl.m., Akk.Sg.n., Dat.Pl.f., Dat.Sg.m., Gen.Sg.n., Akk.Pl.n., Akk.Sg.f., Nom.Pl.n., Akk.Pl.m., Nom.Sg.m., Dat.Sg.n., Gen.Sg.f., Nom.Sg.n., Nom.Pl.f., Dat.Pl.n., Akk.Sg.m., Akk.Pl.f., Dat.Sg.f., Nom.Pl.m., Gen.Pl.f.

D

1. Καὶ ὁ λαλῶν μετ᾽ ἐμοῦ εἶχεν μέτρον κάλαμον χρυσοῦν, ἵνα μετρήσῃ τὴν πόλιν καὶ τοὺς πυλῶνας αὐτῆς. (Offb 21,15) –2. καὶ ἡ γυνὴ ἔσχεν ποτήριον χρυσοῦν ἐν τῇ χειρὶ αὐτῆς γέμον βδελυγμάτων[3] καὶ τὰ ἀκάθαρτα τῆς πορνείας αὐτῆς. (Offb 17,4*) – 3. Δημήτριός τις ὀνόματι ναοὺς ἀργυροῦς[2] Ἀρτέμιδος ἐποίησεν. (Apg 19,24*) – 4. οἱ ἄνθρωποι ἐκεῖνοι οὐκ ἐφοβήθησάν σου τὴν ἐντολὴν καὶ τῷ εἰδώλῳ σου οὐκ ἐλάτρευσαν καὶ τῇ εἰκόνι σου τῇ χρυσῇ ᾗ ἔστησας οὐ προσεκύνησαν. (Dan 3,12 LXX) – 5. καὶ ἐπέστρεψα βλέπειν τὴν φωνὴν ἥτις ἐλάλει μετ᾽ ἐμοῦ, καὶ ἐπιστρέψας εἶδον ἑπτὰ λυχνίας χρυσᾶς. (Offb 1,12) (wie ist der Infinitiv syntaktisch gebraucht?) – 6. τότε ἀποκριθεὶς ὁ Ἰησοῦς εἶπεν αὐτῇ· ὦ γύναι[4], μεγάλη σου ἡ πίστις· γενηθήτω σοι ὡς θέλεις. καὶ ἰάθη ἡ θυγάτηρ αὐτῆς ἀπὸ τῆς ὥρας ἐκείνης. (Mt 15,28) – 7. ἀμὴν γὰρ λέγω ὑμῖν, ἐὰν ἔχητε πίστιν ὡς κόκκον[5] σινάπεως[6], ἐρεῖτε τῷ ὄρει τούτῳ· μετάβα ἔνθεν[7] ἐκεῖ, καὶ

[2] ἀργυροῦς *silbern.*
[3] τὸ βδέλυγμα, -ματος *Gräuel.*
[4] Vokativ Sg. von γυνή.
[5] κόκκος *Korn.*
[6] τὸ σίναπι, -εως *Senf.*
[7] ἔνθεν Adv. *von hier.*

μεταβήσεται· καὶ οὐδὲν ἀδυνατήσει[8] ὑμῖν. (Mt 17,20) – 8. καὶ ὡς ἦλθεν ἐπὶ τὸν τόπον, ἀναβλέψας ὁ Ἰησοῦς εἶπεν πρὸς αὐτόν· Ζακχαῖε, σπεύσας[9] κατάβηθι, σήμερον γὰρ ἐν τῷ οἴκῳ σου δεῖ με μεῖναι. (Lk 19,5) – 9. ἔμεινεν δὲ Μαριὰμ σὺν αὐτῇ ὡς μῆνας τρεῖς, καὶ ὑπέστρεψεν εἰς τὸν οἶκον αὐτῆς. (Lk 1,56) – 10. εἰ ἀπεθάνετε σὺν Χριστῷ ἀπὸ τῶν στοιχείων[10] τοῦ κόσμου, τί ὡς ζῶντες ἐν κόσμῳ δογματίζεσθε[11]; (Kol 2,20) – 11. καὶ ἔφαγον καὶ ἐχορτάσθησαν ... ἦσαν δὲ ὡς τετρακισχίλιοι. καὶ ἀπέλυσεν αὐτούς. (Mk 8,8f) – 12. ὡς δὲ κατῆλθον ἀπὸ τῆς Μακεδονίας ὅ τε Σιλᾶς καὶ ὁ Τιμόθεος, συνείχετο τῷ λόγῳ ὁ Παῦλος διαμαρτυρόμενος τοῖς Ἰουδαίοις εἶναι τὸν χριστὸν Ἰησοῦν. ἀντιτασσομένων[12] δὲ αὐτῶν καὶ βλασφημούντων ἐκτιναξάμενος[13] τὰ ἱμάτια εἶπεν πρὸς αὐτούς· τὸ αἷμα ὑμῶν ἐπὶ τὴν κεφαλὴν ὑμῶν· καθαρὸς ἐγὼ ἀπὸ τοῦ νῦν εἰς τὰ ἔθνη πορεύσομαι. (Apg 18,5f)

E

Außerbiblische Übersetzungstexte

Didache 7,1-4

Περὶ δὲ τοῦ βαπτίσματος, οὕτω[14] βαπτίσατε ταῦτα πάντα προειπόντες βαπτίσατε εἰς τὸ ὄνομα τοῦ πατρὸς καὶ τοῦ υἱοῦ καὶ τοῦ ἁγίου πνεύματος ἐν ὕδατι ζῶντι. [2] ἐὰν δὲ μὴ ἔχῃς ὕδωρ ζῶν, εἰς ἄλλο ὕδωρ βάπτισον· εἰ δ᾽ οὐ δύνασαι ἐν ψυχρῷ, ἐν θερμῷ[15]. [3] ἐὰν δὲ ἀμφότερα μὴ ἔχῃς, ἔκχεον εἰς τὴν κεφαλὴν τρὶς ὕδωρ εἰς ὄνομα πατρὸς καὶ υἱοῦ καὶ ἁγίου πνεύματος. [4] πρὸ δὲ τοῦ βαπτίσματος προνηστευσάτω[16] ὁ βαπτίζων καὶ ὁ βαπτιζόμενος καὶ εἴ τινες ἄλλοι δύνανται· κελεύεις δὲ νηστεῦσαι τὸν βαπτιζόμενον πρὸ μιᾶς ἢ δύο.

Fragen zur Syntax:
V. 1: Wie sind die Partizipien προειπόντες und ζῶντι syntaktisch gebraucht? V. 2: Welche zwei verschiedenen Arten von Konditionalsätzen liegen vor, und worin besteht der Unterschied in der Bedeutung? V. 4: Wie ist der Infinitiv syntaktisch gebraucht?

Didache 14,1-3

Κατὰ κυριακὴν[17] δὲ κυρίου συναχθέντες κλάσατε ἄρτον καὶ εὐχαριστήσατε, προεξομολογησάμενοι[18] τὰ παραπτώματα ὑμῶν, ὅπως καθαρὰ ἡ θυσία ὑμῶν ᾖ. [2] πᾶς

---

[8] Fut. von ἀδυνατεῖ unpersönlich: *es ist unmöglich.*
[9] σπεύδω *sich beeilen.*
[10] στοιχεῖα Pl. *Elemente.*
[11] δογματίζω *bestimmen.*
[12] ἀντιτάσσομαι *widersprechen, sich widersetzen.*
[13] ἐκτινάσσω *abschütteln.*
[14] οὕτω *so* (wie οὕτως).
[15] ψυχρός *kaltes Wasser;* θερμός *warmes Wasser.*
[16] προνηστεύω *vorher fasten.*
[17] κυριακός *zum Herrn gehörig*; κυριακὴ κυρίου *Tag des Herrn* (Sonntag).
[18] προεξομολογέομαι *vorher seine Sünden bekennen.*

δὲ ἔχων τὴν ἀμφιβολίαν[19] μετὰ τοῦ ἑταίρου[20] αὐτοῦ μὴ συνελθέτω ὑμῖν, ἕως οὗ διαλλαγῶσιν[21], ἵνα μὴ κοινωθῇ ἡ θυσία ὑμῶν. 3 αὕτη γάρ ἐστιν ἡ ῥηθεῖσα ὑπὸ κυρίου· Ἐν παντὶ τόπῳ καὶ χρόνῳ προσφέρειν μοι θυσίαν καθαράν· ὅτι βασιλεὺς μέγας εἰμί, λέγει κύριος, καὶ τὸ ὄνομά μου θαυμαστὸν ἐν τοῖς ἔθνεσι.

Fragen zur Syntax:
V. 1: Wie sind die Partizipien συναχθέντες und προεξομολογησάμενοι syntaktisch gebraucht? V. 2: Erläutern Sie die Syntax des Modus von διαλλαγῶσιν und κοινωθῇ!

Origenes

Ἀπέστειλεν ὁ Ἰησοῦς τοὺς μαθητὰς θερίζειν τοῦτο, εἰς ὃ οὐκ αὐτοὶ κεκοπιάκασιν. (Origenes, Johanneskommentar XIII,49,325 = GCS 10, 277)

---

19 ἀμφιβολία *Zweifel, Zwiespalt, Streit.*

20 ἑταῖρος *Gefährte, Freund.*

21 διαλλάσσομαι *sich aussöhnen.*

Tabellen Formenlehre

Deklination

1. o-Deklination

		1.1 Wörter auf -ος (Lekt. 3)	**1.2 Wörter auf** -ον (Lekt. 8)
Singular	Nom.	λόγ-ος	πλοῖ-ον
	Gen.	λόγ-ου	πλοί-ου
	Dat.	λόγ-ῳ	πλοί-ῳ
	Akk.	λόγ-ον	πλοῖ-ον
Plural	Nom.	λόγ-οι	πλοῖ-α
	Gen.	λόγ-ων	πλοί-ων
	Dat.	λόγ-οις	πλοί-οις
	Akk.	λόγ-ους	πλοῖ-α

2. a-Deklination

		2.1 Wörter auf -η (Lekt. 10)	**2.2 Wörter auf** -α (α-purum) (Lekt. 10)	**2.3 Wörter auf** -α (α-impurum) (Lekt. 10)
Sg.	Nom.	γραφ-ή	οἰκί-α	γλῶσσ-α
	Gen.	γραφ-ῆς	οἰκί-ας	γλώσσ-ης
	Dat.	γραφ-ῇ	οἰκί-ᾳ	γλώσσ-ῃ
	Akk.	γραφ-ήν	οἰκί-αν	γλῶσσ-αν
Pl.	Nom.	γραφ-αί	οἰκί-αι	γλῶσσ-αι
	Gen.	γραφ-ῶν	οἰκι-ῶν	γλωσσ-ῶν
	Dat.	γραφ-αῖς	οἰκί-αις	γλώσσ-αις
	Akk.	γραφ-άς	οἰκί-ας	γλώσσ-ας

2.4 Maskulina der a-Deklination (Lekt. 13)

	η	α-purum
Sg. Nom.	προφήτ-ης	νεανί-ας
Gen.	προφήτ-ου	νεανί-ου
Dat.	προφήτ-ῃ	νεανί-ᾳ
Akk.	προφήτ-ην	νεανί-αν
Pl. Nom.	προφῆτ-αι	νεανί-αι
Gen.	προφητ-ῶν	νεανι-ῶν
Dat.	προφήτ-αις	νεανί-αις
Akk.	προφήτ-ας	νεανί-ας

3. Artikel

	3.1 maskulin (Lekt. 3)	**3.2 feminin** (Lekt. 4)	**3.3 neutral** (Lekt. 8)
Sg. Nom.	ὁ	ἡ	τό
Gen.	τοῦ	τῆς	τοῦ
Dat.	τῷ	τῇ	τῷ
Akk.	τόν	τήν	τό
Pl. Nom.	οἱ	αἱ	τά
Gen.	τῶν	τῶν	τῶν
Dat.	τοῖς	ταῖς	τοῖς
Akk.	τούς	τάς	τά

4. Adjektive der o-/a-Deklination (Lekt. 14)

	4.1 Adjektive mit α-purum			**4.2 Adjektive auf -η**		
	mask.	fem.	neutr.	mask.	fem.	neutr.
Sg. Nom.	δίκαιος	δικαία	δίκαιον	καινός	καινή	καινόν
Gen.	δικαίου	δικαίας	δικαίου	καινοῦ	καινῆς	καινοῦ
Dat.	δικαίῳ	δικαίᾳ	δικαίῳ	καινῷ	καινῇ	καινῷ
Akk.	δίκαιον	δικαίαν	δίκαιον	καινόν	καινήν	καινόν
Pl. Nom.	δίκαιοι	δίκαιαι	δίκαια	καινοί	καιναί	καινά
Gen.	δικαίων	δικαίων	δικαίων	καινῶν	καινῶν	καινῶν
Dat.	δικαίοις	δικαίαις	δικαίοις	καινοῖς	καιναῖς	καινοῖς
Akk.	δικαίους	δικαίας	δίκαια	καινούς	καινάς	καινά

4.3 Kontrahierte Adjektive (Lekt. 59)

		mit α-purum			**auf -η**		
		mask.	fem.	neutr.	mask.	fem.	neutr.
Sg.	Nom.	ἀργυροῦς	ἀργυρᾶ	ἀργυροῦν	χρυσοῦς	χρυσῆ	χρυσοῦν
	Gen.	ἀργυροῦ	ἀργυρᾶς	ἀργυροῦ	χρυσοῦ	χρυσῆς	χρυσοῦ
	Dat.	ἀργυρῷ	ἀργυρᾷ	ἀργυρῷ	χρυσῷ	χρυσῇ	χρυσῷ
	Akk.	ἀργυροῦν	ἀργυρᾶν	ἀργυροῦν	χρυσοῦν	χρυσῆν	χρυσοῦν
Pl.	Nom.	ἀργυροῖ	ἀργυραῖ	ἀργυρᾶ	χρυσοῖ	χρυσαῖ	χρυσᾶ
	Gen.	ἀργυρῶν	ἀργυρῶν	ἀργυρῶν	χρυσῶν	χρυσῶν	χρυσῶν
	Dat.	ἀργυροῖς	ἀργυραῖς	ἀργυροῖς	χρυσοῖς	χρυσαῖς	χρυσοῖς
	Akk.	ἀργυροῦς	ἀργυρᾶς	ἀργυρᾶ	χρυσοῦς	χρυσᾶς	χρυσᾶ

4.4 γῆ (Lekt. 40)

Sg.	Nom.	γῆ
	Gen.	γῆς
	Dat.	γῇ
	Akk.	γῆν
Kein Plural		

5. Dritte Deklination

		5.1 Stämme auf -ρ (Lekt. 22)	**5.2 Gutturalstämme** (Lekt. 23)	**5.3 Labialstämme** (Lekt. 23)
Sg.	Nom.	σωτήρ	φύλαξ	λαῖλαψ (Sturm)
	Gen.	σωτῆρ-ος	φύλακ-ος	λαίλαπ-ος
	Dat.	σωτῆρ-ι	φύλακ-ι	λαίλαπ-ι
	Akk.	σωτῆρ-α	φύλακ-α	λαίλαπ-α
Pl.	Nom.	σωτῆρ-ες	φύλακ-ες	λαίλαπ-ες
	Gen.	σωτήρ-ων	φυλάκ-ων	λαιλάπ-ων
	Dat.	σωτῆρ-σιν	φύλαξιν	λαίλαψιν
	Akk.	σωτῆρ-ας	φύλακ-ας	λαίλαπ-ας

	5.4 Dentalstämme (Lekt. 23) *5.4.1 normal im Akk.*	*5.4.2 mit -ιν im Akk.*	*5.4.3 Neutra*
Sg. Nom.	ἐλπίς	χάρις	σῶμα
Gen.	ἐλπίδ-ος	χάριτ-ος	σώματ-ος
Dat.	ἐλπίδ-ι	χάριτ-ι	σώματ-ι
Akk.	ἐλπίδ-α	χάριν	σῶμα
Pl. Nom.	ἐλπίδ-ες	χάριτ-ες	σώματ-α
Gen.	ἐλπίδ-ων	χαρίτ-ων	σωμάτ-ων
Dat.	ἐλπίσιν	χάρισιν	σώμασιν
Akk.	ἐλπίδ-ας	χάριτ-ας	σώματ-α

	5.5 Stämme auf -ν (Lekt. 26)	**5.6 Stämme auf -ντ** (Lekt. 26)	**5.7 Stämme auf -ς** (Lekt. 28)
Sg. Nom.	ποιμήν	ἄρχων	γένος
Gen.	ποιμέν-ος	ἄρχοντ-ος	γένους
Dat.	ποιμέν-ι	ἄρχοντ-ι	γένει
Akk.	ποιμέν-α	ἄρχοντ-α	γένος
Pl. Nom.	ποιμέν-ες	ἄρχοντ-ες	γένη
Gen.	ποιμέν-ων	ἀρχόντ-ων	γενῶν
Dat.	ποιμέσιν	ἄρχουσιν	γένεσιν
Akk.	ποιμέν-ας	ἄρχοντ-ας	γένη

	5.8 Stämme auf -υ (Lekt. 28)	**5.9 Stämme auf -ευ** (Lekt. 29)	**5.10 Stämme auf -ι** (Lekt. 29)
Sg. Nom.	ἰχθύ-ς	βασιλεύ-ς	πόλι-ς
Gen.	ἰχθύ-ος	βασιλέ-ως	πόλε-ως
Dat.	ἰχθύ-ι	βασιλεῖ	πόλει
Akk.	ἰχθύ-ν	βασιλέ-α	πόλι-ν
Pl. Nom.	ἰχθύ-ες	βασιλεῖς	πόλεις
Gen.	ἰχθύ-ων	βασιλέ-ων	πόλε-ων
Dat.	ἰχθύ-σιν	βασιλεῦ-σιν	πόλε-σιν
Akk.	ἰχθύ-ας	βασιλεῖς	πόλεις

6. Adjektive der dritten Deklination und mehrerer Stämme

6.1 Adjektive auf -ης (Lekt. 41) | **6.2 Adjektive auf** -υς (Lekt. 41)

		mask. u. fem.		neutr.	mask.	fem.	neutr.
Sg.	Nom.	ἀληθής		ἀληθές	ταχύ-ς	ταχεῖα	ταχύ
	Gen.		ἀληθοῦς		ταχέ-ως	ταχείας	ταχέ-ως
	Dat.		ἀληθεῖ		ταχεῖ	ταχείᾳ	ταχεῖ
	Akk.	ἀληθῆ		ἀληθές	ταχύ-ν	ταχεῖαν	ταχύ
Pl.	Nom.	ἀληθεῖς		ἀληθῆ	ταχεῖς	ταχεῖαι	ταχέ-α
	Gen.		ἀληθῶν		ταχέ-ων	ταχειῶν	ταχέ-ων
	Dat.		ἀληθέσι(ν)		ταχέ-σι(ν)	ταχείαις	ταχέ-σι(ν)
	Akk.	ἀληθεῖς		ἀληθῆ	ταχεῖς	ταχείας	ταχέ-α

6.3 Adjektive mehrerer Stämme
(Lekt. 28)

		mask.	fem.	neutr.	mask.	fem.	neutr.
Sg.	Nom.	πολύ-ς	πολλ-ή	πολύ	μέγα-ς	μεγάλ-η	μέγα
	Gen.	πολλ-οῦ	πολλ-ῆς	πολλ-οῦ	μεγάλ-ου	μεγάλ-ης	μεγάλ-ου
	Dat.	πολλ-ῷ	πολλ-ῇ	πολλ-ῷ	μεγάλ-ῳ	μεγάλ-ῃ	μεγάλ-ῳ
	Akk.	πολύ-ν	πολλ-ήν	πολύ	μέγα-ν	μεγάλ-ην	μέγα
Pl.	Nom.	πολλ-οί	πολλ-αί	πολλ-ά	μεγάλ-οι	μεγάλ-αι	μεγάλ-α
	Gen.	πολλ-ῶν	πολλ-ῶν	πολλ-ῶν	μεγάλ-ων	μεγαλ-ῶν	μεγάλ-ων
	Dat.	πολλ-οῖς	πολλ-αῖς	πολλ-οῖς	μεγάλ-οις	μεγάλ-αις	μεγάλ-οις
	Akk.	πολλ-ούς	πολλ-άς	πολλ-ά	μεγάλ-ους	μεγάλ-ας	μεγάλ-α

7. Partizipien

7.1 Präsens Aktiv (Lekt. 27)

		mask.	fem.	neutr.
Sg.	Nom.	παιδεύων	παιδεύουσα	παιδεῦον
	Gen.	παιδεύοντ-ος	παιδευούσης	παιδεύοντ-ος
	Dat.	παιδεύοντ-ι	παδευούσῃ	παιδεύοντ-ι
	Akk.	παιδεύοντ-α	παιδεύουσαν	παιδεῦον
Pl.	Nom.	παιδεύοντ-ες	παιδεύουσαι	παιδεύοντ-α
	Gen.	παιδευόντ-ων	παιδευουσῶν	παιδευόντ-ων
	Dat.	παιδεύουσι(ν)	παιδευούσαις	παιδεύουσι(ν)
	Akk.	παιδεύοντ-ας	παιδευούσας	παιδεύοντ-α

7.2 Aorist Aktiv (Lekt. 30)

		mask.	fem.	neutr.
Sg.	Nom.	παιδεύσας	παιδεύσασα	παιδεῦσαν
	Gen.	παιδεύσαντ-ος	παιδευσάσης	παιδεύσαντ-ος
	Dat.	παιδεύσαντ-ι	παιδευσάσῃ	παιδεύσαντ-ι
	Akk.	παιδεύσαντ-α	παιδεύσασαν	παιδεῦσαν
Pl.	Nom.	παιδεύσαντ-ες	παιδεύσασαι	παιδεύσαντ-α
	Gen.	παιδευσάντ-ων	παιδευσασῶν	παιδευσάντ-ων
	Dat.	παιδεύσασι(ν)	παιδευσάσαις	παιδεύσασι(ν)
	Akk.	παιδεύσαντ-ας	παιδευσάσας	παιδεύσαντ-α

7.3 Perfekt Aktiv (Lekt. 32)

		mask.	fem.	neutr.
Sg.	Nom.	πεπαιδευκώς	πεπαιδευκυῖα	πεπαιδευκός
	Gen.	πεπαιδευκότ-ος	πεπαιδευκυίας	πεπαιδευκότ-ος
	Dat.	πεπαιδευκότ-ι	πεπαιδευκυίᾳ	πεπαιδευκότ-ι
	Akk.	πεπαιδευκότ-α	πεπαιδευκυῖαν	πεπαιδευκός
Pl.	Nom.	πεπαιδευκότ-ες	πεπαιδευκυῖαι	πεπαιδευκότ-α
	Gen.	πεπαιδευκότ-ων	πεπαιδευκυιῶν	πεπαιδευκότ-ων
	Dat.	πεπαιδευκόσιν	πεπαιδευκυίαις	πεπαιδευκόσιν
	Akk.	πεπαιδευκότ-ας	πεπαιδευκυίας	πεπαιδευκότ-α

7.4 Aorist Passiv (Lekt. 35)

		mask.	fem.	neutr.
Sg.	Nom.	παιδευθείς	παιδευθεῖσα	παιδευθέν
	Gen.	παιδευθέντ-ος	παιδευθείσης	παιδευθέντ-ος
	Dat.	παιδευθέντ-ι	παιδευθείσῃ	παιδευθέντ-ι
	Akk.	παιδευθέντ-α	παιδευθεῖσαν	παιδευθέν
Pl.	Nom.	παιδευθέντ-ες	παιδευθεῖσαι	παιδευθέντ-α
	Gen.	παιδευθέντ-ων	παιδευθεισῶν	παιδευθέντ-ων
	Dat.	παιδευθεῖσι(ν)	παιδευθείσαις	παιδευθεῖσι(ν)
	Akk.	παιδευθέντ-ας	παιδευθείσας	παιδευθέντ-α

8. Pronomina

8.1 Personalpronomen (Lekt. 15)

1. Pers. Sg.			2. Pers. Sg.			1. Pers. Pl.		2. Pers. Pl.	
ἐγώ		ich	σύ		du	ἡμεῖς	wir	ὑμεῖς	ihr
ἐμοῦ	μου	meiner	σοῦ	σου	deiner	ἡμῶν	unser	ὑμῶν	euer
ἐμοί	μοι	mir	σοί	σοι	dir	ἡμῖν	uns	ὑμῖν	euch
ἐμέ	με	mich	σέ	σε	dich	ἡμᾶς	uns	ὑμᾶς	euch

8.2 αὐτός (Lekt. 15)

		mask.	fem.	neutr.
Sg.	Nom.	αὐτός	αὐτή	αὐτό
	Gen.	αὐτοῦ	αὐτῆς	αὐτοῦ
	Dat.	αὐτῷ	αὐτῇ	αὐτῷ
	Akk.	αὐτόν	αὐτήν	αὐτό
Pl.	Nom.	αὐτοί	αὐταί	αὐτά
	Gen.	αὐτῶν	αὐτῶν	αὐτῶν
	Dat.	αὐτοῖς	αὐταῖς	αὐτοῖς
	Akk.	αὐτούς	αὐτάς	αὐτά

8.3 Demonstrativpronomen οὗτος (Lekt. 16)

		mask.	fem.	neutr.
Sg.	Nom.	οὗτος	αὕτη	τοῦτο
	Gen.	τούτου	ταύτης	τούτου
	Dat.	τούτῳ	ταύτῃ	τούτῳ
	Akk.	τοῦτον	ταύτην	τοῦτο
Pl.	Nom.	οὗτοι	αὗται	ταῦτα
	Gen.	τούτων	τούτων	τούτων
	Dat.	τούτοις	ταύταις	τούτοις
	Akk.	τούτους	ταύτας	ταῦτα

8.4 Interrogativpronomen (Lekt. 26)

		mask. u. fem.		neutr.
Sg.	Nom.	τίς		τί
	Gen.		τίνος	
	Dat.		τίνι	
	Akk.	τίνα		τί
Pl.	Nom.	τίνες		τίνα
	Gen.		τίνων	
	Dat.		τίσιν	
	Akk.	τίνας		τίνα

8.5 Indefinitpronomen (Lekt. 26)

		mask. u. fem.		neutr.
Sg.	Nom.	τις		τι
	Gen.		τινός	
	Dat.		τινί	
	Akk.	τινά		τι
Pl.	Nom.	τινές		τινά
	Gen.		τινῶν	
	Dat.		τισίν	
	Akk.	τινάς		τινά

8.6 Reflexivpronomen (Lekt. 37)

1. Person	ἐμαυτοῦ -ῆς -οῦ	meiner (selbst)	ἡμῶν αὐτῶν*	unser (selbst)
	ἐμαυτῷ -ῇ -ῷ	mir (selbst)	ἡμῖν αὐτοῖς -αῖς -οῖς	uns (selbst)
	ἐμαυτόν -ήν -ό	mich (selbst)	ἡμᾶς αὐτούς -άς -ά	uns (selbst)
2. Person	σεαυτοῦ -ῆς -οῦ	deiner (selbst)	ὑμῶν αὐτῶν	euer (selbst)
	σεαυτῷ -ῇ -ῷ	dir (selbst)	ὑμῖν αὐτοῖς -αῖς -οῖς	euch (selbst)
	σεαυτόν -ήν -ό	dich (selbst)	ὑμᾶς αὐτούς -άς -ά	euch (selbst)
3. Person (auch für 1. und 2. Pers. gebraucht)*:				
	ἑαυτοῦ -ῆς -οῦ	seiner (selbst)	ἑαυτῶν	ihrer (selbst)
	ἑαυτῷ -ῇ -ῷ	sich (selbst)	ἑαυτοῖς -αῖς -οῖς	sich (selbst)
	ἑαυτόν -ήν -ό	sich (selbst)	ἑαυτούς -άς -ά	sich (selbst)

* Im NT wird für die 1. und 2. Person Pl. fast nur ἑαυτῶν usw. gebraucht (s. Lekt. 37 S. 156f).

8.7 Relativpronomen (Lekt. 38)

		mask.	fem.	neutr.
Sg.	Nom.	ὅς	ἥ	ὅ
	Gen.	οὗ	ἧς	οὗ
	Dat.	ᾧ	ᾗ	ᾧ
	Akk.	ὅν	ἥν	ὅ
Pl.	Nom.	οἵ	αἵ	ἅ
	Gen.	ὧν	ὧν	ὧν
	Dat.	οἷς	αἷς	οἷς
	Akk.	οὕς	ἅς	ἅ

8.8 Possessivpronomen (Lekt. 40)

1. Pers. Sg.	
ἐμός, ἐμή, ἐμόν	mein, meine, mein
2. Pers. Sg.	
σός, σή, σόν	dein, deine, dein
1. Pers. Pl.	
ἡμέτερος, -α, -ον	unser, unsre, unser
2. Pers. Pl.	
ὑμέτερος, -α, -ον	euer, eure, euer

8.9 πᾶς (Lekt. 26)

		mask.	fem.	neutr.
Sg.	Nom.	πᾶς	πᾶσα	πᾶν
	Gen.	παντός	πάσης	παντός
	Dat.	παντί	πάσῃ	παντί
	Akk.	πάντα	πᾶσαν	πᾶν
Pl.	Nom.	πάντες	πᾶσαι	πάντα
	Gen.	πάντων	πασῶν	πάντων
	Dat.	πᾶσιν	πάσαις	πᾶσιν
	Akk.	πάντας	πάσας	πάντα

9. Zahlwörter

9.1 Grund- und Ordnungszahlen (Lekt. 48)

Ziffer		Grundzahlen	Ordnungszahlen	Zahladverbien
α´	1	εἷς, μία, ἕν	πρῶτος, η, ον	ἅπαξ einmal
β´	2	δύο	δεύτερος, έρα, ον	δίς zweimal
γ´	3	τρεῖς, τρία	τρίτος, η, ον	τρίς dreimal
δ´	4	τέσσαρες, τέσσαρα	τέταρτος, η, ον	τετράκις
ε´	5	πέντε	πέμπτος, η, ον	πεντάκις
ς´	6	ἕξ	ἕκτος, η, ον	ἑξάκις
ζ´	7	ἑπτά	ἕβδομος, η, ον	ἑπτάκις
η´	8	ὀκτώ	ὄγδοος, η, ον	ὀκτάκις
θ´	9	ἐννέα	ἔνατος, η, ον	ἐνάκις
ι´	10	δέκα	δέκατος, η, ον	δεκάκις
ια´	11	ἕνδεκα	ἑνδέκατος, η, ον	ἑνδεκάκις
ιβ´	12	δώδεκα	δωδέκατος, η, ον	δωδεκάκις
ιγ´	13	δεκατρεῖς	τρισκαιδέκατος, η, ον	usw.
ιδ´	14	δεκατέσσαρες	τεσσαρεσκαιδέκατος	
ιε´	15	δεκαπέντε	πεντεκαιδέκατος	
ις´	16	δεκαέξ	ἑκκαιδέκατος	
ιζ´	17	δεκαεπτά	ἑπτακαιδέκατος	
ιη´	18	δεκαοκτώ	ὀκτωκαιδέκατος	
ιθ´	19	δεκαεννέα	ἐννεακαιδέκατος	
κ´	20	εἴκοσι	εἰκοστός	εἰκοσάκις
λ´	30	τριάκοντα	τριακοστός	τριακοντάκις
μ´	40	τεσσεράκοντα	τεσσερακοστός	usw.
ν´	50	πεντήκοντα	πεντηκοστός	
ξ´	60	ἑξήκοντα	ἑξηκοστός	
ο´	70	ἑβδομήκοντα	ἑβδομηκοστός	ἑβδομηκοντάκις
π´	80	ὀγδοήκοντα	ὀγδοηκοστός	
ϙ´	90	ἐνενήκοντα	ἐνενηκοστός	
ρ´	100	ἑκατόν	ἑκατοστός	
σ´	200	διακόσιοι	διακοσιοστός	
τ´	300	τριακόσιοι	usw.	
υ´	400	τετρακόσιοι		
φ´	500	πεντακόσιοι		
χ´	600	ἑξακόσιοι		
ψ´	700	ἑπτακόσιοι		
ω´	800	ὀκτακόσιοι		
ϡ´	900	ἐνακόσιοι		
͵α	1 000	χίλιοι, αι, α	χιλιοστός	χιλιάκις
͵β	2 000	δισ-χίλιοι	δισ-χιλιοστός	usw.
͵γ	3 000	τρισ-χίλιοι	τρισ-χιλιοστός	
͵ι	10 000	μύριοι, αι, α	μυριοστός	μυριάκις

9.2 Deklination der Zahlen 1–4 (Lekt. 48)

9.2.1

		mask.	fem.	neutr.
Sg.	Nom.	εἷς	μία	ἕν
	Gen.	ἑνός	μιᾶς	ἑνός
	Dat.	ἑνί	μιᾷ	ἑνί
	Akk.	ἕνα	μίαν	ἕν

9.2.2

		mask., fem. und neutr.
Pl.	Nom.	δύο
	Gen.	δύο
	Dat.	δυσίν
	Akk.	δύο

9.2.3

		m. und f.	neutr.
Pl.	Nom.	τρεῖς	τρία
	Gen.	τριῶν	
	Dat.	τρισίν	
	Akk.	τρεῖς	τρία

9.2.4

		m. und f.	neutr.
Pl.	Nom.	τέσσαρες	τέσσαρα
	Gen.	τεσσάρων	
	Dat.	τέσσαρσιν	
	Akk.	τέσσαρας	τέσσαρα

Konjugation der Verben

10. παιδεύω

10.1 Präsens Aktiv

		10.1.1 Indikativ (Lekt. 5) ich erziehe	*10.1.2 Konjunktiv* (Lekt. 17) (damit) ich erziehe	*10.1.3 Imperativ* (Lekt. 18) erziehe; er soll erziehen
Sg.	1.	παιδεύ-ω	παιδεύ-ω	
	2.	παιδεύ-εις	παιδεύ-ῃ-ς	παίδευ-ε
	3.	παιδεύ-ει	παιδεύ-ῃ	παιδευ-έ-τω
Pl.	1.	παιδεύ-ο-μεν	παιδεύ-ω-μεν	
	2.	παιδεύ-ε-τε	παιδεύ-η-τε	παιδεύ-ε-τε
	3.	παιδεύ-ουσι(ν)	παιδεύ-ω-σι(ν)	παιδευ-έ-τωσαν

10.1.4 Infinitiv (Lekt. 19) erziehen	*10.1.5 Partizip* (Lekt. 27; zur Deklination vgl. Tab. 7.1) einer, der erzieht			
		mask.	fem.	neutr.
παιδεύ-ειν	Nom.	παιδεύ-ων	παιδεύ-ουσα	παιδεῦ-ον
	Gen.	-οντος	-ούσης	-οντος

10.2 Präsens Medium und Passiv

10.2.1 Indikativ (Lekt. 7) ich erziehe (für) mich/ ich werde erzogen	*10.2.2 Konjunktiv* (Lekt. 17) (damit) ich (für) mich erziehe/ (damit) ich erzogen werde	*10.2.3 Imperativ* (Lekt. 18) erziehe (für) dich/ werde erzogen, lass dich erziehen
1. παιδεύ-ο-μαι	παιδεύ-ω-μαι	
2. παιδεύ-ῃ (← εσαι)	παιδεύ-ῃ (← ησαι)	παιδεύ-ου (← εσο)
3. παιδεύ-ε-ται	παιδεύ-η-ται	παιδευ-έ-σθω
1. παιδευ-ό-μεθα	παιδευ-ώ-μεθα	
2. παιδεύ-ε-σθε	παιδεύ-η-σθε	παιδεύ-ε-σθε
3. παιδεύ-ο-νται	παιδεύ-ω-νται	παιδευ-έ-σθωσαν

10.2.4 Infinitiv (Lekt. 19) (für) sich erziehen/ erzogen werden	*10.2.5 Partizip* (Lekt. 27) einer, der (für) sich erzieht/ einer, der erzogen wird		
	mask.	fem.	neutr.
παιδεύ-ε-σθαι	παιδευ-ό-μενος	παιδευ-ο-μένη	παιδευ-ό-μενον

10.3 Imperfekt Aktiv (Lekt. 11) ich erzog	**10.4 Imperfekt Medium und Passiv** (Lekt. 12) ich erzog (für) mich/ ich wurde erzogen
1. ἐ-παίδευ-ο-ν	1. ἐ-παιδευ-ό-μην
2. ἐ-παίδευ-ε-ς	2. ἐ-παιδεύ-ου (← εσο)
3. ἐ-παίδευ-ε(ν)	3. ἐ-παιδεύ-ε-το
1. ἐ-παιδεύ-ο-μεν	1. ἐ-παιδευ-ό-μεθα
2. ἐ-παιδεύ-ε-τε	2. ἐ-παιδεύ-ε-σθε
3. ἐ-παίδευ-ο-ν	3. ἐ-παιδεύ-ο-ντο

10.5 Futur Aktiv

10.5.1 Indikativ (Lekt. 19) ich werde erziehen	*10.5.2 Infinitiv* (Lekt. 19) erziehen werden
1. παιδεύ-σ-ω	παιδεύ-σ-ειν
2. παιδεύ-σ-εις	
3. παιδεύ-σ-ει	
1. παιδεύ-σ-ο-μεν	
2. παιδεύ-σ-ε-τε	
3. παιδεύ-σ-ουσι(ν)	

10.5.3 Partizip
(Lekt. 27)
einer, der erziehen wird

	mask.	fem.	neutr.
Nom.	παιδεύ-σ-ων	παιδεύ-σ-ουσα	παιδεῦ-σ-ον
Gen.	-σ-οντος	-σ-ούσης	-σ-οντος

10.6 Futur Medium

10.6.1 Indikativ (Lekt. 19) ich werde (für) mich erziehen	*10.6.2 Infinitiv* (Lekt. 19) (für) sich erziehen werden
1. παιδεύ-σ-ο-μαι	παιδεύ-σ-ε-σθαι
2. παιδεύ-σ-ῃ	
3. παιδεύ-σ-ε-ται	
1. παιδευ-σ-ό-μεθα	
2. παιδεύ-σ-ε-σθε	
3. παιδεύ-σ-ο-νται	

10.6.3 Partizip
(Lekt. 27)
einer, der (für) sich erziehen wird

mask.	fem.	neutr.
παιδευ-σ-ό-μενος	παιδευ-σ-ο-μένη	παιδευ-σ-ό-μενον

10.7 Futur Passiv (Lekt. 37)

10.7.1 Indikativ ich werde erzogen werden	*10.7.2 Infinitiv* werden erzogen werden
1. παιδευ-θή-σ-ο-μαι 2. παιδευ-θή-σ-ῃ 3. παιδευ-θή-σ-ε-ται	παιδευ-θή-σ-εσθαι
1. παιδευ-θη-σ-ό-μεθα 2. παιδευ-θή-σ-ε-σθε 3. παιδευ-θή-σ-ο-νται	

10.7.3 Partizip
einer, der erzogen werden wird

mask.	fem.	neutr.
παιδευ-θη-σό-μενος	παιδευ-θη-σο-μένη	παιδευ-θη-σό-μενον

10.8 Perfekt Aktiv

10.8.1 Indikativ (Lekt. 32) ich habe erzogen	*10.8.2 Infinitiv* (Lekt. 32) erzogen haben
1. πε-παίδευ-κ-α 2. πε-παίδευ-κ-α-ς 3. πε-παίδευ-κ-ε(ν)	πε-παιδευ-κέναι
1. πε-παιδεύ-κ-α-μεν 2. πε-παιδεύ-κ-α-τε 3. πε-παιδεύ-κ-α-σι(ν)	

10.8.3 Partizip
(Lekt. 32; vgl. zur Deklination Tab. 7.3)
einer, der erzogen hat

	mask.	fem.	neutr.
Nom.	πε-παιδευ-κώς	πε-παιδευ-κυῖα	πε-παιδευ-κός
Gen.	-κότος	-κυίας	-κότος

10.9 Perfekt Medium und Passiv (Lekt. 33)

10.9.1 Indikativ ich habe (für) mich erzogen/ ich bin erzogen (worden)	*10.9.2 Infinitiv* (für) sich erzogen haben erzogen (worden) sein
1. πε-παίδευ-μαι	πε-παιδεῦ-σθαι
2. πε-παίδευ-σαι	
3. πε-παίδευ-ται	
1. πε-παιδεύ-μεθα	
2. πε-παίδευ-σθε	
3. πε-παίδευ-νται	

10.9.3 Partizip
einer, der (für) sich erzogen hat/
einer, der erzogen (worden) ist

mask.	fem.	neutr.
πε-παιδευ-μένος	πε-παιδευ-μένη	πε-παιδευ-μένον

10.10 Plusquamperfekt Aktiv

(Lekt. 34)
ich hatte erzogen

1. ἐ-πε-παιδεύ-κ-ει-ν
2. ἐ-πε-παιδεύ-κ-ει-ς
3. ἐ-πε-παιδεύ-κ-ει

1. ἐ-πε-παιδεύ-κ-ει-μεν
2. ἐ-πε-παιδεύ-κ-ει-τε
3. ἐ-πε-παιδεύ-κ-ει-σαν

10.11 Plusquamperfekt Medium und Passiv

(Lekt. 34)
ich hatte (für) mich erzogen/
ich war erzogen (worden)

1. ἐ-πε-παιδεύ-μην
2. ἐ-πε-παίδευ-σο
3. ἐ-πε-παίδευ-το

1. ἐ-πε-παιδεύ-μεθα
2. ἐ-πε-παίδευ-σθε
3. ἐ-πε-παίδευ-ντο

10.12 Aorist Aktiv

10.12.1 Indikativ (Lekt. 24) ich habe erzogen	*10.12.2 Konjunktiv* (Lekt. 24) (damit) ich erziehe	*10.12.3 Imperativ* (Lekt. 24) erziehe, er soll erziehen
1. ἐ-παίδευ-σ-α	παιδεύ-σ-ω	
2. ἐ-παίδευ-σ-α-ς	παιδεύ-σ-ῃ-ς	παίδευ-σ-ον
3. ἐ-παίδευ-σ-ε(ν)	παιδεύ-σ-ῃ	παιδευ-σ-ά-τω
1. ἐ-παιδεύ-σ-α-μεν	παιδεύ-σ-ω-μεν	
2. ἐ-παιδεύ-σ-α-τε	παιδεύ-σ-η-τε	παιδεύ-σ-α-τε
3. ἐ-παίδευ-σ-α-ν	παιδεύ-σ-ω-σι(ν)	παιδευ-σ-ά-τωσαν

10.12.4 Infinitiv (Lekt. 24) erziehen	*10.12.5 Partizip* (Lekt. 30; zur Deklination vgl. Tab. 7.2) einer, der (einst) erzog			
		mask.	fem.	neutr.
παιδεῦ-σ-αι	Nom.	παιδεύ-σ-α-ς	παιδεύ-σ-α-σα	παιδεῦ-σ-α-ν
	Gen.	-σα-ντος	-σά-σης	-σα-ντος

10.13 Aorist Medium

10.13.1 Indikativ (Lekt. 25) ich erzog (einst) (für) mich	*10.13.2 Konjunktiv* (Lekt. 25) (damit) ich (für) mich erziehe	*10.13.3 Imperativ* (Lekt. 25) erziehe (für) dich
1. ἐ-παιδευ-σά-μην	παιδεύ-σ-ω-μαι	
2. ἐ-παιδεύ-σω (← σασο)	παιδεύ-σ-ῃ (← σησαι)	παίδευ-σαι
3. ἐ-παιδεύ-σα-το	παιδεύ-σ-η-ται	παιδευ-σά-σθω
1. ἐ-παιδευ-σά-μεθα	παιδευ-σ-ώ-μεθα	
2. ἐ-παιδεύ-σα-σθε	παιδεύ-σ-η-σθε	παιδεύ-σα-σθε
3. ἐ-παιδεύ-σα-ντο	παιδεύ-σ-ω-νται	παιδευ-σά-σθωσαν

10.13.4 Infinitiv (Lekt. 25) (für) sich erziehen	*10.13.5 Partizip* (Lekt. 30) einer, der (für) sich erzog		
	mask.	fem.	neutr.
παιδεύ-σ-α-σθαι	παιδευ-σά-μενος	παιδευ-σα-μένη	παιδευ-σά-μενον

10.14 Aorist Passiv

10.14.1 Indikativ (Lekt. 35) ich wurde (einst) erzogen ich bin erzogen worden	*10.14.2 Konjunktiv* (Lekt. 36) (damit) ich erzogen werde	*10.14.3 Imperativ* (Lekt. 36) werde erzogen, lass dich erziehen
1. ἐ-παιδεύ-θη-ν	παιδευ-θῶ	
2. ἐ-παιδεύ-θη-ς	παιδευ-θῇ-ς	παιδεύ-θη-τι
3. ἐ-παιδεύ-θη	παιδευ-θῇ	παιδευ-θή-τω
1. ἐ-παιδεύ-θη-μεν	παιδευ-θῶ-μεν	
2. ἐ-παιδεύ-θη-τε	παιδευ-θῆ-τε	παιδεύ-θη-τε
3. ἐ-παιδεύ-θη-σαν	παιδευ-θῶ-σι(ν)	παιδευ-θή-τωσαν

10.14.4 Infinitiv (Lekt. 36) erzogen werden	*10.14.5 Partizip* (Lekt. 35; vgl. zur Deklination Tab. 7.4) einer, der erzogen worden ist			
		mask.	fem.	neutr.
παιδευ-θῆ-ναι	Nom.	παιδευ-θεί-ς	παιδευ-θεῖ-σα	παιδευ-θέ-ν
	Gen.	-θέ-ντος	-θεί-σης	-θέ-ντος

11. Verba contracta (Präsensstämme)

11.1 Verba contracta auf -εω

		Aktiv		Medium und Passiv	
Präsens Ind. (Lekt. 6+7)		ποιέ-ω ποιέ-εις ποιέ-ει ποιέ-ομεν ποιέ-ετε ποιέ-ουσι(ν)	ποιῶ ποιεῖς ποιεῖ ποιοῦμεν ποιεῖτε ποιοῦσι(ν)	ποιέ-ομαι ποιέ-ῃ ποιέ-εται ποιε-όμεθα ποιέ-εσθε ποιέ-ονται	ποιοῦμαι ποιῇ ποιεῖται ποιούμεθα ποιεῖσθε ποιοῦνται
Imperfekt Ind. (Lekt. 11+12)		ἐποίε-ον ἐποίε-ες ἐποίε-ε(ν) ἐποιέ-ομεν ἐποιέ-ετε ἐποίε-ον	ἐποίουν ἐποίεις ἐποίει ἐποιοῦμεν ἐποιεῖτε ἐποίουν	ἐποιε-όμην ἐποιέ-ου ἐποιέ-ετο ἐποιε-όμεθα ἐποιέ-εσθε ἐποιέ-οντο	ἐποιούμην ἐποιοῦ ἐποιεῖτο ἐποιούμεθα ἐποιεῖσθε ἐποιοῦντο
Präsens Konj. (Lekt. 17)		ποιέ-ω ποιέ-ῃς ποιέ-ῃ ποιέ-ωμεν ποιέ-ητε ποιέ-ωσι(ν)	ποιῶ ποιῇς ποιῇ ποιῶμεν ποιῆτε ποιῶσι(ν)	ποιέ-ωμαι ποιέ-ῃ ποιέ-ηται ποιε-ώμεθα ποιέ-ησθε ποιέ-ωνται	ποιῶμαι ποιῇ ποιῆται ποιώμεθα ποιῆσθε ποιῶνται
Präsens Impt. (Lekt. 18)		ποίε-ε ποιε-έτω ποιέ-ετε ποιε-έτωσαν	ποίει ποιείτω ποιεῖτε ποιείτωσαν	ποιέ-ου ποιε-έσθω ποιέ-εσθε ποιε-έσθωσαν	ποιοῦ ποιείσθω ποιεῖσθε ποιείσθωσαν
Präsens Inf. (L. 19)		ποιέ-ειν	ποιεῖν	ποιέ-εσθαι	ποιεῖσθαι
Präsens Ptz. (Lekt. 27)	m. f. n.	ποιέ-ων ποιέ-ουσα ποιέ-ον	ποιῶν ποιοῦσα ποιοῦν	ποιε-όμενος ποιε-ομένη ποιε-όμενον	ποιούμενος ποιουμένη ποιούμενον
		Genitiv:			
	m. f. n.	ποιέ-οντος ποιε-ούσης ποιέ-οντος	ποιοῦντος ποιούσης ποιοῦντος		

11.2 Verba contracta auf -αω
(Lekt. 20)

		Aktiv		Medium und Passiv	
Präsens Ind.		τιμά-ω	τιμῶ	τιμά-ομαι	τιμῶμαι
		τιμά-εις	τιμᾷς	τιμά-ῃ	τιμᾷ
		τιμά-ει	τιμᾷ	τιμά-εται	τιμᾶται
		τιμά-ομεν	τιμῶμεν	τιμα-όμεθα	τιμώμεθα
		τιμά-ετε	τιμᾶτε	τιμά-εσθε	τιμᾶσθε
		τιμά-ουσι(ν)	τιμῶσι(ν)	τιμά-ονται	τιμῶνται
Imperfekt Ind.		ἐτίμα-ον	ἐτίμων	ἐτιμα-όμην	ἐτιμώμην
		ἐτίμα-ες	ἐτίμας	ἐτιμά-ου	ἐτιμῶ
		ἐτίμα-ε(ν)	ἐτίμα	ἐτιμά-ετο	ἐτιμᾶτο
		ἐτιμά-ομεν	ἐτιμῶμεν	ἐτιμα-όμεθα	ἐτιμώμεθα
		ἐτιμά-ετε	ἐτιμᾶτε	ἐτιμά-εσθε	ἐτιμᾶσθε
		ἐτίμα-ον	ἐτίμων	ἐτιμά-οντο	ἐτιμῶντο
Präsens Konj.		τιμά-ω	τιμῶ	τιμά-ωμαι	τιμῶμαι
		τιμά-ῃς	τιμᾷς	τιμά-ῃ	τιμᾷ
		τιμά-ῃ	τιμᾷ	τιμά-ηται	τιμᾶται
		τιμά-ωμεν	τιμῶμεν	τιμα-ώμεθα	τιμώμεθα
		τιμά-ητε	τιμᾶτε	τιμά-ησθε	τιμᾶσθε
		τιμά-ωσι(ν)	τιμῶσι(ν)	τιμά-ωνται	τιμῶνται
Präsens Impt.		τίμα-ε	τίμα	τιμά-ου	τιμῶ
		τιμα-έτω	τιμάτω	τιμα-έσθω	τιμάσθω
		τιμά-ετε	τιμᾶτε	τιμά-εσθε	τιμᾶσθε
		τιμα-έτωσαν	τιμάτωσαν	τιμα-έσθωσαν	τιμάσθωσαν
Präsens Inf.		τιμά-ειν	τιμᾶν	τιμά-εσθαι	τιμᾶσθαι
Präsens Ptz.	m.	τιμά-ων	τιμῶν	τιμα-όμενος	τιμώμενος
(Lekt. 27)	f.	τιμά-ουσα	τιμῶσα	τιμα-ομένη	τιμωμένη
	n.	τιμά-ον	τιμῶν	τιμα-όμενον	τιμώμενον
		Genitiv:			
	m.	τιμά-οντος	τιμῶντος		
	f.	τιμα-ούσης	τιμώσης		
	n.	τιμά-οντος	τιμῶντος		

11.3 Verba contracta auf -οω
(Lekt. 21)

		Aktiv		Medium und Passiv	
Präsens Ind.		δουλό-ω	δουλῶ	δουλό-ομαι	δουλοῦμαι
		δουλό-εις	δουλοῖς	δουλό-ῃ	δουλοῖ
		δουλό-ει	δουλοῖ	δουλό-εται	δουλοῦται
		δουλό-ομεν	δουλοῦμεν	δουλο-όμεθα	δουλούμεθα
		δουλό-ετε	δουλοῦτε	δουλό-εσθε	δουλοῦσθε
		δουλό-ουσι(ν)	δουλοῦσι(ν)	δουλό-ονται	δουλοῦνται
Imperfekt Ind.		ἐδούλο-ον	ἐδούλουν	ἐδουλο-όμην	ἐδουλούμην
		ἐδούλο-ες	ἐδούλους	ἐδουλό-ου	ἐδουλοῦ
		ἐδούλο-ε(ν)	ἐδούλου	ἐδουλό-ετο	ἐδουλοῦτο
		ἐδουλό-ομεν	ἐδουλοῦμεν	ἐδουλο-όμεθα	ἐδουλούμεθα
		ἐδουλό-ετε	ἐδουλοῦτε	ἐδουλό-εσθε	ἐδουλοῦσθε
		ἐδούλο-ον	ἐδούλουν	ἐδουλό-οντο	ἐδουλοῦντο
Präsens Konj.		δουλό-ω	δουλῶ	δουλό-ωμαι	δουλῶμαι
		δουλό-ῃς	δουλοῖς	δουλό-ῃ	δουλοῖ
		δουλό-ῃ	δουλοῖ	δουλό-ηται	δουλῶται
		δουλό-ωμεν	δουλῶμεν	δουλο-ώμεθα	δουλώμεθα
		δουλό-ητε	δουλῶτε	δουλό-ησθε	δουλῶσθε
		δουλό-ωσι(ν)	δουλῶσι(ν)	δουλό-ωνται	δουλῶνται
Präsens Impt.		δούλο-ε	δούλου	δουλό-ου	δουλοῦ
		δουλο-έτω	δουλούτω	δουλο-έσθω	δουλούσθω
		δουλό-ετε	δουλοῦτε	δουλό-εσθε	δουλοῦσθε
		δουλο-έτωσαν	δουλούτωσαν	δουλο-έσθωσαν	δουλούσθωσαν
Präsens Inf.		δουλό-ειν	δουλοῦν	δουλό-εσθαι	δουλοῦσθαι
Präsens Ptz.	m.	δουλό-ων	δουλῶν	δουλο-όμενος	δουλούμενος
(Lekt. 27)	f.	δουλό-ουσα	δουλοῦσα	δουλο-ομένη	δουλουμένη
	n.	δουλό-ον	δουλοῦν	δουλο-όμενον	δουλούμενον
		Genitiv:			
	m.	δουλό-οντος	δουλοῦντος		
	f.	δουλο-ούσης	δουλούσης		
	n.	δουλό-οντος	δουλοῦντος		

12. Verba muta

12.1 Dentalstämme (Lekt. 42)

12.1.1 Stammformen (vgl. zu den einzelnen Verben Tab. 18.5)

δοξάζω (Stamm: δοξαδ-) ich verherrliche

Fut.:	δοξάσω	(aus δοξάδ-σω)
Aor.:	ἐδόξασα	(aus ἐδόξαδ-σα)
Pf. Akt.:	δεδόξακα	(aus δεδόξαδ-κα)
Pf. MP:	δεδόξασμαι	(aus δεδόξαδ-μαι)
Aor. Pass.:	ἐδοξάσθην	(aus ἐδοξάδ-θην)
Fut. Pass.:	δοξασθήσομαι	(aus δοξαδ-θήσομαι)

12.1.2 Perfekt und Plusquamperfekt Medium und Passiv (πειράζω)

Ind. Pf. Medium und Passiv		Ind. Plsqpf. Medium und Passiv	
πε-πείρασ-μαι	← πε-πείραδ-μαι	ἐ-πε-πειράσ-μην	← ἐ-πε-πειράδ-μην
πε-πείρα-σαι	← πε-πείραδ-σαι	ἐ-πε-πείρα-σο	← ἐ-πε-πείραδ-σο
πε-πείρασ-ται	← πε-πείραδ-ται	ἐ-πε-πείρασ-το	← ἐ-πε-πείραδ-το
πε-πειράσ-μεθα	← πε-πειράδ-μεθα	ἐ-πε-πειράσ-μεθα	← ἐ-πε-πειράδ-μεθα
πε-πείρασ-θε	← πε-πείραδ-σθε	ἐ-πε-πείρασ-θε	← ἐ-πε-πειράδ-σθε
πε-πειρασ-μένοι εἰσίν	← πε-πειραδ-μένοι εἰσίν	πε-πειρασ-μένοι ἦσαν	← πε-πειραδ-μένοι ἦσαν
Inf. Pf. MP	πε-πειράσθαι	← πε-πειράδ-σθαι	
Ptz. Pf. MP	πε-πειρασ-μένος	← πε-πειραδ-μένος	

12.2 Gutturalstämme (Lekt. 43)

12.2.1 Stammformen (vgl. zu den einzelnen Verben Tab. 18.6)

διώκω (Stamm: διωκ-) ich verfolge

Fut.:	διώξω	(aus διώκ-σω)
Aor.:	ἐδίωξα	(aus ἐδίωκ-σα)
Pf. Akt.:	δεδίωχα	
Pf. MP:	δεδίωγμαι	
Aor. Pass.:	ἐδιώχθην	(aus ἐδιώκ-θην)
Fut. Pass.:	διωχθήσομαι	(aus διωκ-θήσομαι)

12.2.2 Perfekt und Plusquamperfekt Medium und Passiv (διώκω)

Ind. Pf. Medium und Passiv		Ind. Plsqpf. Medium und Passiv	
δε-δίωγ-μαι	← δε-δίωκ-μαι	ἐ-δε-διώγ-μην	← ἐ-δε-διώκ-μην
δε-δίωξαι	← δε-δίωκ-σαι	ἐ-δε-δίωξο	← ἐ-δε-δίωκ-σο
δε-δίωκ-ται		ἐ-δε-δίωκ-το	
δε-διώγ-μεθα	← δε-διώκ-μεθα	ἐ-δε-διώγ-μεθα	← ἐ-δε-διώκ-μεθα
δε-δίωχ-θε	← δε-δίωκ-σθε	ἐ-δε-δίωχ-θε	← ἐ-δε-δίωκ-σθε
δε-διωγ-μένοι εἰσίν	← δε-διωκ-μένοι εἰσίν	δε-διωγ-μένοι ἦσαν	← δε-διωκ-μένοι ἦσαν

Inf. Pf. MP	δε-διῶχ-θαι	← δε-διῶκ-σθαι
Ptz. Pf. MP	δε-διωγ-μένος	← δε-διωκ-μένος

12.3 Labialstämme (Lekt. 44)

12.3.1 Stammformen (vgl. zu den einzelnen Verben Tab. 18.7)

βλέπω (Stamm: βλεπ-) ich sehe

Fut.:	βλέψω	(aus βλέπ-σω)
Aor.:	ἔβλεψα	(aus ἔβλεπ-σα)
Pf. Akt.:	βέβλεφα	
Pf. MP:	βέβλεμμαι	(aus βέβλεπ-μαι)
Aor. Pass.:	ἐβλέφθην	(aus ἐβλέπ-θην)

12.3.2 Perfekt und Plusquamperfekt Medium und Passiv (βλέπω)

Ind. Pf. Medium und Passiv		Ind. Plsqpf. Medium und Passiv	
βέ-βλεμ-μαι	← βέ-βλεπ-μαι	ἐ-βε-βλέμ-μην	← ἐ-βε-βλέπ-μην
βέ-βλεψαι	← βέ-βλεπ-σαι	ἐ-βέ-βλεψο	← ἐ-βέ-βλεπ-σο
βέ-βλεπ-ται		ἐ-βέ-βλεπ-το	
βε-βλέμ-μεθα	← βε-βλέπ-μεθα	ἐ-βε-βλέμ-μεθα	← ἐ-βε-βλέπ-μεθα
βέ-βλεφ-θε	← βέ-βλεπ-σθε	ἐ-βέ-βλεφ-θε	← ἐ-βέ-βλεπ-σθε
βε-βλεμ-μένοι εἰσίν	← βε-βλεπ-μένοι εἰσίν	βε-βλεμ-μένοι ἦσαν	← βε-βλεπ-μένοι ἦσαν

Inf. Pf. MP	βε-βλέφ-θαι	← βε-βλέπ-σθαι
Ptz. Pf. MP	βε-βλεμ-μένος	← βε-βλεπ-μένος

13. Verba liquida

(Lekt. 45)

13.1 **Futur** (attisch) **und Aorist** (ἀποστέλλω)

	Futur Aktiv	Futur Medium	Aorist Aktiv	Aorist Medium
Indikativ	ἀποστελ-ῶ	ἀποστελ-οῦμαι	ἀπέστειλ-α	ἀπεστειλ-άμην
	ἀποστελ-εῖς	ἀποστελ-ῇ	ἀπέστειλ-ας	ἀπεστείλ-ω
	ἀποστελ-εῖ	ἀποστελ-εῖται	ἀπέστειλ-εν	ἀπεστείλ-ατο
	ἀποστελ-οῦμεν	ἀποστελ-ούμεθα	ἀπεστείλ-αμεν	ἀπεστειλ-άμεθα
	ἀποστελ-εῖτε	ἀποστελ-εῖσθε	ἀπεστείλ-ατε	ἀπεστείλ-ασθε
	ἀποστελ-οῦσιν	ἀποστελ-οῦνται	ἀπέστειλ-αν	ἀπεστείλ-αντο
Konjunktiv			ἀποστείλ-ω	ἀποστείλ-ωμαι
			ἀποστείλ-ῃς	ἀποστείλ-ῃ
			usw.	usw.
Imperativ			ἀπόστειλ-ον	ἀπόστειλ-αι
			ἀποστειλ-άτω	ἀποστειλ-άσθω
			ἀποστείλ-ατε	ἀποστείλ-ασθε
			ἀποστειλ-άτωσαν	ἀποστειλ-άσθωσαν
Infinitiv	ἀποστελ-εῖν	ἀποστελ-εῖσθαι	ἀποστεῖλ-αι	ἀποστείλ-ασθαι
Partizip	ἀποστελ-ῶν	ἀποστελ-ούμενος	ἀποστείλ-ας	ἀποστειλ-άμενος
	ἀποστελ-οῦσα	ἀποστελ-ουμένη	ἀποστείλ-ασα	ἀποστειλ-αμένη
	ἀποστελ-οῦν	ἀποστελ-ούμενον	ἀποστεῖλ-αν	ἀποστειλ-άμενον

13.2 Perfekt und Plusquamperfekt Medium und Passiv

13.2.1 Stämme auf -λ (ἀγγέλλω)

Perfekt Indikativ	Plusquamperfekt	Pf. Infinitiv	Pf. Partizip
ἤγγελ-μαι	ἠγγέλ-μην	ἠγγέλ-θαι	ἠγγελ-μένος
ἤγγελ-σαι	ἤγγελ-σο		ἠγγελ-μένη
ἤγγελ-ται	ἤγγελ-το		ἠγγελ-μένον
ἠγγέλ-μεθα	ἠγγέλ-μεθα		
ἤγγελ-θε	ἤγγελ-θε		
ἠγγελ-μένοι εἰσίν	ἠγγελ-μένοι ἦσαν		

13.2.2 Stämme auf -ν (κρίνω)

Perfekt Indikativ ich bin gerichtet	*Plusquamperfekt* ich war gerichtet	*Pf. Infinitiv*	*Pf. Partizip*
κέκρι-μαι	κεκρί-μην	κεκρί-θαι	κεκρι-μένος
κέκρι-σαι	κέκρι-σο		κεκρι-μένη
κέκρι-ται	κέκρι-το		κεκρι-μένον
κεκρί-μεθα	κεκρί-μεθα		
κέκρι-θε	κέκρι-θε		
κεκρι-μένοι εἰσίν	κεκρι-μένοι ἦσαν		

Zu den **Stammformen der Verba liquida** vgl. Tab. 18.8!

14. Besondere Aoriste (und Futur Passiv)

14.1 Aorist II Aktiv (Lekt. 31)

14.1.1 Indikativ ich warf	*14.1.2 Konjunktiv* (damit) ich werfe	*14.1.3 Imperativ* wirf; er soll werfen
1. ἔ-βαλ-ο-ν	βάλ-ω	
2. ἔ-βαλ-ε-ς	βάλ-η-ς	βάλ-ε
3. ἔ-βαλ-ε(ν)	βάλ-η	βαλ-έ-τω
1. ἐ-βάλ-ο-μεν	βάλ-ω-μεν	
2. ἐ-βάλ-ε-τε	βάλ-η-τε	βάλ-ε-τε
3. ἔ-βαλ-ο-ν	βάλ-ω-σι(ν)	βαλ-έ-τωσαν

14.1.4 Infinitiv werfen, geworfen haben	*14.1.5 Partizip* einer, der warf/geworfen hat			
		mask.	fem.	neutr.
βαλ-εῖν	Nom.	βαλ-ών	βαλ-οῦσα	βαλ-όν
	Gen.	-όντος	-ούσης	-όντος

14.2 Aorist II Medium (Lekt. 31)

14.2.1 Indikativ ich warf für mich	*14.2.2 Konjunktiv* (damit) ich für mich werfe	*14.2.3 Imperativ* wirf für dich
1. ἐ-βαλ-ό-μην	βάλ-ω-μαι	
2. ἐ-βάλ-ου	βάλ-ῃ	βαλ-οῦ (← εσο)
3. ἐ-βάλ-ε-το	βάλ-η-ται	βαλ-έ-σθω
1. ἐ-βαλ-ό-μεθα	βαλ-ώ-μεθα	
2. ἐ-βάλ-ε-σθε	βάλ-η-σθε	βάλ-ε-σθε
3. ἐ-βάλ-ο-ντο	βάλ-ω-νται	βαλ-έ-σθωσαν

14.2.4 Infinitiv für sich geworfen haben	*14.2.5 Partizip* einer, der für sich warf/geworfen hat		
	mask.	fem.	neutr.
βαλ-έ-σθαι	βαλ-ό-μενος	βαλ-ο-μένη	βαλ-ό-μενον

14.3 Aorist II Passiv (Lekt. 46)

14.3.1 Indikativ ich wurde (einst) beschrieben	*14.3.2 Konjunktiv* (damit) ich beschrieben werde	*14.3.3 Imperativ* werde beschrieben, lass dich beschreiben
1. ἐ-γράφ-η-ν	γραφ-ῶ	
2. ἐ-γράφ-η-ς	γραφ-ῇς	γράφ-η-θι
3. ἐ-γράφ-η	γραφ-ῇ	γραφ-ή-τω
1. ἐ-γράφ-η-μεν	γραφ-ῶ-μεν	
2. ἐ-γράφ-η-τε	γραφ-ῆ-τε	γράφ-η-τε
3. ἐ-γράφ-η-σαν	γραφ-ῶ-σι(ν)	γραφ-ή-τωσαν

14.3.4 Infinitiv beschrieben worden sein	*14.3.5 Partizip* der, der beschrieben wurde			
		mask.	fem.	neutr.
γραφ-ῆ-ναι	Nom.	γραφ-είς	γραφ-εῖσα	γραφ-έν
	Gen.	-έντος	-είσης	-έντος

14.4 Futur II Passiv (Lekt. 46)

14.4.1 Indikativ	*14.4.2 Infinitiv*
ich werde beschrieben werden	
γραφήσομαι usw.	γραφήσεσθαι

14.4.3 Partizip

mask.	fem.	neutr.
γραφησόμενος	γραφησομένη	γραφησόμενον

14.5 Wurzel-Aorist (Lekt. 46)

		βαίνω ich gehe	ἵσταμαι ich stelle mich	γινώσκω ich erkenne	δύνω ich gehe unter
Wurzel oder Stamm		βη/βα	στη/στα	γνω/γνο	δυ
Aor. Ind.	1.	ἔ-βη-ν ich ging	ἔ-στη-ν ich trat	ἔ-γνω-ν ich erkannte	ἔ-δυ-ν ich ging unter
	2.	ἔ-βη-ς	ἔ-στη-ς	ἔ-γνω-ς	ἔ-δυ-ς
	3.	ἔ-βη	ἔ-στη	ἔ-γνω	ἔ-δυ
	1.	ἔ-βη-μεν	ἔ-στη-μεν	ἔ-γνω-μεν	ἔ-δυ-μεν
	2.	ἔ-βη-τε	ἔ-στη-τε	ἔ-γνω-τε	ἔ-δυ-τε
	3.	ἔ-βη-σαν	ἔ-στη-σαν	ἔ-γνω-σαν	ἔ-δυ-σαν
Konj.	1.	βῶ (aus βάω)	στῶ	γνῶ (aus γνόω)	δύω
	2.	βῇς	στῇς	γνῷς	δύῃς
	3.	βῇ	στῇ	γνῷ oder γνοῖ	δύῃ
	1.	βῶ-μεν	στῶ-μεν	γνῶ-μεν	δύω-μεν
	2.	βῆ-τε	στῆ-τε	γνῶ-τε	δύη-τε
	3.	βῶ-σι(ν)	στῶ-σι(ν)	γνῶ-σι(ν)	δύω-σι(ν)
Impt.	2.	βῆ-θι (βᾶ)	στῆ-θι	γνῶ-θι	δῦ-θι
	3.	βή-τω (βάτω)	στή-τω	γνώ-τω	δύ-τω
	2.	βῆ-τε (βᾶτε)	στῆ-τε	γνῶ-τε	δῦ-τε
	3.	βή-τωσαν	στή-τωσαν	γνώ-τωσαν	δύ-τωσαν
Inf.		βῆ-ναι	στῆ-ναι	γνῶ-ναι	δῦ-ναι
Ptz.		βάς βᾶσα βάν βάντος βάσης βάντος	στάς στᾶσα στάν στάντος στάσης στάντος	γνούς γνοῦσα γνόν γνόντος γνούσης γνόντος	δύς δῦσα δύν δύντος δύσης δύντος

15. Verben auf -μι

15.1 Präsensstamm Aktiv

	τίθημι (L. 49)	δίδωμι (L. 50)	ἵστημι (L. 52)	ἵημι (L. 54)
Präsens Ind.	τί-θη-μι	δί-δω-μι	ἵ-στη-μι	ἵ-η-μι
	τί-θη-ς	δί-δω-ς	ἵ-στη-ς	ἵ-η-ς
	τί-θη-σι(ν)	δί-δω-σι(ν)	ἵ-στη-σι(ν)	ἵ-η-σι(ν)
	τί-θε-μεν	δί-δο-μεν	ἵ-στα-μεν	ἵ-ε-μεν
	τί-θε-τε	δί-δο-τε	ἵ-στα-τε	ἵ-ε-τε
	τι-θέ-ασι(ν)	δι-δό-ασι(ν)	ἱ-στᾶ-σι(ν)	ἱ-ᾶ-σι(ν)
Imperfekt Ind.	ἐ-τί-θην	ἐ-δί-δου-ν	ἵ-στην	ἵ-ει-ν
	ἐ-τί-θεις	ἐ-δί-δου-ς	ἵ-στης	ἵ-ει-ς
	ἐ-τί-θει	ἐ-δί-δου	ἵ-στη	ἵ-ει[3]
	ἐ-τί-θε-μεν	ἐ-δί-δο-μεν	ἵ-σταμεν	ἵ-ε-μεν
	ἐ-τί-θε-τε	ἐ-δί-δο-τε	ἵ-στατε	ἵ-ε-τε
	ἐ-τί-θε-σαν[1]	ἐ-δί-δο-σαν[2]	ἵ-στασαν	ἵ-ε-σαν
Präsens Konj.	τι-θῶ	δι-δῶ	ἱ-στῶ	ἱ-ῶ
	τι-θῇς	δι-δῷς	ἱ-στῇς	ἱ-ῇς
	τι-θῇ	δι-δῷ	ἱ-στῇ	ἱ-ῇ
	τι-θῶμεν	δι-δῶμεν	ἱ-στῶ-μεν	ἱ-ῶ-μεν
	τι-θῆτε	δι-δῶτε	ἱ-στῆ-τε	ἱ-ῆ-τε
	τι-θῶσι(ν)	δι-δῶσι(ν)	ἱ-στῶ-σι(ν)	ἱ-ῶσι(ν)
Präsens Impt.	τί-θει	δί-δου	ἵ-στη	ἵ-ει
	τι-θέ-τω	δι-δό-τω	ἱ-στά-τω	ἱ-έ-τω
	τί-θε-τε	δί-δο-τε	ἵ-στα-τε	ἵ-ε-τε
	τι-θέ-τωσαν	δι-δό-τωσαν	ἱ-στά-τωσαν	ἱ-έ-τωσαν
Präsens Inf.	τι-θέ-ναι	δι-δό-ναι	ἱ-στά-ναι	ἱέναι
Präsens Ptz.	m. τι-θεί-ς	δι-δού-ς	ἱ-στά-ς	ἱ-εί-ς
	f. τι-θεῖ-σα	δι-δοῦ-σα	ἱ-στᾶ-σα	ἱ-εῖ-σα
	n. τι-θέν	δι-δόν	ἱ-στάν	ἱ-έν
	Genitiv:			
	m. τι-θέντ-ος	δι-δόντ-ος	ἱ-στάντ-ος	ἱ-έντ-ος
	f. τι-θεί-σης	δι-δού-σης	ἱ-στά-σης	ἱ-εί-σης
	n. τι-θέντ-ος	δι-δόντ-ος	ἱ-στάντ-ος	ἱ-έντ-ος

[1] NT auch: ἐ-τί-θουν [2] NT auch: ἐ-δί-δουν [3] Im NT selten auch die Form: ἤφ-ι-εν (von ἀφ-ίημι)

15.2 Aorist Aktiv

		τίθημι (L. 49)	δίδωμι (L. 50)	ἵστημι (L. 52)	ἵημι (L. 54)
Indikativ		ἔ-θη-κα	ἔ-δω-κα	ἔ-στη-σα	ἧ-κα
		ἔ-θη-κα-ς	ἔ-δω-κα-ς	ἔ-στη-σα-ς	ἧ-κα-ς
		ἔ-θη-κε(ν)	ἔ-δω-κε(ν)	ἔ-στη-σε-ν	ἧ-κε(ν)
		ἐ-θή-κα-μεν	ἐ-δώ-κα-μεν	ἐ-στή-σα-μεν	ἥ-κα-μεν
		ἐ-θή-κα-τε	ἐ-δώ-κα-τε	ἐ-στή-σα-τε	ἥ-κα-τε
		ἔ-θη-κα-ν	ἔ-δω-κα-ν	ἔ-στη-σα-ν	ἧ-κα-ν
Konjunktiv		θῶ	δῶ	στή-σ-ω	ᾧ
		θῇ-ς	δῷ-ς	στή-σ-ῃς	ᾗς
		θῇ	δῷ[1]	στή-σ-ῃ	ᾗ
		θῶ-μεν	δῶ-μεν	στή-σ-ωμεν	ὧ-μεν
		θῆ-τε	δῶ-τε	στή-σ-ητε	ἧ-τε
		θῶ-σι(ν)	δῶ-σι(ν)	στή-σ-ωσι(ν)	ὧσι(ν)
Imperativ		θέ-ς	δό-ς	στῆ-σ-ον	ἕ-ς
		θέ-τω	δό-τω	στη-σά-τω	ἕ-τω
		θέ-τε	δό-τε	στή-σα-τε	ἕ-τε
		θέ-τωσαν	δό-τωσαν	στη-σά-τωσαν	ἕ-τωσαν
Infinitiv		θεῖ-ναι	δοῦ-ναι	στῆ-σ-αι	εἷ-ναι
Partizip	m.	θεί-ς	δού-ς	στή-σα-ς	εἵ-ς
	f.	θεῖ-σα	δοῦ-σα	στή-σα-σα	εἷ-σα
	n.	θέν	δόν	στῆ-σα-ν	ἕν
		Genitiv:			
	m.	θέντ-ος	δόντ-ος	στή-σαντ-ος	ἕντ-ος
	f.	θεί-σης	δού-σης	στη-σά-σης	εἵ-σης
	n.	θέντ-ος	δόντ-ος	στή-σαντ-ος	ἕντ-ος

[1] NT auch: δώῃ

15.3 Präsensstamm Medium und Passiv

	τίθημι (L. 49)	δίδωμι (L. 50)	ἵστημι (L. 52)	ἵημι (L. 54)
Präsens Ind.	τί-θε-μαι	δί-δο-μαι	ἵ-στα-μαι	ἵ-ε-μαι
	τί-θε-σαι	δί-δο-σαι	ἵ-στα-σαι	ἵ-ε-σαι
	τί-θε-ται	δί-δο-ται	ἵ-στα-ται	ἵ-ε-ται
	τι-θέ-μεθα	δι-δό-μεθα	ἱ-στά-μεθα	ἱ-έ-μεθα
	τί-θε-σθε	δί-δο-σθε	ἵ-στα-σθε	ἵ-ε-σθε
	τί-θε-νται	δί-δο-νται	ἵ-στα-νται	ἵ-ε-νται
Imperfekt Ind.	ἐ-τι-θέ-μην	ἐ-δι-δό-μην	ἱ-στά-μην	ἱ-έ-μην
	ἐ-τί-θε-σο	ἐ-δί-δο-σο	ἵ-στα-σο	ἵ-ε-σο
	ἐ-τί-θε-το	ἐ-δί-δε-το	ἵ-στα-το	ἵ-ε-το
	ἐ-τι-θέ-μεθα	ἐ-δι-δό-μεθα	ἱ-στά-μεθα	ἱ-έ-μεθα
	ἐ-τί-θε-σθε	ἐ-δί-δο-σθε	ἵ-στα-σθε	ἵ-ε-σθε
	ἐ-τί-θε-ντο	ἐ-δί-δο-ντο	ἵ-στα-ντο	ἵ-ε-ντο
Präsens Konj.	τι-θῶ-μαι	δι-δῶ-μαι	ἱ-στῶ-μαι	ἱ-ῶ-μαι
	τι-θῇ	δι-δῷ	ἱ-στῇ	ἱ-ῇ
	τι-θῆ-ται	δι-δῶ-ται	ἱ-στῆ-ται	ἱ-ῆ-ται
	τι-θώ-μεθα	δι-δώ-μεθα	ἱ-στώ-μεθα	ἱ-ώ-μεθα
	τι-θῆ-σθε	δι-δῶ-σθε	ἱ-στῆ-σθε	ἱ-ῆ-σθε
	τι-θῶ-νται	δι-δῶ-νται	ἱ-στῶ-νται	ἱ-ῶ-νται
Präsens Impt.	τί-θε-σο	δί-δο-σο	ἵ-στα-σο	ἵ-ε-σο
	τι-θέ-σθω	δι-δό-σθω	ἱ-στά-σθω	ἱ-έ-σθω
	τί-θε-σθε	δί-δο-σθε	ἵ-στα-σθε	ἵ-ε-σθε
	τι-θέ-σθωσαν	δι-δό-σθωσαν	ἱ-στά-σθωσαν	ἱ-έ-σθωσαν
Präsens Inf.	τί-θε-σθαι	δί-δο-σθαι	ἵ-στα-σθαι	ἵ-ε-σθαι
Präsens Ptz.	m. τι-θέ-μεν-ος	δι-δό-μεν-ος	ἱ-στά-μεν-ος	ἱ-έ-μεν-ος
	f. τι-θε-μέν-η	δι-δο-μέν-η	ἱ-στα-μέν-η	ἱ-ε-μέν-η
	n. τι-θέ-μεν-ον	δι-δό-μεν-ον	ἱ-στά-μεν-ον	ἱ-έ-μεν-ον
	Genitiv:			
	m. τι-θε-μέν-ου	δι-δο-μέν-ου	ἱ-στα-μέν-ου	ἱ-ε-μέν-ου
	f. τι-θε-μέν-ης	δι-δο-μέν-ης	ἱ-στα-μέν-ης	ἱ-ε-μέν-ης
	n. τι-θε-μέν-ου	δι-δο-μέν-ου	ἱ-στα-μέν-ου	ἱ-ε-μέν-ου

15.4 Aorist Medium

		τίθημι (L. 49)	δίδωμι (L. 50)	ἵστημι (L. 52)	ἵημι (L. 54)
Indikativ		ἐ-θέ-μην	ἐ-δό-μην		εἵ-μην
		ἔ-θου	ἔ-δου	kommt im	εἷ-σο
		ἔ-θε-το	ἔ-δε-το	NT nicht vor	εἷ-το
		ἐ-θέ-μεθα	ἐ-δό-μεθα		εἵ-μεθα
		ἔ-θε-σθε	ἔ-δο-σθε		εἷ-σθε
		ἔ-θε-ντο	ἔ-δο-ντο		εἷ-ντο
Konjunktiv		θῶ-μαι	δῶ-μαι		ὧ-μαι
		θῇ	δῷ		ἧ
		θῆ-ται	δῶ-ται		ἧ-ται
		θώ-μεθα	δώ-μεθα		ὥ-μεθα
		θῆ-σθε	δῶ-σθε		ἧ-σθε
		θῶ-νται	δῶ-νται		ὧ-νται
Imperativ		θοῦ	δοῦ		οὗ
		θέ-σθω	δό-σθω		ἕ-σθω
		θέ-σθε	δό-σθε		ἕ-σθε
		θέ-σθωσαν	δό-σθωσαν		ἕ-σθωσαν
Infinitiv		θέ-σθαι	δό-σθαι		ἕ-σθαι
Partizip	m.	θέ-μεν-ος	δό-μεν-ος		ἕ-μεν-ος
	f.	θε-μέν-η	δο-μέν-η		ἑ-μέν-η
	n.	θέ-μεν-ον	δό-μεν-ον		ἕ-μεν-ον
		Genitiv:			
	m.	θε-μέν-ου	δο-μέν-ου		ἑ-μέν-ου
	f.	θε-μέν-ης	δο-μέν-ης		ἑ-μέν-ης
	n.	θε-μέν-ου	δο-μέν-ου		ἑ-μέν-ου

15.5 Stammformen

	τίθημι (L. 49)	δίδωμι (L. 50)	ἵστημι (L. 52)	ἵημι (L. 54)
Präsens	τίθημι	δίδωμι	ἵστημι	ἵημι
Futur	θήσω	δώσω	στήσω	ἥσω
Aorist Aktiv	ἔθηκα	ἔδωκα	ἔστησα	ἧκα
Perfekt Aktiv	τέθεικα	δέδωκα	ἕστηκα	εἷκα
Perfekt MP	τέθειμαι	δέδομαι	—	ἕωμαι
Aorist Passiv	ἐτέθην	ἐδόθην	ἐστάθην	ἕθην
Futur Passiv	τεθήσομαι	δοθήσομαι	σταθήσομαι	ἑθήσομαι

15.6 Übersicht über die Formen von ἵστημι in allen Zeiten und Modi (Lekt. 46 und 52)

	Transitiv			Intransitiv	
	Akt.: stelle	Med.: stelle für mich	Pass.: werde gestellt	stelle mich = trete	
Präsens	ἵστημι	ἵσταμαι	ἵσταμαι	ἵσταμαι	ich stelle mich, ich trete
Imperfekt	ἵστην	ἱστάμην	ἱστάμην	ἱστάμην	ich stellte mich, ich trat
Futur	στήσω	στήσομαι	σταθήσομαι	στήσομαι	ich werde treten
Aorist	ἔστησα	ἐστησάμην	ἐστάθην ich wurde gestellt	ἔστην	ich trat
Perfekt	—	—	—	ἕστηκα	ich stehe
Plsqpf.	—	—	—	εἱστήκειν	ich stand

15.7 Übersicht über die Formen von ἀφίημι (Lekt. 54)

		Aktiv	Medium	Passiv
Präs.	Ind.	ἀφ-ίημι ich vergebe (ἀφίης 2.Sg.)	ἀφ-ίεμαι ich vergebe für mich	Form wie Med. (ich werde gelassen)
	Konj.	ἀφ-ιῶ	ἀφ-ιῶμαι	Form wie Med.
	Impt.	ἀφ-ίει (-ιέτω 3.Sg.)	ἀφ-ίεσο	" " "
	Infinitiv	ἀφ-ιέναι	ἀφ-ίεσθαι	" " "
	Partizip	ἀφ-ιείς	ἀφ-ιέμενος	" " "
Imperfekt		ἀφ-ίειν	ἀφ-ιέμην (-ίεσο 2.Sg.)	" " "
Futur	Ind.	ἀφ-ήσω	ἀφ-ήσομαι	ἀφ-εθήσομαι
	Infinitiv	ἀφ-ήσειν	ἀφ-ήσεσθαι	ἀφ-εθήσεσθαι
	Partizip	ἀφ-ήσων	ἀφ-ησόμενος	ἀφ-εθησόμενος
Aorist	Ind.	ἀφ-ῆκα ich vergab	ἀφ-είμην (Aor.II, -εῖσο 2.Sg.)	ἀφ-έθην ich wurde gelassen
	Konj.	ἀφ-ῶ	ἀφ-ῶμαι	ἀφ-εθῶ
	Impt.	ἄφ-ες	ἀφ-οῦ	ἀφ-έθητι
	Infinitiv	ἀφ-εῖναι	ἀφ-έσθαι	ἀφ-εθῆναι
	Partizip	ἀφ-είς	ἀφ-έμενος	ἀφ-εθείς
Pf.	Ind.	ἀφ-εῖκα	ἀφ-έωμαι	Form wie Med. (ich bin gelassen worden)
	Konj.	ἀφ-είκω	ἀφ-ειμένος ὦ	Form wie Med.
	Infinitiv	ἀφ-εικέναι	ἀφ-εῖσθαι	" " "
	Partizip	ἀφ-εικώς	ἀφ-ειμένος	" " "
Plsqpf.		ἀφ-είκειν	ἀφ-είμην	" " "

16. Verben auf -νυμι
(Lekt. 56)

16.1 Übersicht über den Präsensstamm von δείκνυμι

		Aktiv	Medium und Passiv
Indikativ	1.	δείκ-νυ-μι	δείκ-νυ-μαι
	2.	δείκ-νυ-ς	δείκ-νυ-σαι
	3.	δείκ-νυ-σι(ν)	δείκ-νυ-ται
	1.	δείκ-νυ-μεν	δεικ-νύ-μεθα
	2.	δείκ-νυ-τε	δείκ-νυ-σθε
	3.	δεικ-νύ-ασι(ν)	δείκ-νυ-νται
Konjunktiv	1.	δεικ-νύ-ω	δεικ-νύ-ω-μαι
	2.	δεικ-νύ-ῃς	δεικ-νύ-ῃ
	3.	δεικ-νύ-ῃ	δεικ-νύ-η-ται
	1.	δεικ-νύ-ω-μεν	δεικ-νυ-ώ-μεθα
	2.	δεικ-νύ-η-τε	δεικ-νύ-η-σθε
	3.	δεικ-νύ-ωσι(ν)	δεικ-νύ-ω-νται
Imperativ	2.	δείκ-νυ	δείκ-νυ-σο
	3.	δεικ-νύ-τω	δεικ-νύ-σθω
	2.	δείκ-νυ-τε	δείκ-νυ-σθε
	3.	δεικ-νύ-τωσαν	δεικ-νύ-σθωσαν
Infinitiv		δεικ-νύ-ναι	δείκ-νυ-σθαι
Partizip	mask.	δεικ-νύς, -νύντος	δεικ-νύ-μενος
	fem.	δεικ-νῦσα, -νύσης	δεικ-νυ-μένη
	neutr.	δεικ-νύν, -νύντος	δεικ-νύ-μενον
Imperfekt	1.	ἐ-δείκ-νυ-ον	ἐ-δεικ-νύ-μην
	2.	ἐ-δείκ-νυ-ες	ἐ-δείκ-νυ-σο
	3.	ἐ-δείκ-νυ-ε(ν)	ἐ-δείκ-νυ-το
	1.	ἐ-δεικ-νύ-ομεν	ἐ-δεικ-νύ-μεθα
	2.	ἐ-δεικ-νύ-ετε	ἐ-δείκ-νυ-σθε
	3.	ἐ-δείκ-νυ-ον	ἐ-δείκ-νυ-ντο

16.2 Übersicht über die Stammformen von δείκνυμι

Futur	Aktiv δείξω	Medium δείξομαι	Passiv δειχ-θήσομαι
Aorist	Aktiv ἔ-δειξα	Medium ἐ-δειξάμην	Passiv ἐ-δείχ-θην
Perfekt	Aktiv δέ-δειχα	Medium und Passiv δέ-δειγ-μαι	

17. „Kleine" Verben auf -μι

17.1 πίμπλημι, δύναμαι, ἐπίσταμαι
(Lekt. 56)

17.1.1 Übersicht über die Formen in verschiedenen Zeiten: πίμπλημι, δύναμαι, ἐπίσταμαι

Präsens	Futur	Aorist	Perfekt	
πίμπλημι	πλήσω	ἔπλησα	πέπληκα ↵	Akt.
	πλησθήσομαι	ἐπλήσθην	πέπλησμαι	Pass.
δύναμαι	δυνήσομαι	ἐδυνήθην* ἐδυνάσθην*	δεδύνημαι	D.P.
ἐπίσταμαι	ἐπιστήσομαι	ἠπιστήθην		D.P.

* auch mit Augment η

17.1.2 Formen von δύναμαι *(Präsensstamm)*

Präsens Indikativ	Konjunktiv	Imperativ	Inf. / Ptz.	Imperfekt*
δύναμαι ich kann	δύνωμαι		δύνασθαι	ἐδυνάμην
δύνασαι, δύνῃ	δύνῃ	δύνω (← δύνασο)		ἐδύνω (← ἐδύνασο)
δύναται	δύνηται	δυνάσθω	δυνάμενος	ἐδύνατο/ἠδύνατο
δυνάμεθα	δυνώμεθα		δυναμένη	ἐδυνάμεθα
δύνασθε	δύνησθε	δύνασθε	δυνάμενον	ἐδύνασθε
δύνανται	δύνωνται	δυνάσθωσαν		ἐδύναντο/ἠδύναντο

* auch mit Augment η

17.2 κεῖμαι
(Lekt. 56)

Präsens Indikativ	Imperativ	Imperfekt
κεῖ-μαι		ἐ-κεί-μην
κεῖ-σαι	κεῖ-σο	ἔ-κει-σο
κεῖ-ται	κεί-σθω	ἔ-κει-το
κεί-μεθα		ἐ-κεί-μεθα
κεῖ-σθε	κεῖ-σθε	ἔ-κει-σθε
κεῖ-νται	κεί-σθωσαν	ἔ-κει-ντο
Inf. κεῖ-σθαι	Ptz. κεί-μενος	Fut. κεί-σομαι

17.3 κάθημαι
(Lekt. 56)

Präsens Indikativ	Imperativ	Infinitiv / Partizip	Imperfekt
κάθη-μαι		καθῆ-σθαι	ἐ-καθή-μην
κάθῃ	κάθου		ἐ-κάθη-σο
κάθη-ται	καθή-σθω		ἐ-κάθη-το
καθή-μεθα		καθή-μενος	ἐ-καθή-μεθα
κάθη-σθε	κάθη-σθε	καθη-μένη	ἐ-κάθη-σθε
κάθη-νται	καθή-σθωσαν	καθή-μενον	ἐ-κάθη-ντο
Ind. Fut. Medium	καθήσομαι		

17.4 εἰδέναι (1.Sg.Ind.: οἶδα)
(Lekt. 33)

Perfekt (m. präsent. Bdtg.)	Plsqpf. (m. Bdtg. eines Ipf.)	Perfekt
οἶδα ich weiß	ᾔδειν ich wusste	Konj. εἰδῶ, -ῇς usw.
οἶδας (klass. οἶσθα)	ᾔδεις	
οἶδεν	ᾔδει	Impt. ἴσθι, ἴστω, ἴστε, ἴστωσαν
οἴδαμεν	ᾔδειμεν	Inf. εἰδέναι
οἴδατε (klass. ἴστε)	ᾔδειτε	Ptz. εἰδώς, εἰδυῖα, εἰδός
οἴδασιν (klass. ἴσασιν)	ᾔδεισαν	Gen. εἰδότος, -υίας, -ότος
Fut. εἰδήσω ich werde wissen		

17.5 εἶναι (1.Sg.Ind.: εἰμί)
(Lekt. 9, 12, 17-19, 27)

Präsens Indikativ	Imperfekt	Präsens Konjunktiv	Futur
εἰμί	ἤμην	ὦ	ἔσομαι
εἶ	ἦς (ἦσθα)	ἦς	ἔσῃ
ἐστί(ν)	ἦν	ᾖ	ἔσται
ἐσμέν	ἦμεν, ἤμεθα	ὦμεν	ἐσόμεθα
ἐστέ	ἦτε	ἦτε	ἔσεσθε
εἰσί(ν)	ἦσαν	ὦσι(ν)	ἔσονται
Impt.: ἴσθι, ἔστω ἔστε, ἔστωσαν		Ptz.: ὤν, οὖσα, ὄν Gen.: ὄντος, οὔσης, ὄντος	
Infinitiv: εἶναι		Inf. Futur: ἔσεσθαι	

17.6 φάναι (1.Sg.Ind.: φημί)
(Lekt. 56)

Präsens Indikativ	Imperfekt	Präsens
φημί*	ἔφην	Konj.: φῶ, φῇς usw.
φής	ἔφησθα	Impt.: φάθι, φάτε usw.
φησίν*	ἔφη*	Inf.: φάναι
φαμέν	ἔφαμεν	Ptz.: φάσκων usw.
φατέ	ἔφατε	Fut.: φήσω usw.
φασίν*	ἔφασαν	Aor.: ἔφησα usw.

* Formen, die im NT vorkommen

18. Stammformen der Verbklassen

18.1 Stammformen der unkontrahierten Verba vocalia

Präsens	Bedeutung	Stamm	Futur	Aorist	Perfekt	Pf. Med./Pass.	Aorist Passiv	Futur Passiv
1. Unkontrahierte Verben ohne Besonderheiten (z.B.)								
παιδεύω	erziehen	παιδευ-	παιδεύσω	ἐπαίδευσα	πεπαίδευκα	πεπαίδευμαι	ἐπαιδεύθην	παιδευθήσομαι
πιστεύω	glauben, vertrauen	πιστευ-	πιστεύσω	ἐπίστευσα	πεπίστευκα	πεπίστευμαι	ἐπιστεύθην	πιστευθήσομαι
βουλεύομαι	beraten, überlegen	βουλευ- D.M.	βουλεύσομαι	ἐβουλευσάμην		βεβούλευμαι		
πορεύομαι	gehen, reisen	πορευ- D.M.	πορεύσομαι	ἐπορεύθην D.P.		πεπόρευμαι		
2. Unkontrahierte Verben mit zweierlei Stämmen								
καίω	verbrennen, anzünden	και- καυ-	καύσω	ἔκαυσα	κέκαυκα	κέκαυμαι (ich brenne)	ἐκαύθην ἐκάην	καυθήσομαι
κλαίω	weinen	κλαι- κλαυ-	κλαύσω	ἔκλαυσα	κέκλαυκα			
3. Unkontrahierte Verben mit zweierlei Quantität des Stammvokals υ								
λύω	lösen	λυ-	λύσω	ἔλυσα	λέλυκα	λέλυμαι	ἐλύθην	λυθήσομαι
ἐν-δύω	anziehen	δυ-	ἐνδύσω	ἐνέδυσα	ἐνδέδυκα	ἐνδέδυμαι	ἐνεδύθην	ἐνδυθήσομαι
ἐν-δύομαι	sich bekleiden	δυ- D.M.	ἐνδύσομαι	ἐνεδυσάμην		ἐνδέδυμαι		
θύω	opfern	θυ-	θύσω	ἔθυσα	τέθυκα	τέθυμαι	ἐτύθην	τυθήσομαι
4. Unkontrahierte Verben mit Sigma								
κλείω	schließen	κλει- κλεισ-	κλείσω	ἔκλεισα	κέκλεικα	κέκλεισμαι	ἐκλείσθην	κλεισθήσομαι
χρίω	salben	χρι- χρισ-	χρίσω	ἔχρισα	κέχρικα	κέχρισμαι	ἐχρίσθην	χρισθήσομαι
κελεύω	befehlen, gebieten	κελευ- κελευσ-	κελεύσω	ἐκέλευσα	κεκέλευκα	κεκέλευσμαι	ἐκελεύσθην	κελευσθήσομαι
λούω	waschen	λου- λουσ-	λούσω	ἔλουσα	λέλουκα	λέλουσμαι λέλουμαι	ἐλούθην	λουθήσομαι
ῥύομαι	erlösen, retten	ῥυ- ῥυσ- D.M.	ῥύσομαι	ἐρυσάμην			ἐρύσθην	ῥυσθήσομαι
ἀκούω	hören	ἀκου- ἀκουσ- ἀκο-	ἀκούσω (ἀκούσομαι)	ἤκουσα	ἀκήκοα	ἤκουσμαι	ἠκούσθην	ἀκουσθήσομαι

18.2 Stammformen der kontrahierten Verba vocalia auf -αω

Präsens	Bedeutung	Stamm	Futur	Aorist	Perfekt	Pf. Med./Pass.	Aorist Passiv	Futur Passiv
1. Kontrahierte Verben auf -αω ohne Besonderheiten (z.B.)								
τιμάω	ehren	τιμα- τιμη-	τιμήσω	ἐτίμησα	τετίμηκα	τετίμημαι	ἐτιμήθην	τιμηθήσομαι
ἀγαπάω	lieben	ἀγαπα- ἀγαπη-	ἀγαπήσω	ἠγάπησα	ἠγάπηκα	ἠγάπημαι	ἠγαπήθην	ἀγαπηθήσομαι
2. Kontrahierte Verben auf -αω mit Besonderheiten								
a) Abweichende Kontraktion								
ζάω	leben	ζα- ζη-	ζήσω (ζήσομαι)	ἔζησα				
χράομαι	brauchen	χρα- χρη- D.M.	χρήσομαι	ἐχρησάμην		κέχρημαι		
b) Stämme auf -εα, -ια, -ρα								
ἀγαλλιάω	jubeln	ἀγαλλια-	ἀγαλλιάσω	ἠγαλλίασα	ἠγαλλίακα			
θεάομαι	betrachten	θεα- D.M.	θεάσομαι	ἐθεασάμην		τεθέαμαι	ἐθεάθην	θεαθήσομαι
ἰάομαι	heilen	ἰα- D.M.	ἰάσομαι	ἰασάμην		ἴαμαι	ἰάθην	ἰαθήσομαι
κοπιάω	sich mühen	κοπια-	κοπιάσω	ἐκοπίασα	κεκοπίακα	κεκοπίαμαι	ἐκοπιάθην	κοπιαθήσομαι
ἐάω	lassen, zulassen	ἐα-	ἐάσω	εἴασα	εἴακα			
Ipf.: εἴων								
c) Stämme mit -α in allen Tempora								
κλάω	brechen	κλα- κλασ-	κλάσω	ἔκλασα	κέκλακα	κέκλασμαι	ἐκλάσθην	κλασθήσομαι
γελάω	lachen	γελα-	γελάσω	ἐγέλασα	γεγέλακα			
πεινάω	hungern	πεινα-	πεινάσω	ἐπείνασα	πεπείνακα			
χαλάω	hinablassen	χαλα- χαλασ-	χαλάσω	ἐχάλασα	κεχάλακα	κεχάλασμαι	ἐχαλάσθην	χαλασθήσομαι

18.3 Stammformen der kontrahierten Verba vocalia auf -εω

Präsens	Bedeutung	Stamm	Futur	Aorist	Perfekt	Pf. Med./Pass.	Aorist Passiv	Futur Passiv
1. Kontrahierte Verben auf -εω ohne Besonderheiten (z.B.)								
ποιέω	tun, machen	ποιε- ποιη-	ποιήσω	ἐποίησα	πεποίηκα	πεποίημαι	ἐποιήθην	ποιηθήσομαι
2. Kontrahierte Verben auf -εω mit Besonderheiten								
τελέω	vollenden	τελε- τελεσ-	τελέσω	ἐτέλεσα	τετέλεκα	τετέλεσμαι	ἐτελέσθην	τελεσθήσομαι
ἀρκέω	genügen	ἀρκε-	ἀρκέσω	ἤρκεσα				
φορέω	tragen	φορε-	φορέσω	ἐφόρεσα				
δέω	binden	δε- δη-	δήσω	ἔδησα	δέδεκα	δέδεμαι	ἐδέθην	δεθήσομαι
καλέω	rufen	καλε- κλη-	καλέσω	ἐκάλεσα	κέκληκα	κέκλημαι	ἐκλήθην	κληθήσομαι

18.4 Stammformen der kontrahierten Verben auf -οω

Präsens	Bedeutung	Stamm	Futur	Aorist	Perfekt	Pf. Med./Pass.	Aorist Passiv	Futur Passiv
δουλόω	unterwerfen	δουλο- δουλω-	δουλώσω	ἐδούλωσα	δεδούλωκα	δεδούλωμαι	ἐδουλώθην	δουλωθήσομαι

18.5 Stammformen der Verba muta: Dentalstämme

Präsens	Bedeutung	Stamm	Futur Aktiv Passiv	Aorist Aktiv Passiv	Perfekt Aktiv Med./Pass.
ἁγιάζω	heiligen	ἁγιαδ-	ἁγιάσω ἁγιασθήσομαι	ἡγίασα ἡγιάσθην	ἡγίακα ἡγίασμαι
ἀγοράζω	kaufen	ἀγοραδ-	ἀγοράσω ἀγορασθήσομαι	ἠγόρασα ἠγοράσθην	ἠγόρακα ἠγόρασμαι
ἀγωνίζομαι	wettkämp- fen	ἀγωνιδ- D.M.	ἀγωνιοῦμαι	ἠγωνισάμην	ἠγώνισμαι
ἁρπάζω	rauben, raf- fen	ἁρπαδ- ἁρπαγ-	ἁρπάσω ἁρπασθήσομαι ἁρπαγήσομαι	ἥρπασα ἡρπάσθην ἡρπάγην	ἥρπακα ἥρπασμαι
ἀσπάζομαι	grüßen	ἀσπαδ-D.M.	ἀσπάσομαι	ἠσπασάμην	ἤσπασμαι
ἀφ-ορίζω	trennen	ἀφοριδ-	ἀφορίσω, ἀφοριῶ	ἀφώρισα ἀφωρίσθην	ἀφώρισμαι
βαπτίζω	taufen	βαπτιδ-	βαπτίσω βαπτισθήσομαι	ἐβάπτισα ἐβαπτίσθην	βεβάπτικα βεβάπτισμαι
βασανίζω	foltern, quälen	βασανιδ-	βασανιῶ βασανισθήσομαι	ἐβασάνισα ἐβασανίσθην	
γνωρίζω	bekannt machen	γνωριδ-	γνωρίσω γνωρισθήσομαι	ἐγνώρισα ἐγνωρίσθην	ἐγνώρικα ἐγνώρισμαι
δοκιμάζω	prüfen	δοκιμαδ-	δοκιμάσω δοκιμασθήσομαι	ἐδοκίμασα ἐδοκιμάσθην	δεδοκίμακα δεδοκίμασμαι
δοξάζω	ehren, ver- herrlichen	δοξαδ-	δοξάσω δοξασθήσομαι	ἐδόξασα ἐδοξάσθην	δεδόξακα δεδόξασμαι
ἐγγίζω	sich nähern	ἐγγιδ-	ἐγγιῶ	ἤγγισα	ἤγγικα
ἐλπίζω	hoffen	ἐλπιδ-	ἐλπιῶ	ἤλπισα	ἤλπικα
ἐργάζομαι Ipf.: ἠργαζόμην	arbeiten	ἐργαδ- D.M.	ἐργάσομαι ἐργασθήσομαι	εἰργασάμην ἠργασάμην εἰργάσθην	 εἴργασμαι
ἑτοιμάζω	bereiten, zurüsten	ἑτοιμαδ-	ἑτοιμάσω ἑτοιμασθήσομαι	ἡτοίμασα ἡτοιμάσθην	ἡτοίμακα ἡτοίμασμαι
εὐαγγελίζω	frohe Bot- schaft ver- kündigen	εὐαγγελιδ-	εὐαγγελιῶ εὐαγγελισθήσο- μαι	εὐηγγέλισα εὐηγγελίσθην	εὐηγγέλικα εὐηγγέλισμαι
εὐαγγελίζομαι Ipf.: εὐηγγε- λιζόμην	Med.: Bdtg. wie Akt.		εὐαγγελίσομαι	εὐηγγελίσθην	εὐηγγέλισμαι
θαυμάζω Ipf.: ἐθαύμαζον	sich wun- dern	θαυματ-	θαυμάσομαι θαυμασθήσομαι	ἐθαύμασα ἐθαυμάσθην	τεθαύμακα τεθαύμασμαι
καθαρίζω	reinigen	καθαριδ-	καθαριῶ καθαρισθήσομαι	ἐκαθάρισα ἐκαθαρίσθην	κεκαθάρικα κεκαθάρισμαι

Präsens	Bedeutung	Stamm	Futur Aktiv Passiv	Aorist Aktiv Passiv	Perfekt Aktiv Med./Pass.
καθίζω	(sich) setzen	καθιδ-	καθίσω	ἐκάθισα	κεκάθικα
κατ-αρτίζω	in Ordnung bringen, zurechtmachen	καταρτιδ-	καταρτίσω	κατήρτισα	 κατήρτισμαι
κομίζω	bringen	κομιδ-	κομίσομαι (und κομιοῦμαι)	ἐκόμισα	
κτίζω	schaffen	κτιδ-	κτίσω	ἔκτισα ἐκτίσθην	 ἔκτισμαι
λογίζομαι	meinen, rechnen, bedenken	λογιδ- D.M.	λογιοῦμαι λογισθήσομαι	ἐλογισάμην ἐλογίσθην	 λελόγισμαι
νομίζω	glauben	νομιδ-	νομιῶ νομισθήσομαι	ἐνόμισα ἐνομίσθην	νενόμικα νενόμισμαι
πείθω	überreden, überzeugen	πειθ- ποιθ-	πείσω πεισθήσομαι	ἔπεισα ἐπείσθην	πέπεικα πέποιθα πέπεισμαι
πείθομαι	gehorchen	D.M.	πείσομαι	ἐπείσθην	πέπεισμαι
πειράζω	versuchen, auf die Probe stellen	πειραδ-	πειράσω πειρασθήσομαι	ἐπείρασα ἐπειράσθην	πεπείρακα πεπείρασμαι
σκανδαλίζω	Anstoß geben	σκανδαλιδ-	σκανδαλιῶ σκανδαλισθήσομαι	ἐσκανδάλισα ἐσκανδαλίσθην	 ἐσκανδάλισμαι
σπουδάζω	sich eifrig bemühen	σπουδαδ-	σπουδάσω	ἐσπούδασα	
σφραγίζω	versiegeln	σφραγιδ-		ἐσφράγισα ἐσφραγίσθην	 ἐσφράγισμαι
σώζω, σῴζω	retten, helfen	σωδ- σω-	σώσω σωθήσομαι	ἔσωσα ἐσώθην	σέσωκα σέσῳ(σ)μαι
φείδομαι	schonen	φειδ- D.M.	φείσομαι	ἐφεισάμην	
χαρίζομαι	schenken, spenden	χαριδ- D.M.	χαρίσομαι χαρισθήσομαι	ἐχαρισάμην ἐχαρίσθην	κεχάρισμαι
ψεύδομαι	lügen, täuschen	ψευδ- D.M.	ψεύσομαι	ἐψευσάμην	ἔψευσμαι

18.6 Stammformen der Verba muta: Gutturalstämme

Präsens	Bedeutung	Stamm	Futur Aktiv Passiv	Aorist Aktiv Passiv	Perfekt Aktiv Med./Pass.
ἄγω	führen, treiben	ἀγ-	ἄξω ἀχθήσομαι	ἤγαγον (Aor.II) ἤχθην	ἦχα ἦγμαι
ἀν-άγω	hinaufführen			ἀνήγαγον ἀνήχθην	
συν-άγω	zusammenbringen, -kommen		συνάξω συναχθήσομαι	συνήγαγον συνήχθην	συνῆγμαι
ἀλλάσσω	verändern	ἀλλαγ-	ἀλλάξω ἀλλαγήσομαι	ἤλλαξα ἠλλάγην	ἤλλαχα ἤλλαγμαι
ἀν-οίγω	öffnen	ἀνοιγ-	ἀνοίξω ἀνοιχθήσομαι ἀνοιγήσομαι	ἀνέῳξα (ἤνοιξα) (ἠνέῳξα) ἀνεῴχθην (ἠνεῴχθην) (ἠνοίχθην) (ἠνοίγην Aor.II)	ἀνέῳχα (ἀνέῳγα) ἀνέῳγμαι
ἄρχομαι	anfangen	ἀρχ- D.M.	ἄρξομαι	ἠρξάμην	
βαστάζω	aufheben, tragen	βασταγ- βασταδ-	βαστάσω	ἐβάσταξα ἐβαστάχθην	
δέχομαι	aufnehmen, empfangen, annehmen	δεχ- D.M.	δέξομαι δεχθήσομαι	ἐδεξάμην ἐδέχθην	δέδειγμαι
δια-λέγομαι	sich unterreden, sprechen	λεγ- D.M.		διελεξάμην διελέχθην	
διώκω	verfolgen	διωκ-	διώξω διωχθήσομαι	ἐδίωξα ἐδιώχθην	δεδίωχα δεδίωγμαι
ἔχω Ipf.: εἶχον	haben (unregelm.)	σεχ-, ἑχ-, ἐχ-, σχ- u. σχη-	ἕξω, (σχήσω)	ἔσχον (Aor.II)	ἔσχηκα ἔσχημαι
παρ-έχω	gewähren, darbieten		παρέξω	παρέσχον	παρέσχηκα
ἀν-έχομαι Ipf.: ἀνειχόμην	ertragen	D.M.	ἀνέξομαι	ἀνεσχόμην	
κηρύσσω	bekanntmachen, predigen	κηρυγ-	κηρύξω κηρυχθήσομαι	ἐκήρυξα ἐκηρύχθην	
κράζω	schreien, laut rufen	κραγ-	κράξω	ἔκραξα ἔκραγον (Aor.II)	κέκραγα
πράσσω	tun, treiben	πραγ-	πράξω πραχθήσομαι	ἔπραξα ἐπράχθην	πέπραχα πέπραγμαι

Präsens	Bedeutung	Stamm	Futur Aktiv Passiv	Aorist Aktiv Passiv	Perfekt Aktiv Med./Pass.
σαλπίζω	trompeten	σαλπιγγ- σαλπιδ-	(σαλπίγξω) σαλπίσω	(ἐσάλπιγξα) ἐσάλπισα	
στηρίζω	stärken	στηριγ-	στηρίξω στηριχθήσομαι	ἐστήριξα (ἐστήρισα) ἐστηρίχθην	ἐστήριχα ἐστήριγμαι
σφάζω	schlachten	σφαγ-	σφάξω σφαγήσομαι	ἔσφαξα ἐσφάγην	ἔσφαχα ἔσφαγμαι
ταράσσω	verwirren	ταραχ-	ταράξω ταραχθήσομαι	ἐτάραξα ἐταράχθην	τετάραχα τετάραγμαι
τάσσω	ordnen	ταγ-	τάξω ταχθήσομαι	ἔταξα Akt. ἐταξάμην Med. ἐτάχθην, -άγην	τέταχα τέταγμαι
δια-τάσσω	anordnen, befehlen		 διατάξομαι Med.	διέταξα διεταξάμην Med. διετάχθην Pass.	 διατέταγμαι
ἐπι-τάσσω	befehlen, gebieten			ἐπέταξα	ἐπιτέταγμαι
τίκτω	gebären, er- zeugen	τεκ-, τοκ-	τέξομαι	ἔτεκον ἐτέχθην	τέτοκα
φυλάσσω	bewachen, befolgen	φυλακ-	φυλάξω	ἐφύλαξα ἐφυλάχθην	πεφύλαχα πεφύλαγμαι

18.7 Stammformen der Verba muta: Labialstämme

Präsens	Bedeutung	Stamm	Futur Aktiv Passiv	Aorist Aktiv Passiv	Perfekt Aktiv Med./Pass.
ἀπο-καλύπτω	enthüllen, offenbaren	καλυβ-	ἀποκαλύψω ἀποκαλυφθήσομαι	ἀπεκάλυψα ἀπεκαλύφθην	
ἅπτω	anzünden	ἁπ-	ἅψω	ἧψα	
ἅπτομαι	anfassen, berühren	D.M.	ἅψομαι	ἡψάμην ἥφθην	ἅμμαι oder ἧμμαι
βλέπω	sehen	βλεπ-	βλέψω	ἔβλεψα	βέβλεφα
ἀνα-βλέπω	aufsehen		ἀναβλέψομαι selten ἀναβλέψω	ἀνέβλεψα	ἀναβέβλεφα
γράφω	schreiben, malen	γραφ-	γράψω γραφήσομαι	ἔγραψα ἐγράφην	γέγραφα γέγραμμαι
ἐπι-τρέπω	erlauben, gestatten	τρεπ- τροπ- τραπ-	ἐπιτρέψω	ἐπέτρεψα ἐπετράπην ἐπετρέφθην	ἐπιτέτροφα ἐπιτέτραμμαι
θάπτω	begraben	θαφ- ταφ-	θάψω	ἔθαψα ἐτάφην	τέταφα τέθαμμαι
θλίβω	drücken	θλιβ-	θλίψω	ἔθλιψα ἐθλίβην ἐθλίφθην	τέθλιφα τέθλιμμαι
κλέπτω	stehlen	κλεπ-, κλοπ- κλαπ-	κλέψω	ἔκλεψα ἐκλάπην	κέκλοφα κέκλεμμαι
κόπτω	schlagen	κοπ-	κόψω κοπήσομαι	ἔκοψα ἐκόπην	κέκοφα κέκομμαι
κρύπτω	verbergen	κρυφ-	κρύψω	ἔκρυψα ἐκρύβην, -ύφθην	κέκρυφα κέκρυμμαι
λείπω	lassen	λειπ- λιπ-, λοιπ-	λείψω	ἔλειψα, ἔλιπον ἐλείφθην	λέλοιπα λέλειμμαι
ἀπο-λείπω	zulassen, übrig lassen		ἀπολείψω	ἀπέλιπον (Aor.II) ἀπελείφθην	ἀπολέλοιπα ἀπολέλειμμαι
κατα-λείπω	zurücklassen		καταλείψω	κατέλειψα κατέλιπον (Aor.II) κατελείφθην	καταλέλοιπα καταλέλειμμαι
πέμπω	schicken, senden	πεμπ- πομπ-	πέμψω πεμφθήσομαι	ἔπεμψα ἐπέμφθην	πέπομφα πέπεμμαι
πίπτω	fallen, stürzen	πιπ-	πεσοῦμαι	ἔπεσον (Aor.II) ἔπεσα	πέπτωκα
στρέφω	drehen	στρεφ- στροφ- στραφ	στρέψω	ἔστρεψα ἐστράφην	ἔστροφα ἔστραμμαι
ἀνα-στρέφω	umkehren		ἀναστρέψω ἀναστραφήσομαι	ἀνέστρεψα ἀνεστράφην	ἀνέστροφα ἀνέστραμμαι
τρέφω	nähren, aufziehen	τρεφ-, θρεφ- θροφ- θραφ-	θρέψω	ἔθρεψα ἐτράφην (ἐτρέφθην)	τέτροφα τέθραμμαι
τύπτω	schlagen	τυπ-	τυπτήσομαι	ἐτυψάμην	τέτυμμαι

18.8 Stammformen der Verba liquida

Präsens	Bedeutung	Stamm	Futur Aktiv Passiv	Aorist Aktiv Passiv	Perfekt Aktiv Med./Pass.
αἴρω	heben	ἀρ-	ἀρῶ ἀρθήσομαι	ἦρα, Inf.: ἆραι ἤρθην	ἦρκα ἦρμαι
ἀπ-αγγέλλω	verkündi- gen	ἀπαγγελ-	ἀπαγγελῶ ἀπαγγελήσομαι	ἀπήγγειλα ἀπηγγέλην	ἀπήγγελκα ἀπήγγελμαι
ἀπο-κτείνω	töten	ἀποκτεν-, ἀποκτον-, ἀποκταν-	ἀποκτενῶ	ἀπέκτεινα ἀπεκτάνθην	ἀπέκτονα
ἀπο-στέλλω	senden	ἀποστελ- ἀποσταλ-	ἀποστελῶ ἀποσταλήσομαι	ἀπέστειλα ἀπεστάλην	ἀπέσταλκα ἀπέσταλμαι
βάλλω	werfen	βαλ- βλη-	βαλῶ βληθήσομαι	ἔβαλον (Aor.II) ἐβλήθην	βέβληκα βέβλημαι
δέρω	schinden	δερ- δαρ-	δερῶ δαρήσομαι	ἔδειρα ἐδάρην	δέδαρκα δέδαρμαι
ἐγείρω	aufwecken	ἐγερ-	ἐγερῶ ἐγερθήσομαι	ἤγειρα ἠγέρθην	ἐγήγερκα ἐγήγερμαι
κρίνω	richten, ur- teilen	κριν- κρι-	κρινῶ κριθήσομαι	ἔκρινα ἐκρίθην	κέκρικα κέκριμαι
ἀπο-κρίνομαι	antworten	D.P.	 ἀποκριθήσομαι	ἀπεκρινάμην M. ἀπεκρίθην Pass.	
δια-κρίνω	unterschei- den		διακρινῶ	διέκρινα διεκρίθην	διακέκρικα διακέκριμαι
μένω	bleiben	μεν(η)-	μενῶ	ἔμεινα	μεμένηκα
πληθύνω	vermehren		πληθυνῶ	ἐπληθύνθην	
σπείρω	säen	σπερ- σπαρ-	σπερῶ	ἔσπειρα ἐσπάρην	ἔσπαρκα ἔσπαρμαι
φαίνω	scheinen, leuchten	φαν-, φην-	φανῶ	ἔφανα ἐφάνην	πέφαγκα πέφασμαι
φαίνομαι	sich zeigen, erscheinen	D.M.	φανοῦμαι φανήσομαι	ἐφάνην	πέφηνα

18.9 Stammformen der Verben auf -μι und -νυμι

Präsens	Bedeutung	Futur Aktiv	Aorist Aktiv	Perfekt Aktiv	Pf. Med./Pass.	Aorist Passiv	Futur Passiv
τίθημι (Nebenform: τιθέω)	setzen, stellen	θήσω	ἔθηκα	τέθεικα	τέθειμαι	ἐτέθην	τεθήσομαι
ἀφ-ίημι	loslassen, vergeben	ἀφήσω	ἀφῆκα	ἀφεῖκα	ἀφέωμαι	ἀφέθην	ἀφεθήσομαι
ἵστημι	stellen (trans.)	στήσω	ἔστησα			ἐστάθην	σταθήσομαι
ἵσταμαι	treten (intrans.)	στήσομαι	ἔστην	ἕστηκα stehen			
δίδωμι	geben	δώσω	ἔδωκα	δέδωκα	δέδομαι	ἐδόθην	δοθήσομαι
πίμπλημι	(er-)füllen	πλήσω	ἔπλησα	πέπληκα	πέπλησμαι	ἐπλήσθην	πλησθήσομαι
δύναμαι	kann	δυνήσομαι			δεδύνημαι	ἐ/ἠδυνήθην ἐ/ἠδυνάσθην	
ἐπ-ίσταμαι	wissen, verstehen	ἐπιστήσομαι					
δείκνυμι (Nebenform: δεικνύω)	zeigen	δείξω	ἔδειξα	δέδειχα	δέδειγμαι	ἐδείχθην	δειχθήσομαι
ἀπ-όλλυμι	zugrunde richten (trans.)	ἀπολέσω ἀπολῶ	ἀπώλεσα	ἀπολώλεκα			
ἀπ-όλλυμαι	zugrunde gehen (intrans.)	ἀπολοῦμαι	ἀπωλόμην	ἀπόλωλα verloren sein			
ὄμνυμι	schwören	ὀμοῦμαι	ὤμοσα	ὀμώμοκα			
ῥήγνυμι (Nebenform: ῥήσσω)	niederreißen	ῥήξω	ἔρ(ρ)ηξα				
σβέννυμι	auslöschen	σβέσω	ἔσβεσα		ἔσβεσμαι	ἐσβέσθην	

19. Stammformen unregelmäßiger Verben

Präsens	Bedeutung	Futur Aktiv	Aorist Aktiv	Perfekt Aktiv	Pf. Med./Pass.	Aorist Passiv	Futur Passiv
ἁμαρτάνω	sündigen	ἁμαρτήσω	ἡμάρτησα u. ἥμαρτον	ἡμάρτηκα	ἡμάρτημαι	ἡμαρτήθην	ἁμαρτηθήσομαι
αἱρέω	nehmen	αἱρήσω	εἷλον Med. εἱλόμην Konj. ἕλω	ᾕρηκα	ᾕρημαι	ᾑρέθην	αἱρεθήσομαι
ἀν-αιρέω	aufheben, töten	ἀνελῶ	ἀνεῖλον (ἀνεῖλα)			ἀνῃρέθην	
ἀπο-θνῄσκω	sterben	ἀποθανοῦμαι	ἀπέθανον	τέθνηκα bin tot			
ἀρέσκω	gefallen	ἀρέσω	ἤρεσα	ἀρήρεκα		ἠρέσθην	
αὐξάνω (Nebenform: αὔξω)	wachsen machen, mehren	αὐξήσω	ηὔξησα	ηὔξηκα	ηὔξημαι	ηὐξήθην	αὐξηθήσομαι
βαίνω	gehen	βήσομαι	ἔβην	βέβηκα	βέβαμαι	ἐβάθην	
βούλομαι	wollen, wünschen	βουλήσομαι			βεβούλημαι	ἐβουλήθην	
γαμέω	heiraten	γαμήσω	ἐγάμησα, ἔγημα	γεγάμηκα	γεγάμημαι	ἐγαμήθην	
γί(γ)νομαι	werden, geschehen	γενήσομαι	ἐγενόμην	γέγονα	γεγένημαι	ἐγενήθην	
γι(γ)νώσκω	erkennen	γνώσομαι	ἔγνων	ἔγνωκα	ἔγνωσμαι	ἐγνώσθην	γνωσθήσομαι
δεῖ	es ist nötig, man muss	δεήσει	ἐδέησεν				
διδάσκω	lehren	διδάξω	ἐδίδαξα	δεδίδαχα	δεδίδαγμαι	ἐδιδάχθην	
δοκέω	meinen	δόξω	ἔδοξα	δεδόκηκα	δέδογμαι	ἐδοκήθην	

Präsens	Bedeutung	Futur Aktiv	Aorist Aktiv	Perfekt Aktiv	Pf. Med./Pass.	Aorist Passiv	Futur Passiv
ἐκ-πλήσσομαι	erschrecken				ἐκπέπληγμαι	ἐξεπλάγην	ἐκπλαγήσομαι
ἐπι-λανθάνομαι	vergessen	ἐπιλήσομαι	ἐπελαθόμην		ἐπιλέλησμαι		
ἔρχομαι	kommen	ἐλεύσομαι	ἦλθον, ἦλθα	ἐλήλυθα			
ἐσθίω Ipf.: ἤσθιον	essen	φάγομαι ἔδομαι	ἔφαγον	βέβρωκα (von βιβρώσκω essen)			
εὑρίσκω	finden	εὑρήσω	εὗρα, εὗρον	εὕρηκα	εὕρημαι	εὑρέθην	εὑρεθήσομαι
ἔχω Ipf.: εἶχον	haben	ἕξω	ἔσχον	ἔσχηκα	ἔσχημαι		
θέλω oder ἐθέλω	wollen	θελήσω ἐθελήσω	ἐθέλησα ἠθέλησα	τεθέληκα ἠθέληκα			
λαμβάνω	nehmen	λήμψομαι	ἔλαβον Impt.: λάβε	εἴληφα 2.Sg.: εἴληφας und εἴληφες	εἴλημμαι	ἐλήμφθην	λημφθήσομαι
λέγω	sagen	ἐρῶ	εἶπον, εἶπα	εἴρηκα	εἴρημαι	ἐρρέθην ἐρρήθην	
λείπω	lassen	λείψω	ἔλιπον	λέλοιπα	λέλειμμαι	ἐλείφθην	λειφθήσομαι
μανθάνω	lernen	μαθήσομαι	ἔμαθον	μεμάθηκα			
μέλω	Sorge bereiten μέλει μοί τινος = ich trage Sorge für etwas	μελήσω	ἐμέλησα	μεμέληκα	μεμέλημαι	ἐμελήθην	
μέλλω	im Begriff sein	μελλήσω	ἐμέλλησα				
μιμνῄσκομαι	sich erinnern				μέμνημαι	ἐμνήσθην	μνησθήσομαι

Präsens	Bedeutung	Futur Aktiv	Aorist Aktiv	Perfekt Aktiv	Pf. Med./Pass.	Aorist Passiv	Futur Passiv
ὁράω Ipf.: ἑώρων	sehen	ὄψομαι	εἶδον, εἶδα Konj. ἴδω	ἑώρακα ἑόρακα	ἑώραμαι	ὤφθην	ὀφθήσομαι
πάσχω	leiden	πείσομαι	ἔπαθον	πέπονθα			
περι-τέμνω	beschneiden	περιτεμῶ	περιέτεμον	περιτέτμηκα	περιτέτμημαι	περιετμήθην	περιτμηθήσομαι
πίνω	trinken	πίομαι	ἔπιον	πέπωκα	πέπομαι	ἐπόθην	
πιπράσκω	verkaufen			πέπρακα	πέπραμαι	ἐπράθην	
πίπτω	fallen	πεσοῦμαι	ἔπεσον, ἔπεσα	πέπτωκα			
τρέχω	laufen	δραμοῦμαι	ἔδραμον	δεδράμηκα			
τυγχάνω	erlangen	τεύξομαι	ἔτυχον	τέτευχα			
φέρω	tragen	οἴσω	ἤνεγκον, ἤνεγκα	ἐνήνοχα	ἐνήνεγμαι	ἠνέχθην	
φεύγω	fliehen	φεύξομαι	ἔφυγον	πέφευγα			
χαίρω	sich freuen	χαρήσομαι	ἐχάρην	κεχάρηκα erfreut sein	κεχάρημαι		

20. Konjugation im Überblick: Aktiv

		Indikativ Haupt-Tempora	Indikativ Neben-Tempora	Konjunktiv
Präsens			Imperfekt	
	1.	παιδεύ-ω	ἐ-παίδευ-ο-ν	παιδεύ-ω
	2.	παιδεύ-εις	ἐ-παίδευ-ε-ς	παιδεύ-ῃ-ς
	3.	παιδεύ-ει	ἐ-παίδευ-ε-(ν)	παιδεύ-ῃ
	1.	παιδεύ-ο-μεν	ἐ-παιδεύ-ο-μεν	παιδεύ-ω-μεν
	2.	παιδεύ-ε-τε	ἐ-παιδεύ-ε-τε	παιδεύ-η-τε
	3.	παιδεύ-ουσι(ν)	ἐ-παίδευ-ο-ν	παιδεύ-ω-σι(ν)
Futur	1.	παιδεύ-σ-ω		
	2.	παιδεύ-σ-εις		
	3.	παιδεύ-σ-ει		
	1.	παιδεύ-σ-ο-μεν		
	2.	παιδεύ-σ-ε-τε		
	3.	παιδεύ-σ-ουσι(ν)		
Aorist I	1.		ἐ-παίδευ-σ-α	παιδεύ-σ-ω
	2.		ἐ-παίδευ-σ-α-ς	παιδεύ-σ-ῃ-ς
	3.		ἐ-παίδευ-σ-ε-ν	παιδεύ-σ-ῃ
	1.		ἐ-παιδεύ-σ-α-μεν	παιδεύ-σ-ω-μεν
	2.		ἐ-παιδεύ-σ-α-τε	παιδεύ-σ-η-τε
	3.		ἐ-παίδευ-σ-α-ν	παιδεύ-σ-ω-σι(ν)
Aorist II	1.		ἔ-βαλ-ο-ν	βάλ-ω
	2.		ἔ-βαλ-ε-ς	βάλ-ῃ-ς
	3.		ἔ-βαλ-ε-ν	βάλ-ῃ
	1.		ἐ-βάλ-ο-μεν	βάλ-ω-μεν
	2.		ἐ-βάλ-ε-τε	βάλ-η-τε
	3.		ἔ-βαλ-ο-ν	βάλ-ω-σι(ν)
Perfekt I			Plusquamperfekt	
	1.	πε-παίδευ-κα	ἐ-πε-παιδεύ-κει-ν	πε-παιδεύ-κω
	2.	πε-παίδευ-κα-ς	ἐ-πε-παιδεύ-κει-ς	πε-παιδεύ-κῃς
	3.	πε-παίδευ-κεν	ἐ-πε-παιδεύ-κει	πε-παιδεύ-κῃ
	1.	πε-παιδεύ-κα-μεν	ἐ-πε-παιδεύ-κει-μεν	usw. oder umschr.
	2.	πε-παιδεύ-κα-τε	ἐ-πε-παιδεύ-κει-τε	πε-παιδευ-κώς
	3.	πε-παιδεύ-κα-σι(ν)	ἐ-πε-παιδεύ-κει-σαν	ὦ, ᾖς, ᾖ usw.
Perfekt II	1.	γέ-γραφ-α	ἐ-γε-γράφ-ει-ν	γε-γράφ-ω
	2.	γέ-γραφ-α-ς	ἐ-γε-γράφ-ει-ς	γε-γράφ-ῃς
	3.	γέ-γραφ-ε-ν	ἐ-γε-γράφ-ει	γε-γράφ-ῃ
	1.	γε-γράφ-α-μεν	ἐ-γε-γράφ-ει-μεν	γε-γράφ-ω-μεν
	2.	γε-γράφ-α-τε	ἐ-γε-γράφ-ει-τε	γε-γράφ-η-τε
	3.	γε-γράφ-α-σι(ν)	ἐ-γε-γράφ-ει-σαν	γε-γράφ-ω-σι(ν)

Aktiv

Optativ	Imperativ	Infinitiv	Partizip	
παιδεύ-οι-μι		παιδεύ-ειν		
παιδεύ-οι-ς	παίδευ-ε			
παιδεύ-οι	παιδευ-έ-τω			
παιδεύ-οι-μεν			παιδεύ-ων	-οντος
παιδεύ-οι-τε	παιδεύ-ε-τε		παιδεύ-ουσα	-ούσης
παιδεύ-οι-εν	παιδευ-έ-τωσαν		παιδεῦ-ον	-οντος
		παιδεύ-σ-ειν		
			παιδεύ-σ-ων	-σοντος
			παιδεύ-σ-ουσα	-σούσης
			παιδεῦ-σ-ο-ν	-σοντος
παιδεύ-σαι-μι		παιδεῦ-σ-αι		
παιδεύ-σαι-ς	παίδευ-σ-ον			
παιδεύ-σαι	παιδευ-σά-τω			
παιδεύ-σαι-μεν			παιδεύ-σα-ς	-σαντος
παιδεύ-σαι-τε	παιδεύ-σα-τε		παιδεύ-σα-σα	-σάσης
παιδεύ-σαι-εν	παιδευ-σά-τωσαν		παιδεῦ-σα-ν	-σαντος
βάλ-οι-μι		βαλ-εῖν		
βάλ-οι-ς	βάλ-ε			
βάλ-οι	βαλ-έ-τω			
βάλ-οι-μεν			βαλ-ών	-όντος
βάλ-οι-τε	βάλ-ε-τε		βαλ-οῦσα	-ούσης
βάλ-οι-εν	βαλ-έ-τωσαν		βαλ-όν	-όντος
		πε-παιδευ-κέναι		
			πε-παιδευ-κώς	-κότος
			πε-παιδευ-κυῖα	-κυίας
			πε-παιδευ-κός	-κότος
		γε-γραφ-έναι		
			γε-γραφ-ώς	-ότος
			γε-γραφ-υῖα	-υίας
			γε-γραφ-ός	-ότος

Konjugation im Überblick: Medium

		Indikativ Haupt-Tempora	Neben-Tempora	Konjunktiv
Präsens			Imperfekt	
	1.	παιδεύ-ο-μαι	ἐ-παιδευ-ό-μην	παιδεύ-ω-μαι
	2.	παιδεύ-ῃ (← εσαι)	ἐ-παιδεύ-ου (← εσο)	παιδεύ-ῃ (← ησαι)
	3.	παιδεύ-ε-ται	ἐ-παιδεύ-ε-το	παιδεύ-η-ται
	1.	παιδευ-ό-μεθα	ἐ-παιδευ-ό-μεθα	παιδευ-ώ-μεθα
	2.	παιδεύ-ε-σθε	ἐ-παιδεύ-ε-σθε	παιδεύ-η-σθε
	3.	παιδεύ-ο-νται	ἐ-παιδεύ-ο-ντο	παιδεύ-ω-νται
Futur	1.	παιδεύ-σ-ο-μαι		
	2.	παιδεύ-σ-ῃ		
	3.	παιδεύ-σ-ε-ται		
	1.	παιδευ-σ-ό-μεθα		
	2.	παιδεύ-σ-ε-σθε		
	3.	παιδεύ-σ-ο-νται		
Aorist I	1.		ἐ-παιδευ-σά-μην	παιδεύ-σ-ω-μαι
	2.		ἐ-παιδεύ-σω (← σασο)	παιδεύ-σ-ῃ (← σησαι)
	3.		ἐ-παιδεύ-σα-το	παιδεύ-σ-η-ται
	1.		ἐ-παιδευ-σά-μεθα	παιδευ-σ-ώ-μεθα
	2.		ἐ-παιδεύ-σα-σθε	παιδεύ-σ-η-σθε
	3.		ἐ-παιδεύ-σα-ντο	παιδεύ-σ-ω-νται
Aorist II	1.		ἐ-βαλ-ό-μην	βάλ-ω-μαι
	2.		ἐ-βάλ-ου	βάλ-ῃ
	3.		ἐ-βάλ-ε-το	βάλ-η-ται
	1.		ἐ-βαλ-ό-μεθα	βαλ-ώ-μεθα
	2.		ἐ-βάλ-ε-σθε	βάλ-η-σθε
	3.		ἐ-βάλ-ο-ντο	βάλ-ω-νται
Perfekt			Plusquamperfekt	
	1.	πε-παίδευ-μαι	ἐ-πε-παιδεύ-μην	πε-παιδευ-μένος ὦ
	2.	πε-παίδευ-σαι	ἐ-πε-παίδευ-σο	πε-παιδευ-μένος ᾖς
	3.	πε-παίδευ-ται	ἐ-πε-παίδευ-το	πε-παιδευ-μένος ᾖ
	1.	πε-παιδεύ-μεθα	ἐ-πε-παιδεύ-μεθα	πε-παιδευ-μένοι ὦμεν
	2.	πε-παίδευ-σθε	ἐ-πε-παίδευ-σθε	πε-παιδευ-μένοι ἦτε
	3.	πε-παίδευ-νται	ἐ-πε-παίδευ-ντο	πε-παιδευ-μένοι ὦσιν

Medium

Optativ	Imperativ	Infinitiv	Partizip
παιδευ-οί-μην		παιδεύ-ε-σθαι	
παιδεύ-οι-ο (← οισο)	παιδεύ-ου (← εσο)		
παιδεύ-οι-το	παιδευ-έ-σθω		
παιδευ-οί-μεθα			παιδευ-ό-μενος
παιδεύ-οι-σθε	παιδεύ-ε-σθε		παιδευ-ο-μένη
παιδεύ-οι-ντο	παιδευ-έ-σθωσαν		παιδευ-ό-μενον
		παιδεύ-σ-ε-σθαι	
			παιδευ-σ-ό-μενος
			παιδευ-σ-ο-μένη
			παιδευ-σ-ό-μενον
παιδευ-σαί-μην		παιδεύ-σ-α-σθαι	
παιδεύ-σαι-ο (← σαισο)	παίδευ-σαι		
παιδεύ-σαι-το	παιδευ-σά-σθω		
παιδευ-σαί-μεθα			παιδευ-σά-μενος
παιδεύ-σαι-σθε	παιδεύ-σα-σθε		παιδευ-σα-μένη
παιδεύ-σαι-ντο	παιδευ-σά-σθωσαν		παιδευ-σά-μενον
βαλ-οί-μην		βαλ-έ-σθαι	
βάλ-οι-ο	βάλ-ου (← εσο)		
βάλ-οι-το	βαλ-έ-σθω		
βαλ-οί-μεθα			βαλ-ό-μενος
βάλ-οι-σθε	βάλ-ε-σθε		βαλ-ο-μένη
βάλ-οι-ντο	βαλ-έ-σθωσαν		βαλ-ό-μενον
		πε-παιδεῦ-σθαι	
			πε-παιδευ-μένος
			πε-παιδευ-μένη
			πε-παιδευ-μένον

Konjugation im Überblick: Passiv

		Indikativ		Konjunktiv
		Haupt-Tempora	Neben-Tempora	
Präsens			Imperfekt	
	1.	παιδεύ-ο-μαι	ἐ-παιδευ-ό-μην	παιδεύ-ω-μαι
	2.	παιδεύ-ῃ (← εσαι)	ἐ-παιδεύ-ου (← εσο)	παιδεύ-ῃ (← ησαι)
	3.	παιδεύ-ε-ται	ἐ-παιδεύ-ε-το	παιδεύ-η-ται
	1.	παιδευ-ό-μεθα	ἐ-παιδευ-ό-μεθα	παιδευ-ώ-μεθα
	2.	παιδεύ-ε-σθε	ἐ-παιδεύ-ε-σθε	παιδεύ-η-σθε
	3.	παιδεύ-ο-νται	ἐ-παιδεύ-ο-ντο	παιδεύ-ω-νται
Futur	1.	παιδευ-θή-σ-ο-μαι		
	2.	παιδευ-θή-σ-ῃ		
	3.	παιδευ-θή-σ-ε-ται		
	1.	παιδευ-θη-σ-ό-μεθα		
	2.	παιδευ-θή-σ-ε-σθε		
	3.	παιδευ-θή-σ-ο-νται		
Futur II	1.	γραφή-σ-ο-μαι		
(ohne θ)	2.	γραφή-σ-ῃ		
	3.	γραφή-σ-ε-ται		
	1.	γραφη-σ-ό-μεθα		
	2.	γραφή-σ-ε-σθε		
	3.	γραφή-σ-ο-νται		
Aorist I	1.		ἐ-παιδεύ-θη-ν	παιδευ-θῶ
	2.		ἐ-παιδεύ-θη-ς	παιδευ-θῇ-ς
	3.		ἐ-παιδεύ-θη	παιδευ-θῇ
	1.		ἐ-παιδεύ-θη-μεν	παιδευ-θῶ-μεν
	2.		ἐ-παιδεύ-θη-τε	παιδευ-θῆ-τε
	3.		ἐ-παιδεύ-θη-σαν	παιδευ-θῶ-σιν
Aorist II	1.		ἐ-γράφ-η-ν	γραφ-ῶ
	2.		ἐ-γράφ-η-ς	γραφ-ῇς
	3.		ἐ-γράφ-η	γραφ-ῇ
	1.		ἐ-γράφ-η-μεν	γραφ-ῶ-μεν
	2.		ἐ-γράφ-η-τε	γραφ-ῆ-τε
	3.		ἐ-γράφ-η-σαν	γραφ-ῶ-σιν
Perfekt			Plusquamperfekt	
	1.	πε-παίδευ-μαι	ἐ-πε-παιδεύ-μην	πε-παιδευ-μένος ὦ
	2.	πε-παίδευ-σαι	ἐ-πε-παίδευ-σο	πε-παιδευ-μένος ᾖς
	3.	πε-παίδευ-ται	ἐ-πε-παίδευ-το	πε-παιδευ-μένος ᾖ
	1.	πε-παιδεύ-μεθα	ἐ-πε-παιδεύ-μεθα	πε-παιδευ-μένοι ὦμεν
	2.	πε-παίδευ-σθε	ἐ-πε-παίδευ-σθε	πε-παιδευ-μένοι ἦτε
	3.	πε-παίδευ-νται	ἐ-πε-παίδευ-ντο	πε-παιδευ-μένοι ὦσιν

Passiv

Optativ	Imperativ	Infinitiv / Partizip	
παιδευ-οί-μην		παιδεύ-ε-σθαι	
παιδεύ-οι-ο (← οισο)	παιδεύ-ου (← εσο)		
παιδεύ-οι-το	παιδευ-έ-σθω		
παιδευ-οί-μεθα		παιδευ-ό-μενος	
παιδεύ-οι-σθε	παιδεύ-ε-σθε	παιδευ-ο-μένη	
παιδεύ-οι-ντο	παιδευ-έ-σθωσαν	παιδευ-ό-μενον	
		παιδευ-θή-σ-εσθαι	
		παιδευ-θη-σ-ό-μενος	
		παιδευ-θη-σ-ο-μένη	
		παιδευ-θη-σ-ό-μενον	
		γραφή-σ-ε-σθαι	
		γραφη-σ-ό-μενος	
		γραφη-σ-ο-μένη	
		γραφη-σ-ό-μενον	
παιδευ-θείη-ν		παιδευ-θῆ-ναι	
παιδευ-θείη-ς	παιδεύ-θη-τι		
παιδευ-θείη	παιδευ-θή-τω		
παιδευ-θείη-μεν		παιδευ-θείς	-θέντος
παιδευ-θείη-τε	παιδεύ-θη-τε	παιδευ-θεῖσα	-θείσης
παιδευ-θείη-σαν	παιδευ-θή-τωσαν	παιδευ-θέν	-θέντος
γραφ-είη-ν		γραφ-ῆ-ναι	
γραφ-είη-ς	γράφ-η-θι		
γραφ-είη	γραφ-ή-τω		
γραφ-είη-μεν		γραφ-είς	-έντος
γραφ-είη-τε	γράφ-η-τε	γραφ-εῖσα	-είσης
γραφ-είη-σαν	γραφ-ή-τωσαν	γραφ-έν	-έντος
		πε-παιδεῦ-σθαι	
		πε-παιδευ-μένος	
		πε-παιδευ-μένη	
		πε-παιδευ-μένον	

Tabellen Satzlehre[2]

21. Der Satz

I. Einfacher Satz

aus:

1) Subjekt = Nomen im Nominativ	2) Prädikat = Verb oder Hilfsverb + Prädikatsnomen
3) Objekte	4) Adverbialien = Adverbien oder Nomina mit Präpositionen oder Partizipialkonstruktionen (vgl. Tab. 29)
5) Attribute	

oder:

II. Satzgefüge

aus:

1) Einfacher Satz = Hauptsatz	2) Nebensätze (vgl. Tab. 30)

[2] Vgl. zur Syntax insbesondere Heinrich von Siebenthal, Griechische Grammatik zum Neuen Testament.

22. Beziehungen Subjekt – Prädikat

I. Fehlen von Subjekt oder Prädikat:

1) Subjekt oft ist es im Verb enthalten und steht dann nicht eigens im Satz Beispiel: γράφει – *er schreibt*	2) Prädikat Hilfsverb εἰμί (*sein*) kann fehlen; es ist sinngemäß zu ergänzen Beispiel: ὁ κύριος ἐγγύς – *der Herr (ist) nahe*

II. Übereinstimmung Subjekt – Prädikat („Kongruenz")

Normal:

Subjekt und Prädikat stimmen in Numerus und Genus überein.

Besonderheiten:

1) Ist das Subjekt ein Pronomen, richtet es sich nach dem Prädikatsnomen
   Beispiel: αὕτη ἐστὶν ἡ μεγάλη ἐντολή – *dies ist das größte Gebot*
2) Konstruktion nach dem Sinn statt nach der Form:
   Beispiel: τέκνα (neutr.; aber Personen!) μου, οὓς (mask.) πάλιν ὠδίνω – *meine Kinder, die ich mit Schmerzen wieder gebäre*
   πᾶς ὁ ὄχλος (Sg., aber Vielzahl von Personen) ἐπὶ τῆς γῆς ἦσαν (Pl.) – *die ganze Volksmenge war auf dem Land*
3) Bei mehreren Subjekten steht das

Prädikat

im Plural (bei Personen) im Singular (bei Sachen)

   Sind Genus oder Numerus der Subjekte verschieden, so gilt: Im Genus hat das Mask. Vorrang vor Fem. und Fem. vor Neutr.,
   Beispiel: ἦν ὁ πατὴρ αὐτοῦ καὶ ἡ μήτηρ θαυμάζοντες – *sein Vater und seine Mutter wunderten sich*
   sonst richtet sich das Genus in der Regel nach dem nächststehenden Bezugswort.
   Steht das erste Subjekt im Sg. und steht das Prädikat vor diesem, kann das Prädikat (anders als im Deutschen) im Sg. stehen.
   Beispiel: ἐκλήθη (Sg.) ὁ Ἰησοῦς καὶ οἱ μαθηταὶ αὐτοῦ (2 Subjekte) – *Jesus und seine Jünger wurden eingeladen*
4) Bei einem Subjekt im Neutrum steht das Prädikat
   (meistens) im Singular, wenn das Subjekt Unpersönliches bezeichnet, insbesondere wenn das Subjekt ein Abstraktum oder Pronomen ist,
   (oft) im Plural, wenn das Subjekt Personen o.ä. bezeichnet, also die Einzelnen im Blick sind.
5) Inkongruenzen verschiedener Art finden sich in der Offenbarung des Johannes.

23. Tempora

Die Tempusstämme haben im Griechischen – außer beim Futur – keine Zeitbedeutung, sondern grundsätzlich *Aspektbedeutung.*
Aspekt meint die subjektive „Betrachtungsweise“, also die Art, wie der Sprechende die Verwirklichung des Verbinhalts verstanden haben will; zum Beispiel: a) als etwas Andauerndes (durativer Aspekt im Präsensstamm): ἀποθνῄσκειν *im Sterben liegen* (Joh 4,47); b) als etwas lediglich (d.h. ohne Rücksicht auf Dauer oder Ergebnis) zum Vollzug Kommendes (punktueller Aspekt im Aoriststamm): ἀποθανεῖν *sterben* (1Kor 9,15); c) als etwas im Ergebnis Vorliegendes (resultativer Aspekt im Perfektstamm): τεθνηκέναι *tot sein* (Apg 14,19).
Zusätzlich hat der *Indikativ* noch eine *Zeitbedeutung*, und zwar hat das Futur Zukunftsbedeutung, die übrigen Formen ohne Augment haben eine Gegenwartsbedeutung und die Formen mit Augment eine Vergangenheitsbedeutung. Die anderen Modi (Konjunktiv, Imperativ, Optativ, Infinitiv und Partizip) sind ohne Zeitbedeutung. Der sachliche Zusammenhang entscheidet darüber, ob der Verbinhalt als gegenwärtig, vergangen oder zukünftig bzw. ob er gleichzeitig, vorzeitig oder nachzeitig zu einem anderen zu verstehen ist.

I. Präsens (s. auch Lekt. 5 B2)

Der *Präsensstamm* (einschließlich Imperfekt) hat einen *durativen Aspekt.* Das Präsens kann die Dauer einer Handlung ausdrücken. Dies muss aber nicht betont sein, da gegenwärtige Handlungen meist ohnehin nur im Präsens beschrieben werden können.
Besonderheiten:

1) Präsens zur Angabe einer im Verlauf befindlichen Handlung (linear)
   Beispiel: πάντες ζητοῦσίν σε – *alle suchen dich*
   Apg 2,8; 3,12
2) Präsens zur Angabe wiederholter oder gewohnheitsmäßiger Handlungen (iterativ)
   Mt 23,35; Mk 4,27; Lk 18,12
3) Präsens des Versuchs (konativ)
   Beispiel: διὰ τί ἐμὲ λιθάζετε; – *warum wollt ihr mich steinigen?*
   Lk 5,7; Joh 10,32; Gal 5,4
4) Erzählendes oder historisches Präsens (historicum), um vergangene Handlungen lebendig darzustellen (im Deutschen: Gestern kommt mir plötzlich der Gedanke)
   Mk 1,40; Joh 1,29.36.43
5) „Zeitloses“ (gnomisches) Präsens, um eine allgemein gültige Wahrheit oder Ordnung auszudrücken
   Mt 7,17; Joh 18,37; 1Kor 3,8
6) Futurisches Präsens (selten) für unmittelbar bevorstehende, wahrscheinliche oder drohende Vorgänge (häufiger bei ἔρχομαι)
   Mt 11,3; Joh 4,25; 14,3; Röm 6,9

II. Imperfekt (s. auch Lekt. 11 B2)

1) Zur Angabe einer im Verlauf befindlichen Handlung in der Vergangenheit (linear)
   Beispiel: ἐδίδασκεν γὰρ τοὺς μαθητὰς αὐτοῦ – *denn er lehrte seine Jünger*
   Mt 8,24; Apg 15,37
2) Zur Angabe wiederholter Handlungen in der Vergangenheit (iterativ; vgl. I.2)
   Mk 12,41; Lk 18,3; Apg 2,45

3) Für Versuche in der Vergangenheit (konativ; vgl. I.3)
   Beispiel: ἐκωλύομεν αὐτόν – *wir versuchten, ihn zu hindern*
   Mt 3,14; Lk 1,59; 5,6

III. Futur (s. auch Lekt. 19 B4)

Das Futur drückt wie im Deutschen eine Zeitstufe aus, nicht einen Aspekt.
Besonderheiten:

1) Modales Futur kann ein Wollen, Sollen oder Können ausdrücken
   Beispiel: πρὸς τίνα ἀπελευσόμεθα – *zu wem sollen wir weggehen*
   Mt 7,4; Joh 6,68; 1Kor 14,15
2) Futur im Sinn eines Imperativs, um strikte Gebote oder Verbote auszudrücken
   Beispiel: οὐ φονεύσεις – *du sollst nicht töten*
   Mt 5,48; 6,5; 19,18f

IV. Aorist (s. auch Lekt. 24 B1+2 und Lekt. 46 B3)

Der *Aoriststamm* hat einen *punktuellen Aspekt;* er bezeichnet oft punktuelle Handlungen.
Besonderheiten:

1) Historischer Aorist (auch: konstatierend), um Handlungen der Vergangenheit, z.B. in Erzählungen, zu bezeichnen (Übersetzung im Deutschen: Imperfekt)
   Beispiel: ὁ Ἰησοῦς εἶπεν τοῖς μαθηταῖς αὐτοῦ – *Jesus sagte seinen Jüngern*
   Mt 14,22; Lk 2,46; 4,14
2) Komplexiver Aorist, um eine länger andauernde oder wiederholte Handlung zum Zweck ihrer Nennung gleichsam zu einem Punkt zusammenzufassen, ohne Rücksicht auf die Dauer (Übersetzung im Deutschen: meistens Perfekt)
   Beispiel: ἐβασίλευσεν ὁ θάνατος ἀπὸ Ἀδὰμ μέχρι Μωϋσέως – *der Tod herrschte von Adam bis Mose*
   Mk 12,23; Lk 4,25; Joh 2,20; 4,20; Offb 20,4
3) Ingressiver Aorist, um den Anfangspunkt eines Geschehens zu betonen
   Beispiel: πολλοὶ ἐπίστευσαν εἰς αὐτόν – *viele kamen zum Glauben an ihn*
   ἐβασίλευσεν – *er wurde König*
   Joh 10,38; Apg 4,4; Offb 19,6
4) Effektiver Aorist, um den Abschluss einer Handlung hervorzuheben
   Beispiel: ἐπαίδευσα – *ich habe erzogen*
   Mt 8,33; 26,56
5) Proleptischer bzw. futurischer Aorist, der das vorwegnimmt, was in der Zukunft geschehen wird, was aber so angesehen wird, dass es sicher eintritt
   Beispiel: πιστεύετε ὅτι ἐλάβετε – *glaubt, dass ihr es empfangt*
6) Epistolarischer Aorist in Briefen: Darstellung der Handlung vom Standpunkt des Lesers
   Beispiel: ἔπεμψα αὐτόν – *ich schicke ihn*
7) Gnomischer Aorist, um zeitlose Erfahrungstatsachen auszudrücken
   Mt 23,2; Jak 1,11; 1Petr 1,24

V. Perfekt (s. auch Lekt. 32 B2)

Der *Perfektstamm* (einschl. Plusquamperfekt) hat einen *resultativen Aspekt.* Das Perfekt bezeichnet einen Zustand in der Gegenwart als Ergebnis eines früheren Geschehens.

Beispiel: Ἰησοῦς εἶπεν· τετέλεσται – *Jesus sagte: Es ist vollbracht.*

Besonderheiten:
1) Präsentisches Perfekt, bei dem allein der gegenwärtige Zustand im Blick ist, insbesondere beim Perfekt bestimmter Verben (τέθνηκα, ἕστηκα, κέκλημαι u.a.)
   Beispiel: ἕστηκα – *ich (habe mich gestellt und) stehe (nun)*
2) Verstärkend statt Präsens (selten)
   Beispiel: πεπίστευκα – *ich glaube (fest)*

VI. **Plusquamperfekt** (s. auch Lekt. 34 B2)

Das Plusquamperfekt hat den Aspekt des Perfektstamms (vgl. V), und zwar bezeichnet es einen Zustand in der Vergangenheit als Ergebnis eines früheren Geschehens.
   Beispiel: ἐπεπαιδεύκειν – *ich war ein (bewährter) Erzieher*
   Lk 4,29; 16,20

VII. **Umschreibende Konjugation** (Conjugatio periphrastica)

1) Mit εἰμί (seltener mit ὑπάρχω oder γίνομαι) + Partizip, oft um das durative Moment zusätzlich zu unterstreichen:
   Ptz. Präs. mit εἰμί im Ind. Präs., Ipf. bzw. Fut. steht für einfaches Präs., Ipf. bzw. Fut.;
   Ptz. Pf. mit εἰμί im Ind. Präs. bzw. Ipf. steht für einfaches Pf. bzw. Plsqpf.
   Beispiel: γεγραμμένον ἐστίν = γέγραπται – *es steht geschrieben*
   2Kor 9,12; Lk 9,18; Mt 5,25; 10,22
2) Mit μέλλω (im Begriff sein) + Infinitiv für einfaches Futur
   Lk 7,2

24. **Modi** (in Hauptsätzen; in Nebensätzen s. Tab. 30)

I. Indikativ

1) Zum Ausdruck der Wirklichkeit; deshalb in Aussagesätzen
2) Indikativ Imperfekt: für Möglichkeiten, die nicht wahrgenommen wurden
   Beispiel: ἐδύνατο τοῦτο πραθῆναι – *dies hätte verkauft werden können*
   und für einen unerfüllbaren Wunsch (mit ὄφελον)
   Beispiel: ὄφελον ψυχρὸς ἦς – *wenn du doch kalt wärest*

II. **Konjunktiv** (s. auch Lekt. 17 B2 und Lekt. 55 B)

Der Konjunktiv ist der Modus des Wollens und Sollens (voluntativer Konjunktiv).
1) Adhortativer Konjunktiv: Aufforderung an die 1. Person (meistens Plural)
   Beispiel: ἄγωμεν – *gehen wir!/wir wollen gehen!/lasst uns gehen*
   ἄφες ἐκβάλω – *lass mich herausziehen*
2) Deliberativer/dubitativer Konjunktiv: Fragen der Überlegung und des Zweifels
   Beispiel: τί λέγωμεν; – *was sollen wir sagen?*
3) Prohibitiver Konjunktiv: Verbote an die 2. Person
   Beispiel: μή με βασανίσῃς – *quäle mich nicht!*
4) οὐ μή mit Konjunktiv Aorist ist die stärkste Form der Verneinung zukünftiger Aussagen
   Beispiel: οὐ μὴ ἐξέλθῃς ἐκεῖθεν – *da kommst du bestimmt nicht wieder heraus*

III. Optativ (s. auch Lekt. 58 B2)

1) Der kupitive Optativ drückt einen als erfüllbar gedachten Wunsch aus.
   Beispiel: μὴ γένοιτο – *es möge nicht geschehen!/auf keinen Fall!*
2) Der potentiale Optativ (im NT selten) drückt eine nur gedachte Möglichkeit aus.

IV. Imperativ (Modus für Befehle)

1) Präsens für Dauer oder Wiederholung – meist bei Verben der Bewegung (auch wenn sonst Aorist zu erwarten wäre)
   Beispiel: ἀγαπᾶτε τοὺς ἐχθροὺς ὑμῶν – *liebt eure Feinde!*
   Aufforderung, mit einer (begonnenen) Handlung fortzufahren oder (negiert) aufzuhören
   Beispiel: μὴ κλαῖε – *weine nicht länger!*
2) Aorist punktuell (ingressiv, effektiv oder komplexiv s. Tab. 23 IV, 2–4),
   Beispiel: δός μοι πιεῖν – *gib mir zu trinken!* (einmalig)
   besonders in Gebeten, auch wenn es bleibende Anliegen sind
   Beispiel: γενηθήτω τὸ θέλημά σου – *dein Wille geschehe!*

25. Diathesen (Genera verbi)

I. Aktiv: wie im Deutschen

Manchmal mit kausativer Bedeutung (Deutsch: „lassen")
   Beispiel: σταύρωσον – *lass ihn kreuzigen!*

II. Medium

1) direkt-reflexiv: Subjekt und direktes Objekt bezeichnen die gleiche Person oder Sache; Übersetzung im Deutschen mit Reflexivpronomen im Akkusativ
   Beispiel: λούομαι – *ich* wasche *mich*
2) indirekt-reflexiv: Subjekt und indirektes Objekt bezeichnen die gleiche Person oder Sache bzw. das Subjekt vollzieht die Handlung für sich (im eigenen Interesse); Übersetzung im Deutschen mit Reflexivpronomen im Dativ
   Beispiel: ἐξελέξατο τὸν ἀδελφόν – *er wählte den Bruder (für) sich aus*
3) kausativ: das Subjekt veranlasst eine Handlung, die im eigenen Interesse liegt, oder lässt sie zu
   Beispiel: ἀπογράφομαι – *ich lasse mich aufschreiben/eintragen*

Bei manchen Verben haben Aktiv und Medium dieselbe Bedeutung.

III. Passiv: wie im Deutschen

1) Manchmal auch mit reflexivem oder kausativem Sinn (vgl. oben)
   Beispiel: βαπτίζεσθαι – *getauft werden* oder: *sich taufen lassen*
2) Manche Sätze stehen im Passiv, wo Gott der Aktive ist (Passivum divinum):
   Mt 5,4b, vgl. mit Offb 7,17; Mt 7,7a, vgl. mit Lk 11,13

26. Kasus

I. Genitiv (s. auch Lekt. 3 B5 und Lekt. 22 B3)

1) Genitivus possessoris (des Besitzers) gibt den Besitzer bzw. Eigentümer an
   Beispiel: ἡ οἰκία τοῦ πατρός – *das Haus des Vaters*
   τοῦ κυρίου ἐσμέν – *wir gehören dem Herrn an*
2) Genitiv zur Bezeichnung eines Verwandtschaftsverhältnisses (im Gen. stehen: Vater, Mann, Sohn)
   Beispiel: Ἰάκωβος ὁ Ζεβεδαίου – *Jakobus, der Sohn des Zebedäus*
   οἱ τοῦ Χριστοῦ – *die Christen* (die Leute, die zu Christus gehören)
3) Genitivus auctoris (des Urhebers) gibt den Urheber oder Ursprung an
   Beispiel: ἀγαπητοῖς θεοῦ – *von Gott Geliebte*
4) Genitivus subiectivus gibt das handelnde Subjekt an
   Beispiel: ἡ ἀγάπη τοῦ θεοῦ – *die Liebe Gottes* (die Gott erweist)
5) Genitivus obiectivus gibt das Objekt einer Handlung an, die im Nomen steckt
   Beispiel: ἡ ἀγάπη τοῦ θεοῦ – *die Liebe zu Gott*
6) Genitivus qualitatis gibt eine Eigenschaft des Nomens an; häufig mit Adjektiv übersetzt
   Beispiel: ὁ μαμωνᾶς τῆς ἀδικίας – *der ungerechte Mammon*
7) Genitivus materiae (des Stoffes oder Inhalts) gibt den Stoff oder Inhalt an
   Beispiel: κεράμιον ὕδατος – *ein Krug mit Wasser*
8) Genitivus pretii (des Preises oder Wertes) gibt den Preis oder Wert an
   Beispiel: δηναρίων διακοσίων ἄρτους – *Brot für 200 Denare*
9) Genitivus appositivus bzw. epexegeticus (der Apposition bzw. Erklärung) erläutert als Attribut das übergeordnete Nomen
   Beispiel: ἡ δωρεὰ τοῦ ἁγίου πνεύματος – *die Gabe des Heiligen Geistes* (d.h. der Heilige Geist ist die Gabe)
10) Genitiv des Zwecks oder der Richtung gibt die Absicht oder Richtung an
   Beispiel: ἡ θύρα τῶν προβάτων – *die Tür zu den Schafen*
11) Genitivus partitivus gibt das (geteilte) Ganze an, zu dem das übergeordnete Nomen als Teil gehört
   Beispiel: εἷς τῶν μικρῶν einer dieser Kleinen
12) Genitivus temporis (der Zeit) gibt den Zeitraum an, innerhalb dessen etwas geschieht
   Beispiel: ἡμέρας καὶ νυκτός – *(bei) Tag und Nacht*
13) Genitivus locativus gibt den Ort an (im NT sehr selten)
   Beispiel: ποίας [ὁδοῦ] – *auf welchem Weg*
14) Genitivus separationis gibt bei bestimmten Verben an, von wo etwas ausgeht oder getrennt ist
   Beispiel: ἐκώλυεν αὐτοὺς τοῦ βουλήματος – *er hinderte sie an ihrem Vorhaben*
15) Genitivus comparationis (des Vergleichs) gibt an, womit etwas verglichen wird
   Beispiel: ἰσχυρότερός μού ἐστιν – *er ist stärker als ich*
16) Genitiv als Objekt bei bestimmten Verben (adverbialer Genitiv, meist anders als im Deutschen), und zwar bei Verben der sinnlichen Wahrnehmung, des Affekts, Herrschens, Ergreifens, Teilnehmens, Erinnerns u.a.
   Beispiel: μετέχειν τῆς τραπέζης τοῦ κυρίου – *Anteil haben am Tisch des Herrn*

II. Dativ (s. auch Lekt. 4 B4 und Lekt. 48 B2)

1) Dativus possessivus (des Besitzers) gibt in Verbindung mit εἶναι den Besitzer an
Beispiel: οὐκ ἦν αὐτοῖς τόπος – *sie hatten keinen Platz*
2) Dativus commodi/incommodi gibt an, zu wessen Nutzen/Schaden etwas geschieht
Beispiel: ἀνάπαυσις ταῖς ψυχαῖς ὑμῶν – *Ruhe für eure Seelen*
3) Dativus instrumentalis gibt das Mittel oder Werkzeug an, durch das etwas geschieht
Beispiel: μαχαίρῃ – *mit dem Schwert*
4) Dativus causae (des Grundes) gibt den Grund einer Handlung an
Beispiel: λιμῷ ἀπόλλυμαι – *ich gehe vor Hunger zugrunde*
5) Dativus respectus/relationis (der Beziehung) gibt an, in welcher Beziehung etwas geschieht
Beispiel: πτωχοὶ τῷ πνεύματι – *die Armen im Geist* (in Bezug auf den Geist)
6) Dativus sociativus gibt an, mit wem man Gemeinschaft oder Verbindung hat
Beispiel: καταλλάγητε τῷ θεῷ – *lasst euch mit Gott versöhnen*
7) Dativus modi (der Art und Weise) gibt die Art und Weise oder die begleitenden Umstände einer Handlung an
Beispiel: παρρησίᾳ τὸν λόγον λέγω – *ich rede das Wort ganz frei heraus*
8) Dativus temporalis gibt den Zeitpunkt (selten die Zeitdauer) an
Beispiel: τῇ τρίτῃ ἡμέρᾳ – *am dritten Tag*
9) Dativus differentiae gibt den Unterschied bzw. das Maß an, z.B. in Vergleichen
Beispiel: πολλῷ μᾶλλον – *viel mehr*
10) Dativ als Objekt bei bestimmten Verben (oft anders als im Deutschen), besonders bei zusammengesetzten Verben
Beispiel: προσέρχεσθαί τινι – *zu jemandem kommen*

III. Akkusativ (s. auch Lekt. 40 B4)

1) Akkusativ des direkten Objekts als persönliches oder sachliches Objekt bei transitiven Verben (Verben, die ein Akk.-Objekt nach sich haben). Er steht auch bei bestimmten Verben (anders als im Deutschen), z.B. κελεύειν τινά *jemandem befehlen; nützen, schaden ...*
Beispiel: φοβούμεθα τὸν ὄχλον – *wir fürchten uns vor dem Volk*
2) Akkusativ des inneren Objekts, bei dem dieses dem Sinn nach schon im Verb steckt
Beispiel: ἀγωνίζου τὸν καλὸν ἀγῶνα – kämpfe den guten Kampf
3) Der doppelte Akkusativ kommt in folgenden Kombinationen vor:
   a) zwei direkte Objekte geben das persönliche und sachliche Objekt an
   Beispiel: ὁ παράκλητος ὑμᾶς διδάσκει πάντα – *der Beistand lehrt euch alles*
   b) ein inneres und ein direktes Objekt
   Beispiel: κατακλίνατε αὐτοὺς κλισίας – *lasst sie sich in Essgruppen lagern*
   c) ein direktes Objekt und ein Prädikatsakkusativ (Objekts-Ergänzung)
   Beispiel: καλεῖ αὐτὸν (äußeres Obj.) κύριον (Obj.-Erg.) – *er nennt ihn Herrn*
4) Akkusativ der Beziehung bzw. Hinsicht zur Angabe, in welcher Hinsicht etwas näher bestimmt oder eingeschränkt ist (erste Übersetzung: in Bezug auf)
Beispiel: πάντα μου μέμνησθε – *ihr denkt in jeder Beziehung an mich*
5) Akkusativ der Ausdehnung auf die Frage „wie weit?" oder „wie lange?"
Beispiel: μίαν ὥραν – *eine Stunde lang*
6) Der adverbiale Akkusativ wird wie ein Adverb gebraucht
Beispiel: ὅμοιον τρόπον – *auf ähnliche Weise*
(τὸ) λοιπόν – *im Übrigen, weiterhin*

27. Artikel (s. auch Lekt. 3 E, Lekt. 9 B3 und Lekt. 15 E2)

I. Der Gebrauch des Artikels (ähnlich wie im Deutschen):

1) individualisierend: das Einzelne wird hervorgehoben
   Beispiel: ὁ ἀνήρ – *der Mann* (= dieser [bestimmte] Mann)
2) generalisierend: verallgemeinernd
   Beispiel: ὁ ἄνθρωπος – *der Mensch* (allgemein – im Unterschied z.B. zum Tier)
3) Er steht zur Substantivierung, besonders von Adjektiven oder Partizipien, auch von ganzen Sätzen bzw. Satzteilen (mit dem neutr. Artikel τό) sowie von Genitiven
   Beispiel: οἱ καταροί – die Reinen; οἱ τοῦ Χριστοῦ – *die Christen*

II. Steht oder fehlt der Artikel?

1) Er steht bei Ausrufen vor dem Nominativ statt des Vokativs (Kasus der Anrede)
   Beispiel: ὁ πατήρ – *Vater!*
2) Er steht häufig bei Eigennamen, wo er im Deutschen fehlt
   Beispiel: ὁ 'Ιησοῦς – *Jesus*
3) Er steht vor Possessivpronomen
   Beispiel: ἡ ἐμὴ οἰκία – *mein Haus*
   oder bei Demonstrativpronomen
   Beispiel: αὕτη ἡ πόλις – *diese Stadt*
4) Er fehlt beim Prädikatsnomen, kann jedoch stehen, wenn das Prädikatsnomen eine bekannte Größe oder einzigartig ist oder mit dem Subjekt identisch ist
   Beispiel: σὺ εἶ ὁ χριστός – *du bist der Christus/Messias*
5) Bei πᾶς: ohne Artikel: *jeder*, mit Artikel: *der ganze*;
   bei αὐτός: ohne Artikel: *selbst*, mit Artikel: *derselbe*

III. Stellung des Artikels

1) Attribute stehen zwischen Artikel und Substantiv
   Beispiel: τοῖς ἐν Κολοσσαῖς ἁγίοις – *den Heiligen in Kolossä*
2) Attribute stehen auch mit wiederholtem Artikel hinter dem Substantiv (auch wenn er – in seltenen Fällen – beim Substantiv fehlt)
   Beispiel: τὸ ἔργον τὸ ἀγαθόν – *das gute Werk*
3) Beim Genitivattribut kann er (beim Personalpronomen regelmäßig) vor diesem fehlen.
   Beispiel: ὁ πατήρ μου – *mein Vater*

28. Infinitiv (s. auch Lekt. 19 B5 und Lekt. 39 B)

I. Der AcI (accusativus cum infinitivo)

Das Subjekt zu einer Verbalhandlung, die mit einem Infinitiv ausgedrückt wird, steht beim AcI gewöhnlich im Akkusativ. Übersetzung im Deutschen meistens mit einem „dass"-Nebensatz oder als abhängiger Behauptungssatz (mit Konjunktiv)

Beispiel: θέλω σε (Subj. im Akk.) ἐλθεῖν (Präd. im Inf.) – *ich will, dass du kommst*

Das Prädikatsnomen zum Subjekt im Akk. steht ebenfalls im Akk.

Beispiel: θέλω ὑμᾶς σοφοὺς εἶναι – *ich will, dass ihr weise seid*
Apg 5,21; Röm 2,19; 6,11

II. Infinitiv bzw. AcI ohne Artikel

1) als Objekt bei Verben des Begehrens, Wünschens, Könnens, Verstehens u.a.
   Beispiel: ἐθέλω ἐλθεῖν – *ich will kommen*
   Lk 24,37; Joh 12,18; Phil 1,7
2) als Subjekt nach unpersönlichen oder gleichwertigen Ausdrücken
   Beispiel: ἐλθεῖν δεῖ – *zu kommen ist nötig = man muss kommen*
   Mt 19,10; Phil 1,21
3) Infinitiv der Absicht (final) bei Verben der Bewegung, des Sendens und Gebens
   Beispiel: ἀνέβη προσεύξασθαι – *er ging hinauf, um zu beten*
4) Infinitiv der Folge (konsekutiv), meist mit ὥστε (sodass)
   Beispiel: ὁ Ἰησοῦς οὐδὲν ἀπεκρίθη, ὥστε θαυμάζειν τὸν Πιλᾶτον – *Jesus antwortete nichts, sodass Pilatus sich verwunderte*
   Mt 27,14; Mk 15,5
5) epexegetischer (erklärender) Infinitiv
   Beispiel: Jak 1,27

III. Infinitiv bzw. AcI mit Artikel ohne Präposition

Der AcI (bzw. Infinitiv) wird substantiviert, indem ihm ein Artikel vorangestellt wird:
1) als Subjekt (Mt 15,20)
2) als Objekt (Phil 2,6, s.unten)
   Beispiel: οὐχ ἁρπαγμὸν ἡγήσατο τὸ εἶναι ἴσα θεῷ – *er hielt das Gott-gleich-Sein nicht für einen Raub (= er hielt es nicht wie einen Raub fest, Gott gleich zu sein)*
3) als Adverbiale (2Kor 2,13)
4) als Apposition zu einem vorausgehenden Nomen oder Pronomen
5) mit τοῦ (meist final, seltener konsekutiv)
   Beispiel: εἰσῆλθεν τοῦ μεῖναι σὺν αὐτοῖς (Lk 24,29) – *er ging hinein, um bei ihnen zu bleiben*

IV. Infinitiv bzw. AcI mit Präposition und Artikel

Der AcI (bzw. Infinitiv) mit Artikel und vorangestellter Präposition hat adverbiale Funktion. Übersetzung im Deutschen meistens als adverbialer Nebensatz. Hauptsächlich stehen die nachstehenden Präpositionen vor dem AcI (bzw. Infinitiv) mit folgender Bedeutung:
1) kausal: διά + Akk.
   Beispiel: διὰ τὸ μὴ ἔχειν ῥίζαν – *weil es keine Wurzeln hatte*
2) final oder konsekutiv: εἰς + Akk. oder πρός + Akk.
   Beispiel: πρὸς τὸ δύνασθαι ὑμᾶς στῆναι – *damit ihr standhalten könnt*
3) modal: ἐν + Dat.
   Beispiel: ἐν δὲ τῷ καθεύδειν τοὺς ἀνθρώπους – *aber als die Menschen schliefen*
4) temporal: ἐν + Dat. (meistens gleichzeitig); μετά + Akk. (*nach*); πρό + Gen. (*bevor*)
   Beispiel: πρὸ τοῦ σε Φίλιππον φωνῆσαι – *bevor dich Philippus rief*
   μετὰ … τὸ ἐγερθῆναι με – *nachdem ich auferweckt worden bin*

V. Infinitiv bzw. AcI nach πρίν

πρίν mit Infinitiv bzw. AcI ersetzt einen Temporalsatz.
   Beispiel: πρὶν ἀλέκτορα φωνῆσαι σήμερον ἀπαρνήσῃ με τρίς (Lk 22,61) – *bevor der Hahn heute kräht, wirst du mich dreimal verleugnen*

VI. Wechsel zwischen Infinitiv und Nebensatz

Ohne Bedeutungsunterschied kann in manchen Fällen der Inf. bzw. AcI oder ein Nebensatz stehen:

1) Infinitiv oder Nebensatz mit ὅτι (*dass*), um eine Tatsache anzugeben,
2) Infinitiv oder Nebensatz mit ἵνα oder ὅπως (*damit*), um ein Sollen bzw. eine Absicht anzugeben,

   Beispiel: ἄξιος ἀνοῖξαι τὸ βίβλιον – *würdig, das Buch zu öffnen*
   οὐκ εἰμὶ ἄξιος ἵνα λύσω – *ich bin nicht würdig aufzubinden*
3) Infinitiv (meist mit ὥστε) oder Nebensatz mit ὥστε (*sodass*), um eine Folge anzugeben.

VII. Gebrauch der Tempora des Infinitivs

1) Der Infinitiv hat grundsätzlich keine Zeitbedeutung. Der sachliche Zusammenhang entscheidet darüber, ob der Infinitiv als gegenwärtig, vergangen oder zukünftig zu verstehen ist; vgl. zu den Tempora oben, Tab. 23.
2) Der Infinitiv hat in der Regel im Aorist punktuelle, im Präsens durative und im Perfekt resultative Bedeutung; vgl. zu den Aspekten der griechischen Tempora oben, Tab. 23.

29. Partizip

I. Verwendungsarten des Partizips (s. auch Lekt. 30 B)

1) attributiv als Attribut wie ein Adjektiv: das *weinende* Kind (Übersetzung im Deutschen wörtlich oder oft mit Relativsatz)

   Beispiel: ἡ γραφὴ ἡ λέγουσα – *die Schrift, die sagt*
   Mt 25,34; Lk 6,48; Lk 9,41; 1Thess 4,15
2) substantiviert (ohne Bezugswort) meist mit Artikel: Weint mit *den Weinenden* (Übersetzung im Deutschen oft mit Relativsatz)

   Beispiel: οἱ κοπιῶντες – *die Mühseligen*
   πᾶς ὁ πιστεύων – *jeder, der glaubt*
   Mt 5,22.42; Mk 12,10; Röm 1,16; Eph 4,28; Phil 4,13
3) adverbial (ohne Artikel): *Weinend* kam sie (s. unten, II)
4) prädikativ (ohne Artikel): Er fand sie *weinend* (s. unten, III)

II. Das adverbial gebrauchte Partizip

Das adverbial gebrauchte Partizip steht niemals mit Artikel. Es zeigt an, unter welchen Umständen der Inhalt des übergeordneten Verbs verwirklicht wird. Übersetzt wird es in der Regel mit einem Nebensatz. Man unterscheidet formal:

1) Das Participium conjunctum (verbundenes Ptz., p.c.) ist mit einem Nomen des Satzes verbunden (im Nominativ kann es fehlen; das p.c. ist dann mit dem Subjekt verbunden) und stimmt mit ihm in Kasus, Numerus und Genus überein.

   Beispiel: ἡμῖν (Dat.Pl.) Ῥωμαίοις οὖσιν – *uns, weil wir Römer sind*
2) Der Genitivus absolutus (gen.abs.) ist eine mindestens zweigliedrige Partizipialkonstruktion im Genitiv, die kein Bezugswort im übergeordneten Satz hat und insofern absolut steht. Das Nomen im Genitiv wird als Subjekt des adverbialen Nebensatzes übersetzt und das Partizip als Prädikat.

   Beispiel: τοῦ δὲ Ἰησοῦ γεννηθέντος – *aber nachdem Jesus geboren worden war*

3) Logische Beziehungen zum Prädikat des Hauptsatzes (für p.c. und gen.abs.): Die sechs wichtigsten Sinnrichtungen beim adverbial gebrauchten Partizip sind:
   a) temporal (Satzeinleitung: während, indem, als, nachdem)
   Beispiel: λαλούντων αὐτῶν – *während sie sprachen*
   Mt 2,1; Mk 14,22; 15,33; Lk 3,15; 10,30; Apg 5,5; Röm 5,6
   b) modal (Satzeinleitung: indem, dadurch dass, wobei, als ob)
   Beispiel: μηδὲν βλάψαν αὐτόν – *wobei er ihm keinen Schaden zufügte*
   Mt 9,35; 12,46; Mk 15,30; Lk 9,39; 10,13; Jak 2,9
   c) kausal (Satzeinleitung: weil, da)
   Beispiel: δίκαιος ὢν καὶ μὴ θέλων – weil er gerecht war und nicht wollte
   Mt 12,25; 14,8; Mk 12,15; 15,15; Lk 5,22; Joh 4,6; Apg 9,26
   d) konzessiv (Satzeinleitung: obwohl, obgleich)
   Beispiel: καὶ λυπηθεὶς ὁ βασιλεύς – *obwohl der König traurig wurde*
   Mt 13,13; Lk 5,5; 8,10; Röm 1,21; 1Petr 1,8
   e) konditional (Satzeinleitung: wenn, falls)
   Beispiel: κερδήσας τὸν κόσμον ὅλον – *wenn er die ganze Welt gewonnen hat*
   Lk 10,25; Gal 6,9; 1Tim 4,4
   f) final (oft mit Partizip Futur, Satzeinleitung: damit, um … zu)
   Beispiel: εἰ ἔρχεται Ἠλίας σώσων αὐτόν – *ob Elia kommt, um ihn zu retten*
   Mt 16,1; Mk 10,2; Lk 2,45; 7,6; 10,25

III. Das prädikativ gebrauchte Partizip

Beim prädikativ gebrauchten Partizip gibt es drei Möglichkeiten des Gebrauchs:

1) Umschreibende Konjugation: Eine Form des Hilfsverbs εἰμί (seltener γίνομαι) bildet mit einem Partizip zusammen das Prädikat eines Satzes. Es umschreibt meistens einen Indikativ und kann dann als solcher übersetzt werden.
   Beispiel: ὅπου ἦν ὁ ᾿Ιωάννης βαπτίζων – *wo Johannes taufte*
   Mt 1,23; 5,25; 7,29; Mk 5,41; 6,52; Lk 12,2; 18,34; 19,17.38
2) Bei Verben des modifizierten Seins und Tuns bezeichnet das Partizip die Hauptaussage, während das finite Verb die Aussage näher bestimmt (modifiziert).
   Beispiel: ὁ Πέτρος ἐπέμενεν κρούων – *Petrus klopfte weiter*
   Lk 5,4; 23,12; Apg 5,42; 10,33; Eph 1,16
3) Akkusativ mit Partizip (AcP): Das Partizip steht bei Verben der sinnlichen und geistigen Wahrnehmung im Akk. als Objekts-Ergänzung zu einem Akk.-Objekt (Übersetzung im Deutschen zunächst durch einen dass-/wie-Nebensatz).
   Beispiel: εἶδεν τὸ πνεῦμα καταβαῖνον – *er sah, dass/wie der Geist herabkam*
   Mt 3,7; 8,14; Mk 6,33.48; 9,38; Lk 12,37; 24,2

IV. Gebrauch der Tempora

1) Das Partizip hat grundsätzlich keine Zeitbedeutung. Der sachliche Zusammenhang entscheidet darüber, ob das Partizip als gegenwärtig, vergangen oder zukünftig bzw. ob es gleichzeitig, vorzeitig oder nachzeitig zu einer anderen Verbalaussage zu verstehen ist; vgl. zu den Tempora und Aspekten oben, Tab. 23.
2) Beim adverbialen Gebrauch mit temporaler Sinnrichtung (s. oben, II 3a) drückt das Tempus des Partizips die relative Zeit zum übergeordneten Prädikat aus:
   a) Präsens (und Perfekt): meistens Gleichzeitigkeit (Satzeinleitung: während, als)
   Beispiel: προσῆλθον αὐτῷ διδάσκοντι – *sie traten zu ihm, während er lehrte*

b) Partizip Aorist: meistens Vorzeitigkeit (Satzeinleitung: nachdem, als)
   Beispiel: τοῦτο εἰπὼν ἐξέπνευσεν – *nachdem er dies gesagt hatte, verschied er*
c) Partizip Futur: Nachzeitigkeit (relativ selten, meistens die Absicht ausdrückend)
   Beispiel: ἐλήλυθεν προσκυνήσων – *er war gekommen, um anzubeten*

3) Oft kann man die temporale und die modale Partizipial-Konstruktion als unselbstständige „Und"-Kombination mit finitem Verb wiedergeben.
   Beispiel: εἰσελθοῦσα εὐθὺς ᾐτήσατο – *sie ging sofort hinein und bat*

30. Nebensätze

I. Relativsätze

1) Sie werden durch das Relativpronomen ὅς eingeleitet oder durch das verallgemeinernde Relativpronomen ὅστις (wer auch immer; jeder der; Pl.: alle, die).
2) Der Relativsatz kann selbstständig stehen, besonders wenn ein Relativpronomen am Anfang eines Satzgefüges steht; dann spricht man von einem „relativischen Anschluss". Das Relativpronomen wird mit einem Demonstrativ- oder Personalpronomen übersetzt.
   Beispiel: ᾧ ἀντίστητε – *diesem/ihm widersteht*
3) Relativsätze können neben ihrer eigentlichen syntaktischen Bedeutung zusätzlich einen adverbialen Nebensinn haben, und zwar einen kausalen, finalen (mit Ind. Fut. oder Konj. gebildet), konsekutiven oder konditionalen (mit ἄν/ἐάν und Konj. gebildet) Nebensinn.
4) Attraktion des Relativpronomens (attractio relativi) (s. auch Lekt. 38 B3): Das Relativpronomen gleicht sich im Kasus an das Bezugswort an, häufig wenn dieses im Gen. oder Dat. steht und das Relativpronomen eigentlich im Akk. stehen sollte. Das Bezugswort (BW) kann bei der attractio relativi
   a) in der übergeordneten Konstruktion stehen (wie im Deutschen),
      Beispiel: ἔργοις (BW), οἷς (statt: ἅ) προητοίμασεν ὁ θεός
   b) in den Relativsatz hineingenommen sein,
      Beispiel: ἤρξαντο … αἰνεῖν τὸν θεὸν φωνῇ μεγάλῃ περὶ πασῶν ὧν εἶδον δυνάμεων (BW) (für: περὶ πασῶν τῶν δυνάμεων ἃς εἶδον)
      ἄχρι ἧς ἡμέρας (BW) (für: ἄχρι τῆς ἡμέρας ᾗ [dat. temp.]) εἰσῆλθεν Νῶε εἰς τὴν κιβωτόν
   c) fehlen, wenn es sich um ein Demonstrativpronomen handeln würde; das Relativpronomen steht dann in dem Kasus, in dem das Demonstrativpronomen stehen würde.
      Beispiel: ἐρωτῶ … περὶ ὧν δέδωκάς μοι (für: περὶ τούτων οὓς δέδωκάς μοι)

II. Konjunktionalsätze als Subjekt- oder Objekt-Sätze

1) Subjekt- oder Objekt-Sätze mit ὅτι (*dass*) (abhängige Behauptungssätze)
   Sie stehen insbesondere nach Verben des Sagens und Meinens sowie nach Verben der sinnlichen und geistigen Wahrnehmung, meistens als Objekt.
   Mt 5,33; 10,34
2) Subjekt- oder Objekt-Sätze mit ἵνα (*dass*) (abhängige Begehrsätze)
   Sie haben meist die Funktion eines Objekts.
   Mt 7,12; 26,4; Mk 10,35; Phil 1,9; 1Kor 14,5

3) indirekte Fragen
   Einleitung durch ein Fragepronomen (z.B. τίς oder ποῖος – auch adjektivisch: „welcher") oder Frageadverb (ποῦ wo; εἰ ob); Modus und Tempus werden wie in direkten Fragen gebraucht (manchmal auch Optativ).
   Mt 6,25; Lk 1,62; Apg 5,24; 17,27; 27,12.39
4) direkte Rede mit ὅτι recitativum
   Einleitung bei der indirekten Rede meistens: ὅτι (*dass*). Wenn Äußerungen (oder Gedanken) im Wortlaut wiedergegeben werden (direkte Rede) steht als Einleitung ein Doppelpunkt (·) oder ὅτι (= ὅτι recitativum); dieses wird im Deutschen durch einen Doppelpunkt wiedergegeben.
   Joh 1,20; 1Joh 1,5

III. Konjunktionalsätze als Adverbialsätze

Einleitung durch eine Konjunktion. Je nach Konjunktion ist die logische Beziehung zum Hauptsatz unterschiedlich:

1) kausal (Grund)
   Einleitung: ὅτι, διότι, ἐπεί, ἐπείδη (weil, da, da ja).
   Bisweilen geht der Kausalsatz in einen Hauptsatz über; in diesem Fall sollte die Konjunktion mit „denn" übersetzt werden. Verneinung: οὐ.
   Mt 7,13; 18,32; Lk 2,7; Joh 20,29; Apg 13,46; Röm 5,8
2) final (Absicht)
   Einleitung: ἵνα, ὅπως (damit, um … zu) mit Konjunktiv, manchmal: Indikativ Futur. Verneinung beim Konjunktiv: μή.
   Mt 6,18; 26,41; Joh 18,28; Röm 3,4
3) konsekutiv (Folge)
   Einleitung: ὥστε (sodass) mit Indikativ oder Infinitiv; seltener: ἵνα mit Konjunktiv. Manchmal geht der Konsekutivsatz in einen Hauptsatz über; in diesem Fall sollte die Konjunktion mit „deshalb, daher" übersetzt werden.
   Mt 12,22; 15,33; 19,6; Joh 3,16
4) konzessiv (Einräumung)
   Einleitung: εἰ καί oder ἐὰν καί (wenn auch, obwohl). Konstruktion wie Konditionalsätze (s. unten, 6).
   Lk 18,4; Joh 11,25; 2Tim 2,5
5) temporal (Zeit)
   Einleitung: ὅτε, ὡς mit Indikativ (als, nachdem, wenn), ὅταν mit Konjunktiv (wenn, sobald), ἕως (οὗ), ἄχρι (οὗ), μέχρι (οὗ) mit Indikativ oder Konjunktiv (bis, solange als), πρίν (ἤ) mit Inf.Aor. (bevor).
   Mt 1,25; Mk 14,12; Lk 15,8; 19,5; 21,20; Joh 9,4; 21,18
6) konditional (Bedingung) (s. auch Lekt. 53 B)
   Einleitung: εἰ mit Indikativ oder ἐάν mit Konjunktiv (wenn).
   Man unterscheidet vier Fälle, je nachdem, in welchem Verhältnis die Bedingung (Protasis bzw. Wenn-Satz) zur Wirklichkeit gesehen wird:
   a) Indefiniter Fall: Das Verhältnis des Wenn-Satzes zur Wirklichkeit ist unbestimmt; Einleitung: εἰ mit Indikativ; die Schlussfolgerung (Apodosis bzw. Dann-Satz) ist notwendig.
      Mt 4,3; 19,21; Lk 11,19.20; Röm 8,9

b) Prospektiver Fall (manchmal auch „Eventualis“ genannt): Der Wenn-Satz bezeichnet beim speziell-prospektiven Fall etwas, womit man rechnen kann oder muss, beim generell-prospektiven Fall etwas, was sich unbestimmt häufig wiederholt; Einleitung: ἐάν mit Konjunktiv.
   Mt 8,2; Mk 3,24; Joh 7,17; 12,24; 2Tim 2,5
c) Irrealer Fall: Der Wenn-Satz wird als unwirklich hingestellt; Einleitung: εἰ mit Augmenttempus (Ipf., Aor., Plsqpf.), Dann-Satz mit Augmenttempus und ἄν; die Schlussfolgerung wäre notwendig.
   Mt 12,7; Joh 4,10; 8,42; 9,41; 15,19.22; Röm 9,29
d) Potentialer Fall: Der Inhalt des Wenn-Satzes wird als möglich oder zumindest denkbar angesehen; Einleitung: εἰ mit Optativ, Dann-Satz mit Optativ und ἄν; die Schlussfolgerung ist eine bloße Möglichkeit; im Neuen Testament selten und nie vollständig.
   Apg 20,16; 24,19; 1Petr 3,14

Wörterverzeichnis der Lektionen

Vokabeln lernen – leicht gemacht

Es gibt unterschiedliche Lerntypen. Daher muss jeder für sich selbst ausprobieren, welche Lernmethode den besten Erfolg bringt.
Allgemein gilt:

- Teilen Sie das Lernpensum auf und lernen sie z.B. nur ca. 7-10 Vokabeln auf einmal.
- Unterbrechen Sie den Lernvorgang immer wieder, z.B. nach 10-15 Minuten durch eine kurze Erholungspause. Idealerweise wechselt man die Lernformen ab (Vokabellernen – Übersetzen usw.) bzw. wechselt als Studierende(r) zwischen den Fächern.
- Prägen Sie sich die Vokabeln und ihre Bedeutung ein, indem Sie beides mehrfach laut sprechen.
- Nutzen Sie Lernhilfen. Eine Lernhilfe sind z.B. die im Vokabelverzeichnis aufgeführten, vom Griechischen abgeleiteten Fremdwörter (im Wörterverzeichnis kursiv gedruckt). Weitere Lernhilfen können Sie selbst überlegen. Das können auch Eselsbrücken sein, bei denen sie mit einem Wort irgendeine (durchaus lustige) Assoziation verbinden.

Weitere hilfreiche Lernmethoden sind:

- die Wörter abzuschreiben
- die Wörter auch deutsch – griechisch zu lernen
- sich Bilder zu den Wörtern auszudenken oder zu zeichnen
- sich eine Bewegung zu einem Wort auszudenken

Eine sehr bewährte Methode ist das Lernen mit Vokabelkarten. Sie verbindet verschiedene Lernzugänge bzw. Sinneswahrnehmungen miteinander, indem man die Vokabeln schreibt (motorisch), liest (visuell) und laut ausspricht (akustisch). Für diese Lernmethode benötigen sie kleine Karteikarten, etwa 7 x 5 cm groß (DIN A 8), und außerdem eine Box mit fünf Fächern, in der die Kärtchen hintereinander stehen können. Auf die Vorderseite der jeweiligen Karteikarte schreiben Sie das griechische Wort, auf die Rückseite alles andere, also die deutsche Bedeutung, gegebenenfalls das Geschlecht, die Deklination usw.

Alle neuen Vokabelkarten kommen in das erste Fach. Sie werden wie oben beschrieben nach und nach gelernt. Dabei sprechen Sie am besten das griechische Wort laut aus, nennen dann die deutsche Bedeutung und gegebenenfalls die anderen Angaben und kontrollieren sich selbst anschließend mit Hilfe der Rückseite. Kontrollieren Sie nach ca. einer Stunde, ob Sie sich die Vokabel eingeprägt haben. Wenn ja, kommt die Karte in das zweite Fach. Am Folgetag werden alle Vokabeln wiederholt. Die, die man noch kennt, steckt man in das jeweils nächste Fach, die anderen kommen zurück in das erste Fach. Vokabeln aus dem vierten Fach werden nach ca. ein bis zwei Wochen noch einmal wiederholt. Sie können dann ins fünfte Fach gesteckt oder auf einen separaten Stapel gelegt werden. Werfen Sie die Karten nicht weg, sondern wiederholen Sie sie regelmäßig (ca. alle ein bis zwei Monate)!

Es gibt noch weitere Formen zum Vokabellernen. Manche nutzen einen digitalen Vokabeltrainer bzw. die zugehörige App. Für die Lernsoftware Anki (apps.ankiweb.net) ist ein kostenloses Modul des Lernvokabulars zu *Bibelgriechisch leicht gemacht* verfügbar unter: https://www.eh-tabor.de/vokabeltrainer-bibelgriechisch.

Andere nehmen Vokabeln als MP3 auf und hören Sie beim Joggen. Sie können also durchaus kreativ beim Vokabellernen werden.

Lektion 3

ὁ ἀγρός	Acker, Feld *(L: Agrarwirtschaft)*
ὁ ἀδελφός	Bruder, im Pl. auch: Geschwister
ὁ ἁμαρτωλός	Sünder
ὁ ἀπόστολος	Abgesandter, *Apostel*
ὁ ἄρτος	Brot
ὁ ἀσπασμός	Gruß
ὁ γεωργός	Bauer, Weingärtner
ὁ διαλογισμός	Gedanke, Überlegung, Zweifel *(L: Dialog)*
ὁ διδάσκαλος	Lehrer *(L: Didaktik)*
ὁ ἐχθρός	Feind
ὁ θεός	Gott *(L: Theo-logie)*
ὁ καιρός	Zeit, Zeitpunkt, rechte Zeit
ὁ καρπός	Frucht
ὁ κόσμος	Welt, Weltall; Menschheit, Schmuck *(L: Kosmos, Kosmetik)*
ὁ κύριος	Herr
ὁ λαός	Volk *(L: Laie)*
ὁ λόγος	Wort
ὁ ναός	Tempel
ὁ ξένος	Fremder *(L: Xenophobie)*
ὁ υἱός	Sohn
ὁ φόβος	Furcht, Angst *(L: Phobie)*
ἀκούω	hören *(L: Akustik)*, m. Gen.: hören auf (jmdn.)
βλέπω	sehen
γράφω	schreiben *(L: graphisch, Graphologe)*
δουλεύω	dienen
ἔχω	haben
καί	und, auch
καί ... καί	sowohl ... als auch
λέγω	sagen
παιδεύω	erziehen *(L: Pädagogik)*

Lektion 4

ἡ Αἴγυπτος	Ägypten
ἡ ἄμπελος	Weinstock
ἡ βίβλος	Buch *(L: Bibel)*
ἡ ἔρημος	Wüste, Steppe, Einöde *(L: Eremit)*
ἡ νόσος	Krankheit
ἡ ὁδός	Weg *(L: Methode)*
ἡ παρθένος	Jungfrau
ἡ ῥάβδος	Stab, Rute, Zepter
ἀντί (ἀντ'/ἀνθ')	II.[1] statt, für, anstelle von *(L: Antichrist)*
ἀπό (ἀπ'/ἀφ')	II. von, von … weg, seit
εἰς	IV. in (wohin?), in ... hinein, zu, nach
ἐκ (ἐξ)	II. aus, aus ... heraus, von, aufgrund von
ἐν	III. in, an, auf, bei (wo?), durch (instrumental)
πρό	II. vor, für *(L: pro [und contra])*
σύν	III. mit (jmdm. zusammen)
ἀπολύω	befreien, los-, entlassen
ὁ ἀριθμός	Zahl *(L: Arithmetik)*
ὁ διάβολος	Teufel
ὁ διάκονος	Diener *(L: Diakon)*
ὁ ζῆλος	Eifer *(L: Zelot)*
ὁ θάνατος	Tod
ὁ θερισμός	Ernte
ὁ θρόνος	*Thron*
ὁ Ἰησοῦς	*Jesus*
ὁ οἶνος	Wein
ὁ οὐρανός	Himmel
ὁ ὀφθαλμός	Auge *(L: Optik)*
ὁ πειρασμός	Versuchung, Prüfung, Anfechtung
πιστεύω	glauben, vertrauen
πιστεύω εἰς	glauben an
ὁ πρεσβύτερος	Ältester *(L: Presbyter)*
φεύγω	fliehen (vor) (mit Akk. oder mit Präp. ἀπό)
ὁ χοῖρος	Ferkel, Schwein
ὁ χρόνος	Zeit, Zeitraum *(L: Chronologie)*

Lektion 5

ἀλλά	aber, doch; nach Verneinung: sondern
ὁ ἄνθρωπος	Mensch *(L: Anthropologie)*
βασιλεύω	König sein, königlich herrschen
γάρ	denn, nämlich, freilich
δέ	aber

[1] II. Präp. mit dem Gen.; III. mit dem Dat.; IV. mit dem Akk.

ἤδη	schon, bereits, nun
θεραπεύω	heilen *(L: Therapie)*
κυριεύω	Herr sein, herrschen über *(L: κύριος)*
λατρεύω	dienen (religiös, kultisch)
λύω	aufbinden, lösen; loslassen; befreien
οὐ, οὐκ, οὐχ	nicht (Verneinung beim Ind.)
οὐκέτι	nicht mehr, nicht länger
ὁ ὄχλος	Menschenmenge, Leute *(L: Ochlokratie)*
ὁ πλοῦτος	Reichtum
ὁ Ῥωμαῖος	Römer
ὑπακούω	hören auf, gehorchen, untertan sein
ὁ φίλος	Freund *(L: Philosophie)*
φυτεύω	pflanzen
ὁ Χριστός	*Christus*, Gesalbter, Messias

Lektion 6

ἀκολουθέω	nachfolgen
βλασφημέω	lästern (Gott); verleumden *(L: Blasphemie)*
γρηγορέω	wachen, wachsam sein
δέω	binden
διακονέω	dienen, bedienen *(L: Diakon)*
ὁ δοῦλος	Knecht, Diener, Sklave *(L: δουλεύω)*
ἐλεέω	sich erbarmen; Pass.: Erbarmen erfahren
ἐπιθυμέω	begehren, verlangen
ἔτι	noch, noch immer
εὐλογέω	segnen, lobpreisen *(L: eu = gut + λέγω)*
εὐχαριστέω	danken, Dank sagen *(L: Eucharistie)*
ζητέω	suchen
ἤ	oder, (nach Komparativ:) als
θεωρέω	sehen, besichtigen, betrachten *(L: Theorie)*
κατανοέω	bemerken, betrachten, nachsehen, ansehen
μετανοέω	umkehren, sich bekehren
λαλέω	reden, sagen
μαρτυρέω	bezeugen *(L: Martyrium)*
ὁ νόμος	Gesetz *(L: auto-nom)*
ὁ οἶκος	Haus
ὁμολογέω	zugeben, bekennen, preisen
περιπατέω	umhergehen, sein Leben führen
ποιέω	tun, machen (mit dopp. Akk.: jmdn./etwas machen zu) *(L: Poet)*
ὁ συνεργός	Mitarbeiter, Gehilfe *(L: Synergie)*
ὁ Φαρισαῖος	*Pharisäer*

Lektion 7

διά (δι')	II. durch IV. wegen, um ... willen
κατά (κατ'/καθ')	II. von herab, gegen IV. längs, gemäß, nach
μετά (μετ'/μεθ')	II. mit, bei IV. nach
περί	II. über, in Betreff, für IV. um ... herum *(L: Peripherie)*
πρός	III. nahe bei, an IV. zu ... hin, gegen, nach, im Blick auf
ὑπέρ	II. für, zugunsten, über, um ... willen IV. über ... hinaus, mehr als *(L: hyperaktiv)*
ὑπό (ὑπ'/ὑφ')	II. von (beim Passiv) IV. unter
ἔρχομαι	kommen
ἀπέρχομαι	weggehen *(L: ἀπό + ἔρχομαι)*
διέρχομαι	hindurchgehen, durchwandern, auseinandergehen *(L: διά + ἔρχομαι)*
εἰσέρχομαι	eintreten, (hinein)gehen
ἐξέρχομαι	hinausgehen *(L: ἐξ + ἔρχομαι)*
κατέρχομαι	herabkommen *(L: κατα + ἔρχομαι)*
δέχομαι	aufnehmen, annehmen, empfangen
ἐργάζομαι	arbeiten, bewirken
πορεύομαι	gehen, reisen, wandern
ἀναχωρέω	weggehen, sich entfernen
ὁ ἄγγελος	Bote, Engel *(L: engl. angel)*
ὁ ἥλιος	Sonne *(L: Heliosphäre)*

ὁ δεσμός	Fessel
ὁ ἐπίσκοπος	Aufseher, Vorsteher, Bischof
κατοικέω	wohnen, bewohnen *(L: οἶκος)*
ὁ κόπος	Mühe, Arbeit
νοέω	erkennen, verstehen, bemerken, verständig sein *(L:* engl. *to know)*
ὁ Σαδδουκαῖος	*Sadduzäer*
ὁ σταυρός	Kreuz
ὁ στρατηγός	Feldherr, Hauptmann *(L: Stratege)*
ἐστίν	er/sie/es ist *(L:* lat. *est)*

Lektion 8

τὸ ἀρνίον	Widder, Lamm
τὸ δαιμόνιον	*Dämon*
τὸ δεῖπνον	Mahlzeit, Mahl
τὸ δένδρον	Baum *(L: Rhododendron)*
τὸ εἴδωλον	Götzenbild; Götze *(L: Idol)*
τὸ ἔργον	Werk *(L: ἐργάζομαι)*
τὸ εὐαγγέλιον	Evangelium, Freudenbotschaft, gute Nachricht *(L: eu = gut + ἄγγελος)*
τὸ ἱμάτιον	Gewand, Obergewand, Kleid
τὸ μαρτύριον	Zeugnis *(L: μαρτυρέω)*
τὸ μύρον	Salböl
τὸ μυστήριον	Geheimnis *(L: Mysterium)*
τὸ πλοῖον	Schiff
τὸ ποτήριον	Becher, Kelch *(L: Pott)*
τὸ πρόβατον	Schaf
τὸ σημεῖον	Zeichen, Kennzeichen, Vorzeichen
τὸ σκάνδαλον	Fallstrick, Anstoß, Ärgernis *(L: Skandal)*
τὰ σπλάγχνα	Eingeweide, Herz (Sitz der Gefühle) (nur im Pl.)
τὸ τέκνον	Kind
ἀποκρίνομαι	antworten
ἀπολογέομαι	sich herausreden, sich verteidigen *(L: Apologetik)*
ἀρνέομαι	verneinen, verleugnen
δέομαι	bitten (m. Gen.: jmdn. bitten)
ὁ δέσμιος	Gefangener *(L: δεσμός)*
ἦν	er/sie/es war (Ipf.)

Lektion 9

τὸ ἀργύριον	Silber, Geld *(L: chem. Argentum)*
τὸ βιβλίον	Buch *(L: βίβλος)*
ἐγώ	ich *(L: Ego-ist)*
εἰμί	sein
εἰσπορεύομαι	hineingehen *(L:)*
τὸ ἔλαιον	Öl
ἐπί (ἐπ᾽/ἐφ᾽)	II. auf, an, bei, während, aufgrund, über III. auf, an, bei, in, während, aufgrund, gegen IV. auf, an auf … hin, zu, nach, über, gegen
τὸ θυσιαστήριον	Altar
ὁ κληρονόμος	(der) Erbe
τὸ ξύλον	Holz *(L: Xylophon)*
οἰκοδομέω	bauen, erbauen *(L: οἶκος)*
ὅτι	denn, weil, dass, : (Doppelpunkt)
παρά (παρ᾽)	II. von (... her) III. bei, neben IV. an (… vorbei), entlang (meist wohin?), neben … hin, auf, bei, gegen
ὁ ποταμός	Fluss *(L: Mesopotamien: Zweistromland)*
τὸ σάββατον	*Sabbat*, Woche
σύ	du
τὸ συνέδριον	allgem.: Ratsversammlung; meist speziell: *Synedrium*, Hoher Rat
ὑμεῖς	ihr
φωνέω	rufen *(L: Telefon)*
τὸ χρυσίον	Gold

Lektion 10

ἡ ἀδελφή	Schwester *(L: ἀδελφός)*
ἡ ἀδικία	Unrecht, Ungerechtigkeit
ἡ ἀνομία	Gesetzlosigkeit, Unrecht *(L: νόμος)*
ἡ ἀπώλεια	Verderben, Verdammnis
ἡ ἀρχή	Anfang, Obrigkeit *(L: Archäologie)*
ἡ βουλή	Rat, Beschluss
ἡ Γαλιλαία	*Galiläa*
ἡ γλῶσσα	Zunge, Sprache *(L: Glosse, Glossolalie)*

ἡ γραφή	Schrift, Buch, Schriftstelle *(L: γράφω)*
ἡ διακονία	Dienst, Unterstützung *(L: Diakonie)*
ἡ διδασκαλία	Lehre *(L: διδάσκαλος)*
ἡ δόξα	Herrlichkeit, Ehre, Glanz *(L: Doxologie)*
ἡ ἐκκλησία	Gemeinde, Versammlung *(L: Ekklesiologie)*
ἡ ἐλευθερία	Freiheit
ἡ ἐντολή	Gebot
ἡ ἐξουσία	Vollmacht, Macht
ἡ ἑορτή	Fest
ἡ ἐπιστολή	Brief *(L: Epistel)*
ἡ θάλασσα	Meer
ἡ οἰκία	Haus *(L:* vgl. *οἶκος)*
ἡ ὀψία	Abend
ἡ παρουσία	Gegenwart, Ankunft, Wiederkunft *(L: Parusie)*
ἡ παρρησία	Offenheit, Zuversicht
ἡ προσευχή	Gebet
ἡ συναγωγή	*Synagoge*, Versammlung
ἡ τράπεζα	Tisch
ἡ τροφή	Nahrung, Speise

Lektion 11

ἀναβαίνω	hinaufgehen
ἡ ἀσέλγεια	Zügellosigkeit, Schwelgerei, Ausschweifung
ἡ αὐλή	Hof; Vorhof (des Tempels); Palast *(L: Aula)*
διώκω	verfolgen
ἡ εἰρήνη	Friede
ἡ ἐλαία	Ölbaum *(L: ἔλαιον)*
ἡ εὐσέβεια	Gottesfurcht, Frömmigkeit
ἕως	II. bis, bis zu, solange
ἡ ζωή	Leben
ἡ ἡμέρα	Tag
τὸ ἱερόν	(das) Heilige, Heiligtum
ὁ Ἰουδαῖος	jüdisch, *Jude*
ἰσχύω	fähig sein, können; stark sein/werden
ἡ κώμη	Dorf
λαμβάνω	nehmen, ergreifen, empfangen
ἡ μετάνοια	Sinnesänderung, Umkehr *(L: μετανοέω)*
ἡ πόρνη	Hure, Prostituierte *(L: Pornographie)*
ποῦ	wo?
ἡ προφητεία	Weissagung, Prophetie *(L:)*
τηρέω	bewachen, bewahren
φιλέω	lieben, Gefallen haben *(L: φίλος)*
ἡ χαρά	Freude
ἡ χήρα	Witwe
ὠφελέω	nützen, fördern; Pass.: Nutzen haben

Lektion 12

ἡ ἀγορά	Marktplatz
ἡ ἁμαρτία	Sünde *(L: ἁμαρτωλός)*
ἀνέχομαι	ertragen, sich gefallen lassen, annehmen
ἡ βασιλεία	Königsherrschaft, Königreich *(L: βασιλεύω)*
ἡ διδαχή	Lehre *(L: διδάσκαλος)*
ἐκβάλλω	hinauswerfen, hinausstoßen; auch: aussenden, entfernen *(L: ἐκ + Ball)*
ἐκπλήσσομαι	in Erstaunen geraten, erschrocken sein
ἐπιζητέω	suchen; verlangen, erforschen *(L: ζητέω)*
εὐθέως	gleich, sofort, alsbald (Adv.)
τὸ ζῷον	Lebewesen *(L: Zoologie)*
ὁ Ἰωάννης	*Johannes*
κατηγορέω	anklagen, beschuldigen
κηρύσσω	verkündigen
ἡ μάχαιρα	Schwert *(L: Machete)*
μένω	bleiben, wohnen; trans.: erwarten
ἡ παραβολή	Gleichnis *(L: Parabel)*
ὁ πόλεμος	Kampf, Krieg, Streit *(L: Polemik)*
ἡ σωτηρία	Rettung, Heil *(L: Soteriologie)*
ἡ ὑπακοή	Gehorsam *(L: ὑπακούω)*
ὑστερέω	entbehren, zu spät kommen, versäumen, verfehlen
φοβέομαι	sich fürchten *(L: φόβος)*
φωτίζω	erhellen, ans Licht bringen, strahlen lassen
ψεύδομαι	lügen, täuschen *(L: Pseudo-nym)*
ἡ ὥρα	Stunde *(L:* engl. *hour)*

Lektion 13

ἡ ἀγάπη	Liebe
ὁ ᾅδης, ου	*Hades*, Unterwelt (als Aufenthaltsort der Toten)
ἡ ἀλήθεια	Wahrheit
ὁ βαπτιστής, οῦ	Täufer *(L: Baptist)*
ὁ δεσπότης, ου	Herr, Besitzer, Gebieter *(L: Despot)*
ὁ ἐργάτης, ου	Arbeiter *(L: ἐργάζομαι)*
ἐσθίω	essen
ὁ εὐαγγελιστής, οῦ	Verkündiger, *Evangelist (L: εὐαγγέλιον)*
ὁ ζηλωτής, οῦ	Eiferer *(L: Zelot)*
ὁ Ἰσραηλίτης, ου	*Israelit*
ὁ κλέπτης, ου	Dieb *(L: Kleptomanie)*
ὁ κριτής, οῦ	Richter *(L: Kritik)*
κωλύω	hindern
ὁ μαθητής, οῦ	Jünger, Schüler
ὁ νεανίας, ου	Jüngling
νῦν	nun, jetzt (Adv.)
οὐδέ	und nicht, noch nicht
οὔτε (… οὔτε)	und nicht (weder ... noch)
πίνω	trinken
ὁ προφήτης, ου	*Prophet*
ὁ στρατιώτης, ου	Soldat
ὁ τελώνης, ου	Zöllner
ὁ ὑπηρέτης, ου	Gehilfe, Diener, Helfer
ὁ ὑποκριτής, οῦ	Heuchler *(L:* engl. *hypocrite)*
ὁ ψευδοπροφήτης, ου	Lügenprophet *(L: ψεύδομαι)*

Lektion 14

ἄλλος, η, ο	anderer, weiterer
ἀγαθός, ή, όν	gut, brauchbar
ἅγιος, α, ον	heilig
ἀληθινός, ή, όν	wahr, zuverlässig, echt *(L: ἀλήθεια)*
δίκαιος, α, ον	gerecht
καινός, ή, όν	neu
καλός, ή, όν	schön, gut
κωφός, ή, όν	taub, stumm
νεκρός, ά, όν	tot *(L: Nekrose)*
νέος, α, ον	jung, neu *(L: Neo-Nazi)*
ὀλίγος, η, ον	gering, wenig *(L: Oligarchie)*
ὅλος, η, ον	ganz, ungeteilt *(L:* engl. *whole)*
ὅμοιος, α, ον	ähnlich, gleich
παλαιός, ά, όν	alt *(L: Paläographie)*
πιστός, ή, όν	treu, gläubig, zuverlässig *(L: πιστεύω)*
πονηρός, ά, όν	böse, arg, schlecht
σοφός, ή, όν	weise *(L: Philosophie)*
τίμιος, α, ον	teuer, kostbar, ehrbar
τυφλός, ή, όν	blind
φανερός, ά, όν	sichtbar, offenbar *(L: Phänomen)*
χωλός, ή, όν	lahm
ἀναβλέπω	aufsehen
ἐγείρω	auf(er)wecken; Pass.: auf(er)stehen, sich erheben, auferweckt werden
ὁ θησαυρός	Schatz *(L: Thesaurus)*
ἡ χώρα	Land

Lektion 15

ἀγαπητός, όν	geliebt *(L:)*
ἀδύνατος, ον	unvermögend, kraftlos, ohnmächtig, unmöglich
αἰώνιος, ον	ewig
ἀκάθαρτος, ον	unrein, schmutzig, ausschweifend
ἄπιστος, ον	untreu, ungläubig *(L: πιστεύω)*
ἐπουράνιος, ον	himmlisch *(L: οὐρανός)*
ἔρημος, ον	wüst, einsam *(L: Eremit)*
φρόνιμος, ον	verständig
αὐτός, ή, ό	er, sie, es; selbst; mit Artikel: derselbe *(L: autonom, Automobil)*
ἡμεῖς	wir
βαπτίζω	taufen *(L: Baptist)*
εἰ	wenn; ob
ἐκεῖ	dort
ἐκπορεύομαι	ausgehen, fortgehen *(L:)*
ὁ Ἰορδάνης, ου	*Jordan*
ἡ καρδία	Herz *(L: Kardiologie)*
νηστεύω	fasten
ὅπου	wo, dort wo, wohin (Adv.)
οὖν	also, demnach, folglich, nun (Joh-Evgl.: da)
πρῶτος	erster *(L: Prototyp)*
ἡ σοφία	Weisheit *(L: Philosophie)*
ὁ τόπος	Ort *(L: Topographie)*

Lektion 16

ἐκεῖνος, η, ο	jener, jene, jenes
ὅδε, ἥδε, τόδε	dieser, diese, dieses
οὗτος	dieser
διὰ τοῦτο	deshalb, darum
εἰς τοῦτο	dazu
μετὰ ταῦτα	danach
ἄνω	oben, nach oben, hinauf
ἡ ἀσθένεια	Schwachheit, Krankheit *(L: Legasthenie)*
γινώσκω	kennen, erkennen, wissen
ἡ δικαιοσύνη	Gerechtigkeit *(L: δίκαιος)*
εἶπεν	er/sie/es hat gesagt (3.Sg.Ind.Aor.)
ἦλθεν	er/sie/es ist gekommen (Aor.)
τὸ θηρίον	Tier, Bestie *(L: Terrier)*
κάτω	unten, hinab (Adv.)
ἡ κοινωνία	Gemeinschaft
μή	nicht (Verneinung beim Konj., Impt., Inf., Ptz.)
μήτι	etwa, vielleicht? (Fragepartikel mit Erwartung einer negativen Antwort)
μικρός, ά, όν	klein *(L: Mikroskop)*
Μωϋσῆς	*Mose*
ἡ παιδίσκη	Magd
πειράζω	versuchen, auf die Probe stellen *(L: πειρασμός)*
τεσσεράκοντα	vierzig
ὑπάγω	fortgehen, hingehen, zurückkehren
ἡ φωνή	Stimme *(L: φωνέω, Megafon)*

Lektion 17

ἄγω	führen, bringen, gehen
αἰτέω	bitten, fordern, verlangen
ἀλλήλων, οις, ους	einander, gegenseitig *(L: Parallele)*
ἀναπαύω	ausruhen lassen, zur Ruhe bringen; Med.: sich ausruhen, zur Ruhe kommen
ἄχρι	1) Präp. mit II. bis, bis zu; solange 2) Konjunktion: bis
ἐάν	wenn, im Fall dass, sofern
ἵνα	dass, damit, auf dass
ἕτερος, α, ον	ein anderer *(L: heterogen)*
εὖ	gut; auch als Adverb: gut, wohl *(L: Euphorie)*
ἡ εὐχαριστία	Dank, Danksagung, Dankgebet *(L: εὐχαριστέω)*
θέλω (Ipf. ἤθελον)	wollen
Ἰερουσαλήμ/ Ἰεροσόλυμα	*Jerusalem*
καθεύδω	schlafen
καθώς	ebenso wie, insofern als, soweit, da ja
κἀκεῖνος	und jener
κρίνω	urteilen, richten *(L: κριτής)*
λοιπός, ή, όν	übrig; adv. (τὸ) λοιπόν im Übrigen, weiterhin
μέχρι	II. bis
ὅπως	wie, auf welche Weise; damit
ὅταν	als, wenn (temp.); dann, wann
πτωχός, ή, όν	arm, bedürftig, bettelarm
ἡ σπουδή	Fleiß, Eifer, Eile *(L: sich sputen)*
ἡ ταπεινοφροσύνη	Demut, Niedrigkeit, Bescheidenheit
χαίρω	sich freuen *(L: χαρά)*
ὡς	wie, gleichwie, als (Vergleichspartikel); bei Zahlwörtern: ungefähr

Lektion 18

ἁμαρτάνω	sündigen, Unrecht tun *(L: ἁμαρτία)*
ἀποστέλλω	senden, aussenden (dopp. Akk.: jmdn. senden als) *(L: Apostel)*
δοξάζω	verherrlichen, ehren *(L: δόξα)*
ἐλπίζω	hoffen, erwarten (mit εἰς: hoffen auf)
ἐνεργέω	wirken, wirksam sein *(L: Energie)*
ἡ εὐλογία	Segen, Lobpreis *(L: εὐλογέω)*
καλέω	rufen, anreden, einladen (mit dopp. Akk.: jmdn./ etwas bezeichnen als)
κατακρίνω	verurteilen *(L:)*
μηκέτι	nicht mehr, nicht länger

μνημονεύω	sich erinnern, gedenken an *(L: Mnemotechnik)*
ναί	ja
ὀπίσω	II. hinter
οὔ	nein
παύω	aufhören lassen, zur Ruhe bringen; Med.: aufhören *(L: Pause)*
ἡ πορνεία	Hurerei, Unzucht *(L: πόρνη)*
προσεύχομαι	beten
προσέχω	den Sinn richten auf, achten auf; auch: sich kümmern um
πρῶτον	zuerst (Adv.)
πῶς	wie ...?
σκανδαλίζω	Anstoß geben *(L: σκάνδαλον, Skandal)*
ταράσσω	verwirren; Pass.: in Bestürzung geraten, erschrecken
ἡ τιμή	Ehre, Wert *(L: τίμιος)*
τρέχω	laufen, rennen, eilen
φρονέω	denken, urteilen, im Sinn haben *(L: φρόνιμος)*

Lektion 19

ἀμήν	wahrlich, gewiss, *Amen*
αὐξάνω	vermehren, wachsen lassen; Pass.: wachsen
βούλομαι	wollen *(L: βουλή)*
δεῖ	es ist nötig, man muss
δώδεκα	zwölf
εἰσάγω	hineinführen, hineinbringen *(L:)*
ἔπειτα	dann, sodass
κἀγώ	und ich, auch ich
κελεύω	befehlen, gebieten (mit Akk.)
κληρονομέω	erben, beerben *(L: κληρονόμος)*
μοιχεύω	Ehebruch begehen
ὅτε	da, als, nachdem
πάλιν	wieder, aufs Neue, ferner (Adv.)
ἡ παρεμβολή	(befestigtes) Lager; Kaserne
ἡ πέτρα	Fels *(L: Petrus)*
πλήν	aber, jedoch, vielmehr; II. außer
ῥαββί	*Rabbi*, Lehrer, Meister (Ehrentitel)
πλησίον	Adv.: nahe, in der Nähe von; mit Art.: der Nächste, Mitmensch
προσκαλέομαι	herbeirufen, zu sich rufen, berufen *(L:)*
προσκυνέω	niederfallen, niederknien, huldigen, anbeten
σήμερον	heute (Adv.)
φονεύω	töten
ὁ χιλίαρχος	Offizier, Anführer einer Tausendschaft

Lektion 20

ἀγαλλιάω	jubeln
ἀγαπάω	lieben *(L:)*
ἅπτω	anzünden, anstecken; Med.: berühren, ergreifen, antasten
ὁ γάμος	Hochzeit *(L: polygam)*
ἡ διάνοια	Gedanke
ἐπερωτάω	fragen, (bitten)
ἐρωτάω	fragen, bitten
ζάω	leben
θεάομαι	sehen, betrachten *(L: Theater)*
ἰάομαι	heilen, herstellen
καθαρίζω	reinigen
κακός, ή, όν	schlecht, böse
καυχάομαι	sich rühmen
κλάω	brechen
κοπιάω	sich abmühen; viel tun; müde werden *(L: κόπος)*
μέν … δέ	einerseits … andererseits (nicht immer übersetzt)
ὁ μέν … ὁ δέ	der eine … der andere
νικάω	siegen, besiegen
πεινάω	hungern
πλανάω	(jmdn.) täuschen, verführen; Med.: sich täuschen, irren
ὁ πόρνος	Hurer, Unzüchtiger *(L: πόρνη)*
προσδοκάω	erwarten
σιγάω	schweigen, verschweigen
τιμάω	ehren *(L: τιμή)*
χράομαι	benutzen, verwenden
ἡ ψυχή	Seele, Leben *(L: Psychologie)*

Lektion 21

ἡ γενεά — Geschlecht, Generation, Nachkommenschaft *(L: Genealogie)*
διαμερίζω — teilen, spalten
δικαιόω — rechtfertigen, gerecht sprechen/machen, Recht geben *(L: δίκαιος)*
ἔσωθεν — von innen heraus, innen, inwendig (*L: esoterisch*)
ζηλόω — eifersüchtig sein, sich eifrig bemühen (um) *(L: ζῆλος)*
κοινόω — gemein machen, verunreinigen *(L: κοινωνία)*
λογίζομαι — meinen, rechnen, bedenken *(L: Logik)*
μόνον — nur, allein (Adv.)
μόνος, η, ον — einzig, allein *(L: Monolog)*
ὁμοιόω — gleich machen, vergleichen; Pass.: gleich werden *(L: ὅμοιος)*
ὁράω — sehen
οὐ μόνον — nicht nur
πληρόω — erfüllen
πνευματικός, ή, όν — geistlich (zum Geist gehörig) *(L: Pneumatologie)*
προφητεύω — prophezeien *(L: προφητεία, Prophetie)*
σταυρόω — kreuzigen *(L: σταυρός)*
ταπεινόω — demütigen, erniedrigen *(L: ταπεινοφροσύνη)*
τελειόω — vollenden
ὑψόω — erhöhen, groß machen
φανερόω — offenbaren, sichtbar machen *(L: φανερός)*
ἡ χρεία — Bedürfnis, Notwendigkeit, Bedarf, Mangel, Not
χωρίς — getrennt, außer, ohne

Lektion 22

ὁ ἀστήρ, έρος — Stern *(L: Astronaut)*
ἡ θυγάτηρ — Tochter

Dekl. Sg.	Pl.
θυγάτηρ	θυγατέρες
θυγατρός	θυγατέρων
θυγατρί	θυγατράσιν
θυγατέρα	θυγατέρας

ὁ ἀνήρ — Mann *(L: Andrologie)* (Dekl. s. S. 93)
ἡ μήτηρ — Mutter

Dekl. Sg.	Pl.
μήτηρ	μητέρες
μητρός	μητέρων
μητρί	μητράσιν
μητέρα	μητέρας

ὁ πατήρ — Vater *(L: lat. Pater)* (Dekl. s. S. 93)
ὁ ἀλέκτωρ, ορος — Hahn
ὁ Καῖσαρ, ος — *Kaiser*
ὁ μάρτυς, υρος Dat.Pl.: μάρτυσιν — Zeuge *(L: Märtyrer)*
ὁ παντοκράτωρ, ορος — Allherrscher
τὸ πῦρ, ός — Feuer *(L: Pyrotechnik)*
ὁ σωτήρ, ῆρος — Retter, Heiland *(L: σωτηρία)*
ἡ ἀκαθαρσία — Unreinheit, Unsittlichkeit, Schmutz *(L: ἀκάθαρτος)*
ἡ ἀνατολή — Aufgang, Osten *(L: Anatolien)*
ἄξιος, α, ον — würdig
ἡ ἀπιστία — Unzuverlässigkeit, Untreue, Unglaube *(L: ἄπιστος)*
ἄρχω — herrschen
ἡ βλασφημία — Schmährede, Lästerung *(L: Blasphemie)*
δεξιός, ά, όν — rechter; ἐκ δεξιῶν rechts, zur Rechten
τὸ δίκτυον — Netz
ἑπτά — sieben *(L: Heptagon)*
θαυμάζω — sich wundern
ἡ θύρα — *Tür*
οὕτως — so (Adv.)
ἡ ῥίζα — Wurzel
φαίνω — scheinen, leuchten; MP: erscheinen, offenbar werden *(L: Phänomen)*
ὥσπερ — wie, gleichwie, ebenso wie

Lektion 23

τὸ αἷμα, τος — Blut *(L: Hämatom)*
τὸ γόνυ, γόνατος — Knie
ἡ ἐλπίς, ίδος — Hoffnung *(L: ἐλπίζω)*

τὸ γράμμα, τος	Buchstabe, Schriftstück, Buch, Schuldschein *(L: Grammatik)*
τὸ θέλημα, τος	Wille *(L: θέλω)*
τὸ κήρυγμα, τος	Heroldsbotschaft, Verkündigung *(L: κηρύσσω)*
τὸ κρίμα, τος	Urteil *(L: κριτής)*
ἡ νύξ, νυκτός	Nacht
τὸ ὄνομα, τος	Name
τὸ πλήρωμα, τος	Fülle *(L: πληρόω)*
τὸ πνεῦμα, τος	Geist *(L: πνευματικός)*
ἡ πραΰτης, ητος	Sanftmut, Milde
τὸ ῥῆμα, τος	Wort, Ausspruch *(L: Rhetorik)*
τὸ σῶμα, τος	Leib *(L: somatisch)*
τὸ φῶς	Licht *(L: Photosynthese)*
Dekl. Sg.	Pl.
φῶς	φῶτα
φωτός	φώτων
φωτί	φωσίν
φῶς	φῶτα
ἡ χάρις, ιτος	Gnade, Wohlwollen, gnädige Fürsorge; Dank
τὸ χάρισμα, τος	Gnadengabe, *Charisma*
ἡ χρηστότης, ητος	Güte, Milde, Freundlichkeit
ἡ σάλπιγξ, ιγγος	Trompete, Posaune
ἡ σάρξ, σαρκός	Fleisch *(L: Sarkophag)*
ὁ φύλαξ, ακος	Wächter
ἕκαστος, η, ον	jeder, ein jeder, jeder Einzelne
ἴδιος, α, ον	eigen; Subst.: Angehöriger
κενός, ή, όν	leer, eitel, vergeblich
ἡ μακροθυμία	Geduld, Beharrlichkeit, Ausdauer
οἰκέω	wohnen, bewohnen *(L:)*
οὐχί	(verstärktes οὐ) nicht

Lektion 24

ἀποθνήσκω	sterben
τὸ βῆμα, τος	Richterstuhl; Gericht
γέγραπται	3.Sg.Pf.Pass. von γράφω schreiben
γεννάω	erzeugen, gebären *(L: γενεά)*
ἡ γῆ	Erde *(L: Geologie)*
δουλόω	zum Sklaven machen; unterwerfen *(L: δοῦλος)*
δύο (Dat. δυσίν)	zwei
δύνασαι bzw. δύναται	2.Sg. bzw. 3.Sg. von können
εἶπον	ich habe/sie haben gesagt (1.Sg./3.Pl.Aor.)
ἐνώπιον	II. vor
ἐπιτιμάω	anfahren, tadeln, ernstlich zureden
εὐθύς	sofort, gleich (Adv.)
θαρσέω (nur Impt.), θαρρέω	zuversichtlich sein; Impt.: Habt keine Angst!
μηδείς, -δεμία, -δέν	keiner, keine, nichts
ὁ μισθός	Lohn
οὐ μή	nicht, gar nicht
περισσεύω	überfließen, reichlich zuteilwerden
σιωπάω	schweigen, still werden, sich still verhalten
τότε	da, dann (Adv.)
τρίτος, η, ον	dritter
ὕστερος, α, ον	letzter; auch: zweiter, nächster *(L: ὑστερέω)*

Lektion 25

ἀλλότριος, α, ον	fremd
ἀσθενέω	schwach/krank sein *(L: ἀσθένεια)*
γεύομαι	schmecken, kosten
ὁ δόλος	Trug, List
ἐγένετο	es geschah, er/sie/es ist geworden (3.Sg.Aor.)
εἰσφέρω	hineintragen; hinbringen; hineinführen
ἐξομολογέω	versprechen; Med.: bekennen; anerkennen; preisen *(L: ὁμολογέω)*
ἐπαίρω	aufheben, emporheben, sich erheben, sich brüsten
ἡγέομαι	führen, leiten; meinen, glauben (mit dopp. Akk.: halten für, ansehen als)
ἰδού	siehe; da
καταντάω	hinkommen, ankommen
κρατέω	fassen, festhalten
λευκός, ή, όν	weiß *(L: Leukozyten = weiße Blutkörperchen)*
μέλλω	im Begriff sein; mit Inf.: werden
παρακαλέω	ermutigen, ermahnen, bitten, trösten

ῥύομαι	retten, erretten
προέρχομαι	vorwärts gehen, vorher ankommen *(L:)*
τὸ τέρας, τος	Wunder

Lektion 26

ὁ ἀγών, ῶνος	(Wett-)Kampf, Auseinandersetzung *(L: Agonie)*
ὁ αἰών, ῶνος	Zeitalter, Ewigkeit *(L: Äon)*
ὁ ἀμπελών, ῶνος	Weinberg *(L: ἄμπελος)*
ἡ εἰκών, όνος	Bild, Ebenbild *(L: Ikone)*
ὁ ἡγεμών, όνος	Statthalter, Führer *(L: Hegemonie)*
ὁ κανών, όνος	Richtschnur *(L: Kanon)*
ὁ μήν, μηνός	Monat
ὁ ποιμήν, ένος	Hirte *(L: Poimenik)*
ὁ πυλών, ῶνος	(das) Tor
ὁ ἄρχων, οντος	Herrscher, Führer *(L: ἀρχή)*
ὁ δράκων, οντος	Drache *(L:* engl. *dragon)*
ὁ λέων, οντος	Löwe *(L:* engl. *Lion)*
ὁ ὀδούς, ὀδόντος	Zahn
γίνομαι	werden, geschehen
εἰ μή	wenn nicht; nach Negation: außer
ὁ ἐνιαυτός	Jahr
ἕξ	sechs *(L: Hexameter)*
μηδέ	auch nicht, und nicht, nicht einmal
ἡ οἰκοδομή	Bau, Erbauung *(L: οἰκοδομέω)*
οὐδείς, -δεμία, -δέν	keiner, keine, nichts
πᾶς, πᾶσα, πᾶν	jeder, ganz; Pl.: alle *(L: Pantheimus)*
τις, τι	jemand, irgendeiner, (irgend)etwas (Indefinitpronomen, enklitisch)
τίς, τί	wer? was? (Interrogativpronomen, Akut 1. Silbe)

Lektion 27

ἀγωνίζομαι	kämpfen, ringen; am Wettkampf teilnehmen; sich anstrengen *(L:)*
ἀπαγγέλλω	verkündigen *(L: ἄγγελος)*
διαφέρω	sich unterscheiden (m. Gen.)
δοκέω	meinen, denken; intrans.: scheinen; unpers.: es scheint (gut) *(L: Dogma)*
ἐπιλαμβάνομαι	ergreifen, fassen *(L:)*
ἐπιστρέφω	hinwenden, umdrehen, sich bekehren; trans.: zurückbringen
κράζω	schreien, laut rufen, brüllen
ὁ λῃστής, ου	Räuber
ἡ ὀργή	Zorn, Zorngericht
ὁ στέφανος	Siegeskranz
ὑποτάσσω	unterwerfen; Pass.: gehorchen
φέρω	tragen, ertragen, herbeibringen, vorbringen
ὡσεί	wie, ungefähr, etwa

Lektion 28

τὸ γένος, ους	Nachkommenschaft, Verwandtschaft, Sippe, Art, Geschlecht *(L: γενεά)*
τὸ ἔθνος, ους	Nation, Volk; Pl.: Heiden *(L: Ethnologie)*
τὸ ἔθος, ους	Sitte, Brauch; Gesetz *(L: Ethik)*
τὸ ἔτος, ους	Jahr
τὸ κράτος, ους	Stärke, Kraft *(L: κρατέω)*
τὸ μέλος, ους	Glied *(L: Melodie)*
τὸ μέρος, ους	Teil
τὸ ὄρος, ους	Berg
τὸ πλῆθος, ους	Menge, Volk(smenge)
τὸ σκεῦος, ους	Gefäß, Werkzeug
τὸ σκότος, ους	Finsternis
τὸ τέλος, ους	Ziel, Ende *(L: τελειόω)*
τὸ ψεῦδος, ους	Lüge *(L: Pseudo-nym)*
ἡ ἰσχύς, ύος	Kraft, Stärke, Macht *(L: ἰσχύω)*
ὁ ἰχθύς, ύος	Fisch
μέγας (-λου), μεγάλη (-λης), μέγα (-λου)	groß *(L: Megaphon)*
τὸ πάθημα, τος	Leiden; Leidenschaft *(L: Pathologie)*
τὸ χιτών, ῶνος	Untergewand, Hemd
πολύς, πολλή, πολύ	viel *(L: Polytheismus)* (Dekl. s. S. 118)

εἷς, μία, ἕν	eins (Zahlwort)
τέσσαρες -α	vier
πέντε	fünf *(L: Pentagon)*
χίλιοι, αι, α	tausend *(L: Kilo-)*
ἡ διαθήκη	Testament, Bund, Heilsverfügung
ἔλαβον	1.Sg./3.Pl.Ind.Aor. von λαμβάνω
ὧδε	hier, hierher (Adv.)

Lektion 29

ὁ ἁλιεύς, έως	Fischer
ὁ ἱερεύς, έως	Priester *(L: ἱερόν)*
ὁ ἀρχιερεύς, έως	Hohepriester *(L: ἄρχων + ἱερεύς)*
ὁ βασιλεύς, έως	König *(L: βασιλεύω)*
οἱ γονεῖς, γονέων	Eltern (nur im Pl.)
ὁ γραμματεύς, έως	Schriftgelehrter *(L: γράμμα)*
ἡ ἀνάστασις, εως	Auferweckung, Auferstehung
ἡ ἀποκάλυψις, εως	Offenbarung *(L: Apokalypse)*
ἡ ἀπολύτρωσις, εως	Befreiung; Loskauf, Erlösung
ἡ ἄφεσις, εως	Vergebung
ἡ γνῶσις, εως	Erkenntnis *(L: Gnosis)*
ἡ δύναμις, εως	Kraft, Macht *(L: Dynamit)*
ἡ ὄφις, εως	Schlange
ἡ παράδοσις, εως	Überlieferung
ἡ παράκλησις, εως	Zuspruch, Trost *(L: παρακαλέω)*
ἡ πίστις, εως	Glaube, Treue *(L: πιστεύω)*
ἡ πόλις, εως	Stadt *(L: Politik)*
ἡ συνείδησις, εως	Gewissen, Bewusstsein (wörtl.: Mit-wissen)
ἡ τάξις, εως	Reihenfolge, gute Ordnung, Beschaffenheit
ἡ φύσις, εως	Natur, Wesen *(L: Physis)*
γνωστός, ή, όν	bekannt
δεῦτε	Kommt her!, Auf!
ἡ μαρτυρία	Zeugnis *(L: μαρτυρέω)*
μέσος, η, ον	mitten, inmitten *(L: Mesopotamien)*

τὸ παράπτωμα, τος	Fehltritt, Vergehen, Sünde

Lektion 30

τὸ βάθος, ους	Tiefe
βαίνω	gehen (im NT nur in Komposita)
γέ	sogar, doch, wenigstens (enklitisch)
ὁ ἐπιστάτης, ου	Meister, Herr
εὑρίσκω	finden
ὁ θυμός	Grimm, Zorn
ἱκανός, ή, όν	geeignet, ausreichend, tüchtig, tauglich
καταβαίνω	hinabgehen, hinuntersteigen
κρούω	anklopfen
μισέω	hassen
πάντοτε	immer, allezeit, jederzeit (Adv.) *(L: πᾶς, πᾶν)*
προσδέχομαι	aufnehmen, annehmen, erwarten, warten
συγκαλέω	zusammenrufen, zu sich rufen
τελέω	vollenden *(L: τέλος)*
τολμάω	wagen
τυγχάνω	bekommen, erreichen, (an)treffen

Lektion 31

βάλλω	werfen *(L: ἐκβάλλω)*
τὸ βάπτισμα, τος	Taufe *(L: Baptist)*
δαιμονίζομαι	von einem Dämon besessen sein *(L: δαιμόνιον)*
διδάσκω	lehren *(L: διδάσκαλος)*
κακῶς	schlecht (Adv.)
κακῶς ἔχω	krank sein
κατάκειμαι[2]	liegen, daniederliegen; zu Tisch liegen
ὁ λίθος	Stein *(L: Lithographie)*
τὸ παιδίον	kleines Kind; Kind *(L: παιδεύω)*
παράγω	vorbeigehen; weggehen; Pass.: vergehen, verschwinden *(L:)*

[2] Die Formbildung erfolgt ohne Themavokal.

παραλαμβάνω	übernehmen, annehmen, mitnehmen *(L:)*
ἡ περιστερά	Taube
πίπτω	fallen, stürzen
προσέρχομαι	kommen (zu jmdm.) *(L:)*
προσφέρω	herbeibringen, überbringen, darbringen *(L:)*
ὁ Σατανᾶς, ᾶ	*Satan (L:)*
σχίζω	spalten, zerreißen, abreißen, teilen; Pass.: sich spalten, zerspringen *(L: Schisma)*
τελευτάω	sterben
τὸ ὕδωρ	Wasser *(L: Hydrant)* (Dekl. s. S. 133)
χρείαν ἔχω τινός	jmdn./etwas brauchen

Lektion 32

ἀναγγέλλω	berichten, melden, ankündigen, lehren *(L: ἄγγελος)*
ἡ βροντή	Donner
γαμέω	heiraten *(L: γάμος)*
εἶτα	dann, danach, weiterhin, außerdem
εἶτε ... εἶτε	ob ... oder; sei es, dass ... oder dass
θλίβω	drücken, bedrängen
ἡ θλῖψις, εως	Trübsal, Bedrängnis
ἡ λύπη	Trauer
ἡ μύριας, άδος	zehntausend, Tausende *(L: Myriade)*
πέμπω	senden, schicken
ἡ πηγή	Quelle, Brunnen
πόσος	wie groß? Pl.: wie viele?
ἡ σκοτία	Finsternis *(L:* vgl. *σκότος)*
στρέφω	drehen, zuwenden
σώζω / σῴζω	retten, helfen *(L: σωτηρία)*
ὑπάρχω	vorhanden sein, vorliegen, zur Verfügung stehen
ὁ ψεύστης, ου	Lügner *(L: ψεύδομαι)*
τέ	und (enklitisch, oft unübersetzt)

Lektion 33

ἀπεκρίθη	3.Sg.Ind.Aor.Pass. von ἀποκρίνομαι er antwortete
ἐκλεκτός, ή, όν	auserwählt
ἔξω	draußen
ὁ Ἕλλην, ηνος	Grieche; Nichtjude, Heide *(L: Hellenismus)*
ἐνδύω	anziehen; Med.: sich anziehen
ἡ θρίξ	Haar
Dekl.[3] Sg.	Pl.
θρίξ	τρίχες
τριχός	τριχῶν
τριχί	θριξίν
τρίχα	τρίχας
ἡ κεφαλή	Kopf, Haupt
ἡ κρίσις, εως	Gericht *(L: κριτής)*
νίπτω	waschen
οἶδα	wissen, kennen
ὁ ὅρκος	Eid, Schwur
οὔπω	noch nicht
τὸ οὖς	Ohr
Dekl.[4] Sg.	Pl.
οὖς	ὦτα
ὠτός	ὤτων
ὠτί	ὠσίν
οὖς	ὦτα
παραιτέομαι	bitten, sich erbitten, sich entschuldigen, zurückweisen
προάγω	vorwärts führen, weitergehen, vorwärts gehen *(L:)*
τὸ στόμα, τος	Mund
τέλειος, α, ον	vollendet, vollkommen; ganz; reif *(L: τελειόω)*
ὕψιστος, η, ον	höchster, erhabenster; mit Artikel: der Höchste *(L: ὑψόω)*

Lektion 34

ἄρτι	jetzt, eben
ἄρχομαι	anfangen *(L: ἀρχή)*
τὸ ἔνδυμα	Gewand *(L: ἐνδύω)*
ἐπειδή	weil, denn, da

[3] Wechsel von θ und τ: Stamm τριχ; im Nom. verschwände durch ξ (χ + σ) Hauchlaut χ; stattdessen wird τ behaucht zu θ.

[4] Ursprünglich οος, daraus durch Kontraktion οὖς. Der zweite Stamm ist ουατ, daraus ωτ-.

ἡ γυνή	Frau *(L: Gynäkologie)*
Dekl.[5] Sg.	Pl.
γυνή	γυναῖκες
γυναικός	γυναικῶν
γυναικί	γυναιξίν
γυναῖκα	γυναῖκας
τὸ μνημεῖον	Grab, Denkmal *(L: μνημονεύω)*
ἐπικαλέω	rufen, anrufen; benennen; Med.: für sich anrufen, (als Zeugen) anrufen *(L:)*
ἐρῶ	Futur von λέγω
ἐφή	3.Sg.Ipf. von φήμι: er sagte
καθαρός, ά, όν	rein *(L: καθαρίζω)*
ὀνομάζω	nennen, benennen *(L: ὄνομα)*
παραχρῆμα	sofort, im selben Augenblick (Adv.)
πέραν	II. jenseits; τὸ πέραν: die andere Seite
ὁ πούς	Fuß *(L: Podium)*
Dekl.[6] Sg.	Pl.
πούς	πόδες
ποδός	ποδῶν
ποδί	ποσίν
πόδα	πόδας
πρωΐ	früh, frühmorgens, am Morgen (Adv.)
τὸ σπέρμα, τος	Same, Nachkomme(nschaft) *(L: Sperma)*
συνέρχομαι	begleiten, zusammenkommen *(L:)*
ὑπαντάω	entgegengehen, begegnen, entgegentreten
ἡ χείρ	Hand *(L: Chirurg)*
Dekl. Sg.	Pl.
χείρ	χεῖρες
χειρός	χειρῶν
χειρί	χερσίν
χεῖρα	χεῖρας

Lektion 35

ὁ ἁγιασμός	Heiligung *(L: ἅγιος)*
ἀναφέρω	hinaufführen, -bringen *(L:)*
ἅπας	jeder, ganz; Pl.: alle
δυνατός, ή, όν	stark, mächtig *(L: δύναμις)*
ἔμπροσθεν	II. vor
θύω	opfern, schlachten *(L: θυσιαστήριον)*
καίω (Stämme καί-/καύ-)	brennen, verbrennen
κατ' ἰδίαν	für sich (allein)
κλείω	schließen
παραγίνομαι	kommen, eintreffen, auftreten, beistehen
τὸ πάσχα	*Passa*fest, *Passa*lamm
πότε	wann?
πυνθάνομαι	sich erkundigen, fragen
σαλεύω	bewegen, erschüttern, zum Schwanken bringen, rütteln
συνάγω	zusammenbringen, zusammenführen, (gastlich) aufnehmen *(L:)*
τίκτω	gebären
ὑψηλός, ή, όν	hoch, erhaben, großartig; stolz *(L:)*

Lektion 36

ἀπέχω	empfangen haben; intrans.: entfernt sein; Med.: sich fernhalten, sich enthalten
ἀποκτείνω	töten, erschlagen, den Tod bringen
δεύτερος, α, ον	zweiter
ἐάω	erlauben, zulassen
ἐγγίζω (Pf. ἤγγικα)	näher kommen, nahen
ὁ ἑκατοντάρχης, ου	Hauptmann, Centurio
ἐπαισχύνομαι	sich schämen, beschämt werden
ἐπιτρέπω	erlauben, gewähren, gestatten
εὐαγγελίζω	Akt. und Med.: gute Nachricht verkündigen, *evangelisieren*, das *Evangelium* verkündigen
καταλύω	zerstören, auflösen, vernichten *(L:)*

[5] Zwei Stämme: γυνα und γυναικ.

[6] Stamm ist ποδ. Bei sigmatischem Nom.Sg. fiel δ aus, dafür wurde ο ersatzgedehnt zu ου.

ἡ κοιλία	Magen, Bauch; auch: Mutterleib
μακράν	weit, fern (Adv.)
ὁ/ἡ παῖς, παιδός	Kind, Junge, Knecht
περισσότερος, α, ον	größer, mehr
πληθύνω	trans.: vermehren; intrans.: sich vermehren

Lektion 37

ἡ ἀπαρχή	erste Frucht, Erstlingsgabe *(L:)*
αὔριον	morgen, am folgenden Tag, bald (Adv.)
ἡ δέησις, εως	Bitte, Gebet *(L: δέομαι)*
διαλογίζομαι	erwägen, sich besprechen, sich austauschen *(L: Dialog)*
διό	darum, deshalb
διότι	weil, denn; daher, deshalb
διψάω	dürsten
ἑαυτοῦ, ῆς, οῦ	Reflexivpronomen: sich, sich selbst; auch possessiv: sein/ihr
ἐμαυτοῦ, ῆς, οῦ	Reflexivpronomen: meiner/mir/mich selbst
σεαυτοῦ, ῆς, οῦ	deiner/dir/dich selbst
ἐμφανίζω	offenbaren, sichtbar machen, zeigen
ἕνεκεν (auch ἕνεκα)	II. wegen, um ... willen
ἡ ἐπίγνωσις, εως	Erkenntnis *(L:)*
ζῳοποιέω	lebendig machen, wiederbeleben *(L: ζῷον + ποιέω)*
ἡ κακία	Bosheit *(L: κακός)*
καταλείπω	zurücklassen, verlassen; Pass.: übrig sein/lassen
κοιμάομαι	schlafen, sterben
ὁ κοινωνός	Teilhaber, Gefährter *(L: κοινωνία)*
κολλάομαι	sich verbinden mit
λείπω	zurücklassen
μακάριος, α, ον	glücklich, glückselig
μεριμνάω	sorgen, besorgt sein
νυνί (δέ)	nun aber, jetzt (Adv.)
πενθέω	trauern, traurig sein, klagen
χορτάζω	sättigen, satt machen, ernähren

Lektion 38

ἡ ἄκανθα	Dornenpflanze, Dornen
γνωρίζω	bekannt machen *(L: γνῶσις)*
κτίζω	schaffen
ἡ κτίσις, εως	Schöpfung
ὁ εὐνοῦχος	*Eunuch*, Verschnittener, Kastrat
ἡ ἐπαγγελία	Verheißung
κατασκευάζω	zubereiten, herstellen, errichten
ἡ κλῆσις, εως	Berufung *(L: καλέω)*
μήτε (... μήτε)	und nicht (weder ... noch)
οἷος	wie, welcher Art (Relativpronomen)
ὅς, ἥ, ὅ	der, die, das; welcher, welche, welches (Relativpronomen)
πλούσιος, α, ον	reich *(L: πλοῦτος)*
τὸ πρόσωπον	Gesicht, Äußeres
σφραγίζω	versiegeln
τοιοῦτος, -αύτη, -οῦτον	so, so beschaffen, solch

Lektion 39

ἀμφότεροι, αι, α	beide, alle zusammen *(L: Amphibie)*
ἀνά	IV. je, jeweils
ἄνωθεν	von oben, von Neuem *(L: ἄνω)*
ἀπαρνέομαι	verneinen, verleugnen *(L:)*
βεβαιόω	festmachen; bekräftigen; bestätigen
βόσκω	weiden
ὁ θεμέλιος	Grund, Grundlage, Grundstein, Fundament
καταργέω	entkräften, aufheben, ungültig machen; beseitigen; Pass.: aufhören
κλαίω (Stämme κλαί-/κλαύ-)	weinen
μιμνήσκομαι	sich erinnern, gedenken an
πάρειμι	anwesend sein
ἡ περιτομή	Beschneidung
πρίν	eher, früher, bevor, ehe
ὁ σεισμός	Erdbeben *(L: Seismograph)*
ὁ σῖτος	Getreide, Korn, Weizen
σπείρω	säen *(L: σπέρμα)*
ἡ στάσις	Aufruhr, Aufstand

ὥστε	deshalb, daher, sodass
ἔξωθεν	von außen her, außen, außerhalb *(L:)*
μακρόθεν	von Weitem her, von ferne, aus der Ferne (Adv.)
ὅθεν	von wo, woher, weshalb (Adv.)
πόθεν	woher (Frageadverb)

Lektion 40

ἐμός, ἐμή, ἐμόν	mein, meine
σός, σή, σόν	dein, deine (Possessivpronomen)
ἡμέτερος, α, ον	unser, unsere
ὑμέτερος, α, ον	euer, eure
ἀδικέω	Unrecht tun, schädigen, im Unrecht sein *(L: ἀδικία)*
ὁ ἄνεμος	Wind
ἀξιόω	würdigen, würdig machen *(L: ἄξιος)*
ἄρα	also, folglich
βασανίζω	foltern, quälen, bedrängen
τὸ δηνάριον	*Denar*
ἕτοιμος, η, ον	bereit
ὁ καπνός	Rauch
ὅστις, ἥτις, ὅ τι	der; jeder, der ...
σπλαγχνίζομαι	sich erbarmen, Mitleid haben *(L: σπλάγχνα)*
ἡ συκῆ	Feigenbaum
σφόδρα	heftig, gewaltig, sehr (Adv.)

Lektion 41

βοάω	rufen
ἀληθής, ές	wahr, aufrichtig, echt *(L: ἀλήθεια)*
ἀσεβής, ές	gottlos, widergöttlich *(L:* vgl. *εὐσέβεια)*
ἀσθενής, ές	schwach, krank *(L:)*
μονογενής, ές	einzig (geboren) *(L: μόνος + γεννάω)*
πλήρης, ες	voll, gefüllt *(L: πληρόω)*
συγγενής, ές	verwandt
ὑγιής, ές	gesund, heil *(L: Hygiene)*
εὐθύς, εῖα, ύ	gerade; aufrichtig; recht
ταχύς, εῖα, ύ	schnell
τὸ τάχος, ους	Geschwindigkeit, Eile; ἐν τάχει: bald, in Kürze *(L: Tachometer)*
ἡ ἐκδίκησις	Vergeltung, Bestrafung
ἡ ἐλεημοσύνη	Almosen, Barmherzigkeit
μέλει	m. Dat.: es liegt jmdm. an, es kümmert jmdn.
ποτέ	einmal, jemals, endlich (enklitisch)
τὸ πρᾶγμα, τος	Tat, Handlung, Geschehnis *(L: pragmatisch)*

Lektion 42

ἁγιάζω	heiligen *(L: ἅγιος)*
ἀγοράζω	kaufen *(L: ἀγορά)*
ἁρπάζω	rauben, raffen, an sich reißen
ἀσπάζομαι	grüßen *(L: ἀσπασμός)*
ἑτοιμάζω	bereiten, zurüsten *(L: ἕτοιμος)*
καθίζω	sich setzen; Platz (ein)nehmen
καταρτίζω	bereiten; vervollkommnen
ξενίζω	beherbergen, als Gast aufnehmen, bewirten *(L: ξένος)*
πείθω	überreden, überzeugen; Pf.: vertrauen, gewiss sein
ποτίζω	trinken lassen, zu trinken geben, tränken
χαρίζομαι	schenken, spenden, aus Gnade geben *(L: χάρις)*
ἅμα	III. zusammen mit; Adv.: gleichzeitig, gemeinsam
ἀπειθέω	ungehorsam sein
ἐπαύριον	morgen (Adv.)
ἰσχυρός, ά, όν	stark, machtvoll, groß *(L: ἰσχύω)*
κατέχω	festhalten, besitzen, zurückhalten, hemmen
ἡ σκηνή	Zelt, Behausung, Stiftshütte

Lektion 43

ἀνοίγω	öffnen
διαλέγομαι	sich unterhalten, reden *(L:)*
διατάσσω	anordnen, befehlen

ἀνάγω	hinaufbringen, hinaufführen; (Opfer) darbringen *(L:)*
ἐμπαίζω	verspotten; seinen Spott treiben mit; betrügen, täuschen
ἐξάγω	herausführen, hinausbringen, befreien *(L:)*
ἥκω	kommen; (Präs. auch:) gekommen sein, dasein
πράσσω	tun, treiben *(L: Praxis)*
σαλπίζω	trompeten, Posaune blasen *(L: σάλπιγξ)*
στηρίζω	stärken, kräftigen, fest machen
φυλάσσω	wachen, bewachen, bewahren, befolgen *(L: φύλαξ)*
ἀφορίζω	trennen, absondern, auswählen
βαστάζω	aufheben, tragen
ὁ νεανίσκος	Jüngling *(L:* vgl. *νεανίας)*
ἡ οἰκουμένη	Erdkreis, bewohnte Erde *(L: Ökumene)*
ὀνειδίζω	beschimpfen, schmähen
πωλέω	verkaufen

Lektion 44

ἀπάγω	weg-, abführen; Pass.: hingerissen werden *(L:)*
ἀποκαλύπτω	offenbaren, enthüllen *(L: ἀποκάλυψις)*
ἐμβλέπω	ansehen, betrachten *(L:)*
κλέπτω	stehlen *(L: κλέπτης)*
κρύπτω	verbergen (starker Aor. Pass.: ἐκρύβην) (*L: kryptisch*)
σέβομαι	anbeten, (religiös) verehren
τρέφω	ernähren
τύπτω	schlagen
ὑποστρέφω	zurückkehren
τὸ βρῶμα, τος	Speise, Pl. auch: Nahrungsmittel
εὐδοκέω	Gefallen haben *(L: εὖ + δοκέω)*
θερίζω	ernten *(L: θερισμός)*
ὅσος, η, ον	wie groß, Pl.: wie viele (Korrelativpronomen)
οὐράνιος, ον	himmlisch *(L: οὐρανός)*
ὁ παράκλητος	Anwalt, Beistand *(L:)*
τὸ πετεινόν	Vogel
ὑγιαίνω	gesund sein, sich gut fühlen *(L: ὑγιής)*
ὑπομένω	durchhalten; leiden, ertragen

Lektion 45

αἴρω	aufheben; tragen, wegnehmen
ἀνατέλλω	aufgehen, aufgehen lassen, scheinen *(L: ἀνατολή)*
διακρίνω	unterscheiden, beurteilen; Med.: streiten, zweifeln *(L:)*
δέρω	schlagen, prügeln
διαμαρτύρομαι	beschwören, dringend zureden, bezeugen *(L:* vgl. *μαρτυρέω)*
ἐκτείνω	ausstrecken, ausspannen
ἐντέλλομαι	Auftrag geben, befehlen, einschärfen *(L: ἐντολή)*
ἐπαγγέλλομαι	ankündigen, versprechen, verheißen *(L:)*
ἐπιμένω	bleiben, dableiben, verharren *(L:)*
εὐφραίνω	erfreuen; Pass.: sich erfreuen, froh sein, fröhlich sein
ξηραίνω	austrocknen, dürr machen; Pass.: trocken werden, versiegen
παραγγέλλω	anweisen, anordnen, befehlen, gebieten
περιβάλλω	herumlegen, umwerfen, anziehen *(L:)*
ἐπισκέπτομαι	besuchen, heimsuchen, auswählen *(L: ἐπίσκοπος)*
κατεσθίω	aufessen, fressen *(L:)*
τὸ καύχημα, τος	Ruhm, Stolz; Anlass des Rühmens *(L: καυχάομαι)*
ἡ καύχησις, εως	(das) Rühmen, Stolz
ξηρός, ά, όν	trocken; verdorrt; gelähmt

Lektion 46

ἄδικος, ον	ungerecht, untreu (L: ἀδικία)
ἀναγινώσκω	lesen, vorlesen

Δαυίδ	*David*
ἕβδομος, η, ον	siebte
ἐκεῖθεν	von dort *(L:)*
ἐμβαίνω	hineintreten; einsteigen *(L:)*
ἐνδείκνυμαι	zeigen; beweisen; nachweisen
ἐντρέπω	beschämen; Pass.: sich schämen; Achtung haben vor
ἐπιβάλλω	überwerfen, auflegen, aufsetzen, zufallen *(L:)*
θάπτω (Aor. Pass. ἐτάφην)	begraben
κἄν (καί + ἐάν)	und wenn, auch wenn
κόπτω	abschlagen, -hauen; Med.: sich (an die Brust) schlagen; um jmdn. trauern
λυπέω	betrüben; Pass.: traurig sein *(L: λύπη)*
μεταβαίνω	weitergehen, umziehen, weggehen *(L:)*
ἡ νεφέλη	Wolke *(L: Nebel)*
πλουτέω	reich sein/werden *(L: πλοῦτος)*
ἡ σφραγίς, ῖδος	Siegel *(L: σφραγίζω)*
ἡ ὑπομονή	Geduld, Beharrlichkeit *(L: ὑπομένω)*
ἡ φυλή	Stamm, Volk

Lektion 47

ἡ αἰτία	Ursache, Schuld
ἀποστρέφω	abkehren, zum Abfall bringen
δοκιμάζω	prüfen, nachweisen
ἐλάσσων, ον	Komparativ zu ὀλίγος und μικρός
ἐλάχιστος, η, ον	Superlativ zu ὀλίγος und μικρός
ἐλέγχω	darlegen, aufdecken, überführen, zurechtweisen, bestrafen
ἡ θυσία	Opfer *(L: θύω)*
ὁ ἵππος	Pferd *(L: Hippodrom)*
κράτιστος, η, ον	Superlativ zu ἀγαθός: sehr gut
κρείττων, ον	Komparativ zu ἀγαθός: besser, am besten
μᾶλλον	mehr, vielmehr (Steigerung des Komparativs)
μέγιστος, η, ον	Superlativ zu μέγας
μείζων, ον	Komparativ zu μέγας; größer, am größten; Adv.: noch stärker/lauter
παρέρχομαι	vorbeikommen, vorübergehen, vergehen, die Geltung verlieren *(L:)*
περισσός, ή, όν	mehr, reichlich, viel, überfließend *(L: περισσεύω)*
περισσοτέρως	größer, mehr (Adv.)
πλεῖστος, η, ον	sehr viel (Superlativ zu πολύς)
πλείων, ον	mehr, am meisten (Komparativ zu πολύς)
ἡ πρόθεσις	Vorsatz, Beschluss, Absicht, Plan *(L: These)*
σπουδάζω	sich bemühen, sich beeilen *(L: σπουδή)*
ταχέως	schnell, bald (Adv.)
τὸ ὑπόδημα, τος	Sandale, Schuh
χείρων, ον	Komparativ zu κακός schlechter, am schlechtesten
χωρίζω	absondern, scheiden, trennen; Pass.: fortgehen, sich trennen, sich scheiden (lassen), davongehen

Lektion 48

τρεῖς	drei
ὀκτώ	acht *(L: Oktave)*
ἐννέα	neun *(L: Enneagramm)*
δέκα	zehn *(L: Dekalog, Dekade)*
δέκατος	zehnte
εἴκοσι	zwanzig
ἑκατόν	hundert *(L: Hektar)*
ἡ χιλιάς, άδος	Tausend, Tausendschaft *(L:)*
ἡ ἀκοή	Gehör, Ohr; Nachricht, Gerücht, Erzählung, Verkündigung *(L: ἀκούω)*
ἡ γένεσις, εως	Geburt, Entstehung *(L: Genesis)*
δωρεάν	geschenkweise, umsonst, vergeblich (Adv.)
ἐλεύθερος, α, ον	frei *(L: ἐλευθερία)*
ἐπιγινώσκω	kennen, genau wissen; erkennen *(L: ἐπίγνωσις)*
ἡ κληρονομία	Erbe, Erbteil *(L:)*
ὁ κράβαττος	Bett, Matte, Trage

ὁ λιμός	Hunger
ὁ νυμφίος	Bräutigam
ὁ παραλυτικός	Gelähmter *(L: Paralyse)*
πάσχω	(er)leiden *(L: πάθημα)*
περιτέμνω	beschneiden; Pass.: beschnitten werden, sich beschneiden lassen *(L: περιτομή)*
προσλαμβάνομαι	aufnehmen; beiseite nehmen
συλλαμβάνω	fassen, ergreifen; empfangen; helfen *(L:)*
χωρέω	Platz machen, fassen; intrans.: Platz haben/sein, Fortschritte machen *(L:* vgl. *ἀναχωρέω)*

Lektion 49

τίθημι	Akt. und Med.: setzen, stellen, legen, auf-, hinstellen
ἐπιτίθημι	legen auf; (Hände) auflegen, (einen Namen) beilegen
παρατίθημι	vorlegen, darlegen; Med.: anvertrauen
προστίθημι	hinzufügen, fortfahren
ἀγνοέω	nicht erkennen, nicht wissen; nicht verstehen
δεῦρο	hierher! komm her!
ἐπάνω	darüber, mehr, über (m. Gen.)
ἐπέρχομαι	kommen; ankommen *(L:)*
ἔσχατος, η, ον	letzter *(L: Eschatologie)*
ὁ κάλαμος	Rohr, Rohrstock
καταλλάσσω	versöhnen, sich aussöhnen
ἡ λυχνία	Leuchter
ὁ λύχνος	Leuchte, Lampe
τὸ ὅραμα	Vision, das Gesehene *(L: Panorama)*
μήποτε	dass nicht, damit nicht; in indirekten Fragen: ob vielleicht, ob (wohl) etwa
ποικίλος, η, ον	verschiedenartig; verschieden
ποιμαίνω	weiden, eine Herde hüten *(L: ποιμήν)*
πολλάκις	vielmals, häufig, oft (Adv.)
τρίς	dreimal

Lektion 50

δίδωμι	geben, übergeben, anvertrauen
ἀποδίδωμι	hingeben, auszahlen, bezahlen, zurückgeben
ἐπιδίδωμι	geben, übergeben
παραδίδωμι	übergeben, dahingeben, ausliefern, überliefern *(L: παράδοσις)*
ἀναπίπτω	sich setzen; sich zu Tisch legen;
ὁ ἀσκός	Schlauch
ἐκλέγομαι	erwählen *(L: ἐκλεκτός)*
ἐκχέω	ausgießen, vergießen, verschütten
ἴδε	sieh!, hör zu!
καταισχύνω	schänden, beschämen, zuschanden machen; Pass.: zuschanden werden, sich schämen
κερδαίνω	gewinnen, sich zu eigen machen
πιπράσκω	verkaufen
πρότερος, α, ον	früher, vorher, zuerst *(L: Prototyp)*
τὸ τάλαντον	Talent (Währungseinheit)
τοσοῦτος, -αύτη, -οῦτον	so groß, so viel
τὸ χωρίον	Grundstück, Feld *(L:* vgl. *χώρα)*

Lektion 51

ἀναιρέω	beseitigen, töten, aufheben
ἡ βρῶσις	Essen, Mahlzeit *(L:* vgl. *βρῶμα)*
τὸ δῶρον	Geschenk, Gabe *(L: δωρεάν)*
ἐκφεύγω	fliehen, entkommen *(L:)*
τὸ ἔλεος, ους	Erbarmen, Barmherzigkeit *(L: ἐλεέω)*
ἐξαποστέλλω	senden, wegschicken *(L:)*
ἡ ἐπιθυμία	Begierde, Verlangen, Lust (*L: ἐπιθυμέω)*
καλῶς	gut, recht, richtig (Adv.)
ἡ καταβολή	Grundlegung, Erschaffung

τὸ κέρας, ατος	Horn (metaphorisch für Stärke)
λίαν	sehr, ganz, außerordentlich
νομίζω	meinen, annehmen, vermuten
ποῖος, α, ον	wie? wie beschaffen?
ὁ πῶλος	Jungtier, Pferd
συζητέω	diskutieren, streiten, sich besprechen
ἡ φυλακή	Wache, Gefängnis *(L: φύλαξ)*

Lektion 52

ἵστημι	trans.: stellen, aufrichten, bestimmen; intrans.: stehen, bestehen
ἀνθίστημι	sich widersetzen, entgegentreten
ἀνίστημι	trans.: erwecken, auferwecken; intrans.: aufstehen, auferstehen, auftreten *(L: ἀνάστασις)*
ἀφίσταμαι	trans.: beseitigen; intrans.: weggehen (immer Dep. außer Aor.)
ἐξίστημι	trans.: aus der Fassung bringen, verwirren; intrans.: außer sich geraten, sich entsetzen, von Sinnen sein
ἐφίστημι	herantreten, sich zu etwas stellen
καθίστημι	einsetzen, berufen, bewirken
παρίστημι	trans.: bereitstellen, zur Verfügung stellen; vor Gericht stellen; intrans.: herantreten, anwesend sein
προΐστημι	vorstehen, verwalten, leiten
συνίστημι	trans.: zusammenbringen, empfehlen, beweisen; intrans.: bei jmdm. stehen, Bestand haben
ἀτενίζω	gespannt hinschauen
ἀνακρίνω	befragen, ausfragen, untersuchen, nachfragen, prüfen *(L:)*
διανοίγω	öffnen, durchbrechen
ἐξουθενέω	verachten, verächtlich behandeln
καταγγέλλω	(feierlich) verkündigen
νουθετέω	ermahnen, zurechtweisen, warnen
παρέχω	darbieten, hingeben, verschaffen, verursachen
στήκω	stehen

Lektion 53

ἀθετέω	verwerfen, ablehnen
ἅπαξ	einmal (Adv.)
ἄν	wenn, eventuell (Moduspartikel zum Ausdruck von Eventualität oder Zufälligkeit)
ἀρέσκω	gefallen, Gefallen finden
ὁ δάκτυλος	Finger
ἐὰν μή	wenn nicht, außer *(L:)*
ἐγκαταλείπω	übriglassen; zurücklassen; verlassen *(L:)*
εἰ δὲ μή γε	andernfalls
εἰ καί	wenn auch *(L:)*
θανατόω	töten; töten lassen (L: θάνατος)
κατακαίω	niederbrennen, verbrennen *(L:)*
τὸ ὅριον	Grenze; Pl.: die Grenzen, Gebiet *(L: Horizont)*
ὀφείλω	schuldig sein, verpflichtet sein
ἡ πληγή	Schlag, Wunde, Strieme *(L: Plage)*
προλέγω	voraussagen; Aor. und Pf.: bereits gesagt haben *(L:)*

Lektion 54

ἵημι	senden, schicken, loslassen (im NT nur in Komposita)
ἀφίημι	vergeben; fortlassen, wegschicken, verlassen, gewähren lassen *(L: ἄφεσις)*
συνίημι	verstehen, einsehen, begreifen
αἰνέω	loben, preisen

ἄφρων, ον	unverständig, unwissend *(L:* vgl. *φρόνιμος)*
ἔνατος, η, ον	neunter
ἐπεί	weil, denn
ἐπιπίπτω	fallen auf; sich werfen auf *(L:)*
ἡ ζύμη	Sauerteig *(L: Enzym)*
κομίζω	herbeibringen; Med.: davontragen, erlangen
μετρέω	messen, vermessen *(L: Meter)*
οὐδέποτε	nie, niemals
πιάζω	fassen, ergreifen, verhaften
ἡ πύλη	Tor, Tür
τέταρτος, η, ον	vierter
χάριν	wegen (einem Genitiv nachgestellt)

Lektion 55

ἀντίκειμαι	im Streit liegen *(L:)*
ἁπλότης, ητος	Einfachheit; Aufrichtigkeit
ἀρχαῖος, α, ον	früher, vergangen, alt *(L: archaisch)*
τὸ δάκρυον	Träne
ἐγγύς	nahe (bei), kurz vor (Adv.) *(L: ἐγγίζω)*
ἐκτός	II. außer; abgesehen von; Konjunktion: ἐκτὸς εἰ μή außer wenn
ἔνοχος, ον	verstrickt in, schuldig
καταλαμβάνω	empfangen, ergreifen, gewinnen
ὁ κλάδος	Ast, Zweig
κρυπτός, ή, όν	verborgen *(L: kryptisch)*
ὁ νοῦς Dekl.[7] Sg. νοῦς νοός νοΐ νοῦν	Verstand, Gesinnung, Gedanke *(L: νοέω)*
συμφέρω	zusammentragen *(L:)*; unpers.: es ist besser/ von Vorteil
ὁ τύπος	Bild, Modell, Vorbild, Beispiel *(L: Typ)*
φθείρω	verderben, zerstören, verführen
ὡσαύτως	gleicherweise, ebenso, auf dieselbe Weise (Adv.)

Lektion 56

κεῖμαι	liegen, daliegen, bestimmt sein, gelten
ἀνάκειμαι	liegen, gelagert sein, (zur Mahlzeit) lagern
κάθημαι	sitzen, sich setzen, (in der Offb:) thronen
ἀπόλλυμι	zerstören, zugrunde richten, vernichten, töten; Med.: verlieren, zugrunde gehen, verloren gehen
δείκνυμι	zeigen, vorweisen, anweisen, beweisen
ὄμνυμι, ὀμνύω	schwören
δύναμαι	können *(L: δυνατός)*
ἐπίσταμαι	wissen, verstehen, kennen
πίμπλημι	anfüllen, erfüllen *(L: πλήρης)*
φημί	sagen, behaupten
ἡ ἀνάγκη	Zwang, Nötigung, Not
ἡ ἀναστροφή	Wandel
ἀντιλέγω	widersprechen, bestreiten *(L:)*
ἡ γέεννα	*Gehenna*, Hölle *(L:)*
γέμω	voll sein, erfüllt sein
κατεργάζομαι	vollbringen, bewirken, standhalten
ἡ νύμφη	Braut, Schwiegertochter *(L:* vgl. *νυμφίος)*
ὁμοίως	in gleicher Weise, ebenso (Adv.) *(L:)*
οὗ	wo; dort wo/wohin
οὐαί	wehe!
φείδομαι	verschonen, verzichten auf
ἡ φιάλη	(Opfer-)Schale
ὁ χόρτος	Gras, Heu

[7] Ursprünglich nach der o-Dekl dekliniert. Daher Nom.Sg. νοῦς kontrahiert aus νόος. Später nach 3. Dekl. (Gen., Dat.), Akk. o-Dekl.

Lektion 57

ἀναλαμβάνω	(auf)nehmen, mitnehmen *(L:)*
ἡ ἀκροβυστία	Vorhaut; Unbeschnittene, Unbeschnittenheit, Heidentum
ἡ ἅλυσις	Kette, Handschellen, Gefangenschaft
ἀφαιρέω	wegnehmen, abschneiden
γυμνός, ή, όν	nackt *(L: Gymnasium)*
ὁ διωγμός	Verfolgung *(L: διώκω)*
κοινός, ή, όν	gemein; gemeinsam *(L:)*
νήπιος, α, ον	unmündig
μανθάνω	lernen, Schüler sein *(L: μαθητής)*
μερίζω	zerteilen, zerfallen machen *(L: διαμερίζω)*
μὴ οὐ	(im Fragesatz) etwa nicht?
ὁ οἰκοδεσπότης, ου	Hausherr *(L: οἶκος, Despot)*
ἡ οἰκονομία	Verwaltung, Dienst, Aufgabe *(L: Ökonomie)*
ὁ οἰκονόμος	(Haus-)Verwalter, Haushalter *(L: Ökonom)*
ὑποκάτω	II. unten, unter, unterhalb

Lektion 58

τὸ δικαίωμα	Gebot, Rechtsforderung, Urteil *(L: δίκαιος)*
ἡ δωρεά	Geschenk *(L: δῶρον)*
ἐκκόπτω	abhacken, fällen, abschneiden
ἐκπίπτω	hinfallen, abstürzen
ὁ ἔπαινος	Lob *(L: αἰνέω)*
ἐπιτάσσω	befehlen, gebieten
καθάπερ	wie, ebenso wie
κἀκεῖ (καί + ἐκεῖ)	und dort
ὁ κλῆρος	Los, Anteil *(L: Klerus)*
κλητός, ή, όν	berufen *(L: κλῆσις)*
ἡ λιμνή	See, Teich
ὁμοθυμαδόν	einmütig (Adv.) *(L: ὁμο + θυμός)*
ἡ πλάνη	Irrtum, Täuschung, Verwirrung *(L: πλανάω)*
πλεονάζω	intrans.: mehr haben; Überfluss haben; wachsen; trans.: reich machen, zunehmen lassen
ὁ τρόπος	Art und Weise
ὁ Χριστιανός	*Christ (L:)*

Lektion 59

ἐντεῦθεν	von hier (Adv.)
ἐπιτελέω	beenden, vollenden, erfüllen *(L:)*
κοσμέω	in Ordnung bringen, schmücken *(L: κόσμος)*
ἡ λειτουργία	Dienst, Gottesdienst, Priesterdienst *(L: Liturgie)*
μακροθυμέω	Geduld haben, warten *(L: μακροθυμία)*
τὸ μέτρον	Maß *(L: Meter)*
μωρός, ά, όν	töricht
ὄντως	wirklich, tatsächlich (Adv.)
πατάσσω	(nieder)schlagen, stoßen
ἡ πλεονεξία	Habgier, Geiz
προσκαρτερέω	unermüdlich tun, festhalten an
ὁ σύνδουλος	Mitknecht, Kollege *(L:)*
συνέχω	umringen, bedrängen
σφάζω	schlachten
ὁ χρυσός	Gold, Goldfigur *(L: χρυσίον)*
χρυσοῦς, ῆ, οῦν	golden *(L: χρυσίον)*

Alphabetisches Wörterverzeichnis

Die Zahlen geben die Lektion an, in der das Wort erstmals vorkommt.

A

14	ἀγαθός, ή, όν	gut, brauchbar
20	ἀγαλλιάω	jubeln
20	ἀγαπάω	lieben
13	ἀγάπη *f.*	Liebe
15	ἀγαπητός, όν	geliebt
7	ἄγγελος *m.*	Bote, Engel
42	ἁγιάζω	heiligen
35	ἁγιασμός *m.*	Heiligung
14	ἅγιος, α, ον	heilig
49	ἀγνοέω	nicht erkennen, nicht wissen; nicht verstehen
12	ἀγορά f.	Marktplatz
42	ἀγοράζω	kaufen
3	ἀγρός *m.*	Acker, Feld
17	ἄγω	führen, bringen, gehen
26	ἀγών, ῶνος *m.*	(Wett-)Kampf, Auseinandersetzung
27	ἀγωνίζομαι	kämpfen, ringen; am Wettkampf teilnehmen; sich anstrengen
10	ἀδελφή *f.*	Schwester
3	ἀδελφός *m.*	Bruder, im Pl. auch: Geschwister
13	ᾅδης, ου *m.*	Hades, Unterwelt (als Aufenthaltsort der Toten)
40	ἀδικέω	Unrecht tun, schädigen, im Unrecht sein
10	ἀδικία *f.*	Unrecht, Ungerechtigkeit
46	ἄδικος, ον	ungerecht, untreu
15	ἀδύνατος, ον	unvermögend, kraftlos, ohnmächtig, unmöglich
53	ἀθετέω	verwerfen, ablehnen
4	Αἴγυπτος *f.*	Ägypten
23	αἷμα, τος *n.*	Blut
54	αἰνέω	loben, preisen
45	αἴρω	aufheben; tragen, wegnehmen
17	αἰτέω	bitten, fordern, verlangen
47	αἰτία *f.*	Ursache, Schuld
26	αἰών, ῶνος *m.*	Zeitalter, Ewigkeit
15	αἰώνιος, ον	ewig
22	ἀκαθαρσία *f.*	Unreinheit, Unsittlichkeit, Schmutz
15	ἀκάθαρτος, ον	unrein, schmutzig, ausschweifend
38	ἄκανθα *f.*	Dornenpflanze, Dornen
48	ἀκοή *f.*	Gehör, Ohr; Nachricht, Gerücht, Erzählung, Verkündigung
6	ἀκολουθέω	nachfolgen
3	ἀκούω	hören, m. Gen.: hören auf (jmdn.)
57	ἀκροβυστία *f.*	Vorhaut, Unbeschnittene, Unbeschnittenheit, Heidentum
22	ἀλέκτωρ, ορος *m.*	Hahn
13	ἀλήθεια *f.*	Wahrheit
41	ἀληθής, ές	wahr, aufrichtig, echt
14	ἀληθινός, ή, όν	wahr, zuverlässig, echt
29	ἁλιεύς, έως *m.*	Fischer
5	ἀλλά	aber, doch; nach Verneinung: sondern
17	ἀλλήλων, οις, ους	einander, gegenseitig
14	ἄλλος, η, ο	anderer, weiterer
25	ἀλλότριος, α, ον	fremd
57	ἅλυσις *f.*	Kette, Handschellen, Gefangenschaft
42	ἅμα	III. zusammen mit; Adv.: gleichzeitig, gemeinsam
18	ἁμαρτάνω	sündigen, Unrecht tun
12	ἁμαρτία *f.*	Sünde
3	ἁμαρτωλός *m.*	Sünder

19 ἀμήν — wahrlich, gewiss, Amen
4 ἄμπελος *f.* — Weinstock
26 ἀμπελών, ῶνος *m.* — Weinberg
39 ἀμφότεροι, αι, α — beide, alle zusammen
53 ἄν — wenn, eventuell (Moduspartikel zum Ausdruck von Eventualität oder Zufälligkeit)
39 ἀνά — IV. je, jeweils
11 ἀναβαίνω — hinaufgehen
14 ἀναβλέπω — aufsehen
32 ἀναγγέλλω — berichten, melden, ankündigen, lehren
46 ἀναγινώσκω — lesen, vorlesen
56 ἀνάγκη *f.* — Zwang, Nötigung, Not
43 ἀνάγω — hinaufbringen, hinaufführen; (Opfer) darbringen
51 ἀναιρέω — beseitigen, töten, aufheben
56 ἀνάκειμαι — liegen, gelagert sein, (zur Mahlzeit) lagern
52 ἀνακρίνω — befragen, ausfragen, untersuchen, nachfragen, prüfen
57 ἀναλαμβάνω — (auf)nehmen, mitnehmen
17 ἀναπαύω — ausruhen lassen, zur Ruhe bringen; Med.: sich ausruhen, zur Ruhe kommen
50 ἀναπίπτω — sich setzen; sich zu Tisch legen
29 ἀνάστασις, εως *f.* — Auferstehung
56 ἀναστροφή *f.* — Wandel
45 ἀνατέλλω — aufgehen, aufgehen lassen, scheinen
22 ἀνατολή *f.* — Aufgang, Osten
35 ἀναφέρω — hinaufführen, -bringen
7 ἀναχωρέω — weggehen, sich entfernen
40 ἄνεμος *m.* — Wind
12 ἀνέχομαι — ertragen, sich gefallen lassen, annehmen
22 ἀνήρ, ἀνδρός *m.* — Mann
52 ἀνθίστημι — sich widersetzen, entgegentreten
5 ἄνθρωπος *m.* — Mensch
52 ἀνίστημι — trans.: erwecken, auferwecken; intrans.: aufstehen, auferstehen, auftreten
43 ἀνοίγω — öffnen
10 ἀνομία *f.* — Gesetzlosigkeit, Unrecht
4 ἀντί (ἀντ'/ἀνθ') — II. statt, für, anstelle von
55 ἀντίκειμαι — im Streit liegen
56 ἀντιλέγω — widersprechen, bestreiten
16 ἄνω — oben, nach oben, hinauf
39 ἄνωθεν — von oben, von Neuem
22 ἄξιος, α, ον — würdig
40 ἀξιόω — würdigen, würdig machen
27 ἀπαγγέλλω — verkündigen
44 ἀπάγω — weg-, abführen; Pass.: hingerissen werden
53 ἅπαξ — einmal (Adv.)
39 ἀπαρνέομαι — verneinen, verleugnen
37 ἀπαρχή *f.* — erste Frucht, Erstlingsgabe
35 ἅπας — jeder, ganz; Pl.: alle
31 ἀπέθανον — Aor.II sterben
42 ἀπειθέω — ungehorsam sein
33 ἀπεκρίθη — 3.Sg.Ind.Aor.Pass. von ἀποκρίνομαι: er antwortete
7 ἀπέρχομαι — weggehen
36 ἀπέχω — empfangen haben; intrans.: entfernt sein; Med.: sich fern halten, sich enthalten
22 ἀπιστία *f.* — Unzuverlässigkeit, Untreue, Unglaube
15 ἄπιστος, ον — untreu, ungläubig
55 ἁπλότης, ητος — Einfachheit; Aufrichtigkeit
4 ἀπό (ἀπ'/ἀφ') — II. von, von … weg, seit
50 ἀποδίδωμι — hingeben, auszahlen, bezahlen, zurückgeben
24 ἀποθνῄσκω — sterben
44 ἀποκαλύπτω — offenbaren, enthüllen
29 ἀποκάλυψις, εως *f.* — Offenbarung
8 ἀποκρίνομαι — antworten
36 ἀποκτείνω — töten, erschlagen, den Tod bringen
56 ἀπόλλυμι — zerstören, zugrunde richten, vernichten, töten

56	ἀπόλλυμαι	verlieren, zugrunde gehen, verloren gehen
8	ἀπολογέομαι	sich herausreden, sich verteidigen
29	ἀπολύτρωσις, εως *f.*	Befreiung; Loskauf, Erlösung
4	ἀπολύω	befreien, los-, entlassen
18	ἀποστέλλω	senden, aussenden (mit dopp. Akk.: jmdn. senden als)
3	ἀπόστολος *m.*	Abgesandter, Apostel
47	ἀποστρέφω	abkehren, zum Abfall bringen
20	ἅπτω	anzünden, anstecken; Med.: berühren, ergreifen, antasten
10	ἀπώλεια *f.*	Verderben, Verdammnis
40	ἄρα	also, folglich
9	ἀργύριον *n.*	Silber, Geld
53	ἀρέσκω	gefallen, Gefallen finden
4	ἀριθμός *m.*	Zahl
8	ἀρνέομαι	verneinen, verleugnen
8	ἀρνίον *n.*	Widder, Lamm
42	ἁρπάζω	rauben, raffen, an sich reißen
34	ἄρτι	jetzt, eben
3	ἄρτος *m.*	Brot
55	ἀρχαῖος, α, ον	früher, vergangen, alt
10	ἀρχή *f.*	Anfang, Obrigkeit
29	ἀρχιερεύς, έως *m.*	Hohepriester
34	ἄρχομαι	anfangen
22	ἄρχω	herrschen
26	ἄρχων, οντος *m.*	Herrscher, Führer
41	ἀσεβής, ές	gottlos, widergöttlich
11	ἀσέλγεια *f.*	Zügellosigkeit, Schwelgerei, Ausschweifung
16	ἀσθένεια *f.*	Schwachheit, Krankheit
25	ἀσθενέω	schwach/krank sein
41	ἀσθενής, ές	schwach, krank
50	ἀσκός *m.*	Schlauch
42	ἀσπάζομαι	grüßen
3	ἀσπασμός *m.*	Gruß
22	ἀστήρ, έρος *m.*	Stern
52	ἀτενίζω	gespannt hinschauen
11	αὐλή *f.*	Hof; Vorhof (des Tempels); Palast
19	αὐξάνω	vermehren, wachsen lassen; Pass.: wachsen
37	αὔριον	morgen, am folgenden Tag, bald (Adv.)
15	αὐτός, ή, ό	er, sie, es; selbst; mit Artikel: derselbe
57	ἀφαιρέω	wegnehmen, abschneiden
29	ἄφεσις, εως *f.*	Vergebung
54	ἀφίημι	vergeben; fortlassen, wegschicken, verlassen, gewähren lassen
52	ἀφίσταμαι	trans.: beseitigen; intrans.: weggehen (stets Dep. außer Aor.)
43	ἀφορίζω	trennen, absondern, auswählen
54	ἄφρων, ον	unverständig, unwissend
17	ἄχρι	1) Präp. mit II. bis, bis zu; solange 2) Konjunktion: bis

B

30	βάθος, ους *n.*	Tiefe
30	βαίνω	gehen (im NT nur in Komposita)
31	βάλλω	werfen
15	βαπτίζω	taufen
31	βάπτισμα, τος *n.*	Taufe
13	βαπτιστής, οῦ *m.*	Täufer
40	βασανίζω	foltern, quälen, bedrängen
12	βασιλεία *f.*	Königsherrschaft, Königreich
29	βασιλεύς, έως *m.*	König
5	βασιλεύω	König sein, königlich herrschen
43	βαστάζω	aufheben, tragen
39	βεβαιόω	festmachen; bekräftigen; bestätigen
24	βῆμα, τος *n.*	Richterstuhl; Gericht
9	βιβλίον *n.*	Buch
4	βίβλος *f.*	Buch
6	βλασφημέω	lästern (Gott); verleumden
22	βλασφημία *f.*	Schmährede, Lästerung
3	βλέπω	sehen
41	βοάω	rufen

Nr.	Wort	Bedeutung
39	βόσκω	weiden
10	βουλή *f.*	Rat, Beschluss
19	βούλομαι	wollen
32	βροντή *f.*	Donner
44	βρῶμα, τος *n.*	Speise, Pl. auch: Nahrungsmittel
51	βρῶσις *f.*	Essen, Mahlzeit

Γ

Nr.	Wort	Bedeutung
10	Γαλιλαία *f.*	Galiläa
32	γαμέω	heiraten
20	γάμος *m.*	Hochzeit
5	γάρ	denn, nämlich, freilich
30	γέ	sogar, doch, wenigstens (enklitisch)
24	γέγραπται	3.Sg.Pf.Pass. von γράφω schreiben
56	γέεννα *f.*	Gehenna, Hölle
56	γέμω	voll sein, erfüllt sein
21	γενεά *f.*	Geschlecht, Generation, Nachkommenschaft
48	γένεσις *f.*	Geburt, Entstehung
24	γεννάω	erzeugen, gebären
28	γένος, ους *n.*	Nachkommenschaft, Verwandtschaft, Sippe, Art, Geschlecht
25	γεύομαι	schmecken, kosten
3	γεωργός *m.*	Bauer, Weingärtner
24	γῆ *f.*	Erde
26	γίνομαι	werden, geschehen
16	γινώσκω	kennen, erkennen, wissen
10	γλῶσσα *f.*	Zunge, Sprache
38	γνωρίζω	bekannt machen
29	γνῶσις, εως *f.*	Erkenntnis
29	γνωστός, ή, όν	bekannt
29	γονεῖς, γονέων *m.*	Eltern (nur im Pl.)
23	γόνυ, γόνατος *n.*	Knie
23	γράμμα, τος *n.*	Buchstabe, Schriftstück, Buch, Schuldschein
29	γραμματεύς, έως *m.*	Schriftgelehrter
10	γραφή *f.*	Schrift, Buch, Schriftstelle
3	γράφω	schreiben
6	γρηγορέω	wachen, wachsam sein
57	γυμνός, ή, όν	nackt
34	γυνή, γυναικός *f.*	Frau

Δ

Nr.	Wort	Bedeutung
31	δαιμονίζομαι	von einem Dämon besessen sein
8	δαιμόνιον *n.*	Dämon
55	δάκρυον *n.*	Träne
53	δάκτυλος *m.*	Finger
46	Δαυίδ *m.*	David
5	δέ	aber
37	δέησις, εως *f.*	Bitte, Gebet
19	δεῖ	es ist nötig, man muss
56	δείκνυμι	zeigen, vorweisen, anweisen, beweisen
8	δεῖπνον *n.*	Mahlzeit, Mahl
48	δέκα	zehn
48	δέκατος	zehnte
8	δένδρον *n.*	Baum
22	δεξιός, ά, όν	rechter; ἐκ δεξιῶν rechts, zur Rechten
8	δέομαι	bitten (m. Gen.: jmdn. bitten)
45	δέρω	schlagen, prügeln
8	δέσμιος *m.*	Gefangener
7	δεσμός *m.*	Fessel
13	δεσπότης, ου *m.*	Herr, Besitzer, Gebieter
49	δεῦρο	hierher! komm her!
29	δεῦτε	Kommt her!, Auf!
36	δεύτερος, α, ον	zweiter
7	δέχομαι	aufnehmen, annehmen, empfangen
6	δέω	binden
40	δηνάριον *n.*	Denar
7	διά (δι')	II. durch IV. wegen, um ... willen
16	διὰ τοῦτο	deshalb, darum
4	διάβολος *m.*	Teufel
28	διαθήκη *f.*	Testament, Bund, Heilsverfügung
6	διακονέω	dienen, bedienen
10	διακονία *f.*	Dienst, Unterstützung
4	διάκονος *m.*	Diener
45	διακρίνω	unterscheiden, beurteilen; Med.: streiten, zweifeln
43	διαλέγομαι	sich unterhalten, reden
37	διαλογίζομαι	erwägen, sich besprechen, sich austauschen
3	διαλογισμός *m.*	Gedanke, Überlegung, Zweifel

45	διαμαρτύρομαι	beschwören, dringend zureden, bezeugen
21	διαμερίζω	teilen, spalten
20	διάνοια *f.*	Gedanke
52	διανοίγω	öffnen, durchbrechen
43	διατάσσω	anordnen, befehlen
27	διαφέρω	sich unterscheiden (mit Gen.)
10	διδασκαλία *f.*	Lehre
3	διδάσκαλος *m.*	Lehrer
31	διδάσκω	lehren
12	διδαχή *f.*	Lehre
50	δίδωμι	geben, übergeben, anvertrauen
7	διέρχομαι	hindurchgehen, durchwandern, auseinandergehen
14	δίκαιος, α, ον	gerecht
16	δικαιοσύνη *f.*	Gerechtigkeit
21	δικαιόω	rechtfertigen, gerecht sprechen, gerecht machen, Recht geben
58	δικαίωμα *n.*	Gebot, Rechtsforderung, Urteil
22	δίκτυον *n.*	Netz
37	διό	darum, deshalb
37	διότι	weil, denn; daher, deshalb
37	διψάω	dürsten
57	διωγμός *m.*	Verfolgung
11	διώκω	verfolgen
27	δοκέω	meinen, denken; intrans.: scheinen; unpers.: es scheint (gut)
47	δοκιμάζω	prüfen, nachweisen
25	δόλος *m.*	Trug, List
10	δόξα *f.*	Herrlichkeit, Ehre, Glanz
18	δοξάζω	verherrlichen, ehren
3	δουλεύω	dienen
6	δοῦλος *m.*	Knecht, Diener, Sklave
24	δουλόω	zum Sklaven machen; unterwerfen
26	δράκων, οντος *m.*	Drache
56	δύναμαι	können
29	δύναμις, εως *f.*	Kraft, Macht
24	δύνασαι; δύναται	2.Sg.; 3.Sg. von können
35	δυνατός, ή, όν	stark, mächtig
24	δύο (Dat. δυσίν)	zwei
19	δώδεκα	zwölf
58	δωρεά *f.*	Geschenk
48	δωρεάν	geschenkweise, umsonst, vergeblich (Adv.)
51	δῶρον *n.*	Geschenk, Gabe

E

17	ἐάν	wenn, im Fall dass, sofern
53	ἐὰν μή	wenn nicht, außer
37	ἑαυτοῦ, ῆς, οῦ	Reflexivpronomen: sich, sich selbst; auch possessiv: sein/ihr
36	ἐάω	erlauben, zulassen
31	ἔβαλον	Aor.II von βάλλω werfen
46	ἕβδομος, η, ον	siebte
36	ἐγγίζω (Pf. ἤγγικα)	näher kommen, nahen
55	ἐγγύς	nahe (bei), kurz vor (Adv.)
14	ἐγείρω	auf(er)wecken; Pass.: auf(er)stehen, sich erheben, auferweckt werden
25	ἐγένετο	es geschah, er/sie/es ist geworden (Aor.)
31	ἐγενόμην	Aor.II von γίνομαι
53	ἐγκαταλείπω	übriglassen; zurücklassen; verlassen
9	ἐγώ	ich
28	ἔθνος, ους *n.*	Nation, Volk; Pl.: Heiden
28	ἔθος, ους *n.*	Sitte, Brauch; Gesetz
15	εἰ	wenn; ob
53	εἰ δὲ μή γε	andernfalls
53	εἰ καί	wenn auch
26	εἰ μή	wenn nicht; nach Negation: außer
31	εἶδον	Aor.II von ὁράω sehen
8	εἴδωλον *n.*	Götzenbild; auch: Götze
48	εἴκοσι	zwanzig
26	εἰκών, όνος *f.*	Bild, Ebenbild
9	εἰμί	sein
16	εἶπεν	er/sie/es hat gesagt (3.Sg.Ind.Aor.)
24	εἶπον	ich habe/sie haben gesagt (Aor.)
11	εἰρήνη *f.*	Friede

4	εἰς	IV. in (wohin?), in ... hinein, zu, nach
16	εἰς τοῦτο	dazu
28	εἷς, μία, ἕν	eins (Zahlwort)
19	εἰσάγω	hineinführen, hineinbringen
7	εἰσέρχομαι	eintreten, (hinein)gehen
9	εἰσπορεύομαι	hineingehen
25	εἰσφέρω	hineintragen; hinbringen; hineinführen
32	εἶτα	dann, danach, weiterhin, außerdem
32	εἴτε ... εἴτε	ob ... oder; sei es, dass ... oder dass
4	ἐκ (ἐξ)	II. aus, aus ... heraus, von, aufgrund von
23	ἕκαστος, η, ον	jeder, ein jeder, jeder Einzelne
48	ἑκατόν	hundert
36	ἑκατοντάρχης, ου *m.*	Hauptmann, Centurio
12	ἐκβάλλω	hinauswerfen, hinausstoßen; auch: aussenden, entfernen
41	ἐκδίκησις *f.*	Vergeltung, Bestrafung
15	ἐκεῖ	dort
46	ἐκεῖθεν	von dort
16	ἐκεῖνος, η, ο	jener, jene, jenes
10	ἐκκλησία *f.*	Gemeinde, Versammlung
58	ἐκκόπτω	abhacken, fällen, abschneiden
50	ἐκλέγομαι	erwählen
33	ἐκλεκτός, ή, όν	auserwählt
58	ἐκπίπτω	hinfallen, abstürzen
12	ἐκπλήσσομαι	in Erstaunen geraten, erschrocken sein
15	ἐκπορεύομαι	ausgehen, fortgehen
45	ἐκτείνω	ausstrecken, ausspannen
55	ἐκτός	II. außer; abgesehen von; Konjunktion: ἐκτὸς εἰ μή außer wenn
51	ἐκφεύγω	fliehen, entkommen
50	ἐκχέω	ausgießen, vergießen, verschütten
28	ἔλαβον	1.Sg. u. 3.Pl.Ind.Aor. von λαμβάνω
11	ἐλαία *f.*	Ölbaum
9	ἔλαιον *n.*	Öl
47	ἐλάσσων, ον	Komparativ zu ὀλίγος und μικρός
47	ἐλάχιστος, η, ον	Superlativ zu ὀλίγος und μικρός
47	ἐλέγχω	darlegen, aufdecken, überführen, zurechtweisen, bestrafen
6	ἐλεέω	sich erbarmen; Pass.: Erbarmen erfahren
41	ἐλεημοσύνη *f.*	Almosen, Barmherzigkeit
51	ἔλεος, ους *n.*	Erbarmen, Barmherzigkeit
10	ἐλευθερία *f.*	Freiheit
48	ἐλεύθερος, α, ον	frei
33	Ἕλλην, ηνος *m.*	Grieche; Nichtjude, Heide
18	ἐλπίζω	hoffen, erwarten (mit εἰς: hoffen auf)
23	ἐλπίς, ίδος *f.*	Hoffnung
37	ἐμαυτοῦ, ῆς, οῦ	Reflexivpronomen: meiner/mir/mich selbst
46	ἐμβαίνω	hineintreten; einsteigen
44	ἐμβλέπω	ansehen, betrachten
40	ἐμός, ἐμή, ἐμόν	mein, meine
43	ἐμπαίζω	verspotten; seinen Spott treiben mit; betrügen, täuschen
35	ἔμπροσθεν	II. vor
37	ἐμφανίζω	offenbaren, sichtbar machen, zeigen
4	ἐν	III. in, an, auf, bei (wo?), durch (instr.)
54	ἔνατος, η, ον	neunter
46	ἐνδείκνυμαι	zeigen; beweisen; nachweisen
34	ἔνδυμα *n.*	Gewand
33	ἐνδύω	anziehen; Med.: sich anziehen
37	ἕνεκεν (auch ἕνεκα)	II. wegen, um ... willen
18	ἐνεργέω	wirken, wirksam sein
26	ἐνιαυτός *m.*	Jahr
48	ἐννέα	neun
55	ἔνοχος, ον	verstrickt in, schuldig
45	ἐντέλλομαι	Auftrag geben, befehlen, einschärfen
59	ἐντεῦθεν	von hier (Adv.)
10	ἐντολή *f.*	Gebot
46	ἐντρέπω	beschämen; Pass.: sich schämen; Achtung haben vor

24	ἐνώπιον	II. vor
26	ἕξ	sechs
43	ἐξάγω	herausführen, hinausbringen, befreien
51	ἐξαποστέλλω	senden, wegschicken
7	ἐξέρχομαι	hinausgehen
38	ἔξεστιν	es steht frei, es ist erlaubt/möglich
52	ἐξίστημι	trans.: aus der Fassung bringen, verwirren; intrans.: außer sich geraten, sich entsetzen, von Sinnen sein
25	ἐξομολογέω	versprechen; Med.: bekennen; anerkennen; preisen
52	ἐξουθενέω	verachten, verächtlich behandeln
10	ἐξουσία *f.*	Vollmacht, Macht
33	ἔξω	draußen
39	ἔξωθεν	von außen her, außen, außerhalb
10	ἑορτή *f.*	Fest
38	ἐπαγγελία *f.*	Verheißung
45	ἐπαγγέλλομαι	ankündigen, versprechen, verheißen
58	ἔπαινος *m.*	Lob
25	ἐπαίρω	aufheben, emporheben, sich erheben, sich brüsten
36	ἐπαισχύνομαι	sich schämen, beschämt werden
49	ἐπάνω	darüber, mehr, über (m. Gen.)
42	ἐπαύριον	morgen (Adv.)
54	ἐπεί	weil, denn
34	ἐπειδή	weil, denn, da
19	ἔπειτα	dann, sodass
49	ἐπέρχομαι	kommen; ankommen
20	ἐπερωτάω	fragen, (bitten)
31	ἔπεσον	Aor.II von πίπτω
9	ἐπί (ἐπ'/ἐφ')	II. auf, an, bei, während, aufgrund, über III. auf, an, bei, in, während, aufgrund, gegen IV. auf, an, auf … hin, zu, nach, über, gegen
46	ἐπιβάλλω	überwerfen, auflegen, aufsetzen, zufallen
48	ἐπιγινώσκω	kennen, genau wissen; erkennen

37	ἐπίγνωσις, εως *f.*	Erkenntnis
50	ἐπιδίδωμι	geben, übergeben
12	ἐπιζητέω	suchen; verlangen, erforschen
6	ἐπιθυμέω	begehren, verlangen
51	ἐπιθυμία *f.*	Begierde, Verlangen, Lust
34	ἐπικαλέω	rufen, anrufen; benennen; Med.: für sich anrufen, (als Zeugen) anrufen
27	ἐπιλαμβάνομαι	ergreifen, fassen
45	ἐπιμένω	bleiben, dableiben, verharren
54	ἐπιπίπτω	fallen auf; sich werfen auf
45	ἐπισκέπτομαι	besuchen, heimsuchen, auswählen
7	ἐπίσκοπος *m.*	Aufseher, Vorsteher, Bischof
56	ἐπίσταμαι	wissen, verstehen, kennen
30	ἐπιστάτης, ου *m.*	Meister, Herr
10	ἐπιστολή *f.*	Brief
27	ἐπιστρέφω	hinwenden, umdrehen, sich bekehren; trans.: zurückbringen
58	ἐπιτάσσω	befehlen, gebieten
59	ἐπιτελέω	beenden, vollenden, erfüllen
49	ἐπιτίθημι	legen auf; (Hände) auflegen, (einen Namen) beilegen
24	ἐπιτιμάω	anfahren, tadeln, ernstlich zureden
36	ἐπιτρέπω	erlauben, gewähren, gestatten
15	ἐπουράνιος, ον	himmlisch
22	ἑπτά	sieben
7	ἐργάζομαι	arbeiten, bewirken
13	ἐργάτης, ου *m.*	Arbeiter
8	ἔργον *n.*	Werk
4	ἔρημος *f.*	Wüste, Steppe, Einöde
15	ἔρημος, ον	wüst, einsam
7	ἔρχομαι	kommen
34	ἐρῶ	Futur von λέγω
20	ἐρωτάω	fragen, bitten
13	ἐσθίω	essen
7	ἐστίν	er/sie/es ist
49	ἔσχατος, η, ον	letzter
31	ἔσχον	Aor.II von ἔχω

21	ἔσωθεν	von innen heraus, innen, inwendig
17	ἕτερος, α, ον	ein anderer
6	ἔτι	noch, noch immer
42	ἑτοιμάζω	bereiten, zurüsten
40	ἕτοιμος, η, ον	bereit
28	ἔτος, ους *n.*	Jahr
17	εὖ	gut; auch als Adv.: gut, wohl
36	εὐαγγελίζω	Akt. und Med.: gute Nachricht verkündigen, evangelisieren, Evangelium verkündigen
8	εὐαγγέλιον *n.*	Evangelium, Freudenbotschaft, gute Nachricht
13	εὐαγγελιστής, οῦ *m.*	Verkündiger, Evangelist
44	εὐδοκέω	Gefallen haben
12	εὐθέως	gleich, sofort, alsbald (Adv.)
24	εὐθύς	sofort, gleich (Adv.)
41	εὐθύς, εῖα, ύ	gerade; aufrichtig; recht
6	εὐλογέω	segnen, lobpreisen
18	εὐλογία *f.*	Segen, Lobpreis
38	εὐνοῦχος *m.*	Eunuch, Verschnittener, Kastrat
30	εὑρίσκω	finden
31	εὗρον	Aor.II von εὑρίσκω
11	εὐσέβεια *f.*	Gottesfurcht, Frömmigkeit
45	εὐφραίνω	Akt.: erfreuen; Pass.: sich erfreuen, froh sein, fröhlich sein
6	εὐχαριστέω	danken, Dank sagen
17	εὐχαριστία *f.*	Dank, Danksagung, Dankgebet
31	ἔφαγον	Aor.II von ἐσθίω essen
34	ἐφή	3.Sg.Ipf. von φήμι (er sagte)
52	ἐφίστημι	herantreten, sich zu etwas stellen
3	ἐχθρός *m.*	Feind
3	ἔχω	haben
11	ἕως	II. bis, bis zu, solange

Z

20	ζάω	leben
4	ζῆλος *m.*	Eifer
21	ζηλόω	eifersüchtig sein, sich eifrig bemühen (um)
13	ζηλωτής, οῦ *m.*	Eiferer
6	ζητέω	suchen
54	ζύμη *f.*	Sauerteig
11	ζωή *f.*	Leben
12	ζῷον *n.*	Lebewesen
37	ζῳοποιέω	lebendig machen, wiederbeleben

H

6	ἤ	oder; (nach Komperativ:) als
31	ἤγαγον	Aor.II von ἄγω
26	ἡγεμών, όνος *m.*	Statthalter, Führer
25	ἡγέομαι	führen, leiten; auch: meinen, glauben (mit dopp. Akk.: halten für, ansehen als)
5	ἤδη	schon, bereits, nun
43	ἥκω	kommen; (Präs. auch:) gekommen sein, dasein
16	ἦλθεν	er/sie/es ist gekommen (Aor.)
31	ἦλθον	Aor.II von ἔρχομαι
7	ἥλιος *m.*	Sonne
36	ἥμαρτον	Aor.II von ἁμαρτάνω
15	ἡμεῖς	wir
11	ἡμέρα *f.*	Tag
40	ἡμέτερος, α, ον	unser, unsere
8	ἦν	er/sie/es war (Ipf.)
31	ἤνεγκον	Aor.II von φέρω

Θ

10	θάλασσα *f.*	Meer
4	θάνατος *m.*	Tod
53	θανατόω	töten; töten lassen
46	θάπτω (Aor. Pass. ἐτάφην)	begraben
24	θαρσέω (nur Impt.), θαρρέω	zuversichtlich sein; Impt.: Habt keine Angst!
22	θαυμάζω	sich wundern
20	θεάομαι	sehen, betrachten
23	θέλημα, τος *n.*	Wille
17	θέλω	wollen
39	θεμέλιος *m.*	Grund, Grundlage, Grundstein, Fundament

3	θεός *m.*	Gott
5	θεραπεύω	heilen
44	θερίζω	ernten
4	θερισμός *m.*	Ernte
6	θεωρέω	sehen, besichtigen, betrachten
16	θηρίον *n.*	Tier, Bestie
14	θησαυρός *m.*	Schatz
32	θλίβω	drücken, bedrängen
32	θλῖψις, εως *f.*	Trübsal, Bedrängnis
33	θρίξ, τριχός *f.*	Haar
4	θρόνος *m.*	Thron
22	θυγάτηρ, θυγατρός *f.*	Tochter
30	θυμός *m.*	Grimm, Zorn
22	θύρα *f.*	Tür
47	θυσία *f.*	Opfer
9	θυσιαστήριον *n.*	Altar
35	θύω	opfern, schlachten

I

20	ἰάομαι	heilen, herstellen
50	ἴδε	sieh!, hör zu!
23	ἴδιος, α, ον	eigen; Subst.: Angehöriger
25	ἰδού	siehe; da
29	ἱερεύς, έως *m.*	Priester
11	ἱερόν *n.*	(das) Heilige, Heiligtum
17	Ἰερουσαλήμ *f.* / Ἱεροσόλυμα *n.pl. und f.sg.*	Jerusalem
54	ἵημι	senden, schicken, loslassen (im NT nur in Komposita)
4	Ἰησοῦς *m.*	Jesus
30	ἱκανός, ή, όν	geeignet, ausreichend, tüchtig, tauglich
8	ἱμάτιον *n.*	Gewand, Obergewand, Kleid
17	ἵνα	dass, damit, auf dass
15	Ἰορδάνης, ου *m.*	Jordan
11	Ἰουδαῖος *m.*	jüdisch, Jude
47	ἵππος *m.*	Pferd
13	Ἰσραηλίτης, ου *m.*	Israelit
52	ἵστημι	trans.: stellen, aufrichten, bestimmen; intrans.: stehen, bestehen
42	ἰσχυρός, ά, όν	stark, machtvoll, groß
28	ἰσχύς, ύος *f.*	Kraft, Stärke, Macht
11	ἰσχύω	fähig sein, können; stark sein/werden
28	ἰχθύς, ύος *m.*	Fisch
12	Ἰωάννης *m.*	Johannes

K

19	κἀγώ	und ich, auch ich
58	καθάπερ	wie, ebenso wie
20	καθαρίζω	reinigen
34	καθαρός, ά, όν	rein
17	καθεύδω	schlafen
56	κάθημαι	sitzen, sich setzen, (in der Offb:) thronen
42	καθίζω	sich setzen; Platz (ein)nehmen
52	καθίστημι	einsetzen, berufen, bewirken
17	καθώς	ebenso wie, insofern als, soweit, da ja
3	καί	und, auch
3	καί ... καί	sowohl ... als auch
14	καινός, ή, όν	neu
3	καιρός *m.*	Zeit, Zeitpunkt, rechte Zeit
22	Καῖσαρ, ος *m.*	Kaiser
35	καίω	brennen, verbrennen
58	κἀκεῖ	und dort
17	κἀκεῖνος	und jener
37	κακία *f.*	Bosheit
20	κακός, ή, όν	schlecht, böse
31	κακῶς	schlecht (Adv.)
31	κακῶς ἔχω	krank sein
49	κάλαμος *m.*	Rohr, Rohrstock
18	καλέω	rufen, anreden, einladen (mit dopp. Akk.: jmdn./etw. bezeichnen als)
14	καλός, ή, όν	schön, gut
51	καλῶς	gut, recht, richtig (Adv.)
46	κἄν	und wenn, auch wenn
26	κανών, όνος *m.*	Richtschnur
40	καπνός *m.*	Rauch
15	καρδία *f.*	Herz
3	καρπός *m.*	Frucht
35	κατ' ἰδίαν	für sich (allein)
7	κατά (κατ'/καθ')	II. von herab, gegen IV. längs, gemäß, nach
30	καταβαίνω	hinabgehen, hinuntersteigen

51	καταβολή *f.*	Grundlegung, Erschaffung
52	καταγγέλλω	(feierlich) verkündigen
50	καταισχύνω	schänden, beschämen, zuschanden machen; Pass.: zuschanden werden, sich schämen
53	κατακαίω	niederbrennen, verbrennen
31	κατάκειμαι	liegen, daniederliegen; zu Tisch liegen
18	κατακρίνω	verurteilen
55	καταλαμβάνω	empfangen, ergreifen, gewinnen
37	καταλείπω	zurücklassen, verlassen; Pass.: übrig sein/lassen
49	καταλλάσσω	versöhnen, sich aussöhnen
36	καταλύω	zerstören, auflösen, vernichten
6	κατανοέω	bemerken, betrachten, nachsehen, ansehen
25	καταντάω	hinkommen, ankommen
39	καταργέω	entkräften, aufheben, ungültig machen; beseitigen; Pass.: aufhören
42	καταρτίζω	bereiten; vervollkommnen
38	κατασκευάζω	zubereiten, herstellen, errichten
56	κατεργάζομαι	vollbringen, bewirken, standhalten
7	κατέρχομαι	herabkommen
45	κατεσθίω	aufessen, fressen
42	κατέχω	festhalten, besitzen, zurückhalten, hemmen
12	κατηγορέω	anklagen, beschuldigen
7	κατοικέω	wohnen, bewohnen
16	κάτω	unten, hinab (Adv.)
20	καυχάομαι	sich rühmen
45	καύχημα, τος *n.*	Ruhm, Stolz; Anlass des Rühmens
45	καύχησις, εως *f.*	(das) Rühmen, Stolz
56	κεῖμαι	liegen, daliegen, bestimmt sein, gelten
19	κελεύω	befehlen, gebieten (mit Akk.)
23	κενός, ή, όν	leer, eitel, vergeblich

51	κέρας, ατος *n.*	Horn (metaphorisch für Stärke)
50	κερδαίνω	gewinnen, sich zu eigen machen
33	κεφαλή *f.*	Kopf, Haupt
23	κήρυγμα, τος *n.*	Heroldsbotschaft, Verkündigung
12	κηρύσσω	verkündigen
55	κλάδος *m.*	Ast, Zweig
39	κλαίω	weinen
20	κλάω	brechen
35	κλείω	schließen
13	κλέπτης, ου *m.*	Dieb
44	κλέπτω	stehlen
19	κληρονομέω	erben, beerben
48	κληρονομία *f.*	Erbe, Erbteil
9	κληρονόμος *m.*	(der) Erbe
58	κλῆρος *m.*	Los, Anteil
38	κλῆσις, εως *f.*	Berufung
58	κλητός, ή, όν	berufen
36	κοιλία *f.*	Magen, Bauch; auch: Mutterleib
37	κοιμάομαι	schlafen, sterben
57	κοινός, ή, όν	gemein; gemeinsam
21	κοινόω	gemein machen, verunreinigen
16	κοινωνία *f.*	Gemeinschaft
37	κοινωνός *m.*	Teilhaber, Gefährte
37	κολλάομαι	sich verbinden mit
54	κομίζω	herbeibringen; Med.: davontragen, erlangen
20	κοπιάω	sich abmühen; viel tun; müde werden
7	κόπος *m.*	Mühe, Arbeit
46	κόπτω	abschlagen, -hauen; Med.: sich (an die Brust) schlagen; um jmdn. trauern
59	κοσμέω	in Ordnung bringen, schmücken
3	κόσμος *m.*	Welt, Weltall; Menschheit, Schmuck
48	κράβαττος *m.*	Bett, Matte, Trage
27	κράζω	schreien, laut rufen, brüllen
25	κρατέω	fassen, festhalten
47	κράτιστος, η, ον	Superlativ zu ἀγαθός: sehr gut
28	κράτος, ους *n.*	Stärke, Kraft
47	κρείττων, ον	Komparativ zu ἀγαθός: besser, am besten
23	κρίμα, τος *n.*	Urteil

17	κρίνω	urteilen, richten
33	κρίσις, εως *f.*	Gericht
13	κριτής, οῦ *m.*	Richter
30	κρούω	anklopfen
55	κρυπτός, ή, όν	verborgen
44	κρύπτω	verbergen (starker Aor.Pass ἐκρύβην)
38	κτίζω	schaffen
38	κτίσις, εως *f.*	Schöpfung
5	κυριεύω	Herr sein, herrschen über
3	κύριος *m.*	Herr
13	κωλύω	hindern
11	κώμη *f.*	Dorf
14	κωφός, ή, όν	taub, stumm

Λ

6	λαλέω	reden, sagen
11	λαμβάνω	nehmen, ergreifen, empfangen
3	λαός *m.*	Volk
5	λατρεύω	dienen (religiös, kultisch)
3	λέγω	sagen
37	λείπω	zurücklassen
59	λειτουργία *f.*	Dienst, Gottesdienst, Priesterdienst
25	λευκός, ή, όν	weiß
26	λέων, οντος *m.*	Löwe
27	λῃστής, οῦ *m.*	Räuber
51	λίαν	sehr, ganz, außerordentlich (Adv.)
31	λίθος *m.*	Stein
58	λιμνή *f.*	See, Teich
48	λιμός *m.*	Hunger
21	λογίζομαι	meinen, rechnen, bedenken
3	λόγος *m.*	Wort
17	λοιπός, ή, όν	übrig; adv. (τὸ) λοιπόν im Übrigen, weiterhin
46	λυπέω	betrüben; Pass.: traurig sein
32	λύπη *f.*	Trauer
49	λυχνία *f.*	Leuchter
49	λύχνος *m.*	Leuchte, Lampe
5	λύω	aufbinden, lösen; loslassen; befreien

M

13	μαθητής, οῦ *m.*	Jünger, Schüler
37	μακάριος, α, ον	glücklich, glückselig
36	μακράν	weit, fern (Adv.)
39	μακρόθεν	von Weitem her, von ferne, aus der Ferne (Adv.)
59	μακροθυμέω	Geduld haben, warten
23	μακροθυμία *f.*	Geduld, Beharrlichkeit, Ausdauer
47	μᾶλλον	mehr, vielmehr (Steigerung des Komparativs)
57	μανθάνω	lernen, Schüler sein
6	μαρτυρέω	bezeugen
29	μαρτυρία *f.*	Zeugnis
8	μαρτύριον *n.*	Zeugnis
22	μάρτυς, μάρτυρος *m.*	Zeuge
12	μάχαιρα *f.*	Schwert
28	μέγας, μεγάλη, μέγα	groß
47	μέγιστος, η, ον	Superlativ zu μέγας
47	μείζων, ον	Komparativ zu μέγας; größer, am größten; Adv.: noch stärker/lauter
41	μέλει	m. Dat.: es liegt jmdm. an, es kümmert jmdn.
25	μέλλω	im Begriff sein; m. Inf.: werden
28	μέλος, ους *n.*	Glied
20	μέν … δέ	einerseits … andererseits (nicht immer übersetzt);
20	ὁ μέν … ὁ δέ	der eine … der andere
12	μένω	bleiben, wohnen; trans.: erwarten
57	μερίζω	zerteilen, zerfallen machen
37	μεριμνάω	sorgen, besorgt sein
28	μέρος, ους *n.*	Teil
29	μέσος, η, ον	mitten, inmitten
7	μετά (μετ'/μεθ')	II. mit, bei IV. nach
16	μετὰ ταῦτα/ τοῦτο	danach
46	μεταβαίνω	weitergehen, umziehen, weggehen
6	μετανοέω	umkehren, sich bekehren

11	μετάνοια *f.*	Sinnesänderung, Umkehr
54	μετρέω	messen, vermessen
59	μέτρον *n.*	Maß
17	μέχρι	II. bis
16	μή	nicht (Verneinung beim Konj., Impt., Inf., Ptz.)
57	μὴ οὐ	(im Fragesatz) etwa nicht?
26	μηδέ	auch nicht, und nicht, nicht einmal
24	μηδείς, -δεμία, -δέν	keiner, keine, nichts
18	μηκέτι	nicht mehr, nicht länger
26	μήν, μηνός *m.*	Monat
49	μήποτε	dass nicht, damit nicht; in indirekten Fragen: ob vielleicht, ob (wohl) etwa
38	μήτε (... μήτε)	und nicht (weder ... noch)
22	μήτηρ, μητρός *f.*	Mutter
16	μήτι	etwa, vielleicht? (Fragepartikel zum Ausdruck der Erwartung einer negativen Antwort)
16	μικρός, ά, όν	klein
39	μιμνῄσκομαι	sich erinnern, gedenken an
30	μισέω	hassen
24	μισθός *m.*	Lohn
34	μνημεῖον *n.*	Grab, Denkmal
18	μνημονεύω	sich erinnern, gedenken an
19	μοιχεύω	Ehebruch begehen
41	μονογενής, ές	einzig (geboren)
21	μόνον	nur, allein (Adv.)
21	μόνος, η, ον	einzig, allein
32	μυριάς, άδος *f.*	zehntausend, Tausende
8	μύρον *n.*	Salböl
8	μυστήριον *n.*	Geheimnis
59	μωρός, ά, όν	töricht
16	Μωϋσῆς	Mose

N

18	ναί	ja
3	ναός *m.*	Tempel
13	νεανίας, ου *m.*	Jüngling
43	νεανίσκος *m.*	Jüngling
14	νεκρός, ά, όν	tot
14	νέος, α, ον	jung, neu
46	νεφέλη *f.*	Wolke
57	νήπιος, α, ον	unmündig
15	νηστεύω	fasten
20	νικάω	siegen, besiegen
33	νίπτω	waschen
7	νοέω	erkennen, verstehen, bemerken, verständig sein
51	νομίζω	meinen, annehmen, vermuten
6	νόμος *m.*	Gesetz
4	νόσος *f.*	Krankheit
52	νουθετέω	ermahnen, zurechtweise, warnen
55	νοῦς, νοός *m.*	Verstand, Gesinnung, Gedanke
56	νύμφη *f.*	Braut, Schwiegertochter
48	νυμφίος *m.*	Bräutigam
13	νῦν	nun, jetzt (Adv.)
37	νυνί (δέ)	nun (aber), jetzt (Adv.)
23	νύξ, νυκτός *f.*	Nacht

Ξ

42	ξενίζω	beherbergen, als Gast aufnehmen, bewirten
3	ξένος *m.*	Fremder
45	ξηραίνω	austrocknen, dürr machen; Pass.: trocken werden, versiegen
45	ξηρός, ά, όν	trocken; verdorrt; gelähmt
9	ξύλον *n.*	Holz

O

16	ὅδε, ἥδε, τόδε	dieser, diese, dieses
4	ὁδός *f.*	Weg
26	ὀδούς, ὀδόντος *m.*	Zahn
39	ὅθεν	von wo, woher, weshalb (Adv.)
33	οἶδα	wissen, kennen
23	οἰκέω	wohnen, bewohnen
10	οἰκία *f.*	Haus
57	οἰκοδεσπότης, ου *m.*	Hausherr

9	οἰκοδομέω	bauen, erbauen
26	οἰκοδομή *f.*	Bau, Erbauung
57	οἰκονομία *f.*	Verwaltung, Dienst, Aufgabe
57	οἰκονόμος *m.*	(Haus-)Verwalter, Haushalter
6	οἶκος *m.*	Haus
43	οἰκουμένη *f.*	Erdkreis, bewohnte Erde
4	οἶνος *m.*	Wein
38	οἷος	wie, welcher Art (Relativpronomen)
48	ὀκτώ	acht
14	ὀλίγος, η, ον	gering, wenig
14	ὅλος, η, ον	ganz, ungeteilt
56	ὄμνυμι, ὀμνύω	schwören
58	ὁμοθυμαδόν	einmütig (Adv.)
14	ὅμοιος, α, ον	ähnlich, gleich
21	ὁμοιόω	gleich machen, vergleichen; Pass.: gleich werden
56	ὁμοίως	in gleicher Weise, ebenso (Adv.)
6	ὁμολογέω	zugeben, bekennen, preisen
43	ὀνειδίζω	beschimpfen, schmähen
23	ὄνομα, τος *n.*	Name
34	ὀνομάζω	nennen, benennen
59	ὄντως	wirklich, tatsächlich (Adv.)
18	ὀπίσω	II. hinter
15	ὅπου	wo, dort wo, wohin (Adv.)
17	ὅπως	wie, auf welche Weise; damit
49	ὅραμα *n.*	Vision, das Gesehene
21	ὁράω	sehen
27	ὀργή *f.*	Zorn, Zorngericht
53	ὅριον *n.*	Grenze; Pl.: die Grenzen, Gebiet
33	ὅρκος *m.*	Eid, Schwur
28	ὄρος, ους *n.*	Berg
38	ὅς, ἥ, ὅ	der, die, das; welcher, welche, welches (Relativpronomen)
44	ὅσος, η, ον	wie groß (Pl.: wie viele) (Korrelativpronomen)
40	ὅστις, ἥτις, ὅ τι	der; jeder, der ...
17	ὅταν	als, wenn (temp.); dann, wann
19	ὅτε	da, als, nachdem
9	ὅτι	denn, weil, dass, : (Doppelpunkt)
18	οὔ	nein
56	οὗ	wo; dort wo/wohin
24	οὐ μή	nicht, gar nicht, bestimmt nicht
21	οὐ μόνον	nicht nur
5	οὐ, οὐκ, οὐχ	nicht (Verneinung beim Ind.)
56	οὐαί	wehe!
13	οὐδέ	und nicht, noch nicht
26	οὐδείς, -δεμία, -δέν	keiner, keine, nichts
54	οὐδέποτε	nie, niemals
5	οὐκέτι	nicht mehr, nicht länger
15	οὖν	also, demnach, folglich, nun (in Joh: da)
33	οὔπω	noch nicht
44	οὐράνιος, ον	himmlisch
4	οὐρανός *m.*	Himmel
33	οὖς, ὠτός *n.*	Ohr
13	οὔτε (… οὔτε)	und nicht (weder ... noch)
16	οὗτος	dieser
22	οὕτως	so (Adv.)
23	οὐχί	(verstärktes οὐ) nicht
53	ὀφείλω	schuldig sein, verpflichtet sein
4	ὀφθαλμός *m.*	Auge
29	ὄφις, εως *f.*	Schlange
5	ὄχλος *m.*	Menschenmenge, Leute
10	ὀψία *f.*	Abend

Π

28	πάθημα, τος *n.*	Leiden; Leidenschaft
3	παιδεύω	erziehen
31	παιδίον *n.*	kleines Kind; Kind
16	παιδίσκη *f.*	Magd
36	παῖς, παιδός *m./f.*	Kind, Junge, Knecht
14	παλαιός, ά, όν	alt
19	πάλιν	wieder, aufs Neue, ferner (Adv.)
22	παντοκράτωρ, ορος *m.*	Allherrscher
30	πάντοτε	immer, allezeit, jederzeit (Adv.)

Nr.	Wort	Bedeutung
9	παρά (παρ')	II. von (... her) III. bei, neben IV. an (... vorbei), entlang (meist wohin?), neben ... hin, auf, bei, gegen
12	παραβολή *f.*	Gleichnis
45	παραγγέλλω	anweisen, anordnen, befehlen, gebieten
35	παραγίνομαι	kommen, eintreffen, auftreten, beistehen
31	παράγω	vorbeigehen; weggehen; Pass.: vergehen, verschwinden
50	παραδίδωμι	übergeben, dahingeben, ausliefern, überliefern
29	παράδοσις, εως *f.*	Überlieferung
33	παραιτέομαι	bitten, sich erbitten, sich entschuldigen, zurückweisen
25	παρακαλέω	ermutigen, ermahnen, bitten, trösten
29	παράκλησις, εως *f.*	Zuspruch, Trost
44	παράκλητος *m.*	Anwalt, Beistand
31	παραλαμβάνω	übernehmen, annehmen, mitnehmen
48	παραλυτικός *m.*	Gelähmter
29	παράπτωμα, τος *n.*	Fehltritt, Vergehen, Sünde
49	παρατίθημι	vorlegen, darlegen; Med.: anvertrauen
34	παραχρῆμα	sofort, im selben Augenblick (Adv.)
39	πάρειμι	anwesend sein
19	παρεμβολή *f.*	(befestigtes) Lager; Kaserne
47	παρέρχομαι	vorbeikommen, vorübergehen, vergehen, die Geltung verlieren
52	παρέχω	darbieten, hingeben, verschaffen, verursachen
4	παρθένος *f.*	Jungfrau
52	παρίστημι	trans.: bereitstellen, zur Verfügung stellen; vor Gericht stellen; intrans.: herantreten, anwesend sein
10	παρουσία *f.*	Gegenwart, Ankunft, Wiederkunft
10	παρρησία *f.*	Offenheit, Zuversicht
26	πᾶς, πᾶσα, πᾶν	jeder, ganz; Pl.: alle
35	πάσχα *n.*	Passafest, Passalamm
48	πάσχω	leiden, erleiden
59	πατάσσω	(nieder)schlagen, stoßen
22	πατήρ, πατρός *m.*	Vater
18	παύω	aufhören lassen, zur Ruhe bringen; Med.: aufhören
42	πείθω	überreden, überzeugen; Pf.: vertrauen auf, gewiss sein
20	πεινάω	hungern
16	πειράζω	versuchen, auf die Probe stellen
4	πειρασμός *m.*	Versuchung, Prüfung, Anfechtung
32	πέμπω	senden, schicken
37	πενθέω	trauern, traurig sein, klagen
28	πέντε	fünf
34	πέραν	II. jenseits; τὸ πέραν: die andere Seite
7	περί	II. über, in Betreff, für IV. um ... herum
45	περιβάλλω	herumlegen, umwerfen, anziehen
6	περιπατέω	umhergehen, sein Leben führen
24	περισσεύω	überfließen, reichlich zuteilwerden
47	περισσός, ή, όν	mehr, reichlich, viel, überfließend
36	περισσότερος, α, ον	größer, mehr
47	περισσοτέρως	größer, mehr (Adv.)
31	περιστερά *f.*	Taube
48	περιτέμνω	beschneiden; Pass.: beschnitten werden, sich beschneiden lassen
39	περιτομή *f.*	Beschneidung
44	πετεινόν *n.*	Vogel
19	πέτρα *f.*	Fels
32	πηγή *f.*	Quelle, Brunnen
54	πιάζω	fassen, ergreifen, verhaften
56	πίμπλημι	anfüllen, erfüllen
13	πίνω	trinken
50	πιπράσκω	verkaufen

31	πίπτω	fallen, stürzen
4	πιστεύω	glauben, vertrauen
4	πιστεύω εἰς	glauben an
29	πίστις, εως *f.*	Glaube, Treue
14	πιστός, ή, όν	treu, gläubig, zuverlässig
20	πλανάω	(jmdn.) täuschen, verführen; Med.: sich täuschen, irren
58	πλάνη *f.*	Irrtum, Täuschung, Verwirrung
47	πλεῖστος, η, ον	sehr viel (Superlativ zu πολύς)
47	πλείων, ον	mehr, am meisten (Komparativ zu πολύς)
58	πλεονάζω	intrans.: mehr haben; Überfluss haben; wachsen; trans.: reich machen, zunehmen lassen
59	πλεονεξία *f.*	Habgier, Geiz
53	πληγή *f.*	Schlag, Wunde, Strieme
28	πλῆθος, ους *n.*	Menge, Volk(smenge)
36	πληθύνω	trans.: vermehren; intrans.: sich vermehren
19	πλήν	aber, jedoch, vielmehr; II. außer
41	πλήρης, ες	voll, gefüllt
21	πληρόω	erfüllen
23	πλήρωμα, τος *n.*	Fülle
19	πλησίον	Adv.: nahe, in der Nähe von; mit Art.: der Nächste, der Mitmensch
8	πλοῖον *n.*	Schiff
38	πλούσιος, α, ον	reich
46	πλουτέω	reich sein/werden
5	πλοῦτος *m.*	Reichtum
23	πνεῦμα, τος *n.*	Geist
21	πνευματικός, ή, όν	geistlich (zum Geist gehörig)
39	πόθεν	woher (Frageadverb)
6	ποιέω	tun, machen (mit dopp. Akk.: jmdn./etwas machen zu)
49	ποικίλος, η, ον	verschiedenartig; verschieden
49	ποιμαίνω	weiden, eine Herde hüten
26	ποιμήν, ένος *m.*	Hirte
51	ποῖος, α, ον	wie? wie beschaffen?

12	πόλεμος *m.*	Kampf, Krieg, Streit
29	πόλις, εως *f.*	Stadt
49	πολλάκις	vielmals, häufig, oft (Adv.)
28	πολύς, πολλή, πολύ	viel
14	πονηρός, ά, όν	böse, arg, schlecht
7	πορεύομαι	gehen, reisen, wandern
18	πορνεία *f.*	Hurerei, Unzucht
11	πόρνη *f.*	Hure, Prostituierte
20	πόρνος *m.*	Hurer, Unzüchtiger
32	πόσος	wie groß? Pl.: wie viele?
9	ποταμός *m.*	Fluss
41	ποτέ	einmal, jemals, endlich (enklitisch)
35	πότε	wann?
8	ποτήριον *n.*	Becher, Kelch
42	ποτίζω	trinken lassen, zu trinken geben, tränken
11	ποῦ	wo?
34	πούς, ποδός *m.*	Fuß
41	πρᾶγμα, τος *n.*	Tat, Handlung, Geschehnis
43	πράσσω	tun, treiben
23	πραΰτης, ητος *f.*	Sanftmut, Milde
4	πρεσβύτερος *m.*	Ältester
39	πρίν	eher, früher, bevor, ehe
4	πρό	II. vor, für
33	προάγω	vorwärts führen, weitergehen, vorwärts gehen
8	πρόβατον *n.*	Schaf
25	προέρχομαι	vorwärts gehen, vorher ankommen
47	πρόθεσις *f.*	Vorsatz, Beschluss, Absicht, Plan
52	προΐστημι	vorstehen, verwalten, leiten
53	προλέγω	voraussagen; Aor. und Pf.: bereits gesagt haben
7	πρός	III. nahe bei, an IV. zu ... hin, gegen, nach, im Blick auf
30	προσδέχομαι	aufnehmen, annehmen, erwarten, warten
20	προσδοκάω	erwarten
31	προσέρχομαι	kommen (zu jmdm.)
10	προσευχή *f.*	Gebet
18	προσεύχομαι	beten

18	προσέχω	den Sinn richten auf, achten auf; auch: sich kümmern um
19	προσκαλέομαι	herbeirufen, zu sich rufen, berufen
59	προσκαρτερέω	unermüdlich tun, festhalten an
19	προσκυνέω	niederfallen, niederknien, huldigen, anbeten
48	προσλαμβάνομαι	aufnehmen; beiseite nehmen
49	προστίθημι	hinzufügen, fortfahren
31	προσφέρω	herbeibringen, überbringen, darbringen
38	πρόσωπον *n.*	Gesicht, Äußeres
50	πρότερος, α, ον	früher, vorher, zuerst
11	προφητεία *f.*	Weissagung, Prophetie
21	προφητεύω	prophezeien
13	προφήτης, ου *m.*	Prophet
34	πρωΐ	früh, frühmorgens, am Morgen (Adv.)
18	πρῶτον	zuerst (Adv.)
15	πρῶτος	erster
17	πτωχός, ή, όν	arm, bedürftig, bettelarm
54	πύλη *f.*	Tor, Tür
26	πυλών, ῶνος *m.*	(das) Tor
35	πυνθάνομαι	sich erkundigen, fragen
22	πῦρ, ός *n.*	Feuer
43	πωλέω	verkaufen
51	πῶλος *m.*	Jungtier, Pferd
18	πῶς	wie ...?

Ρ

19	ῥαββί	Rabbi, Lehrer, Meister (Ehrentitel)
4	ῥάβδος *f.*	Stab, Rute, Zepter
23	ῥῆμα, τος *n.*	Wort, Ausspruch
22	ῥίζα *f.*	Wurzel
25	ῥύομαι	retten, erretten
5	Ῥωμαῖος *m.*	Römer

Σ

9	σάββατον *n.*	Sabbat, Woche
7	Σαδδουκαῖος *m.*	Sadduzäer
35	σαλεύω	bewegen, erschüttern, zum Schwanken bringen, rütteln
23	σάλπιγξ, ιγγος *f.*	Trompete, Posaune
43	σαλπίζω	trompeten, Posaune blasen
23	σάρξ, σαρκός *f.*	Fleisch
31	Σατανᾶς, ᾶ *m.*	Satan
37	σεαυτοῦ, ῆς, οῦ	deiner/dir/dich selbst
44	σέβομαι	anbeten, (religiös) verehren
39	σεισμός *m.*	Erdbeben
8	σημεῖον *n.*	Zeichen, Kennzeichen, Vorzeichen
19	σήμερον	heute (Adv.)
20	σιγάω	schweigen, verschweigen
39	σῖτος *m.*	Getreide, Korn, Weizen
24	σιωπάω	schweigen, still werden, sich still verhalten
18	σκανδαλίζω	Anstoß geben
8	σκάνδαλον *n.*	Fallstrick, Anstoß, Ärgernis
28	σκεῦος, ους *n.*	Gefäß, Werkzeug
42	σκηνή *f.*	Zelt, Behausung, Stiftshütte
32	σκοτία *f.*	Finsternis
28	σκότος, ους *n.*	Finsternis
40	σός, σή, σόν	Possessivpronomen: dein, deine
15	σοφία *f.*	Weisheit
14	σοφός, ή, όν	weise
39	σπείρω	säen
34	σπέρμα, τος *n.*	Same, Nachkomme(nschaft)
8	σπλάγχνα *n.Pl.*	Eingeweide, Herz (Sitz der Gefühle)
40	σπλαγχνίζομαι	sich erbarmen, Mitleid haben
47	σπουδάζω	sich bemühen, sich beeilen
17	σπουδή *f.*	Fleiß, Eifer, Eile
39	στάσις *f.*	Aufruhr, Aufstand
7	σταυρός *m.*	Kreuz
21	σταυρόω	kreuzigen
27	στέφανος *m.*	Siegeskranz
52	στήκω	stehen
43	στηρίζω	stärken, kräftigen, fest machen
33	στόμα, τος *n.*	Mund
7	στρατηγός *m.*	Feldherr, Hauptmann

13	στρατιώτης, ου *m.*	Soldat
32	στρέφω	drehen, zuwenden
9	σύ	du
41	συγγενής, ές	verwandt
30	συγκαλέω	zusammenrufen, zu sich rufen
51	συζητέω	diskutieren, streiten, sich besprechen
40	συκῆ *f.*	Feigenbaum
48	συλλαμβάνω	fassen, ergreifen; empfangen; helfen
55	συμφέρω	zusammentragen; unpers.: es ist besser/ von Vorteil
4	σύν	III. mit (jmdm. zusammen)
35	συνάγω	zusammenbringen, zusammenführen, (gastlich) aufnehmen
10	συναγωγή *f.*	Synagoge, Versammlung
59	σύνδουλος *m.*	Mitknecht, Kollege
9	συνέδριον *n.*	allgemein: Ratsversammlung; meist speziell: Synedrium, Hoher Rat
29	συνείδησις, εως *f.*	Gewissen, Bewusstsein (wörtl.: Mit-wissen)
6	συνεργός *m.*	Mitarbeiter, Gehilfe
34	συνέρχομαι	begleiten, zusammenkommen
59	συνέχω	umringen, bedrängen
54	συνίημι	verstehen, einsehen, begreifen
52	συνίστημι	trans.: zusammenbringen, empfehlen, beweisen; intrans.: bei jmdm. stehen, Bestand haben
59	σφάζω	schlachten
40	σφόδρα	heftig, gewaltig, sehr (Adv.)
38	σφραγίζω	versiegeln
46	σφραγίς, ῖδος *f.*	Siegel
31	σχίζω	spalten, zerreißen, abreißen, teilen; Pass.: sich spalten, zerspringen
32	σώζω / σῴζω	retten, helfen
23	σῶμα, τος *n.*	Leib
22	σωτήρ, ῆρος *m.*	Retter, Heiland
12	σωτηρία *f.*	Rettung, Heil

T

50	τάλαντον *n.*	Talent (Währungseinheit)
29	τάξις, εως *f.*	Reihenfolge, gute Ordnung, Art, Beschaffenheit
17	ταπεινοφροσύνη *f.*	Demut, Niedrigkeit, Bescheidenheit
21	ταπεινόω	demütigen, erniedrigen
18	ταράσσω	verwirren; Pass.: in Bestürzung geraten, erschrecken
47	ταχέως	schnell, bald (Adv.)
41	τάχος, ους *n.*	Geschwindigkeit, Eile; ἐν τάχει: bald, in Kürze
41	ταχύς, εῖα, ύ	schnell
32	τέ	und (enklitisch, oft unübersetzt)
8	τέκνον *n.*	Kind
33	τέλειος, α, ον	vollendet, vollkommen; ganz; reif
21	τελειόω	vollenden
31	τελευτάω	sterben
30	τελέω	vollenden
28	τέλος, ους *n.*	Ziel, Ende
13	τελώνης, ου *m.*	Zöllner
25	τέρας, τος *n.*	Wunder
28	τέσσαρες α	vier
16	τεσσεράκοντα	vierzig
54	τέταρτος, η, ον	vierter
11	τηρέω	bewachen, bewahren
49	τίθημι	Akt. und Med.: setzen, stellen, legen, auf-, hinstellen
35	τίκτω	gebären
20	τιμάω	ehren
18	τιμή *f.*	Ehre, Wert
14	τίμιος, α, ον	teuer, kostbar, ehrbar
26	τις, τι	jemand, irgendeiner, (irgend)etwas (Indefinitpronomen, enklitisch)
26	τίς, τί	wer? was? (Interrogativpronomen)
38	τοιοῦτος, -αύτη, -οῦτον	so, so beschaffen, solch
30	τολμάω	wagen
15	τόπος *m.*	Ort

50	τοσοῦτος, -αύτη, -οῦτον	so groß, so viel
24	τότε	da, dann (Adv.)
10	τράπεζα *f.*	Tisch
48	τρεῖς	drei
44	τρέφω	ernähren
18	τρέχω	laufen, rennen, eilen
49	τρίς	dreimal
24	τρίτος, η, ον	dritter
58	τρόπος *m.*	Art und Weise
10	τροφή *f.*	Nahrung, Speise
30	τυγχάνω	bekommen, erreichen, (an)treffen
55	τύπος *m.*	Bild, Modell, Vorbild, Beispiel
44	τύπτω	schlagen
14	τυφλός, ή, όν	blind

Y

44	ὑγιαίνω	gesund sein, sich gut fühlen
41	ὑγιής, -ές	gesund, heil
31	ὕδωρ, ὕδατος *n.*	Wasser
3	υἱός *m.*	Sohn
9	ὑμεῖς	ihr
40	ὑμέτερος, α, ον	euer
16	ὑπάγω	fortgehen, hingehen, zurückkehren
12	ὑπακοή *f.*	Gehorsam
5	ὑπακούω	hören auf, gehorchen, untertan sein
34	ὑπαντάω	entgegengehen, begegnen, entgegentreten
32	ὑπάρχω	vorhanden sein, vorliegen, zur Verfügung stehen
7	ὑπέρ	II. für, zugunsten, über, um ... willen IV. über ... hinaus, mehr als
13	ὑπηρέτης, ου *m.*	Gehilfe, Diener, Helfer
7	ὑπό (ὑπ'/ὑφ')	II. von (beim Passiv) IV. unter
47	ὑπόδημα, τος *n.*	Sandale, Schuh
57	ὑποκάτω	II. unten, unter, unterhalb
13	ὑποκριτής, οῦ *m.*	Heuchler
44	ὑπομένω	durchhalten; leiden, ertragen
46	ὑπομονή *f.*	Geduld, Beharrlichkeit
44	ὑποστρέφω	zurückkehren
27	ὑποτάσσω	unterwerfen; Pass.: gehorchen
12	ὑστερέω	entbehren, zu spät kommen, versäumen, verfehlen
24	ὕστερος, α, ον	letzter; auch: zweiter, nächster
35	ὑψηλός, ή, όν	hoch, erhaben, großartig; stolz
33	ὕψιστος, η, ον	höchster, erhabenster; mit Artikel: der Höchste
21	ὑψόω	erhöhen, groß machen

Φ

22	φαίνω	scheinen, leuchten; MP: erscheinen, offenbar werden
14	φανερός, ά, όν	sichtbar, offenbar
21	φανερόω	offenbaren, sichtbar machen
6	Φαρισαῖος *m.*	Pharisäer
56	φείδομαι	verschonen, verzichten auf
27	φέρω	tragen, ertragen, herbeibringen, vorbringen
4	φεύγω	fliehen (vor) (mit Akk. oder mit Präp. ἀπό)
56	φημί	sagen, behaupten
55	φθείρω	verderben, zerstören, verführen
56	φιάλη *f.*	(Opfer-)Schale
11	φιλέω	lieben, Gefallen haben
5	φίλος *m.*	Freund
12	φοβέομαι	sich fürchten
3	φόβος *m.*	Furcht, Angst
19	φονεύω	töten
18	φρονέω	denken, urteilen, im Sinn haben
15	φρόνιμος, ον	verständig
51	φυλακή *f.*	Wache, Gefängnis
23	φύλαξ, ακος *m.*	Wächter
43	φυλάσσω	wachen, bewachen, bewahren, befolgen
46	φυλή *f.*	Stamm, Volk
29	φύσις, εως *f.*	Natur, Wesen
5	φυτεύω	pflanzen
9	φωνέω	rufen
16	φωνή *f.*	Stimme
23	φῶς, φωτός *n.*	Licht

12	φωτίζω	erhellen, ans Licht bringen, strahlen lassen

X

17	χαίρω	sich freuen
11	χαρά *f.*	Freude
42	χαρίζομαι	schenken, spenden, aus Gnade geben
54	χάριν	wegen (einem Genitiv nachgestellt)
23	χάρις, ιτος *f.*	Gnade, Wohlwollen, gnädige Fürsorge; Dank
23	χάρισμα, τος *n.*	Gnadengabe, Charisma
34	χείρ, χειρός *f.*	Hand
47	χείρων, ον	Komparativ zu κακός schlechter, am schlechtesten
11	χήρα *f.*	Witwe
19	χιλίαρχος *m.*	Offizier, Anführer einer Tausendschaft
48	χιλιάς, άδος *f.*	Tausend, Tausendschaft
28	χίλιοι, αι, α	tausend
28	χιτών, ῶνος *n.*	Untergewand, Hemd
4	χοῖρος *m.*	Ferkel, Schwein
37	χορτάζω	sättigen, satt machen, ernähren
56	χόρτος *m.*	Gras, Heu
20	χράομαι	benutzen, verwenden
21	χρεία *f.*	Bedürfnis, Notwendigkeit, Bedarf, Mangel, Not
31	χρεῖαν ἔχω τινός	jmdn./etwas brauchen
23	χρηστότης, ητος *f.*	Güte, Milde, Freundlichkeit
58	Χριστιανός *m.*	Christ
5	Χριστός *m.*	Christus, Gesalbter, Messias
4	χρόνος *m.*	Zeit, Zeitraum
9	χρυσίον *n.*	Gold
59	χρυσός *m.*	Gold, Goldfigur
59	χρυσοῦς, ῆ, οῦν	golden
14	χωλός, ή, όν	lahm
14	χώρα *f.*	Land
48	χωρέω	Platz machen, fassen; intrans.: Platz haben, Fortschritte machen
47	χωρίζω	absondern, scheiden, trennen; Pass.: fortgehen, sich trennen, sich scheiden (lassen), davongehen
50	χωρίον *n.*	Grundstück, Feld
21	χωρίς	getrennt, für sich, abseits, außer, ohne

Ψ

12	ψεύδομαι	lügen, täuschen
13	ψευδοπροφήτης, ου *m.*	Lügenprophet
28	ψεῦδος, ους *n.*	Lüge
32	ψεύστης, ου *m.*	Lügner
20	ψυχή *f.*	Seele, Leben

Ω

28	ὧδε	hier, hierher (Adv.)
12	ὥρα *f.*	Stunde
17	ὡς	wie, gleichwie, als (Vergleichspartikel), bei Zahlwörtern: ungefähr
55	ὡσαύτως	gleicherweise, ebenso, auf dieselbe Weise (Adv.)
27	ὡσεί	wie, ungefähr, etwa
22	ὥσπερ	wie, gleichwie, ebenso wie
39	ὥστε	deshalb, daher, sodass
11	ὠφελέω	nützen, fördern; Pass.: Nutzen haben

Kleine Wörter

ἀλλά	aber, doch; nach Verneinung: sondern
ἄν	wenn, eventuell (Moduspartikel zum Ausdruck von Eventualität oder Zufälligkeit)
ἀνά	IV. je, jeweils
ἀντί	II. statt, für, anstelle von
ἄνω	oben, nach oben, hinauf
ἄνωθεν	von oben
ἀπό	II. von, von … weg, seit
ἄρα	also, folglich
ἄρτι	jetzt, eben
ἄχρι	II. bis, bis zu; solange Konjunktion: bis
γάρ	denn, freilich, nämlich
γέ	sogar, doch, wenigstens (enklitisch)
δέ	aber
δεῖ	es ist nötig, man muss
δεῦτε	Kommt her!, Auf!
διά	II. durch IV. wegen, um … willen
διό	darum, deshalb
διότι	weil, denn; daher, deshalb
ἐάν	wenn, im Fall dass, sofern
εἰ	wenn, ob
εἰ μή	wenn nicht; nach Negation: außer
εἰς	IV. in (wohin?), in … hinein, zu, nach
εἴτε … εἴτε	ob … oder; sei es, dass … oder dass
ἐκ	II. aus, aus … heraus, von
ἐκεῖ	dort
ἐκεῖθεν	von dort
ἔμπροσθεν	II. vor
ἐν	III. in, an, auf, bei (wo?), durch (instr.)
ἕνεκεν (auch ἕνεκα)	II. wegen, um … willen
ἐνώπιον	II. vor
ἔξω	draußen
ἔξωθεν	von außen her, außen, außerhalb
ἐπάνω	darüber, mehr, über (m. Gen.)
ἐπεί	weil, denn
ἔπειτα	dann, sodass
ἐπί	II. auf, bei, an, während, aufgrund, über III. auf, an, bei, in, während, aufgrund, gegen IV. auf, an, auf … hin, zu, nach, über, gegen
ἔτι	noch, noch immer
ἕως	II. bis, bis zu, solange
ἤ	oder; (nach Komparativ:) als
ἤδη	schon, bereits, nun
ἵνα	dass, damit, auf dass
κἀγὼ	und ich, auch ich
καθάπερ	wie, ebenso wie
καί	und, auch
καί … καί	sowohl … als auch
κἄν	und wenn, auch wenn
κατά	II. von herab, gegen IV. längs, gemäß, nach
κάτω	unten, hinab (Adv.)
λίαν	sehr, ganz, außerordentlich (Adv.)
μακρόθεν	von Weitem her, von ferne, aus der Ferne (Adv.)
μέν … δέ	einerseits … andererseits (nicht immer übersetzt)
ὁ μέν … ὁ δέ	der eine … der andere
μετά	II. mit, bei IV. nach
μέχρι	II. bis
μή	nicht (Verneinung beim Konj., Impt., Inf., Ptz.)
μηδέ	auch nicht, und nicht, nicht einmal
μηδείς, -δεμία, -δέν	keiner, keine, nichts
μηκέτι	nicht mehr, nicht länger
μήποτε	dass nicht, damit nicht; in indirekten Fragen: ob vielleicht, ob etwa

μήτι	etwa, vielleicht? (Fragepartikel mit Erwartung einer negativen Antwort)
ναί	ja
νῦν	nun, jetzt (Adv.)
ὅθεν	von wo, woher, weshalb (Adv.)
οἷος, α, ον	wie, welcher (Relativpronomen)
ὀπίσω	II. hinter
ὅπου	wo, dort wo, wohin (Adv.)
ὅπως	wie, auf welche Weise; damit
ὅσος, η, ον	wie groß (Pl.: wie viele) (Korrelativpronomen)
ὅταν	als, wenn (temp.), dann, wann
ὅτε	da, als, nachdem
ὅτι	denn, weil, dass, : (Doppelpunkt)
οὐ, οὐκ, οὐχ	nicht (Verneinung beim Ind.)
οὗ	wo
οὐδέ	und nicht, noch nicht
οὐδείς, -δεμία, -δέν	keiner, keine, nichts
οὐδέποτε	nie, niemals
οὐκέτι	nicht mehr, nicht länger
οὐ μή	nicht, gar nicht, bestimmt nicht
οὖν	also, demnach, folglich, nun (in Joh: da)
οὔπω	noch nicht
οὔτε (… οὔτε)	und nicht (weder … noch)
οὕτως	so (Adv.)
οὐχί	(verstärktes οὐ) nicht
πάντοτε	immer, allezeit, jederzeit (Adv.)
παρά	II. von (… her) III. bei, neben IV. an … vorbei, entlang (meist wohin?), neben … hin, auf, bei, gegen
πέραν	II. jenseits; τὸ πέραν die andere Seite
περί	II. über, in Betreff, für IV. um … herum
πλήν	aber, jedoch, vielmehr; II. außer
πόθεν	woher (Frageadverb)
ποῖος, α, ον	wie? wie beschaffen?
πόσος, η, ον	wie groß? Pl.: wie viele?
πότε	wann?
ποῦ	wo?
πρίν	eher, früher, bevor, ehe
πρό	II. vor, für
πρός	III. nahe bei, an IV. zu … hin, gegen, nach, im Blick auf
πῶς	wie …?
σύν	III. mit (jmdm. zusammen)
σφόδρα	heftig, gewaltig, sehr (Adv.)
τέ	und (enklitisch, oft unübersetzt)
τοιοῦτος	so, so beschaffen
τοσοῦτος	so groß, so viel
τότε	da, dann (Adv.)
ὑπέρ	II. für, zugunsten, über, um … willen IV. über … hinaus, mehr als
ὑπό	II. von (beim Passiv) IV. unter
ὑποκάτω	II. unten, unter, unterhalb
χάριν	wegen (einem Gen. nachgestellt)
χωρίς	getrennt, für sich, abseits, außer, ohne
ὧδε	hier, hierher (Adv.)
ὡς	wie, gleichwie, als (Vergleichspartikel), bei Zahlwörtern: ungefähr
ὡσεί	wie, ungefähr, etwa
ὥσπερ	wie, gleichwie, ebenso wie
ὥστε	deshalb, daher, sodass

Sachregister

E

F

G

H

I

K

M

N

O

P

R

S

T

U

V

W

Z

Literaturhinweise

Die Standardausgabe für das griechische Neue Testament ist:

Novum Testamentum Graece, begründet von Eberhard und Erwin Nestle, hrsg. von Kurt und Barbara Aland u.a., 28. revidierte Auflage, Stuttgart 2012 (kurz: „Nestle-Aland")

Das Standardwörterbuch zum Neuen Testament ist:

Walter Bauer, Griechisch-deutsches Wörterbuch zu den Schriften des Neuen Testaments und der frühchristlichen Literatur, bearbeitet von Kurt und Barbara Aland, 6. Auflage Berlin/New York 1988

Als handliches Wörterbuch für „unterwegs" – es gibt es auch als Anhang zur Ausgabe des „Nestle-Aland" – ist zu empfehlen:

Rudolf Kassühlke, Kleines Wörterbuch zum Neuen Testament. Griechisch-Deutsch, 4. Auflage, Stuttgart 2005

Für die Übersetzung ist der dem Text des Neuen Testaments folgende Sprachliche Schlüssel empfehlenswert, der für einzelne Wörter und sprachliche Wendungen Grundbedeutungen sowie kontextgemäße Übersetzungen angibt sowie Erklärungen zu syntaktischen Phänomenen (Gebrauch Partizip, AcI usw.) bietet.

Wilfrid Haubeck/Heinrich von Siebenthal, Neuer sprachlicher Schlüssel zum griechischen Neuen Testament. Mattäus bis Offenbarung, 4. Auflage der Gesamtausgabe Gießen 2020

Für die gründliche Auslegung des Neuen Testaments ist eine wissenschaftliche Grammatik wichtig. Empfehlenswert sind die beiden folgenden Grammatiken, wobei Blass/Debrunner mehr neutestamentliche Belegstellen aufführt, aber Beispiele nicht übersetzt und daher schwerer zu verstehen ist, während von Siebenthal die Beispiele übersetzt und dadurch die grammatischen Angaben leichter verständlich sind. Die Kurzgrammatik hilft dagegen weniger bei der Exegese, sondern bietet einen schnellen Überblick.

Friedrich Blass/Albert Debrunner, Grammatik des neutestamentlichen Griechisch, bearbeitet von Friedrich Rehkopf, 18. Auflage Göttingen 2001 (Abkürzung: BDR)

Heinrich von Siebenthal, Griechische Grammatik zum Neuen Testament, Gießen 2011

Heinrich von Siebenthal, Kurzgrammatik zum griechischen Neuen Testament, 3. Auflage Gießen 2013

Insbesondere für Autodidakten bietet das Lösungsbuch zum Lehrbuch „Bibelgriechisch leicht gemacht" die Möglichkeit, die eigenen Lösungen der Aufgaben im Lehrbuch zu überprüfen:

Wilfrid Haubeck/Detlef Häußer, Bibelgriechisch leicht gemacht. Lösungsbuch, 3. Auflage Gießen 2024 (= 11. Auflage insgesamt)

Das **Lösungsbuch „Bibelgriechisch leicht gemacht“**
von Wilfrid Haubeck / Detlef Häußer
96 Seiten, erhalten Sie unter der
ISBN 978-3-7655-9357-4

BRUNNEN VERLAG GIESSEN
www.brunnen-verlag.de

Wilfrid Haubeck / Heinrich von Siebenthal

Neuer sprachlicher Schlüssel zum griechischen Neuen Testament

Matthäus bis Offenbarung

1456 Seiten, gebunden
ISBN Buch 978-3-7655-9393-2
ISBN E-PDF 978-3-7655-7702-4

Mit dem Neuen sprachlichen Schlüssel erhalten Sie das ideale Rüstzeug zum Verständnis und zur Übersetzung des griechischen Textes des Neuen Testaments. Einzelne Wörter und sprachliche Wendungen werden in ihrer Hauptbedeutung angegeben, der im Kontext gemeinte Sinn wird dargestellt. Auch komplexe Satzkonstruktionen werden eingehend erläutert. Ein grammatischer Anhang bietet Ihnen u. a. Stammformenreihen wichtiger Verben und einen ausführlichen Abriss der Satzlehre.

BRUNNEN VERLAG GIESSEN
www.brunnen-verlag.de

Heinrich von Siebenthal

Griechische Grammatik zum Neuen Testament

Neubearbeitung und Erweiterung der Grammatik Hoffmann / von Siebenthal

832 Seiten, gebunden
ISBN Buch 978-3-7655-9578-3
ISBN E-PDF 978-3-7655-7721-5

Die Griechische Grammatik zum Neuen Testament von Heinrich von Siebenthal ist seit langem ein Standardwerk. Sämtliche für eine fundierte Textdeutung relevanten Bereiche werden behandelt. Gesicherte Erkenntnisse der neueren Linguistik werden berücksichtigt, ohne dass mit herkömmlichen Ansätzen unnötig gebrochen wird.

Ein hohes wissenschaftliches Niveau verbindet sich mit optimaler Benutzerfreundlichkeit: Die Kenntnis des klassischen Griechisch ist nicht vorausgesetzt. Studierende eines Grundkurses sollen genauso gerne zu diesem Werk greifen können wie erfahrene exegetisch Arbeitende.

Im Zuge der Arbeiten für eine englischsprachige Ausgabe und anhand von Rückmeldungen von Studierenden und Fachkollegen wurde auch für die deutsche Ausgabe an vielen Stellen, vor allem in der Syntax, sprachlich und inhaltlich noch weiter optimiert und die Benutzerfreundlichkeit noch einmal verbessert.

BRUNNEN VERLAG GIESSEN
www.brunnen-verlag.de

Thomas O. Lambdin / Heinrich von Siebenthal

Lehrbuch Bibel-Hebräisch

Neubearbeitung und Erweiterung
der Grammatik Hoffmann / von Siebenthal

384 Seiten, gebunden
ISBN 978-3-7655-9563-9

Das Lehrbuch Bibel-Hebräisch eignet sich hervorragend für den Unterricht an Universitäten, theologischen Seminaren oder Gymnasien und – dank der einfachen und ausführlichen Erklärungen – auch für das Selbststudium.
In 55 sinnvoll aufeinander aufgebauenden Lektionen werden die Lernenden gründlich in die Laut-, Schrift- und Formenlehre sowie die wichtigsten Syntaxregeln und den Grundwortschatz der bibel-hebräischen Prosa eingeführt. Dabei wird zunächst jeweils das neue Grammatik- und Wortschatzpensum vorgestellt und erläutert. Ein umfangreicher Übungsteil dient der Aneignung des neuen und der Wiederholung des alten Stoffes. Den Abschluss bildet jeweils ein Lesestück. Weitere Lernhilfen finden sich im Anhang.

Bibel-Hebräisch

Lösungs- und Begleitband zum Lehrbuch von Thomas O. Lambdin
von Dr. Heinrich von Siebenthal
192 Seiten, Paperback, ISBN 978-3-7655-9463-2

Zum Überprüfen der erworbenen Sprachkenntnisse und zur Kontrolle der Übungen ist dieser Lösungs- und Begleitband die ideale Ergänzung zum Lehrbuch. Er bietet die Lösungen zu den Übungen des Lehrbuches, manche davon mit klärenden Anmerkungen und Hinweisen. Weitere Teile enthalten zusätzliche, den Lernprozess fördernde Hilfen:

a) einige Übungen (mit Lösungen), die dem schnelleren Einstieg in die Schriftlehre dienen,
b) Flexionstabellen, die dem Zugang zu den wichtigen hebräischen Wortformen dienen,
c) einen Abriss der Syntax, der die verschiedenen im Lehrbuch verstreuten Regeln systematisch zusammenfasst.